Meyer

Bilanzierung nach Handels- und Steuerrecht

Inklusive Online-Training

Lernstoff interaktiv einüben – Lernfortschritt überprüfen.

Als Käufer dieses Buches haben Sie kostenlos Zugang zum Online-Training – der ideale Weg, um den Lernstoff des Buches zu üben und zu vertiefen.

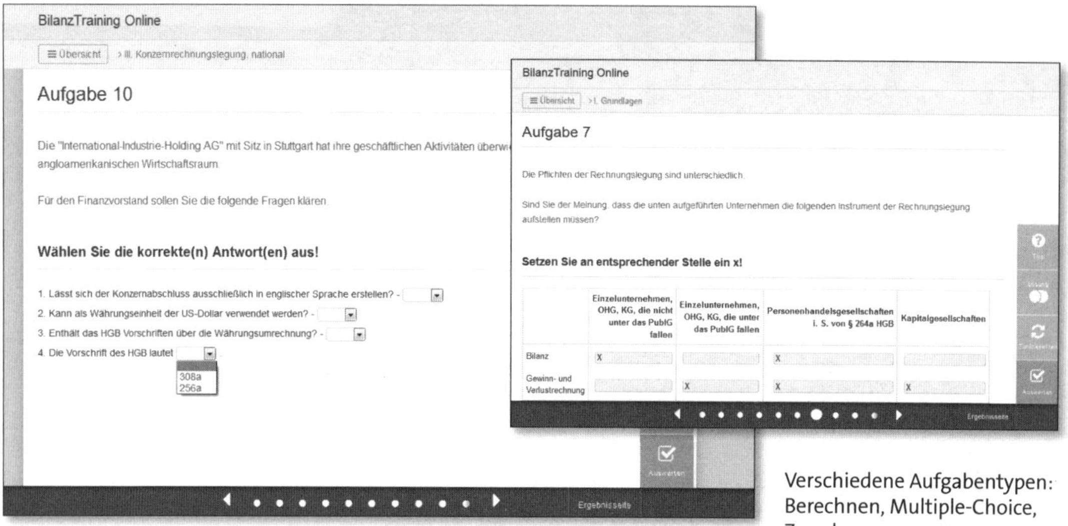

Verschiedene Aufgabentypen: Berechnen, Multiple-Choice, Zuordnungen u.v.m.

Schalten Sie jetzt Ihr Online-Training frei!

1. Rufen Sie die Seite **www.nwb.de/go/freischalten** auf.
2. Geben Sie den eingedruckten Freischaltcode ein und folgen Sie dem Anmeldedialog.

Ihr Freischaltcode: RHAQNYLABTRKXFJUYDOPO

Meyer, Bilanzierung n.Handels- u. Steuerr.

3. Produkt starten. Fertig!

P.S.: Nach dem Freischalten erreichen Sie das Online-Training über **www.nwb.de** (Anmeldung mit Benutzernamen und Kennwort).

www.nwb.de

NWB Studium Betriebswirtschaft

Bilanzierung nach Handels- und Steuerrecht

unter Einschluss der Konzernrechnungslegung und der internationalen Rechnungslegung

- Kontrollfragen
- Aufgaben und Lösungen
- Lernprogramm

Von
Professor Dr. Claus Meyer

26., vollständig überarbeitete Auflage

nwb STUDIUM

Kein Produkt ist so gut, dass es nicht noch verbessert werden könnte. Ihre Meinung ist uns wichtig! Was gefällt Ihnen gut? Was können wir in Ihren Augen noch verbessern? Bitte verwenden Sie für Ihr Feedback einfach unser Online-Formular auf:

www.nwb.de/go/feedback_bwl

Als kleines Dankeschön verlosen wir unter allen Teilnehmern einmal pro Quartal ein Buchgeschenk.

ISBN 978-3-482-**60506**-2
26., vollständig überarbeitete Auflage 2015

Satz: Griebsch & Rochol Druck GmbH & Co. KG, Hamm
Druck: medienHaus Plump GmbH, Rheinbreitbach

VORWORT ZUR 26. AUFLAGE

Die bewährte Grundkonzeption des Lehrbuchs wird auch in der 26. Auflage beibehalten. Auf das Vorwort zur 25. Auflage und die darin gemachten Anmerkungen wird verwiesen. Dabei wurde besonders auf die Verbindung zur Lehre und Forschung und die Benutzerfreundlichkeit geachtet.

Lehrbuch und Online-Training mit mehr als 170 Übungsaufgaben stellen eine optimale Ergänzung für den Lernerfolg dar. Weiterhin stehen für den Lernerfolg als Extras zur Verfügung:

- Ein in der Regel monatliches Update mit allen wichtigen Rechtsänderungen samt Hinweisen zu den Textziffern (Tz.) im Buch,
- Arbeitshilfen (Formblätter) für die bequeme Lösung der Aufgaben,
- das »LEXIKON – kompakt« mit rund 200 Stichworten aus der Bilanzierung und Verweisen zum Buch und
- das »WÖRTERBUCH – kompakt« mit Fachbegriffen aus der Rechnungslegung, Deutsch/Englisch und Englisch/Deutsch.

Der Regierungsentwurf eines Bilanzrichtlinie-Umsetzungsgesetzes (BilRUG), das vor allem zahlreiche Änderungen zur Rechnungslegung nach dem HGB enthält, ist grundsätzlich auf Geschäftsjahre, die nach dem 31. 12. 2015 beginnen, anzuwenden. Der Weg des Gesetzentwurfs und ggf. seiner Änderungen kann durch das monatliche Update verfolgt werden.

Im Laufe des Jahres 2015 wird sicherlich auch mit dem Gesetzgebungsverfahren zur Umsetzung der Richtlinie 2014/56/EU vom 16. 4. 2014 über Abschlussprüfungen von Jahresabschlüssen und konsolidierten Abschlüssen (Änderung der Richtlinie 2006/43/EG) begonnen werden. Außerdem ist die Richtlinie vom 22. 10. 2014 über die Angabe nichtfinanzieller und die Diversität betreffender Informationen durch bestimmte große Unternehmen und Gruppen im Jahre 2016 umzusetzen.

Auch bei dieser Auflage darf ich mich bei Frau WP/StB Diplom-Betriebswirtin (FH) Sabine Gehring und Frau WP/StB Diplom-Betriebswirtin (FH) Michaela Thurnbauer für ihre wertvolle Unterstützung und ihre Hinweise herzlich bedanken.

Stuttgart, im Januar 2015 *Claus Meyer*

VORWORT ZUR 25. AUFLAGE

Die Konzeption für die erste Auflage dieses Buches wurde im Laufe des Jahres 1974 entwickelt. Nach knapp 40 Jahren erscheint nun die 25. Auflage. Dabei können die beiden Auflagen nicht mehr miteinander verglichen werden. In den vergangenen Jahrzehnten haben sich auf dem Gebiet der Rechnungslegung, im Bereich der Gestaltung und der technischen Entwicklung gravierende Veränderungen ergeben. Folgende Sachverhalte sollen erwähnt werden: Die deutschen Vorschriften der Rechnungslegung wurden nach der Verabschiedung der 4., 7. und 8. EG-Richtlinie im Jahre 1985 durch das Bilanzrichtlinien-Gesetz mit der bedeutendsten Reform des Bilanzrechts in nationales Recht transferiert. Ein weiterer großer Schritt war danach die Übernahme der International Financial Reporting Standards (IFRS) für die Rechnungslegung der Konzerne in die Europäische Union durch die Verordnung vom 19. 7. 2002. Damit wurde die Globalisierung der Kapitalmärkte anerkannt und die Internationalisierung der Rechnungslegung akzeptiert.

Die bewährte Grundkonzeption des Studienbuches wurde beibehalten. Das interaktive Lernprogramm BilanzTraining Online, erstmals veröffentlicht im Jahre 1992 und nunmehr in der insgesamt 12. Version verfügbar, wurde in ein neues, attraktives und zeitgemäßes Format überführt.

Die geltenden Rechtsnormen und Verwaltungsvorschriften werden knapp dargestellt. Mehr als 125 Tabellen, Schaubilder und Übersichten erklären die komplizierten Vorschriften und erleichtern deren Verständnis. Der Lernerfolg wird durch 360 Kontrollfragen überwacht und mithilfe von 60 Aufgaben geübt. Die Lösungen am Ende des Buches gestatten eine Überprüfung der eigenen Ergebnisse.

Literaturhinweise am Schluss der einzelnen Abschnitte erlauben ein tieferes Eindringen in die breit gefächerte Materie. Sie ermöglichen es, auch schwierigere und selten auftretende Probleme zu lösen.

Voraussetzung für das Verständnis und die Erarbeitung des Stoffes sind Grundkenntnisse der Buchführung. Das begleitende Studium der einschlägigen Gesetzestexte, also vor allem des HGB, GmbHG, AktG und des EStG sowie der EStR wird dringend empfohlen.

Lehrbuch und Online-Training sind besonders benutzerfreundlich gestaltet. Die nachfolgenden Extras stellen eine optimale Ergänzung dar:

- Ein in der Regel monatliches Update mit allen wichtigen Rechtsänderungen samt Hinweisen zu den Textziffern (Tz.) im Buch,
- Arbeitshilfen, also Formblätter, für die bequeme Lösung einzelner Aufgaben,
- das »LEXIKON – kompakt« mit mehr als 175 Stichworten aus der Bilanzierung und Verweisen zum Buch und
- das »WÖRTERBUCH – kompakt« mit Fachbegriffen aus der Rechnungslegung, Deutsch/Englisch und Englisch/Deutsch.

Diese Unterlagen können vom Benutzer des Buches kostenlos über die Internetadresse des Verlages www.nwb.de/go/meyer-bilanzierung abgerufen und ausgedruckt werden.

Diese Auflage enthält ferner das Online-Training »BilanzTraining Online«, Version 2014/6.0, welches in Anlehnung an das Buch ebenfalls inhaltlich überarbeitet wurde. Anhand von mehr als 170 interaktiven Übungsaufgaben zum Einzel- und Konzernabschluss nach HGB sowie zur internationalen Rechnungslegung können Sie Ihr Wissen testen und vertiefen. In Kombination mit dem Lehrbuch werden theoretisches Lernen und praktisches Üben somit effektiv verbunden. »BilanzTraining Online« ist besonders benutzerfreundlich und bietet als zusätzliche Lern- und Lösungshilfe eine separat abrufbare Erläuterung. Diese enthält Textziffern (Tz.), die die Verbindung zu den einzelnen Abschnitten des Lehrbuchs herstellen und direkt mit der Online-Version des Buches verlinkt sind.

Zur Nutzung der Online-Version des Lehrbuchs und des Online-Trainings finden Sie vorne im Buch einen Freischaltcode sowie eine kurze Nutzungsanleitung. Nach der Aktivierung des Codes haben Sie direkt Zugriff auf diese Produkte. Sollten sich dennoch Fragen zur Handhabung ergeben, so wenden Sie sich gerne an den NWB Verlag unter 02323.141-960 oder per E-Mail an support@nwb.de.

Auch in Zukunft nehme ich Anregungen und Verbesserungsvorschläge gerne entgegen, um das Buch zu komplettieren. Ich wäre Ihnen dankbar, wenn Sie mir diese per E-Mail an claus.meyer@hs-pforzheim.de mitteilen würden.

Frau WP/StB Dipl.-Betriebswirtin (FH) Sabine Gehring bin ich wegen der langjährigen freundschaftlichen Zusammenarbeit und der zahlreichen konstruktiven Anregungen besonders verbunden. Frau WP/StB Dipl.-Betriebswirtin (FH) Michaela Thurnbauer hat sich durch ihre Hinweise, insbesondere zur internationalen Rechnungslegung, verdient gemacht.

Meinem Kollegen, Herrn Prof. Dr. Paul Pronobis, Thomas-Gulden- und Alfred-Kärcher-Preisträger, ehemaliger Studierender der Hochschule Pforzheim, danke ich für die wertvollen Hinweise zur Gestaltung des Buches.

Mein besonderer Dank gilt dem Verlag und allen Mitarbeitern für die bis ins Jahr 1971 zurückreichende konstruktive und vertrauensvolle Zusammenarbeit!

Stuttgart, im Januar 2014 *Claus Meyer*

VORWORT ZUR 1. AUFLAGE

Das vorliegende Studienbuch, das in der Reihe »NWB-Studienbücher Wirtschaftswissenschaften« erscheint, soll Studenten und Praktiker in die Bilanzierung nach Handelsrecht und nach Steuerrecht einführen und zugleich fundierte Kenntnisse in diesem wichtigen Bereich des Rechnungswesens vermitteln.

Dies geschieht durch eine knappe Darstellung der geltenden Rechtsnormen und der Grundsätze ordnungsmäßiger Buchführung, ferner dadurch, dass der Lernerfolg durch über 200 Kontrollfragen überwacht und mit Hilfe von 37 Aufgaben geübt wird. Lösungen am Ende des Buches gestatten eine Überprüfung der selbst gefundenen Antworten bzw. der eigenen Ergebnisse. Literaturhinweise zum Schluss der einzelnen Abschnitte erleichtern ein tieferes Eindringen in die breit gefächerte, komplizierte Materie und helfen, schwierigere und selten auftretende Probleme zu lösen.

Voraussetzung für das Verständnis und für die Erarbeitung des Stoffes sind Grundkenntnisse der doppelten Buchführung. Das begleitende Studium der einschlägigen Gesetzestexte, also vor allem des HGB, AktG, EStG, und der EStR wird dringend empfohlen.

Auf eine Behandlung der Rechnungslegung im Konzern wurde verzichtet. Zum eine wäre eine erhebliche Erweiterung des Buchumfangs erforderlich gewesen; zum anderen betrifft es ein Teilgebiet, das nur für eine eng begrenzte Anzahl von Unternehmen von Bedeutung ist.

Stuttgart, im August 1975 *Claus Meyer*

INHALTSVERZEICHNIS

ABKÜRZUNGSVERZEICHNIS

A

AB	Anfangsbestand
Abg.	Abgang
ABS	Asset-Backed-Securities
Abs.	Absatz
Abschn.	Abschnitt
AcSEC	Accounting Standards Executive Committee
a. F.	alte Fassung
AEAO	Anwendungserlass zur AO
AfA	Absetzung für Abnutzung
AfaA	Absetzung für außergewöhnliche Abnutzung
AG	Aktiengesellschaft
AG	Die Aktiengesellschaft (Zeitschrift für das gesamte Aktienwesen)
AH	Anwendungshinweis
AICPA	American Institute of Certified Public Accountants
AIG	Auslandsinvestitionsgesetz
AktG	Aktiengesetz
AnwZpvV	Anwendungszeitpunktverschiebungsverordnung
AO	Abgabenordnung
APB	Accounting Principles Board
ARC	Accounting Regulatory Committee
Art.	Artikel
ASC	Accounting Standards Codification

B

BAB	Betriebsabrechnungsbogen
BB	Betriebs-Berater
BBauG	Bundesbaugesetz
BBkG	Gesetz über die Deutsche Bundesbank
BdF	Bundesministerium der Finanzen
BerlinFG	Berlinförderungsgesetz
BFH	Bundesfinanzhof
BfJ	Bundesamt für Justiz
BFuP	Betriebswirtschaftliche Forschung und Praxis
BGB	Bürgerliches Gesetzbuch
BGH	Bundesgerichtshof
BilKoG	Bilanzkontrollgesetz
BilMoG	Bilanzrechtsmodernisierungsgesetz
BilReG	Bilanzrechtsreformgesetz
BilRUG	Bilanzrichtlinie-Umsetzungsgesetz

BiRiLiG	Bilanzrichtlinien-Gesetz
BMF	Bundesministerium der Finanzen
BRD	Bundesrepublik Deutschland
BStBl	Bundessteuerblatt

C

CAP	Committee on Accounting Procedures
CBT	Computer Based Training

D

DB	Der Betrieb
DBW	Die Betriebswirtschaft
DCGK	Deutscher Corporate Governance Kodex
DMBilG	D-Markbilanzgesetz
DPR	Deutsche Prüfstelle für Rechnungslegung
DRÄS	Deutscher Rechnungslegungs Änderungsstandard
DRS	Deutscher Rechnungslegungs Standard
DRSC	Deutsches Rechnungslegungs Standards Committee e.V.
DSR	Deutscher Standardisierungsrat
DStR	Deutsches Steuerrecht
DVFA	Deutsche Vereinigung für Finanzanalyse und Anlageberatung e.V.

E

EB	Endbestand
EFRAG	European Financial Reporting Advisory Group
EG	Europäische Gemeinschaft
EGAktG	Einführungsgesetz zum Aktiengesetz
EGHGB	Einführungsgesetz zum HGB
EITF	Emerging Issues Task Force
EKap	Eigenkapital
EntwLStG	Entwicklungsländer-Steuergesetz
ESt	Einkommensteuer
EStÄR	Einkommensteuer-Änderungsrichtlinien
EStDV	Einkommensteuer-Durchführungsverordnung
EStG	Einkommensteuergesetz
EStH	Einkommensteuer-Hinweise
EStR	Einkommensteuer-Richtlinien
EU	Einzelunternehmen, Einzelkaufmann
EU	Europäische Union
EuroEG	Euro-Einführungsgesetz
EWG	Europäische Wirtschaftsgemeinschaft
EZB	Europäische Zentralbank

F

F	Framework
FAIT	Fachausschuss für Informationstechnologie
FASB	Financial Accounting Standards Board
FE	Fertigerzeugnis
FEE	Fédération des Experts Comptables Européens
FGG	Gesetz über die Angelegenheiten der freiwilligen Gerichtsbarkeit
Fifo	First in – first out
FKap	Fremdkapital
FM	Finanzminister
FN	Fachnachrichten des IDW
FRR	Financial Reporting Release

G

Gen	Genossenschaft
GenG	Genossenschaftsgesetz
GewErtrSt	Gewerbeertragsteuer
GewStG	Gewerbesteuergesetz
GG	Grundgesetz für die Bundesrepublik Deutschland
GKR	Gemeinschaftskontenrahmen industrieller Verbände
GKV	Gesamtkostenverfahren
GmbH	Gesellschaft mit beschränkter Haftung
GmbHG	Gesetz betr. die Gesellschaften mit beschränkter Haftung
GoB	Grundsätze ordnungsmäßiger Buchführung
GoBD	Grundsätze zur ordnungsmäßigen Führung und Aufbewahrung von Büchern, Aufzeichnungen und Unterlagen in elektronischer Form sowie zum Datenzugriff
GuV	Gewinn- und Verlustrechnung
GWB	Gesetz gegen Wettbewerbsbeschränkungen
GWG	Geringwertige Wirtschaftsgüter

H

H	Haben/Hinweis
HFA	Hauptfachausschuss
HGB	Handelsgesetzbuch
Hifo	Highest in – first out
HK	Herstellungskosten
HRefG	Handelsrechtsreformgesetz
hrsg.	herausgegeben
HS	Halbsatz
HWB	Handwörterbuch der Betriebswirtschaftslehre
HWRP	Handwörterbuch der Rechnungslegung und Prüfung

I

IAS	International Accounting Standards
IASB	International Accounting Standards Board
IASC	International Accounting Standards Committee
IASCF	International Accounting Standards Committee Foundation
IDW	Institut der Wirtschaftsprüfer in Deutschland e.V.
IFAC	International Federation of Accountants
IFRIC	International Financial Reporting Interpretations Committee
IFRS	International Financial Reporting Standard
IKR	Industriekontenrahmen
InsO	Insolvenzordnung
IOSCO	International Organisation of Securities Commissions
i. S. d.	im Sinne des

K

KapAEG	Kapitalaufnahmeerleichterungsgesetz
KapESt	Kapitalertragsteuer
KapGes	Kapitalgesellschaft
Kifo	Konzern in – first out
KG	Kommanditgesellschaft
KGaA	Kommanditgesellschaft auf Aktien
KonTraG	Gesetz zur Kontrolle und Transparenz im Unternehmensbereich
KoR	Zeitschrift für internationale und kapitalmarktorientierte Rechnungslegung
KSt	Körperschaftsteuer
KStG	Körperschaftsteuergesetz
KWG	Kreditwesengesetz

L

Lifo	Last in – first out
LV	Literaturverzeichnis

M

MicroBilG	Kleinstkapitalgesellschaften-Bilanzrechtsänderungsgesetz
MWSt	Mehrwertsteuer

N

ND	Nutzungsdauer
n. F.	neue Fassung
nom.	nominal
NSts	Nationale Standardsetter

O

OHG	Offene Handelsgesellschaft

P

PfS	Prüfgruppe für Standardübernahmeempfehlungen
PH	Prüfungshinweis
PHG	Personenhandelsgesellschaft
PS	Prüfungsstandard
PublG	Gesetz über die Rechnungslegung von bestimmten Unternehmen und Konzernen (Publizitätsgesetz)

R

R	Richtlinie
RAR	Regelungsausschuss für Rechnungslegung
RechKredV	Verordnung über die Rechnungslegung von Kreditinstituten
RegE	Regierungs-Entwurf
RFH	Reichsfinanzhof
RH	Rechnungslegungshinweis
RIC	Rechnungslegungs Interpretations Committee
RückAbzinsV	Rückstellungsabzinsungsverordnung
RS	Stellungnahme zur Rechnungslegung
Rz	Randziffer

S

S	Standard, Soll
SARG	Standards Advice Review Group
SchG	Scheckgesetz
SEC	Securities and Exchange Commission
SFAC	Statement of Financial Accounting Concepts
SFAS	Statement of Financial Accounting Standards
SG	Schmalenbach Gesellschaft – Deutsche Gesellschaft für Betriebswirtschaft
SIC	Standing Committee on Interpretations
SKR	Spezialkontenrahmen
Sp.	Spalte
StBp	Die steuerliche Betriebsprüfung
StGB	Strafgesetzbuch
Stpfl	Steuerpflichtiger
StückAG	Stückaktiengesetz

T

TA	Technischer Ausschuss
TransPuG	Transparenz- und Publizitätsgesetz
Tz.	Textziffer

U

UE	Umsatzerlöse
UFE	Unfertiges Erzeugnis
UKV	Umsatzkostenverfahren
UmwG	Umwandlungsgesetz
UmwStG	Umwandlungssteuergesetz
URV	Unternehmensregisterverordnung
US-GAAP	United States Generally Accepted Accounting Principles
USt	Umsatzsteuer
UStG	Umsatzsteuergesetz

V

VO	Verordnung
VorstOG	Vorstandsvergütungs-Offenlegungsgesetz

W

WE	Währungseinheit
WEG	Wohnungseigentumsgesetz
WG	Wechselgesetz
WPg	Die Wirtschaftsprüfung
WpHG	Gesetz über den Wertpapierhandel (Wertpapierhandelsgesetz)

Z

ZfB	Zeitschrift für Betriebswirtschaft
ZfbF	Zeitschrift für betriebswirtschaftliche Forschung
ZfhF	Zeitschrift für handelswissenschaftliche Forschung
Zug.	Zugang

TABELLENVERZEICHNIS

I. Teil: Grundlagen

A. Das Rechnungswesen der Unternehmung

1 Zwecke und Bereiche

Das Rechnungswesen hat in erster Linie die Aufgabe, den Prozess der Leistungserstel- 1000
lung und Leistungsverwertung (= betrieblicher Umsatzprozess) wert- und mengenmäßig zu erfassen und zu überwachen. Zur Erfüllung dieser allgemeinen Aufgabe hat die Betriebswirtschaftslehre spezifische Instrumente entwickelt. Die Bereiche, Gebiete und Segmente des Rechnungswesens zeigt *Tabelle 1* auf.

TAB. 1: Gliederung des Rechnungswesens

Bereich	Gebiet	Segment
Finanzbuchhaltung	Inventar Jahresabschluss	Inventur Bilanz Gewinn- und Verlustrechnung Anhang
	Nebenbuchhaltungen	Anlagenbuchhaltung Materialbuchhaltung Lohnbuchhaltung
Betriebsbuchhaltung (= Kostenrechnung)	Betriebsabrechnung	Kostenartenrechnung Kostenstellenrechnung Kostenträgerzeitrechnung Kurzfristige Erfolgsrechnung
	Selbstkostenrechnung	Kostenträgerstückrechnung (= Kalkulation)
Statistik, Vergleichsrechnung	Statistik	Beschreibende Statistik Erklärende Statistik
	Vergleichsrechnung	Zeitvergleich Soll-Ist-Vergleich Verfahrensvergleich Zwischenbetrieblicher Vergleich
Planungsrechnung	Einzelplanung	Absatz-, Produktions-, Beschaffungs-, Finanzplan u. a.
	Gesamtplanung	Integriertes System aller Teilpläne

Im Rahmen des Lehrbuches wird vor allem der Bereich *Finanzbuchhaltung* mit Inventar 1010
und Jahresabschluss dargestellt. Dabei werden auch die steuerlichen Vorschriften herangezogen und die Rechnungslegung des Konzerns einschließlich der internationalen Rechnungslegung aufgezeigt. Die Zusammenhänge und die Verbindungen zu den übrigen Bereichen des Rechnungswesens, vor allem zur Betriebsbuchhaltung, sind bei den jeweiligen Abschnitten zu finden.

2 Inhalt und Funktionen von Bilanzen und Gewinn- und Verlustrechnungen (Erfolgsrechnungen)

1020 Der Begriff *Bilanz* besitzt in den Wirtschaftswissenschaften, also der Volkswirtschaftslehre und der Betriebswirtschaftslehre, eine unterschiedliche Bedeutung. In der Betriebswirtschaftslehre wird eine Bilanz allgemein als ein Instrument zur Abbildung (= Beschreibungs- oder Ermittlungsmodell) und Abrechnung ökonomischer Prozesse definiert. Formal versteht man unter einer Bilanz (hergeleitet aus der lateinischen Sprache als eine sich im Gleichgewicht befindliche zweischalige Waage) eine Gegenüberstellung von Werten in gleicher Gesamthöhe. Im allgemeinen Sprachgebrauch wird als Bilanz eine Gegenüberstellung von Vermögen und Kapital an einem bestimmten Stichtag in Kontoform angesehen.

1030 TAB. 2: Grundstruktur einer Bilanz

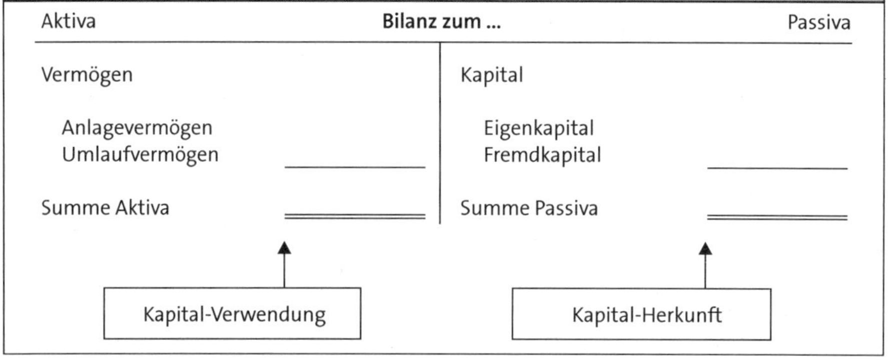

1040 Die *Passivseite* zeigt die Herkunft des in der Unternehmung investierten Kapitals (Finanzierung) auf, meist primär geordnet unter dem Gesichtspunkt der Rechtsstellung des Investors und daher aufgeteilt in Eigenkapital und Fremdkapital. Die *Aktivseite* enthält das Vermögen, die Verwendung des Kapitals; es ist dessen Erscheinungsform in der Unternehmung. Das Vermögen wird üblicherweise nach dem Kriterium der Dauer des Verbleibs in der Unternehmung gegliedert und daher als Anlagevermögen und als Umlaufvermögen ausgewiesen.

1050 Aktivseite und Passivseite der Bilanz müssen dieselbe Summe (Bilanzsumme, -volumen) ergeben. Ein und derselbe Tatbestand wird von zwei verschiedenen Seiten oder Standpunkten aus betrachtet; zum einen konkret, güterwirtschaftlich, und zum anderen abstrakt, kapitalmäßig. Deshalb werden die Aktiva auch als konkretes Kapital und die Passiva als abstraktes Kapital bezeichnet.

1060 In der Literatur wird oft von der Bilanz im engeren Sinne und der Bilanz im weiteren Sinne gesprochen. Bilanz im engeren Sinne ist lediglich die Bilanz selbst; die Bilanz im weiteren Sinne umfasst neben der Bilanz auch die Gewinn- und Verlustrechnung, beide zusammen bilden den *Jahresabschluss* (vgl. § 242 Abs. 3 HGB). Kapitalgesellschaften und bestimmte Personenhandelsgesellschaften (PHG) haben den Jahresabschluss um einen Anhang zu erweitern sowie einen Lagebericht (Kleinst- bzw. kleine KapGes bzw. PHG: Wahlrecht) zu erstellen (§§ 264 Abs. 1, 264a, 267a HGB). In *Tabelle 3* ist der Umfang der Rechnungslegungspflichten für die verschiedenen Rechtsformen zusammengefasst. Der Jahresabschluss ist von allen Kaufleuten nach den Grundsätzen ordnungsmäßiger Buchführung (GoB) aufzustellen (§ 243 Abs. 1 HGB). Bei Kapitalgesellschaften wird zusätzlich verlangt, dass der Jahresabschluss ein den tatsächlichen Verhältnissen entsprechendes Bild der Vermögens-, Finanz- und Ertragslage vermittelt (§ 264 Abs. 2 HGB), beachte aber Sondervorschriften in § 264 Abs. 2 Satz 4 HGB. Die gesetzlichen Vertreter einer kapitalmarktorientierten Gesellschaft haben außerdem eine Versicherung abzugeben (§ 264 Abs. 2 Satz 3 HGB).

TAB. 3: Umfang der Rechnungslegungspflichten

Rechtsform	**Jahresabschluss**			**Lagebericht**
	Bilanz	Gewinn- und Verlustrechnung	Anhang	
EU, OHG, KG ► die nicht dem PublG unterliegen	§ 242 Abs. 3 HGB			
► die dem PublG unterliegen	§ 5 Abs. 1 PublG			
KleinstkapGes/best. PHG	§§ 266 Abs. 1, 275 Abs. 5, 264a HGB		(1)	(2)
KapGes/best. PHG	§§ 242 Abs. 3, 264 Abs. 1, 264a HGB			(3)

(1) Wahlrecht: § 264 Abs. 1 Satz 5 HGB

(2) Wahlrecht: §§ 264 Abs. 1 Satz 4, 267a Abs. 2 HGB

(3) Wahlrecht: Kleine KapGes/best. PHG §§ 264 Abs. 1, 264a HGB

Sonderfall

Für *nicht konzernrechnungslegungspflichtige kapitalmarktorientierte Kapitalgesellschaften* i. S. v. § 264d HGB sieht § 242 Abs. 3 bzw. § 264 Abs. 1 HGB die Erweiterung des Jahresabschlusses um eine *Kapitalflussrechnung* und einen *Eigenkapitalspiegel* zwingend vor, fakultativ ist eine *Segmentberichterstattung*. 1065

Die Erweiterung der aufstellungspflichtigen Elemente des Jahresabschlusses deckt sich mit denen des nach § 297 Abs. 1 HGB aufzustellenden Konzernabschlusses nach dem HGB für nicht börsennotierte Muttergesellschaften nach § 290 Abs. 1 HGB; vgl. dazu Tz. 3030. Aus diesem Grunde werden die zusätzlichen Elemente im Zusammenhang mit der Konzernrechnungslegung nach nationalem Recht dargestellt. 1067

Vgl. im Einzelnen

- Kapitalflussrechnung Tz. 3600 ff.,
- Segmentberichterstattung Tz. 3700 ff.,
- Eigenkapitalspiegel Tz. 3800 ff.

Es ist noch zu erwähnen, dass das HGB selbst für die Ausgestaltung dieser Elemente keine Vorschriften enthält. Nur im Zusammenhang mit der Konzernrechnungslegung wurden auf der Basis von § 342 HGB vom DRSC entsprechende Standards entwickelt.

Vgl. dazu Tz. 5200 ff. Diese Grundsätze können analog für den Einzelabschluss angewandt werden.

1070 Vom *Inhalt* her gesehen umfassen Bilanzen Bestände an Vermögen und Kapital. Die ausgewiesenen Werte stimmen oft nicht mit den tatsächlichen Werten überein, teilweise sind auch nicht alle in der Unternehmung vorhandenen Vermögensgegenstände und Kapitalbeträge erfasst. Bilanzen liefern also von vornherein kein getreues Abbild des vorhandenen Vermögens und Kapitals. Maßgebend für den Inhalt der Bilanz und die Höhe der Posten sind bei gesetzlich vorgeschriebenen Bilanzen die zu Grunde liegenden Rechtsnormen (z. B. HGB, EStG) und die von ihnen verfolgten Ziele, bei freiwillig erstellten Bilanzen die vom Unternehmen gesetzten Maßstäbe. So dürfen z. B. in der Steuerbilanz selbst entwickelte Patente und der originäre Firmenwert nicht aktiviert werden (§ 5 Abs. 2 EStG). Gleiches gilt für Wertsteigerungen von Vermögensgegenständen über die Anschaffungs- bzw. Herstellungskosten hinaus (§ 253 Abs. 1 HGB, § 5 Abs. 1 EStG).

1072 Der Jahresabschluss ist in deutscher Sprache und in Euro aufzustellen. Das HGB enthält in § 256a HGB Vorschriften über die Umrechnung anderer Währungen in Euro. Im Anhang sind nach § 284 Abs. 2 Nr. 2 HGB die Grundlagen einer Umrechnung anzugeben. Vgl. dazu auch Tz. 2450 und 2675.

1074 Auf fremde Währung lautende Vermögensgegenstände und Verbindlichkeiten sind nach § 256a HGB zum *Devisenkassamittelkurs am Abschlussstichtag* umzurechnen. Bei einer *Restlaufzeit von einem Jahr und weniger* (gerechnet ab dem Bilanzstichtag) sind § 253 Abs. 1 Satz 1 HGB (Anschaffungskostenprinzip) und § 252 Abs. 1 Nr. 4 Halbsatz 2 HGB (Realisationsprinzip) *nicht* anzuwenden. Nicht anzuwenden ist die Vorschrift auf Rückstellungen (= keine Verbindlichkeit) und latente Steuern (= weder Vermögensgegenstand noch Verbindlichkeit). Zum Ausweis von Aufwendungen und Erträgen aus der Währungsumrechnung vgl. § 277 Abs. 5 HGB.

Hinsichtlich der Währungsumrechnung in *Konzernabschlüssen* wird auf Tz. 3225, 3227 bzw. auch auf den inzwischen außer Kraft gesetzten DRS 14 verwiesen. Ergänzend wird noch auf R 4.1.4 EStR aufmerksam gemacht.

1075 Bilanzen haben keinen Selbstzweck, sondern sie sollen bestimmten Anforderungen und Ansprüchen genügen, sind also zielgerichtet. Diese *Funktionen von Bilanzen* können allgemein umschrieben werden.

TAB. 4:	Funktionen von Bilanzen
Informationsfunktion	Intern und extern, als Grundlage für Kontrolle, Disposition und Planung, Bilanzanalyse, Bilanzvergleich
Rechenschaftsfunktion	Intern und extern, gesetzlich und freiwillig, gegenüber Eigentümern, Gläubigern und öffentlich-rechtlichen Institutionen
Dokumentationsfunktion	Nachweis inner- und zwischenbetrieblicher Wertbewegungen, Nachweis der in der Buchführung aufgezeigten Geschäftsvorfälle
Sicherungsfunktion	Nachweis der Erhaltung und der Möglichkeit der Rückzahlung von Fremdkapital gegenüber den Gläubigern
Ermittlungsfunktion	Erfolgsermittlung als Grundlage der Erfolgszurechnung und -verwendung sowie als Grundlage der Besteuerung; Vermögens- und Kapitalermittlung als Grundlage für Auseinandersetzungen, Fusionen, Vergleiche, Insolvenzen usw.

Ob Bilanzen die von ihnen geforderte(n) Funktion(en) erfüllen können, hängt von der 1080
konkreten Ermittlung des Bilanzinhalts ab. In den verschiedenen Bilanzarten, -typen finden die einzelnen Funktionsansprüche ihre spezifische Erscheinungsform (vgl. unten, C. Bilanzarten, -typen, Tz. 1200).

Die *Gewinn- und Verlustrechnung* bildet neben der Bilanz den zweiten Bestandteil des 1085
Jahresabschlusses (vgl. § 242 Abs. 2 HGB sowie § 60 Abs. 1 EStDV). Durch das System der doppelten Buchführung und der damit verbundenen Trennung der Konten in Bestandskonten und Erfolgskonten entsteht parallel zur Bilanz zwangsläufig eine Gewinn- und Verlustrechnung. Unabhängig voneinander ergibt sich bei beiden das Jahresergebnis (Gewinn oder Verlust, s. dazu auch Tz. 1300).

In der Gewinn- und Verlustrechnung sind die Aufwendungen (= Werteverzehr) den Er- 1090
trägen (= Wertezuwachs) eines Zeitabschnitts, meist eines Geschäftsjahres, in Staffel- oder Kontoform gegenübergestellt. Erfolgsrechnungen unterstützen die allgemeinen Funktionen von Bilanzen. Dies führt zu spezifischen Ausprägungsformen, so z. B. zu Gesamtkosten- und Umsatzkosten-, Brutto- und Netto-Erfolgsrechnungen.

Neben den erwähnten Funktionen des Jahresabschlusses wird in der Literatur auch auf 1095
Konfliktsituationen zwischen Eigentümern einerseits und Managern bzw. Gläubigern andererseits hingewiesen. *Tabelle 5* versucht, die wesentlichen Elemente aufzuzeigen.

TAB. 5: Konfliktsituationen

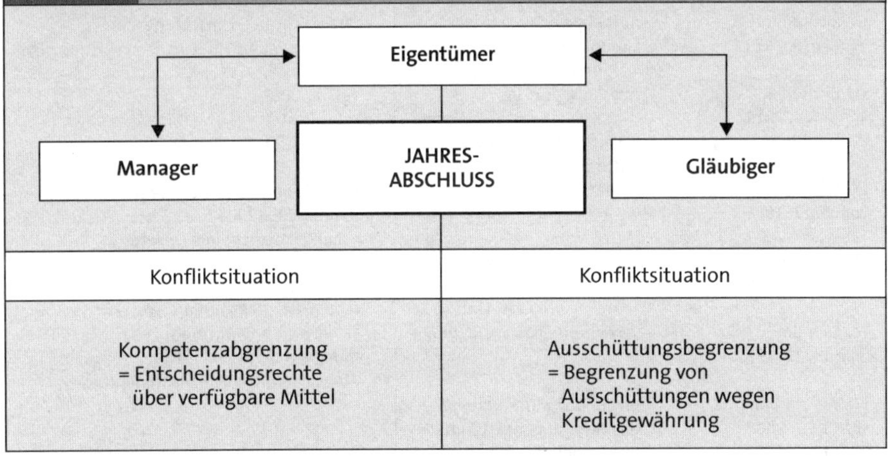

LITERATUR

Falterbaum/Bolk/Reiß/Kirchner, a. a. O., S. 45 ff.; *Institut der Wirtschaftsprüfer,* Zur Darstellung, a. a. O.; *Leffson,* a. a. O., S. 38 ff.; *Kensy,* a. a. O.; *Meyer,* Kennzahlen, a. a. O., u. a. S. 20; *Moxter,* a. a. O.; *Wöhe,* a. a. O., S. 3 ff.

B. Gesetzliche Bestimmungen, Größenklassen, Grundsätze ordnungsmäßiger Bilanzierung

1 Gesetzliche Bestimmungen

1100 Die *handelsrechtlichen Vorschriften* über die Buchführung, Bilanzierung, Bewertung usw. mussten aufgrund der Bestimmungen im EWG-Vertrag neu gefasst werden. Die Entwicklung ist in *Tabelle 6* zusammenfassend dargestellt. Die Überleitung in das deutsche Recht erfolgt steuerneutral, d. h., die neuen Gesetzesnormen sollen keinen Einfluss auf die Besteuerung haben.

TAB. 6: Entwicklung wichtiger handelsrechtlicher Vorschriften

Internationales Recht	Transformation	Nationales Recht
EWG-Vertrag vom 25. 3. 1957, Art. 54 Abs. 3 g	– Harmonisierung der Rechnungslegung	Pflicht zur Harmonisierung der nationalen gesellschaftsrechtlichen Rahmenbedingungen von Kapitalgesellschaften und Konzernen
EG-Richtlinien	– Konkretisierung des EWG-Vertrages	
4. EG-Richtlinie vom 25. 7. 1978	– Bilanzrichtlinie	– Gesetz zur Durchführung der 4., 7. und 8. EG-Richtlinie vom 19. 12. 1985 – Bilanzrichtlinien-Gesetz
7. EG-Richtlinie vom 13. 6. 1983	– Konzernrichtlinie	
8. EG-Richtlinie vom 10. 4. 1984 Neufassung vom 17. 5. 2006	– Prüferrichtlinie	– Bilanzrechtsmodernisierungsgesetz (BilMoG) vom 25. 5. 2009
EG-Richtlinie vom 26. 6. 2013	– Aufhebung, Zusammenfassung, Änderung 4., 7. und 8. EG-Richtlinie	– Bilanzrichtlinie-Umsetzungsgesetz (BilRUG), vgl. Tz. 1129
EU-Richtlinie vom 16. 4. 2014	– Abschlussprüfung	– vgl. Tz. 1129
EU-Richtlinie vom 22. 10. 2014	– Nichtfinanzielle u. Diversität betreffende Information	– vgl. Tz. 1129
EG-Richtlinie vom 8. 12. 1986	– Bankbilanzrichtlinie	– EG-Richtlinie vom 8. 12. 1986 vom 30. 11. 1990 – Bankbilanzrichtlinie-Gesetz
EG-Richtlinie vom 8. 11. 1990	– GmbH & Co-Richtlinie	– EG-Richtlinie vom 8. 11. 1990 vom 24. 2. 2000 – GmbH & Co-Richtlinie-Gesetz
EG-Richtlinie vom 19. 12. 1991	– Versicherungsbilanzrichtlinie	– EG-Richtlinie vom 19. 12. 1991 vom 24. 6. 1994 – Versicherungsbilanzrichtlinie-Gesetz
EU-Verordnung vom 19. 7. 2002 bzw. 11. 3. 2008 (vgl. Anhang)	– Anwendung internationaler Rechnungslegungsstandards – Konsolidierte Abschlüsse kapitalmarktorientierter Gesellschaften – Einzelabschlüsse, konsolidierte Abschlüsse nicht kapitalmarktorientierter Gesellschaften	– IAS/IFRS (ab 2005 bzw. 2007, vgl. Art. 4, 9 EU-VO); § 315a HGB, Art. 57 EGHGB – Wahlrecht: IAS oder nationales Recht (ab 2005; vgl. Art. 5 EU-VO); §§ 315a, 325 Abs. 2a HGB – Bilanzrechtsreformgesetz
EU-Verordnung vom 14. 3. 2012	– Kleinstbetriebe	– EU-Verordnung vom 14. 3. 2012 vom 20. 12. 2012 – Kleinkapitalgesellschaften-Bilanzrechtsänderungsgesetz - MicroBilG

Das *Bilanzrichtlinien-*, das *Bankbilanzrichtlinie-* und das *Versicherungsbilanzrichtlinie-Gesetz* fassen Vorschriften im HGB (§§ 238 ff.) zusammen. Dabei ist auf die Trennung der Bestimmungen in die *Abschnitte* 1120

HGB	§§ 238 ff.	Vorschriften für alle Kaufleute
	§§ 264 ff.	Ergänzende Vorschriften für Kapitalgesellschaften (AG, KGaA, GmbH) sowie bestimmte Personenhandelsgesellschaften
	§§ 336 ff.	Ergänzende Vorschriften für eingetragene Genossenschaften
	§§ 340 ff.	Ergänzende Vorschriften für Unternehmen bestimmter Geschäftszweige (Kreditinstitute und Finanzdienstleistungsinstitute; Versicherungsunternehmen und Pensionsfonds)

hinzuweisen. Unternehmungsspezifische Vorschriften enthalten insbesondere für die GmbH §§ 41 ff. GmbHG, für die AG und die KGaA §§ 150 ff. AktG, für die Genossenschaft § 33 GenG. Daneben verpflichtet das Gesetz über die Rechnungslegung von bestimmten Unternehmen und Konzernen (PublG) bei Überschreiten von Größenmerkmalen (siehe unten, 3. Größenklassen) einzelne Unternehmen und Konzerne zur Offenlegung ihres Abschlusses (vgl. §§ 1 ff. PublG). In *Tabelle 7* sind wichtige Rechtsgrundlagen der Rechnungslegung zusammengestellt.

TAB. 7: Übersicht über wichtige Rechnungslegungsvorschriften

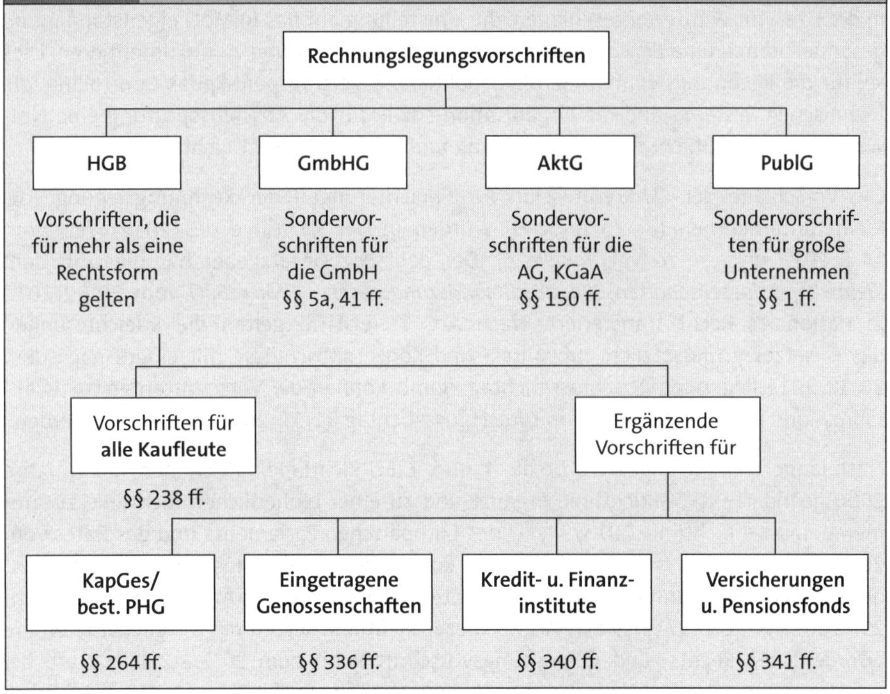

Die EG-Richtlinie vom 8. 11. 1990 wurde mit dem Kapitalgesellschaften- und Co-Richtlinie-Gesetz in nationales Recht transformiert. Danach müssen bestimmte Personenhandelsgesellschaften (PHG), bei denen keine natürliche Person persönlich haftender Gesellschafter ist, wie Kapitalgesellschaften Rechnung legen (§§ 264a ff. HGB), also ins- 1125 besondere die *GmbH und Co KG*. Dazu gehört ggf. auch die Aufstellung, Prüfung und Offenlegung eines konsolidierten Jahresabschlusses und eines Konzernlageberichts.

Die 8. EG-Richtlinie vom 10. 4. 1984 wurde am 17. 5. 2006 neugefasst und am 9. 6. 2006 veröffentlicht. Die Umsetzungsfrist in nationales Recht beträgt zwei Jahre ab der Veröffentlichung. Die Umsetzung erfolgte im BilMoG. Vgl. auch Tz. 1129.

1127 Mit dem *Bilanzrechtsmodernisierungsgesetz (BilMoG)* wird versucht, das vom Gläubigerschutz und vom Vorsichtsprinzip beherrschte deutsche Bilanzrecht im Hinblick auf die internationale Rechnungslegung fortzuentwickeln. Dabei soll Bewährtes erhalten, nicht mehr zeitgemäße Vorschriften aber sollen aufgehoben werden. Ziel ist es, ein den internationalen Rechnungslegungsstandards gleichwertiges, aber praxistaugliches Informationsinstrument, das zugleich Grundlage für die Ausschüttungsbemessung und die Steuerbilanz ist, zu schaffen.

Das Gesetz wurde im Frühjahr 2009 verabschiedet (Bundestags-Drucksache 16/12407). Die neuen Bestimmungen werden in der Praxis angewandt, wobei auf die detaillierten und umfangreichen Übergangsbestimmungen in Art. 66 und 67 EGHGB hinzuweisen ist. Die bisherigen Rechnungslegungsstandards wurden der veränderten Rechtslage im Wesentlichen angepasst.

In der Literatur wurde vorgeschlagen, die Umstellung auf das BilMoG eigenständig und gesondert durch eine *BilMoG-Eröffnungsbilanz* abzubilden und zu dokumentieren. Dies sei für die Rechnungslegung, die Bilanzpolitik, die Vertragspolitik, das Controlling, die technischen Systeme und die Organisation sowie für die Abschlussprüfung eine Notwendigkeit. Eine Pflicht für die Aufstellung und Prüfung besteht nicht.

1128 Die Vorschläge der EU-Kommission für Erleichterungen der Rechnungslegung sog. Kleinstunternehmen (micro entities) wurden in der Richtlinie des 2012/6/EU vom 14. 3. 2012 umgesetzt (vgl. *Tabelle 6*). Der deutsche Gesetzgeber hat dies mit dem *Kleinstkapitalgesellschaften-Bilanzrechtsänderungsgesetz – MicroBilG* vom 20. 12. 2012 in nationales Recht transferiert. Nach Art. 70 EGHGB gelten die Erleichterungen des Gesetzes grundsätzlich auf Jahres- und Konzernabschlüsse mit einem nach dem 30. 12. 2012 liegenden Abschlussstichtag. Somit können die Vorschriften erstmals auf Jahres- und Konzernabschlüsse mit Abschlussstichtag 31. 12. 2012 angewandt werden.

1129 Nach längeren Beratungen wurde die 4. und. 7. EG-Richtlinie aufgehoben, die im Jahre 2006 geänderte 8. EG-Richtlinie ergänzt und zu einer einheitlichen Richtlinie zusammen gefasst – Richtlinie 2013/34/EU des Europäischen Parlaments und des Rates vom 26. 6. 2013 über den Jahresabschluss, den konsolidierten Abschluss und damit verbundene Berichte von Unternehmen bestimmter Rechtsformen ... (Amtsblatt der EU vom 29. 6. 2013 Nr. L 182/19). Nach Art. 53 dieser Richtlinie setzen die Mitgliedstaaten die erforderlichen Rechts- und Verwaltungsvorschriften bis zum 20. 7. 2015 in Kraft. Bei der Umsetzung der Richtlinie kann nach herrschender Auffassung an den bewährten Grundsätzen und Prinzipien der deutschen handelsrechtlichen Rechnungslegung festgehalten werden. Die Umsetzung erfolgt durch das *Bilanzrichtlinie-Umsetzungsgesetz – BilRUG*. Im monatlichen Update unter www.nwb.de/go/meyer-bilanzierung finden sich weitere Hinweise über den Stand und den Inhalt der Gesetzgebung.

Die bisher geltenden Vorschriften über Abschlussprüfungen von Jahresabschlüssen und von konsolidierten Abschlüssen müssen *bei Unternehmen von öffentlichem Interesse* den Vorgaben der Richtlinie 2014/56/EU vom 16.4.2014 (Änderung der Prüferrichtlinie) angepasst werden. Die Mitgliedstaaten haben für die Umsetzung eine Frist bis zum 17.6.2016 einzuhalten. Ein entsprechender Entwurf wird in der zweiten Hälfte des Jahres 2015 erwartet.

Weiterhin ist die Richtlinie vom 22.10.2014 Nr. 2014/95/EU zur Änderung der Richtlinie 2013/34/EU im Hinblick auf die *Angabe nichtfinanzieller und die Diversität betreffender Informationen durch bestimmte große Unternehmen und Gruppen* im Einzel- und konsolidierten Abschluss zu beachten. Es handelt sich um Unternehmen von öffentlichem Interesse mit durchschnittlich mehr als 500 Mitarbeitern. Die Mitgliedstaaten setzen die erforderlichen Rechts- und Verwaltungsvorschriften bis zum 6.6.2016 in Kraft. Sie gelten für das am 1.1.2017 beginnende Geschäftsjahr.

Auf eingetragene Genossenschaften, Kreditinstitute und Versicherungen wird in diesem einführenden Lehrbuch nicht näher eingegangen, weil es sich um spezifische Unternehmungsformen mit besonderen Problemen handelt.

Die Vorschriften über die Führung von Handelsbüchern (§§ 238 ff. HGB) gelten jedoch 1130
nur für Kaufleute, nicht für Kleingewerbetreibende (§§ 1 Abs. 2, 2 HGB). Auch Nichtkapitalgesellschaften, z. B. die OHG, können freiwillig die weitergehenden Vorschriften für die Kapitalgesellschaften anwenden.

Es stellt sich die Frage nach dem *Beginn der Pflicht zur Buchführung* nach § 238 HGB. Im 1135
Falle der Kaufmannseigenschaft nach § 1 Abs. 2 HGB tritt diese mit dem ersten buchungspflichtigen Geschäftsvorfall ein. Bei Kapitalgesellschaften ist dies differenzierter zu sehen. In Betracht kommen kann der Abschluss des notariellen Gesellschaftsvertrags oder auch der Zeitpunkt der Einlagenleistung. Die Vorschrift in § 238 HGB bildet mit § 240 HGB (Inventar) und § 242 HGB (Eröffnungsbilanz) eine Einheit (vgl. dazu Tz. 1340), die in einem Regelungszusammenhang stehen.

Einzelkaufleute sind von der handelsrechtlichen Buchführungs- und Bilanzierungs- 1140
pflicht befreit, wenn sie bestimmte Größenmerkmale nicht überschreiten. Die Umsatzerlöse betragen nicht mehr als 500 000 € *und* der Jahresüberschuss nicht mehr als 50 000 € in zwei aufeinander folgenden Geschäftsjahren (Ausnahme: Neugründung; vgl. §§ 241a, 242 Abs. 4 HGB). Anstelle der doppelten kaufmännischen Buchführung kann eine einfache Einnahmen-Überschuss-Rechnung aufgestellt werden. Zur Feststellung, ob die Größenmerkmale überschritten werden oder nicht, genügt eine überschlägige Ermittlung unter Berücksichtigung der handelsrechtlichen Vorschriften (vgl. Begründung zu § 241a HGB im Regierungsentwurf – Bundestags-Drucksache 16/10067 sowie für die erstmalige Anwendung Art. 66 Abs. 1 EGHGB).

Für *bestimmte Personenhandelsgesellschaften i. S. v. § 264a HGB* (ohne eine natürliche 1143
Person als haftender Gesellschafter) gelten die Vorschriften des Ersten bis Fünften Unterabschnitts des Zweiten Abschnitts (§§ 264–330 HGB). Das sind im Wesentlichen die Vorschriften für Kapitalgesellschaften einschl. der Vorschriften über die Rechnungslegung im Konzern, der Prüfung und der Offenlegung (vgl. §§ 264a Abs. 1, 264b HGB).

Dabei sind die Besonderheiten den Rechtsformen bei der Bilanzierung zu beachten, so insbesondere § 264c HGB.

1145 Das *Steuerrecht* verlangt für die Zwecke der Besteuerung ebenfalls die Führung von Büchern und die Erstellung von Abschlüssen. Nach § 140 AO hat jeder, der »nach anderen Gesetzen als den Steuergesetzen Bücher und Aufzeichnungen zu führen hat, die für die Besteuerung von Bedeutung sind, ... die Verpflichtungen, die ihm nach anderen Gesetzen obliegen, auch für die Besteuerung zu erfüllen« (= derivative Buchführungspflicht; vgl. dazu auch AEAO). Die Diskussionen über evtl. weitere *Änderungen des HGB* sind noch nicht abgeschlossen. Außerdem müssen andere Personen oder Unternehmen, die nicht nach handelsrechtlichen Bestimmungen zur Buchführung und Aufstellung von Jahresabschlüssen verpflichtet sind, dies für die *Besteuerung* tun, wenn sie bei der letzten Veranlagung entweder hatten (§ 141 Abs. 1 AO, Art. 97 § 19 EGAO):

a)	Umsätze (einschl. der steuerfreien Umsätze) von mehr als € 500 000 *oder*
b)	selbst bewirtschaftete land- und forstwirtschaftliche Flächen mit einem Wirtschaftswert von mehr als € 25 000 *oder*
c)	einen Gewinn aus Gewerbebetrieb von mehr als € 50 000 (bisher: € 30 000) *oder*
d)	einen Gewinn aus Land- und Forstwirtschaft von mehr als € 50 000 (bisher: € 30 000).

Form und Inhalt der Bücher und Aufzeichnungen bestimmen §§ 141 ff. AO (= originäre Buchführungspflicht, mit sinngemäßer Anwendung des HGB). Für die Gewinnermittlung dieser Unternehmen ist dann § 5 EStG maßgebend (vgl. R 5.1 und 5.2 EStR). Außerdem gibt es im Steuerrecht zusätzlich bestimmte Aufzeichnungspflichten und für einzelne Arten von Gewerbetreibenden Sondervorschriften (siehe dazu GoBD). Die gesetzlichen Bestimmungen des Handels- und Steuerrechts enthalten keinen direkten Hinweis auf das anzuwendende *Buchführungs-System* (einfache Buchführung, doppelte Buchführung, kameralistische Buchführung). In § 242 Abs. 2 HGB wird nunmehr verbindlich die Aufstellung einer Gewinn- und Verlustrechnung als zweiter Bestandteil des Jahresabschlusses von allen Kaufleuten verlangt. Dies erfordert die Anwendung der doppelten kaufmännischen Buchführung. Dieses System wurde bereits bisher fast ausschließlich in der Praxis wegen der besseren Kontroll- und Abstimmungsmöglichkeiten verwandt (s. dazu auch unten Tz. 1200).

2 Buchführungs- und aufstellungspflichtige Personen

1149 Jeder Kaufmann ist verpflichtet, Bücher zu führen und Jahresabschlüsse aufzustellen (§§ 238 Abs. 1, 242 HGB). Für Kapitalgesellschaften und bestimmte PHG sieht § 264 Abs. 1 HGB i.V.m. § 264a HGB dabei die gesetzlichen Vertreter vor. Der Begriff des Kaufmanns wird in §§ 1 ff. HGB näher erläutert und definiert. Ausdrücklich bestimmt § 6 Abs. 1 HGB, dass die Vorschriften über Kaufleute auch für Handelsgesellschaften gelten. Die AG und die GmbH sind nach § 3 Abs. 1 AktG bzw. § 13 Abs. 2 GmbHG Handelsgesellschaften. Der Vorstand der AG vertritt nach §§ 76 ff. AktG die Gesellschaft und führt die Geschäfte. Gleiches gilt für den oder die Geschäftsführer der GmbH, vgl. §§ 35 ff. GmbHG.

Bei der OHG sind grundsätzlich alle Gesellschafter zur Geschäftsführung berechtigt und verpflichtet (§ 114 HGB). die KG beschränkt die Geschäftsführung auf die Komplementäre, die Kommanditisten sind ausgeschlossen (§ 164 HGB).

3 Größenklassen

Die Pflichten im Zusammenhang mit der Rechnungslegung sind auch von der Größe 1150
der Unternehmung, insbesondere bei Kapitalgesellschaften, abhängig. Dies gilt u. a. für die Gliederung des Jahresabschlusses, die Berichtspflichten im Anhang, die Prüfung und die Offenlegung. Dabei nimmt der Umfang der Pflichten mit steigender Größe zu. Die Einzelheiten werden bei den einzelnen Sachbereichen besprochen.

Die Größenmerkmale der Unternehmen nach § 267 HGB i.V.m. Art. 66 Abs. 1 EGHGB bzw. dem PublG (§§ 1, 2, 11, 12) zeigt *Tabelle 8* auf. Die Rechtsfolgen treten nur ein, wenn zwei der drei Merkmale an den Abschlussstichtagen von zwei aufeinander folgenden Geschäftsjahren jeweils unter- oder überschritten werden (beachte jedoch die präzise Formulierung des Gesetzes und die größenunabhängige Regel bei Kapitalgesellschaften, deren Papiere an der Börse gehandelt werden; sie gelten stets als große Kapitalgesellschaften, § 267 Abs. 3 Satz 2 HGB, zum Begriff der Börsennotierung vgl. § 3 Abs. 2 AktG).

Kleinstkapitalgesellschaften sind *kleine Kapitalgesellschaften* (AG, KG a. A., GmbH), die 1155
mindestens zwei der drei in § 267a Abs. 1 HGB bzw. in *Tabelle 8* genannten Merkmale nicht überschreiten (zur Berechnung der Bilanzsumme vgl. § 267a Abs. 1 Satz 2 HGB). Die im HGB für kleine Kapitalgesellschaften (§ 267 Abs. 1 HGB) vorgesehenen besonderen Regelungen bzw. Erleichterungen gelten für Kleinstkapitalgesellschaften entsprechend, soweit nichts anderes bestimmt ist (§ 267a Abs. 2 HGB).

Neben den oben ausdrücklich genannten Kapitalgesellschaften können auch *Personenhandelsgesellschaften i. S. v. § 264a HGB* Kleinstkapitalgesellschaften sein und die geänderten Vorschriften anwenden.

TAB. 8: Größenklassen der Unternehmen

Größenklasse	Rechtsgrundlage	Bilanzsumme (Mio. €)	Umsatzerlöse (Mio. €)	Arbeitnehmer (Ø Zahl)
Kleine KapGes/best. PHG	§ 267 Abs. 1 HGB	≤ 4,840	≤ 9,680	≤ 50
Mittelgroße KapGes/best. PHG	§ 267 Abs. 2 HGB	> 4,840 : ≤ 19,250	> 9,680 : ≤ 38,500	> 50 ≤ 250
Große KapGes/ best. PHG	§ 267 Abs. 3 HGB	> 19,250	> 38,500	> 250
Großunter- nehmen	§§ 1, 11 PublG	> 65,0	> 130,0	> 5.000
KleinstKapGes/ best. PHG	§ 267a HGB	≤ 0,350	≤ 0,700	≤ 10

4 Grundsätze ordnungsmäßiger Bilanzierung

1160 Die Grundsätze ordnungsmäßiger Bilanzierung bilden einen Teilbereich der Grundsätze ordnungsmäßiger Buchführung (GoB). Unter den GoB werden allgemeine Sätze verstanden, die als Leitsätze oder als Generalklauseln (vgl. hierzu § 242 BGB für das Schuldrecht) unveränderlich und unabhängig von den angewandten Buchführungssystemen sind. Aus den GoB abgeleitete konkrete Buchführungsregeln unterliegen dem Wandel im Zusammenhang mit neuen Buchungstechniken, organisatorischen Veränderungen und dgl. Wegen der fehlenden umfassenden Fixierung der GoB besteht über Begriff, Inhalt und Systematik in der Literatur keine einheitliche Meinung. Im Hinblick auf das durch die Grundsätze betroffene Teilgebiet der Buchführung ergibt sich folgende *Gliederung:*

a) *Grundsätze ordnungsmäßiger Buchführung im engeren Sinne*
(= Grundsätze im Zusammenhang mit der eigentlichen Buchführung)

b) *Grundsätze ordnungsmäßiger Inventur*
(= Grundsätze im Zusammenhang mit der Bestandsaufnahme)

c) *Grundsätze ordnungsmäßiger Bilanzierung*
(= Grundsätze im Zusammenhang mit dem Jahresabschluss)

Die Normen des Handelsrechts und des Steuerrechts regeln und klären nicht alle bei der Buchführung und Bilanzierung auftretenden Fragen. Diese gesetzlich nicht fixierten Problemlösungen müssen mithilfe der GoB gefunden werden, und zwar deduktiv, d. h. abgeleitet von den Zwecken der Rechnungslegung. Zu ihren Quellen gehören die Rechtsprechung, insbes. des BGH und des BFH, Fachgutachten, u. a. des IDW (vgl. Tz. 1197) und des DRSC (vgl. Tz. 5230), die Lehrmeinungen in der betriebswirtschaftlichen Literatur und die Gepflogenheiten der Praxis.

1165 Aus dem Gesagten lässt sich folgende *Rangordnung der Normen* entwickeln:

(1) *Sonderbestimmungen für die jeweilige Unternehmensform,*
z. B. das AktG für die AG

(2) *Bestimmungen, die für eine Gruppe von Unternehmen gelten,*
z. B. Kapitalgesellschaften, §§ 264 ff. HGB

(3) *Für alle Unternehmensformen geltende Bestimmungen,*
also das HGB §§ 238 ff.

(4) *GoB.*

Die Grundsätze ordnungsmäßiger Bilanzierung lassen sich – wie in *Tabelle 9* dargestellt – systematisieren.

TAB. 9: Grundsätze ordnungsmäßiger Bilanzierung

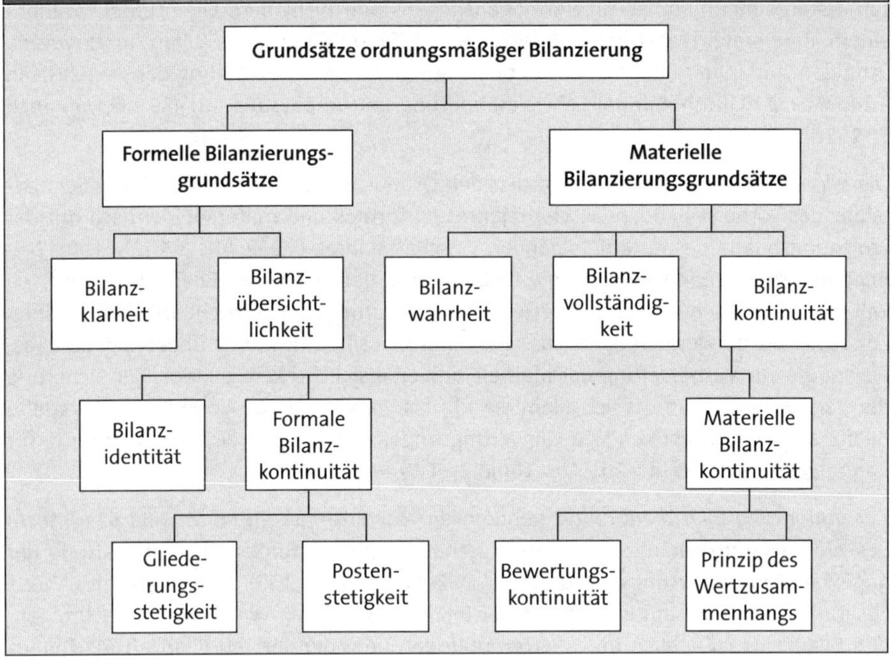

Zu den formellen Bilanzierungsgrundsätzen

Die *Bilanzklarheit* verlangt eine klare Bezeichnung der Bilanzposten und eine klare Glie- 1170
derung der Bilanz. Das Bruttoprinzip ist anzuwenden: d. h. Aktiv- und Passivposten, insbesondere Forderungen und Verbindlichkeiten, dürfen nicht saldiert werden (vgl. § 246 Abs. 2 HGB und § 5 Abs. 1a EStG, beachte das neue Verrechnungsgebot in § 246 Abs. 2 Satz 2, 3 HGB). In engem Zusammenhang mit dem Prinzip der Bilanzklarheit steht das Prinzip der *Übersichtlichkeit* der Bilanz. Es erfordert eine nach bestimmten Prinzipien aufgebaute Bilanzgliederung, z. B. nach Liquiditätsgesichtspunkten. Ihren gesetzlichen Niederschlag haben die beiden Prinzipien in § 243 Abs. 2 HGB (Der Jahresabschluss »muss klar und übersichtlich sein«) und §§ 247, 265 ff. HGB (Gliederung des Jahresabschlusses) gefunden.

Zu den materiellen Bilanzierungsgrundsätzen

Der Grundsatz der *Bilanzwahrheit* fordert, dass die in der Bilanz ausgewiesenen Posten 1175
und Wertansätze »wahr« sind. Eine objektive Wahrheit gibt es bei den Wertansätzen nicht, deshalb sollte der Begriff der Bilanzwahrheit ersetzt werden durch »Wahrhaftigkeit«, »Richtigkeit« (dazu gehört insbesondere eine vorsichtige Bewertung; Prinzip der Vorsicht) und »Zweckmäßigkeit«. Richtig oder falsch ist ein Bilanzansatz nur im Hinblick auf ein bestimmtes Aussageziel, so z. B. auf die Bewertungsvorschriften des HGB.

Der Grundsatz der *Vollständigkeit* der Bilanz bedeutet, dass sämtliche dem Unterneh- 1185
men zuzurechnenden Vermögensgegenstände und Kapitalbeträge in der Bilanz aus-

zuweisen sind (§ 246 Abs. 1 HGB). Vermögensgegenstände sind in der Bilanz des Eigentümers aufzunehmen. Ist ein Vermögensgegenstand nicht dem Eigentümer, sondern einem anderen wirtschaftlich zuzurechnen, hat ihn dieser in seiner Bilanz auszuweisen. Schulden sind in der Bilanz des Schuldners aufzunehmen (Neufassung der Vorschrift in § 246 Abs. 1 HGB ohne inhaltliche Veränderung und Anpassung an § 39 AO, vgl. auch Tz. 2010).

1190 Die *Bilanzkontinuität* umfasst zunächst den Grundsatz der *Bilanzidentität*. Die Schlussbilanz des vorhergehenden Geschäftsjahres ist formell und materiell identisch mit der Eröffnungsbilanz des darauf folgenden Geschäftsjahres (§ 252 Abs. 1 Nr. 1 HGB). *Formale Bilanzkontinuität* verlangt die Beibehaltung der gewählten Bilanzgliederung. Sie will eine willkürliche Änderung verhindern und damit die Vergleichbarkeit über einen Zeitabschnitt hinweg ermöglichen. Abweichungen sind nur in begründeten Fällen, insbesondere zur Verbesserung der Klarheit und Übersichtlichkeit, erlaubt. Zur Sicherung der Vergleichbarkeit muss vor allem die für das vorhergehende Geschäftsjahr erstellte Bilanz an die nun verwendete Gliederung angepasst werden (vgl. die Vorschrift für Kapitalgesellschaften in § 265 Abs. 1 und 2 HGB).

1195 Zur *materiellen Bilanzkontinuität* gehören die Bewertungskontinuität und das Prinzip des Wertzusammenhanges. Das zuerst genannte Prinzip fordert die Beibehaltung der angewandten Bewertungsgrundsätze (§ 252 Abs. 1 Nr. 6 HGB). Das Prinzip des Wertzusammenhangs besagt, dass die in der Bilanz angesetzten Werte für die nachfolgenden Bilanzen maßgeblich und Werterhöhungen über den letzten Bilanzansatz hinaus unzulässig sind. Dieses Prinzip kann durch die Bewertungsvorschriften sowohl in der Handelsbilanz als auch in der Steuerbilanz durchbrochen werden (vgl. § 253 Abs. 5 HGB und § 6 Abs. 1 Nr. 1, 2 EStG), allerdings mit der Maßgabe, dass die Anschaffungs- bzw. Herstellungskosten in keinem Fall überschritten werden dürfen (Höchstwertprinzip, siehe insbesondere § 253 Abs. 1 HGB).

1197 Das *Institut der Wirtschaftsprüfer in Deutschland e. V. (IDW)* (www.idw.de) fördert durch entsprechende *Verlautbarungen* die einheitliche Handhabung und Ausgestaltung der Rechnungslegung und Prüfung bei Unternehmen und Konzernen. Im Einzelnen sind dies

- Stellungnahmen zur Rechnungslegung (IDW RS),
- Rechnungslegungshinweise (IDW RH),
- Prüfungsstandards (IDW PS),
- Prüfungshinweise (IDW PH),
- IDW Standards (IDW S),
- IDW Verlautbarungen bis 1998 (Fachgutachten, Stellungnahmen des Hauptfachausschusses und der Fachausschüsse),
- IDW Praxishinweise,
- IDW Steuerhinweise.

Diese werden in den *IDW Fachnachrichten* und in *WPg Supplement* sowie einem Sammelwerk veröffentlicht.

In *Tabelle 10* sind die *rechnungslegungsrelevanten* allgemeinen Verlautbarungen, also nicht branchenspezifischen, für Jahresabschlüsse und Konzernabschlüsse nach HGB und IFRS zusammengestellt.

TAB. 10: IDW Verlautbarungen zur Rechnungslegung (Auszug)

Titel, Nr., Stand	Abgedruckt in	
	WPg	FN
IDW RS HFA 1 Abgrenzung von Erhaltungsaufwand und Herstellungskosten bei Gebäuden in der Handelsbilanz	2014, Supplement 1	2014, S. 246
IDW RS HFA 2 Einzelfragen zur Anwendung von IFRS	2008, Supplement 4 2012, Supplement 3	2008, S. 483 2012, S. 380
IDW RS HFA 3 Handelsrechtliche Bilanzierung von Verpflichtungen aus Altersteilzeitregelungen	2013, Supplement 3	2013, S. 309
IDW RS HFA 4 Zweifelsfragen zum Ansatz und zur Bewertung von Drohverlustrückstellungen	2010, Supplement 3	2010, S. 298
IDW RS HFA 6 Änderung von Jahres- und Konzernabschlüssen	2007, Supplement 2	2007, S. 265
IDW RS HFA 7 n. F. Handelsrechtliche Rechnungslegung bei Personenhandelsgesellschaften	2012, Supplement 1	2012, S. 189
IDW RS HFA 8 Zweifelsfragen der Bilanzierung von asset backed securities-Gestaltungen und ähnlichen Transaktionen	2002, S. 1151 2004, S. 138	2002, S. 640 2004, S. 28
IDW RS HFA 9 Einzelfragen zur Bilanzierung von Finanzinstrumenten nach IFRS, teilweise ersetzt durch IDW RS HFA 45	2007, Supplement 2	2007, S. 326
IDW RS HFA 10 Anwendung der Grundsätze des IDW S 1 bei der Bewertung von Beteiligungen und sonstigen Unternehmensanteilen für die Zwecke eines handelsrechtlichen Jahresabschlusses	2003, S. 1257 2004, S. 434 2005, S. 1322	2003, S. 557 2004, S. 296 2005, S. 718
IDW RS HFA 11 Bilanzierung entgeltlich erworbener Software beim Anwender	2010, Supplement 3	2010, S. 304
IDW RS HFA 15 Bilanzierung von Schadstoffemissionsrechten nach HGB	2006, S. 574	2006, S. 273
IDW RS HFA 16 Bewertungen bei der Abbildung von Unternehmenserwerben und bei Werthaltigkeitsprüfungen nach IFRS	2005, S. 1415	2005, S. 721
IDW RS HFA 17 Auswirkungen einer Abkehr von der Going-Concern-Prämisse auf den handelsrechtlichen Jahresabschluss	2011, Supplement 3	2011, S. 438

Titel, Nr., Stand	Abgedruckt in	
	WPg	FN
IDW RS HFA 18 Bilanzierung von Anteilen an Personenhandelsgesellschaften im handelsrechtlichen Jahresabschluss	2012, Supplement 1 2014, Supplement 3	2012, S. 24 2014, S. 417
IDW RS HFA 19 Einzelfragen zur erstmaligen Anwendung der International Financial Reporting Standards nach IFRS 1	2006, S. 1376	2006, S. 763
IDW RS HFA 22 Zur einheitlichen oder getrennten handelsrechtlichen Bilanzierung strukturierter Finanzinstrumente	2008, Supplement 4	2008, S. 455
IDW RS HFA 23 Bilanzierung und Bewertung von Pensionsverpflichtungen gegenüber Beamten und deren Hinterbliebenen	2009, Supplement 2	2009, S. 316
IDW RS HFA 24 Einzelfragen zu den Angabepflichten des IFRS 7 zu Finanzinstrumenten	2010, Supplement 1	2010, S. 7
IDW RS HFA 25 Einzelfragen zur Bilanzierung von Verträgen über den Kauf oder Verkauf von nicht-finanziellen Posten nach IAS 39	2009, Supplement 2	2009, S. 255
IDW RS HFA 26 Einzelfragen zur Umkategorisierung finanzieller Vermögenswerte gemäß den Änderungen von IAS 39 und IFRS 7 – Amendments von Oktober/November 2008 –	2009, Supplement 4	2009, S. 570
IDW RS HFA 28 Übergangsregelungen des Bilanzrechtsmodernisierungsgesetzes	2010, Supplement 1 und Supplement 4	2009, S. 642 2010, S. 451
IDW RS HFA 30 Handelsrechtliche Bilanzierung von Altersversorgungsverpflichtungen	2011, Supplement 3	2011, S. 545
IDW RS HFA 31 Aktivierung von Herstellungskosten	2010, Supplement 3	2010, S. 310
IDW RS HFA 32 Anhangangaben nach §§ 285 Nr. 3, 314 Abs. 1 Nr. 2 HGB zu nicht in der Bilanz enthaltenen Geschäften	2010, Supplement 4	2010, S. 478
IDW RS HFA 33 Anhangangaben nach §§ 285 Nr. 21, 314 Abs. 1 Nr. 13 HGB zu Geschäften mit nahestehenden Unternehmen und Personen	2010, Supplement 4	2010, S. 482
IDW RS 34 Einzelfragen zur handelsrechtlichen Bilanzierung von Verbindlichkeitsrückstellungen	2013, Supplement 1	2013, S. 53

Titel, Nr., Stand	Abgedruckt in	
	WPg	FN
IDW RS HFA 35 Handelsrechtliche Bilanzierung von Bewertungseinheiten	2011, Supplement 3	2011, S. 445
IDW RS HFA 36 Anhangangaben nach § 285 Nr. 17 HGB, § 314 Abs. 1 Nr. 9 HGB über das Abschlussprüferhonorar	2010, Supplement 2	2010, S. 245
IDW RS HFA 37 Einzelfragen zur Bilanzierung von Fremdkapitalkosten nach IAS 23	2010, Supplement 4	2010, S. 490
IDW RS HFA 38 Ansatz- und Bewertungsstetigkeit im handelsrechtlichen Jahresabschluss	2011, Supplement 3	2011, S. 560
IDW RS HFA 39 Vorjahreszahlen im handelsrechtlichen Jahresabschluss	2012, Supplement 1	2012, S. 31
IDW RS HFA 41 Bilanzierung beim Formwechsel im handelsrechtlichen Jahresabschluss	2012, Supplement 4	2012, S. 539
IDW RS HFA 42 Auswirkungen einer Verschmelzung auf den handelsrechtlichen Jahresabschluss	2012, Supplement 4	2012, S. 701
IDW RS HFA 43 Auswirkungen einer Spaltung auf den handelsrechtlichen Jahresabschluss	2012, Supplement 4	2012, S. 714
IDW RS HFA 44 Vorjahreszahlen im handelsrechtlichen Konzernabschluss und Konzernrechnungslegung bei Änderungen des Konsolidierungskreises	2012, Supplement 1	2012, S. 32
IDW RS HFA 45 Einzelfragen zur Darstellung von Finanzinstrumenten nach IAS 32	2011, Supplement 2	2011, S. 326
IDW RS HFA 47 Einzelfragen zur Ermittlung des Fair Value nach IFRS 13	2014, Supplement 1	2014, S. 84
IDW RH HFA 1.005 Anhangangaben nach § 285 Nr. 18 und 19 HGB zu bestimmten Finanzinstrumenten	2010, Supplement 4	2010, S. 567
IDW RH HFA 1.007 Lageberichterstattung nach § 289 Abs. 1 und 3 HGB bzw. § 315 Abs. 1 HGB in der Fassung des Bilanzrechtsreformgesetzes	2005, S. 1234	2005, S. 746
IDW RH HFA 1.009 Rückstellungen für die Aufbewahrung von Geschäftsunterlagen sowie für die Aufstellung, Prüfung und Veröffentlichung von Abschlüssen und Lageberichten nach § 249 Abs. 1 HGB	2010, Supplement 3	2010, S. 354

Titel, Nr., Stand	Abgedruckt in	
	WPg	FN
IDW RH HFA 1.012 Externe (handelsrechtliche) Rechnungslegung im Insolvenzverfahren	2014, Supplement 2	2014, S. 385
IDW RH HFA 1.013 Handelsrechtliche Vermerk- und Berichterstattungspflichten bei Patronatserklärungen	2008, Supplement 1	2008, S. 116
IDW RH HFA 1.014 Umwidmung und Bewertung von Forderungen und Wertpapieren nach HGB	2009, Supplement 1	2009, S. 58
IDW RH HFA 1.015 Zulässigkeit degressiver Abschreibungen in der Handelsbilanz vor dem Hintergrund der jüngsten Rechtsänderungen	2010, Supplement 1	2009, S. 690
IDW RH HFA 1.016 Handelsrechtliche Zulässigkeit einer komponentenweisen planmäßigen Abschreibung von Sachanlagen	2009, Supplement 3	2009, S. 362
IDW RH HFA 1.017 Einzelfragen zur Behandlung der Umsatzsteuer im handelsrechtlichen Jahresabschluss	2011, Supplement 3	2011, S. 564
IDW RH HFA 1.018 Einheitliche Bilanzierung und Bewertung im handelsrechtlichen Konzernabschluss	2013, Supplement 2	2013, S. 214
IDW RH HFA 1.019 Handelsrechtliche Konzernrechnungslegung bei unterschiedlichen Abschlussstichtagen	2013, Supplement 2	2013, S. 217
IDW RH HFA 2.001 Ausweis- und Angabepflichten für Zinsswaps in IFRS-Abschlüssen	2007, Supplement 4	2007, S. 606
IDW S 5 Grundsätze zur Bewertung immaterieller Vermögenswerte	2011, Supplement 3	2011, S. 467
IDW S 7 Grundsätze für die Erstellung von Jahresabschlüssen durch Wirtschaftsprüfer	2010, Supplement 1	2009, S. 623
IDW S 9 Bescheinigung nach § 270b InsO	2014, Supplement 4	2014, S. 615
IDW S 10 Grundsätze zur Bewertung von Immobilien	2013, Supplement 4	2013, S. 503

LITERATUR

Deutscher Bundestag, Entwurf eines Gesetzes zur Modernisierung ..., a. a. O.; *Deutscher Bundestag*, Entwurf eines Gesetzes zur Umsetzung der Richtlinie 2012/6/EU vom 14. 3. 2012, a. a. O.; *Europäische Union*, a. a. O.; *Euler*, a. a. O.; *Institut der Wirtschaftsprüfer*, Zur Bilanzierung bei Personenhandelsgesellschaften, a. a. O.; *Leffson*, a. a. O.; *Meyer*, Bilanzmodernisierungsgesetz, a. a. O.; *Meyer*, Bilanzrechtsmodernisierungsgesetz, a. a. O.; *Moxter*, a. a. O.; *Scharpf/Lutz*, a. a. O.; *Völker-Lehmkuhl/Mages*, a. a. O.; *Wöhe*, a. a. O., S. 29, 175 ff.; *Zwirner*, a. a. O.; WP Handbuch 2012, S. 3009 ff.; Kommentare zu den angegebenen §§.

C. Bilanzarten, -typen

1200 Bilanzen können die ihnen zugewiesenen Aufgaben nur erfüllen, wenn sie sowohl in materieller Hinsicht durch Höhe und Inhalt der ausgewiesenen Vermögensgegenstände und Kapitalbeträge als auch formal durch Aufbau und Gliederung funktionsgerecht, zielgerecht sind. *Eine* Bilanz schlechthin gibt es nicht, vielmehr muss für jeden Zweck eine spezifische Bilanz entwickelt werden. In der wirtschaftswissenschaftlichen Literatur und der betrieblichen Praxis kristallisierten sich Bilanztypen, Bilanzarten heraus. *Tabelle 11* gibt einen Überblick über die wichtigsten Bilanzarten.

1210 Die in der Wirtschaft bedeutsamsten und am häufigsten erstellten Bilanzen sind Handelsbilanzen und Steuerbilanzen. Nach den Rechtsnormen des Handelsrechts hat jeder Kaufmann zum Ende eines Geschäftsjahres einen Jahresabschluss, die *Handelsbilanz*, zu erstellen (§ 242 HGB).

1225 Ihre Funktionen bestehen vor allem in der Information und Rechenschaft gegenüber den Anteilseignern und den Gläubigern über die wirtschaftliche Entwicklung im abgelaufenen Geschäftsjahr. Diese Zielsetzungen schlagen sich insbesondere auch in den Bestimmungen über die Bewertung nieder, die beherrscht sind vom *Prinzip des Gläubigerschutzes und der Vorsicht.*

TAB. 11: Bilanzarten, -typen

<table>
<tr><th>Unterscheidungskriterium</th><th colspan="7">Erscheinungsform</th></tr>
<tr><td rowspan="3">Zu Grunde liegende Rechtsnormen</td><td colspan="6">Gesetzliche Bilanzen</td><td rowspan="3">Freiwillige Bilanzen</td></tr>
<tr><td colspan="4">Handelsbilanzen</td><td colspan="2" rowspan="2">Steuerbilanzen</td></tr>
<tr><td colspan="2">nationale</td><td colspan="2">internationale</td></tr>
<tr><td rowspan="2">Rechtsform der Unternehmung</td><td rowspan="2">Einzelunternehmen</td><td colspan="2">Personengesellschaft</td><td colspan="3">Kapitalgesellschaft</td><td rowspan="2">Genossenschaft</td></tr>
<tr><td colspan="2">OHG KG</td><td colspan="3">GmbH AG KGaA</td></tr>
<tr><td>Zahl der einbezogenen Unternehmen</td><td colspan="2">Einzelbilanzen</td><td colspan="3">Gesamtbilanzen (Generalbilanzen)</td><td colspan="2">Konsolidierte Bilanzen (Konzernbilanzen)</td></tr>
<tr><td rowspan="2">Bilanzierungsanlass</td><td colspan="3">Ordentliche Bilanzen</td><td colspan="4">Außerordentliche Bilanzen</td></tr>
<tr><td>Eröffnungsbilanzen</td><td>Zwischenbilanzen</td><td>Schlussbilanzen</td><td>Gründungsbilanzen</td><td>Sanierungsbilanzen</td><td>Fusionsbilanzen</td><td>Insolvenzbilanzen</td></tr>
<tr><td>Stellung des Bilanzempfängers zur Unternehmung</td><td colspan="4">Externe Bilanzen</td><td colspan="3">Interne Bilanzen</td></tr>
<tr><td>Bilanzinhalt</td><td colspan="2">Beständebilanzen</td><td colspan="3">Bestands-Differenzen-Bilanzen (Bewegungsbilanzen)</td><td colspan="2">Erfolgsbilanzen (Erfolgsrechnung)</td></tr>
<tr><td>Zu Grunde liegender Gewinnbegriff</td><td colspan="2">Nominalwertbilanzen</td><td colspan="3">Realwertbilanzen</td><td colspan="2">Bilanzen mit Substanzwerterhaltung</td></tr>
</table>

1230 Die Handelsbilanz stellt zugleich die Grundlage für die möglichst periodengerechte steuerliche Gewinnermittlung nach § 5 Abs. 1 EStG und §§ 7 ff. KStG (vgl. ergänzend § 60 EStDV) dar. Die handelsrechtliche Bilanz bzw. das nach den handelsrechtlichen

GoB auszuweisende Betriebsvermögen ist die Basis für die *Steuerbilanz*. Bei der Abgrenzung der Betriebsausgaben, bei Entnahmen und Einlagen, bei der Bewertung usw. müssen jedoch die Vorschriften des Steuerrechts beachtet werden (§ 5 Abs. 2–6 EStG). Maßgebend für die Steuerbilanz sind also zunächst die Wertansätze in der Handelsbilanz, die unverändert in die Steuerbilanz übernommen werden, sofern das Steuerrecht nicht zwingend einen anderen, meist höheren Wertansatz vorschreibt *(Maßgeblichkeit der Handelsbilanz für die Steuerbilanz,* beachte ausdrücklich § 5 Abs. 1 Satz 1 EStG). Die für die Zwecke der Besteuerung zu Grunde zu legende Steuerbilanz ist somit keine eigenständige Bilanz, sondern eine unter Beachtung der steuerlichen Bestimmungen aus der Handelsbilanz abgeleitete Bilanz (vgl. auch R 5.2 EStR).

Die *Einkommensteuer-Richtlinien (EStR)* bindet nur die Finanzverwaltung bei der Aus- 1233
legung der Steuergesetze; es handelt sich um eine Verwaltungsanweisung zur Vermeidung von Härten und zur Verwaltungsvereinfachung (vgl. dazu Einführung zu den EStR, Abs. 1). Die Einkommensteuer-Richtlinien 2008 wurden überarbeitet und durch die Einkommensteuer-Änderungsrichtlinien 2012 – EStÄR 2012 ergänzt (erstmals anzuwenden auf den Veranlagungszeitraum 2012).

Einzelkaufleute und Personengesellschaften sind (sofern sie nicht dem PublG bzw. 1235
§ 264a HGB unterliegen) nicht verpflichtet, ihre Jahresabschlüsse zu veröffentlichen. Sie müssen folglich keine publizitätspolitischen Überlegungen bei der materiellen und formellen Gestaltung ihrer Bilanz und Gewinn- und Verlustrechnung anstellen. Diese Unternehmen gehen deshalb bei der Aufstellung ihrer Handelsbilanz meist von den steuerlichen Bewertungsvorschriften aus, so dass bei ihnen die Handelsbilanz und die daraus abzuleitende Steuerbilanz identisch sind. Das Prinzip der Maßgeblichkeit der Handelsbilanz für die Steuerbilanz hat sich damit praktisch umgekehrt (= umgekehrte Maßgeblichkeit, vgl. auch § 5 Abs. 1 Satz 2 EStG a. F. und *Tabelle 12*). Das geschilderte Verfahren wurde von ca. 90 % der bilanzierenden Unternehmen angewandt.

TAB. 12: Handels- und Steuerbilanz

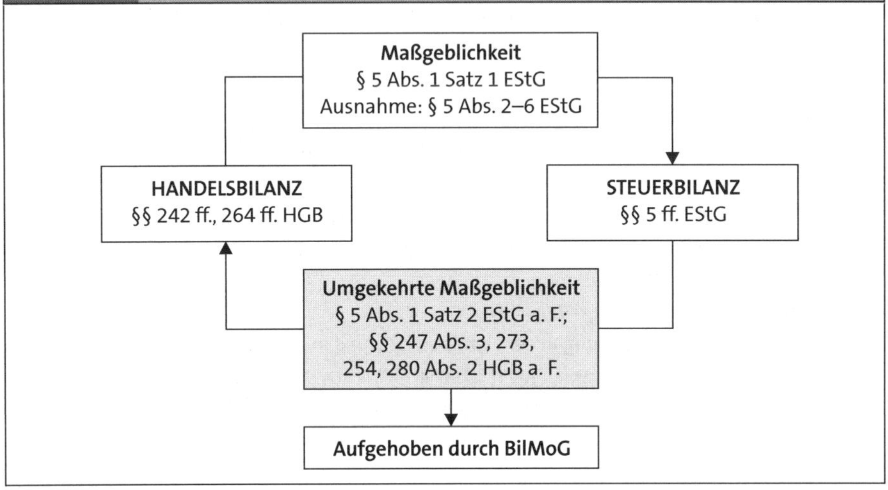

1240 Die umgekehrte Maßgeblichkeit (vgl. *Tabelle 12*) wird durch Streichung von § 5 Abs. 1 Satz 2 EStG a. F. und der Vorschriften im HGB aufgehoben. Damit ist die Ausübung steuerrechtlicher Wahlrechte künftig *unabhängig* von der Handelsbilanz möglich. Beachte auch die künftig notwendig werdende Führung bestimmter Verzeichnisse nach § 5 Abs. 1 Satz 2 EStG.

1242 Das BMF hat in zwei Anwendungsschreiben vom 12. 3. 2010 bzw. 22. 6. 2010 (BStBl I 2010, S. 239, 597) zur Aufhebung der umgekehrten Maßgeblichkeit und deren Folgen Stellung genommen. Der wesentliche Inhalt ist in *Tabelle 13* zusammengestellt.

TAB. 13: Maßgeblichkeit und Aufhebung der umgekehrten Maßgeblichkeit

Maßgeblichkeit nach § 5 Abs. 1 Satz 1 HS 1 EStG

a) Ansatz von Wirtschaftsgütern, Schulden und Rechnungsabgrenzungsposten

- Aktivierungsgebote, -verbote, -wahlrechte

  Handelsrechtliche Aktivierungsgebote und -wahlrechte führen zu Aktivierungsgeboten in der Steuerbilanz

  Ausnahme: Aktivierung ist steuerlich ausgeschlossen – z. B. § 248 Abs. 2 HGB/ § 5 Abs. 2 EStG

- Passivierungsgebote, -verbote, -wahlrechte

  Handelsrechtliche Passivierungsgebote sind auch steuerlich wirksam

  Ausnahme: Steuerliche Sondervorschriften

  Handelsrechtliche Passivierungsverbote und -wahlrechte führen zu Passivierungsverboten in der Steuerbilanz (BFH-Urteil vom 3. 2. 1969, BStBl II 1969, S. 291)

  Pensionsverpflichtungen – siehe unten c)

b) Bewertungswahlrechte und -vorbehalte

- Handelsrechtliche Bewertungswahlrechte ohne eigenständige steuerliche Regelungen wirken auch auf die Steuerbilanz

  z. B. Bewertungsvereinfachungsverfahren nach § 240 Abs. 3 und 4 HGB; Fremdkapitalzinsen nach § 255 Abs. 3 HGB/R 6.3 Abs. 4 EStR
  Sonderfall: Herstellungskosten – Einbeziehungswahlrechte nach § 255 Abs. 2 Satz 3 HGB/ § 6 Abs. 1 Nummer 2 Satz 1 EStG bzw. R 6.3 Abs. 4 EStG – Vgl. dazu Tz. 2283

c) Ansatz und Bewertung von Pensionsverpflichtungen

- Ansatzgebot nach § 249 HGB auch in der Steuerbilanz unter Beachtung der Einschränkungen nach § 6a EStG

Abweichen von handelsrechtlichen Wertansätzen, § 5 Abs. 1 Satz 1 HS 2 EStG

a) Steuerliche Wahlrechte

- Ausübung in der Steuerbilanz unabhängig von der Handelsbilanz

  z. B. Rücklage nach § 6b EStG, Teilwertabschreibungen nach § 6 Abs. 1 Nummer 1 Satz 2 und Nummer 2 Satz 2 EStG

b) Handels- und steuerrechtliche Wahlrechte

- Unterschiedliche Ausübung in der Handelsbilanz und in der Steuerbilanz möglich

  z. B. Verbrauchsfolgeverfahren nach § 256 HGB/§ 6 Abs. 1 Nr. 2a EStG; lineare bzw. degressive Abschreibung nach § 253 HGB/§ 5 Abs. 6 i. V. m. § 7 Abs. 2 EStG

Die Aufstellung einer sog. *Einheitsbilanz* (= Übereinstimmung von handels- und steuerrechtlichen Wertansätzen) führt zu einem geringeren Organisationsaufwand im Rahmen der Rechnungslegung. Die Wahl eines abweichenden Ansatzes in der Steuerbilanz erfordert die laufende Führung besonderer Verzeichnisse mit zusätzlichen Angaben (vgl. § 5 Abs. 1 Satz 2, 3 EStG).

Alle Aktiengesellschaften, Kommanditgesellschaften auf Aktien und Gesellschaften mit 1245
beschränkter Haftung erstellen aufgrund der Vorschriften des HGB bzw. des AktG und des GmbHG eine Handelsbilanz und leiten daraus ihre Steuerbilanz ab. Durch eine abweichende Bewertung (teilweise gesetzlich zwingend vorgeschrieben) treten fortlaufend Bewertungsunterschiede zwischen Handels- und Steuerbilanz auf, die sich in der Steuerbilanz als sog. steuerliche Ausgleichsposten auf der Aktivseite, meist aber auf der Passivseite niederschlagen. Der rechnerische Zusammenhang zwischen Handelsbilanz und Steuerbilanz wird entweder statistisch mithilfe von *Mehr-Weniger-Rechnungen* oder aber (selten) kontenmäßig mit einer Steuerbuchhaltung erreicht.

Bei *Personengesellschaften* können neben der Steuerbilanz für die Gesellschaft auch Er- 1250
gänzungsbilanzen und/oder Sonderbilanzen für die einzelnen Gesellschafter zu erstellen sein. *Ergänzungsbilanzen* beziehen sich auf gesellschafterbezogene Ergänzungen zu Wirtschaftsgütern in der Bilanz der Gesellschaft. Beispiel: Erwerb von stillen Reserven im Rahmen eines Gesellschafterwechsels.

Das so ermittelte Mehr- bzw. Minderkapital und der Ergänzungsgewinn bzw. -verlust 1251
wird dem betreffenden Gesellschafter unmittelbar zugerechnet. *Sonderbilanzen* enthalten das Sonderbetriebsvermögen eines Gesellschafters. Damit wird der Sondergewinn bzw. -verlust des Gesellschafters ermittelt. In der »Einheitliche und gesonderte Gewinnfeststellung« werden die Ergebnisse der Bilanzen zusammengefasst.

LITERATUR

Fischer, a. a. O.; BMF vom 12. 3. 2010 bzw. 22. 6. 2010, a. a. O.; *Kußmaul,* a. a. O.; Kommentare zu den angegebenen §§.

D. Die Entwicklung der Handelsbilanz aus dem Zahlenmaterial der Finanzbuchhaltung

1 Das System der doppelten Buchführung

1300 Die wesentlichen Merkmale und das *Kontensystem* der doppelten Buchführung zeigt vereinfacht *Tabelle 14* auf. Die Bilanz- oder Bestandskonten weisen die Bestände an Vermögen und Kapital auf. Die Konten der Gewinn- und Verlustrechnung enthalten die Erfolgskonten bzw. Aufwands- und Ertragskonten, die den Werteverzehr bzw. den Wertezuwachs aus dem Umsatzprozess aufnehmen. Die Gewinn- und Verlustrechnung mit dem Gewinn oder Verlust als Saldo (= Erhöhung oder Minderung des Eigenkapitals) ist ein Unterkonto des Kontos »Eigenkapital« und wird über dieses abgeschlossen. Das Konto »Privat« (nur bei EU, OHG und KG) enthält die Entnahmen und Einlagen des Geschäftsjahres. Es ist ebenfalls ein Unterkonto des Kontos »Eigenkapital«.

1320 Das *Kennzeichen* der doppelten Buchführung ist die Erfassung eines Geschäftsvorfalles bzw. Buchungsvorganges auf zwei Konten. Die Buchung wird durch den sog. Buchungssatz gekennzeichnet.

Buchungssatz

Soll-Konto .... € .... an Haben-Konto .... € ....

Die Erfassung der Buchungen erfolgt ebenfalls zweifach, nämlich

- im Grundbuch oder Journal – chronologisch
- im Hauptbuch – sachlich, kontenmäßig.

Sämtliche Buchungen sind zu belegen (= keine Buchung ohne Beleg).

TAB. 14: System der Buchführung

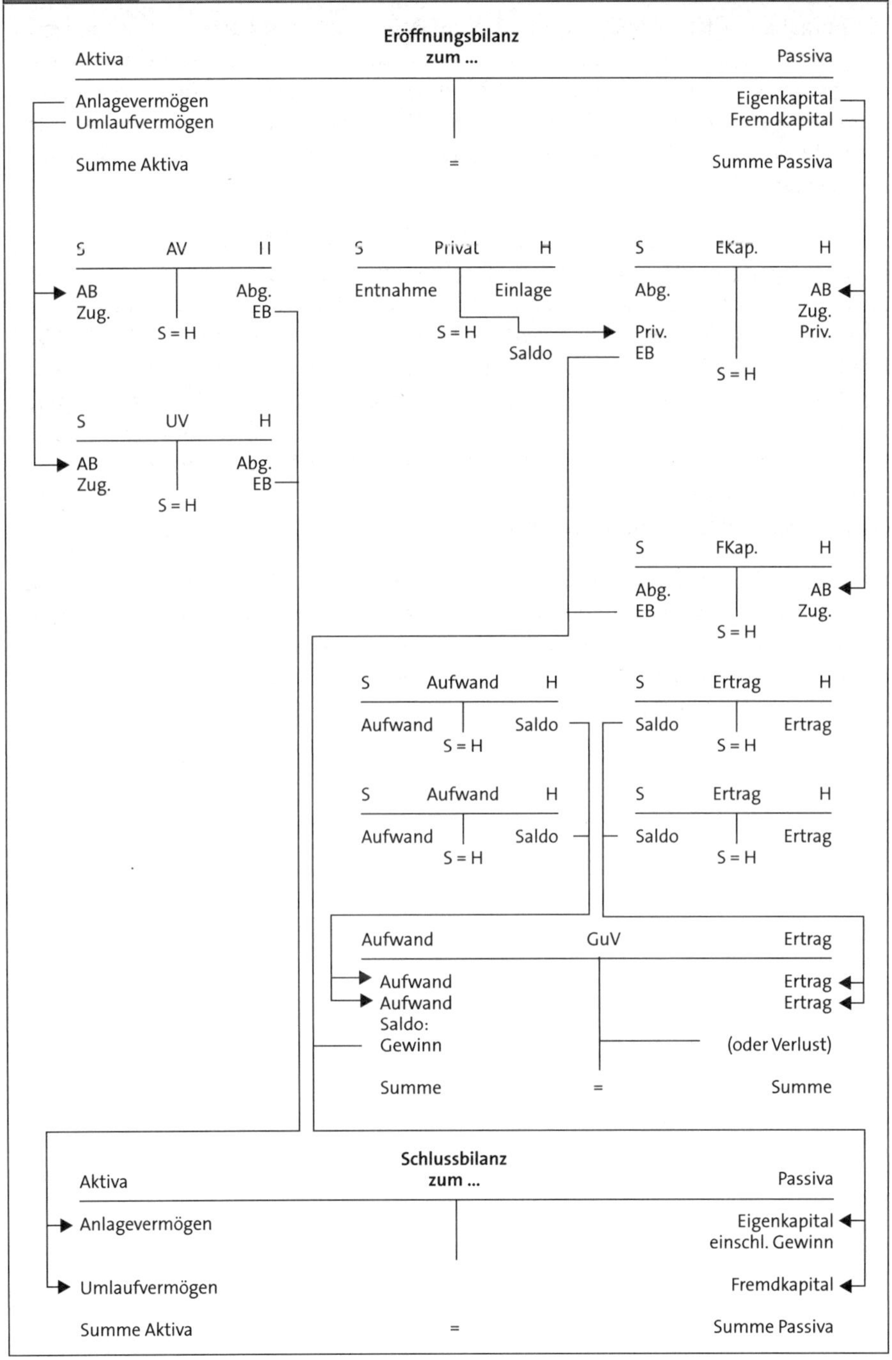

2 Die Zahlen der Finanzbuchhaltung als Ausgangswerte

1330 Die Aufgabe der Finanzbuchhaltung (Geschäftsbuchhaltung) besteht in der Aufzeichnung der im Laufe des Abrechnungszeitraumes angefallenen Geschäftsvorfälle in chronologischer Reihenfolge (Journal) und nach sachlichen Gesichtspunkten (Hauptbuch, kontenmäßig). Die Finanzbuchhaltung ist die für die Rechnungslegung nach dem Handelsrecht vorgeschriebene Gesamtrechnung und ihr Ziel ist die Erstellung des Jahresabschlusses.

1340 *Inventar und Eröffnungsbilanz* nach §§ 240 Abs. 1, 242 Abs. 1 HGB bilden den unabdingbaren Ausgangspunkt der Buchhaltungsarbeiten. Nach Ablauf des Geschäftsjahres müssen die Soll- oder Buchbestände der Finanzbuchhaltung mithilfe des Inventars bzw. der zu Grunde liegenden *Inventur* (Ist-Bestände) verifiziert werden (§ 240 Abs. 2 HGB). Teilweise erfüllen Inventur und Inventar zusätzlich die Funktion der Verbrauchsermittlung: nämlich dann, wenn in der Finanzbuchhaltung keine Endbestände nachweisbar sind. So wird z. B. oft der Materialverbrauch nicht während des Geschäftsjahres bei der jeweiligen Entnahme erfasst, sondern der Materialaufwand ergibt sich als Differenz zwischen dem Anfangsbestand und den Zugängen lt. Finanzbuchhaltung und dem Endbestand lt. Inventur bzw. Inventar.

1350 Die Bestände nach der Inventur bzw. dem Inventar haben gegenüber den Beständen der Finanzbuchhaltung den Vorrang, die zuletzt Genannten müssen angepasst werden (Maßgeblichkeit der Inventur bzw. des Inventars gegenüber den Beständen der Finanzbuchhaltung). In *Tabelle 15* sind die Zusammenhänge und der zeitliche Ablauf der Arbeiten schematisch dargestellt.

TAB. 15: Eröffnungsbilanz, Buchführung, Inventur, Inventar, Schlussbilanz

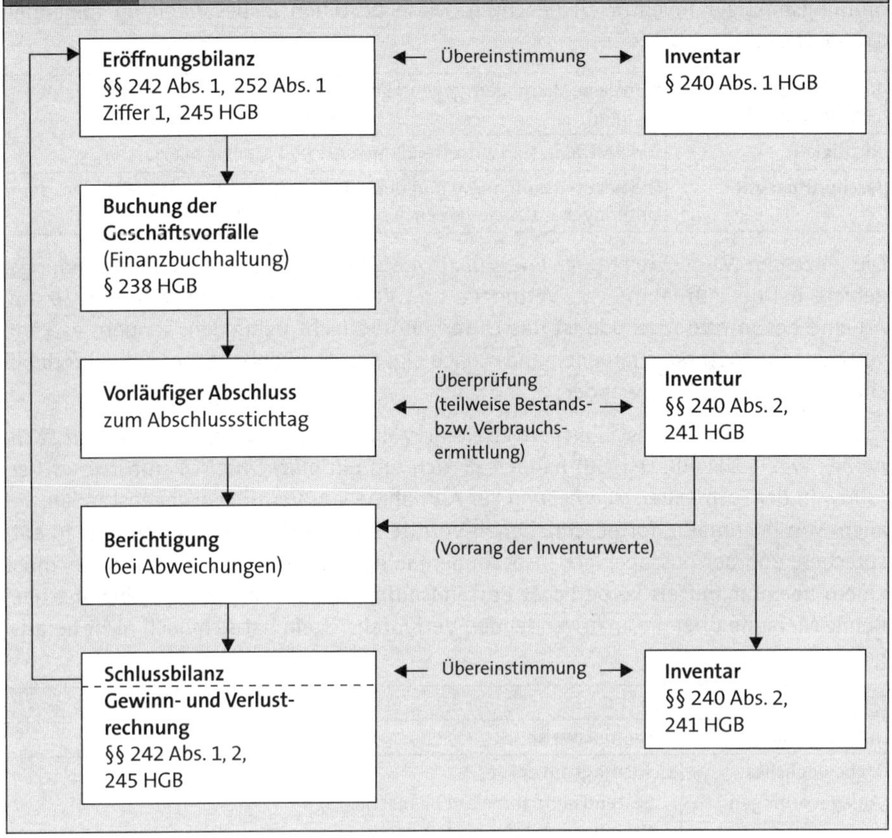

3 Die Möglichkeiten der Bestandsaufnahme (Inventurmethoden)

Die Daten der Finanzbuchhaltung müssen durch die Ergebnisse der Inventur verifiziert 1360
werden. Die Bestandsaufnahme gehört nach §§ 240 f. HGB zu den Voraussetzungen einer ordnungsmäßigen Buchführung und einem daraus entwickelten ordnungsmäßigen Jahresabschluss. Eine unterlassene oder erheblich fehlerhafte Inventur führt zum Verlust der ordnungsmäßigen Buchführung und damit auch der am Jahresende aufgestellten Bilanz. Aufgrund der Bilanzidentität folgt zwangsläufig, dass die Buchführung des folgenden Jahres ebenfalls nicht ordnungsmäßig sein kann, weil die ausgewiesenen Bestände an Vermögen und Kapital in der Eröffnungsbilanz fehlerhaft sind (R 5.3 Abs. 4 EStR). Die Folgen einer fehlerhaften Inventur betreffen also zwei Jahre.

Die Ergebnisse der Inventur werden im Inventar als einem Bestandsverzeichnis nach Art, Menge und Wert festgehalten (§ 240 HGB, H 5.3 EStH).

Nur der Jahresabschluss, nicht das Inventar, ist vom Kaufmann selbst bzw. von den per- 1365
sönlich haftenden Gesellschaftern, dem Geschäftsführer der GmbH, dem Vorstand der AG zu unterzeichnen (§ 245 HGB). Die Aufnahmeunterlagen (Listen und dgl.) müssen

wie das Inventar 10 Jahre aufbewahrt werden. Bei der Inventur sind die Grundsätze ordnungsmäßiger Inventur zu beachten. Diese bestehen insbesondere in folgenden *Grundsätzen:*

Vollständigkeit, Einzelerfassung	Sämtliche Vermögensgegenstände und Schulden sind einzeln aufzunehmen.
Richtigkeit	Die Bestände sind zutreffend nach Art und Menge zu erfassen.
Nachprüfbarkeit	Die Bestandsaufnahme und deren Ergebnis sind zu dokumentieren, die Unterlagen aufzubewahren.

1370 Die einzelnen *Möglichkeiten der Inventur* (Inventurmethoden) und ihre Anwendungsgebiete bei der Aufnahme von Vermögen und Verbindlichkeiten zeigt *Tabelle 16* auf. An eine bestimmte Methode ist das Unternehmen nicht gebunden, sondern es kann verschiedene Methoden nebeneinander nach eigener Wahl entsprechend den betrieblichen Gegebenheiten verwenden.

1375 Die Bestandsaufnahme ist üblicherweise eine Vollerhebung. Bei der *Inventur mit Stichproben* (vgl. § 241 Abs. 1 HGB) handelt es sich um ein *mathematisch-statistisches Verfahren* in der Form einer *Teilerhebung* zur Aufnahme von Vermögensgegenständen, vor allem von buchmäßig fortgeschriebenen Vorräten. Das Verfahren hat den GoB zu entsprechen, und der Aussagewert, insbesondere in der Genauigkeit der Ergebnisse, muss einem Inventar mittels körperlicher Bestandsaufnahme gleichkommen. Eine abschließende Meinung über die anzuwendenden Verfahrensregeln hat sich noch nicht herausgebildet.

TAB. 16: Möglichkeiten der Bestandsaufnahme (Inventur)

Art des Bestandes	Verfahrensweise
Unbewegliches Anlagevermögen	**1. Stichtags-Inventur** Bestandsaufnahme am Bilanzstichtag Grundlage: § 240 Abs. 1, 2 HGB **2. Führung eines lfd. Bestandsverzeichnisses** (siehe unten: Bewegliches Anlagevermögen)
Bewegliches Anlagevermögen	**1. Stichtags-Inventur** Körperliche Bestandsaufnahme zum Bilanzstichtag Grundlage: § 240 Abs. 1, 2 HGB, R 5.4 Abs. 1–5 EStR **2. Führung eines lfd. Bestandsverzeichnisses** (Anlagekartei) verbunden mit dem Wegfall einer jährlichen Inventur Inhalt des Bestandsverzeichnisses: (1) Genaue Bezeichnung des Gegenstandes (2) Bilanzwert am jeweiligen Bilanzstichtag (3) Tag der Anschaffung oder Herstellung (4) Höhe der Anschaffungs- oder Herstellungskosten (5) Tag des Abgangs Grundlage: § 241 Abs. 2 HGB, R 5.4 Abs. 4 EStR Beim Festwert: Vgl. § 240 Abs. 3 HGB, R 5.4 Abs. 3 EStR

Art des Bestandes	Verfahrensweise
Vorratsvermögen	**1. Stichtags-Inventur** Körperliche Bestandsaufnahme am Bilanzstichtag: generell zugelassen. Grundlage: § 240 Abs. 1, 2 HGB, R 5.3 Abs. 1 EStR **2. Ausgeweitete Stichtagsinventur** Körperliche Bestandsaufnahme innerhalb von 10 Tagen vor oder nach dem Bilanzstichtag, Bestandsveränderungen zwischen Aufnahmetag und Bilanzstichtag sind mit Belegen mengenmäßig nachzuweisen. Grundlage: GoB, R 5.3 Abs. 1 EStR **3. Permanente Inventur** Bestandsaufnahme an irgendeinem Tag des Jahres, der Soll-Bestand lt. Lagerbuchführung bzw. -kartei am Bilanzstichtag gilt als effektiver Bestand Voraussetzungen: (1) Lagerbuchführung; Bestände, Zu- und Abgänge einzeln nach Tag, Art, Menge eintragen; belegmäßiger Nachweis (2) Mindestens einmal im Geschäftsjahr ist eine körperliche Bestandsaufnahme durchzuführen (3) Anfertigung eines Protokolls über die körperliche Bestandsaufnahme unter Angabe des Zeitpunkts, des Ergebnisses und der Personen; Aufbewahrung: 10 Jahre (4) Berichtigung der Lagerbuchführung bzw. -kartei bei Bestandsdifferenzen Grundlage: § 241 Abs. 2 HGB, H 5.3 EStH Nicht anwendbar auf: (1) Bestände mit unkontrollierbarem Abgang wie Schwund, Verdunsten usw. (2) Wirtschaftsgüter, die – abgestellt auf die Verhältnisse des jeweiligen Betriebes – besonders wertvoll sind Grundlage: R 5.3 Abs. 4 EStR

Art des Bestandes	Verfahrensweise
Vorratsvermögen (Fortsetzung)	**4. Zeitverschobene Inventur** Bestandsaufnahme innerhalb der letzten drei Monate vor oder der beiden ersten Monate nach Schluss des Geschäftsjahres und wertmäßiges Fortschreibungs- oder Rückrechnungsverfahren zur Feststellung des Bestandes am Bilanzstichtag Fortschreibung: Wert am Aufnahmetag + Wert der Zugänge zwischen Aufnahmetag und Bilanzstichtag ./. Wert der Abgänge zwischen Aufnahmetag und Bilanzstichtag = Wert am Bilanzstichtag Rückrechnung: Wert am Aufnahmetag + Wert der Abgänge zwischen Bilanzstichtag und Aufnahmetag ./. Wert der Zugänge zwischen Aufnahmetag und Bilanzstichtag = Wert am Bilanzstichtag Nicht anwendbar: Siehe permanente Inventur Grundlage: § 241 Abs. 3 HGB, R 5.3 Abs. 2 EStR Beim Festwert: Vgl. § 240 Abs. 3 HGB, H 6.8 EStH
Sonstige Vermögensgegenstände und Verbindlichkeiten	► Körperliche Bestandsaufnahme am Bilanzstichtag, insbesondere – bei Kassenbeständen, Wechseln, Schecks, Wertpapieren (soweit in der Unternehmung verwahrt) ► Saldenbestätigungen, Auszüge und Ähnliches, insbesondere – bei Forderungen, Verbindlichkeiten, Guthaben bei – Kreditinstituten, Wertpapieren im Depot Grundlage: § 240 Abs. 1, 2 HGB

4 Die Zusammenfassung des verifizierten Zahlenmaterials zum Jahresabschluss

1385 Die Unternehmung bestimmt nach ihren individuellen Bedürfnissen, welche und wie viele Konten sie in ihrer Finanzbuchhaltung einrichtet. Die tatsächlich in einem Unternehmen geführten Konten sind schriftlich niederzulegen *(= Kontenplan).* Vorschläge für die Gestaltung enthalten die von verschiedenen Organisationen entwickelten *Kontenrahmen.* In der Praxis noch weit verbreitet ist der *Gemeinschaftskontenrahmen industrieller Verbände (GKR),* aufgebaut nach dem Prozessgliederungsprinzip. Im Zusammenhang mit dem Bilanzrichtlinien-Gesetz wurde vom Bundesverband der Deutschen Industrie e.V. der *Industrie-Kontenrahmen (IKR)* erarbeitet, der sich in seinem Aufbau am Jahresabschluss orientiert (Abschlussgliederungsprinzip). Industriekontenrahmen (IKR) und Gemeinschaftskontenrahmen (GKR) sind in *Tabelle 17* in ihrer Systematik und ihrem Aufbau gegenübergestellt. Auch von der DATEV eG wurden entsprechende Kontenrahmen entwickelt, vgl. z. B. SKR 03 und SKR 04, vgl. dazu Tz. 2110. Eine gekürzte Fassung des DATEV-Kontenrahmens SKR 04 befindet sich auf S. 430 ff.

TAB. 17: Aufbau von Industrie- und Gemeinschaftskontenrahmen

Kontenklasse	Industriekontenrahmen (IKR)	Gemeinschaftskontenrahmen (GKR)
0	Immaterielle Vermögensgegenstände und Sachanlagen	Anlagevermögen und langfristiges Kapital
1	Finanzanlagen	Finanz-, Umlaufvermögen und kurzfristige Verbindlichkeiten
2	Umlaufvermögen und aktive Rechnungsabgrenzung	Neutrale Aufwendungen und Erträge
3	Eigenkapital und Rückstellungen	Stoffe – Bestände
4	Verbindlichkeiten und passive Rechnungsabgrenzung	Kostenarten
5	Erträge	Kostenstellen
6	Betriebliche Aufwendungen	Herstellungskosten
7	Weitere Aufwendungen	Bestände an unfertigen und fertigen Erzeugnissen
8	Ergebnisrechnungen	Erträge
9	Kosten- und Leistungsrechnung	Abschlusskonten

Die Zahl der in der Unternehmung nach dem Kontenplan geführten Bestands- und Er- 1395
folgskonten ist erheblich größer als die in der Bilanz und der Gewinn- und Verlustrechnung auszuweisenden Posten (vgl. §§ 266, 275 HGB). Deshalb müssen die Salden auf den Konten der Finanzbuchhaltung nach einem vorher genau festgelegten System zu den Posten des Jahresabschlusses zusammengefasst, aggregiert werden. Zur Nachprüfung und Probe vor dem eigentlichen Abschluss der Konten, oder auch um die Auswirkungen bewertungs- und bilanzpolitischer Maßnahmen, insbesondere auf den Erfolg, feststellen zu können, wird oft eine *Abschluss-, Bilanz- oder Betriebsübersicht* aufgestellt.

Finanzbuchhaltungen auf der Basis von EDV erlauben in der Regel einen unmittelbaren Ausdruck von Bilanz und Gewinn- und Verlustrechnung, wobei die Zuordnung der einzelnen Konten der Buchhaltung zu den spezifischen Posten vorher eingegeben wird.

LITERATUR

Zu 1, 2: *Falterbaum/Bolk/Reiß/Kirchner,* a. a. O., S. 68, 97 ff.; *Meyer,* Finanzbuchhaltung, a. a. O.; alle Lehrbücher zur Buchführung.

Zu 3: *Angele,* a. a. O.; *Bruse,* a. a. O.; *Burkel,* a. a. O.; *Falterbaum/Bolk/Reiß/Kirchner,* a. a. O., S. 73 ff.; *Institut der Wirtschaftsprüfer,* Stichprobenverfahren, a. a. O.; *Institut der Wirtschaftsprüfer,* Zur körperlichen Bestandsaufnahme, a. a. O.; *Jaspers,* a. a. O.; *Kunz,* a. a. O.; *Quick,* a. a. O.; Kommentare zu den angegebenen §§.

Zu 4: *Bundessteuerberaterkammer,* a. a. O.; *Bundesverband der Deutschen Industrie e. V.,* a. a. O.; *Falterbaum/Bolk/Reiß/Kirchner,* a. a. O., S. 286 ff.; *Institut der Wirtschaftsprüfer,* Grundsätze für die Erstellung von Jahresabschlüssen, Tabelle 10; *Meyer,* Finanzbuchhaltung, a. a. O.; alle Lehrbücher zur Buchführung.

E. Fristen für die Aufstellung des Jahresabschlusses einschließlich Lagebericht und die Aufbewahrung von Unterlagen

1400 Das *Handelsrecht* regelt die Aufstellung des Jahresabschlusses und des Lageberichts für die verschiedenen Unternehmensformen differenziert. Für Einzelunternehmen, OHG und KG, die nicht dem PublG unterliegen, wurde – wie bisher schon – keine bestimmte Frist für die Aufstellung festgelegt (vgl. § 243 Abs. 3 HGB). Im Rahmen der (teilweise widersprüchlichen) Rechtsprechung wird eine Zeit von 6–7 Monaten noch als ordnungsmäßig angesehen.

1410 Im *Steuerrecht* findet sich eine rechtsformunabhängige Regelung in der AO, die auch Verlängerungsmöglichkeiten vorsieht (vgl. §§ 149 Abs. 2, 109 AO i. V. m. § 60 EStDV, § 31 KStG). Dabei werden auch in § 60 EStDV die Unterlagen aufgelistet, die der Steuererklärung beizulegen sind. Dazu gehört neben der Bilanz und Gewinn- und Verlustrechnung, ggf. Anhang, Lagebericht, Prüfungsbericht.

1412 Die gesetzliche Verpflichtung zur *elektronischen Übermittlung von Besteuerungsunterlagen* wird nun auf andere Besteuerungsunterlagen ausgeweitet. Dazu gehört insbesondere § 5b EStG i. V. m. § 52 Abs. 15a EStG. Danach werden Unternehmen, die ihren Gewinn nach § 4 Abs. 1, §§ 5 oder 5a EStG ermitteln, verpflichtet, ihre Bilanz und Gewinn- und Verlustrechnung nach einem vorgeschriebenen Datensatz der Finanzverwaltung elektronisch zu übermitteln, *sog. E-Bilanz* (vgl. dazu www.esteuer.de). Dies gilt unabhängig von der Rechtsform und Größenklasse. Auch Sonderbilanzen, z. B. durch Betriebsaufgabe, Betriebsveräußerung, Änderung der Gewinnermittlungsart, in Umwandlungsfällen aufzustellende Bilanzen sind elektronisch zu übermitteln. Die von der Finanzverwaltung festgelegten Taxonomien (Gliederung usw.) sind dabei zu beachten.

Die Vorschrift nach § 5b EStG ist grundsätzlich erstmals auf Geschäfts- bzw. Wirtschaftsjahre anzuwenden, die nach dem 31. 12. 2011 beginnen (§ 52 Abs. 1a EStG i. V. m. § 1 AnwZpvV). Für das erste nach dem 31. 12. 2011 beginnende Geschäfts- bzw. Wirtschaftsjahr wird es von der Finanzverwaltung nicht beanstandet, wenn die Unterlagen in Papierform in der bisherigen Gliederung eingereicht werden.

Die wesentlichen Merkmale sind in der nachfolgenden *Tabelle 18* zusammengestellt.

TAB. 18: Elektronische Übermittlung von Besteuerungsgrundlagen, insbesondere nach § 5b EStG – sog. E-Bilanz

Rechtsgrundlagen

Allgemein

Bund und Länder können sich bei ihrer Aufgabenstellung informationstechnischer Systeme bedienen – Art. 91 c GG

Umsetzungsbeispiele

Elektronische Übermittlung von Steuerklärungen – u. a. §§ 150, 181 AO, § 25 EStG

Elektronische Erteilung von Auskünften – § 138 AO

Elektronische Bereitstellung bestimmter Unterlagen – § 50 EStDV

Elektronische Übermittlung der Bilanz und Gewinn- und Verlustrechnung – §§ 5b EStG, 51 Abs. 4 Nr. 1b EStG

Anwendungsbereich der elektronischen Datenübermittlung nach § 5b EStG

Persönlicher Anwendungsbereich

Natürliche Personen

Juristische Personen

Körperschaftsteuerpflichtige nach § 31 Abs. 1 Satz 1 KStG

Sachlicher Anwendungsbereich (unabhängig von Rechtsform und Größenklasse)

Gewinnermittlung nach § 4 Abs. 1 EStG

Gewinnermittlung nach § 5 Abs. 1 EStG

Gewinnermittlung nach § 5a EStG

Inhaltlicher Anwendungsbereich

Bilanz

Gewinn- und Verlustrechnung
(jeweils mit verpflichtenden Berichtsbestandteilen)

Nicht: Anhang, Lagebericht, Prüfungsbericht, Anlagespiegel – siehe dazu aber § 60 EStDV – Unterlagen zur Steuererklärung

Zeitlicher Anwendungsbereich

Grundsatz: Wirtschaftsjahre, die nach dem 31. 12. 2011 beginnen

Nichtbeanstandungsregel: Papierform für das erste verpflichtende Wirtschaftsjahr zulässig

Verfahrensgrundsätze

Anwendungsschreiben des BMF

Elektronische Übermittlung von Bilanzen sowie Gewinn- und Verlustrechnungen, Anwendungsschreiben zur Veröffentlichung der Taxonomie vom 28. 9. 2011 - IV C 6 – S 2133-b/11/1009, BStBl 2011 I S. 855

E-Bilanz; Verfahrensgrundsätze zur Aktualisierung der Taxonomien; Veröffentlichung der aktualisierten Taxonomien (Version 5.1) vom 5. 6. 2012 - IV C 6 – S 21333-b/11/10016, BStBl 2012 I S. 598 – www.esteuer.de

E-Bilanz; Veröffentlichung der Taxonomie 5.2 vom 30. 4. 2013 - IV C 6 – S 2133-b/11/10016:003, BStBl I 2013, S. 844 – www.esteuer.de

E-Bilanz; Veröffentlichung der Taxonomie 5.3 vom 2. 4. 2014 IV C 6 – S 2133-b/11/1016:004, BStBl I 2014, S. 886 – www.esteuer.de

Technisches Konzept

Datensatz im Format XBRL (eXtensible Business Reporting Language) auf der Basis der Steuerdaten-Übermittlungsverordnung (StDÜV)

Taxonomien

Datensätze mit Berichtsbestandteilen und -positionen
Kern- und Branchentaxonomien

Verfahren

Anpassung der Organisation des eigenen Rechnungswesens
Externe Softwarelösungen (Zusatzsoftware)
– Beispiele:
DATEV eG – www.datev.de
SAP Deutschland AG & Co. KG – info.germany@sap.com

Die Aufstellungsfristen für *Einzelabschlüsse* einschließlich des Lageberichts nach dem Handels- und Steuerrecht sind in *Tabelle 19* zusammengefasst. 1416

Für den *Konzernabschluss* und den Konzernlagebericht gilt eine Frist von 5 Monaten (§ 290 Abs. 1 HGB, § 13 Abs. 1 PublG). Für kapitalmarktorientierte Mutterunternehmen wird die Frist auf 4 Monate verkürzt (vgl. § 290 Abs. 1 HGB). Da es sich um einen handelsrechtlichen Abschluss ohne Steuerwirkungen handelt, enthält das Steuerrecht keine Vorschriften über die Rechnungslegung des Konzerns. 1420

Die Öffentlichkeit ist vor allem bei kapitalmarktorientierten Unternehmen und Konzernen daran interessiert, möglichst zeitnah nach dem Jahres- bzw. Konzernabschlussstichtag Informationen über die wirtschaftliche Lage des Unternehmens bzw. Konzerns zu erhalten. Mit Hilfe von Fast Close soll dies erreicht werden. Fast Close ist die Bezeichnung für alle Maßnahmen und Verfahren, die eine schnelle Erstellung des Jahres- bzw. Konzernabschlusses ermöglichen. Dies wird u. a. erreicht durch eine Beschleunigung der Datenerfassung, vereinfachte Bilanzierungs- und Bewertungsmethoden sowie durch rasche bilanzpolitische Entscheidungen der zuständigen Organe. Der Entwicklung neuer Informationstechnologien und deren Nutzung im Rahmen von Fast Close kommt dabei auch eine zentrale Bedeutung zu. 1430

TAB. 19: Fristen für die Aufstellung des Jahresabschlusses sowie des Lageberichts (Einzelabschluss)

<table>
<tr><th rowspan="2">Rechtsform</th><th colspan="2">Handelsrecht</th><th colspan="2">Steuerrecht</th></tr>
<tr><th>Frist</th><th>Verlängerung</th><th>Frist</th><th>Verlängerung</th></tr>
<tr><td>EU, OHG, KG
► die nicht dem PublG unterliegen</td><td>Innerhalb der einem ordnungsmäßigen Geschäftsgang entsprechenden Zeit
§ 243 Abs. 3 HGB</td><td>–</td><td rowspan="4">Spätestens 5 Monate nach Ablauf des Kalenderjahres
§ 149 Abs. 2 AO,
§ 60 EStDV,
§ 31 KStG</td><td rowspan="4">Bei Erstellung durch steuerberatende Berufe: Verlängerung auf insgesamt 9/12 Monate (Rundschreiben der Länder-FM, allgemein, ohne Antrag)
Im Übrigen: Antrag nach § 109 AO</td></tr>
<tr><td>► die dem PublG unterliegen</td><td>In den ersten 3 Monaten des Geschäftsjahres
§ 5 Abs. 1 PublG</td><td>–</td></tr>
<tr><td>Kleine KapGes/ best. PHG</td><td>In den ersten 3 Monaten des Geschäftsjahres
§ 264 Abs. 1 HGB</td><td>Bis zum Ablauf der ersten 6 Monate des Geschäftsjahres
§ 264 Abs. 1 HGB</td></tr>
<tr><td>Mittelgroße und große KapGes/ best. PHG</td><td>In den ersten 3 Monaten des Geschäftsjahres
§ 264 Abs. 1 HGB</td><td>–</td></tr>
</table>

1440 Die *Aufbewahrung von Unterlagen* regeln die Bestimmungen in § 257 HGB bzw. § 147 AO und H 5.2 EStH mit identischen Fristen. Danach sind wichtige Unterlagen, u. a. Bilanzen, Inventar, Buchungsbelege, 10 Jahre, andere Unterlagen, u. a. Handelsbriefe, dazu gehören auch E-Mails mit geschäftlichem Inhalt, 6 Jahre aufzubewahren. Ausdrücklich wird auf die Vorschriften über den Beginn der Fristen in § 257 Abs. 5 HGB bzw. § 147 Abs. 4 AO sowie für das hinausgeschobene Ende nach § 147 Abs. 3 AO hingewiesen. Im Interesse einer rationellen Aufbewahrung ist auch die Mikroverfilmung der meisten Unterlagen sowie elektronische Archivierungsverfahren erlaubt (vgl. § 257 Abs. 3 HGB, § 147 Abs. 2, 5 AO sowie H 5.2 EStH).

LITERATUR

BMF, Elektronische Übermittlung von Bilanzen sowie Gewinn- und Verlustrechnungen ..., a. a. O.; *BMF*, E-Bilanz ..., a. a. O., *Brandt*, a. a. O.; *Ebner* u. a., a. a. O.; *Falterbaum/Bolk/Reiß/Kirchner*, a. a. O., S. 65 ff.; *Koch/Nagel/Maltseva*, a. a. O.; *Richter/Kruczynski/Kurz*, a. a. O.; *Institut der Wirtschaftsprüfer*, GoB beim Einsatz elektronischer Archivierungsverfahren, a. a. O.; Kommentare zu den angegebenen §§.

F. Prüfung, Feststellung, Billigung und Offenlegung

1 Prüfung

a) Abschlussprüfer

Der Jahresabschluss (Bilanz, Gewinn- und Verlustrechnung, Anhang) und der Lagebe- 1500
richt von mittelgroßen und großen Kapitalgesellschaften bzw. bestimmten PHG sind durch einen Abschlussprüfer nach den Vorschriften des § 316 Abs. 1 HGB zu prüfen. Unternehmen, die dem PublG unterliegen, haben ihre Abschlüsse ebenfalls prüfen zu lassen (§§ 5, 6 PublG). Auch Konzernabschlüsse einschließlich der Konzernlageberichte nach HGB bzw. IFRS unterliegen der Prüfungspflicht (§ 316 Abs. 2 HGB, § 14 Abs. 1 PublG).

Von der Pflicht, ihren Jahresbericht prüfen zu lassen, sind die Einzelunternehmen, die 1510
Personengesellschaften (soweit sie nicht dem PublG unterliegen) und kleine Kapitalgesellschaften befreit. Eine freiwillige Prüfung ist jederzeit möglich. In *Tabelle 20* sind die prüfungspflichtigen Unternehmen zusammengefasst dargestellt.

TAB. 20: Prüfungspflichtige Unternehmen

Unternehmen	Rechtsgrundlage	Prüfungspflicht
EU, OHG, KG ► die nicht dem PublG unterliegen		
► die dem PublG unterliegen	§ 6 PublG	x
Kleine KapGes/best. PHG	§§ 316 Abs. 1, 267a Abs. 2 HGB	
Mittelgroße und große KapGes/best. PHG	§ 316 Abs. 1 HGB	x
Konzerne	§ 316 Abs. 2 HGB § 14 PublG	x

Die Prüfung (unter Einbeziehung der Buchführung) hat sich u. a. darauf zu erstrecken, 1515
ob die gesetzlichen Vorschriften sowie die Bestimmungen des Gesellschaftsvertrages bzw. der Satzung eingehalten sind (vgl. im Einzelnen § 317 HGB). Über das Ergebnis der Prüfung ist zu berichten (Prüfungsbericht, § 321 HGB) und, sofern nach dem abschließenden Ergebnis der Prüfung keine Einwendungen erhoben werden, der Jahres- bzw. Konzernabschluss mit einem Bestätigungsvermerk zu versehen (§ 322 HGB). Wesentliche Elemente enthält *Tabelle 21*, S. 38.

TAB. 21:	Abschlussprüfer, Bestätigungsvermerk		
	Rechtsform	**Abschlussprüfer**	**Rechtsgrundlage**
Prüfer-auswahl	*Alle* prüfungspflichtigen Unternehmen	Wirtschaftsprüfer oder Wirtschaftsprüfungsgesellschaften	§ 319 Abs. 1 HGB § 6 Abs. 1 PublG
	Ausnahme: Mittelgroße GmbH/ best. PHG	Wie oben, außerdem vereidigte Buchprüfer oder Buchprüfungsgesellsch.	§ 319 Abs. 1 HGB
Prüfer-bestellung	Wahl durch die Gesellschafter bzw. Aktionäre (Grundsatz) Zeit: Vor Ablauf des zu prüfenden Geschäftsjahres (Soll-Vorschrift)		§ 318 HGB, §§ 111, 119 AktG, §§ 6, 14 PublG
Prüfungs-verbot	Detaillierte Einzelbestimmungen, u. a. wer an der Führung der Bücher oder der Aufstellung des Jahresabschlusses mitgewirkt hat oder eine damit betraute Person beschäftigt		§§ 319 Abs. 2, 3, 319a HGB
Prüfungs-bericht	Erstellung eines Prüfungsberichts mit den Prüfungsergebnissen		§ 321 HGB
Bestätigungs-vermerk	Der Bestätigungsvermerk hat neben einer Beschreibung von Gegenstand, Art und Umfang der Prüfung auch eine allgemein verständliche und problemorientierte Beurteilung des Prüfungsergebnisses zu enthalten. Auf Risiken, die das Fortbestehen gefährden, ist einzugehen. Auch der Lagebericht bzw. Konzernlagebericht muss im Hinblick auf eine zutreffende Darstellung und die Risiken der künftigen Entwicklung beurteilt werden. Ergänzungen, Einwendungen oder Versagung des Bestätigungsvermerks sind möglich.		§ 322 HGB

1516 § 317 HGB wurde teilweise neu gefasst. Danach hat der Abschlussprüfer bei der Durchführung der Prüfung die von der EU-Kommission angenommenen internationalen Prüfungsstandards zu beachten. Vgl. § 317 Abs. 5, 6 HGB.

1520 Die Vorschriften über die Prüfung nach §§ 316 HGB sind entsprechend anzuwenden auf den *Einzelabschluss nach § 325 Abs. 2a HGB* (= Einzelabschluss nach internationalen Rechnungslegungs-Standards), vgl. § 324a HGB.

1525 Zur einheitlichen Anwendung und Auslegung der Vorschriften über die *Prüfung der Jahresabschlüsse* von Unternehmen und Konzernen nach HGB und nach IFRS hat das IDW (vgl. auch oben Tz. 1160) allgemeine *Verlautbarungen*, also nicht branchenspezfischen, veröffentlicht, die in *Tabelle 22*, S. 39 ff. zusammengestellt sind.

TAB. 22: IDW Verlautbarungen zur Prüfung (Auszug)

Titel, Nr., Stand	Abgedruckt in WPg	Abgedruckt in FN
IDW PS 140 Die Durchführung von Qualitätskontrollen in der Wirtschaftsprüferpraxis	2008, Supplement 2	2008, S. 152
IDW PS 200 Ziele und allgemeine Grundsätze der Durchführung von Abschlussprüfungen	2000, S. 706	2000, S. 280
IDW PS 201 Rechnungslegungs- und Prüfungsgrundsätze für die Abschlussprüfung	2008, Supplement 2 2009, Supplement 4	2008, S. 172 2009, S. 533
IDW PS 202 Die Beurteilung von zusätzlichen Informationen, die von Unternehmen zusammen mit dem Jahresabschluss veröffentlicht werden	2001, S. 121 2010, Supplement 4	2000, S. 634 2010, S. 423
IDW PS 203 n. F. Ereignisse nach dem Abschlussstichtag	2009, Supplement 4	2009, S. 440
IDW PS 205 Prüfung von Eröffnungsbilanzwerten im Rahmen von Erstprüfungen	2001, S. 150 2010, Supplement 4	2001, S. 1 2010, S. 423
IDW PS 208 Zur Durchführung von Gemeinschaftsprüfungen (Joint Audit)	1999, S. 707	1999, S. 357
IDW PS 210 Zur Aufdeckung von Unregelmäßigkeiten im Rahmen der Abschlussprüfung	2006, S. 1422 2010, Supplement 4	2006, S. 694 2010, S. 423
IDW PS 220 Beauftragung des Abschlussprüfers	2001, S. 895 2009, Supplement 4	2001, S. 316 2009, S. 533
IDW PS 230 Kenntnisse über die Geschäftstätigkeit sowie das wirtschaftliche und rechtliche Umfeld des zu prüfenden Unternehmens im Rahmen der Abschlussprüfung	2012, S. 842 2006, S. 218	2000, S. 460 2006, S. 1
IDW PS 240 Grundsätze der Planung von Abschlussprüfungen	2000, S. 846 2006, S. 218	2000, S. 464 2006, S. 1
IDW PS 250 Wesentlichkeit im Rahmen der Abschlussprüfung	2003, S. 944 2010, Supplement 4	2003, S. 441 2010, S. 423
IDW PS 255 Beziehungen zu nahe stehenden Personen im Rahmen der Abschlussprüfung	2003, S. 1069 2010, Supplement 4	2003, S. 476 2010, S. 423
IDW PS 261 n. F. Feststellung und Beurteilung von Fehlerrisiken und Reaktionen des Abschlussprüfers auf die beurteilten Fehlerrisiken	2012, Supplement 2 2013, Supplement 3	2012, S. 239 2013, S. 402

Titel, Nr., Stand	Abgedruckt in	
	WPg	FN
IDW PS 270 Die Beurteilung der Fortführung der Unternehmens-tätigkeit im Rahmen der Abschlussprüfung	2003, S. 775 2010, Supplement 4	2003, S. 315 2010, S. 423
IDW PS 300 Prüfungsnachweise im Rahmen der Abschlussprüfung	2006, S. 1445 2013, Supplement 3	2006, S. 727 2013, S. 331
IDW PS 301 Prüfung der Vorratsinventur	2003, S. 715	2003, S. 323
IDW PS 302 Bestätigungen Dritter	2014, Supplement 3	2014, S. 504
IDW PS 303 Erklärungen der gesetzlichen Vertreter gegenüber dem Abschlussprüfer	2009, Supplement 4	2009, S. 445
IDW PS 312 Analytische Prüfungshandlungen	2001, S. 903 2013, Supplement 2	2001, S. 343 2013, S. 270
IDW PS 314 Die Prüfung von geschätzten Werten in der Rechnungslegung einschließlich von Zeitwerten	2009, Supplement 4	2009, S. 415
IDW PS 315 Die Prüfung von Zeitwerten	2006, S. 309	2006, S. 121
IDW PS 318 Prüfung von Vergleichsangaben über Vorjahre	2001, S. 909	2001, S. 351
IDW PS 320 n. F. Besondere Grundsätze für die Durchführung von Konzernabschlussprüfungen (einschließlich der Verwertung der Tätigkeit von Teilbereichsprüfern)	2012, Supplement 2	2012, S. 258
IDW PS 321 Interne Revision und Abschlussprüfung	2002, S. 686 2010, Supplement 4	2002, S. 333 2010, S. 423
IDW PS 322 n. F. Verwertung der Arbeit von Sachverständigen	2013, Supplement 3	2013, S. 331
IDW PS 330 Abschlussprüfung bei Einsatz von Informations-technologie	2002, S. 1167	2002, S. 604
IDW PS 331 Abschlussprüfung bei teilweiser Auslagerung der Rechnungslegung auf Dienstleistungsunternehmen	2003, S. 999 2010, Supplement 4	2003, S. 481 2010, S. 423
IDW PS 340 Die Prüfung des Risikofrüherkennungssystems nach § 317 Abs. 4 HGB	1999, S. 658	1999, S. 350
IDW PS 345 Auswirkungen des Deutschen Corporate Governance Kodex auf die Abschlussprüfung	2014, Supplement 1	2014, S. 122
IDW PS 350 Prüfung des Lageberichts	2006, S. 1293 2009, Supplement 4	2006, S. 610 2009, S. 533

Titel, Nr., Stand	Abgedruckt in	
	WPg	FN
IDW PS 400 Grundsätze für die ordnungsmäßige Erteilung von Bestätigungsvermerken bei Abschlussprüfungen	2005, S. 1382 2009, Supplement 4 2010, Supplement 4	2005, S. 784 2009, S. 533 2010, S. 537
IDW PS 450 Grundsätze ordnungsmäßiger Berichterstattung bei Abschlussprüfungen	2006, S. 113 2009, Supplement 4 2012, Supplement 2	2006, S. 44 2009, S. 533 2012, S. 256
IDW PS 460 Arbeitspapiere des Abschlussprüfers	2008, Supplement 2 2009, Supplement 4	2008, S. 178 2009, S. 533
IDW PS 480 Prüfung von Abschlüssen, die nach Rechnungslegungsgrundsätzen für einen speziellen Zweck aufgestellt wurden	2015, Supplement 1	2015, S. 6
IDW PS 490 Prüfung von Finanzaufstellungen oder deren Bestandteilen	2015, Supplement 1	2015, S. 19
IDW PS 980 Grundsätze ordnungsmäßiger Prüfung von Compliance Management Systemen	2011, Supplement 2	2011, S. 203
IDW PH 9.100.1 Besonderheiten der Abschlussprüfung kleiner und mittelgroßer Unternehmen	2007, Supplement 1	2007, S. 63
IDW PH 9.140 Checklisten zur Durchführung der Qualitätskontrolle	2007, Supplement 2	2007, S. 234
IDW PH 9.200.1 Pflichten des Abschlussprüfers des Tochterunternehmens und des Konzernabschlussprüfers im Zusammenhang mit § 264 Abs. 3 HGB	2013, Supplement 3	2013, S. 402
IDW PH 9.200.2 Pflichten des Abschlussprüfers eines Tochter- oder Gemeinschaftsunternehmens und des Konzernabschlussprüfers im Zusammenhang mit § 285 Nr. 17 HGB	2013, Supplement 3	2013, S. 304
IDW PH 9.400.8 Prüfung einer vorläufigen IFRS-Konzerneröffnungsbilanz	2005, S. 433, S. 679	2005, S. 206, S. 380 2006, S. 199

b) Prüfstelle für Rechnungslegung

1530 Eine Reihe von Unternehmensskandalen, ausgelöst durch Jahresabschlussmanipulationen, hat das Vertrauen der Anleger in den Kapitalmarkt erschüttert. Um das Vertrauen der Anleger in den Kapitalmarkt und in die Richtigkeit von Unternehmensabschlüssen zu stärken, soll eine privatrechtliche Institution die Rechnungslegung von *kapitalmarktorientierten Unternehmen* prüfen.

Die Rechtsgrundlagen wurden im Bilanzkontrollgesetz (BilKoG) durch die Einfügung von Vorschriften über eine »Prüfstelle für Rechnungslegung«, §§ 342b ff. HGB, geschaffen. Eine Prüfung erfolgt nach § 342b Abs. 2 HGB

- bei konkreten Anhaltspunkten für einen Verstoß gegen Rechnungslegungsvorschriften,
- auf Verlangen der Bundesanstalt für Finanzdienstleistungsaufsicht (BAFin),
- ohne besonderen Anlass (stichprobenartig).

Ziel der Prüfung ist die Feststellung, ob die Rechnungslegungsunterlagen den gesetzlichen Vorschriften einschließlich den GoB sowie den sonstigen gesetzlich zugelassenen Rechnungslegungsstandards entsprechen (§ 342b Abs. 2 HGB).

Die Prüfstelle i. S. v. § 342b Abs. 1 HGB wurde im Mai 2004 als »Deutsche Prüfstelle für Rechnungslegung (DPR) e. V.« gegründet (vgl. auch Art. 56 EGHGB). Weitere Informationen über die Prüfstelle, ihre Organe, ihre Arbeit usw. sind im Internet unter www.frep.info zu finden.

In besonderen Fällen, insbes. bei einer Weigerung der Mitwirkung bei einer Prüfung, wird die Bundesanstalt für Finanzdienstleistungsaufsicht (BAFin) die Überwachung mit hoheitlichen Mitteln durchsetzen (vgl. dazu insbes. § 342b Abs. 6 HGB, §§ 37n ff. WpHG).

2 Feststellung, Billigung

1540 Abgesehen vom Einzelkaufmann bedarf es zur Rechtskraft des Jahresabschlusses eines *Feststellungsbeschlusses* durch die Gesellschafter (vgl. §§ 120 ff., 163 ff. HGB, §§ 42a, 46 GmbHG, § 8 PublG).

Bei der *AG* wird der vom Vorstand aufgestellte und vom Abschlussprüfer und Aufsichtsrat geprüfte Jahresabschluss ebenfalls erst durch seine Feststellung rechtsverbindlich. In der Regel billigt der Aufsichtsrat den Jahresabschluss; er ist damit festgestellt (§ 172 AktG). Im Ausnahmefall beschließt die Hauptversammlung über die Feststellung des Jahresabschlusses (vgl. §§ 172 und 173 AktG). Beim Beschluss über die Gewinnverwendung ist die Hauptversammlung (vgl. §§ 175 und 176 AktG) – falls der Aufsichtsrat zusammen mit dem Vorstand den Jahresabschluss feststellt – an den festgestellten Jahresabschluss gebunden (§ 174 AktG).

1545 Die differenziert geregelten *Fristen für die Feststellung* des Jahresabschlusses und des Beschlusses über die *Ergebnisverwendung* sind in *Tabelle 23* zusammengefasst.

TAB. 23: Fristen für die Feststellung und Ergebnisverwendung		
Unternehmen	**Rechtsgrundlage**	**Fristen** Monate
EU, OHG, KG		
► die nicht dem PublG unterliegen		
► die dem PublG unterliegen	Grundsatz in § 6 PublG	12
GmbH		
► kleine	§ 42a GmbHG	11
► mittelgroße, große	§ 42a GmbHG	8
AG	§ 175 AktG	8

Der Aufsichtsrat der AG hat zu erklären, ob er den vom Vorstand aufgestellten Konzern- 1550
abschluss billigt bzw. nicht billigt (§ 171 Abs. 2, 3 AktG), ggf. entscheidet die Hauptversammlung (§ 173 Abs. 1 AktG). Bei der GmbH sieht nun das Gesetz ebenfalls eine Billigung des Konzernabschlusses einschließlich des Konzernlageberichtes vor, und zwar durch die Gesellschafter (§§ 42a Abs. 4, 46 Nr. 1b GmbHG).

Ausdrücklich ist zu vermerken: Ohne vorherige Prüfung kann der Jahres- bzw. Konzernabschluss nicht festgestellt bzw. gebilligt werden (vgl. § 316 Abs. 1 HGB).

3 Offenlegung

a) Unterlagen nach nationalen Rechnungslegungsnormen

Die Pflicht, Unterlagen offen zu legen, bezieht sich nur auf Einzelunternehmen, OHG, 1560
KG, die dem PublG unterliegen, sowie auf alle Kapitalgesellschaften und bestimmte PHG und auf den Konzernabschluss (beachte aber Sondervorschriften in § 264 Abs. 3, § 264b HGB). Der Umfang der offenzulegenden Unterlagen ist größenabhängig gestaffelt (vgl. im Einzelnen §§ 325 ff. HGB, §§ 9, 15 PublG). In jedem Falle müssen die Unterlagen beim *Betreiber des elektronischen Bundesanzeigers elektronisch* eingereicht und die eingereichten Unterlagen im *elektronischen Bundesanzeiger* veröffentlicht werden (§ 325 Abs. 1, 2 HGB, vgl. auch www.publikations-service-plattform.de; www.ebundesanzeiger.de). Die Unterlagen sind unverzüglich nach der Vorlage an die Gesellschafter, jedoch spätestens vor Ablauf des zwölften Monats des dem Abschlussstichtag nachfolgenden Geschäftsjahres, einzureichen (vgl. § 325 Abs. 1–3 HGB, §§ 9, 15 PublG), und zwar unabhängig von der Größenklasse nach § 267 HGB. Bei kapitalmarktorientierten Kapitalgesellschaften verkürzt sich die Frist auf vier Monate (§ 325 Abs. 4 HGB).

Die Einsicht in das Unternehmensregister (www.unternehmensregister.de) erfolgt ausschließlich über das Internet. Eine vorherige Registrierung ist nicht erforderlich (vgl. dazu URV, insbes. § 13 sowie § 9 HGB).

Die offenlegungspflichtigen Unternehmen, Art und Umfang der Publizität sind in den *Tabellen 24 und 25* zusammengefasst, vgl. ergänzend § 130 Abs. 5 AktG und § 40 Satz 1 GmbHG. Für *Konzernabschlüsse* gilt § 325 Abs. 3 HGB bzw. § 15 PublG.

TAB. 24: Fristen der Offenlegung

Unternehmen	Rechtsgrundlage	Fristen – Monate Kapitalmarktorientierung: mit	ohne
EU, OHG, KG			
► die nicht dem PublG unterliegen			
► die dem PublG unterliegen	§ 9 Abs. 1 PublG	4	12
KapGes/best. PHG			
► kleine	§ 325 Abs. 1, 4 HGB	4	12
► mittelgroße	§ 325 Abs. 1, 4 HGB	4	12
► große	§ 325 Abs. 1, 4 HGB	4	12
Konzerne	§ 325 Abs. 3 HGB, § 15 PublG	4	12

TAB. 25: Umfang der Offenlegung (Einzelabschlüsse)

Unterlagen	KapGes/best. PHG §§ 325 ff. HGB: kleine	mittelgroße	große	Unternehmen, die dem PublG unterliegen § 9 PublG
Jahresabschluss				
► Bilanz	x	x (2)	x	x (4)
► GuV		x	x	x (4)
► Anhang	x (1)	x (3)	x	x (4)
Lagebericht		x	x	x (4)
Bericht des Aufsichtsrats		x	x	x
Ergebnisverwendung (Jahresergebnis, Vorschlag für und Beschluss über die Gewinnverwendung) (5)		x	x	x (4)
Erklärung nach § 161 AktG	x (6)	x (6)	x (6)	

Anmerkungen

(1) Anhang braucht die Angaben bezüglich der GuV nicht zu enthalten (§ 326 HGB), siehe auch § 288 HGB

(2) Bilanz darf in der für die kleine Kapitalgesellschaft vorgeschriebenen Form eingereicht werden, muss aber bestimmte Posten zusätzlich enthalten, alternativ im Anhang (§ 327 Nr. 1 HGB)

(3) Anhang darf ohne die Angaben nach § 285 Nr. 2, 8a und 12 HGB eingereicht werden (§ 327 Nr. 2 HGB), siehe auch § 288 HGB

(4) Beachte die Erleichterungen für Personenhandelsgesellschaften und Einzelkaufleute in § 5 Abs. 1, 2, 2a bzw. § 9 Abs. 2, 3 PublG

(5) Beachte: Ausnahme für die GmbH in § 325 Abs. 1 Satz 4 HGB

(6) Abgabepflicht für börsennotierte AG; diese gilt, unabhängig von den Größenmerkmalen stets als große nach § 267 Abs. 3 HGB. Vgl. auch §§ 285 Nr. 16, 314 Abs. 1 Nr. 8 HGB.

Für *Kleinstkapitalgesellschaften i. S. v. § 267a HGB* gelten bezüglich der Offenlegung folgende *Besonderheiten:* 1563

Die grundlegende Pflicht ergibt sich aus § 325 Abs. 1 HGB. Für kleine Kapitalgesellschaften und damit auch für Kleinstkapitalgesellschaften enthält § 326 HGB größenabhängige Erleichterungen. Danach hat eine Kleinstkapitalgesellschaft folgendes Wahlrecht:

- Einreichung der Unterlagen beim Betreiber des elektronischen Bundesanzeigers nach § 325 HGB bzw. § 326 Abs. 1 HGB *oder*
- Einreichung nur der *Bilanz* in elektronischer Form zur dauerhaften Hinterlegung beim Betreiber des Bundesanzeigers und Erteilung eines Hinterlegungsauftrags nach § 326 Abs. 2 HGB.

Bei der Ausübung des Wahlrechts mit Hinterlegung nach § 326 Abs. 2 HGB hat die Kleinstkapitalgesellschaft dem Betreiber des elektronischen Bundesanzeigers mitzuteilen, dass sie die Merkmale in § 267a HGB nicht überschreitet (§ 326 Abs. 2 Satz 3 HGB).

Die Einsichtnahme in die hinterlegte Bilanz einer Kleinstkapitalgesellschaft erfolgt dann nur auf Antrag durch Übermittlung einer kostenpflichtigen Kopie der Bilanz (§ 9 Abs. 6 HGB, vgl. dazu auch § 13 Abs. 4 URV).

b) Unterlagen nach internationalen Rechnungslegungsnormen

Anstelle des *Einzelabschlusses* nach § 325 Abs. 2 HGB kann als Wahlrecht auch ein Ein- 1565
zelabschluss i. S. v. § 315a Abs. 1 HGB nach internationalen Rechnungslegungsstandards offengelegt werden. Die internationalen Rechnungslegungsstandards sind dabei vollständig zu befolgen sowie weitere Bestimmungen des HGB zu beachten (vgl. im Einzelnen § 325 Abs. 2a HGB). Die befreiende Wirkung tritt allerdings nur ein, wenn die Bedingungen in § 325 Abs. 2b HGB erfüllt werden.

Zur Klarstellung wird darauf hingewiesen, dass in jedem Fall der Jahresabschluss nach HGB beim Betreiber des elektronischen Handelsregisters einzureichen ist (§ 325 Abs. 1 HGB) und damit beim Handelsregister. Lediglich für die Bekanntmachung im elektronischen Bundesanzeiger (§ 325 Abs. 2 HGB) kann anstelle eines HGB-Jahresabschlusses ein Jahresabschluss nach § 315a Abs. 1 HGB treten (§ 325 Abs. 2a, 2b HGB).

Auch ein *Konzernabschluss* nach § 315a HGB, aufgestellt nach internationalen Rech- 1570
nungslegungsstandards, ist ein Konzernabschluss i. S. d. HGB. Für seine Offenlegung gelten daher die allgemeinen Bestimmungen entsprechend (vgl. § 315a Abs. 1 HGB) sowie § 325 Abs. 3, 3a HGB.

Hinsichtlich des Ablaufs, Zustimmung der Gesellschafter usw. vgl. §§ 170 Abs. 1, 171 Abs. 4 AktG, §§ 42a Abs. 4, 46 Nr. 1a GmbHG, §§ 7, 9 Abs. 1 PublG.

LITERATUR

Erhardt, Häfele, a. a. O.; *Deutscher Bundestag,* Drucksachen 15/3419, 15/4054 sowie 15/3421 und 4055, 16/2781 und 16/3009; *Graumann,* a. a. O.; Institut der Wirtschaftsprüfer, Berichterstattung, a. a. O.; *Institut der Wirtschaftsprüfer,* Bestätigungsvermerke, Tabelle 22; *Meyer,* Gesetz zur Kontrolle; Zur weiteren Reform; Bilanzrechtsreformgesetz (BilReG), a. a. O.; *Noack, U.,* a. a. O.; *Pfitzer/Oser/Wader,* a. a. O.; WP Handbuch 2012, a. a. O., insbes. S. 277 ff.; Kommentare zu den angegebenen §§.

G. Folgen der Verletzung von Buchführungs- und Bilanzierungsbestimmungen

Das *HGB* selbst knüpft für Einzelunternehmen, OHG und KG keine Rechtsfolgen an die 1600
Verletzung von Buchführungs- und Bilanzierungsvorschriften, insbesondere an das Unterlassen der Führung von Handelsbüchern. Für eine unrichtige Darstellung von Unterlagen, für die Verletzung von Pflichten im Zusammenhang mit der Aufstellung des Jahresabschlusses, des Konzernabschlusses, die Verletzung der Geheimhaltungspflicht durch Organe von Kapitalgesellschaften und bestimmten Personenhandelsgesellschaften (vgl. § 264a Abs. 2 HGB) und der Berichtspflicht des Abschlussprüfers usw. enthalten die §§ 331 ff. HGB Bestimmungen über Straf-, Buß- und Ordnungsgelder. Die Vorschriften über die Offenlegung von Unterlagen und die Folgen beim Unterlassen werden völlig neu gefasst und zwar durch das Gesetz über das elektronische Handels- und Unternehmensregister (EHUG). Nach früherem Recht schritt das Registergericht nur auf Antrag ein (Antragsverfahren, § 335a HGB a. F.). Nunmehr prüft der Betreiber des elektronischen Bundesanzeigers, ob die Unterlagen eingereicht werden und ob sie richtig und vollständig sind (§ 329 HGB). Bei Verstößen wird die für die Durchführung von Ordnungsgeldverfahren zuständige Verwaltungsbehörde unterrichtet (§ 329 Abs. 4 HGB – Amtsverfahren). Dies ist das neu geschaffene Bundesamt für Justiz (BfJ), das das Verfahren nach § 335 Abs. 1 HGB durchführt. Danach wird den Beteiligten ein Ordnungsgeld angedroht, wenn sie ihren Verpflichtungen nicht innerhalb von sechs Wochen nachkommen (§ 335 Abs. 3 HGB). Zugleich sind ihnen die Kosten des Verfahrens aufzuerlegen. Ausführliche Informationen sind dazu unter www.bundesjustizamt.de/ehug zu finden.

Die neuen Vorschriften über die Offenlegung sind erstmals anzuwenden auf Geschäftsjahre, die nach dem 31. 12. 2005 beginnen (vgl. Art. 61 EGHGB, insbes. Abs. 5). Die Fest- und Durchsetzung eines Ordnungsgeldes nach § 335a HGB a. F. scheitert nicht an der ersatzlosen Streichung von § 140a FGG ab 1. 1. 2007. Somit kann die Nichtoffenlegung von Unterlagen bis zum Jahre 2005 auch sanktioniert werden.

Die Vorschriften über die Festsetzung von Ordnungsgeld nach § 335 HGB wurden durch 1605
das Gesetz zur Änderung des Handelsgesetzbuchs für Ordnungsgeldverfahren, die nach dem 31. 12. 2013 eingeleitet werden, geändert (Art. 70 Abs. 3 EGHGB). Die bisherige Vorschrift in § 334 Abs. 3 HGB über die Höhe und das Verfahren zur Festsetzung der Ordnungswidrigkeit wurde durch die Ergänzung um § 334 Abs. 4 ff. und § 335a HGB differenziert und flexibel geregelt. Der Betrag des Ordnungsgeldes von mindestens € 2.500,– und höchstens € 25.000,– kann vor allem für Kleinstkapitalgesellschaften und kleine Kapitalgesellschaften auf € 500,– bzw. € 1.000,– herabgesetzt werden.

Wegen der Verletzung von Buchführungspflichten kann es im Falle einer Insolvenz auch zu einer Bestrafung des Verantwortlichen kommen (vgl. §§ 283 ff. StGB). Über die Nichtigkeit von Jahresabschlüssen enthalten die Bestimmungen des HGB und des GmbHG keine Vorschriften. Der Jahresabschluss einer AG ist nichtig, wenn wichtige Vorschriften des AktG verletzt werden, so z. B. wegen unterlassener Prüfung oder wegen Verstoßes gegen die Bewertungsbestimmungen. Die Einzelheiten hierüber finden sich in §§ 256 ff. AktG. Für Unternehmen, die dem PublG unterliegen, sind entsprechende Bestimmungen in § 10 enthalten.

1610 Eine Buchführung gilt nach dem *Steuerrecht* als ordnungsmäßig, wenn »die Bücher förmlich in Ordnung sind und der Inhalt sachlich richtig ist« (vgl. hierzu insbesondere R 5.2 EStR und §§ 145 ff. AO). Unwesentliche sachliche und formelle Mängel beeinflussen die Ordnungsmäßigkeit nicht, sofern diese in vollem Umfang berichtigt werden können. Eine unschädliche ergänzende Schätzung kann z. B. bei nicht ordnungsmäßiger Verbuchung von einem belanglosen Teil der Geschäfte erfolgen. Bei erheblichen Verstößen gegen die GoB verliert die Buchführung ihre Ordnungsmäßigkeit und die Vermutung ihrer Richtigkeit (§ 158 AO). Die Besteuerungsgrundlagen sind zu schätzen (§ 162 AO). Auch das Steuerrecht enthält Bestimmungen über Strafen und Bußgelder, insbesondere für die fahrlässige und vorsätzliche Verkürzung der Steuereinnahmen (vgl. §§ 369 ff. AO). Dazu gehört auch die Verletzung der Buchführungspflicht (vgl. §§ 140 ff. AO).

LITERATUR

Deutscher Bundestag, Drucksachen 16/2781 und 16/3009; *Deutscher Bundestag*, Gesetz zur Änderung des Handelsgesetzbuchs, a. a. O.; *Falterbaum/Bolk/Reiß/Kirchner*, a. a. O., S. 46 ff.; *Meyer*, Das Kapitalgesellschaften- und Co-Richtlinien-Gesetz, a. a. O.; Kommentare zu den angegebenen §§.

H. Änderung von Jahres- und Konzernabschlüssen

1 Inhalt

Als Änderung gilt im *Handelsrecht* jede Änderung von Form und Inhalt eines, evtl. geprüften, Abschlusses. Es handelt sich meist um Berichtigungen des zugrunde liegenden Mengen- und/oder Wertegerüstes sowie ggf. von Angaben im Anhang einschließlich der dazu gehörenden Erläuterungen. Eine Korrektur eindeutiger Schreibfehler ohne inhaltliche Bedeutung fällt nicht darunter. 1650

Das *Steuerrecht* unterscheidet zwischen Bilanzberichtigung und Bilanzänderung. Eine Bilanzberichtigung ist vorzunehmen, wenn die Steuerbilanz einen unzulässigen Wertansatz enthält. Er ist durch einen zulässigen zu ersetzen. Bei einer Bilanzänderung werden zulässige Bilanzansätze durch andere, ebenfalls zulässige ersetzt, also ausgetauscht.

2 Jahresabschlüsse

a) Handelsrecht

Durch Unterzeichnung bzw. Feststellung rechtswirksam gewordene und ggf. offen gelegte Jahresabschlüsse entfalten eine Bindungswirkung, die im Interesse der Öffentlichkeit und einer verlässlichen Information über die wirtschaftlichen Verhältnisse eines Unternehmens liegen. Daraus ergibt sich, dass *fehlerfreie* Jahresabschlüsse nur dann geändert werden dürfen, wenn »gewichtige rechtliche, wirtschaftliche oder steuerrechtliche Gründe« vorliegen. Ein besonderes Problem bilden dabei rechtlich verbindliche Gewinnansprüche der Gesellschafter bzw. Aktionäre. Gegen gesetzliche Vorschriften verstoßende, also *fehlerhafte* Jahresabschlüsse sind zu berichtigen, wenn die Fehler betrags- oder ausweismäßig gewichtig sind. *Nichtige* Jahresabschlüsse entfalten keine Rechtswirkung; sie müssen durch rechtswirksame ersetzt werden. Sofern die Nichtigkeit durch Zeitablauf geheilt wird, ist eine Ersetzung durch einen fehlerfreien Abschluss nicht mehr erforderlich, vgl. u. a. § 256, insbes. Abs. 6 AktG. 1660

Die Änderung von Jahresabschlüssen eines *zurückliegenden* Geschäftsjahres erfordert wegen des Prinzip des Bilanzzusammenhangs nach § 252 Abs. 1 Nr. 1 HGB die Änderung aller nachfolgenden. Gleiches gilt für Feststellung, Prüfung (§ 316 Abs. 3 HGB) und deren Offenlegung nach § 325 Abs. 1 Satz 6 HGB).

Für *Einzelabschlüsse* nach IFRS gelten dieselben Regeln wie für Konzernabschlüsse. Vgl. dazu unten die Ausführungen zu Konzernabschlüssen.

b) Steuerrecht

Eine *Bilanzberichtigung* ist notwendig, wenn Bilanzansätze usw. den handelsrechtlichen Grundsätzen ordnungsmäßiger Bilanzierung und/oder steuerlichen Vorschriften widersprechen. Derartige Sachverhalte werden meist im Rahmen von Betriebs- bzw. Außenprüfungen aufgedeckt. Die Änderung bezieht sich dann regelmäßig auf mehrere 1670

Jahre. Eine Bilanzberichtigung ist allerdings dann nicht mehr zulässig, wenn die Vermögensübersicht (Bilanz) einer Steuerfestsetzung zugrunde liegt, die nicht mehr aufgehoben werden kann (§ 4 Abs. 2 Satz 1 EStG, R 4.4 EStR).

Ein Austausch eines zulässigen Wertansatzes durch einen anderen zulässigen Wertansatz, also eine *Bilanzänderung*, ist grundsätzlich verboten. Sie ist nur zulässig, wenn sie in einem engen zeitlichen und sachlichen Zusammenhang mit einer Bilanzberichtigung steht (§ 4 Abs. 2 Satz 2 EStG, R 4.4 EStR).

3 Konzernabschlüsse

a) HGB

1680 Bei Konzernabschlüssen ist wie bei Einzelabschlüssen zwischen fehlerfreien und fehlerhaften zu unterscheiden. Ein *fehlerfreier* Konzernabschluss kann unter denselben Voraussetzungen geändert werden wie beim Einzelabschluss bereits erläutert wurde. *Fehlerhafte* Konzernabschlüsse sind grundsätzlich zu korrigieren, d. h. die bzw. den Fehler zu beseitigen. In diesem Fall ist der Konzernabschluss nochmals zu prüfen (§ 316 Abs. 3 HGB), von den zuständigen Gremien zu billigen, und erneut offen zu legen (§ 325 Abs. 1 Satz 6, Abs. 3 HGB). Auf DRS 13 – Grundsatz der Stetigkeit und Berichtigung von Fehlern wird verwiesen.

b) IFRS

1690 Für die Änderung von fehlerfreien und fehlerhaften Einzel- und Konzernabschlüssen enthält IAS 8 praktisch identische Grundsätze.

Die Änderung von *fehlerfreien* Abschlüssen, also die Änderung von Bilanzierungs- und Bewertungsmethoden, ist in IAS 8.14 ff. geregelt. Sie ist nur zulässig, wenn sie aufgrund eines Standards bzw. Interpretation erforderlich ist oder dazu führt, dass der Abschluss zuverlässige oder relevantere Informationen vermittelt. Die Änderung muss grundsätzlich retrospektiv vorgenommen werden.

In IAS 8.41 ff. sind Vorschriften über die Änderung von *fehlerhaften* Abschlüssen enthalten. Danach sind *wesentliche* Fehler stets rückwirkend zu korrigieren und in den notes anzugeben, IAS 8.49. Zu den Einzelheiten vgl. IAS 8.41 ff.

LITERATUR

Breker/Kuhn, a. a. O.; *Falterbaum/Bolk/Reiß/Kirchner,* a. a. O., S. 1078 ff.; DRS 13; IAS 8; *Institut der Wirtschaftsprüfer,* Änderung, a. a. O., Tabelle 10; Kommentare zu den angegebenen §§.

I. Bilanz-Theorien – Bilanz-Auffassungen

1 Gegenstand, Überblick, Bedeutung

Über Zwecke, Zielsetzungen und Aufgaben von Bilanzen gibt es in der Betriebswirtschaftslehre keine einheitliche Auffassung. Die unterschiedlichen Standpunkte führen zu differenzierten Deutungen des Inhalts, des Aufbaus und der Gliederung der Bilanz sowie zu erheblichen Unterschieden bei der Bewertung und damit zugleich bei der Erfolgsermittlung. Die Bilanz-Auffassungen unterscheiden sich u. a. in der Zahl der von ihnen verfolgten Ziele (monistisch – nur ein Ziel, z. B. Vermögens- und Kapitaldarstellung; dualistisch – zwei Ziele, z. B. Vermögens- und Kapitaldarstellung und Erfolgsermittlung; alle Ziele – alle gestellten Aufgaben = totale Bilanzauffassung). Außerdem ist die ungleiche Stellung zur Kapitalerhaltung hervorzuheben (nominelle Kapitalerhaltung – keine Berücksichtigung von Geldwertänderungen; reale Kapitalerhaltung – Berücksichtigung der Geldwertänderungen bei der Erfolgsermittlung; Substanzerhaltung – absolute: mengen-, gütermäßige Erhaltung; – relative oder qualifizierte: mengen-, gütermäßige Erhaltung und die Erhaltung der Stellung in der Volkswirtschaft unter Berücksichtigung des technischen Fortschritts und der Weiterentwicklung des Wirtschaftszweiges). 1700

Die wichtigsten Bilanz-Auffassungen sind in *Tabelle 26* zusammengefasst.

Die sog. »klassischen« Bilanz-Theorien sind – historisch gesehen – die älteren. Dies gilt in erster Linie für die statischen Bilanz-Auffassungen, deren Wurzeln ins vorige Jahrhundert zurückreichen. Eine Belebung erfuhr die Diskussion im Zusammenhang mit den Wirtschaftskrisen der Zwanziger- und Dreißigerjahre, insbesondere auch mit den Problemen der Geldwertstabilität (dynamische und organische Bilanz-Theorien). Die neueren Entwicklungen (meist Nachkriegszeit) erhielten ihre Anstöße u. a. aus der Entscheidungstheorie, der Organisations- und Informationstheorie, den Untersuchungen über das Verhalten der Bilanzempfänger und nicht zuletzt im Zusammenhang mit der Aktienrechtsreform von 1965. 1710

TAB. 26: Bilanz-Theorien – Bilanz-Auffassungen

Bilanz - Theorien - Auffassungen		Vertreter
Klassische	statische	► Ältere statische Auffassung, u. a. Rehm, Simon, Staub ► Bilanzauffassung von Nicklisch ► Nominale Bilanzauffassung von Rieger ► Totale Bilanzauffassung von Le Coutre
	dynamische	► Dynamische Bilanzauffassung von Schmalenbach ► Finanzwirtschaftliche Bilanz von Walb ► Eudynamische Bilanzauffassung von Sommerfeld ► Pagatorische Bilanzauffassung von Kosiol
	organische	► Organische Bilanzauffassung von F. Schmidt ► Bilanzauffassung von Hasenack
Neuere Entwicklungen	kapital-erhaltungs-orientiert	► Das »symmetrische« doppelte Minimum bei Hax ► Das »asymmetrische« doppelte Minimum bei Feuerbaum
	zukunfts-orientiert	► Die Bilanz als Zukunftsrechnung von Käfer ► Die ökonomische Gewinnkonzeption von Fisher ► Die synthetische Bilanz von Albach ► Die kapitaltheoretische Bilanz von Seicht ► Das Prinzip des doppelten Minimums von Schneider
	Antibilanz-konzeptionen	► Der finanzplanorientierte Ansatz von Moxter ► Kapitalflussrechnungen nach Busse von Colbe
	Verbesserung der Rech-nungslegung	► Änderung der Bewertung (u. a. Stützel, Koch, Leffson) ► Zusätzliche Rechenoperationen (u. a. Lehmann, Engels) ► Ergänzungsrechnungen (u. a. Lehmann, Leffson) ► Die ergänzte Mehrzweckbilanz nach Heinen
	Kapitalmarkt-orientierte Rechnungs-legung	► Decision Usefulness nach IFRS ► Principal-Agent-Konzept ► Management Approach-Konzept ► Konvergenz-Konzept

1720 In der Bilanzierungspraxis der Wirtschaft kommt den Bilanz-Theorien keine große Bedeutung zu, da durch die gesetzlichen Bestimmungen der Entscheidungsspielraum erheblich eingeengt ist. In den Vorschriften des Handelsrechts und damit den Handelsbilanzen dominieren die Elemente der statischen Bilanz-Auffassung mit dem Ziel der Vermögens- und Kapitaldarstellung. Im Steuerrecht und damit in der Steuerbilanz steht die periodengerechte Erfolgsermittlung, also ein Hauptziel der dynamischen Bilanz-Theorien, im Vordergrund.

2 »Klassische« Bilanz-Auffassungen

Die *statische Bilanz-Theorie* hält die Bilanz für ein Instrument zur Darstellung der Vermögens- und Kapitalbestände zum Zweck der Rechenschaftslegung gegenüber den Eigentümern, den Gläubigern und der Öffentlichkeit. Fragen der Bewertung (= nominelle Kapitalerhaltung) treten hinter Fragen der Gliederung zurück. In der »totalen Bilanzauffassung« von Le Coutre erfuhr die statische Bilanz-Theorie eine Weiterentwicklung. Die Bilanz als Kapitaldispositionsrechnung soll nicht nur eine Aufgabe haben, sondern der Betriebserkenntnis und -übersicht, der Betriebsführung, der Ergebnisfeststellung, der Betriebsüberwachung und der Rechenschaftslegung dienen. Daher ist eine Rangordnung in der Gliederung von Vermögens- und Kapitalbeständen entsprechend ihrem Verwendungszweck notwendig. Auch können die genannten Aufgaben nicht mit einer einzigen Bilanz gelöst werden. Es sind daher Beständebilanzen und verschiedene Bewegungsbilanzen zu erstellen. 1730

Die *dynamischen Bilanz-Auffassungen* sehen in der periodengerechten Erfolgsermittlung und damit auch in der Erfolgsrechnung die wichtigste Aufgabe. Beide gelten als Instrumente zur richtigen Betriebssteuerung. Nach der dynamischen Bilanz-Auffassung von *Schmalenbach* lässt sich in der Gesamtlebensdauer des Betriebes der Erfolg als Differenz der Einnahmen und Ausgaben ermitteln. Da aber in kürzeren Zeitabständen, nämlich einem Jahr, Erkenntnisse über die Entwicklung des Betriebes notwendig sind, müssen Periodenabschlüsse erstellt werden. Eine Einnahmen-Ausgaben-Rechnung als Erfolgsrechnung ist nun nicht mehr möglich. Die Bilanz dient jetzt dazu, die noch nicht abgewickelten Geschäftsvorfälle (= schwebende Posten) aufzunehmen. Sie wird zu einem Hilfsmittel der Erfolgsrechnung; einem Abgrenzungskonto, das die im Unternehmen vorhandenen aktiven Kräfte und passiven Verpflichtungen aufnimmt. Die Bilanz ist somit »der Kräftespeicher der Unternehmung«. 1735

In der finanzwirtschaftlichen Bilanz von *Walb* erfahren die Gedanken von Schmalenbach eine weitere, mehr formale Systematisierung durch eine Zweiteilung der Konten in eine Zahlungsreihe (Abschluss auf die Bilanz) und eine Leistungsreihe (Abschluss auf die Gewinn- und Verlustrechnung). Die eudynamische Bilanz-Auffassung von *Sommerfeld* (basierend auf Schmalenbach) ist gekennzeichnet durch eine übervorsichtige Bewertung und durch die Bildung verschiedener Rücklagen (Wachstumssicherung, Dividendenausgleich, Substanzerhaltung). Während Schmalenbach und Walb die reale Kapitalerhaltung anstreben, verlangt Sommerfeld die qualifizierte Substanzerhaltung. 1740

In der »pagatorischen Bilanz-Auffassung« von *Kosiol* erfährt die dynamische Bilanzlehre eine Weiterentwicklung. Sämtliche Vorgänge in der Erfolgsrechnung und der Bilanz werden als »Zahlungen« angesehen, als Barzahlungen und Verrechnungszahlungen (mit weiteren Unterscheidungen). Neben einer pagatorischen Bewegungsbilanz als Erfolgsrechnung kann eine pagatorische Beständebilanz erstellt werden. 1750

Die *organische Bilanz-Auffassung* von *Schmidt* strebt zwei Ziele, nämlich die richtige Feststellung des Vermögens *und* des Erfolges, an. Organisch bedeutet, dass der Betrieb ein Organ der Volkswirtschaft und auch darin eingebettet ist. Die richtige Ermittlung des Erfolges geschieht durch die Eliminierung aller Geldwertveränderungen und der daraus resultierenden Scheingewinne und Scheinverluste. Effektive Gewinne usw. 1755 entstehen nur durch Umsätze. Über den Ansatz von Tageswerten und mittels Buchungen über ein Wertänderungskonto (= Bilanzkonto) werden diese Ziele erreicht. Aus dem Ziel der substanziellen Kapital-Erhaltung folgt u. a.: Abschreibungsgegenwerte sind sofort wieder zu reinvestieren, und zwar in Anlagevermögen; das Prinzip der Wertgleichheit als Bilanzierungsprinzip (die Nominalgüter sollen den Verbindlichkeiten entsprechen); der Finanzierungsgrundsatz (abgeleitet aus dem Prinzip der Wertgleichheit): Realwerte sind mit Eigenkapital, Nominalgüter mit Fremdkapital zu finanzieren.

1760 Die Bilanz-Auffassung *Hasenacks* umfasst sowohl Gedanken aus der geschilderten Bilanz-Theorie von Schmidt als auch der eudynamischen Bilanzlehre von Sommerfeld, insbesondere der Rücklagenbildung.

3 Neuere Entwicklungen

1765 Die *kapitalerhaltungsorientierten Auffassungen* beruhen auf einer dualistischen Erfolgsdefinition und -ermittlung, nämlich der nominellen und der substanziellen. Als Erfolg wird die kleinere der beiden Größen (kleinerer Gewinn/größerer Verlust) ausgewiesen (= doppeltes Minimum). Beim »symmetrischen doppelten Minimum« dürfen Verluste mit entsprechenden Gewinnen verrechnet werden, beim »asymmetrischen doppelten Minimum« dagegen nicht.

1770 Der Jahresabschluss stellt ein vergangenheitsorientiertes Abrechnungsinstrument, ein Ermittlungsmodell, dar. Die Bilanz zeigt die noch nicht abgewickelten, also in die Zukunft weisenden Leistungsprozesse auf. Ob ein ermittelter Erfolg richtig ist, kann nur die Zukunft zeigen. Sowohl die Unternehmensleitung als auch die mit dem Unternehmen in einem Leistungsaustausch stehenden Wirtschaftssubjekte (Gläubiger, Aktionäre, Kunden usw.) benötigen aber Informationen über die künftige Entwicklung des Unternehmens. Daher wird – im Gegensatz zur traditionellen Bilanz-Auffassung – versucht, die *Bilanz als Zukunftsrechnung* zu erfassen und sie durch entsprechende Gestaltung, insbesondere Bewertung, in ihrer Aussagekraft zu erhöhen.

1775 Verschiedene Autoren halten den Informationsgehalt des üblichen Jahresabschlusses für sehr gering, insbesondere für externe Bilanzempfänger. Sie entwickeln neue Konzeptionen, die nicht den traditionellen Instrumenten der Rechnungslegung entsprechen, sog. *Antibilanz-Konzeptionen.* Moxter geht dabei von den Zielvorstellungen der Organisationsteilnehmer und deren finanziellen Zielströmen aus. Er entwickelt ein finanzplanorientiertes Tableau mit Einzahlungen und Auszahlungen nach Empfängern/Leistenden und Verwendungszweck. Busse von Colbe will die Probleme durch den Einsatz von retrospektiven und prospektiven Kapitalflussrechnungen lösen.

1780 Nach einer breiten Gruppe von Autoren weist die *handelsrechtliche Rechnungslegung* Mängel auf, die mit einer *Verbesserung* weitgehend beseitigt werden können. Ansätze dazu bieten Änderungen in den Bewertungsvorschriften, zusätzliche Rechenoperationen (z. B. Rentabilitätsrechnungen) und Ergänzungen durch Nebenrechnungen. Besonders hervorzuheben ist die ergänzte Mehrzweckbilanz von Heinen. Er strebt eine dem jeweiligen Bilanzzweck angepasste Gestaltung von Inhalt und Aufbau der Bilanz an und ergänzt sie durch Nebenrechnungen (Kapitalflussrechnungen, Bewegungsbilanzen, Fondsrechnungen). Diesen Forderungen wurde teilweise im Zuge der Bilanzreform im Jahre 2004 Rechnung getragen, vgl. z. B. § 297 Abs. 1 HGB.

Es wurden auch Konzepte einer *kapitalmarktorientierten Rechnungslegung* entwickelt. 1790
Dazu gehören das Konzept der Entscheidungsnützlichkeit von Informationen für Anteilseigner am Kapitalmarkt (»Decision Usefulness« bei den IFRS; vgl. Tz. 5410); Konfliktsituationen zwischen Management und Kapitaleigner (»Principal-Agent-Konzept«; vgl. Tz. 1095); das Konzept des »Management Approach« bei der Segmentberichterstattung (vgl. Tz. 3700, 5493); das »Konvergenz-Konzept«, bei dem interne und externe Unternehmensrechnung deckungsgleich sein sollen.

LITERATUR

Coenenberg, a. a. O., S. 1249 ff.; *Schweitzer,* a. a. O.; *Wöhe,* a. a. O., S. 219 ff.

J. Der Geschäftsbericht als Instrument der Unternehmenskommunikation

1 Unternehmenskommunikation

1900 Die Unternehmenskommunikation kann als Teil der »Corporate Identity« aufgefasst werden. Unter diesem Begriff, in der Literatur nicht einheitlich definiert, wird meist eine gezielte Selbstdarstellung und Verhaltensweise vor dem Hintergrund einer Unternehmensphilosophie verstanden. Corporate Identity ist somit ein ganzheitlicher Identitätsmix, der aus verschiedenen Komponenten besteht. Im Wesentlichen handelt sich um das Unternehmensverhalten, das Unternehmenserscheinungsbild, z. B. Firmenlogo, Hausfarben, und die Unternehmenskommunikation.

Ein Unternehmen ist nicht nur eine Stätte der Kombination der betriebswirtschaftlichen Produktionsfaktoren Arbeit, Betriebsmittel, Werkstoffe und des dispositiven Faktors Organisation nach dem ökonomischen Prinzip mit dem Ziel der Gewinnmaximierung. Dieser Aspekt tritt zurück. Immer häufiger verstehen sich Unternehmen als gesellschaftliche und sozial engagierte Organisationen. Mit Hilfe dieser gezielten Strategie der Unternehmenskommunikation wird ein Versuch unternommen, die Unternehmenspersönlichkeit in die Öffentlichkeit zu transferieren, um dort einen bestimmten Eindruck zu hinterlassen. Die Empfänger dieser Informationen verarbeiten diese und bilden sich ein Urteil über das Unternehmen. Letzteres wird dann eingeordnet, klassifiziert. In der Öffentlichkeit besitzt das Unternehmen damit ein »Image«, ein Meinungsbild über unternehmensspezifische Eigenschaften und Merkmale.

An dieser Stelle darf nicht unerwähnt bleiben, dass es verschiedene Wettbewerbe für den »besten« Geschäftsbericht gibt.

2 Ziele und Instrumente der Unternehmenskommunikation

1920 Die Unternehmenskommunikation und ihre Gestaltung ist auch ein Teil des unternehmerischen Entscheidungsprozesses, der aus den Komponenten Zielsetzungen und Entscheidungen zur Realisierung der Zielsetzungen besteht. Ihr Ziel wiederum ist es, eine positive Einstellung zum Unternehmen bei allen Informationsempfängern zu erreichen. Es geht also nicht um die Beurteilung eines Produkts, sondern um die positive Einstellung zum Unternehmen als Ganzes, seinen Ruf, sein Image. Daraus folgt aber auch, dass auf die individuellen und durchaus verschieden reagierenden Informationsempfänger Rücksicht genommen werden muss. Eine Differenzierung und Optimierung ist einerseits nach Informationsadressaten und andererseits nach Informationsinstrumenten erforderlich. *Tabelle 27* zeigt Beispiele für solche Informationsinstrumente.

TAB. 27:	Instrumente der Unternehmenskommunikation
Berichte	► Geschäftsbericht ► Quartalsbericht ► Zwischenbericht
Briefe	► Aktionäre, Gesellschafter ► Mitarbeiter ► Kunden ► Lieferanten
Broschüren, Anzeigen	► Unternehmen ► Produkte ► Forschung und Entwicklung ► Umweltschutz
Sponsoring	► Kultur ► Sozialbereich ► Spenden ► Sport

3 Der Geschäftsbericht

a) Zielgruppen

Alle Kommunikationsinstrumente sind auf bestimmte Zielgruppen ausgerichtet. Dies 1940
gilt auch für den Geschäftsbericht. Zu den wichtigsten Zielgruppen gehören die Anteilseigner bzw. Eigentümer, die Gläubiger, Arbeitnehmer und Kunden. Die wesentlichen Zielgruppen und deren Informationsbedürfnisse sind in *Tabelle 28* zusammengestellt.

TAB. 28:	Zielgruppen und Informationsbedürfnisse
Zielgruppe	**Informationsbedürfnisse**
Anteilseigner	Abrechnung über ein Geschäftsjahr (Rechenschaftsbericht), Ausschüttung von Gewinn, zukünftige Entwicklung
Gläubiger	Grundlage für bisherige und zukünftige Kreditvergabe, Risikoeinschätzung, Beurteilung der Kapitaldienstfähigkeit
Arbeitnehmer	Sicherheit des Arbeitsplatzes, des evtl. zugesagten Altersruhegeldes, Aussicht auf Verdienst- und Aufstiegsmöglichkeiten
Kunden	Wirtschaftliche Lage als Lieferant von Produkten, Dienstleistungen und dessen zukünftige Entwicklung (u. a. neue Produkte, Qualitätsniveau)
Lieferanten	Wirtschaftliche Lage des Abnehmers von Produkten, Dienstleistungen zum Zweck der Absatzanalyse (u. a. Risiken, zukünftige Entwicklung)
Wirtschaftspresse	Analyse der wirtschaftlichen Lage, zukünftige Entwicklung als Produzent, Kreditnehmer, Lieferant und Kunde, Attraktivität, Anteile zu erwerben
Wirtschaftsforschungsinstitute	Auswertung der Geschäftsberichte zur Erstellung makroökonomischer Analysen

Der Geschäftsbericht wird in der Literatur auch als »Flaggschiff« der Unternehmenskommunikation bezeichnet. Er gehört heute zu dem Instrument, das alle größeren Unternehmen rechtsformübergreifend zur Erzielung eines möglichst positiven Unternehmensimages verwenden.

Neben der Bezeichnung Geschäftsbericht werden in der Praxis auch andere Begriffe verwandt, so z. B. Jahresbericht, Jahrbuch, Druckbericht, Rechenschaftsbericht.

b) Besonderheiten

1960 Der Geschäftsbericht zeichnet sich durch einige *Besonderheiten* aus. Im Einzelnen sind dies

- Rechenschaftsbericht,
- Glaubwürdigkeit,
- Effekt des einzeitlichen Erscheinungsbildes und
- Dauerwirkung.

Der Geschäftsbericht dient in vielen Fällen primär als *Rechenschaftsbericht* der Geschäftsführung gegenüber den Anteilseignern. Er dokumentiert, wie die Manager und i. d. R. Nichteigentümer mit dem ihnen überlassenen Kapital gewirtschaftet haben. Das gilt in besonderem Maße für Aktionäre sogenannter »Publikumsgesellschaften«. Für diese stellt der Geschäftsbericht regelmäßig das einzige und zugleich wichtigste Informationsinstrument über die wirtschaftliche Lage und die Entwicklung »ihres« Unternehmens dar.

Der Gesetzgeber schreibt die Aufstellung eines Jahresabschlusses vor. Allein durch diese Tatsache erfüllt der damit verbundene Geschäftsbericht ein gewisses Maß an *Glaubwürdigkeit*. Erheblich verstärkt wird dies in den Fällen, in denen diese Unterlagen mit dem Bestätigungsvermerk eines Abschlussprüfers über dessen Prüfung nach §§ 316 ff. HGB versehen werden. Darin wird bestätigt, dass sie ein den tatsächlichen Verhältnissen entsprechendes Bild der Vermögens-, Finanz- und Ertragslage vermitteln (§ 322 HGB). Dieser Vermerk strahlt auch auf die freiwillig publizierten Teile, aber nicht geprüften Informationen aus.

Das Unternehmen präsentiert sich auf verschiedenen Ebenen der Öffentlichkeit. Um eine in sich geschlossene Informations- bzw. Kommunikationspolitik zu verfolgen, muss sich der Geschäftsbericht widerspruchs- und nahtlos als Teil dieser Strategie einfügen und den Gesamtzielen unterordnen. Durch ein *einheitliches Erscheinungsbild* des Unternehmens lassen sich damit Synergieeffekte erreichen.

Die Kommunikations- und Informationsstrategie von Unternehmen ist mittel- bis langfristig angelegt, zielt also auf eine *Dauerwirkung*. Ein langjähriges konstantes Erscheinungsbild strahlt Sicherheit und Vertrauen, aber auch Vertrautheit aus. Dies führt zu einem »stabilen« Verhältnis zwischen Unternehmen und Geschäftsberichtsadressaten. Durch die jährliche Erstellung mit jeweils neuen, möglichst positiven Daten über das Unternehmen lässt sich die Bindung an das Unternehmen im Sinne einer Partnerschaft vertiefen. Auf dieser Ebene ertragen und verkraften die Geschäftsberichtadressaten auch vorübergehende negative Entwicklungen des Unternehmens, ohne sich von ihm zurückzuziehen bzw. die Geschäftsbeziehungen einzustellen.

c) Aufbau und Inhalt

Der Geschäftsbericht ist im Gesetz nicht erwähnt. In ihm sind die gesetzlichen Be- 1980
standteile des Jahresabschlusses nach § 264 HGB bzw. des Konzernabschlusses nach § 289 HGB sowie der Lagebericht bzw. Konzernlagebericht nach §§ 289, 315 HGB sowie zusätzliche freiwillige Angaben, die das Gesetz nicht verlangt, zusammengefasst.

Konzerne gehen zunehmend dazu über, im Geschäftsbericht die Lage des Konzerns als wirtschaftlicher Einheit durch den Konzernabschluss und den Konzernlagebericht sowie der einschlägigen Kennzahlen usw. in den Mittelpunkt zu stellen. Der Jahresabschluss der Muttergesellschaft tritt in den Hintergrund oder wird ganz weggelassen.

Solche Geschäftsberichte umfassen bei großen Konzernen in gedruckter Form durchaus 250 Seiten. Darüber hinaus machen diese Unternehmen die Geschäftsberichte auf ihrer Homepage der breiten Öffentlichkeit zugänglich, oft auch mehrsprachig. Das gilt insbesondere für die DAX-Unternehmen.

Den Aufbau des Geschäftsberichts bestimmen die Unternehmen bzw. Konzerne selbst. Er weicht in der Praxis entsprechend der Unternehmenskommunikation und -politik und der dabei gewählten Schwerpunkte voneinander ab. Ein Geschäftsbericht könnte in der Praxis aufgebaut sein wie in *Tabelle 29* dargestellt.

TAB. 29: Aufbau eines Geschäftsberichts

I. Bericht des Aufsichtsrats
II. Bericht des Vorstands
   1. Allgemeiner Teil
   2. Lagebericht
   3. Anhang
   4. Vorschlag über die Gewinnverwendung
III. Bilanz, Gewinn- und Verlustrechnung.

Die Angabe von Vorjahresbeträgen und eventuelle Fehlanzeigen sind nicht erforderlich. Ein *Stetigkeitsgebot* in der Darstellung ist in der allgemeinen Vorschrift des § 265 Abs. 1 HGB auch für den Anhang und den Lagebericht voresehen.

LITERATUR

Herbst, D., a. a. O.; *Keller*, a. a. O.; *Meyer, C.*, Der Geschäftsbericht; WP Handbuch 2012, a. a. O., S. 688.

KONTROLLFRAGEN

Die Antworten zu den Kontrollfragen 1–42 befinden sich auf Seite 331 ff.

1. Welche Funktionen sollen Bilanzen primär erfüllen gegenüber
   a) den Aktionären?
   b) den Gläubigern?
   c) den Veranlagungsbehörden für die Steuern vom Einkommen und Ertrag?
2. Nennen Sie einige konkrete Zielsetzungen, die z. B. freiwillig erstellte interne Bilanzen haben können!
3. Bedeutet eine Erhöhung bzw. Verminderung des Bilanzvolumens zugleich ein Wachstum oder eine Schrumpfung der Produktionskapazitäten der Unternehmung?
4. Welche generellen Unterschiede bestehen zwischen Eigen- und Fremdkapital?
5. Ist die Summe »Aktiva« in der Bilanz mit dem tatsächlichen Wert des Vermögens einer Unternehmung identisch?
6. Welche Unternehmungen müssen nach dem Handelsrecht Bücher führen und zugleich ihren Jahresabschluss veröffentlichen?
7. Sind Unternehmungen, die nach dem Handelsrecht Bücher führen müssen, von der Buchführungspflicht befreit, wenn sie die in § 141 Abs. 1 AO aufgeführten Grenzen nicht überschreiten?
8. Für welchen Personenkreis bzw. Unternehmenskreis gelten die Vorschriften der §§ 145 ff. AO uneingeschränkt?
9. Unterscheiden sich die in den §§ 238 ff. HGB und in §§ 145 ff. AO aufgeführten Bestimmungen über die Buchführung wesentlich?
10. Welches Buchführungssystem fordern die Vorschriften des Handelsrechts?
11. Was versteht man unter den Grundsätzen ordnungsmäßiger Buchführung?
12. Wie lassen sich die Grundsätze ordnungsmäßiger Buchführung systematisieren?
13. In welchen Gesetzesstellen wird von den GoB gesprochen? Zählen Sie mindestens fünf auf!
14. Erstellen Sie eine auf Aktiv- und Passivseite nach Liquiditätsgesichtspunkten aufgebaute Bilanz!
15. Unterscheiden sich Bilanzen und Gewinn- und Verlustrechnungen hinsichtlich ihres zeitlichen Bezugsfeldes?
16. Wovon hängen Inhalt und Aufbau von Bilanzen ab?
17. Welche Aufgaben hat primär die Handelsbilanz und welche die Steuerbilanz zu erfüllen?
18. In welchem Verhältnis stehen Handels- und Steuerbilanz zueinander?

19. Muss in jedem Fall eine Handelsbilanz aufgestellt werden?
20. Was wird unter dem Prinzip der Maßgeblichkeit der Handelsbilanz für die Steuerbilanz verstanden?
21. Welche Bedeutung kommt dem Prinzip der Maßgeblichkeit der Handelsbilanz für die Steuerbilanz in der Praxis zu?
22. Wodurch entstehen in der Steuerbilanz sog. steuerliche Ausgleichsposten?
23. Welchen generellen Zweck soll die Inventur erfüllen?
24. Kann eine Unternehmung verschiedene Inventurmethoden nebeneinander anwenden?
25. Müssen alle nach dem Handelsrecht zur Buchführung verpflichteten Unternehmen auch eine Inventur machen?
26. Beurteilen Sie die einzelnen Inventurmethoden im Hinblick auf ihren Einfluss auf den Betriebsablauf!
27. Erläutern Sie die Notwendigkeit des Grundsatzes der Vollständigkeit der Inventur!
28. Wie kann z. B. dem Grundsatz der Nachprüfbarkeit der Inventur Rechnung getragen werden?
29. Erläutern Sie Begriff, Ablauf und Zulässigkeit der permanenten Inventur!
30. Kann auf eine körperliche Bestandsaufnahme des beweglichen Anlagevermögens verzichtet werden?
31. Welche Folgen ergeben sich für eine Unternehmung, wenn ihre Inventurunterlagen zum 31. 12. 10 am 15. 5. 13 durch Brand (höhere Gewalt) vernichtet wurden?
32. Was hat zu geschehen, wenn am Jahresende bei der Inventur des Kassenbestandes der Soll-Bestand laut Buchführung von € 1 750,20 nicht mit dem Ist-Bestand laut Inventur von € 1 700,20 übereinstimmt?
33. Bis zu welchem Zeitpunkt nach dem Bilanzstichtag muss die Bilanz bzw. der Jahresabschluss erstellt sein, damit die Ordnungsmäßigkeit gewahrt bleibt?
34. Ist für die Einzelunternehmung, die OHG, die KG, die GmbH und die AG eine Prüfung des Jahresabschlusses vorgeschrieben?
35. Was ist Gegenstand und Inhalt der Prüfung des Jahresabschlusses der AG?
36. Welche Wirkungen ergeben sich aus der Feststellung des Jahresabschlusses?
37. Wie ist der Jahresabschluss einer AG bekannt zu machen?
38. Welche Folgen hat eine nicht ordnungsmäßige Buchführung nach den Bestimmungen des Steuerrechts?
39. Worin liegen die Ursachen für die Ausbildung der verschiedenen Bilanz-Auffassungen?
40. Welche Art der Kapitalerhaltung liegt der handelsrechtlichen und der steuerrechtlichen Gewinnermittlung zu Grunde?

41. Welche Hauptziele verfolgen die statische und die dynamische Bilanz-Auffassung?

42. Welche Bedeutung kommt der Gewinn- und Verlustrechnung in der statischen und in der dynamischen Bilanz-Auffassung zu?

AUFGABE 1

In der Maschinenfabrik Albert Müller OHG hat der Buchhalter Bleibtreu im Zusammenhang mit dem Jahresabschluss zum 31. 12. Probleme zu lösen. Prüfen Sie die folgenden Vorschläge des Buchhalters kritisch und klären Sie, ob sie mit den GoB zu vereinbaren sind!

a) Anforderung einer ESt-Vorauszahlung für den Gesellschafter Fritz über € 1 000,– durch das Finanzamt.

   Buchhalter Bleibtreu bucht: Privatkonto Fritz an kurzfristige Verbindlichkeiten € 1 000,–.

b) Am 31. 12. ging von der Handelsunion F. Lehmann eine Lieferung (unter Eigentumsvorbehalt) über 10 t des Rohstoffes Z ein; Kaufpreis lt. schriftlichem Kaufvertrag vom 1. 12. € 11 900,– (einschl. MWSt); die Rechnung geht am 2. 1. des folgenden Jahres ein. Bleibtreu meint, eine Buchung am 31. 12. sei nicht erforderlich, da die Rechnung erst im nächsten Jahr eingegangen sei; die Zahlung sei auch im nächsten Jahr erfolgt.

c) Um den Rückgang im Absatz Gesellschaftern und Gläubigern nicht offen legen zu müssen, schlägt Buchhalter Bleibtreu vor, die bisher getrennt ausgewiesenen Roh-, Hilfs- und Betriebsstoffe, fertigen Erzeugnisse, unfertigen Erzeugnisse in einem Posten zusammenzufassen, da dann der Endbestand mit dem des Vorjahres ungefähr übereinstimme. Ein Hinweis auf den geänderten Ausweis soll natürlich unterbleiben!

d) Am Jahresende besitzt die Unternehmung ein Guthaben von € 13 300,– gegenüber der Sparkasse X. Diese hat der Unternehmung einen langfristigen Investitionskredit eingeräumt, der am Jahresende € 60 000,– betrug. Buchhalter Bleibtreu will das Guthaben mit der Verbindlichkeit saldieren und nur den Restbetrag von € 46 700,– als Verbindlichkeit ausweisen.

e) Bei der Durchsicht der Konten im Kontokorrent wird vor dem Abschluss festgestellt, dass aus gegenseitigen Lieferungen und Leistungen die Unternehmung eine Forderung (Rechnungsdatum 30. 11., Zahlungsziel 30 Tage ab Rechnungsdatum) über € 1 665,– und zugleich eine Verbindlichkeit, die zur Zahlung fällig ist, gegenüber der Firma H. Kunzmüller über € 2 775,– besitzt. Auch hier will der Buchhalter Bleibtreu die Forderung mit der Verbindlichkeit saldieren und nur den Differenzbetrag von € 1 110,– als Verbindlichkeit ausweisen!

Die Lösung zu Aufgabe 1 befindet sich auf Seite 369.

AUFGABE 2

Buchhalter Bleibtreu überlegt bereits im Laufe des Monats September, wie er das Problem der Inventur zum Abschlussstichtag 31. 12. 2012 lösen kann. Prüfen Sie bei folgenden Vorschlägen des Buchhalters, ob diese mit den Grundsätzen einer ordnungsmäßigen Inventur zu vereinbaren sind.

a) Anlagevermögen: Für das bewegliche Anlagevermögen wird eine Anlagekartei geführt. Vermögensgegenstände mit Anschaffungskosten bis zu € 150,– werden darin nicht eingetragen, sondern im Jahr der Anschaffung sofort als Aufwand gebucht, und zwar auf einem besonderen Konto. Bleibtreu will diese Gegenstände körperlich erfassen und in das Inventar aufnehmen.

b) Rohstoffe: Die Rohstoffe werden in einer Lagerbuchführung erfasst. Da im vergangenen Jahr im Laufe des Monats Dezember bereits eine Inventur stattfand, soll die nächste Anfang Januar des kommenden Jahres stattfinden.

c) Hilfsstoffe: Diese sollen im Dezember aufgenommen und entsprechende Listen mit Materialpositionen vorbereitet werden. Die Aufnahmelisten werden nach Aufstellung des Inventars vernichtet, weil die Angaben ja dann im Inventar enthalten sind.

d) Betriebsstoffe: Zur Gewinnung von Energie besitzt die Unternehmung ein Kesselhaus mit Kohleverbrennungsöfen. Die Kohlevorräte werden zum großen Teil im Freien gelagert. Diese sollen aufgrund der Abmessungen am 31. 12. 2012 geschätzt werden. Die übrigen Betriebsstoffe werden mittels Stichtagsinventur zum 31. 12. 2012 erfasst.

e) Waren: Es werden 20 verschiedene Waren zur Ergänzung der eigenen Produktion hinzugekauft. Die Hälfte der Waren soll Anfang November, die andere Hälfte Anfang März des folgenden Jahres zur Verteilung der Arbeitsbelastung aufgenommen werden. Unklar ist noch, wie die Warenabgänge zu ermitteln sind, da sie nur auf den einzelnen Verkaufskonten mit den Verkaufspreisen erfasst werden. Die durchschnittliche Handelsspanne beträgt $33\,^1/_3\,\%$.

f) Außenlager: Für ein außerhalb der Unternehmung befindliches Konsignationslager mit einer leicht verdunstenden Flüssigkeit werden alle Zu- und Abgänge buchmäßig erfasst, so dass der Bestand zum 31. 12. 2012 ermittelt werden kann. Eine Bestandskontrolle soll im November stattfinden.

g) Unfertige Erzeugnisse: Ein Teil der unfertigen Erzeugnisse braucht nicht aufgenommen zu werden, weil die Herstellungskosten pro Stück € 60,– nicht übersteigen. Der andere Teil soll mit den Herstellungskosten zum 31. 12. 2012 erfasst und in das Inventar eingestellt werden.

h) Forderungen: Eine Aufnahme erfolgt anhand der Debitorenkonten. Um möglichst den gesamten Bestand an Forderungen gegenüber Kunden nachweisen zu können, sollen alle rund 3 000 Kunden angeschrieben und um eine Saldenbestätigung gebeten werden. Die Kosten betragen geschätzt ca. € 7 500,–.

i) Wechsel: Die Wechselverbindlichkeiten, bestehend aus rund 150 Schuldwechseln, sollen am 31. 12. 2012 mittels Stichtagsinventur körperlich erfasst werden.

Die Lösung zu Aufgabe 2 befindet sich auf Seite 369 f.

II. Teil: Die Rechnungslegung der einzelnen Unternehmung

A. Die Jahresbilanz – Inhalt, Aufbau und Bewertung

1 Inhalt der Jahresbilanz

a) Ansatzgebote, -verbote, -wahlrechte

Nach § 247 Abs. 1 HGB sind in der Bilanz das Anlage- und das Umlaufvermögen, das 2000
Eigenkapital, die Schulden sowie die Rechnungsabgrenzungsposten auszuweisen. In Verbindung mit den Vorschriften über das Inventar (§ 240 Abs. 1 HGB) besteht für Vermögensgegenstände, Schulden und Eigenkapital ein *Ansatzgebot* in der Bilanz (= Bilanzierung dem Grunde nach). Als bilanzierungsfähige Vermögensgegenstände können alle Sachen, Rechte usw. angesehen werden, die zum Abschlussstichtag einen objektiv messbaren Nutzungsvorrat besitzen. In den meisten Fällen liegt direkt oder indirekt ein Zahlungsvorgang zu Grunde.

Vermögensgegenstände sind in der Bilanz des Eigentümers aufzunehmen, sofern sie 2010
nicht einem anderen wirtschaftlich zuzurechnen sind. Für eine Zurechnung maßgebend ist insbesondere auch der Zeitpunkt des Gefahrenübergangs und der Zeitpunkt der Erlangung der Verfügungsgewalt über einen Vermögensgegenstand. Schulden sind in der Bilanz des Schuldners aufzunehmen (vgl. dazu § 246 Abs. 1 HGB). Diese Neufassung des HGB im Zuge des BilMoG entspricht den steuerlichen Zurechnungsregeln in § 39 ff. AO.

Gemietete Gegenstände hat grundsätzlich der Vermieter zu aktivieren (vgl. für Leasing-Verträge die Erlasse des BMF, beachte auch die u. U. notwendige Angabe der daraus resultierenden finanziellen Verpflichtungen im Anhang nach § 285 Nr. 3, 3a HGB bzw. § 314 Abs. 1 Nr. 2, 2a HGB; vgl. dazu auch Tz. 1185).

Beim *Factoring* werden nicht fällige Forderungen aus Warengeschäften oder Dienstleis- 2013
tungen durch Abtretung i. S. v. §§ 433, 398 BGB an ein darauf spezialisiertes Finanzdienstleistungsinstitut (Factor) von einem Unternehmen (Klient) verkauft. Beim *echten Factoring* übernimmt der Factor das Ausfallrisiko und die Forderungen scheiden aus dem Vermögen und der Bilanz des Verkäufers aus. Beim *unechten Factoring* verbleibt das Ausfallrisiko beim Klienten. Hieraus ergeben sich, je nach der Offenlegung der Zession, unterschiedliche bilanzielle Auswirkungen. Für die bilanzielle Behandlung von sog. *Asset-Backed-Securities-Gestaltungen (ABS)* wird auf IDW RS HFA 8 verwiesen.

Schwebende Geschäfte (gegenseitige Verpflichtungsgeschäfte aus schuldrechtlichen 2015
Verträgen, die bisher noch von keiner Seite erfüllt wurden) gehören nicht in die Bilanz, insbesondere gilt dies für das Bestellobligo. Sofern allerdings Verluste aus schwebenden Geschäften zu erwarten sind, müssen entsprechende Rückstellungen eingestellt werden (§ 249 Abs. 1, 2 HGB).

Bei Treuhandgeschäften ist grundsätzlich der Treugeber wirtschaftlicher Eigentümer 2017
nach § 246 Abs. 1 HGB bzw. § 39 AO. In dessen Bilanz hat der Ausweis entsprechend

den Gliederungsvorschriften nach §§ 247, 266 HGB zu erfolgen. Für Kreditinstitute gilt aber die Sondervorschrift in § 6 RechKrV.

2020 Für im Gesetz genau fixierte Tatbestände werden *Ansatzverbote* ausgesprochen. Danach dürfen Aufwendungen zur Gründung des Unternehmens und für die Beschaffung des Eigenkapitals nicht bilanziert werden (§ 248 Abs. 1 HGB). Das Gleiche gilt für Aufwendungen für den Abschluss von Versicherungsverträgen. Für selbst geschaffene immaterielle Gegenstände des Anlagevermögens besteht nun ein Aktivierungswahlrecht (§ 248 Abs. 2 HGB).

2025 Die *früheren Bewertungsvorschriften* enthielten einige *Ansatzwahlrechte*, die im Zuge des BilMoG und im Kontext mit den internationalen Rechnungslegungsvorschriften aufgehoben wurden, so u. a. beim Ansatz sog. Aufwandsrückstellungen. Dies engt den bilanzpolitischen Spielraum der Unternehmen und Konzerne ein. Neu in das HGB aufgenommen wurde ein *Aktivierungswahlrecht* für selbst geschaffene immaterielle Vermögensgegenstände des Anlagevermögens (vgl. § 248 Abs. 2 HGB).

In diesem Zusammenhang ist auf das *Urteil des BFH* vom 3. 2. 1969 (BStBl II 1969, S. 291) und H 5.7 Abs. 1 EStH hinzuweisen. Nach diesem Urteil muss bei der Aktivierung bzw. Passivierung von Wahlrechten in der Handelsbilanz für die steuerliche Bilanzierung wie folgt verfahren werden:

Handelsbilanz	**Steuerbilanz**
► Aktivierungswahlrecht	► Aktivierungsgebot
► Passivierungswahlrecht	► Passivierungsverbot

Das Passivierungsverbot soll allerdings nicht gelten, sofern das Steuerrecht ausdrücklich hierzu ein Passivierungswahlrecht einräumt.

2030 Nach § 5 Abs. 1 EStG haben Kaufleute am Schluss des Geschäftsjahres das *Betriebsvermögen* auszuweisen, das sich nach handelsrechtlichen Grundsätzen ordnungsmäßiger Buchführung ergibt. Vermögensgegenstände und Schulden einer Kapitalgesellschaft gelten als deren Betriebsvermögen, was im Ergebnis dem Eigenkapital entspricht (vgl. dazu § 4 Abs. 1 Satz 1 EStG). Die steuerliche Literatur spricht dabei anstelle von Vermögensgegenständen von positiven *Wirtschaftsgütern* und anstelle von Schulden von negativen Wirtschaftsgütern. Insbesondere die steuerliche Rechtsprechung hat Grundsätze für die Prüfung, ob ein Wirtschaftsgut vorliegt, aufgestellt. Von geringen Ausnahmen abgesehen decken sich die steuerlichen Begriffe mit denen des Handelsrechts. Vgl. dazu auch Tz. 1235 ff.

2035 Eine Unterscheidung der Vermögensgegenstände und Schulden in notwendiges Betriebsvermögen, notwendiges Privatvermögen, gewillkürtes Betriebsvermögen und Sonderbetriebsvermögen ist nur bei Einzelunternehmen und Personengesellschaften von Bedeutung. Lediglich das Betriebsvermögen bildet den Inhalt der Bilanz und nur dieses wird bei der Erfolgsermittlung berücksichtigt. Nicht bilanzierungsfähig ist das Privatvermögen (vgl. § 264c Abs. 3 HGB, § 5 Abs. 4 PublG).

Vermögensgegenstände und Schulden gehören

- zum *notwendigen Betriebsvermögen,*
  wenn sie wesentlich oder unentbehrlich zur Erreichung der unternehmerischen Zielsetzung sind; z. B. Maschinen für die Produktion, Darlehen zur Unternehmensfinanzierung (vgl. insbesondere auch R 4.2, 4.3 EStR);
- zum *notwendigen Privatvermögen,*
  wenn sie nur privat nutzbar sind oder tatsächlich privat genutzt werden; sie bleiben bei der Gewinnermittlung außer Betracht; z. B. das selbst bewohnte Einfamilienhaus des Einzelunternehmers, Einkommensteuerschulden, Einkommensteuererstattungsansprüche;
- zum *gewillkürten Betriebsvermögen,*
  wenn sie in einem objektiven Zusammenhang mit dem Betrieb stehen und in der Buchführung und Bilanz als solches ausgewiesen sind; wenn dies nicht vorliegt, gehören sie zum Privatvermögen; z. B. geschäftlich und privat genutzter Pkw, Wertpapiere;
- zum *Sonderbetriebsvermögen eines Gesellschafters*
  (= Mitunternehmer),
  wenn ihm die Wirtschaftsgüter zuzurechnen sind, aber dem Gewerbebetrieb einer Personengesellschaft unmittelbar dienen; z. B. ein Fabrikgebäude, das zur Fertigung bei einer OHG benutzt wird, ist auf den Namen des Gesellschafters A im Grundbuch eingetragen.

b) Grundsatz der Vollständigkeit, Verrechnungsverbot

Im HGB sind zwei Grundsätze verankert worden, nämlich der Grundsatz der Vollstän- 2050
digkeit und das Verrechnungsverbot. Der Grundsatz der *Vollständigkeit* verlangt den Ausweis sämtlicher Vermögensgegenstände, Schulden und Rechnungsabgrenzungsposten. Nur in den vom Gesetz ausdrücklich zugelassenen Tatbeständen darf hiervon abgewichen werden (§ 246 Abs. 1 HGB).

Im Interesse der Bilanzklarheit dürfen Posten der Aktivseite nicht mit Posten der Passiv- 2055
seite, Aufwendungen nicht mit Erträgen, Grundstücksrechte nicht mit Grundstückslasten verrechnet werden (§ 246 Abs. 2 HGB). Dieses *Verrechnungsverbot* oder Bruttoprinzip verbessert den Informationsgehalt des Jahresabschlusses.

Eine gesetzlich vorgeschriebene *Ausnahme* vom Verrechnungsverbot ergibt sich z. B. bei der Gewinn- und Verlustrechnung nach dem Gesamtkostenverfahren. Aufwendungen werden mit Erträgen verrechnet, und zwar bei Bestandserhöhungen bzw. -verminderungen unfertiger bzw. fertiger Erzeugnisse. Eine weitere bedeutsame Ausnahme stellt der mögliche Ausweis eines »Rohergebnis« nach § 276 HGB (Wahlrecht) dar; beachte auch § 268 Abs. 5 HGB (offene Absetzung erhaltener Anzahlungen, Wahlrecht) sowie das Gebot in § 246 Abs. 2 Satz 2 HGB.

c) Finanzinstrumente

Die Finanzinstrumente werden eingeteilt in

- originäre Finanzinstrumente und
- derivative Finanzinstrumente.

2060 Die *originären Finanzinstrumente* sind entweder eigenkapitalbezogen (u. a. Aktien, Einlagen, Genussscheine, Venture Capital, nachrangiges Kapital) oder fremdkapitalbezogen (Forderungen, Verbindlichkeiten, Schuldverschreibungen, Pfandbriefe, Schuldscheine). Diese sind im Jahresabschluss nach den dafür im Handelsrecht vorgesehenen Ansatz- und Bewertungsvorschriften auf der Aktiv- bzw. Passivseite auszuweisen.

2065 Die *derivativen Finanzinstrumente* werden oft zur Sicherung von Finanztransaktionen verwendet. Sie umfassen Optionen (u. a. Devisen-, Zins-, Aktien-, Index-Optionen), Finanztermingeschäfte (u. a. Futures, Forwards) und Swaps (u. a. Zins-, Währungsswaps). Im deutschen Handelsrecht fehlt eine Umschreibung bzw. eine Definition des Begriffs »derivative Finanzinstrumente«. In den meisten Fällen handelt es sich um »schwebende Geschäfte« (vgl. dazu Tz. 2015 und 2630).

In spezifischen Fällen ist im *Anhang* von Kapitalgesellschaften und Konzernen gem. § 285 Nr. 18, 19, 20 HGB, § 314 Abs. 1 Nr. 10, 11, 12 HGB und im *Lagebericht* und Konzernlagebericht nach § 289 Abs. 2 Nr. 2 HGB, § 315 Abs. 2 HGB über Finanzinstrumente zu berichten. Auf die größenabhängige Erleichterung in § 288 HGB für kleine Kapitalgesellschaften wird noch verwiesen.

2070 Im HGB sind Bewertungsvorschriften für Finanzinstrumente vorgesehen und zwar im Einzelnen:

- § 254 HGB – Bildung von Bewertungseinheiten – vgl. dazu Tz. 2297,
- § 340e Abs. 3 HGB – Zu Handelszwecken erworbene Finanzinstrumente bei *Kreditinstituten* – Ansatz zum beizulegenden Zeitwert (wird wegen der branchenspezifischen Problematik nicht behandelt).

LITERATUR

BMF, a. a. O.; *Bordewin/Tonner, a. a. O.; Coenenberg,* a. a. O., S. 77 f.; *Falterbaum/Bolk/Reiß/Kirchner,* a. a. O., u. a. S. 83 f.; *Helmschrott,* a. a. O.; *Institut der Wirtschaftsprüfer,* Zur Rechnungslegung, a. a. O.; *dies.,* Zur einheitlichen oder getrennten handelsrechtlichen Bilanzierung, a. a. O., Tabelle 10; *Wöhe,* a. a. O., S. 230 ff.; Kommentare zu den angegebenen §§.

KONTROLLFRAGEN

Die Antworten zu den Kontrollfragen 43–49 befinden sich auf Seite 336 f.

43. Nach welchen Grundsätzen bestimmt sich der Inhalt der Handelsbilanz?
44. Zählen Sie Fälle auf, in denen eine Unternehmung trotz fehlenden juristischen Eigentums Vermögensgegenstände aktivieren muss!
45. Erläutern Sie die Begriffe
    a) notwendiges Betriebsvermögen,
    b) gewillkürtes Betriebsvermögen,
    c) notwendiges Privatvermögen

    und führen Sie für jeden Begriff mindestens drei Beispiele auf!

46. Ist die Unterscheidung in notwendiges und gewillkürtes Betriebsvermögen sowie in notwendiges Privatvermögen auch bei einer GmbH von Bedeutung?
47. Was sind schwebende Geschäfte? Zählen sie zwei Beispiele für schwebende Geschäfte auf!
48. Worin unterscheiden sich Ansatzwahlrechte von Bewertungswahlrechten?
49. Welchen Zwecken dient das Verrechnungsverbot?

2 Aufbau und Gliederung der Bilanz

a) Prinzipien des Aufbaus und der Gliederung

Bilanzen können hinsichtlich ihres Aufbaus nach verschiedenen Kriterien eingeteilt 2100
werden, nämlich insbesondere

- im Hinblick auf die *äußere Form* in
  Bilanzen in Kontoform und in Staffelform und
- im Hinblick auf die *Saldierung* von Bilanzposten in
  Bruttobilanzen und Nettobilanzen.

Die Bilanz in *Kontoform* bildet das in Deutschland übliche Aufbauprinzip, während die *Staffelform* im angloamerikanischen Raum vorherrscht. Eine solche Bilanz hätte – übertragen auf die üblichen Bilanzposten – etwa den in *Tabelle 30* gezeigten Aufbau:

TAB. 30: Aufbau einer Bilanz in Staffelform

Anlagevermögen	
Grundstücke	T€ 400
Maschinen	300
Sonstiges	200
	T€ 900
Umlaufvermögen	
Vorräte	200
Forderungen	150
Liquide Mittel	50
	T€ 400
Kurzfristige Verbindlichkeiten	
Bank- und andere Darlehen	T€ 100
Lieferantenverbindlichkeiten	150
Steuerverbindlichkeiten	100
	./. T€ 350
	T€ 950
Finanzierung	
Gezeichnetes Kapital	400
Rücklagen	200
Mittel- und langfristige Darlehen	350
	T€ 950

In *Bruttobilanzen* sind Aktiv- und Passivposten unsaldiert auszuweisen, die Gegenstände des Anlagevermögens indirekt abzuschreiben, was auf der Passivseite der Bilanz zu entsprechenden Wertberichtigungen führt. Dadurch wird der Einblick in die Vermögenslage gewährleistet. Nettobilanzen besitzen durch die Saldierung von Aktiv- und Passivposten und – wenn auch in erheblich geringerem Maße – durch die direkte Abschreibung deutlich weniger Aussagekraft.

2110 Die *formale Gliederung* der Bilanz kann nach folgenden Prinzipien vorgenommen werden:

- *Liquiditätsgliederungsprinzip*

  = Einteilung der Vermögensgegenstände nach dem Grad der Liquidierbarkeit und der Kapitalbeträge nach der Fälligkeit

- *Prinzip der Gliederung nach Rechtsverhältnissen*

  = Einteilung der Vermögensgegenstände nach sachlichen Gesichtspunkten und der Kapitalbeträge nach der Rechtsstellung der Kapitalgeber, insbesondere in Eigen- und Fremdkapital

- *Ablaufgliederungsprinzip* (Prozessgliederungsprinzip)

  = Anordnung der Bilanzposten entsprechend dem Ablauf des betrieblichen Leistungsprozesses, vgl. Gemeinschaftskontenrahmen industrieller Verbände (GKR)

Die in der Praxis verwandten Bilanzgliederungen halten sich in der Regel nicht streng an eines der Prinzipien, sondern sie stellen ein den individuellen Verhältnissen angepasstes Bilanzschema dar. Auf den Industrie-Kontenrahmen (IKR) sowie SKR 04, die der der Jahresabschlussgliederung folgen, wird abschließend verwiesen, vgl. Tz. 1385.

b) Gliederungsvorschriften des HGB

2120 Über die Gliederung der Jahresbilanz enthalten die Bestimmungen für alle Kaufleute keine ausdrücklichen Vorschriften. Unternehmen, die dem PublG unterliegen, müssen die Bestimmungen in § 5 Abs. 1 PublG und damit die Gliederungsvorschriften für Kapitalgesellschaften bezüglich der Bilanz beachten. Die anzuwendenden Gliederungsschemata und die zu Grunde liegenden Rechtsnormen sind in *Tabelle 31* zusammenfassend dargestellt. Für Kapitalgesellschaften und bestimmte PHG befinden sich in den §§ 264c ff. HGB detaillierte Ausführungen. Sie müssen bei der Gliederung ihrer Bilanz die allgemeinen Grundsätze des § 266 HGB beachten. Für kleine Kapitalgesellschaften und bestimmte PHG ist eine verkürzte Bilanz vorgesehen (vgl. § 266 Abs. 1 HGB).

c) Gliederung bei Einzelunternehmen, OHG und KG

2125 Für Einzelunternehmen, OHG und KG enthält das HGB *keine* direkten Bestimmungen über die Gliederung der Bilanz. Indirekt wird jedoch über den verlangten gesonderten Ausweis und die hinreichende Aufgliederung des Anlage- und des Umlaufvermögens, des Eigenkapitals, der Schulden und Rechnungsabgrenzungsposten eine Grobstruktur der Bilanz vorgegeben (vgl. § 247 HGB). Im Übrigen muss die Gliederung – wie der Jahresabschluss als Ganzes – den GoB entsprechen (vgl. § 243 Abs. 1, 2 HGB). Es ist den Unternehmen dieser Rechtsformen weiterhin erlaubt, Besitzwechsel als besonderen Posten auszuweisen und indirekt über Wertberichtigungen (Sachanlagen, Beteiligungen, Wertpapiere des Anlagevermögens, Pauschalwertberichtigung auf Forderungen) abzuschreiben.

TAB. 31: Schemata zur Gliederung der Bilanz

Rechtsform	Gliederung der Bilanz
EU, OHG, KG	
► die nicht dem PublG unterliegen	GoB (beachte § 247 HGB)
► die dem PublG unterliegen	vollständiges Schema nach § 266 Abs. 2, 3 HGB gem. § 5 Abs. 1 PublG
Kleine KapGes/best. PHG	vollständiges *oder* verkürztes Schema nach § 266 Abs. 1 i. V. m. Abs. 2, 3 HGB
Mittelgroße, große KapGes/best. PHG	vollständiges Schema nach § 266 Abs. 2, 3 HGB
KleinstkapGes/best. PHG	vollständiges *oder* verkürztes Schema nach § 266 Abs. 1 i. V. m. Abs. 2, 3 HGB *oder* stark verkürztes Schema nach § 266 Abs. 1 Satz 4 HGB

Die Haftungsverhältnisse oder Eventualverbindlichkeiten sind unter dem Strich aus- 2130 zuweisen, sie dürfen in einem Betrag angegeben werden (vgl. § 251 HGB, vgl. auch *Tabelle 34*, S. 73 ff.) sowie für KleinstkapGes § 264 Abs. 1 Satz 5 HGB).

Tabelle 32 zeigt die Struktur der Bilanz nach § 247 HGB in Kontoform, erlaubt ist auch 2135 die Staffelform.

TAB. 32: Struktur der Bilanz nach § 247 HGB

Aktiva	**Bilanz zum ...** Passiva
A. Anlagevermögen	A. Eigenkapital
B. Umlaufvermögen	B. Schulden
C. Rechnungsabgrenzung	C. Rechnungsabgrenzung
Haftungsverhältnisse nach § 251 HGB	

Für personenbezogene Unternehmen wird – sofern sie wegen ihrer Größe dem PublG unterliegen – auf die Bestimmungen und Gliederungsschemata für die große Kapitalgesellschaft verwiesen (vgl. § 5 Abs. 1 PublG).

d) Gliederungsschemata für Kapitalgesellschaften und bestimmte PHG

In § 265 HGB sind zunächst *allgemeine Grundsätze* für die Gliederung festgelegt, und 2140 zwar für die Bilanz *und* die Gewinn- und Verlustrechnung. Eine Übersicht gibt *Tabelle 33*.

TAB. 33:	Allgemeine Grundsätze für die Gliederung nach § 265 HGB
(1) Formale Bilanzkontinuität	Die Form der Gestaltung, insbesondere die Gliederung von Bilanz und Gewinn- und Verlustrechnung, ist beizubehalten. Ausnahmen wegen besonderer Umstände möglich. Angabe und Begründung der Abweichungen im Anhang.
(2) Vorjahresbeträge	Angabe der Vorjahresbeträge. Sofern sie nicht vergleichbar sind, Angabe mit Erläuterung im Anhang (beachte Art. 24 Abs. 5 EGHGB). Bei Anpassung von Vorjahresbeträgen – Erläuterung im Anhang. Vgl. auch Art. 42 Abs. 2 EGHGB; Art. 67 Abs. 8 EGHGB, IDW RS HFA 39 und 44.
(3) Mitzugehörigkeit zu anderen Posten	Fällt ein Gegenstand oder eine Schuld unter mehrere Posten, so ist die Mitzugehörigkeit zu anderen Posten bei dem Posten, unter dem der Ausweis erfolgt ist, zu vermerken oder im Anhang anzugeben.
(4) Mehrere Geschäftszweige	Bei mehreren Geschäftszweigen und verschiedenen Gliederungsvorschriften: Ausrichtung nach einem Geschäftszweig und Ergänzung nach dem anderen Geschäftszweig; Angabe der Ergänzung und Begründung im Anhang.
(5) Untergliederung, Erweiterungen	Eine weitere Untergliederung ist zulässig. Hinzufügung neuer Posten erlaubt, wenn ihr Inhalt nicht durch vorgeschriebene Posten gedeckt ist.
(6) Gliederung und Bezeichnung	Wegen der Besonderheiten der Gesellschaft und sofern zur Klarheit und Übersichtlichkeit des Jahresabschlusses erforderlich, sind Gliederung und Bezeichnung der mit arabischen Zahlen versehenen Posten zu ändern.
(7) Zusammenfassungen	Die mit arabischen Zahlen versehenen Posten dürfen bei unerheblichen Beträgen *oder* zur Vergrößerung der Klarheit zusammengefasst werden. Gesonderte Angabe der zusammengefassten Beträge im Anhang.
(8) Leerposten	Posten, die im Geschäftsjahr und im Vorjahr keinen Betrag aufweisen, brauchen nicht aufgeführt zu werden.

2150 *Mittelgroße und große Kapitalgesellschaften und bestimmte PHG* müssen das vollständige Schema in § 266 Abs. 2 und 3 HGB für die Gliederung der Bilanz verwenden (beachte aber für die Zwecke der Offenlegung § 327 HGB für mittelgroße Gesellschaften). Die Posten sind gesondert und in der angegebenen Reihenfolge auszuweisen (§ 266 Abs. 1 HGB). *Kleine Kapitalgesellschaften bzw. bestimmte PHG* können die mit arabischen Zahlen versehenen Posten weglassen und damit eine verkürzte Bilanz aufstellen (vgl. § 266 Abs. 1 HGB, beachte auch § 131 Abs. 1 AktG).

Für *Kleinstkapitalgesellschaften nach § 267a HGB* besteht nun ein dreifaches Wahlrecht bezüglich der Gliederung der Bilanz. Sie können das vollständige oder das verkürzte Schema nach § 266 Abs. 1 i. V. m. Abs. 2, 3 HGB oder das stark verkürzte Schema nach § 266 Abs. 1 Satz 4 HGB verwenden. Das stark verkürzte Schema beschränkt den Ausweis auf die mit Buchstaben bezeichneten Posten in Abs. 2 und 3 von § 266 HGB, und zwar gesondert und in der vorgeschriebenen Reihenfolge (vgl. dazu § 266 HGB und insbesondere auch *Tabelle 34* mit dem Inhalt der Posten).

Alle gesetzlich für Kapitalgesellschaften und bestimmte PHG vorgesehenen Bilanzposten sind in *Tabelle 34* zusammengestellt und erläutert. Sie basiert auf den Vorschriften des BilMoG für Geschäftsjahre ab dem 1.1.2010, allerdings ohne die Posten, die sich aus den Übergangsvorschriften nach Art. 66 und 67 EGHGB ergeben. 2151

TAB. 34: Gliederung der Bilanz von Kapitalgesellschaften und bestimmten PHG

Posten	Erläuterungen zum Inhalt
AKTIVSEITE	
(–) Aufwendungen für die Währungsumstellung auf den Euro	Bilanzierungshilfe für selbst geschaffenes immaterielles Anlagevermögen, Art. 44 EGHGB
(–) Ausgleichsbetrag nach dem Altfahrzeug-Gesetz	Bilanzierungshilfe nach Art. 53 Abs. 2 EGHGB
A. Anlagevermögen	Vermögensgegenstände, die dauernd dem Geschäftsbetrieb dienen (§ 247 Abs. 2 HGB, R 6.1 Abs. 1 EStR)
I. Immaterielle Vermögensgegenstände	Vgl. § 248 Abs. 2 HGB
1. Selbst geschaffene gewerbliche Schutzrechte und ähnliche Rechte und Werte	Vgl. §§ 248 Abs. 2, 255 Abs. 2a HGB Schutzrechte u. a. Patente, Gebrauchsmuster; ähnliche Rechte u. a. Vertriebsrechte, Belieferungsrechte; Werte u. a. ungeschützte Erfindungen, Know-how, Rezepte u. ä.
2. entgeltlich erworbene Konzessionen, gewerbliche Schutzrechte und ähnliche Rechte und Werte sowie Lizenzen an solchen Rechten und Werten	Dazu gehören u. a. Patente, Marken-, Urheber-, Verlagsrechte, Brenn- und Braurechte, Geheimverfahren, Know-how, Individualsoftware (§ 248 Abs. 2 HGB)
3. Geschäfts- oder Firmenwert	Derivativer Geschäfts- oder Firmenwert (= Unterschiedsbetrag abzüglich Abschreibungen zwischen der Gegenleistung und dem Wert der Wirtschaftsgüter bei der Übernahme eines Unternehmens, vgl. §§ 246 Abs. 1, 253 Abs. 5, 285 Nr. 13 HGB)
4. geleistete Anzahlungen	Vorleistungen auf im Übrigen noch schwebende Geschäfte
II. Sachanlagen	
1. Grundstücke, grundstücksgleiche Rechte und Bauten auf fremden Grundstücken	Grundstücksgleiche Rechte u. a. Erbbaurecht, Abbaurechte, Bergwerkseigentum, Teileigentum und Wohnungseigentum i. S. d. WEG, alle Bauten auf fremden Grundstücken, einschließlich Mietereinbauten, vgl. R 4.2 ff. EStR, IDW S 10
2. technische Anlagen und Maschinen	Ausweis nach der wirtschaftlichen Zugehörigkeit; ohne Rücksicht, ob wesentlicher Bestandteil des Grundstücks i. S. d. BGB oder nicht
3. andere Anlagen, Betriebs- und Geschäftsausstattung	U. a. Fahrzeuge; Werkzeuge, sofern nicht dem Posten 2 zuzurechnen; Standardsoftware
4. geleistete Anzahlungen und Anlagen im Bau	Abschlagszahlungen auf Sachanlagen; unfertige Sachanlagen
5. Sammelposten für geringwertige Wirtschaftsgüter	Posten nach § 6 Abs. 2a EStG für Geschäftsjahre ab 1. 1. 2008

Posten	Erläuterungen zum Inhalt
III. Finanzanlagen	
1. Anteile an verbundenen Unternehmen	Anteile = gesellschaftsrechtliche Kapitalanteile wie Aktien, Stammeinlagen Verbundene Unternehmen = Konzernunternehmen, vgl. § 271 Abs. 2 HGB; nicht identisch mit § 15 AktG, vgl. auch § 264c Abs. 4 HGB
2. Ausleihungen an verbundene Unternehmen	Ausleihungen = Finanz- und Kapitalforderungen mit einer Gesamtlaufzeit von wenigstens einem Jahr, vgl. auch § 271 Abs. 2 HGB
3. Beteiligungen	Beteiligungen = Anteile an anderen Unternehmen, die bestimmt sind, dem eigenen Geschäftsbetrieb durch Herstellung einer dauernden Verbindung zu jenem Unternehmen zu dienen, beachte die Einzelheiten in §§ 271 Abs. 1, 264c Abs. 4 HGB
4. Ausleihungen an Unternehmen, mit denen ein Beteiligungsverhältnis besteht	Vgl. oben Posten 2 und § 271 Abs. 1 HGB, das Verhältnis besteht zwischen beiden, dem anteilbesitzenden und dem -abgebenden Unternehmen
5. Wertpapiere des Anlagevermögens	Wertpapiere = Urkunden über Vermögensrechte, deren Ausübung an den Besitz der Urkunde geknüpft ist, insbes. Beteiligungspapiere und Gläubigerpapiere
(–) Ausleihungen an Gesellschafter	Gesonderter Ausweis gem. § 42 Abs. 3 GmbHG, § 264c Abs. 4 HGB, auch Angabe im Anhang möglich
6. sonstige Ausleihungen	Auch Genossenschaftsanteile, u. U. B.II.4., § 271 Abs. 1 Satz 5 HGB; oder Sonderposten
davon an persönlich haftende Gesellschafter und deren Angehörige	Unter § 89 AktG fallende Kredite müssen bei der KGaA gesondert ausgewiesen werden, vgl. § 286 Abs. 2 AktG
B. Umlaufvermögen	Keine Definition im HGB; negative Abgrenzung aus § 247 Abs. 2 HGB, vgl. auch R 6.1 Abs. 2 EStR
I. Vorräte	
1. Roh-, Hilfs- und Betriebsstoffe	Fremdbezogene Stoffe, die noch nicht bearbeitet oder verbraucht sind
2. unfertige Erzeugnisse, unfertige Leistungen	Noch nicht fertiggestellte eigene Erzeugnisse oder Dienstleistungen
3. fertige Erzeugnisse und Waren	Versandfertige Erzeugnisse, Handelsartikel fremder Herkunft
4. geleistete Anzahlungen	Siehe auch oben A.I.4.
(–) abzüglich erhaltene Anzahlungen	Zur Absetzung von erhaltenen Anzahlungen von den Vorräten vgl. § 268 Abs. 5 HGB sowie Passivseite Posten C.3.; vgl. auch oben A.II.4.
(–) Emissionsberechtigungen	Gesonderter Ausweis bei wesentlichen Beträgen, sofern im Rahmen der Produktion angefallen, sonst unter sonstige Vermögensgegenstände
II. Forderungen und sonstige Vermögensgegenstände	Wegen der Restlaufzeit von mehr als einem Jahr beachte § 268 Abs. 4 HGB
1. Forderungen aus Lieferungen und Leistungen	Auch Besitzwechsel, sofern ihnen eine derartige Forderung zu Grunde liegt

Posten	Erläuterungen zum Inhalt
2. Forderungen gegen verbundene Unternehmen	Sämtliche Forderungen, ohne langfristige, vgl. auch oben Posten A.III.2., sind hier auszuweisen, vgl. § 271 Abs. 2 HGB
3. Forderungen gegen Unternehmen, mit denen ein Beteiligungsverhältnis besteht	Vgl. auch oben Posten A.III.4.
(–) eingeforderte, aber noch nicht eingezahlte Einlagen	Siehe § 272 Abs. 1 Satz 3 HGB sowie §§ 36, 36a AktG
(–) eingeforderte ausstehende Pflichteinlagen	Ausweis bei Personenhandelsgesellschaften nach § 264c HGB, vgl. § 272 Abs. 1 HGB
(–) eingeforderte Nachschüsse	Ausweis gem. § 42 Abs. 2 GmbHG, siehe auch Sonderposten unter Kapitalrücklagen
(–) Ausleihungen, Forderungen gegenüber Gesellschaftern	Grundsätzlich gesonderter Ausweis oder Angabe im Anhang, vgl. § 42 Abs. 3 GmbHG; § 264c Abs. 1 HGB
(–) Einzahlungsverpflichtungen persönlich haftender Gesellschafter, Kommanditisten	Sofern bei der KGaA der Verlust den Kapitalanteil übersteigt und eine Einzahlungsverpflichtung besteht, Ausweis gem. § 286 Abs. 2 AktG; PHG – analog, § 264c Abs. 2 HGB, auch Kommanditisten
4. sonstige Vermögensgegenstände	Sammelposten für alle nicht gesondert auszuweisenden Vermögensgegenstände
III. Wertpapiere	Zum Begriff: vgl. oben Posten A.III.5.
1. Anteile an verbundenen Unternehmen	Vgl. auch § 271 Abs. 2 HGB und § 265 Abs. 3 HGB
2. sonstige Wertpapiere	Zu den sonstigen Wertpapieren gehören Wechsel dann nicht, wenn ihnen eine Forderung zu Grunde liegt. In diesen Fällen sind Wechsel im Posten der betreffenden Forderung auszuweisen
IV. Kassenbestand, Bundesbankguthaben, Guthaben bei Kreditinstituten und Schecks	Zum Kassenbestand: u. a. ausländische Sorten, Brief- und ähnliche Marken, nicht: Zins- und Dividendenscheine (= sonstige Wertpapiere). Guthaben bei Kreditinstituten: Ausweis ohne Rücksicht auf Anlagedauer; Guthaben bei Bausparkassen bei längeren Bindungsfristen zu Posten B.II.4. Ausweis von Schecks, die noch nicht zur Gutschrift eingereicht oder von der Bank nicht in alter Rechnung gutgeschrieben sind.
C. Rechnungsabgrenzungsposten	Ausgaben vor dem Abschlussstichtag, soweit sie Aufwand für eine bestimmte Zeit nach diesem Tag darstellen (= transitorische Posten), § 250 Abs. 1 HGB
(–) Disagio	Gesonderter Ausweis oder Angabe im Anhang, vgl. §§ 250 Abs. 3, 268 Abs. 6, 274a Nr. 4 HGB
(–) andere Abgrenzungsposten	Zum Abgrenzungsumfang vgl. § 5 Abs. 5 EStG, R 5.6 EStR nur Steuerbilanz.
D. Aktive latente Steuern	Zur Ermittlung vgl. § 274 Abs. 1 HGB sowie Passivseite, E. Passive latente Steuern.

Posten	Erläuterungen zum Inhalt
E. Aktiver Unterschiedsbetrag aus der Vermögensverrechnung	Posten aus der Vermögensverrechnung nach §§ 246 Abs. 2, 253 Abs. 1 Satz 4 HGB; EStG: Bewertung nach § 6 Abs. 1 EStG, Saldierung unzulässig nach § 5 Abs. 1a EStG
(–) nicht durch Eigenkapital gedeckter Fehlbetrag	Sofern das Eigenkapital durch Verluste oder Entnahmen aufgebraucht ist; Ausweis am Schluss der Bilanz auf der Aktivseite (§ 268 Abs. 3 HGB)
(–) nicht durch Vermögenseinlagen gedeckter Verlustanteil persönlich haftender Gesellschafter, Kommanditisten	Sofern bei der KGaA der Verlust den Kapitalanteil übersteigt und keine Einzahlungsverpflichtung besteht, Ausweis gem. § 286 Abs. 2 AktG i.V. m. § 268 Abs. 3 HGB, PHG – analog, vgl. § 264c Abs. 2 HGB, auch Kommanditisten
PASSIVSEITE	
A. Eigenkapital	Der Begriff wird nicht definiert; zur Darstellung der Veränderungen siehe § 270 HGB, § 152 Abs. 2, 3 AktG
Kapitalgesellschaften	
I. Gezeichnetes Kapital	Kapital, auf das die Haftung der Gesellschafter oder Mitglieder für die Verbindlichkeiten des Unternehmens gegenüber den Gläubigern beschränkt ist (§ 272 Abs. 1 HGB), vgl. auch § 152 Abs. 1 AktG, § 42 Abs. 1 GmbHG; davon sind die nicht eingeforderten ausstehenden Einlagen offen abzusetzen und der Restbetrag als »Eingefordertes Kapital« in der Hauptspalte auszuweisen, vgl. § 272 Abs. 1, 2 HGB; Euro-Umstellung: Art. 42 Abs. 3 EGHGB. Eigene Anteile sind in der Vorspalte offen vom »gezeichneten Kapital« abzusetzen, u.U. Verrechnung mit den Rücklagen, vgl. § 272 Abs. 1a, 1b HGB
(–) Kapitaleinlagen persönlich haftender Gesellschafter, Kommanditisten	Bei der KGaA sind die Einlagen gem. § 286 Abs. 2 AktG, § 264c Abs. 2 HGB gesondert auszuweisen. Siehe auch Aktivseite!
(–) Genussscheinkapital	Sofern dem Genusskapital Eigenkapitalcharakter zukommt, Ausweis an dieser Stelle oder als letzter Posten des Eigenkapitals; sonst vor dem Sonderposten mit Rücklageanteil
(–) Kapital stiller Gesellschafter	Einlagen stiller Gesellschafter, beachte auch andere Ausweisformen
II. Kapitalrücklage	Einzustellen sind das Agio bei der Ausgabe von Anteilen und Wandelschuldverschreibungen und die Zuzahlungen bei der Gewährung von Vorzugsaktien, vgl. § 272 Abs. 2 HGB, siehe auch § 152 Abs. 2 AktG
(–) davon eingeforderte Nachschüsse	Gesonderter Ausweis als Gegenposten zur Aktivseite, § 42 Abs. 2 GmbHG
III. Gewinnrücklagen	Es handelt sich ausschließlich um Beträge, die aus dem Ergebnis gebildet werden (vgl. § 272 Abs. 3 HGB, §§ 152 Abs. 3, 58 Abs. 2a AktG; § 29 Abs. 4 GmbHG)
1. gesetzliche Rücklage	Für die AG vorgeschrieben; zur Höhe, Bildung und Verwendung vgl. § 150 AktG; für die GmbH § 5a GmbHG

Posten	Erläuterungen zum Inhalt
2. Rücklage für Anteile an einem herrschenden oder mehrheitlich beteiligten Unternehmen	Einstellung der Beträge gem. § 272 Abs. 4 HGB
3. satzungsmäßige Rücklagen	Bildung und Auflösung entsprechend den Bestimmungen der Satzung bzw. des Gesellschaftsvertrages
4. andere Gewinnrücklagen	Auszuweisen sind freiwillig eingestellte Beträge
(–) davon freie Rücklagen gem. § 58 Abs. 2a AktG	Siehe §§ 58 Abs. 2a, 152 Abs. 3 AktG, Angabe auch im Anhang möglich, analog § 29 Abs. 4 GmbHG
IV. Gewinnvortrag/Verlustvortrag	Ausweis bei nicht vollständiger Verwendung des Jahresergebnisses bzw. beim Vortrag eines Verlustes aus dem Vorjahr
V. Jahresüberschuss/Jahresfehlbetrag	Betrag, der sich aus der Gegenüberstellung von Erträgen und Aufwendungen aus der Gewinn- und Verlustrechnung ergibt, vgl. die Gliederung der GuV in § 275 HGB
(–) Bilanzgewinn/Bilanzverlust; davon Gewinn-/Verlustvortrag	Bei teilweiser Ergebnisverwendung tritt an die Stelle von IV. und V. dieser Posten, vgl. § 268 Abs. 1 HGB
Best. Personenhandelsgesellschaften	
I. Kapitalanteile	– Anteile persönlich haftender Gesellschafter, auch zusammengefasst, abzüglich Verluste, § 264c Abs. 2 HGB – Analoger Ausweis der Einlagen von Kommanditisten, aber gesonderter Ausweis, § 264c Abs. 2 HGB
II. Rücklagen	nur Beträge aufgrund gesellschaftsrechtlicher Vereinbarung, § 264c Abs. 2 HGB
III. Gewinnvortrag/Verlustvortrag	Ausweis nur dann, wenn Verteilung laut Gesellschaftsvertrag von einer Beschlussfassung abhängt (Ausnahme); sonst unmittelbare Verrechnung mit Kapitalkonten (§§ 120 Abs. 2, 161 Abs. 2, 167 Abs. 1 HGB), vgl. § 264c Abs. 2 HGB
IV. Jahresüberschuss/Jahresfehlbetrag	analog oben III. Gewinnvortrag/Verlustvortrag
(–) Ausgleichsposten für aktivierte eigene Anteile	Ausweis nach § 264c Abs. 4 HGB
(–) Ertrag aufgrund höherer Bewertung	Ausweis nach einer Sonderprüfung bzw. gerichtlicher Entscheidung u. § 261 Abs. 1, 2 AktG
(–) Sonderposten aus der Währungsumstellung auf den Euro	Währungsgewinne aus der Umrechnung, Wahlrecht, Art. 43 EGHGB, §§ 6d, 52 Abs. 8a EStG
(–) Sonderposten für unentgeltlich erhaltene Schadstoffemissionsrechte	Ausweis in Höhe des aktivierten Zeitwerts nach § 265 Abs. 5 Satz 2 HGB

Posten	Erläuterungen zum Inhalt
B. Rückstellungen	Inhalt und Arten vgl. § 249, § 274 Abs. 1 HGB, Art. 53 EGHGB
1. Rückstellungen für Pensionen und ähnliche Verpflichtungen	Ähnliche Verpflichtungen: u. a. Vorruhestandsverpflichtungen, vgl. §§ 249, 253 Abs. 2 HGB
2. Steuerrückstellungen	Passive latente Steuern – siehe E.;
	alle übrigen Rückstellungen für Steuern der Unternehmung
3. sonstige Rückstellungen	Alle übrigen Rückstellungen
C. Verbindlichkeiten	Bei jedem Posten gesondert ist der Betrag mit einer Restlaufzeit bis zu einem Jahr zu vermerken (§ 268 Abs. 5 HGB), beachte auch § 285 Ziffer 1 und 2 HGB
1. Anleihen, davon konvertibel	Kapitalmarktpapiere, vgl. §§ 793 ff. BGB, § 221 AktG; konvertibel = Umtausch oder Bezugsrecht auf Anteile, u. a. Wandelanleihen
2. Verbindlichkeiten gegenüber Kreditinstituten	Zu den Kreditinstituten gehören auch die Bausparkassen
3. erhaltene Anzahlungen auf Bestellungen	Auch offene Absetzung bei den Vorräten möglich, vgl. § 268 Abs. 5 HGB
4. Verbindlichkeiten aus Lieferungen und Leistungen	Ausweis ohne Rücksicht auf das Zahlungsziel
5. Verbindlichkeiten aus der Annahme gezogener Wechsel und der Ausstellung eigener Wechsel	Es handelt sich um sog. Schuldwechsel; kein Ausweis von Kautionswechseln; vgl. Art. 1 ff., 75 WG, § 251 HGB
6. Verbindlichkeiten gegenüber verbundenen Unternehmen	Zu verbundenen Unternehmen vgl. § 271 Abs. 2 HGB
7. Verbindlichkeiten gegenüber Unternehmen, mit denen ein Beteiligungsverhältnis besteht	Zum Begriff »Beteiligungen« vgl. § 271 Abs. 1 HGB und Aktivseite, A.III.4.
(–) Verbindlichkeiten gegenüber Gesellschaftern	Gesonderter Ausweis oder Angabe im Anhang, vgl. § 42 Abs. 3 GmbHG, § 264c Abs. 1 HGB
8. sonstige Verbindlichkeiten, davon aus Steuern, davon im Rahmen der sozialen Sicherheit	Misch- und Sammelposten für nicht gesondert auszuweisende Verbindlichkeiten aller Art u. a. Beiträge zur Sozialversicherung
D. Rechnungsabgrenzungsposten	Einnahmen vor dem Abschlussstichtag, soweit sie Erträge für eine bestimmte Zeit nach diesem Tag darstellen (= transitorische Posten), § 250 Abs. 2 HGB, vgl. Angaben auch zur Aktivseite
E. Passive latente Steuern	Zur Ermittlung vgl. § 274 Abs. 1 HGB sowie Aktivseite »D. Aktive latente Steuern«
Haftungsverhältnisse (Eventualverbindlichkeiten)	Angabe unter dem Strich, auch in einem Betrag möglich (§ 251 HGB). Kapitalgesellschaften müssen die Beträge jeweils gesondert in der Bilanz oder im Anhang angeben. Gleiches gilt für gewährte Pfandrechte und sonstige Sicherheiten und für Verpflichtungen gegenüber verbundenen Unternehmen, Angabe auch im Anhang möglich (§ 268 Abs. 7 HGB)

Posten	Erläuterungen zum Inhalt
1. Verbindlichkeiten aus der Begebung und Übertragung von Wechseln	Es handelt sich um das sog. Wechselobligo am Bilanzstichtag
2. Verbindlichkeiten aus Bürgschaften, Wechsel- und Scheckbürgschaften	Vgl. hierzu §§ 765 ff. BGB, Art. 30 f. WG, Art. 25 f. SchG
3. Verbindlichkeiten aus Gewährleistungsverträgen	Gesetzlich nicht definiert, jede nicht als Bürgschaft eingegangene Verpflichtung, die das Einstehen für bestimmten Erfolg usw. beinhaltet, auch sog. Patronatserklärungen; nicht aber branchenübliche Garantieverpflichtungen
4. Haftungsverhältnisse aus der Bestellung von Sicherheiten für fremde Verbindlichkeiten	Infrage dürfte vor allem die Bestellung zu Gunsten von verbundenen Unternehmen kommen

e) Anlagengitter, Anlagespiegel

Nur *Kapitalgesellschaften und bestimmte PHG* (Ausnahme: kleine und kleinste, §§ 274a Nr. 1 HGB, 267a Abs. 2 HGB) haben in der Bilanz oder im Anhang die *Entwicklung der einzelnen Posten* des Anlagevermögens und des Postens »Aufwendungen für die Ingangsetzung und Erweiterung des Geschäftsbetriebs« (vgl. § 268 Abs. 2 HGB a. F. und Art. 67 Abs. 5, 6 EGHGB), in dem so genannten »Anlagengitter« darzustellen. Dies erfolgt nach § 268 Abs. 2 HGB in Form der direkten Bruttomethode (beachte Art. 24 Abs. 6, 48 Abs. 5 EGHGB für die erstmalige Anwendung). Das Anlagengitter besitzt meist den in *Tabelle 35* gezeigten Aufbau. 2160

TAB. 35: Aufbau des Anlagengitters

Bilanzposten	Anschaffungs-/ Herstellungskosten	Zugänge des Geschäftsjahrs +	Abgänge des Geschäftsjahrs ./.	Umbuchungen des Geschäftsjahrs + ./.	Zuschreibungen des Geschäftsjahrs +	Abschreibungen (kumuliert) ./.	Stand am	Stand Vorjahr	Abschreibungen des Geschäftsjahrs
(0)	(1)	(2)	(3)	(4)	(5)	(6)	(7)	(8)	(9)

Erläuterungen zum Anlagengitter, Anlagespiegel

(0) Diese Posten umfassen derzeit noch die »Aufwendungen für die Ingangsetzung und Erweiterung des Geschäftsbetriebs« (§ 269 HGB a. F.) und die einzelnen Posten des »Anlagevermögens«.
Damit gilt für das Anlagevermögen Folgendes:
Große Kapitalgesellschaften bzw. bestimmte PHG
= Vollständiges Schema nach § 266 Abs. 2, 3 HGB
Mittelgroße Kapitalgesellschaften bzw. bestimmte PHG
= Vollständiges Schema nach § 266 Abs. 2, 3 HGB, aber mit den Erleichterungen für die Veröffentlichung nach § 327 HGB
Kleine Kapitalgesellschaften bzw. bestimmte PHG
= Verkürztes oder vollständiges Schema nach § 266 Abs. 1, 2 und 3 HGB.

(1) Anschaffungs- bzw. Herstellungskosten aller zu Beginn des Geschäftsjahrs vorhandenen Vermögensgegenstände

(2) Zugänge (mengenmäßig) des Geschäftsjahrs
(= Brutto-Investitionen) zu Anschaffungs- bzw. Herstellungskosten

(3) Abgänge (mengenmäßig) im Laufe des Geschäftsjahrs zu Anschaffungs- bzw. Herstellungskosten

(4) Umbuchungen des Geschäftsjahrs insbesondere vom Posten »geleistete Anzahlungen und Anlagen im Bau«; Ausweisänderung; Umbuchung mit Anschaffungs- bzw. Herstellungskosten, notwendig ist auch eine Umbuchung der kumulierten Abschreibungen auf den neuen Posten

(5) Zuschreibungen (wertmäßige Erhöhungen) des Geschäftsjahrs, vgl. dazu Tz. 2375

(6) Abschreibungen (kumuliert)
= Summe der bisherigen Abschreibungen auf alle am Ende des Geschäftsjahrs vorhandenen Vermögensgegenstände ./. Zuschreibungen des vorhergehenden Geschäftsjahrs. Sie entwickeln sich wie folgt: Anfangsbestand + Abschreibungen des Geschäftsjahrs ./. bisherige Abschreibungen auf Abgänge + / ./. Abschreibungen auf Umbuchungen ./. Zuschreibungen des Vorjahres = Endbestand.
Eine *indirekte Abschreibung* (und damit der Ausweis von Wertberichtigungen) ist nicht mehr zulässig. Dies gilt insbesondere auch für den Ausweis von Pauschalwertberichtigungen auf Forderungen. Auf die Sondervorschrift im Zusammenhang mit den steuerlichen Bewertungsvorschriften in § 281 i. V. m. § 273 HGB a. F. ist als Ausnahme hinzuweisen.

(7) Stand am ...
Restbuchwert zum Ende des Geschäftsjahrs
= Summe aus den Ziffern (1) + (2) ./. (3) +/./. (4) + (5) ./. (6)

(8) Stand Vorjahr
Restbuchwert am Ende des vorhergehenden Geschäftsjahrs
= Übernahme aus dem Jahresabschluss des Vorjahres (7). Angabe nicht vorgeschrieben, aber in der Praxis üblich, siehe auch § 265 Abs. 2 HGB.

(9) Abschreibungen des Geschäftsjahrs
Summe aus den Abschreibungen auf die am Ende des Geschäftsjahrs vorhandenen Vermögensgegenstände und den Abschreibungen auf Abgänge im Laufe des Geschäftsjahrs. Der Betrag muss grundsätzlich mit dem Posten »Abschreibungen« in der Gewinn- und Verlustrechnung übereinstimmen, vgl. auch § 268 Abs. 2 letzter Satz HGB.

Sonderprobleme:

Geringwertige Wirtschaftsgüter (GWG) i. S. v. § 6 Abs. 2 EStG a. F. 2162

Ausweisalternativen:

(1) Unmittelbare Buchung als Aufwand (ohne Berührung des Anlagengitters; nur zulässig für Wirtschaftsgüter mit geringem Wert = bis € 60 Anschaffungs- bzw. Herstellungskosten, vgl. R 5.4 Abs. 3 EStR)

(2) Ausweis als Zugang und beim Ausscheiden als Abgang (wenig praktikabel)

(3) Ausweis als Zugang und Fiktion des Abgangs
- im Jahr des Zugangs oder
- in einem späteren Jahr

Geringwertige Wirtschaftsgüter (GWG) i. S. v. § 6 Abs. 2a EStG (= Sammelposten)

(1) Berechnung als Zugang im Jahr der Bildung

(2) Abschreibungen des Geschäftsjahres in jedem Jahr (kumuliert)

(3) Berechnung als Abgang bei vollständiger Abschreibung

Vgl. R 6.13 EStR und auch die Ausführungen zu Tz. 2345, 2346

Festwert nach § 240 Abs. 3 HGB

Ansatz des Festwertes in Spalte (1) und kein Ausweis kumulierter Abschreibungen *oder* 2165
Ansatz mit Anschaffungs- bzw. Herstellungskosten und den kumulierten Abschreibungen (umstritten):

- Wertänderungen: Zu- oder Abschreibung,
- Mengenänderungen: Zu- oder Abgang.

f) Formblätter für bestimmte Unternehmen

Für Kapitalgesellschaften und Konzerne können Formblätter für die Gliederung des Jah- 2170
resabschlusses, den Inhalt des Anhangs und des Lageberichts vom Bundesminister der Justiz im Einvernehmen mit dem Bundesminister der Finanzen erlassen werden, wenn der Geschäftszweig abweichende Regelungen erfordert. Die Unterlagen sollen in den Anforderungen gleichwertig sein. Über das geltende Recht hinaus dürfen keine Anforderungen gestellt werden (vgl. im Einzelnen § 330 HGB). Praktische Bedeutung haben diese Vorschriften z. B. für Kreditinstitute erlangt, vgl. RechKredV.

Die bisherigen Formblätter entsprachen nach der Verabschiedung des BilMoG nicht 2175
mehr in allen Teilen den neuen Vorschriften. Insgesamt wurden sechs verschiedene Rechungslegungsverordnungen, u. a. für Kreditinstitute und Krankenhäuser, mit Wirkung zum 31. 12. 2010 angepasst (vgl. BGBl I 2011, S. 1041). Bereits erstellte Jahresabschlüsse müssen nicht geändert werden.

LITERATUR

Coenenberg, a. a. O., u. a. S. 151 ff.; *Rade/Kropp,* a. a. O.; WP Handbuch I 2012, a. a. O., u. a. S. 466 ff.; *Wöhe,* a. a. O., S. 230 ff.; Kommentare zu den angegebenen §§.

KONTROLLFRAGEN

Die Antworten zu den Kontrollfragen 50–76 befinden sich auf Seite 337 ff.

50. Nach welchen Kriterien ist die Bilanz des § 266 HGB aufgebaut bzw. gegliedert?
51. Wann darf eine Kapitalgesellschaft vom gesetzlich vorgeschriebenen Schema abweichen?
52. Was versteht man unter einem Leerposten?
53. Was sind »Formblätter« für den Jahresabschluss?
54. Was versteht man unter Konto- und Staffelform und unter Brutto- und Nettobilanz?
55. Ist eine Gliederung der Jahresbilanz vorgeschrieben für
    a) die Einzelunternehmung?
    b) die OHG?
    c) die KG?
    d) die GmbH?
    e) die AG?
56. Nennen Sie die Hauptgruppen von Vermögen und Kapital im Gliederungsschema für Kapitalgesellschaften!
57. Erläutern Sie die Begriffe »Anlagevermögen« und »Umlaufvermögen«!
58. Was versteht man unter »Anlagengitter« und wie ist es aufgebaut?
59. Kommt dem Posten »Ausstehende Einlagen« bei der AG in der Praxis eine große Bedeutung zu?
60. Wie sind eigene Aktien in der Bilanz auszuweisen und unter welchen Voraussetzungen dürfen sie erworben werden?
61. Welcher bilanzmäßige Charakter kommt dem Posten »eigene Anteile« zu?
62. Nennen Sie Beispiele für gewerbliche Schutzrechte!
63. Worin unterscheiden sich Rücklagen und Rückstellungen?
64. Ist die Bildung von Wertberichtigungen für alle Vermögensgegenstände zulässig?
65. Gehören Wertberichtigungen zum Eigenkapital oder zum Fremdkapital der Unternehmung?
66. Was gehört zu den »Vorräten«?

67. In welchen Posten der Bilanz (ohne Wertpapiere) können Forderungen enthalten sein?
68. Wie sind folgende Guthaben bei Kreditinstituten auszuweisen, und zwar
    a) täglich fälliges Guthaben?
    b) Guthaben mit halbjährlicher Kündigung?
    c) Guthaben bei einer ausländischen Bank, über das aufgrund der politischen Verhältnisse derzeit nicht verfügt werden kann?
69. Erläutern Sie an mindestens drei Beispielen den Inhalt der Posten »Sonstige Verbindlichkeiten«!
70. In welchen Bilanzposten auf der Aktivseite können Kapitalanteile an einer Aktiengesellschaft ausgewiesen werden?
71. Was ist unter »Anzahlungen« zu verstehen und wie sind sie bilanziell zu behandeln?
72. Um einen größeren Exportauftrag zu erhalten, wird dem Kunden ausnahmsweise ein Zahlungsziel von 5 Jahren eingeräumt. Wo ist die Forderung aus der Lieferung auszuweisen?
73. Erläutern Sie den Begriff »Haftungsverhältnisse«!
74. Welche »Haftungsverhältnisse« sind nach dem HGB in der Bilanz beim Vorhandensein zu vermerken?
75. Welcher Zweck wird mit der Vermerkpflicht der Haftungsverhältnisse verfolgt?
76. Nennen Sie mindestens drei im HGB vorgesehene Sonderposten!

AUFGABE 3

In welchen Bilanzposten nach § 266 Abs. 2 und 3 HGB sind die folgenden Vermögensgegenstände der Maschinenbau Karl Hanselmann AG auszuweisen:

a) Darlehensforderung gegenüber einer Unternehmung, an der die Unternehmung 51 % der Kapitalanteile besitzt
b) Kapitalanteile an der Stahl-Handels-GmbH über € 100 000,– (= 15 % des Stammkapitals)
c) Forderung an das Finanzamt wegen zuviel gezahlter USt € 12 000,–
d) Gehäuse-Presse, die wegen ihres Einbaues in das Gebäude nach § 94 BGB wesentlicher Bestandteil des Gebäudes ist
e) Briefmarken im Wert von € 400,–
f) Wechsel, den ein Kunde zur Sicherung unserer Forderung hinterlegt hat, Wechselsumme € 10 000,–
g) Fabrikhalle in Massivbauweise auf einem gepachteten Grundstück

Die Lösung zu Aufgabe 3 befindet sich auf Seite 370 f.

AUFGABE 4

Aus der Buchhaltung der Textilweberei AG liegt eine Aufstellung mit Salden der Konten zum ... vor. Es ist dabei zu beachten, dass die Buchhaltung noch einen veralteten Kontenplan verwendet, dessen Bezeichnungen sich nicht mit § 266 HGB decken.

Erstellen Sie eine Bilanz unter Verwendung des für mittelgroße Kapitalgesellschaften geltenden Schemas! Vorstand und Aufsichtsrat stellen den Jahresabschluss auf (vgl. § 58 Abs. 2 AktG). Die Angaben nach § 268 Abs. 4 und Abs. 5 HGB (Restlaufzeiten) werden nur im Anhang gezeigt.

Grundkapital	T€ 2 500
Eigentumswohnung (für Arbeitnehmer)	300
Auslandbeteiligungen, davon Tochterunternehmen T€ 250,–	450
Roh-, Hilfs- und Betriebsstoffe	400
Anzahlungen von Kunden	20
Produktionsanlagen	900
Besitzwechsel	140
Einstellung in freie Rücklagen	60
Gehaltsvorschüsse	6
Fabrik- und Bürogebäude	500
Postscheckguthaben	30
Fertige Produkte	175
Lieferanten-Verbindlichkeiten	100
Kundenforderungen	200
Wertberichtigung auf Besitzwechsel	5
Rückstellung für zukünftige Pensionen	100
Langfristige Verbindlichkeiten gegenüber Banken	200
davon innerhalb von einem Jahr fällig	200
Gesetzl. Rücklage (aus Agio T€ 250,–, Rest aus Gewinnen früherer Geschäftsjahre)	300
Halbfertige Erzeugnisse	85
Sonstige Rückstellungen, davon Steuern T€ 40,–	70
Schuldwechsel	40
Andere Rücklagen (aus Gewinnen und nach Dotierung in diesem Geschäftsjahr)	400
Aktive Rechnungsabgrenzung	7
Sonstige Verbindlichkeiten	440
Kassenbestand	8
Passive Rechnungsabgrenzung	6
Pauschalwertberichtigung auf Forderungen	20
Gewinn-Vortrag	4
Jahresüberschuss	256
Inventar	400
Wertpapiere (zur kurzfristigen Geldanlage), Obligationen	300
Forderungen gegen Tochterunternehmen (Laufzeit: 1 Jahr)	500

Die Lösung zu Aufgabe 4 befindet sich auf Seite 371 ff.

DOWNLOAD

Hierzu finden Sie eine Arbeitshilfe unter www.nwb.de/go/meyer-bilanzierung!

AUFGABE 5

Erstellen Sie nach den folgenden Angaben das nach § 268 Abs. 2 HGB vorgeschriebene Anlagengitter!

Der Posten »technische Anlagen und Maschinen« der im Laufe des Jahres 1 gegründeten Maschinen GmbH entwickelte sich wie folgt:

Vorgang	Jahr 1	Jahr 2	Jahr 3
	T€	T€	T€
Zugänge (zu Anschaffungskosten)	400	100	80
Abschreibungen auf das am Jahresende vorhandene Anlagevermögen	100	115	150
Zuschreibungen	–	15	–
Abgang einer Maschine im Jahre 2			
Anschaffungskosten Jahr 1	60		
Abschreibungen			
Jahr 1	10		
Jahr 2 (bis zum Zeitpunkt des Abgangs)		10	
Verkaufspreis		45	

Die Lösung zu Aufgabe 5 befindet sich auf Seite 374.

DOWNLOAD

Hierzu finden Sie eine Arbeitshilfe unter www.nwb.de/go/meyer-bilanzierung!

3 Grundsätze und Maßstäbe der Bilanzierung und Bewertung

a) Die Bewertungskonzeption des HGB

Das HGB enthält in den §§ 252 ff. Vorschriften über die Bewertung von Vermögens- 2200
gegenständen und Schulden, die für *alle Kaufleute* gelten. Nach den allgemeinen Bewertungsgrundsätzen in § 252 HGB folgen die Vorschriften über die Zugangs- und Folgebewertung (§ 253 HGB), die Bildung von Bewertungseinheiten (§ 254 HGB), die Bewertungsmaßstäbe (§ 255 HGB), die Bewertungsvereinfachungsverfahren (§ 256 HGB) und die Vorschrift über die Währungsumrechnung in § 256a HGB.

Die *Sondervorschriften für Kapitalgesellschaften und bestimmte Personenhandelsgesellschaften* in §§ 279 bis 283 HGB a. F. wurden durch das BilMoG insgesamt aufgehoben, vgl. dazu auch Art. 66 und 67 EGHGB mit den Übergangsvorschriften.

Daraus ergibt sich die in *Tabelle 36* dargestellte Bewertungskonzeption des HGB.

TAB. 36: Bewertungskonzeption des HGB

Bewertungsvorschriften

- **Vorschriften für alle Kaufleute**
  - Allgemeine Bewertungsgrundsätze § 252
  - Zugangs- und Folgebewertung § 253
  - Bildung von Bewertungseinheiten § 254
  - Bewertungsmaßstäbe § 255
  - Bewertungsvereinfachungsverfahren § 256
  - Währungsumrechnung § 256a
- **Sondervorschriften für KapGes/best. PHG – HGB a. F. – *Aufhebung* durch BilMoG**
  - Nichtanwendung von Vorschriften, Abschreibungen § 279
  - Wertaufholungsgebot § 280
  - Berücksichtigung steuerrechtlicher Vorschriften § 281
  - Abschreibungen der Aufwendungen für die Ingangsetzung u. Erweiterung des Geschäftsbetriebs § 282
  - Wertansatz des Eigenkapitals § 283

b) Die Bedeutung des Abschlussstichtages

2210 Nach § 240 Abs. 2 HGB gilt als Abschlussstichtag (Bilanzstichtag) der Schluss des Geschäftsjahres (im Steuerrecht: Wirtschaftsjahr, vgl. § 4a EStG). Meist wird zum Geschäftsjahr das Kalenderjahr und damit der 31. 12. jedes Jahres zum Abschlussstichtag gewählt (vgl. hierzu § 240 Abs. 1, 2 HGB, § 4a EStG, § 8b EStDV, R 4a. EStR, § 7 Abs. 4 KStG). *Tabelle 37* zeigt die Grundsätze auf.

TAB. 37: Grundsätze der Bilanzierung

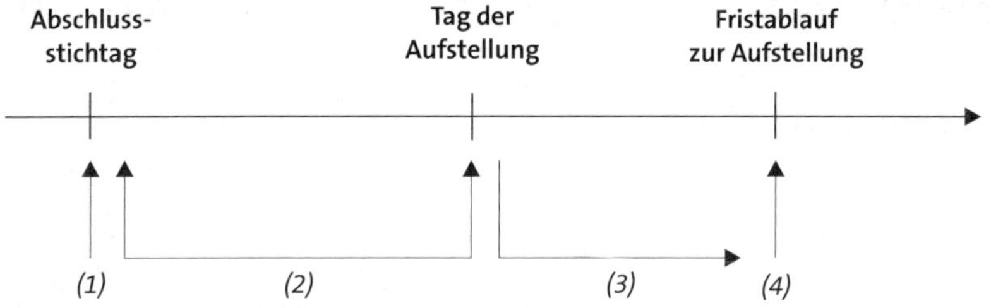

(1) *Maßgebender Zeitpunkt für die Bewertung ist der Abschlussstichtag.*

Bei der Bewertung der Vermögensgegenstände und dem Ansatz von Verbindlichkeiten muss von den am Bilanzstichtag objektiv vorliegenden Tatsachen und Tatbeständen ausgegangen werden (vgl. § 252 Abs. 1 Nr. 3 HGB). Wertbeeinflussende Tatsachen, die erst nach dem Bilanzstichtag eintreten, bleiben unberücksichtigt. Dieser Grundsatz wird vom Steuerrecht streng beachtet (Ausnahme: bei stark im Preis schwankenden Wirtschaftsgütern bis 4–6 Wochen nach dem Bilanzstichtag; vgl. BStBl III 1953 S. 192; BStBl II 1956 S. 113).

(2) *Die bessere Erkenntnis über die Verhältnisse am Abschlussstichtag, erlangt nach dem Abschlussstichtag, aber vor Aufstellung des Abschlusses, muss bei der Bewertung berücksichtigt werden.*

Die Verhältnisse am Bilanzstichtag sollen möglichst genau und zutreffend erfasst werden und sollen auch im Jahresabschluss ihren Niederschlag durch eine entsprechende Bilanzierung finden. Alle bis zum Zeitpunkt der Bilanzerstellung erlangten Erkenntnisse über die Verhältnisse am Bilanzstichtag sind zu verwerten. Dies gilt ohne Rücksicht darauf, ob sie steuerlich zu Gunsten oder zu Ungunsten der Unternehmung wirken (sog. Aufhellungstheorie, siehe auch § 252 Abs. 1 Nr. 4 HGB).

(3) *Nach dem Tag der Aufstellung erhaltene Informationen bleiben ohne Einfluss.*

Eine nach dem Zeitpunkt der Bilanzerstellung erlangte bessere Erkenntnis über die Verhältnisse am Bilanzstichtag darf nicht mehr berücksichtigt werden. Eine Bilanzberichtigung, -änderung kommt nicht infrage; vgl. § 4 Abs. 2 EStG, R 4.4 EStR.

(4) *Der Wertaufhellungszeitraum endet spätestens mit Ablauf der Frist zur Aufstellung des Abschlusses.*

Der Wertaufhellungszeitraum endet in jedem Falle an dem Tage, an dem der handelsrechtliche Jahresabschluss nach den Vorschriften des HGB hätte spätestens erstellt werden müssen, vgl. § 264 Abs. 1 HGB. BFH-Beschluss vom 12. 12. 2012, I B 27/12.

c) Bewertungsgrundsätze

Das *HGB* enthält in § 252 Abs. 1 eine (nicht abschließende) Zusammenstellung allgemeiner Bilanzierungs- und Bewertungsgrundsätze. Sie wurden zum Teil bereits in Zusammenhang mit den Grundsätzen ordnungsmäßiger Bilanzierung dargestellt (vgl. oben Tz. 1160). 2220

Für die Bewertung sind die *Grundsätze* in *Tabelle 38* zusammengestellt.

TAB. 38:	Allgemeine Bewertungsgrundsätze nach § 252 Abs. 1 HGB
(1) Bilanzidentität	Die Wertansätze in der Eröffnungsbilanz müssen mit denen der Schlussbilanz des vorhergehenden Geschäftsjahres übereinstimmen.
(2) Unternehmensfortführung	Es ist von der Fortführung der Unternehmung auszugehen (going concern princip), sofern nicht tatsächliche oder rechtliche Gründe entgegenstehen.
(3) Einzelbewertung	Vermögensgegenstände und Schulden sind einzeln zu bewerten. Bei der Bewertung von gleichartigen Vermögensgegenständen, die zu verschiedenen Zeiten und zu verschiedenen Preisen erworben und auch durch zwischenzeitliche Abgänge vermindert wurden, ergibt sich das Problem des Identitätsnachweises. Sofern dieser nicht möglich ist, kann eine Unternehmung auf Durchschnittswerte oder aber auf Verbrauchs- bzw. Veräußerungsfolgeunterstellungen (z. B. Lifo, Fifo), die den GoB genügen müssen, zurückgreifen (vgl. § 256 HGB). Allerdings gilt der Grundsatz der Einzelbewertung nicht uneingeschränkt. Er darf nur für bestimmte Vermögensgegenstände und beim Vorliegen spezieller Voraussetzungen durchbrochen werden, und zwar nach § 240 Abs. 3, 4 i.V.m. § 256 HGB durch den Ansatz eines Festwertes und durch eine Gruppenbewertung als Bewertungsvereinfachungsverfahren.
(4) Vorsicht	Es ist vorsichtig zu bewerten. Alle vorhersehbaren Risiken und Verluste, die bis zum Abschlussstichtag entstanden sind, müssen berücksichtigt werden;
Wertaufhellung	auch wenn sie erst nach dem Abschlussstichtag, aber vor Bilanzerstellung bekannt geworden sind.
Realisationsprinzip	Gewinne dürfen erst ausgewiesen werden, wenn sie realisiert sind.
Imparitätsprinzip	Verluste sind, soweit sie bis zum Abschlussstichtag entstanden sind, auch vor ihrer Realisierung zu berücksichtigen.
(5) Periodengerechte Abgrenzung	Unabhängig von der Zahlung sind die Aufwendungen und Erträge des Geschäftsjahres zu berücksichtigen.
(6) Bewertungsstetigkeit	Bei der Bewertung von Vermögensgegenständen und Schulden sind die auf den vorhergehenden Jahresabschluss angewandten Bewertungsmethoden beizubehalten.

Von allen ausdrücklich in § 252 Abs. 1 genannten Bilanzierungs- und Bewertungsgrundsätzen darf nur in begründeten Ausnahmefällen abgewichen werden (vgl. § 252 Abs. 2, § 284 Abs. 2 Ziffer 3 HGB).

2225 Der Grundsatz der *Bewertungskontinuität* ist bisher als »Soll-Grundsatz« ausgestaltet (vgl. § 252 Abs. 1 Nr. 6 bzw. Abs. 2 HGB a. F.). Das BilMoG verlangt nun zwingend die Einhaltung der Bewertungs- *und Ansatz*kontinuität (§§ 246 Abs. 3, 252 Abs. 1 Nr. 6 HGB).

d) Die Bewertungsmaßstäbe des Handels- und Steuerrechts im Überblick

2230 Das *Handelsrecht* enthält im HGB alle relevanten Bewertungsmaßstäbe. Diese sind differenziert nach Vermögensgegenständen und Kapitalarten. In *Tabelle 39* werden die einzelnen Bewertungsmaßstäbe und Rechtsgrundlagen zusammengestellt. Auch das *Steuerrecht* enthält für alle Rechtsformen einheitlich im EStG detaillierte Bestimmungen über die Wertansätze in der Steuerbilanz, die teilweise von den handelsrechtlichen abweichen. Einen Überblick bietet die *Tabelle 40*.

TAB. 39: Bewertungsmaßstäbe des Handelsrechts

Vermögen – Kapital	Bewertungsmaßstab	Rechtsgrundlage im HGB
Vermögensgegenstände	(1) Anschaffungs- bzw. Herstellungskosten ggf. vermindert um Abschreibungen (2) Wert, der den Vermögensgegenständen am Abschlussstichtag beizulegen ist (3) Wert, der sich aus dem Börsen- oder Marktpreis ergibt (4) Festwert (5) Gewogener Durchschnittswert im Rahmen einer Gruppenbewertung	§ 253 Abs. 1 Satz 1, 2 i.V. m. § 256 § 253 Abs. 1, 3, 4 § 253 Abs. 4 § 240 Abs. 3 i.V. m. § 256 § 240 Abs. 4 i.V. m. § 256
Eigenkapital	Nennbetrag (KapGes)	§ 272 Abs. 1
Rückstellungen	Erfüllungsbetrag, der nach vernünftiger kaufmännischer Beurteilung notwendig ist; Abzinsung	§ 253 Abs. 1 Satz 2 § 253 Abs. 2
Verbindlichkeiten	(1) Erfüllungsbetrag für Schulden (2) Barwert für Rentenverpflichtungen	§ 253 Abs. 1 Satz 2 § 253 Abs. 2 Satz 3

TAB. 40: Bewertungsmaßstäbe des Steuerrechts

Vermögen – Kapital	Bewertungsmaßstab	Rechtsgrundlage im EStG
Abnutzbares Anlagevermögen	(1) Anschaffungs- bzw. Herstellungskosten vermindert um Absetzungen für Abnutzung (AfA) Sondervorschrift für geringwertige Wirtschaftsgüter (2) Teilwert	§ 6 Abs. 1 Nr. 1 i.V. m. §§ 7 ff. § 6 Abs. 2 a. F. § 6 Abs. 2, 2a n. F. § 6 Abs. 1 Nr. 1
Nicht abnutzbares Anlage-, Umlaufvermögen	(1) Anschaffungs- bzw. Herstellungskosten (2) Teilwert	§ 6 Abs. 1 Nr. 2, 2a § 6 Abs. 1 Nr. 2
Rückstellungen	(1) Grundsätze (2) Teilwert (Pensionen)	§ 6 Abs. 1 Nr. 3a § 6a Abs. 3
Verbindlichkeiten	(1) Anschaffungskosten, ggf. Abzinsung (2) Teilwert	§ 6 Abs. 1 Nr. 3 bzw. 2 § 6 Abs. 1 Nr. 3 bzw. 2

Diese Zusammenstellungen geben nur eine Aufzählung der an sich möglichen Wertansätze wieder, nicht aber eine Rangordnung. Diese wird im Zusammenhang mit den später folgenden Ausführungen zur Bewertung der einzelnen Gruppen von Aktiv- und Passivposten erläutert.

Die *Ausgangs- oder Basiswerte* für die Bewertung im Handels- und Steuerrecht bilden stets die *Anschaffungs- oder Herstellungskosten.* In der Praxis kommt dem *steuerlichen Teilwert* eine große Bedeutung zu. Deshalb sollen diese drei Bewertungsmaßstäbe zunächst behandelt werden.

2235 Es ist zu beachten, dass durch die Aufhebung der umgekehrten Maßgeblichkeit sowie die Streichung einzelner Vorschriften die Übernahme steuerlicher Wertansätze in die Handelsbilanz nicht mehr möglich ist, so z. B. § 247 Abs. 3 HGB a. F., § 254 HGB a. F., §§ 279 bis 283 HGB a. F., vgl. dazu auch Tz. 1235 ff. mit weiteren Hinweisen.

e) Anschaffungskosten

2240 Das Handelsrecht enthält in § 255 Abs. 1 HGB eine Definition des Begriffes »Anschaffungskosten« (vgl. dazu auch R 6.2 EStR). Der Inhalt wird in *Tabelle 41,* aufgezeigt und die einzelnen Elemente im Folgenden erläutert.

TAB. 41: Anschaffungskosten nach § 255 Abs. 1 HGB, R 6.2 EStR

	Anschaffungspreis	(1)
+	Aufwendungen für die Versetzung in den Zustand der Betriebsbereitschaft (soweit einzeln zuordnenbar)	(2)
+	Anschaffungsnebenkosten	(3)
+	Nachträgliche Anschaffungskosten	(4)
./.	Anschaffungspreisminderungen	(5)
=	**Anschaffungskosten**	

Elemente der Anschaffungskosten

(1) *Anschaffungspreis*
Kaufpreis ohne die als Vorsteuer abzugsfähige USt, vgl. § 9b EStG, R 9b EStR sowie §§ 15, 15a UStG

(2) *Aufwendungen für die Versetzung in den Zustand der Betriebsbereitschaft*
u. a. Fundamente, Anschlusskosten, betriebsinterne Aufwendungen, soweit sie einzeln zugeordnet werden können (= Einzelkosten), nicht: anteilige Betriebs- und Verwaltungsgemeinkosten

(3) *Anschaffungsnebenkosten*
alle im Zusammenhang mit dem Erwerb anfallenden Aufwendungen, u. a. Zölle, Frachten, Provisionen, Steuern, Abgaben, Versicherungen, Notariats-, Gerichts- und Registerkosten

(4) *Nachträgliche Anschaffungskosten*
nachträgliche Aufwendungen für beschaffte Vermögensgegenstände, soweit sie noch in einem zeitlichen Zusammenhang mit der Anschaffung stehen; Beurteilung nach Lage des Einzelfalles, vgl. auch R 7.3 Abs. 5; 7a. Abs. 3 und 21.1 Abs. 3, 4 EStR

(5) *Anschaffungspreisminderungen*
Minderungen des Kaufpreises aller Art, z. B. Skonti, Rabatte, Boni, evtl. pauschalierter Abzug.

2245 Die öffentliche Hand gewährt oft zum Erwerb oder zur Herstellung bestimmter Vermögensgegenstände und unter bestimmten Voraussetzungen *Subventionen oder Zuschüsse.* Diese können entweder erfolgsneutral (Anschaffungs-/Herstellungskosten ./. Zuschuss/Subvention) oder erfolgswirksam (Verbuchung des Zuschusses oder der Subvention als Ertrag) behandelt werden (vgl. u. a. R 6.5 EStR). Die erfolgsneutrale Verbuchung scheint in der Regel sowohl vom Zweck des Zuschusses bzw. der Subvention als auch vom betriebswirtschaftlichen Standpunkt aus zweckmäßiger und richtiger zu sein. Wegen der unterschiedlichen Ausgestaltung der Bedingungen erscheint eine differenzierte Beurteilung im Einzelfall notwendig.

Für alle Vermögensgegenstände sind die Anschaffungskosten grundsätzlich im Wege der Einzelfeststellung zu ermitteln. Dies ist aber insbesondere bei den Gegenständen des Vorratsvermögens oft nicht möglich, sodass andere Methoden zur Bestimmung der Anschaffungskosten notwendig werden. In der Praxis haben sich folgende *Methoden* – unter Einbeziehung der Einzelfeststellung – herausgebildet: 2250

(1) Einzelfeststellung
(2) Durchschnittsbewertung
(3) Bewertung mittels Verbrauchs- oder Veräußerungsfolgen (z. B. Lifo, Fifo)
(4) Bewertung durch Abzug der Bruttospanne (retrograde Bewertung)
(5) Gruppenbewertung

Die Bewertung mithilfe der Methoden Ziffer (2) bis (4) wird vor allem beim Umlaufvermögen, insbesondere bei Vorräten, angewandt und deshalb dort behandelt.

Das *Steuerrecht* enthält keine allgemeinen Vorschriften über die Ermittlung der Anschaffungskosten, sodass der handelsrechtliche Wertansatz gemäß § 5 Abs. 1 bzw. § 6 Abs. 1 EStG zu übernehmen ist (vgl. R 6.2 EStR).

f) Herstellungskosten

Das HGB definiert in § 255 Abs. 2 die Herstellungskosten. Danach handelt es sich bei *Herstellungskosten* um Aufwendungen, die durch den Verbrauch von Gütern und die Inanspruchnahme von Diensten für die 2260

(1) Herstellung *oder*
(2) Erweiterung *oder*
(3) wesentliche Verbesserung
(über den ursprünglichen Zustand hinaus)

eines Vermögensgegenstandes entstehen.

Bei der Ermittlung der Herstellungs*kosten* kann nicht von »Kosten« im betriebswirtschaftlichen Sinne, also insbesondere der Kostenrechnung, ausgegangen werden. Der bilanzrechtliche Begriff der Herstellungskosten ist pagatorischer Natur, legt also tatsächlich angefallene Aufwendungen zu Grunde. An die Stelle von kalkulatorischen Kosten treten effektive Aufwendungen. Es wäre deshalb richtiger, anstatt von Herstellungskosten von Herstellungs*aufwand* zu sprechen. 2265

Von den »Herstellungskosten« ist scharf der Begriff *»Herstellkosten«* zu trennen. Der Letztere entstammt der Kostenrechnung, speziell der Kalkulation des Industriebetriebes und umfasst die Materialkosten (Fertigungsmaterial, Materialgemeinkosten) und die Fertigungskosten (Fertigungslöhne, Fertigungsgemeinkosten, Sondereinzelkosten der Fertigung). 2270

Im Allgemeinen bildet der für die Zwecke der Kostenrechnung aufgestellte Betriebsabrechnungsbogen (BAB) die Grundlage für die Ermittlung der Herstellungskosten. Die dort errechneten Zahlen werden um die für die Zwecke der Rechnungslegung notwen- 2275 digen Werte korrigiert (insbesondere Weglassen der Zusatzkosten als Teil der kalkulatorischen Kosten), und ein zweiter Betriebsabrechnungsbogen (= steuerlicher Betriebsabrechnungsbogen) wird aufgestellt.

2280 Im *Einkommensteuergesetz* ist lediglich der Begriff »Herstellungskosten« als Bewertungsmaßstab aufgenommen; es fehlt aber eine Umschreibung des Inhalts. Die EStR definieren – wie auch das HGB – die einzelnen Komponenten und bestimmen eine vom Handelsrecht abweichende Wertuntergrenze und eine praktisch identische Wertobergrenze. Die Unternehmen können in der Handelsbilanz, nach dem HGB a. F. unter Beachtung des Grundsatzes der Bewertungsstetigkeit (§ 252 Abs. 1 Nr. 6 HGB), zwischen der Unter- und Obergrenze wählen oder aber auch einen Zwischenwert ansetzen. Dieser Wertansatz wird aufgrund des Maßgeblichkeitsgrundsatzes in die Steuerbilanz übernommen, vgl. dazu im Einzelnen oben Tz. 1235.

2283 Der *Umfang der aktivierungspflichtigen Bestandteile* der handelsrechtlichen Herstellungskosten wird im Zuge des *BilMoG* in § 255 Abs. 2 HGB erweitert und dem steuerlichen Umfang angepasst. Bilanzpolitische Spielräume haben die Unternehmen damit nur noch in geringerem Umfang und diese sind mit den steuerlichen identisch, vgl. dazu die *Tabelle 42*.

TAB. 42: Herstellungskosten nach Handels- und Steuerrecht – EStR 2008

	Handelsrecht **(§ 255 Abs. 2, 3 HGB)**	**Steuerrecht** **(R 6.3, 6.4 EStR)**	
Ansatzpflicht	**Einzelkosten** (1) Materialkosten (2) Fertigungseinzelkosten (3) Sonderkosten der Fertigung	**Einzelkosten** (1) Materialeinzelkosten (2) Fertigungseinzelkosten (3) Sonderkosten der Fertigung	Ansatzpflicht
	= Wertuntergrenze – HGB a. F.		
	Gemeinkosten (4) Materialgemeinkosten (5) Fertigungsgemeinkosten (6) Wertverzehr für das Anlagevermögen	**Gemeinkosten** (4) Materialgemeinkosten (5) Fertigungsgemeinkosten (6) Wertverzehr für das Anlagevermögen	
	= Wertuntergrenze – HGB n. F.	*= Wertuntergrenze*	
Ansatzwahlrecht	(7) Kosten der allgemeinen Verwaltung (8) Aufwendungen für soziale Einrichtungen des Betriebs (9) Aufwendungen für freiwillige soziale Leistungen (10) Aufwendungen für betriebliche Altersversorgung (11) Zinsen für Fremdkapital	(7) Kosten der allgemeinen Verwaltung (8) Aufwendungen für soziale Einrichtungen des Betriebs (9) Aufwendungen für freiwillige soziale Leistungen (10) Aufwendungen für betriebliche Altersversorgung (11) Zinsen für Fremdkapital	Ansatzwahlrecht
	= Wertobergrenze	*= Wertobergrenze*	

Das BMF hat sich in zwei Schreiben zum *Umfang der steuerlichen Herstellungskosten* geäußert (vgl. dazu Tz. 1242). Danach gehören die Kosten der Ziffern (7) bis (10) in *Tabelle 42* grundsätzlich zu den steuerlich aktivierungspflichtigen Bestandteilen. Bis zu einer Rechtsänderung von R 6.3 Abs. 4 EStR 2008 ist es nicht zu beanstanden, wenn für Wirtschaftsjahre, die vor Veröffentlichung einer geänderten Richtlinienfassung (EStR 2012) enden, noch danach verfahren wird. Damit verbleibt es für diese Kostenbestandteile zumindest vorläufig bei einem Aktivierungswahlrecht. 2284

Die *EStÄR 2012* (vgl. dazu Tz. 1233) sehen in R 6.3 Abs. 2 und 3 EStR 2012 vor, dass im Gegensatz zu den EStR 2008 nun 2286

- die angemessenen Kosten der allgemeinen Verwaltung,
- die angemessenen Aufwendungen für soziale Einrichtungen des Betriebs,
- die angemessenen Aufwendungen für freiwillige soziale Leistungen und
- die angemessenen Aufwendungen für die betriebliche Altersversorgung

als Herstellungskosten aktiviert werden müssen (zum Inhalt vgl. R 6.3 Abs. 3 EStR 2012). Es handelt sich somit um *zusätzliche aktivierungspflichtige Bestandteile*. Lediglich für Fremdkapitalzinsen besteht nach wie vor ein Aktivierungswahlrecht (R 6.3 Abs. 5 EStR 2012). Voraussetzung für die Ausübung des Wahlrechts ist aber die gleichartige Behandlung in der Handelsbilanz nach § 255 Abs. 3 HGB.

Die geänderten Vorschriften treten nach der Verkündung im BStBl I in Kraft (vgl. dazu Tz. 1233). Auf Wirtschaftsgüter, mit deren Herstellung vor der Veröffentlichung der Neuregelung im BStBl begonnen wurde, darf der bisherige Herstellungskostenbegriff in den EStR 2008 noch angewandt werden. Damit entfällt eine Nachaktivierungspflicht für sog. Altfälle, vgl. R 6.3 Abs. 9 EStR 2012.

In *Tabelle 43* sind die einzelnen Elemente der Herstellungskosten nach Handelsrecht und auf der Basis der EStR 2012 zusammengestellt. Dabei zeigt sich, dass sowohl im Handelsrecht als auch im Steuerrecht der Umfang der aktivierungspflichtigen Bestandteile ständig ausgeweitet wurde und dass im Steuerrecht praktisch die gesamten Herstellungskosten aktivierungspflichtig sind.

Der Inhalt der Elemente (1) bis (11) ist auf einer besonderen Seite zusammengestellt, vgl. S. 95!

TAB. 43: Herstellungskosten nach Handels- und Steuerrecht – EStR 2012

	Handelsrecht (§ 255 Abs. 2, 3 HGB)	Steuerrecht (R 6.3, 6.4 EStR)	
Ansatzpflicht	**Einzelkosten** (1) Materialkosten (2) Fertigungseinzelkosten (3) Sonderkosten der Fertigung	**Einzelkosten** (1) Materialeinzelkosten (2) Fertigungseinzelkosten (3) Sonderkosten der Fertigung	Ansatzpflicht
	= Wertuntergrenze – HGB a. F.		
	Gemeinkosten (4) Materialgemeinkosten (5) Fertigungsgemeinkosten (6) Wertverzehr für das Anlagevermögen	**Gemeinkosten** (4) Materialgemeinkosten (5) Fertigungsgemeinkosten (6) Wertverzehr für das Anlagevermögen	
	= Wertuntergrenze – HGB n. F.	*= Wertuntergrenze – EStR 2008*	
Ansatzwahlrecht	(7) Kosten der allgemeinen Verwaltung (8) Aufwendungen für soziale Einrichtungen des Betriebs (9) Aufwendungen für freiwillige soziale Leistungen (10) Aufwendungen für betriebliche Altersversorgung	(7) Kosten der allgemeinen Verwaltung (8) Aufwendungen für soziale Einrichtungen des Betriebs (9) Aufwendungen für freiwillige soziale Leistungen (10) Aufwendungen für betriebliche Altersversorgung	
		= Wertuntergrenze – EStR 2012	
	(11) Zinsen für Fremdkapital	(11) Zinsen für Fremdkapital	Ansatzwahlrecht
	= Wertobergrenze	*= Wertobergrenze*	

Der Inhalt der Elemente (1) bis (11) ist auf einer besonderen Seite zusammengestellt, vgl. S. 95!

2287 Der Nationale Normenkontrollrat (www.normenkontrollrat.de) hat zu der Erhöhung der Wertuntergrenze der EStR 2012 (vgl. TAB. 43 Ziffern (7) bis (10) aufgrund der zu hohen administrativen Kosten für die Unternehmen seine Zustimmung verweigert. Aufgrund dieser Sachlage hat das BMF mit Schreiben vom 26. 3. 2013 (BStBl I 2013, S. 296) Folgendes mitgeteilt:

Im Einvernehmen mit den obersten Finanzbehörden der Länder wird es nicht beanstandet, wenn bis zur Verifizierung des damit verbundenen Erfüllungsaufwandes, spätestens aber bis zu einer Neufassung der EStR, bei der Ermittlung der Herstellungskosten nach den R 6.3 Abs. 4 EStR 2008 verfahren wird.

Damit ergibt sich gegenüber der bisherigen Rechtslage bei der Ermittlung der Herstellungskosten *keine zwingende Änderung*; vgl. dazu Tz. 2283 bzw. *Tabelle 42*.

Elemente der Herstellungskosten

(1) *Materialeinzelkosten*
Direkt zurechenbare Stoffkosten, insbesondere der Verbrauch an Rohstoffen

(2) *Fertigungseinzelkosten*
Fertigungslöhne einschließlich aller Zuschläge (u. a. Überstunden, Feiertag), gesetzlicher und tariflicher Sozialleistungen

(3) *Sonderkosten der Fertigung*
Einzelaufwendungen für Modelle, Spezialwerkzeuge, Lizenzen usw.; auftragsgebundene Entwicklungs-, Versuchs- und Konstruktionskosten, Materialprüfungskosten

(4) *Materialgemeinkosten*
Einkauf, Lagerhaltung, Transport und Prüfung des Materials usw., soweit die Aufwendungen notwendig sind

(5) *Fertigungsgemeinkosten*
Notwendige Aufwendungen für Vorbereitung und Kontrolle der Fertigung, Betriebsleitung; Raumkosten, Sachversicherungen und ähnliche Kosten

(6) *Werteverzehr für das Anlagevermögen*
Fertigungsbezogener Werteverzehr; Ansatz der bilanziellen Abschreibungen; beachte Sondervorschriften bei erhöhten Abschreibungen, Sonder- und Teilwertabschreibungen in den EStR. Diese Aufwendungen werden in der Regel direkt in die Elemente (4), (5) oder (7) einbezogen.

(7) *Kosten der allgemeinen Verwaltung*
Dazu gehören u. a. Aufwendungen für Geschäftsleitung, Betriebsrat, Personalbüro, Nachrichten- und Ausbildungswesen, Rechnungswesen, Feuerwehr, Werkschutz

(8) *Aufwendungen für soziale Einrichtungen des Betriebs*
Aufwendungen für Kantine, Sporteinrichtungen, Erholungsheime, Bibliotheken usw.

(9) *Aufwendungen für freiwillige soziale Leistungen*
Dies sind u. a. Jubiläumsgeschenke, Weihnachtszuwendungen, Wohnungsbeihilfen, Beteiligung der Arbeitnehmer am Ergebnis

(10) *Aufwendungen für betriebliche Altersversorgung*
Aufwendungen für Direktversicherungen, Zuschüsse an Pensions- und Unterstützungskassen, Pensionsrückstellungen

(11) *Zinsen für Fremdkapital*
Grundsätzlich *keine* Herstellungskosten, nur soweit auftragsbezogen

Abschließend sei noch auf folgende Probleme hingewiesen:

► Forschungs- und Vertriebskosten

Diese gehören nicht zu den Herstellungskosten, auch nicht (bereits angefallene) Vertriebseinzelkosten (vgl. § 255 Abs. 2 Satz 4 HGB).

► Steuern

In der (widersprüchlichen) Literatur wird folgende Meinung vertreten:

- *gewinnabhängige Steuern* sind nicht bilanzierungsfähig (Ausnahme: Gewerbeertragsteuer in der Steuerbilanz Wahlrecht, R 6.3 Abs. 5 EStR, beachte: ab 1. 1. 2008 ist die Gewerbesteuer keine Betriebsausgabe mehr; Folge: Wahlrecht entfällt, vgl. § 4 Abs. 5b EStG, R 5.7 Abs. 1 Satz 2 EStR).
- *gewinnunabhängige Steuern* sind anteilig aktivierungspflichtig, auch Verbrauchsteuern, Zölle; vgl. auch R 6.3 Abs. 5 EStR, §§ 9b, 5 Abs. 5 EStG, § 250 Abs. 1 HGB.

- Zeitraum der Herstellung

  Die Aufwendungen müssen sich auf den Zeitraum der Herstellung beziehen und notwendig sein (vgl. § 255 Abs. 2 Satz 5 HGB, R 6.3 Abs. 1 EStR).

- Auslastung der Produktionsanlagen

  Allgemein muss von einer Normalauslastung der Anlagen mit einer geringen Schwankungsbreite ausgegangen werden. Erst bei Überschreiten dieser nach unten, nicht aber bei jeder, verlangt dies das Weglassen eines Teils der (fixen) Aufwendungen (= Leerkosten, vgl. dazu auch R 6.3 Abs. 6 EStR).

2288 Ein schwieriges Bewertungsproblem ergibt sich in vielen Fällen bei der Frage, ob und inwieweit größere *Instandhaltungsarbeiten* oder *Reparaturen* von unbeweglichen Vermögensgegenständen zu aktivieren sind.

Zum *Erhaltungsaufwand* (keine Aktivierung) gehören Aufwendungen, die

1. die Wesensart des Vermögensgegenstandes nicht verändern,
2. ihn in ordnungsmäßigem Zustand erhalten sollen und
3. regelmäßig in ungefähr gleicher Höhe wiederkehren.

Als *Herstellungsaufwand* bzw. -kosten (Aktivierung) können im Allgemeinen die Aufwendungen angesehen werden, die

1. die Substanz des Vermögensgegenstandes vermehren oder
2. den Zustand des Vermögensgegenstandes erheblich erweitern oder
3. den bisherigen Zustand des Vermögensgegenstandes deutlich und wesentlich verbessern (vgl. § 255 Abs. 2 HGB).

Die Grenzen zwischen Erhaltungsaufwand und Herstellungsaufwand fließen. Grundsätze und Anhaltspunkte für Abgrenzung bei Grundstücken enthält R 21.1 i.V.m. R 6.4 Abs. 1 EStR (Beachte: BMF-Schreiben vom 18. 7. 2003, BStBl I 2003, S. 386 ff., §§ 6 Abs. 1 Nr. 1a, 11a, 11b EStG). Die dort aufgestellten Regeln können unter Berücksichtigung der GoB auf bewegliche Wirtschaftsgüter übertragen werden.

g) Teilwert

2290 Der Begriff »Teilwert« kommt lediglich im *Steuerrecht*, nicht aber im Handelsrecht vor. Anstelle der Anschaffungs- bzw. Herstellungskosten *kann* dort bei voraussichtlich dauernder Wertminderung der niedrigere Teilwert angesetzt werden. »Teilwert ist der Betrag, den ein Erwerber des ganzen Betriebes im Rahmen des Gesamtkaufpreises für das einzelne Wirtschaftsgut ansetzen würde; dabei ist davon auszugehen, dass der Erwerber den Betrieb fortführt.« (§ 6 Abs. 1 Nr. 1 EStG). Diese Definition geht von folgenden *Annahmen* aus:

1. Ein fiktiver Erwerber übernimmt den Betrieb als Ganzes.
2. Der Gesamtwert (-kaufpreis) wird unter der Voraussetzung ermittelt, dass der fiktive Erwerber den Betrieb fortführt.
3. Der Gesamtkaufpreis ist auf die einzelnen Wirtschaftsgüter zu verteilen.

Die zu Grunde liegenden Fiktionen führen dazu, dass der Teilwert rechnerisch nicht zu ermitteln ist. Der RFH bzw. BFH hat durch Rechtsprechung *Teilwertvermutungen* aufgestellt (vgl. dazu auch H 6.7 EStH), und zwar: 2295

1. Im Zeitpunkt des Erwerbs eines Wirtschaftsgutes gelten die Anschaffungs- bzw. Herstellungskosten als Teilwert.
2. In späteren Zeitpunkten entsprechen bei abnutzbaren Wirtschaftsgütern die um lineare Abschreibungen verminderten Anschaffungs- bzw. Herstellungskosten dem Teilwert (zwischenzeitlich eingetretene Preisveränderungen, z. B. gesunkene Wiederbeschaffungskosten, sind zu berücksichtigen); bei nicht abnutzbaren Wirtschaftsgütern wird vermutet, dass der Teilwert den Anschaffungs- bzw. Herstellungskosten entspricht.
3. Bei Wirtschaftsgütern des Umlaufvermögens gelten die Wiederbeschaffungskosten als Teilwert.
4. Obere Wertgrenze des Teilwerts sind die Wiederbeschaffungskosten, die untere Wertgrenze bildet der Einzelveräußerungspreis (abzüglich evtl. Verkaufskosten).
5. Der Teilwert einer Beteiligung entspricht im Zeitpunkt ihres Erwerbs den Anschaffungskosten.

Durch die Teilwertvermutungen wurde die ursprüngliche Konzeption des Teilwerts aufgegeben. Die Interpretation des Teilwerts durch die Rechtsprechung steht im Widerspruch zur Legaldefinition des § 6 Abs. 1 Nr. 1 EStG. Anstelle der im Begriff des Teilwerts genannten Voraussetzungen wird nun bei der Wertbestimmung auf die Marktpreise und die Marktverhältnisse (Anschaffungskosten, Wiederbeschaffungskosten, Einzelveräußerungspreis) abgehoben. Daraus ergibt sich in den meisten Fällen eine Übereinstimmung zwischen den Wertansätzen nach dem HGB und dem Wertansatz auf der Basis des Teilwerts.

Durch die Aufhebung von § 254 HGB a. F. bzw. der umgekehrten Maßgeblichkeit nach 2296
§ 5 Abs. 1 Satz 2 EStG ist künftig der Ansatz des Teilwerts in der Handelsbilanz *nicht* mehr möglich (vgl. auch Tz. 1242).

Vermögensgegenstände des Anlage- und Umlaufvermögens *sind* bei einer voraussichtlich dauernden Wertminderung in der *Handelsbilanz* außerplanmäßig abzuschreiben (§ 253 Abs. 3 Satz 3 bzw. Abs. 4 HGB). In diesen Fällen *kann* in der *Steuerbilanz* der Teilwert angesetzt werden (§ 6 Abs. 1 Nr. 1, 2 EStG). Dieses Wahlrecht gilt auch dann, wenn in der Handelsbilanz außerplanmäßig abgeschrieben wurde. Das Unternehmen kann in der Steuerbilanz also auf eine Teilwertabschreibung verzichten, vgl. dazu oben Tz. 1242.

Der gesamte Komplex der Teilwertabschreibung, voraussichtlich dauernde Wertminderung, Wertaufholungsgebot wurde mit dem BMF-Schreiben vom 16. 7. 2014 unter Berücksichtigung der Rechtsprechung des BFH neu gefasst (vgl. dazu BStBl I 2014, S. 1162 ff.).

h) Bewertungseinheiten

2297 Bei Sicherungszusammenhängen (= Abschluss eines Grundgeschäfts und Absicherung der Risiken durch ein Sicherungsgeschäft) führen Imparitätsprinzip und Vorsichtsprinzip nach § 252 Abs. 1 Nr. 4 HGB u. U. zu Bilanzierungsergebnissen im Jahresabschluss, die nicht den tatsächlichen Verhältnissen i. S. v. § 264 Abs. 2 HGB entsprechen. Zur Vermeidung derartiger Verzerrungen erlaubt § 254 HGB nun unter bestimmten Bedingungen die Bildung sog. Bewertungseinheiten (Wahlrecht). Auch ohne eine ausdrückliche Bestimmung im HGB war die Bilanzierung von Bewertungseinheiten in der Praxis, insbesondere bei Kreditinstituten, üblich und ist auch vom Steuerrecht ausdrücklich zugelassen (vgl. § 5 Abs. 1a EStG).

2298 Die Bildung von Bewertungseinheiten ist an das Vorliegen bestimmter Bedingungen geknüpft, nämlich der Abschluss

- eines Grundgeschäfts,
- eines Sicherungsgeschäfts und
- der Zusammenhang beider Geschäfte.

Das *Grundgeschäft* muss sich nach § 254 Satz 1 HGB beziehen auf Vermögensgegenstände, Schulden, schwebende Geschäfte oder mit hoher Wahrscheinlichkeit erwartete Transaktionen für die das Unternehmen noch keine rechtliche Bindung eingegangen ist. Als *Sicherungsgeschäfte* kommen Finanzinstrumente (vgl. Tz. 2060 f.) und ausdrücklich auch Warentermingeschäfte in Betracht (vgl. § 254 HGB). Der Begriff *Finanzinstrumente* ist im Gesetz nicht definiert; zum Begriff Termingeschäft vgl. § 1 Abs. 11 Satz 4 Nr. 1 KWG.

Beim *Zusammenhang beider Geschäfte* müssen sich die gegenläufigen Wertänderungen oder Zahlungsströme ausgleichen.

Bei Vorliegen dieser Voraussetzungen kann eine Bewertungseinheit gebildet werden. In diesem Falle sind bestimmte, im Gesetz ausdrücklich genannte Bestimmungen *nicht* anzuwenden. Im Einzelnen sind dies § 249 Abs. 1 – Drohverlustrückstellungen; § 252 Abs. 1 Nr. 3 und 4 – Grundsatz der Einzelbewertung und Imparitätsprinzip; § 253 Abs. 1 Satz 1 – Anschaffungs- bzw. Herstellungskostenansatz; § 256a – Währungsumrechnung.

LITERATUR

Zu a): WP Handbuch 2012, a. a. O., u. a. S. 277 ff.; Kommentare zu den angegebenen §§.

Zu b): *Falterbaum/Bolk/Reiß/Kirchner,* a. a. O., S. 495 ff.; Kommentare zu den angegebenen §§.

Zu c): *Institut der Wirtschaftsprüfer,* Zum Grundsatz der Bewertungsstetigkeit ..., a. a. O.; *dies.,* Auswirkungen, a. a. O., Tabelle 10; *Leffson,* a. a. O., u. a. S. 247 ff.; Kommentare zu den angegebenen §§.

Zu d): *Falterbaum/Bolk/Reiß/Kirchner,* a. a. O., u. a. S. 517 ff.; Kommentare zu den angegebenen §§.

Zu e): *Falterbaum/Bolk/Reiß/Kirchner,* a. a. O., S. 556 ff.; *Tjaden,* a. a. O.; *Uhlig,* a. a. O.; WP Handbuch 2012, S. 375 ff.; Kommentare zu den angegebenen §§.

Zu f): *Falterbaum/Bolk/Reiß/Kirchner,* a. a. O., S. 651 ff.; *Institut der Wirtschaftsprüfer,* IDW, RS HFA 31; IDW, RS HFA 1; Tabelle 10; a. a. O.; *Kirsch,* a. a. O.; WP Handbuch 2012, S. 383 ff.; Kommentare zu den angegebenen §§.

Zu g): BMF, Neuregelung, a. a. O.; *Falterbaum/Bolk/Reiß/Kirchner,* a. a. O., S. 692 ff.; Kommentare zu den angegebenen §§.

Zu h): BMF, Steuerliche Gewinnermittlung, a. a. O.; *Coenenberg,* a. a. O., S. 94, 302 ff.; *Falterbaum/Bolk/Reiß/Kirchner,* a. a. O., S. 548 ff.; *Theile,* a. a. O., S. 86 ff.; WP Handbuch 2012, u. a. S. 415 ff.

KONTROLLFRAGEN

Die Antworten zu den Kontrollfragen 77–102 befinden sich auf Seite 340 ff.

77. Welche grundlegenden Zielsetzungen werden mit dem Prinzip der Vorsicht bei der Bewertung von Vermögen und Schulden verfolgt?
78. In welchen anderen Bewertungsgrundsätzen findet der Grundsatz der Vorsicht seinen Niederschlag?
79. Was versteht man unter dem Realisationsprinzip?
80. Erläutern und begründen Sie den Grundsatz der Einzelbewertung!
81. Kann der Grundsatz der Einzelbewertung durchbrochen werden?
82. Was versteht man unter dem Geschäftsjahr und was unter dem Wirtschaftsjahr?
83. Welcher Zeitpunkt ist für die Bewertung von Vermögen und Schulden maßgebend? Kennen Sie Ausnahmen von dem Grundsatz?
84. Erläutern Sie Inhalt und Zweck der Aufhellungstheorie!
85. Werden nach der Bilanzerstellung erlangte Erkenntnisse grundsätzlich berücksichtigt?
86. Darf eine Aktiengesellschaft Vermögensgegenstände mithilfe der Gruppenbewertung bewerten und das Festwertverfahren anwenden?
87. Stellen Sie die Gruppenbildung bei der Bewertung des Vermögens nach dem HGB und nach dem EStG gegenüber!
88. Kann beim Erwerb von Vermögensgegenständen die USt als Vorsteuer in jedem Fall von den Anschaffungskosten abgesetzt werden?
89. Kennen Sie Fälle, in denen die betrieblichen Anschaffungskosten geringer sind als das dem Veräußerer tatsächlich gezahlte Entgelt?
90. Wird der Bilanzansatz unserer Beteiligung an der Stahl-AG
    a) durch die Erhöhung der anderen Gewinnrücklagen aus dem Jahresüberschuss der Stahl-AG
    b) durch die Ausgabe von Gratisaktien (Kapitalerhöhung aus Gesellschaftsmitteln) der Stahl-AG

    erhöht?

91. Erläutern Sie den Zweck des Grundsatzes der Einzelfeststellung bei der Ermittlung der Anschaffungskosten!
92. Nennen Sie Unterschiede zwischen den Herstellungskosten nach dem HGB und dem EStG!
93. Wie sind kalkulatorische Kosten bei der Ermittlung der Herstellungskosten zu behandeln?
94. Erläutern Sie die Begriffe »Herstellungsaufwand« und »Erhaltungsaufwand«!
95. Welche unterschiedlichen Auswirkungen ergeben sich z. B. bei der Behandlung von Reparaturen für Maschinen als Erhaltungsaufwand oder als Herstellungsaufwand auf Bilanzansätze, Ertragsteuern und Erfolg?
96. Worin sehen Sie den Unterschied zwischen »Herstellkosten« und »Herstellungskosten«?
97. In welchen praktisch bedeutsamen Fällen ist das Problem der Aktivierung von Vermögensgegenständen zu Herstellungskosten zu lösen?
98. Nennen Sie die Behandlung von Abschreibungen, Zinsen und Gewerbesteuer bei der Ermittlung der Herstellungskosten!
99. Von welcher Konzeption geht der Begriff des Teilwertes in § 6 Abs. 1 Ziffer 1 EStG aus?
100. Halten Sie die dem Teilwert zu Grunde liegenden Voraussetzungen für realistisch?
101. Was versteht man unter den Teilwertvermutungen?
102. Vergleichen Sie kritisch den Wortlaut der Legaldefinition des Teilwertes mit dem Inhalt der Teilwertvermutungen!

AUFGABE 6

Die Kunststoffverarbeitungs-AG will aufgrund des gestiegenen Absatzes ihrer Erzeugnisse die Produktion durch den Bau eines neuen Werks ausweiten. Zur Beschaffung des notwendigen Grundstücks hat sie einen Makler eingeschaltet. Dieser unterbreitet ihr ein Angebot über € 510 000,– für das unbebaute Grundstück mit rd. 100 Ar. Auf dem Grundstück steht eine wertlose Scheune, die später abgerissen werden soll. Buchhalter Ungenau will überschlägig die Anschaffungskosten ermitteln. Er geht von folgenden Beträgen aus:

► Beurkundungsgebühr für den Kaufvertrag	€	3 000,–
► Beurkundungsgebühr für die Grundschuld zur Finanzierung des Kaufpreises	€	300,–
► Grunderwerbsteuer	€	12 000,–
► Eintragungsgebühr für die Eigentumsübertragung	€	1 000,–
► Eintragungsgebühr für die Grundschuld	€	300,–
► Maklerprovision 2 % des Kaufpreises einschl. 19 % USt	€	12 138,–
► Grundsteuer ab Nutzungsübergang jährlich	€	1 500,–
► Abbruchkosten für die Scheune (ohne USt)	ca. €	4 000,–

Ermitteln Sie anhand der obigen Angaben die überschlägigen Anschaffungskosten des Grundstückes!

Die Lösung zu Aufgabe 6 befindet sich auf Seite 374.

AUFGABE 7

Einzelkaufmann Müller beschafft sich im Laufe des Monats Dezember eine Fräsmaschine. Dabei sind folgende Geschäftsvorfälle zu verzeichnen:

a)	Kaufpreis der Maschine einschl. 19 % USt	€	35 700,–
b)	Fundament für die Maschine, Vertrag mit Bauunternehmer Paul, Preis einschl. 19 % USt	€	595,–
	Ausführung der Arbeit: 15. 12.; Rechnungseingang und Zahlung im folgenden Jahr		
c)	Transportkosten und Transportversicherung einschl. 19 % USt lt. Rechnung des Spediteurs Schmidt; Barzahlung am 20. 12.	€	357,–
d)	Zahlung am 20. 12. Rechnungsbetrag	€	35 700,–
	./. 3 % Skonto	€	1 071,–
		€	34 629,–
	und zwar mit Scheck	€	4 629,–
	mit Schuldwechsel	€	30 000,–
e)	Belastung mit Diskont für den Finanzierungswechsel durch den Lieferanten Belastungsanzeige vom 26. 12. einschl. 19 % USt	€	714,–

Wie hoch sind die Anschaffungskosten der Maschine?

Die Lösung zu Aufgabe 7 befindet sich auf Seite 375.

AUFGABE 8

Bewerten Sie die Forderung zum 31. 12. 01 aufgrund des folgenden alternativen Sachverhaltes nach Buchstaben a)–d)!

Am 31. 12. 01 besitzt die Firma Maschinenbau Albert Müller OHG eine Forderung aus Warenlieferungen an den Kaufmann F. Schmidt über € 119 000,– (einschl. 19 % USt).

a) Am 27. 12. 01 erfährt die Müller OHG, dass F. Schmidt am 20. 12. 01 als Folge einer Brandkatastrophe Anfang Dezember Insolvenz angemeldet hat. Es wird aufgrund von Pressemeldungen sicher erwartet, dass die Forderung voll verloren ist.

b) Am 15. 1. 02 erfährt die Müller OHG von dem am 20. 12. 01 erfolgten Insolvenz. Es wird erwartet, dass die Forderung voll verloren ist. Die Bilanzerstellung erfolgt am 31. 1. 02 für das Geschäftsjahr 01.

c) Wäre Fall b) anders zu beurteilen, wenn die Müller OHG erst am 10. 2. 02 von dem Insolvenzverfahren würde?

d) Die Insolvenzanmeldung des Kaufmanns F. Schmidt erfolgt am 3. 1. 02, die Müller OHG erfährt dies am 10. 1. 02. Die Bilanzerstellung erfolgt am 31. 1. 02 für das Geschäftsjahr 01.

Die Lösung zu Aufgabe 8 befindet sich auf Seite 375.

AUFGABE 9

Eine Unternehmung hat für das Wechselobligo eine Rückstellung zum 31. 12. 01 gebildet. Die bundesbankfähigen Wechsel (u. a. Handelswechsel, Restlaufzeit höchstens 90 Tage) gab der Unternehmer an Lieferanten weiter. Die Bilanz wurde am 30. 4. 02 fertiggestellt.

Berechnung der Rückstellung		
Wechselobligo	€	300 000,–
Rückstellung 3 % des Obligos	€	9 000,–

Darf die Rückstellung in der vorgesehenen Höhe gebildet werden? Der branchenübliche Satz beträgt 5 % des Obligos!

Die Lösung zu Aufgabe 9 befindet sich auf Seite 376.

AUFGABE 10

Seit dem Jahre 01 wird ein Prozess wegen Patentverletzung von einer Konkurrenzfirma gegen die Maschinenbau A. Müller GmbH geführt. In den Jahren 01 und 02 wurde eine Rückstellung für evtl. Schadensersatzansprüche und Kosten über € 600 000,– gebildet. Am 15. 2. 04 wurde der Prozess in letzter Instanz gewonnen.

Die Bilanz für das Jahr 03 wurde wegen einiger Bewertungsprobleme, die mit dem Steuerberater abzusprechen waren, erst am 30. 3. 04 fertig gestellt.

Wie ist die Rückstellung am 31. 12. 03 in der Bilanz auszuweisen?

Die Lösung zu Aufgabe 10 befindet sich auf Seite 376.

AUFGABE 11

Die Textil-Import AG hat am 1. 10. börsengängige Handelswaren mit Anschaffungskosten von € 10 000,– gekauft. Die Marktpreise sind bis zum Bilanzstichtag gefallen. Die notwendigen Anschaffungskosten betragen zu diesem Zeitpunkt nur noch € 9 000,–. Nach dem Bilanzstichtag fiel der Börsenpreis weiterhin. Er betrug im März nur noch € 8 000,–. Mit einer Erholung ist nicht zu rechnen.

Wie können die Handelswaren in der Handelsbilanz und in der Steuerbilanz zum 31. 12. aktiviert werden?

Die Lösung zu Aufgabe 11 finden Sie auf Seite 376.

AUFGABE 12

Die Maschinenfabrik Fritz und Keller AG lässt eine nicht am Markt erhältliche Spezialmaschine durch eigene Arbeitskräfte herstellen.

Buchhalter Rübsam ermittelt die Herstellungskosten wie folgt:

a)	Fertigungsmaterial		
	lt. Belegen einschl. 19 % USt		€ 47 600,–
b)	Materialgemeinkosten		
	20 % des Fertigungsmaterials		€ 9 520,–
c)	Fertigungslöhne lt. Lohnzettel		
	Brutto	€ 16 000,–	
	./. Abzüge	€ 4 000,–	
	Netto	€ 12 000,–	
	+ Arbeitgeberanteil an der Sozialversicherung	€ 3 000,–	€ 15 000,–
d)	Fertigungsgemeinkosten		
	300 % des Fertigungslohnes		€ 45 000,–
e)	Verwaltungsgemeinkosten		
	10 % aus der Summe a)–d)		€ 11 685,–
	Herstellungskosten		€ 128 805,–

Die Innenrevision stellt bei der Überprüfung noch Folgendes fest:

a) Die Gemeinkostenzuschlagsätze sind unverändert aus der Kostenrechnung übernommen, sie enthalten kalkulatorische Kosten. Nach einem gesondert erstellten BAB ergeben sich ohne kalkulatorische Kosten und mit den effektiven Aufwendungen folgende Gemeinkostenzuschlagsätze: Material 15 %, Fertigung 250 % und Verwaltung 10 %.

b) Die Fertigungsmaterialien wurden im Durchschnitt mit 2 % Skonto gezahlt; dieser wird stets als sonstiger Ertrag gebucht.

c) Die Kapazitätsauslastung lag im Herstellungsmonat um rd. 5 % unter dem Durchschnitt der letzten 12 Monate.

d) Für die Konstruktion der Maschine wurde ein Ingenieurbüro beauftragt, das für seine Arbeit (ohne USt) € 7 500,– berechnete. Der Betrag wurde als allgemeiner Forschungs- und Entwicklungsaufwand gebucht.

e) Die Gemeinkosten enthalten auch entsprechende Beträge für den Werteverzehr des Anlagevermögens.

f) Mit der Herstellung der Maschine wurde im Jahre 2013 begonnen.

Ermitteln Sie die nach dem HGB und dem EStG möglichen Wertansätze der Herstellungskosten für die Spezialmaschine auf der Basis der EStR 2008 (vgl. Tz. 2287)!

Die Lösung zu Aufgabe 12 finden Sie auf Seite 376 f.

4 Bilanzierung des Anlagevermögens

a) Überblick

2300 Für die Bilanzierung des Anlagevermögens stehen verschiedene Bewertungsmaßstäbe zur Verfügung. Die einzelnen Möglichkeiten sind in *Tabelle 44,* dargestellt. Der Festwert und die Gruppenbewertung gelten als Bewertungsvereinfachungsverfahren (§ 256 HGB). Hinsichtlich immaterieller Vermögensgegenstände vgl. Tz. 2700.

2305 Die bisherigen Vorschriften zur Bilanzierung des Anlagevermögens, insbesondere § 253 HGB a. F., wurden aufgehoben. Gleiches gilt für § 254 HGB a. F. Durch die Neufassung von §§ 253 und 254 HGB und die Aufhebung der umgekehrten Maßgeblichkeit nach § 5 Abs. 1 Satz 2 EStG entfallen bisher mögliche Wertansätze, insbesondere die steuerlichen. Der bilanzpolitische Spielraum ist eingeengt worden.

TAB. 44: Mögliche Wertansätze für das Anlagevermögen

Art des Anlagevermögens	HGB	EStG
	Anschaffungs- bzw. Herstellungskosten (Basiswert) vermindert (./.) um ►	**Anschaffungs- bzw. Herstellungskosten** (Basiswert) vermindert (./.) um ►
Anlagevermögen, dessen Nutzung zeitlich begrenzt ist	► planmäßige Abschreibungen Ansatzpflicht § 253 Abs. 3	► Absetzungen für Abnutzung (AfA) oder für Substanzverringerung § 7 Abs. 1–6
Anlagevermögen, dessen Nutzung zeitlich begrenzt ist *und* **dessen Nutzung zeitlich nicht begrenzt ist**	► außerplanmäßige Abschreibungen auf den niedrigeren beizulegenden Wert – bei dauernder Wertminderung = Ansatzpflicht – bei vorübergehender Wertminderung = Ansatzwahlrecht (beschränkt auf Finanzanlagen) § 253 Abs. 3	► Absetzungen für außergewöhnliche technische oder wirtschaftliche Abnutzung (AfaA) § 7 Abs. 1, 2 oder ► Teilwertabschreibungen § 6 Abs. 1 ► Absetzungen nach steuerrechtlichen Sondervorschriften vgl. u. a. §§ 7a ff. EStG
Sachanlagevermögen	Festwert Ansatzwahlrecht § 240 Abs. 3	Übernahme (Maßgeblichkeit der Handelsbilanz, § 5 Abs. 1)
Gleichartige oder annähernd gleichwertige bewegliche Vermögensgegenstände	Gewogener Durchschnittswert im Rahmen der Gruppenbewertung Ansatzwahlrecht § 240 Abs. 4	Übernahme (Maßgeblichkeit der Handelsbilanz, § 5 Abs. 1)

b) Anlagevermögen, dessen Nutzung zeitlich begrenzt ist

(u. a. Gebäude, Sachanlagen sowie technische Anlagen und Maschinen, Betriebs- und 2310
Geschäftsausstattung; nicht u. a. Grund und Boden, Anzahlungen)

Gegenstände des abnutzbaren Anlagevermögens sind in der Bilanz grundsätzlich mit den *Anschaffungs- bzw. Herstellungskosten vermindert um planmäßige Abschreibungen* bzw. um die Absetzung für Abnutzung oder Absetzung für Substanzverringerung (Pflicht) anzusetzen. Die Abschreibungen sollen die Wertminderung der Vermögensgegenstände aufzeigen, sind also deren buchhalterische Erfassung.

Folgende *Determinanten* bestimmen die Abschreibungen bzw. die Absetzung für Abnutzung:

(1) Abschreibungsvolumen,

(2) Abschreibungsdauer,

(3) Abschreibungsmethode.

Zu (1) Abschreibungsvolumen:

Die Basis für die Abschreibung bilden die *Anschaffungs- bzw. Herstellungskosten* (vgl. 2315
§ 253 Abs. 1 HGB, R 7.3, 7.4 Abs. 3 EStR). Ein *Rest- oder Schrottwert* braucht grundsätzlich nicht berücksichtigt zu werden. Nur bei außerordentlich hohem Restwert (z. B. bei Schiffen, Lokomotiven und dgl.) ist dieser von den Anschaffungskosten bzw. Herstellungskosten abzusetzen. Bei *Gebäuden* gelten nur die Anschaffungs- bzw. Herstellungskosten des Gebäudes selbst, nicht aber der Wert des Grund und Bodens als abschreibungsfähig. Dieser gehört zu den nicht abnutzbaren Gegenständen des Anlagevermögens (vgl. § 6 Abs. 1 Nr. 2 EStG). Ein Gesamtkaufpreis muss getrennt werden in den Wert des unbebauten Grundstücks und den Wert des Gebäudes.

Zu (2) Abschreibungsdauer:

Die Abschreibungen sind auf die *voraussichtliche Nutzungsdauer* des Vermögensgegen- 2320
standes zu verteilen (vgl. § 253 Abs. 3 HGB). Im Steuerrecht wird von *»betriebsgewöhnlicher Nutzungsdauer«* gesprochen. Die *AfA-Tabellen* enthalten für die wichtigsten Wirtschaftsgüter die üblichen Nutzungszeiträume. In begründeten Fällen darf hiervon abgewichen werden. Für Gebäude legt § 7 Abs. 4, 5 und 5a EStG die Abschreibungsmethoden und die grundsätzliche Abschreibungsdauer fest (vgl. auch R 7.1 ff. EStR).

Die *AfA-Tabellen* werden vom *Bundesministerium der Finanzen* herausgegeben und im BStBl I veröffentlicht. Neben der Tabelle für allgemein verwendbare Wirtschaftsgüter gibt es zahlreiche branchenspezifische Tabellen, die über Homepage des Ministeriums herunter geladen werden können und auch über den Buchhandel erhältlich sind. Die AfA-Tabellen des BMF haben für das Finanzamt den Charakter einer Dienstanweisung. Für den Steuerpflichtigen hingegen handelt es sich um das Angebot der Verwaltung für eine tatsächliche Verständigung im Rahmen der Schätzung, das er (z. B. durch Anwendung der Tabellen bei der Berechnung seiner Einkünfte) zwar annehmen kann, aber nicht muss.

Als *Beginn der Abschreibung* (Anfang des Monats) gilt der Zeitpunkt der Anschaffung (Erlangung der Verfügungsgewalt) oder der Fertigstellung (vgl. auch § 9a EStDV). Im Laufe des Wirtschaftsjahres angeschaffte oder hergestellte bewegliche Gegenstände des Anlagevermögens können aus Vereinfachungsgründen wie folgt behandelt werden:

- Anschaffung/Herstellung im ersten Halbjahr:
  Abschreibung des auf das gesamte Jahr entfallenden Betrages,
- Anschaffung/Herstellung im zweiten Halbjahr:
  Abschreibung in Höhe der Hälfte des Jahresbetrages.

(Handelsrechtlich zulässige Vereinfachungsregel, vgl. auch R 7.4 Abs. 1, 2 EStR, beachte: Abschaffung bei Anschaffung oder Herstellung nach dem 31. 12. 2003 für die *Steuerbilanz* durch § 7 Abs. 1 Satz 4 EStG nun *monatsgenaue* Abschreibung).

Zu (3) Abschreibungsmethode:

2325 Das *HGB* erlaubt die Anwendung aller Abschreibungsmethoden, sofern sie den GoB entsprechen (Methodenfreiheit, vgl. § 253 Abs. 2 HGB).

Das *Steuerrecht* engt die betriebswirtschaftlichen bzw. handelsrechtlich zulässigen Methoden der Abschreibung von beweglichem abnutzbaren Anlagevermögen ein. Dabei ändern sich die Sätze, insbesondere bei der geometrisch-degressiven Abschreibung, durch jährliche Gesetzesänderungen. Es ist dabei grundsätzlich der Anschaffungszeitpunkt maßgebend. Der jeweilige Rechtstand der §§ 7, 7a EStG sowie § 7.4 EStR ist zu beachten.

Für *Gebäude* gelten aufgrund der normierten Nutzungsdauer spezifische Sätze für die lineare und »degressive« Abschreibung (vgl. § 7 Abs. 4, 5 und 5a EStG), beachte auch §§ 7a ff. EStG sowie Neuregelung in § 7 Abs. 5 EStG für die degressive Abschreibung ab 1. 1. 2004.

2328 Nach § 5 Abs. 1 Satz 1 EStG können *steuerliche Wahlrechte* unabhängig von der Bewertung in der Handelsbilanz eigenständig ausgeübt werden. Voraussetzung ist Führung von Verzeichnissen nach § 5 Abs. 1 Satz 2, 3 EStG. Dies ermöglicht z. B. in der Handelsbilanz abnutzbare Vermögensgegenstände, u. a. Maschinen, linear und in der Steuerbilanz degressiv abzuschreiben, vgl. dazu auch oben Tz. 1242. Eine derartige Differenzierung kann aufgrund unterschiedlicher Strategien sinnvoll sein; handelsrechtlich: Maximierung des Ausschüttungspotenzials; steuerrechtlich: Steuerminimierung. Auf die Problematik latenter Steuern nach § 274 HGB wird hingewiesen.

In *Tabelle 45* sind die Methoden planmäßiger Abschreibung nach Handels- und Steuerrecht gegenübergestellt.

TAB. 45: Planmäßige Abschreibungen/Absetzungen für Abnutzung nach Handels- und Steuerrecht

Abschreibungs-methode	**Handelsrecht (§ 253 Abs. 2 HGB)**	**Steuerrecht (§ 7 EStG)**
lineare	x	x Abs. 1 Sonderfall Gebäude: vgl. Abs. 4, 5, 5a
degressive		x Beschränkungen in Art und Höhe: Abs. 2*
– geometrisch	x	
– arithmetisch	x	
progressive	x	
Leistung	x	x Abs. 1 Satz 4
Substanzverringerung	x	x Abs. 6
Kombination – degressiv-linear	x	x Abs. 3*
– sonstige	x	

* letztmals anzuwenden auf vor dem 1. 1. 2008 angeschaffte oder hergestellte bewegliche Wirtschaftsgüter, § 52 Abs. 21a EStG; erneut anzuwenden 2009 und 2010, vgl. Neufassung von § 7 Abs. 2, 3 EStG

Eine *außerplanmäßige Abschreibung* i. S. d. § 253 Abs. 3 Satz 3 HGB kann notwendig 2330
werden, wenn bei abnutzbaren Gegenständen des Anlagevermögens der ihnen am Bilanzstichtag beizulegende Wert (insbes. bedingt durch die technische und wirtschaftliche Entwicklung oder durch Sinken der Wiederbeschaffungskosten) unter dem mithilfe der planmäßigen Abschreibung ermittelten Buchwert liegt. Die außerplanmäßige Abschreibung ist vorzunehmen, wenn es sich um eine dauernde Wertminderung handelt. Bei nur vorübergehender Wertminderung darf der niedrigere Wert bei Finanzanlagen angesetzt werden (§ 253 Abs. 3 Satz 4 HGB). Als beizulegender Wert kommt im Regelfall der Wiederbeschaffungswert in Betracht; je nach Sachlage kann aber auch der Einzelveräußerungswert, der Ertragswert oder bei mangelnder Rentabilität der Schrottwert angesetzt werden.

Dieselben Ursachen können nach dem *EStG* durch die Absetzung für *außergewöhnliche* 2335
wirtschaftliche oder technische Abnutzung (AfaA) § 7 Abs. 1 Satz 7 EStG oder durch eine *Teilwertabschreibung* bei voraussichtlich dauernder Wertminderung berücksichtigt werden; sie führen zum gleichen Wertansatz. Der Unterschied zwischen den beiden steuerlichen Abschreibungsverfahren liegt u. a. darin, dass das EStG die AfaA nur für diejenigen abnutzbaren Gegenstände des Anlagevermögens, die linear oder nach Maßgabe der Leistung abgeschrieben werden, erlaubt. Dagegen ist eine Teilwertabschreibung für alle Wirtschaftsgüter möglich (vgl. § 6 Abs. 1 Nr. 1).

Bestimmte wirtschaftspolitische Zielsetzungen lassen sich durch Gewährung von steu- 2340
erlichen Erleichterungen oder Vorteilen erreichen. Diese bestehen oft in der Möglichkeit *höherer steuerrechtlicher Abschreibungen* (vgl. auch R 7a. EStR), so z. B. die Förderung

kleiner und mittlerer Betriebe nach § 7g EStG. In *Tabelle 46* sind einige wichtige Tatbestände zusammengefasst.

Durch die Aufhebung von § 254 HGB a. F. und die Aufhebung der umgekehrten Maßgeblichkeit in § 5 Abs. 1 Satz 2 EStG a. F. können diese steuerlich zulässigen Wertansätze nicht in die Handelsbilanz übernommen werden. Sie werden im Zusammenhang mit der Entwicklung der Steuerbilanz in separate Verzeichnisse nach § 5 Abs. 1 Satz 2 f. EStG aufgenommen und bei der steuerlichen Gewinnermittlung berücksichtigt, vgl. auch Tz. 1242.

TAB. 46: Beispiele für steuerrechtliche Abschreibungen

Arten	Kennzeichen	Beispiele
Sonderabschreibungen auf das Anlagevermögen	Neben der Sonderabschreibung auch planmäßige Abschreibungen zulässig	§ 7g EStG i. V. m. § 52 Abs. 23 EStG § 81 EStDV
Erhöhte Abschreibungen auf das Anlagevermögen	Statt der planmäßigen eine erhöhte Abschreibung zulässig	§ 7k EStG § 7h EStG

2345 *Geringwertige Wirtschaftsgüter* dürfen im Jahr der Anschaffung oder Herstellung voll abgeschrieben werden (Handelsrechtlich zulässige, gesetzlich nicht fixierte Vereinfachungsregel, § 6 Abs. 2 EStG, R 6.13 EStR). Nach den Begriffsmerkmalen muss es sich handeln

- um bewegliche, abnutzbare Gegenstände des Anlagevermögens,
- mit der Möglichkeit der selbstständigen Nutzung und Bewertung und
- mit Anschaffungs- bzw. Herstellungskosten von nicht mehr als € 410,– netto, also ohne Mehrwertsteuer vgl. R 9b. Abs. 2 EStR.

2346 Die *steuerlichen Vorschriften* zum Ansatz geringwertiger Wirtschaftsgüter wurden mit Wirkung vom 1. 1. 2008 neu gefasst (§§ 6 Abs. 2, 2a, 52 Abs. 16 Satz 17 EStG). Danach gilt nun Folgendes:

Die Anschaffungs- bzw. Herstellungskosten, vermindert um einen darin enthaltenen Vorsteuerabzug nach § 9b Abs. 1 EStG, oder der nach § 6 Abs. 1 Nr. 5 und 6 EStG an deren Stelle tretende Wert

- übersteigen nicht € 150,–: Betriebsausgaben (zwingend)
- übersteigen € 150,–, nicht aber € 1 000,–: Bildung eines Sammelpostens.

Der Sammelposten ist im Jahr der Bildung und in den folgenden vier Jahren mit einem Fünftel gewinnmindernd aufzulösen. Beim Ausscheiden eines geringwertigen Wirtschaftsguts wird der Sammelposten nicht vermindert (vgl. R 6.13 EStR).

Die Bildung eines derartigen Sammelpostens im *handelsrechtlichen* Jahresabschluss ist grundsätzlich zulässig. Die Durchbrechung des Grundsatzes der Einzelbewertung (§ 252 Abs. 1 Nr. 3 HGB) erscheint aus Wirtschaftlichkeitsgesichtspunkten nach § 252 Abs. 2 HGB hinnehmbar. Wegen der Gefahr der Überbewertung kommt der unveränderte Ansatz in der Handelsbilanz nur in Betracht, wenn dieser Posten insgesamt von untergeordneter Bedeutung ist. In solchen Fällen wird jedoch auch eine Sofortabschreibung bzw. eine sofortige aufwandswirksame Verrechnung des Sammelpostens nicht zu beanstanden sein.

Bei Wesentlichkeit des Sammelpostens, z. B. bei bestimmten Branchen wie Hotelgewerbe oder der Getränkeindustrie, ist der Ansatz des steuerlichen Sammelpostens wegen der zugrunde liegenden Fiktionen im Hinblick auf eine mögliche Überbewertung zu überprüfen und ggf. zu berichtigen.

Durch das *Gesetz zur Beschleunigung des Wirtschaftswachstums* (Bundestags-Druck- 2347
sache 17/15, Bundesrats-Drucksache 865/09) wird die Behandlung *geringwertiger Wirtschaftsgüter* durch die Neufassung von § 6 Abs. 2 und 2a EStG für *nach dem 31. 12. 2009* erworbene oder hergestellte Wirtschaftsgüter (§ 52 Abs. 16 Satz 14 EStG) neu geregelt. Danach haben die Unternehmen das *Wahlrecht* zwischen § 6 Abs. 2 und Abs. 2a EStG.

Nach § 6 Abs. 2 EStG können Wirtschaftsgüter, deren Anschaffungs- bzw. Herstellungskosten € 410,– nicht überschreiten, in voller Höhe als Betriebsausgaben abgezogen werden.

Nach § 6 Abs. 2a EStG ist ein Sammelposten zu bilden, wenn die Anschaffungs- bzw. Herstellungskosten € 150, nicht aber € 1 000 übersteigen. Der Sammelposten ist im Jahr der Bildung und in den folgenden vier Wirtschaftsjahren um ein Fünftel gewinnmindernd aufzulösen. Wirtschaftsgüter, deren Anschaffungskosten usw. € 150,– nicht überschreiten können im Jahr der Anschaffung usw. in voller Höhe als Betriebsaugaben abgezogen werden.

Die Regelung in § 6 Abs. 2a EStG entspricht der bisher geltenden Rechtslage.

Eine *Abschreibung über die Nutzungsdauer* ist für alle geringwertigen Wirtschaftsgüter 2348
als *Wahlrecht* möglich. Bei der Bildung eines Sammelpostens für Wirtschaftsgüter über € 150,– bis € 1 000,– gilt dies für alle Wirtschaftsgüter (wirtschaftsjahrbezogenes Wahlrecht). Eine individuelle Abschreibung dieser Wirtschaftsgüter ist dann nicht möglich (vgl. ausführlich das BMF-Schreiben vom 30. 9. 2010 zu Zweifelfragen bei der bilanzsteuerlichen Behandlung sowie R 6.13 EStR).

c) Anlagevermögen, dessen Nutzung zeitlich nicht begrenzt ist

(u. a. Grund und Boden, Anlagen im Bau, Anzahlungen, Finanzanlagen, so z. B. Beteili- 2350
gungen, Wertpapiere, Ausleihungen)

Gegenstände des Anlagevermögens, die nicht der Abnutzung unterliegen, sind mit den *Anschaffungs- bzw. Herstellungskosten* zu aktivieren. Nach § 253 Abs. 3 Satz 3 HGB *sind* bei einer *dauernden* (nicht nur vorübergehenden) Wertminderung außerplanmäßige Abschreibungen auf den niedrigeren Wert, der den Gegenständen am Bilanzstichtag beizulegen ist, vorzunehmen. Bei einer nicht dauernden, sondern einer nur vorübergehenden Wertminderung *können* bei *Finanzanlagen* außerplanmäßige Abschreibungen nach § 253 Abs. 3 Satz 4 HGB vorgenommen werden (rechtsformunabhängiges Wahlrecht).

Das *EStG* lässt in diesen Fällen die Abschreibung auf den niedrigeren Teilwert zu (§ 6 Abs. 1 Ziffer 2 EStG, vgl. auch Tz. 2296).

Bei der Bewertung von *Forderungen* des Anlagevermögens sind die gleichen Grundsätze wie für die Forderungen des Umlaufvermögens anzuwenden (wegen der Einzelheiten siehe Tz. 2440).

d) Bewertungsvereinfachungsverfahren

(1) Festwert

2360 Nach § 240 Abs. 3 i.V.m. § 256 HGB *kann* für Vermögensgegenstände des Sachanlagevermögens sowie für Roh-, Hilfs- und Betriebsstoffe ein Festwert (Ansatz mit gleich bleibender Menge und gleich bleibendem Wert) gebildet werden. Es handelt sich um ein Wahlrecht. Allerdings verlangt das Verfahren, dass die Gegenstände regelmäßig ersetzt werden und der »Bestand in seiner Größe, seinem Wert und seiner Zusammensetzung nur geringen Veränderungen unterliegt«. Der Gesamtwert muss für das Unternehmen von nachrangiger Bedeutung sein. Außerdem ist in der Regel alle drei Jahre eine körperliche Bestandsaufnahme, verbunden mit einer Bewertung, durchzuführen. Der Vorteil beim Ansatz eines Festwertes liegt u. a. in der Vereinfachung der Inventur und der Bewertung (wegen der Verbuchung der Zugänge als Aufwand).

Die Höhe eines Festwertes wird grundsätzlich durch den tatsächlichen Wert der Gegenstände am Bilanzstichtag bestimmt, meist sind dies ca. 40–50 % der Anschaffungs- bzw. Herstellungskosten. Ein Festwert kann nicht schon bei der Gründung eines Unternehmens oder beim erstmaligen Anschaffen bzw. Herstellen solcher Güter gebildet werden, sondern erst nach einer altersmäßigen Mischung der Vermögensgegenstände. Einer Erhöhung des Festwertes bedarf es in der Handels- und Steuerbilanz (vgl. R 5.4 Abs. 4 EStR), wenn bei einer körperlichen Bestandsaufnahme ein um mehr als 10 % gegenüber dem bisherigen Festwert erhöhter Wert festgestellt wird (Posten 4 oder 5a) der GuV nach § 275 Abs. 2 HGB). Wegen des Niederstwertprinzips hat eine Unternehmung einen evtl. niedrigeren Wert sofort durch Verminderung des seitherigen Festwertes in voller Höhe zu berücksichtigen (Posten 5a) oder 8 der GuV nach § 275 Abs. 2 HGB).

2362 Es handelt sich beim Festwert um ein handelsrechtliches Bewertungsvereinfachungsverfahren ohne eigenständige steuerliche Vorschriften. Für dieses gilt die Maßgeblichkeit der Handels- für die Steuerbilanz; vgl. dazu oben Tz. 1242.

(2) Gruppenbewertung

2365 Gleichartige Vermögensgegenstände des Vorratsvermögens sowie andere gleichartige oder annähernd gleichwertige bewegliche Vermögensgegenstände, auch des Anlagevermögens, können mithilfe einer Gruppenbewertung nach § 240 Abs. 4 i.V.m. § 256 HGB bewertet werden. Diese Methode durchbricht den Grundsatz der Einzelbewertung. Sie erleichtert und vereinfacht die Bewertung, nicht aber die Inventurarbeiten.

Ein Zusammenfassen von Vermögensgegenständen setzt voraus, dass dies zum einen den GoB und zum anderen den folgenden Bedingungen entspricht:

- die Vermögensgegenstände sind annähernd gleichwertig (eine Spanne von ca. 20 % zwischen dem höchsten und niedrigsten Wert wird noch als vertretbar angesehen) *oder*
- die Vermögensgegenstände sind gleichartig (gleichartig bedeutet etwa gleicher Verwendungszweck, funktionsgleich),
- jeweils Zusammenfassung zu einer Gruppe,
- Ansatz mit dem gewogenen Durchschnittswert.

Besonders *wertvolle Vermögensgegenstände* müssen regelmäßig einzeln bewertet werden.

Es handelt sich bei der Gruppenbewertung um ein handelsrechtliches Bewertungsvereinfachungsverfahren ohne eigenständige steuerliche Gesetzesgrundlagen (beachte aber für das Umlaufvermögen R 6.8 Abs. 4 EStR). Für dieses gilt die Maßgeblichkeit der Handels- für die Steuerbilanz; vgl. dazu oben Tz. 1242. 2367

e) Beibehaltung von Werten, Wertaufholungsgebot

Die bisherigen Vorschriften über die Beibehaltung von Werten und die Wertaufholung 2375
(§§ 253 Abs. 5, 280 HGB a. F.) wurden grundlegend verändert und neu gefasst. Nach § 253 Abs. 5 HGB darf ein niedriger Wert nach § 253 Abs. 3 Satz 3 (außerplanmäßige Abschreibung auf Anlagevermögen) und Satz 4 (außerplanmäßige Abschreibung auf Finanzanlagen) sowie eine Abschreibung auf das Umlaufvermögen nach Abs. 4 *nicht beibehalten werden,* wenn die Gründe dafür nicht mehr bestehen. Es gilt nun ein *allgemeines, rechtsformunabhängiges Wertaufholungsgebot.* Eine Ausnahme besteht für einen entgeltlich erworbenen Geschäfts- oder Firmenwert, dessen niedrigerer Wertansatz beizubehalten ist (§ 253 Abs. 5 Satz 2 HGB).

Das Steuerrecht äußert sich ebenfalls zu dem Problem der Zuschreibungen. Nach § 6 2380
Abs. 1 Nr. 1 (abnutzbare Wirtschaftsgüter des Anlagevermögens) und Nr. 2 EStG (alle übrigen Wirtschaftsgüter) sind die Anschaffungs- bzw. Herstellungskosten abzüglich der Absetzungen für Abnutzung, erhöhter Abschreibungen usw. anzusetzen, es sei denn, der Steuerpflichtige weist nach, dass ein niedriger Teilwert angesetzt werden kann. Somit besteht nunmehr *steuerlich* ein *uneingeschränktes Zuschreibungsgebot* für das Anlage- und Umlaufvermögen für alle Rechtsformen (vgl. dazu auch die Übergangsregelung in § 52 Abs. 16 EStG). Die Obergrenze bilden die Anschaffungs- bzw. Herstellungskosten, ggf. nach Abzug der Absetzung für Abnutzung (vgl. § 6 Abs. 1 EStG).

Im Falle einer Zuschreibung *darf* der Eigenkapitalanteil in andere Gewinnrücklagen 2385
durch den Vorstand der AG bzw. den Geschäftsführer der GmbH eingestellt werden (vgl. § 58 Abs. 2a AktG und § 29 Abs. 4 GmbHG sowie Tz. 2545).

In *Tabelle 47* sind die Sachverhalte zusammengefasst.

TAB. 47: Wertaufholung nach § 253 Abs. 5 HGB

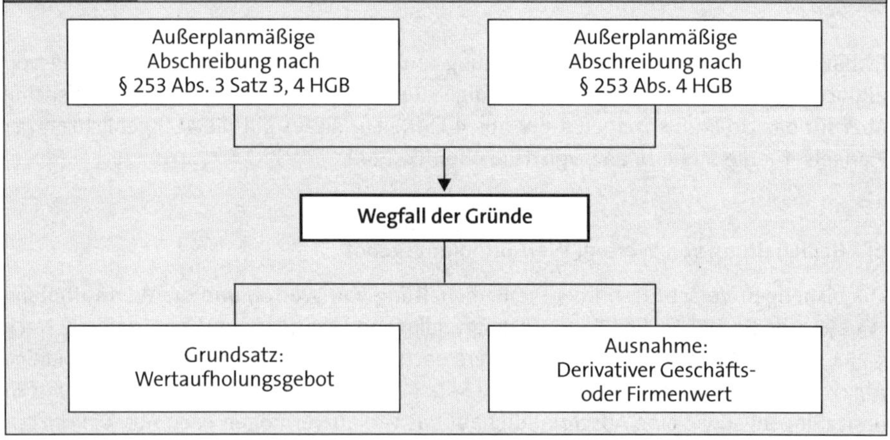

LITERATUR

Zu a), b), c): *Deutscher Bundestag*, Schriftliche Fragen, a. a. O.; *Falterbaum/Bolk/Reiß/Kirchner*, a. a. O., S. 366 ff., S. 700 ff.; *Institut der Wirtschaftsprüfer*, Bilanzierung von Anteilen; Zulässigkeit degressiver Abschreibungen; Handelsrechtliche Zulässigkeit; a. a. O., Tabelle 10; *Rade/Kropp*, a. a. O.; Kommentare zu den angegebenen §§.

Zu d): *Falterbaum/Bolk/Reiß/Kirchner*, a. a. O., u. a. S. 518 ff.; WP Handbuch 2012, S. 425 ff.; Kommentare zu den angegebenen §§.

Zu e): WP Handbuch 2012, S. 414 ff.; Kommentare zu den angegebenen §§.

KONTROLLFRAGEN

Die Antworten zu den Kontrollfragen 103–119 befinden sich auf Seite 344 ff.

103. Erläutern Sie den Begriff »Abschreibung«!

104. Charakterisieren Sie die lineare, die geometrisch-degressive und die arithmetisch-degressive Abschreibungsmethode, insbesondere auch im Hinblick auf die jährliche Abschreibungssumme und den Restbuchwert des Anlagegegenstandes!

105. Was versteht man unter Methodenfreiheit im Zusammenhang mit den Abschreibungen? Wie ist das Problem der Methodenfreiheit im HGB und im EStG geregelt?

106. Was ist unter planmäßiger Abschreibung zu verstehen?

107. Kann die Abschreibungsmethode beliebig gewechselt werden?

108. Kennen Sie Kombinationen zwischen zwei Abschreibungsmethoden?

109. Erläutern Sie das »Niederstwertprinzip« beim Anlagevermögen und seine Auswirkungen bei der Bewertung nach dem HGB und nach dem EStG!

110. Wie ist in Handels- und Steuerbilanz zu verfahren, wenn nach Vornahme einer außerplanmäßigen Abschreibung der Grund hierfür weggefallen ist?

111. Entspricht der sich aus den Anschaffungs- bzw. Herstellungskosten abzüglich der Summe der Abschreibungen ergebende Restbuchwert dem tatsächlichen Wert eines Vermögensgegenstandes?

112. Nennen Sie Beispiele für nicht abnutzbare Gegenstände des Anlagevermögens!

113. Zeigen Sie an einigen Beispielen die Gründe und Ursachen für eine außerplanmäßige Abschreibung auf!

114. Weshalb wurde bei den Bestimmungen über die Bewertung des Vermögens die Vorschrift des § 254 HGB a. F. – Steuerrechtliche Abschreibungen im Zuge des BilMoG gestrichen?

115. Welche Vorteile besitzt eine Bewertung von Vermögensgegenständen mithilfe der Gruppenbewertung?

116. Können alle Vermögensgegenstände mithilfe der Gruppenbewertung bewertet werden?

117. Worin sehen Sie die Vorteile bei der Bewertung von Vermögensgegenständen mit einem Festwert?

118. Erläutern Sie den Umfang der Vermögensgegenstände, für die ein Festwert gebildet werden darf!

119. Kann in der Steuerbilanz auch ein Festwert gebildet werden?

AUFGABE 13

Die Deckenfabrik Redlich GmbH hat im Laufe des Monats Juli 2010 eine Maschine bei der Maschinenfabrik Masche GmbH bestellt. Im Oktober errichtet die Bauunternehmung Müller ein Fundament für die Maschine in der Fabrikhalle, die Rechnung vom 1.12. beträgt € 714,– (einschl. 19 % MwSt), die Zahlung erfolgte im nächsten Geschäftsjahr. Die Maschine wird am 15.10. durch die Spedition Rumpel angeliefert. An Fracht fallen € 250,– zuzüglich € 47,50 MwSt an (Barzahlung). Die Rechnung der Maschinenfabrik Masche GmbH lautet über € 23 800,–. Die Zahlung erfolgt unter Abzug a) eines Nachlasses von 5 % wegen eines kleinen Mangels und b) von 2 % Skonto am 20.10. durch Bankscheck. Die voraussichtliche Nutzungsdauer der Maschine beträgt 8 Jahre.

a) Wie lautet die Zahlung an die Maschinenfabrik Masche GmbH?

b) Wie hoch sind die Anschaffungskosten für die Maschine?

c) Welche Abschreibungsmethoden können in der Handelsbilanz und in der Steuerbilanz angewandt werden?

d) Wie hoch sind die Höchstabschreibungen und der Wertansatz in Handels- und Steuerbilanz bei linearer bzw. alternativ geometrisch-degressiver Abschreibung im Jahr der Anschaffung? Die Abschreibung in der Handelsbilanz soll der in der Steuerbilanz entsprechen.

e) Was ist zu tun, wenn sich am Ende des auf die Anschaffung folgenden Geschäftsjahres herausstellt, dass die Maschine aufgrund neuer technischer Entwicklungen nur noch einen Veräußerungswert von € 10 000,– und eine wirtschaftliche Restnutzungsdauer von 4 Jahren hat? Es soll dabei davon ausgegangen werden, dass bisher linear abgeschrieben wurde.

Die Lösung zu Aufgabe 13 befindet sich auf Seite 378 f.

AUFGABE 14

Die Maschinenfabrik Rotamat OHG erwarb zum 1. 12. 2011 ein Grundstück mit 5 000 m², auf dem sich ein altes, abbruchreifes Bauernhaus befand. Der Kaufpreis beträgt € 750 000,–. Für die Beurkundung des Kaufvertrages, die Grunderwerbsteuer usw. fielen € 75 000,– an. Die Unternehmung übernahm noch einen Hypothekarkredit, sodass an den Verkäufer nur € 720 000,– zu zahlen waren. Die Abbruchkosten für das in Abbruchabsicht erworbene Bauernhaus betrugen einschl. 19 % USt € 5 950,–.

Im folgenden Geschäftsjahr (jeweils 1. 1.–31. 12.) erbaute die Rotamat OHG auf einem inzwischen vermessenen Teil des Grundstückes ein Bürogebäude, das zum 1. 11. fertig gestellt wurde. Die Rechnungen der Handwerker betragen € 1 300 000,–; außerdem fielen noch folgende Aufwendungen im Zusammenhang mit dem Bau an (jew. ohne USt):

► Erschließungskosten nach Baugesetzbuch für Straßenanschluss	€ 90 000,–
► Abrechnung des Architekten für Bauleitung und Pläne	70 000,–
► 5 % Agio auf ein Darlehen von € 600 000,– zur Finanzierung des Baues, Laufzeit 10 Jahre	30 000,–
► Anschluss des Gebäudes an das Strom- und Wassernetz der Gemeinde (Hausanschluss)	30 000,–
► Zinsen für das Darlehen bis zur Bezugsfertigkeit	45 000,–

Die voraussichtliche Nutzungsdauer des Bürogebäudes beträgt rd. 50 Jahre. Der nicht für das Bürogebäude gebrauchte Teil des Grundstückes von rd. 2 000 m² wird durch eine im folgenden Geschäftsjahr gebaute Schnellstraße, was vorher nicht bekannt war, erheblich durch Lärm usw. im Wert beeinträchtigt. Ein vereidigter Grundstückssachverständiger schätzt den Verkehrswert von € 55,– pro m².

a) Wie hoch sind die Anschaffungskosten des unbebauten Grundstückes?

b) Wie hoch sind die Herstellungskosten des Gebäudes (Untergrenze)?

c) Wie kann das Bürogebäude zum Ende des Geschäftsjahres nach der Fertigstellung in der Handels- und Steuerbilanz angesetzt werden?

d) Hat der Bau der Schnellstraße einen Einfluss auf den Wert des unbebauten Grundstückes und ggf. welchen?

Die Lösung zu Aufgabe 14 finden Sie auf Seite 380 f.

AUFGABE 15

Die Schwäbischen Motorenwerke AG richten eine Abteilung »Marktforschung« ein, die mit 4 Mitarbeitern besetzt wird. Sie hat von der Möbelfabrik Haselstrauch für auslaufende Modelle folgendes äußerst preisgünstige Angebot für vier komplette Zimmerausstattungen erhalten:

4 Schreibtischstühle	zu je € 150,–	€ 600,–
4 Schreibtische	zu je € 412,–	1 648,–
4 Schränke	zu je € 300,–	1 200,–
1 Konferenztisch		402,–
4 Stühle	zu je € 112,50	450,–
		€ 4 300,–
	+ 19 % USt	817,–
		€ 5 117,–

Lieferungs- und Zahlungsbedingungen:
Die Lieferung erfolgt frei Haus. Es werden 3 % Skonto bei Zahlung innerhalb von 10 Tagen ab Rechnungsdatum gewährt.

Die Schwäbischen Motorenwerke bestellen die Zimmerausstattungen am 2. 6. 2012, erhalten sie am 25. 6. und zahlen am 2. 7. mit Scheck nach Abzug von 3 % Skonto.

Die Unternehmung geht von einer Nutzungsdauer von 13 Jahren aus. Mit welchem Betrag sind die Büromöbel zum 31. 12. (Bilanzstichtag) zu aktivieren, wenn die Schwäbischen Motorenwerke AG in der Handels- und Steuerbilanz einen möglichst geringen Wert für die gekauften Zimmerausstattungen ausweisen wollen?

Wäre der Fall steuerlich anders zu beurteilen, wenn die Bestellung und Lieferung im Jahre 2009 erfolgt?

Die Lösung zu Aufgabe 15 finden Sie auf Seite 381.

AUFGABE 16

Die Ziegelwerke K. Maurer AG haben Anfang 2005 einen Lkw zu Anschaffungskosten von € 75 000,– gekauft. Die Nutzungsdauer wurde auf 7 Jahre geschätzt und der Lkw entsprechend linear abgeschrieben. Im Frühjahr 2013 musste wegen des nutzungsbedingten Ausfalls des Motors ein Austauschmotor für € 18 000,– (ohne MwSt) eingebaut werden. Nach Auskunft der Werkstatt befindet sich der Lkw in gutem Zustand und kann voraussichtlich noch 5 Jahre benutzt werden. Sind die Kosten für den Austauschmotor zu aktivieren?

Die Lösung zu Aufgabe 16 finden Sie auf Seite 381 f.

AUFGABE 17

Prüfen Sie, wie bei der Elektrofix-GmbH in den folgenden Fällen, verfahren werden kann bzw. muss!

a) Ein unbebautes Grundstück wird wegen des geplanten Baus einer Kläranlage der Gemeinde im Jahre 2010 außerplanmäßig in der Handels- und Steuerbilanz auf T€ 100 abgeschrieben. Die Anschaffungskosten betrugen T€ 150,–. Aufgrund von Einsprüchen werden die Pläne voraussichtlich im Jahre 2011 aufgegeben. Die Wertminderung würde somit entfallen.

b) Eine größere Produktionsanlage wurde wegen einer Erfindung und einer damit voraussichtlich dauernden Wertminderung in der Handels- und Steuerbilanz außerplanmäßig auf T€ 100,– abgeschrieben werden, und zwar im Jahre 2010. Am Ende des folgenden Jahres stellte sich heraus, dass die Meldung falsch war. Die Anschaffungskosten betrugen T€ 300,–.

c) Ist eine andere Beurteilung von a)–b) angezeigt, wenn es sich nicht um eine GmbH, sondern um eine KG handeln würde?

Die Lösung zu Aufgabe 17 finden Sie auf Seite 382.

5 Bilanzierung des Umlaufvermögens

a) Überblick

2400 Für die Bilanzierung des Umlaufvermögens kommen verschiedene Wertansätze in Betracht. Die einzelnen Möglichkeiten werden in *Tabelle 48* zusammengefasst dargestellt. Den Basiswert bilden – wie bereits beim Anlagevermögen – die Anschaffungs- bzw. Herstellungskosten. Bei Wertminderungen *müssen* die Werte (2) bzw. (3) in der Tabelle (= strenges Niederstwertprinzip), angesetzt werden.

Die Herstellungskosten von Handels- und Steuerrecht können, müssen aber nicht übereinstimmen (vgl. oben Tz. 2260 ff.). Ausdrücklich sei auch darauf verwiesen, dass die Werte (2) und (3) sich nicht in allen Fällen mit dem Teilwert decken. Dies gilt insbesondere für die fertigen Erzeugnisse und Handelswaren (siehe Tz. 2425).

Aus Zweckmäßigkeitsgründen sollen zunächst die verschiedenen Gruppen des Umlaufvermögens mit den ihnen immanenten spezifischen Bewertungsproblemen abgehandelt werden. Es folgen die Bewertungsvereinfachungsverfahren (Festwert, Gruppenbewertung, Verbrauchs- bzw. Veräußerungsfolgen).

TAB. 48: Mögliche Wertansätze für das Umlaufvermögen

Art des Umlaufvermögens	HGB	EStG
Vorräte; Forderungen, sonstige Vermögensgegenstände; Wertpapiere; Kassenbestand, Bundesbankguthaben, Guthaben bei Kreditinstituten und Schecks	(1) Anschaffungs- bzw. Herstellungskosten § 253 Abs. 1, § 256 (Basiswert) (2) Wert, der sich aus dem Börsen- oder Marktpreis ergibt Ansatzpflicht, soweit < (1) § 253 Abs. 4 Satz 1 (3) Wert, der den Gegenständen beizulegen ist (wenn kein Börsen- oder Marktpreis feststellbar) Ansatzpflicht, soweit < (1) § 253 Abs. 4 Satz 2	Anschaffungs- bzw. Herstellungskosten § 6 Abs. 1 Nr. 2, 2a (Basiswert) Teilwert § 6 Abs. 1 Nr. 2 Teilwert § 6 Abs. 1 Nr. 2
Roh-, Hilfs- und Betriebsstoffe	Festwert Ansatzwahlrecht § 240 Abs. 3	Übernahme (Maßgeblichkeit der Handelsbilanz, § 5 Abs. 1 EStG)
Gleichartige Vermögensgegenstände des Vorratsvermögens, andere gleichartige oder annähernd gleichwertige bewegliche Vermögensgegenstände	Gewogener Durchschnittswert im Rahmen der Gruppenbewertung Ansatzwahlrecht § 240 Abs. 4	Übernahme (Maßgeblichkeit der Handelsbilanz, § 5 Abs. 1 EStG)

b) Vorräte

(Roh-, Hilfs- und Betriebsstoffe, unfertige Erzeugnisse, fertige Erzeugnisse und Waren, 2410
geleistete Anzahlungen, Emissionsberechtigungen)

Die *Anschaffungs- bzw. Herstellungskosten* (§ 253 Abs. 1 Satz 1 HGB) für die Vorräte sind grundsätzlich im Rahmen einer *Einzelbewertung* nach den bereits geschilderten Grundsätzen zu ermitteln. Für gleichartige Gegenstände mit unterschiedlichen Anschaffungs- bzw. Herstellungskosten kann aus Vereinfachungsgründen auf eine Einzelbewertung verzichtet und eine *Durchschnittsbewertung* angewandt werden. Zwei Möglichkeiten bieten sich an, nämlich die Errechnung des gewogenen arithmetischen Mittels bei der Bewertung des Bestandes am Ende der Periode oder aber die bei jedem Zugang erfolgende fortlaufende Ermittlung des Durchschnittswertes (Skontration, gleitender Durchschnitt, vgl. auch R 6.8 Abs. 3 EStR).

BEISPIEL: Daten aus der Buchhaltung:

AB		2 000 kg à €	5,–	€	10 000,–
Zugänge	1. 4.	5 000 kg	6,20		31 000,–
	1. 9.	3 000 kg	9,–		27 000,–
Abgänge	1. 3.	1 000 kg			
	1. 10.	6 000 kg			
Summe AB + Zugänge				€	68 000,–

Durchschnittswert als gewogenes arithmetisches Mittel

AB		2 000 kg à €	5,–	€	10 000,–
Zugänge	1. 4.	5 000	6,20		31 000,–
	1. 9.	3 000	9,–		27 000,–
Summe		10 000 kg à €	6,80	€	68 000,–
EB		3 000	6,80		20 400,–
(Abgänge = Aufwand		7 000 kg à €	6,80	€	47 600,–)

Durchschnittswert durch Skontration (gleitender Durchschnitt) ermittelt

AB		2 000 kg à €	5,–	€	10 000,–
Abgang	1. 3.	1 000	5,–		5 000,–
Bestand		1 000 kg à €	5,–	€	5 000,–
Zugang	1. 4.	5 000	6,20		31 000,–
Bestand		6 000 kg à €	6,–	€	36 000,–
Zugang	1. 9.	3 000	9,–		27 000,–
Bestand		9 000 kg à €	7,–	€	63 000,–
Abgang	1. 10.	6 000	7,–		42 000,–
EB		3 000 kg à €	7,–	€	21 000,–
(Abgänge = Aufwand		7 000 kg		€	47 000,–)

2415 In *Handelsbetrieben* bereitet die Feststellung der Anschaffungskosten von Waren anhand von Eingangsrechnungen oder sonstiger Unterlagen oft erhebliche Schwierigkeiten. In diesen Fällen entspricht es durchaus den Grundsätzen ordnungsmäßiger Bilanzierung, wenn die Anschaffungskosten durch *Abzug der Bruttospanne vom Veräußerungspreis* ermittelt werden (retrograde Bewertung).

2420 Der *Wert, der sich aus dem Börsen- oder Marktpreis ergibt* (§ 253 Abs. 4 Satz 1 HGB), kann sich auf den Beschaffungsmarkt (u. a. Roh-, Hilfs- und Betriebsstoffe), den Absatzmarkt (u. a. fertige Erzeugnisse) oder aber auf beide (u. a. Handelswaren) beziehen. Dabei muss vor allem darauf geachtet werden, dass der Börsen- oder Marktpreis noch um die bei der Veräußerung bzw. Beschaffung anfallenden Aufwendungen zu vermindern bzw. zu erhöhen ist. Bei verhältnismäßig geringen Aufwendungen wird meist aus Vereinfachungsgründen auf eine Berücksichtigung verzichtet.

Der *Wert, der den Gegenständen am Bilanzstichtag beizulegen* ist (§ 253 Abs. 4 Satz 2 HGB), wird entweder aus den Wiederbeschaffungskosten bzw. dem Reproduktionswert (insbesondere bei Roh-, Hilfs- und Betriebsstoffen, Waren) oder dem Verkaufspreis (insbesondere bei fertigen Erzeugnissen), vermindert um die bis zum Zeitpunkt des Verkaufs noch anfallenden Aufwendungen, abgeleitet. 2425

Folgendes Schema kann bei einer Entwicklung aus dem Verkaufspreis
– *Methode der verlustfreien Bewertung* – angewandt werden:

	Geschätzter Verkaufserlös (nach Abzug von Erlösschmälerungen)
./.	Noch anfallender Aufwand, u. a. – Vertriebsaufwand – Verwaltungsaufwand – Zinsaufwand
=	**Am Bilanzstichtag beizulegender Wert**

Der so errechnete Wert entspricht nicht dem *Teilwert* nach § 6 Abs. 1 Nr. 2 EStG. Zu seiner Ermittlung *darf zusätzlich* noch der branchenübliche und durchschnittlich notwendige *Gewinn* abgezogen werden (R 6.8 Abs. 1, 2 EStR). 2430

Beim Abzug des branchenüblichen und durchschnittlich notwendigen Gewinns ist der Teilwert niedriger als der am Bilanzstichtag beizulegende Wert. Wegen der Aufhebung von § 254 HGB a. F. kann der niedrigere Wertansatz *nicht* in die Handelsbilanz übernommen werden. Es besteht aber die Möglichkeit, den niedrigeren Teilwert unabhängig vom Ausweis in der Handelsbilanz lediglich in der Steuerbilanz anzusetzen (vgl. dazu auch Tz. 1242). 2432

c) Forderungen, sonstige Vermögensgegenstände

(u. a. Forderungen aus Lieferungen und Leistungen; Forderungen gegen verbundene Unternehmen; Forderungen im Posten »Sonstige Vermögensgegenstände«) 2440

Das HGB enthält ebenso wie das EStG *keine besonderen Vorschriften* über die Bewertung von Forderungen. Maßgebend sind die allgemeinen Bestimmungen. Danach müssen die Anschaffungskosten bzw. ein niedrigerer Wertansatz nach § 253 Abs. 4 HGB in der Handelsbilanz und die Anschaffungskosten bzw. der niedrigere Teilwert nach § 6 Abs. 1 Nr. 2 EStG in der Steuerbilanz angesetzt werden.

Nach allgemeiner Auffassung wird bei Forderungen der *Nominalbetrag* als Anschaffungskosten angesehen. Diese können sich um Anschaffungsnebenkosten (wie Provisionen, Spesen) erhöhen. Wegen des allgemeinen Kreditrisikos muss eine Pauschalabschreibung erfolgen. Die Höhe des Abschreibungsprozentsatzes bestimmt sich nach der bisherigen Entwicklung und den zukünftigen Erwartungen, vor allem auch dem Konjunkturverlauf. Die Berechnung sowohl der Abschreibungen (Einzelbewertung) als auch der Pauschalabschreibung (Durchbrechung des Grundsatzes der Einzelbewertung) hat nicht von dem Bruttobetrag (= Nominalbetrag der Forderung), sondern von dem Nettobetrag (Bruttobetrag ./. USt) zu erfolgen, da nach § 17 Abs. 2 UStG beim Forderungsausfall die Umsatzsteuer berichtigt, d. h. vom Finanzamt erstattet wird.

2445 Bei *unverzinslichen Forderungen* oder niedrig verzinslichen Forderungen gilt der Barwert als Wert am Bilanzstichtag (§ 253 Abs. 4 HGB). Die Abzinsung erfolgt mit dem normalen Kreditzinsfuß. Forderungen aus Lieferungen und Leistungen und ähnlich kurzfristige Forderungen (mit Ausnahme von Wechseln) brauchen aus Vereinfachungsgründen nicht abgezinst zu werden. In vielen Fällen wird jedoch im Rahmen der pauschalen Abschreibung ein Zuschlag für die Abzinsung in den Prozentsatz eingerechnet.

2450 Für den Bilanzansatz von *Währungsforderungen* (Valutaforderungen) gab es bisher im HGB keine Vorschriften. Nach § 256a HGB sind auf fremde Währung lautende Vermögensgegenstände nun mit dem *Devisenkassamittelkurs am Abschlussstichtag* umzurechnen. Vgl. dazu oben Tz. 1074 !

2455 Für *Wechselforderungen,* sog. Besitzwechsel, sieht das Gesetz keinen besonderen Posten im Gliederungsschema vor. Entsprechend der internationalen Praxis werden Wechselforderungen, sofern dem Unternehmen die zu Grunde liegende Forderung zusteht, bei der dafür zutreffenden Forderungsart mit ausgewiesen. In den meisten Fällen ist dies der Posten »Forderungen aus Lieferungen und Leistungen«. Sollte ausnahmsweise keine Forderung vorhanden sein, kommt nur der Ausweisposten »Sonstige Wertpapiere« infrage. Als Abzinsungszinsfuß ist der voraussichtliche Diskontsatz der Kreditinstitute zu verwenden.

d) Wertpapiere

2460 (Anteile an verbundenen Unternehmen, sonstige Wertpapiere)

Anteile an verbundenen Unternehmen sind nach den allgemeinen für das Umlaufvermögen geltenden Grundsätzen zu bewerten (vgl. § 253 Abs. 1, 4 und 5 HGB).

Wertpapiere werden mit den *Anschaffungskosten* (einschl. evtl. anfallender Nebenkosten, wie z. B. Spesen) aktiviert (§ 253 Abs. 1 HGB). Bei gleichen Wertpapieren kommt neben der Einzelbewertung sowohl eine Durchschnittsbewertung als auch ein mithilfe einer Verbrauchs- bzw. Veräußerungsfolge ermittelter Wert infrage. Außerdem gelten die Bestimmungen des § 253 Abs. 4 und 5 HGB bzw. § 6 Abs. 1 Nr. 2 EStG uneingeschränkt. Diese wurden bereits bei der Bewertung der Vorräte geschildert.

e) Liquide Mittel

2465 (Kassenbestand, Bundesbankguthaben, Guthaben bei Kreditinstituten und Schecks)

Bewertungsfragen können sich beim *Kassenbestand* ergeben, wenn er Sorten (ausländische Banknoten, Münzen) enthält. Diese sind zum Umrechnungskurs am Bilanzstichtag anzusetzen. *Guthaben bei Kreditinstituten* stellen juristisch Forderungen dar, die grundsätzlich mit dem Nominalbetrag aktiviert werden müssen. Ist die Realisierung eines solchen Guthabens fraglich geworden, handelt es sich um eine zweifelhafte Forderung. Diese muss mit dem Wert, der ihr am Bilanzstichtag beizulegen ist (nach § 253 Abs. 4 HGB), bzw. dem Teilwert (nach § 6 Abs. 1 Nr. 2 EStG), in die Bilanz eingestellt werden.

f) Bewertungsvereinfachungsverfahren

(1) Festwert

Für *Roh-, Hilfs- und Betriebsstoffe* kann nach § 240 Abs. 3 i.V.m. § 256 HGB ein Festwert 2470
angesetzt werden (Bewertungswahlrecht). Die Voraussetzungen für den Ansatz, die Änderung und dgl. wurden im Zusammenhang mit der Bilanzierung bereits erörtert; auf sie wird verwiesen (siehe oben Tz. 2360).

Ein in der Handelsbilanz ausgewiesener Festwert ist in die Steuerbilanz zu übernehmen (vgl. § 5 Abs. 1 Satz 1 EStG, vgl. dazu Tz. 1242).

(2) Gruppenbewertung

Gleichartige Vermögensgegenstände des Vorratsvermögens dürfen auch im Rahmen ei- 2475
ner Gruppenbewertung mit dem gewogenen Durchschnittswert bilanziert werden (vgl. § 240 Abs. 4 i.V.m. § 256 HGB). Da für das bewegliche Anlagevermögen eine Gruppenbewertung möglich ist, wurden die Einzelheiten bereits erörtert (vgl. Tz. 2365). Den handelsrechtlichen Ansatz übernimmt das Steuerrecht aufgrund der Maßgeblichkeit der Handels- für die Steuerbilanz (vgl. § 5 Abs. 1 Satz 1 EStG sowie R 6.8 Abs. 4 EStR, vgl. dazu Tz. 1242).

(3) Verbrauchs- bzw. Veräußerungsfolgen

Soweit es den GoB entspricht, kann zur *Berechnung der Anschaffungs- bzw. Herstel-* 2480
lungskosten von gleichartigen Vermögensgegenständen des Vorratsvermögens eine bestimmte Verbrauchs- oder Veräußerungsfolge *unterstellt* werden (Bewertungsvereinfachungsverfahren, § 256 Satz 1 HGB). Eine tatsächliche Übereinstimmung wird nicht verlangt. Durch die *Neufassung des Wortlauts* kommen nur folgende *Methoden* infrage:

1. Lifo-Methode

   Last in – first out; d. h., die zuletzt angeschafften Güter werden zuerst verbraucht usw.; führt bei steigenden Preisen zu stillen Reserven.

2. Fifo-Methode

   First in – first out; d. h., die zuerst angeschafften Güter werden zuerst verbraucht usw.

Die einzelnen Werte können – wie bei der Durchschnittsbewertung – erst am Ende der Periode ermittelt werden (Perioden-Lifo usw.) oder aber bei jedem Zu- bzw. Abgang (permanentes Lifo usw.). Wegen des erheblichen Arbeitsaufwandes und der damit verbundenen hohen Kosten ist das permanente Lifo usw. in der Praxis wenig verbreitet.

Die Bewertung mithilfe von Verbrauchs- oder Veräußerungsfolgen ist nach dem *Steuerrecht* nur mit Lifo zulässig, auch wenn diese nicht durch entsprechende Lagerung usw. nachgewiesen wird (vgl. § 6 Abs. 1 Nr. 2a EStG, R 6.9 EStR). Von dieser Art der Bewertung darf in den folgenden Wirtschaftsjahren nur mit Zustimmung des Finanzamtes abgewichen werden.

Nach dem bei den Vorräten dargestellten *Beispiel* (vgl. Tz. 2410) ergibt sich folgende Berechnung:

Anschaffungskosten mithilfe von Perioden-Lifo

EB	2 000 kg à	€ 5,–	€ 10 000,–
Zugänge 1. 4.	1 000	6,20	6 200,–
	3 000 kg à	€ 5,40	€ 16 200,–
(Abgänge = Aufwand	7 000 kg		51 800,–)

2485 Die Anwendung des Verbrauchsfolgeverfahrens in der *Steuerbilanz* setzt *nicht* voraus, dass auch in der Handelsbilanz die Vermögensgegenstände mit einem Verbrauchsfolgeverfahren bewertet werden. Auch eine Einzelbewertung steht der Anwendung des Verbrauchsfolgeverfahrens beim Vorliegen der notwendigen Voraussetzungen in der Steuerbilanz nicht entgegen (R 6.9 Abs. 1 EStR), vgl. dazu auch oben Tz. 1242.

g) Beibehaltung von Werten, Wertaufholungsgebot

2490 Die Vorschrift wurde gegenüber dem bisherigen Recht wesentlich vereinfacht. Das bisherige Beibehaltungswahlrecht wurde aufgehoben. Es besteht nun ein rechtsformunabhängiges Wertaufholungsgebot, vgl. § 253 Abs. 5 HGB.

Auf Tz. 2375 ff. und *Tabelle 47* darf verwiesen werden.

LITERATUR

Zu a)–e): *Falterbaum/Bolk/Reiß/Kirchner,* a. a. O., u. a. S. 723 ff.; *Patek,* a. a. O., *Teichgräber,* a. a. O.; WP Handbuch 2012, S. 457, 583 ff.; Kommentare zu den angegebenen §§.

Zu f): *Caspar,* a. a. O.; WP Handbuch 2012, S. 425 ff.; Kommentare zu den angegebenen §§.

Zu g): BMF, Neuregelung, a. a. O.; WP Handbuch 2012, S. 414 f.; Kommentare zu den angegebenen §§.

KONTROLLFRAGEN

Die Antworten zu den Kontrollfragen 120–144 finden Sie auf Seite 346 ff.

120. Nennen Sie die Rechtsgrundlagen und die nach dem HGB und dem EStG möglichen Wertansätze für das Umlaufvermögen!

121. In welcher Rangordnung stehen die einzelnen Wertmaßstäbe nach § 253 Abs. 3 HGB zueinander?

122. Kommt dem Wahlrecht in § 6 Abs. 1 Nr. 2 Satz 2 EStG zum Ansatz des Teilwertes in der Praxis eine große Bedeutung zu?

123. Unter welchen Voraussetzungen kann der Grundsatz der Einzelbewertung durchbrochen werden?

124. Unterscheiden sich die Begriffsinhalte der Anschaffungs- bzw. Herstellungskosten für das Anlagevermögen und das Umlaufvermögen?

125. Welche Voraussetzungen knüpfen das HGB und das EStG an die Bewertung des Vorratsvermögens mithilfe von Verbrauchs- bzw. Veräußerungsfolgen?

126. Was ist unter Lifo-, Fifo- und Hifo-Methode zu verstehen?

127. Erläutern Sie Begriffe und Verfahrensweise bei der Bewertung von Vorräten

a) Skontration (gleitender Durchschnitt) bei der Ermittlung der Wertansätze in der Durchschnittsbewertung!

b) Perioden-Lifo und permanentes Lifo bei der Ermittlung von Wertansätzen mithilfe von Verbrauchsfolgen!

128. Nennen Sie Beispiele für die Maßgeblichkeit des Beschaffungsmarktes, des Absatzmarktes und des Beschaffungs- und Absatzmarktes als Grundlage für den Wert, der sich aus dem Börsen- oder Marktpreis ergibt!

129. Wird bei der Bewertung des Umlaufvermögens nach dem HGB das Stichtagsprinzip stets eingehalten?

130. Erläutern Sie die Begriffe »Einzelwertberichtigung von Forderungen« und »Pauschalwertberichtigungen zu Forderungen« beim Umlaufvermögen!

131. Warum ist eine Pauschalwertberichtigung zu Forderungen notwendig?

132. Wie ist die USt im Zusammenhang mit der Abschreibung von Forderungen zu behandeln?

133. Was sind Valutaforderungen?

134. Mit welchem Wertansatz müssen Valutaforderungen grundsätzlich aktiviert werden?

135. Wann ist eine Forderung uneinbringlich und wann zweifelhaft?

136. Erläutern Sie den Begriff »Barwert einer Forderung«!

137. Wann sind Forderungen mit dem Nominalwert und wann mit dem Barwert anzusetzen?

138. Zählen Sie mindestens fünf verschiedene Arten von im Wirtschaftsleben häufig vorkommenden Wertpapieren auf!

139. Wie setzen sich die Anschaffungskosten bei Wertpapieren im Regelfall zusammen?

140. Sehen Sie Unterschiede bei der Bewertung von Wertpapieren des Anlagevermögens und von Wertpapieren des Umlaufvermögens?

141. Besteht der Kassenbestand nur aus Euro-Banknoten und Euro-Münzen?

142. Ergeben sich beim Ansatz des Kassenbestandes Bewertungsprobleme?

143. Können beim Bundesbankguthaben Bewertungsprobleme auftauchen?

144. Nach welchen Grundsätzen sind Guthaben bei Kreditinstituten zu bewerten?

AUFGABE 18

Zum 31. 12. muss bei der Schnelldruck GmbH ein Rohstoff bewertet werden. Buchhalter Ungenau ermittelt aus der Finanzbuchhaltung folgende Daten:

Anfangsbestand am	1. 1.	100 kg	Anschaffungskosten	
			+ 19 % USt	€ 1 190,–
Zugänge	1. 4.	200 kg	Anschaffungskosten	
			+ 19 % USt	€ 2 856,–
	15. 10.	100 kg	Anschaffungskosten	
			+ 19 % USt	€ 1 071,–
Abgänge	1. 7.	100 kg		
	1. 12.	150 kg		
Wert nach § 253 Abs. 4 Satz 1 HGB	31. 12.	1 kg	ohne USt	€ 10,60

Es kann aufgrund der Lagerung nicht mehr festgestellt werden, aus welcher Lieferung der Endbestand stammt. Für die am 15. 10. eingetroffene Lieferung gewährte die Firma nachträglich einen Jubiläumsnachlass von 10 %, der als sonstiger Ertrag gebucht wurde.

Mit welchem Wertansatz (ohne *permanentes* Lifo usw.) kann der Rohstoff in der Handelsbilanz und in der Steuerbilanz aktiviert werden?

Die Lösung zu Aufgabe 18 finden Sie auf Seite 382 f.

AUFGABE 19

In der Elektrogerätefabrik Strom AG wird ein elektrisches Gerät wie folgt kalkuliert:

Fertigungsmaterial	€ 100,–
Fertigungslohn	€ 200,–
Gemeinkostenzuschlagsätze:	
Material	20 %
Fertigung	240 %
Verwaltung	10 %
Vertrieb	20 %

Außerdem ist der branchenübliche Gewinnzuschlag von 25 % und ein Skonto von 2 % einzurechnen.

Am Bilanzstichtag waren noch 100 Geräte auf Lager. Buchhalter Ungenau ermittelte den Wertansatz der Geräte wie folgt:

Selbstkosten	€ 1 040,–
./. 33 $^{1}/_{3}$ % Abschlag wegen gesunkener Verkaufspreise	347,–
Wert am Abschlussstichtag/Stück	€ 693,–

Im Rahmen einer gründlichen Überprüfung ergaben sich noch folgende Tatbestände:

- am Bilanzstichtag betrug der nach den Marktverhältnissen geschätzte Wert eines Gerätes rund € 600,– (ohne MwSt, nach Skontoabzug), was sich beim späteren Verkauf auch als richtig herausstellte,
- die Verwaltungs- und Vertriebsgemeinkosten fallen zum Teil erst im Verkaufsjahr an, und zwar mit € 30,– bzw. € 80,–,
- die Geräte werden im Durchschnitt noch ca. 3 Monate nach dem Bilanzstichtag auf Lager sein; derzeitiger Zinsfuß für Kredite rd. 12 %,
- in den Fertigungsgemeinkosten sind kalkulatorische Kosten von € 60,– pro Gerät enthalten,
- mit der Herstellung der Geräte wurde im Jahre 2013 begonnen; Ermittlung der Herstellungskosten auf der Basis der EStR 2008 (vgl. Tz. 2287).

Es sind folgende Aufgaben zu lösen:

a) Ermitteln Sie den Zielverkaufspreis nach den Kalkulationsdaten für ein Elektrogerät!

b) Wie hoch sind die Herstellungskosten eines Gerätes nach Handelsrecht und nach Steuerrecht?

c) Ist die Berechnungsweise des Buchhalters Ungenau zur Ermittlung des Zeitwertes am Bilanzstichtag richtig?

d) Welche Wertansätze sind zum Abschlussstichtag in der Handelsbilanz pro Gerät möglich?

e) Welche Wertansätze sind zum Abschlussstichtag in der Steuerbilanz pro Gerät möglich?

Die Lösung zu Aufgabe 19 finden Sie auf Seite 384 f.

DOWNLOAD

Hierzu finden Sie eine Arbeitshilfe unter www.nwb.de/go/meyer-bilanzierung!

AUFGABE 20

Im Rahmen der Bilanzerstellung zum 31. 12. hat die Müller-Papier AG in der Handelsbilanz u. a. folgende kleinere Bewertungsprobleme zu lösen:

a) Rohstoff »Zykolyx«

Anschaffungskosten im vorhergehenden Geschäftsjahr	€ 1 500,–
Verkauf am 20. 12. des Geschäftsjahres (ohne USt) lt. Kaufvertrag für	€ 1 700,–
Marktpreis am 31. 12.	€ 1 450,–

Übernahme und Zahlung durch den Käufer am 5. 1. des folgenden Geschäftsjahres.

Hat die Müller-Papier AG den Rohstoff zum 31. 12. noch zu aktivieren und ggf. mit welchem Betrag?

b) Einige wenige *Papiersorten* werden nicht selbst erzeugt, sondern zur Ergänzung des eigenen Sortiments hinzugekauft. Bei der Inventur ist es schwer möglich, die Anschaffungskosten zu ermitteln, da alle Waren mit dem Verkaufspreis (ohne USt) ausgezeichnet sind. Die Unternehmung kalkuliert mit einem Kalkulationsfaktor von 1,5.

Für eine Papiersorte wird aufgrund der Inventur ein Verkaufspreis von € 756,– ermittelt.

Wie hoch sind die Anschaffungskosten des Papiers?

c) Es wurde zum Beginn des Geschäftsjahres ein Bestand von 10 000 l *Heizöl* mit Anschaffungskosten von € 5 000,– festgestellt. Im Herbst wurden weitere 30 000 l zu Anschaffungskosten von € 16 500,– hinzugekauft. Die Lagerung erfolgt in einem Erdtank; der Verbrauch bzw. Bestand wird mithilfe eines Peilstabes ermittelt. Am Jahresende betrug der Bestand 20 000 l.

Für Partien von 20 000 l frei Haus war lt. Heizölnotierung für das Verbrauchsgebiet ein Preis von € 630,70/1 000 l (einschl. 19 % USt) zum Bilanzstichtag zu zahlen.

1. Kann nach dem HGB mithilfe von Verbrauchsfolgen bewertet werden?
2. Wie hoch sind die Anschaffungskosten mithilfe des Durchschnittswertes nach Handels- und Steuerrecht?
3. Dürfen die durchschnittlichen Anschaffungskosten angesetzt werden?

Die Lösung zu Aufgabe 20 finden Sie auf Seite 386.

AUFGABE 21

Im Rahmen der Aufstellung des handelsrechtlichen Jahresabschlusses zum 31. 12. .. sind bei der Bau-Handelsunion AG u. a. folgende Forderungen zu bewerten:

a) Die volleinbringlichen Forderungen aus Warenlieferungen (einschl. 19 % USt) betragen lt. Debitorenlisten € 184 450,–, die Ausfälle im Durchschnitt der letzten 5 Jahre aus dem der Umsatzsteuer zu unterwerfenden Entgelt 5 %. Aufgrund der schlechten Konjunkturlage usw. wird für diese Forderung mit einem Ausfall von mindestens 7 % gerechnet. Wie hoch ist der Bilanzansatz der Forderungen?

b) Forderungen aus Warenlieferungen

Wohnungsbauunternehmen L. Schmitz GmbH und Co. KG: € 33 300,–

Wegen der schlechten finanziellen Lage des Kunden wurden die Forderungen für 2 Jahre, d. h. bis zum 31. 12. .., zinslos gestundet, obwohl der Zinssatz für Kredite bei rund 10 % liegt. Zur Sicherung unserer Forderung hat der Kunde eine Bankbürgschaft beigebracht. Wie ist die Forderung im folgenden und darauf folgenden Jahr zu bewerten?

c) Forderung an die Bauschreinerei Müller: € 23 200,–

Am 20. 12. .. wurde über das Vermögen des Kunden die Insolvenz eröffnet. Anfang des Folgejahres wird die Eröffnung des Konkurses mangels Masse abgelehnt. Dingliche Sicherheiten bestehen nicht. Mit welchem Betrag ist die Forderung zu aktivieren?

Die Lösung zu Aufgabe 21 finden Sie auf Seite 387.

AUFGABE 22

Bei der Aufstellung der Jahresbilanz der Turbo-AG sind u. a. folgende Vermögensgegenstände für die Handelsbilanz und die Steuerbilanz zum 31. 12. .. zu bewerten:

a) Wechsel

darunter ein Wechsel über	€ 20 000,–
Bezogener: Motor-Companie Ltd., London	
Verfalltag: 31. 3. Folgejahr	
Diskontsatz der Hausbank: 8 %	

b) Am 20. 9. .. wurden Wertpapiere zur vorübergehenden Geldanlage gekauft, und zwar:

300 Stück Aktien der Stahlwerke AG zu € 32,–/Stück	€	9 600,–
Spesen usw.	€	110,40

Buchung:

Wertpapiere	€	9 600,–	an Bank	€	9 710,40
a. o. Aufwand	€	110,40			

Am Bilanzstichtag betrug der Kurs € 28,80/Stück.

c) Um den Arbeitnehmern Belegschaftsaktien zukommen zu lassen, erwarb die Geschäftsleitung der Turbo AG auf dem Markt eigene Aktien, nämlich:

400 Stück zum Kurs von € 125,–/Stück		
Börsenpreis	€	50 000,–
Spesen usw.	€	600,–

Buchung:

Eigene Aktien	€	50 000,–	an Bank	€	50 600,–
a. o. Aufwand	€	600,–			

Kurs am Bilanzstichtag: € 130,–/Stück.

Neben der Frage der Bewertung soll auch geprüft werden, ob der Erwerb von eigenen Aktien zulässig war!

Die Lösung zu Aufgabe 22 finden Sie auf Seite 388 f.

AUFGABE 23

Die Maschinen-Export GmbH besitzt in einem Entwicklungsland ein Guthaben bei einem Kreditinstitut in Höhe von umgerechnet € 50 000,–. Aufgrund der dort herrschenden politischen Verhältnisse kann über das Guthaben über eine voraussichtlich längere Zeit nicht verfügt werden. Auch eine ersatzlose Enteignung ist nicht auszuschließen.

Wie würden Sie das Guthaben in der Handelsbilanz bewerten?

In welchem Bilanzposten ist es auszuweisen?

Die Lösung zu Aufgabe 23 finden Sie auf Seite 389.

6 Bilanzierung des Eigenkapitals

a) Rechtsform und Bilanzierung des Eigenkapitals

2500 Unter Eigenkapital (oder Reinvermögen) kann die Differenz zwischen dem Vermögen und den Schulden, berechnet an einem bestimmten Stichtag, verstanden werden. Es lässt sich nach verschiedenen Kriterien einteilen, die in *Tabelle 49* zusammengefasst sind.

TAB. 49: Arten des Eigenkapitals

Kriterien	Arten des Eigenkapitals	
Veränderlichkeit	Festes Eigenkapital z. B. Grundkapital der AG, Einlagen der Kommanditisten bei KG	Bewegliches Eigenkapital z. B. Einlage des Einzelunternehmers, Rücklagen, Gewinnvortrag
Zeitdauer der Verfügbarkeit	Dauernd verfügbares Eigenkapital z. B. Stammkapital bei der GmbH, Grundkapital bei der AG	Nicht dauernd verfügbares (= temporäres) Eigenkapital z. B. Gewinnvortrag, zur Ausschüttung vorgesehener Gewinn
Funktion im Unternehmen	Grundkapital z. B. feste Einlagen	Zusatz-(Reserve-)kapital z. B. Rücklagen
Erkennbarkeit in der Bilanz	Sichtbares Eigenkapital z. B. Grundkapital, offene Rücklagen	Unsichtbares Eigenkapital z. B. stille Rücklagen (Reserven)

2510 Die Unternehmen in den verschiedenen Rechtsformen führen teilweise bewegliche und konstante Eigenkapitalkonten. Mithilfe der *Tabelle 50* sollen die hauptsächlichen Unterschiede für die wichtigsten Unternehmensformen verdeutlicht werden.

TAB. 50: Rechtsform und Eigenkapitalkonten

	Rechtsform	Eigenkapital fest	Eigenkapital beweglich
personenbezogen	EU (§ 247 Abs. 1 HGB)	–	Kapitalkonto
personenbezogen	OHG (§ 120 HGB)	–	Kapitalkonten der Gesellschafter
personenbezogen	KG (§§ 120, 167 HGB)	Einlagen des/der Kommanditisten (Teilhafter)	Kapitalkonten des/der Komplementäre (Vollhafter)
kapitalbezogen	GmbH (§§ 5, 5a, 29, 42 GmbHG)	Stammkapital	Kapital-, Gewinnrücklagen, Ergebniskonten
kapitalbezogen	AG (§§ 1, 6, 7, 150 ff. AktG)	Grundkapital	Kapital-, Gewinnrücklagen, Ergebniskonten
kapitalbezogen	KGaA (§§ 278 Abs. 3, 286 AktG)	Grundkapital = Einlagen des/der Kommanditisten (Teilhafter)	Kapitalkonto/-konten des/der Komplementäre (Vollhafter)

b) Bilanzierung bei Einzelunternehmen, OHG, KG

2515 Für die personenbezogenen Unternehmen fordert § 247 Abs. 1 HGB als Inhalt der Bilanz lediglich den *gesonderten Ausweis* des Eigenkapitals mit hinreichender Untergliederung ohne weitere Einzelheiten. Soweit derartige Unternehmen dem PublG unterliegen, wird in § 5 Abs. 1 PublG auf die sinngemäße Anwendung der Gliederungsvorschriften in §§ 265 ff. HGB verwiesen.

2520 Durch Verluste und/oder Entnahmen kann es vorkommen, dass das gesamte Eigenkapital aufgezehrt und »negativ« wird. In derartigen Fällen ist es üblich, auf der Aktivseite ein *»Negatives Eigenkapital«* auszuweisen, vgl. dazu auch § 268 Abs. 3 HGB bzw. Tz. 2560.

c) Bilanzierung bei Kapitalgesellschaften

(1) Überblick

2525 Für Kapitalgesellschaften enthält das HGB bzw. ergänzend das GmbHG und das AktG formelle und materielle Vorschriften über die Bilanzierung und den Ansatz der Posten des Eigenkapitals (vgl. §§ 266 Abs. 3, 268, 270, 272 HGB, §§ 5, 5a, 42 GmbHG, §§ 58, 150, 152 AktG). Diese werden in den folgenden Abschnitten erläutert.

Eine Übersicht über das *Eigenkapital* von Kapitalgesellschaften enthält *Tabelle 51*.

TAB. 51: Eigenkapital von Kapitalgesellschaften

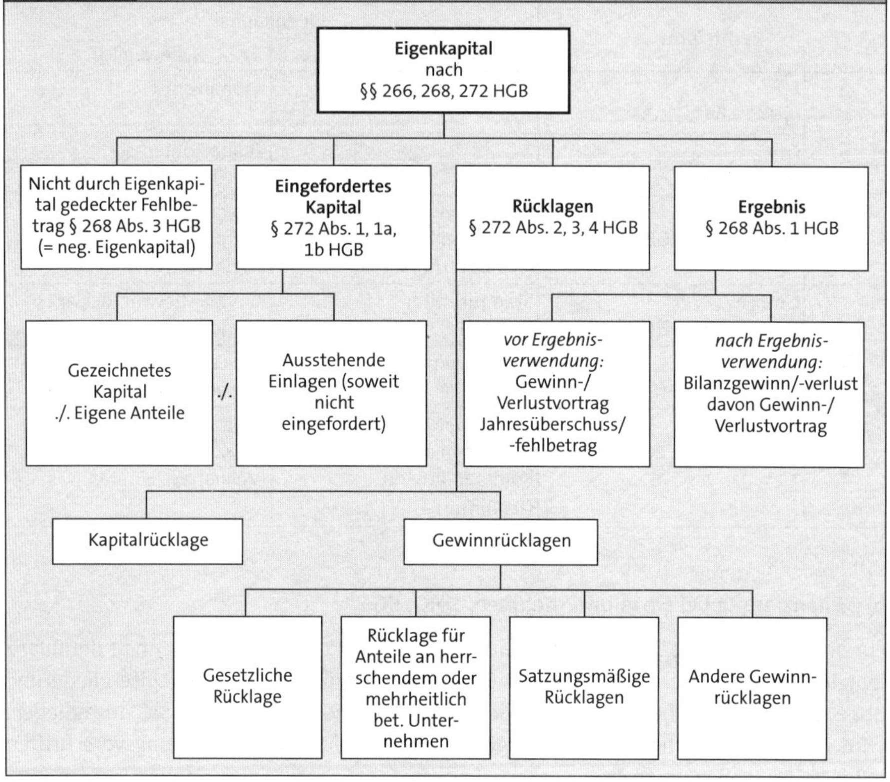

(2) Gezeichnetes Kapital

2530 Als »gezeichnetes Kapital« wird das Kapital bezeichnet, auf das die Haftung der Gesellschafter von Kapitalgesellschaften gegenüber den Gläubigern beschränkt ist (§ 272 Abs. 1 HGB). Das *Stammkapital* der GmbH und das *Grundkapital* der AG muss als gezeichnetes Kapital ausgewiesen werden (vgl. § 42 Abs. 1 GmbHG, § 152 Abs. 1 AktG).

Das *Stammkapital* der GmbH (mindestens € 25 000,– bzw. DM 50 000,–, vgl. § 5 Abs. 1, § 1 EGGmbHG) und das *Grundkapital* der AG (mindestens € 50 000,– bzw. DM 100 000,– nach § 7 AktG, vgl. auch §§ 1 ff. EGAktG) ist – wie das gesamte Eigenkapital von Kapitalgesellschaften – mit dem *Nennbetrag* zu passivieren (§ 272 Abs. 1 Satz 2 HGB). Es kann nun auch eine Unternehmergesellschaft i. S. v. § 5a GmbHG gegründet werden, die das Mindestkapital von € 25 000,– unterschreitet, vgl. dazu im Einzelnen § 5a GmbHG.

Der Erwerb eigener Aktien, nur in den in § 71 Abs. 1 AktG ausdrücklich genannten Fällen zugelassen, darf den Ausweis grundsätzlich nicht beeinflussen. Dies gilt u. a. dann nicht, wenn die Aktien zur Einziehung nach § 71 Abs. 1 Nr. 6 und 8 AktG erworben wurden. Der Nennbetrag ist als Kapitalherabsetzung in der Vorspalte offen vom gezeichneten Kapital abzusetzen (§ 272 Abs. 1a HGB). Die Gesamtbeträge der Aktien jeder Gattung sind gesondert anzugeben (§ 152 Abs. 1 AktG). Unter einer *Aktiengattung* werden Aktien verstanden, die sich von anderen Aktien durch ihre Rechte, insbesondere bei der Verteilung des Gewinns oder beim Stimmrecht, unterscheiden (§ 11 AktG). Danach kommen vor allem folgende Aktiengattungen in Betracht:

(1) Stammaktien
= Aktien ohne besondere Rechte

(2) Vorzugsaktien ohne Stimmrecht
= Aktien ohne Stimmrecht, die mit einem nachzuzahlenden Vorzug bei der Gewinnverteilung ausgestattet sind (vgl. § 12 Abs. 1 i.V. m. § 139 ff. AktG)

(3) Mehrstimmrechtsaktien
= Aktien, die bei der Stimmabgabe gegenüber anderen Aktien bevorzugt sind; nach § 12 Abs. 2 AktG grundsätzlich unzulässig, vgl. aber § 5 EGAktG.

Beim gezeichneten Kapital ist bei der AG die Gesamtstimmenzahl der Mehrstimmrechtsaktien und der übrigen Aktien anzugeben. Das Gleiche gilt für den Nennbetrag eines bedingten Kapitals (vgl. § 152 Abs. 1 i.V. m. § 192 ff. AktG). Ein genehmigtes Kapital (§ 202 ff. AktG) braucht dagegen nur im Anhang aufgeführt zu werden (§ 160 Abs. 1 Nr. 4 AktG).

Durch die Einfügung von § 55a GmbHG ist nun auch bei der *GmbH* ein genehmigtes Kapital möglich. Dies muss im Gesellschaftsvertrag verankert sein und kann die Geschäftsführer für höchstens fünf Jahre ermächtigen, das Stammkapital um einen bestimmten Nennbetrag (genehmigtes Kapital) durch Ausgabe von Geschäftsanteilen zu erhöhen. Vgl. im Einzelnen § 55a GmbHG!

(3) Ausstehende Einlagen auf das gezeichnete Kapital

Das *Grundkapital* der AG braucht nicht voll eingezahlt zu werden, mindestens jedoch 2535
25 % des geringsten Ausgabebetrags bzw. bei Ausgabe zu einem höheren als diesen auch den Mehrbetrag (§ 36a Abs. 1 AktG). Es sind Namensaktien (im Gegensatz zu Inhaberaktien) auszustellen (§ 10 Abs. 2 AktG) und ein Aktienregister (§ 67 Abs. 1 AktG) zu führen.

Auch das *Stammkapital* der GmbH braucht nicht voll eingezahlt zu werden. Auf jeden Geschäftsanteil ist mindestens ein Viertel des Nennbetrags einzuzahlen (vgl. im Einzelnen § 7 Abs. 2 GmbHG). Ausstehende Einlagen auf das gezeichnete Kapital ergeben sich aus der Differenz zwischen dem Nennbetrag des Grund- bzw. Stammkapitals und dem hierauf eingezahlten Betrag.

Die Vorschriften über den Ausweis der *ausstehenden Einlagen* werden durch § 272 HGB 2537
neu gefasst. Danach sind die ausstehenden, aber nicht eingeforderten Einlagen nur noch auf der Passivseite auszuweisen und vom Posten »Gezeichnetes Kapital« offen abzusetzen (Netto-Methode) (vgl. § 272 Abs. 1 Satz 3 HGB).

Eigene Anteile dürfen nicht mehr auf der Aktivseite ausgewiesen werden, sondern müssen auf der Passivseite vom gezeichneten Kapital offen abgesetzt werden. Die Rücklage für eigene Anteile entfällt. Vgl. dazu die Neufassung von § 272 Abs. 1a und 1b HGB.

(4) Kapitalrücklage

2540 In gesetzlich genau fixierten Tatbeständen müssen von außen in Kapitalgesellschaften hineinfließende Beträge in die Kapitalrücklage eingestellt werden. In § 272 Abs. 2 HGB sind folgende *Sachverhalte* aufgeführt:

a) Betrag, der bei der Ausgabe von Anteilen einschließlich Bezugsanteilen über den Nennbetrag hinaus erzielt wird
(= Agio, vgl. § 9 AktG sowie §§ 150, 152 Abs. 2 AktG)

b) Betrag, der bei Wandelschuldverschreibungen und Optionsanleihen über ihren Rückzahlungsbetrag hinaus erzielt wird
(= Agio, vgl. § 221 AktG)

c) der Betrag von Zuzahlungen, die Gesellschafter gegen Gewährung eines Vorzuges für ihre Anteile leisten (vgl. auch § 221 Abs. 3 AktG)

d) der Betrag von anderen Zuzahlungen, die die Gesellschafter in das Eigenkapital leisten (vgl. § 42 Abs. 2 GmbHG).

Die genannten Beträge sind in einer gesonderten Kapitalrücklage auszuweisen (vgl. zusätzlich §§ 231, 232, 237 AktG).

(5) Gewinnrücklagen

2545 In die Gewinnrücklagen dürfen nur Beträge eingestellt werden, die aus dem *Ergebnis* gebildet worden sind (§ 272 Abs. 3 HGB). Es handelt sich um die Thesaurierung von Gewinnen (Selbstfinanzierung). Die Gewinnrücklagen können sich aus *folgenden Posten* zusammensetzen:

a) gesetzliche Rücklage,

b) Rücklage für Anteile an einem herrschenden oder mit Mehrheit beteiligten Unternehmen,

c) satzungsmäßige Rücklagen,

d) andere Gewinnrücklagen.

Zu a) Gesetzliche Rücklage

Das *AktG* verlangt die Bildung einer gesetzlichen Rücklage. Die einzustellenden Beträge, die Auflösung und Verwendung sind im Einzelnen festgelegt (vgl. § 150 AktG). Bei einer *Unternehmergesellschaft* i. S. v. § 5a GmbHG ist eine gesetzliche Rücklage vorgeschrieben, deren Bildung und Verwendung mit § 5a GmbHG festgelegt ist.

Zu b) Rücklage für Anteile an einem herrschenden oder mit Mehrheit beteiligten Unternehmen

Für Anteile eines herrschenden oder eines mit Mehrheit beteiligten Unternehmens ist ein Betrag einzustellen, der dem auf der Aktivseite für die Anteile auszuweisenden Betrag (also nicht der Nominalbetrag) entspricht (vgl. im Einzelnen § 272 Abs. 4 HGB sowie §§ 71 ff. AktG, § 33 GmbHG). Vgl. dazu oben Tz. 2460.

Zu c) Satzungsmäßige Rücklagen

Die Satzung bzw. der Gesellschaftsvertrag kann Bestimmungen über die Bildung und Verwendung von Rücklagen enthalten. Diese (freiwillig) aus dem Jahresüberschuss gebildeten Rücklagen können spezifischen Zwecken dienen, z. B. der Substanzerhaltung, der Werkserneuerung (vgl. auch § 58 AktG).

Zu d) Andere Gewinnrücklagen

Als andere Gewinnrücklagen sieht das HGB alle Rücklagen an, die nicht zur gesetzlichen Rücklage, zur Rücklage für Anteile an einem herrschenden oder mit Mehrheit beteiligten oder zu satzungsmäßigen Rücklagen gehören. Dies gilt ohne Rücksicht darauf, ob die dort enthaltenen Beträge zweckbestimmt gebildet wurden oder nicht. Im Allgemeinen zeigen veröffentlichte Bilanzen im Interesse der Bilanzklarheit die für die einzelnen Zwecke bereitgestellten Rücklagen gesondert auf. Die Einstellung in und die Entnahme aus anderen Rücklagen erfolgt bei der AG vor allem nach den Bestimmungen der §§ 58 und 170 AktG. Das GmbHG enthält hierzu, mit Ausnahme von § 29 Abs. 4 GmbHG, keine Vorschriften.

(6) Ergebnis

Für den Ausweis des Ergebnisses sieht das Gesetz zwei Möglichkeiten vor, nämlich 2550

- den Ausweis *vor* Ergebnisverwendung *oder*
- den Ausweis *nach* teilweiser oder vollständiger Ergebnisverwendung.

Eine Definition des Begriffes »Verwendung des Jahresergebnisses« fehlt im Gesetz. Im Wesentlichen umfasst der Begriff Einstellungen bzw. Entnahmen aus Rücklagen, Vortrag von Ergebnisbestandteilen auf neue Rechnung, Ausschüttungen an Aktionäre bzw. Gesellschafter.

Als Regelfall sieht das Gesetz den Ausweis *vor* Ergebnisverwendung an, was sich aus den Gliederungsschemata in § 266 Abs. 3 bzw. § 275 Abs. 2, 3 HGB ergibt. Bei der *AG* steht dem Vorstand und dem Aufsichtsrat aber das Recht zu, über die teilweise Verwendung des Jahresüberschusses zu beschließen (vgl. §§ 58, 172 ff. AktG). Für diesen Fall sieht § 268 Abs. 1 HGB eine Änderung des Standardschemas vor: anstelle des Postens »Jahresüberschuss/Jahresfehlbetrag« und »Gewinnvortrag/Verlustvortrag« tritt der Posten »Bilanzgewinn/Bilanzverlust« und evtl. gesonderte Angabe eines Gewinn- oder Verlustvortrages (vgl. dazu auch § 158 AktG und die Gliederungserweiterung der Gewinn- und Verlustrechnung).

Bei der *GmbH* fehlt eine gesetzliche Regelung, nach der die Geschäftsführer ein Recht zur Ergebnisverwendung haben. Dieses steht den Gesellschaftern zu (vgl. § 29, § 46 Nr. 1 GmbHG). Durch Gesellschaftsvertrag oder Beschluss der Gesellschafter können die Geschäftsführer jedoch ermächtigt bzw. verpflichtet werden, entsprechende Ergebnisverwendungen vorzunehmen (beachte jedoch § 29 Abs. 4 GmbHG). § 268 Abs. 1 HGB ist anzuwenden. Für die Gliederung der Gewinn- und Verlustrechnung fehlt eine Vorschrift; § 158 AktG kann analog übernommen werden.

(7) Nicht durch Eigenkapital gedeckter Fehlbetrag

2560 Das Eigenkapital wird normalerweise mit allen Posten auf der Passivseite ausgewiesen. Dies gilt auch für einen Verlustvortrag bzw. einen Jahresfehlbetrag. Beide reduzieren das Eigenkapital. Übersteigen bei Kapitalgesellschaften die Verluste die übrigen Posten des Eigenkapitals, so müsste auf der Passivseite ein Minusbetrag ausgewiesen werden. Für diesen Fall schreibt nun § 268 Abs. 3 HGB vor, dass der »Nicht durch Eigenkapital gedeckte Fehlbetrag« auf der Aktivseite am Schluss der Bilanz gesondert auszuweisen ist.

Auf die Rechtsfolgen im Falle einer Überschuldung nach § 64 GmbHG bzw. § 92 Abs. 2 AktG wird hingewiesen.

(8) Genussscheinkapital

2565 Die Ausgabe von Genussscheinen hat, insbesondere bei Kreditinstituten (vgl. § 10 Abs. 5 KWG), in den letzten Jahren erheblich zugenommen. Ob das Genussscheinkapital als Eigen- oder als Fremdkapital auszuweisen ist, hängt von der Ausgestaltung der Ausgabebedingungen usw. ab. Eine gesetzliche Regelung fehlt.

d) Bilanzierung bei bestimmten PHG

(1) Überblick

2570 Das HGB enthält in § 264c Abs. 2 HGB besondere Vorschriften für den Ausweis des Eigenkapitals anstelle der Posten in § 266 Abs. 3 Buchstabe A HGB. Danach sind die einzelnen Posten des Eigenkapitals gesondert auszuweisen. Diese orientieren sich an der Gliederung in § 266 Abs. 3 HGB, berücksichtigen aber die Eigenheiten von Personenhandelsgesellschaften.

(2) Kapitalanteile

2575 In diesen Posten sind die Kapitalanteile der *persönlich* haftenden Gesellschafter auszuweisen. Sie dürfen auch zusammengefasst werden. Der darauf entfallende Verlust des Geschäftsjahres ist davon abzuschreiben. Übersteigt der Verlust den Kapitalanteil, ist er auf der Aktivseite als »Einzahlungsverpflichtung persönlich haftender Gesellschafter« unter den Forderungen gesondert auszuweisen, soweit eine Einzahlungsverpflichtung besteht. Im anderen Fall ist der Betrag gemäß § 268 Abs. 3 HGB als »Nicht durch Vermögenseinlagen gedeckter Verlustanteil persönlich haftender Gesellschafter« auszuweisen.

Auf die *Einlagen von Kommanditisten* sind die oben genannten Ausführungen entsprechend anzuwenden, sind jedoch insgesamt und gesondert gegenüber den Kapitalanteilen der persönlich haftenden Gesellschafter auszuweisen. Eine Forderung darf jedoch nur bei einer Einzahlungsverpflichtung ausgewiesen werden. Hinsichtlich weiterer Einzelheiten wird auf § 264c Abs. 2 HGB verwiesen.

(3) Rücklagen

Unter diesem Posten erscheinen nur solche Beträge, die aufgrund einer gesellschaftsrechtlichen Vereinbarung gebildet werden. Ein gesonderter Ausweis von Kapital- und Gewinnrücklagen ist insoweit nicht erforderlich. 2580

(4) Jahresüberschuss/Jahresfehlbetrag

Für den Ausweis des Ergebnisses in der Bilanz sind zwei Grundfälle zu unterscheiden, nämlich 2585

- Fall 1 – es gelten die gesetzlichen Bestimmungen des HGB, der Gesellschaftsvertrag enthält keine Vereinbarungen (= Normalfall);

Zu Fall 1: Die Gewinne bzw. Verluste der einzelnen Gesellschafter sind unmittelbar mit deren Kapitalanteil zu verrechnen (§§ 120 Abs. 2, 161 Abs. 2, 167 Abs. 1 HGB). Ein Ergebnisausweis in der Bilanz entfällt. Übersteigt bei Kommanditisten der neue Betrag die Pflichteinlage, hat dieser ein Gewinnentnahmerecht und der Betrag ist unter den Verbindlichkeiten gesondert auszuweisen.

- Fall 2 – der Gesellschaftsvertrag enthält Bestimmungen, eine Beschlussfassung ist erforderlich (= Ausnahmefall).

Zu Fall 2: Der Ausweis ist notwendig, wenn der Beschluss noch nicht erfolgt ist bzw. ein Teil des Gewinns nicht verwendet werden soll.

e) Einlagen und Entnahmen

Die Begriffe »Entnahmen« und »Einlagen« kennzeichnen den Tatbestand der *Überführung von Gegenständen aus dem bisherigen Privatvermögen in das Betriebsvermögen oder umgekehrt* (vgl. hierzu die Begriffe in § 4 Abs. 1 EStG). Sofern Einlagen bzw. Entnahmen durch Zahlung von Geldmitteln getätigt werden, ergeben sich keine Schwierigkeiten. Das Problem der Bewertung ist jedoch bei der Überführung von Sachen, Rechten usw. (Sacheinlagen, Sachentnahmen) im Zusammenhang mit der Gründung (Sachgründung) und bei laufender Unternehmungstätigkeit zu lösen. 2590

Bei der *Aktiengesellschaft* sind Sacheinlagen, die sie gegen Gewährung von Aktien erhält (vgl. § 27 Abs. 1 AktG), zum Zeitwert einzusetzen. Daraus können sich folgende Bewertungsfälle ergeben: 2592

(1) Zeitwert der Sacheinlage < Nennbetrag, bei Stückaktien die Zahl der dafür gewährten Aktien
= unzulässig nach § 9 Abs. 1 AktG, da eine Unterpari-Emission

(2) Zeitwert der Sacheinlage = Nennbetrag, bei Stückaktien die Zahl der dafür gewährten Aktien
= Ansatz der Sacheinlage zum Zeitwert

(3) Zeitwert der Sacheinlage > Nennbetrag, bei Stückaktien die Zahl der dafür gewährten Aktien

Möglichkeiten:

- Bewertung der Sacheinlage mit dem Nennwert, bei Stückaktien der Zahl der dafür gewährten Aktien; übersteigender Wert der Sacheinlage = stille Reserve
oder
- Bewertung der Sacheinlage mit dem Zeitwert; Einstellung des darüber hinausgehenden Betrages als gesetzliche Rücklage
oder
- die Satzung enthält Bestimmungen über die Höhe des Aufgeldes bei Sacheinlagen: die Sacheinlage ist mit dem sich daraus ergebenden Betrag anzusetzen.

2595 Auch das *GmbHG* enthält Bestimmungen, wie bei der Leistung von Sacheinlagen zu verfahren ist (vgl. §§ 55 Abs. 4, 7 Abs. 2, 3, 8 Abs. 1 Nr. 5, 9 GmbHG).

2596 Eine Entnahme gibt es bei Kapitalgesellschaften nicht. Eine Überführung von Zahlungsmitteln usw. an die Gesellschafter bzw. die Aktionäre bedeutet entweder eine Gewinnausschüttung oder eine Kapitalrückzahlung.

Bei Einzelunternehmen und Personengesellschaften kommt dem Problem der Einlagen und Entnahmen größere Bedeutung zu. Im HGB finden sich keine Vorschriften über die Bewertung von Sacheinlagen bzw. -entnahmen, sodass die Bestimmungen des EStG heranzuziehen sind.

Das *EStG* bestimmt den Wertansatz im Einzelnen (vgl. § 6 Abs. 1 Nr. 4 und 5 EStG sowie R 4.3, 6.12 EStR). Danach sind Entnahmen und Einlagen grundsätzlich mit dem *Teilwert* des Zeitpunktes der Entnahme bzw. der Einlage anzusetzen. In gesetzlich genau fixierten Fällen können jedoch die Wirtschaftsgüter mit dem Buchwert entnommen werden (vgl. § 6 Abs. 1 Nr. 4 EStG). Bei Einlagen gelten die Anschaffungs- bzw. Herstellungskosten als Höchstwert, wenn das zugeführte Wirtschaftsgut innerhalb der letzten drei Jahre angeschafft oder hergestellt wurde oder wenn es sich um Anteile an einer Kapitalgesellschaft handelt, an der der Steuerpflichtige mittelbar oder unmittelbar beteiligt ist (vgl. §§ 6 Abs. 1 Nr. 5, 17 EStG).

Grundsätzlich können alle Wirtschaftsgüter entnommen bzw. eingelegt werden. Ausnahmen gelten bei Einlagen von notwendigem Privatvermögen und bei Entnahmen von notwendigem Betriebsvermögen. Entnahmen unterliegen der *Umsatzsteuer;* sie gelten grundsätzlich als steuerbare Umsätze nach § 3 Abs. 1b, 9a UStG und sind deshalb zu versteuern (zur Bemessungsgrundlage vgl. § 10 Abs. 4 UStG).

f) Posten aufgrund von lediglich steuerlichen Wahlrechten

2597 Derartige Posten bzw. Wertansätze konnten *vor* der Anwendung der Bestimmungen des BilMoG über § 247 Abs. 3 HGB a. F. bzw. die umgekehrte Maßgeblichkeit nach § 5 Abs. 1 Satz 2 EStG a. F. bereits in der Handelsbilanz gebildet und dann in die Steuerbilanz übernommen werden. Durch die Neufassung bzw. Aufhebung dieser Vorschriften können solche Posten bzw. Wertansätze nicht mehr in der Handelsbilanz, sondern nur noch in der *Steuerbilanz* gebildet werden.

Kennzeichen solcher Posten ist, dass ihre Bildung Teile des Gewinnes der Ertragsbesteuerung vorübergehend entzieht und ihre spätere Auflösung die Ertragsbesteuerung nachholt. Es handelt sich um eine *Steuerverschiebung*, keine Steuerersparnis. Der Posten selbst besitzt Mischcharakter: Beim Ertragsteueranteil handelt es sich um Fremdkapital, beim verbleibenden Betrag um Eigenkapital. 2598

Nach folgenden *Vorschriften* können in der Steuerbilanz derartige Posten gebildet werden:

- Rücklage nach R 6.5 Abs. 4 EStR
  - Zuschüsse für Anlagegüter
- Rücklage für Ersatzbeschaffung (R 6.6 EStR)
  - Übertragung stiller Reserven bei Ersatzbeschaffung
- Rücklage nach § 6b EStG (vgl. R 6b.1–3 EStR)
  - Übertragung stiller Reserven bei der Veräußerung bestimmter Anlagegüter
- Rücklage nach R 6.11 Abs. 3 EStR
  - Auflösung von Rückstellungen; vgl. dazu Tz. 1233.

Auf die Problematik der Abgrenzung latenter Steuern wird in diesem Zusammenhang hingewiesen; vgl. Tz. 2780.

LITERATUR

Zu a)–d): *Baetge/Brüggemann,* a. a. O.; *Coenenberg,* a. a. O., S. 325 ff.; *Institut der Wirtschaftsprüfer,* Zur Bilanzierung, a. a. O.; *Institut der Wirtschaftsprüfer,* Zur Behandlung von Genussrechten, a. a. O.; *Meyer,* Kapitalgesellschaften- und Co-Richtlinie-Gesetz, a. a. O.; *Winkeljohann/Schindhelm,* a. a. O.; WP Handbuch 2012, S. 595 ff.; Kommentare zu den angegebenen §§.

Zu e): *Falterbaum/Bolk/Reiß/Kirchner,* a. a. O., S. 1043 ff.; Kommentare zu den angegebenen §§.

KONTROLLFRAGEN

Die Antworten zu den Kontrollfragen 145–157 finden Sie auf Seite 348 ff.

145. Nennen Sie die festen und die veränderlichen Eigenkapitalkonten bei der KG und bei der AG!

146. Was versteht man
   a) unter temporärem Eigenkapital und unter dauernd verfügbarem Eigenkapital?
   b) unter sichtbarem und unsichtbarem Eigenkapital?

147. Können bei einer OHG auch negative Eigenkapitalkonten geführt werden und wenn ja, welche Ursachen können vorliegen?

148. Zeigen Sie am Beispiel des Jahresabschlusses einer Kapitalgesellschaft (vor Ergebnisverwendung und ohne eigene Anteile)
    a) das Nominalkapital,
    b) das bilanzielle Eigenkapital,
    c) das effektive Eigenkapital einer Unternehmung auf!
149. Was versteht man unter einer Aktiengattung und wie ist diese bilanziell zu behandeln?
150. Erläutern Sie die Begriffe »bedingtes Kapital« und »genehmigtes Kapital« sowie deren Behandlung bei der Rechnungslegung der AG!
151. Welche Beträge müssen in die gesetzliche Rücklage einer AG eingestellt werden?
152. Für welche Zwecke können gesetzliche Rücklagen aus einer AG verwandt werden?
153. Welche Unterschiede bestehen zwischen stillen Rücklagen und offenen Rücklagen?
154. Lassen die Bewertungsvorschriften des HGB und des EStG die Bildung stiller Reserven bzw. Rücklagen zu?
155. Erläutern Sie die Begriffe »Entnahmen« und »Einlagen« nach dem EStG!
156. Können alle Wirtschaftsgüter entnommen bzw. eingelegt werden?
157. Wie sind Entnahmen nach dem UStG zu behandeln? Halten Sie die Handhabung für gerechtfertigt?

AUFGABE 24

Welche Ausweismöglichkeiten bestehen für das Eigenkapital nach den gegebenen Daten?

Fall 1

Stammkapital einer GmbH	T€ 100
davon eingefordert und eingezahlt	70

Fall 2

Grundkapital einer AG	200
davon eingefordert	100
hierauf bereits eingezahlt	75

Die Lösung zu Aufgabe 24 finden Sie auf Seite 390.

AUFGABE 25

Zu Beginn des Geschäftsjahres 20.. (1. 1.–31. 12.) wiesen die aufgeführten Eigenkapitalposten der Stahlbau-AG folgende Beträge auf:

I. Gezeichnetes Kapital		T€ 150 000,–
II. Kapitalrücklage		37 500,–
III. Gewinnrücklagen		
1. gesetzliche Rücklage	T€ 30 000,–	
2. andere Gewinnrücklagen	75 000,–	
		105 000,–

Zum 30. 6. 20.. des Geschäftsjahres wurde eine Kapitalerhöhung aus Gesellschaftsmitteln durchgeführt, und zwar im Verhältnis 6:1, d. h., das Grundkapital wurde um € 25 000 000,– zu Lasten der anderen Gewinnrücklagen erhöht.

Aus dem Jahresüberschuss des Geschäftsjahres 20.. von € 16 000 000,– will der Vorstand € 8 000 000,– in die anderen Gewinnrücklagen einstellen. Nach Abzug eines Verlustvortrages von € 2 000 000,– sollen dann € 6 000 000,– an die Aktionäre ausgeschüttet werden. Der Jahresabschluss wird vom Vorstand und Aufsichtsrat festgestellt; eine Satzungsbestimmung über die Gewinnverwendung ist nicht vorhanden.

a) Darf der Vorstand den vorgesehenen Betrag in die anderen Gewinnrücklagen einstellen?

b) Wie sind in der Bilanz zum 31. 12. 20.. das gezeichnete Kapital und die Rücklagen auszuweisen?

c) Wie beurteilen Sie die Finanzierungswirkung der Kapitalerhöhung aus Gesellschaftsmitteln?

Die Lösung zu Aufgabe 25 finden Sie auf Seite 390 f.

AUFGABE 26

In der Möbelgroßhandlung Fritz Birnbaum OHG wurden bei einer internen Kontrolle folgende Vorgänge festgestellt:

a) Mitgesellschafter und Geschäftsführer Birnbaum jr. hatte zusammen mit seinem Vater der Schwester bzw. der Tochter zu deren Hochzeit ein Wohnzimmer geschenkt. Die Anschaffungskosten betrugen € 10 000,–.
Eine Buchung erfolgte:

Werbegeschenke € 10 000,– an Bestandskonto Wohnzimmermöbel € 10 000,–

b) Bauunternehmer Müller hat für die Firma ein Fundament für eine bereits bestellte, aber noch nicht gelieferte schwere Maschine errichtet. Seine Rechnung inkl. 19 % USt lautet über € 3 570,–. Gesellschafter Grünzweig, der mit dem Bauunternehmer

wegen des gemeinsamen Hobbys »Münzensammler« bestens bekannt ist, übergibt diesem zur teilweisen Bezahlung aus seiner Münzensammlung einige Münzen. Der Schätzwert beträgt lt. Münzenzeitschrift »money trend« rd. € 2 500,–.
Eine Buchung des Vorganges erfolgte bisher nicht.

c) Betriebsschreiner Müller reparierte ausnahmsweise für den Gesellschafter Birnbaum jr. einen älteren Bauernschrank. Er benötigte 20 Stunden und Material mit einem Verkaufspreis von € 60,– (Kalkulationsaufschlag 50 %). Das Unternehmen rechnet üblicherweise mit einem Stundensatz als Selbstkosten von € 30,–. Frau Birnbaum übergab Müller, weil ihr dessen Arbeit so gut gefiel, € 20,– aus ihrer Haushaltskasse. Eine Buchung erfolgte nicht!

Die Lösung zu Aufgabe 26 finden Sie auf Seite 391 f.

7 Bilanzierung des Fremdkapitals

a) Rückstellungen

(1) Begriffe und Zwecke

2600 Im Gegensatz zu Verbindlichkeiten, wo Verpflichtungsgrund und Höhe der Schuld feststehen, handelt es sich bei Rückstellungen um Risiken, bei denen ernsthaft eine Inanspruchnahme erwartet wird. Treffen beide genannten Tatbestände nicht zu, so kommt ggf. ein Ausweis bei den Haftungsverhältnissen bzw. Eventualverbindlichkeiten infrage (vgl. § 251 HGB).

Die *Zwecke,* für die Rückstellungen gebildet werden dürfen, zählen § 249 Abs. 1 und 2, § 274 HGB, Art. 53 Abs. 1 EGHGB abschließend auf, vgl. dazu auch R 5.7 EStR.

In *Tabelle 52* auf der folgenden Seite sind die verschiedenen *Rückstellungsarten des Handelsrechts* zusammengefasst *und* den Bestimmungen des *Steuerrechts* gegenübergestellt.

Für Rückstellungen nach den *Ziffern (1)–(5),* besteht in der Handelsbilanz eine *Passivierungspflicht* (vgl. § 249 Abs. 1 und 2 HGB sowie die folgenden Ausführungen zu einzelnen Arten von Rückstellungen). Ergänzend wird auch auf die Rückstellung nach § 274 Abs. 1 HGB – latente Steuern – verwiesen (vgl. Tz. 2780). Handelsrechtliche Passivierungsgebote sind auch steuerlich wirksam; Ausnahme: Steuerliche Sondervorschriften; vgl. Tz. 1242 mit *Tabelle 13.*

TAB. 52: Zwecke, für die Rückstellungen nach §§ 249, 274 HGB, Art. 53 EGHGB gebildet werden dürfen

HGB	EStG
(1) Rückstellungen für ungewisse Verbindlichkeiten	Übernahme (Maßgeblichkeit der Handelsbilanz, § 5 Abs. 1 EStG, beachte aber Sondervorschriften § 5 Abs. 2a, 3, 4, 4b und § 6a EStG, R 5.7 Abs. 2 ff. EStR)
(2) Rückstellungen für drohende Verluste aus schwebenden Geschäften	Übernahmeverbot (Grundsatz) § 5 Abs. 4a Satz 1 EStG R 5.7 Abs. 7 EStR Ausnahme: § 5 Abs. 4a Satz 2 EStG
(3) Rückstellungen für Gewährleistungen, die ohne rechtliche Verpflichtung erbracht werden	Übernahme (Maßgeblichkeit der Handelsbilanz, § 5 Abs. 1 EStG, R 5.7 Abs. 12 EStR)
(4) Rückstellungen für im Geschäftsjahr unterlassene a) Instandhaltung, die innerhalb von 3 Monaten	Übernahme (Maßgeblichkeit der Handelsbilanz, vgl. § 5 Abs. 1 EStG, R 5.7 Abs. 11 EStR)
b) Abraumbeseitigung, die im folgenden Geschäftsjahr nachgeholt wird	Übernahme (Maßgeblichkeit der Handelsbilanz, vgl. § 5 Abs. 1 EStG, R 5.7 Abs. 11 EStR)
(5) Rückstellung für Steuerabgrenzung (Latente Ertragsteuern)	Übernahmeverbot

(2) Einzelne Arten

Zu (1) Rückstellungen für ungewisse Verbindlichkeiten:

Zwei Merkmale müssen vorliegen, damit eine Rückstellung gebildet werden kann, nämlich erstens, der Tatbestand muss Schuldcharakter besitzen und zweitens muss Ungewissheit herrschen. Der Schuldcharakter betrifft das Bestehen oder eine Wahrscheinlichkeit für das Bestehen einer Verbindlichkeit gegenüber einem Dritten. Diese Verbindlichkeit kann sowohl eine Geldverbindlichkeit als auch eine andere Leistung sein. Das Merkmal der Ungewissheit bezieht sich auf 2610

- die Höhe der Verbindlichkeit *oder*
- das Bestehen oder Entstehen einer Verbindlichkeit *oder*
- die Höhe und Bestehen oder Entstehen einer Verbindlichkeit.

Dazu gehören u. a. Rückstellungen für Provisionen, Boni, Rabatte, Steuern und Abgaben, Prozessrisiken, Garantieverpflichtungen, Inanspruchnahmen aus dem Wechselobligo, aus Bürgschaften und dgl., Pensionen, Patentverletzungen, Verpflichtungen zur Abgabe von Emissionsberechtigungen sowie der Aufwand für die Dokumentation und Aufbewahrung von Unterlagen nach § 257 HGB, § 147 AO.

Für laufende *Pensionen und für Pensionsanwartschaften* sowie für *Vorruhestandsverpflichtungen* besteht eine *Passivierungspflicht*. Für Ansprüche, die der Berechtigte vor dem 1. 1. 1987 erworben hat, braucht keine Rückstellung gebildet zu werden. Die Ver- 2615 pflichtungen hieraus müssen dann im Anhang in einem Betrag vermerkt werden (vgl. Art. 28, 48 Abs. 6 EGHGB). Das Steuerrecht knüpft Bedingungen an die Anerkennung in der *Steuerbilanz*, es muss nämlich u. a. der Pensionsberechtigte Rechtsanspruch auf die Leistung besitzen, die Pensionszusage darf keinen Vorbehalt bezüglich der Minderung oder Entziehung enthalten; es sei denn, dass dies nach den allgemeinen Rechtsgrundsätzen unter Beachtung billigen Ermessens zulässig ist, und die Pensionszusage muss schriftlich erteilt sein. Außerdem sind die *Berechnungsmodalitäten* (Ansatz mit dem Teilwert, 6 % als Rechnungszinsfuß) im Einzelnen in § 6a EStG festgelegt (vgl. auch R 6a. EStR) sowie § 6 Abs. 1 Nr. 3a EStG. Auch für Verpflichtungen aus einem Sozialplan und ähnlichen Verpflichtungen enthält das Steuerrecht entsprechende Richtlinien (vgl. R 5.7 Abs. 9 EStR). Für sog. Alt-Verpflichtungen aus *Vorruhestandsregelungen* besteht auch steuerlich ein *Passivierungswahlrecht* (vgl. Art. 28 EGHGB).

2620 Zu den Rückstellungen für ungewisse Verbindlichkeiten gehören auch etwaige Verpflichtungen wegen Verletzung fremder Patent-, Urheber- oder ähnlicher Schutzrechte. Das HGB enthält darüber keine besonderen Vorschriften. Das *Steuerrecht* engt jedoch für die Zwecke der steuerlichen Erfolgsermittlung den handelsrechtlichen Bewertungsspielraum ein (vgl. § 5 Abs. 3 EStG, R 5.7 Abs. 10 EStR).

2622 Rückstellungen für Jubiläumsaufwendungen dürfen nach dem Einkommensteuerrecht nur in beschränktem Rahmen gebildet werden (vgl. dazu die Voraussetzungen in § 5 Abs. 4 EStG).

2624 Der Abzug der *Gewerbesteuer* als Betriebsausgabe entfällt für Erhebungszeiträume, die nach dem 31. 12. 2007 enden (§§ 4 Abs. 5b EStG, 52 Abs. 12 EStG, R 5.7 Abs. 1 EStR). Damit entfällt in der *Steuerbilanz* die Bildung einer gewinnmindernden Rückstellung.

2625 Für die Verpflichtungen aus der Rücknahme und Verwertung von Altfahrzeugen ist von Herstellern und Importeuren von bestimmten leichten Kraftfahrzeugen eine Rückstellung für ungewisse Verbindlichkeiten zu bilden (vgl. dazu Art. 53 Abs. 1 EGHGB sowie Abs. 2 mit einer Bilanzierungshilfe). Das Steuerrecht lässt ebenfalls eine Rückstellung zu (vgl. § 6 Abs. 1 Nr. 3a Buchst. d EStG).

Zu (2) Rückstellungen für drohende Verluste aus schwebenden Geschäften:

2630 *Schwebende Geschäfte* sind Geschäfte, die noch von keiner Seite erfüllt und daher buchhalterisch noch nicht erfasst wurden (= Unterfall der ungewissen Verbindlichkeiten). Als Verlust wird die Differenz zwischen dem Wert der eigenen Leistung und dem Wert der Gegenleistung (= unrealisierter Verlust) angesehen.

Für die *Ermittlung* maßgebend sind die am Bilanzstichtag ausreichend sicher abschätzbaren zukünftigen Tatbestände (z. B. Lohnerhöhungen) bis zum Zeitpunkt der Abwicklung. Es ist umstritten, ob neben den variablen Kosten auch die fixen Kosten einzubeziehen sind. Das Vorsichtsprinzip gebietet grundsätzlich auch die Einrechnung der fixen Kosten. Zwei häufige Fälle sind hervorzuheben: Verluste durch Einkaufsverträge mit festen Preisen und gesunkenen Verkaufspreisen; Verluste durch gestiegene Einkaufspreise und Verkaufskontrakte mit festen Preisen.

Steuerlich besteht ein Passivierungsverbot für Geschäftsjahre, die nach dem 31.12.1996 enden (§§ 5 Abs. 4a, 52 Abs. 13 EStG). Dies gilt jedoch nicht für Ergebnisse aus Sicherungsgeschäften von derivativen Finanzinstrumenten, § 5 Abs. 4a, Satz 2 i.V.m. § 5 Abs. 1a EStG.

Zu (3) Rückstellungen für Gewährleistungen, die ohne rechtliche Verpflichtung erbracht werden:

Es handelt sich um Rückstellungen für *Kulanzleistungen,* die – wirtschaftlich betrachtet 2635
– den Rückstellungen für ungewisse Schulden zuzurechnen sind. Zur Bildung müssen folgende *Voraussetzungen* vorliegen:

a) Erbringung von Leistungen nach dem Bilanzstichtag.

b) Die Empfänger der Leistung haben keinen Rechtsanspruch darauf.

c) Die Leistung besteht in der Behebung eines Mangels oder dgl. aufgrund einer früheren Lieferung oder Leistung, vgl. dazu R 5.7 Abs. 12 EStR.

Zu (4) Rückstellungen für im Geschäftsjahr unterlassene Aufwendungen für Instand- 2640
haltung bzw. Abraumbeseitigung, die im folgenden Geschäftsjahr innerhalb von 3 Monaten nachgeholt werden:

Eine derartige Rückstellung kann nur bei Vorliegen folgender *Voraussetzungen* gebildet werden:

a) Unterlassener Aufwand

   (handelsrechtlich: jeder unterlassene Aufwand; steuerrechtlich: nicht Erhaltungsarbeiten, die erfahrungsgemäß in gleichem Umfang und in gleichen Zeitabständen anfallen, vgl. R 5.7 Abs. 11 EStR)

b) Unterlassung im letzten Geschäftsjahr

   (ohne Rücksicht darauf, ob am Anfang, in der Mitte oder am Ende des Geschäftsjahres; nicht aber in früheren Geschäftsjahren)

c) Nachholung innerhalb von 3 Monaten

   (die Arbeiten müssen spätestens nach 3 Monaten abgeschlossen sein; Nachholung kann durch die Unternehmung selbst oder durch Dritte erfolgen, vgl. R 5.7 Abs. 11 EStR).

(3) Bewertung

Zur Bewertung der Risiken, die sich aus den genannten Tatbeständen ergeben, äußert 2660
sich § 253 Abs. 1 HGB. Danach sind Rückstellungen *»nur in Höhe des Betrages anzusetzen, der nach vernünftiger kaufmännischer Beurteilung notwendig ist«* und zwar in Höhe des *»Erfüllungsbetrags«*. Dabei kann der zu passivierende Betrag sowohl im Rahmen einer *Einzelbewertung* als auch einer *Sammelbewertung* (z. B. Garantieverpflichtungen) oder aber in einem *kombinierten Verfahren* beider Methoden ermittelt werden. »Vernünftige kaufmännische Beurteilung« bedeutet, dass der Betrag zu passivieren ist, den die Unternehmung voraussichtlich zu leisten hat, für den die größte Wahrscheinlichkeit besteht (vgl. auch R 6.11 EStR). Der *Grundsatz der Vorsicht* im Rahmen der Bewertung muss dabei beachtet werden (vgl. ausdrücklich dazu § 252 Abs. 1 Nr. 4 HGB). *Künf-*

tige Preis- und Kostensteigerungen sind zu berücksichtigen (beachte aber § 6 Abs. 1 Nr. 3a Buchst. f EStG). Rückstellungen sind aufzulösen, sofern die Gründe für ihre Bildung entfallen (§ 249 Abs. 3 HGB, R 5.7 Abs. 13 EStR).

2661 Für Rückstellungen mit einer *Restlaufzeit von mehr als einem Jahr* führt § 253 Abs. 2 HGB eine *Abzinsungspflicht* mit dem ihrer Restlaufzeit entsprechenden durchschnittlichen Marktzinssatz der vergangenen sieben Geschäftsjahre ein. Für Rückstellungen aus *Altersversorgungsverpflichtungen* oder vergleichbare langfristig fällige Verpflichtungen dürfen abweichend pauschal mit dem durchschnittlichen Marktzinssatz abgezinst werden, der sich bei einer angenommenen Restlaufzeit von 15 Jahren ergibt. Zum Ausweis von Erträgen bzw. Aufwendungen aus der Abzinsung in der Gewinn- und Verlustrechnung vgl. § 277 Abs. 5 HGB.

Der anzuwendende Abzinsungssatz wird von der Deutschen Bundesbank nach Maßgabe einer Rechtsverordnung ermittelt. Die Rechtsverordnung erlässt und die Modalitäten zur Ermittlung des Abzinsungssatzes bestimmt das Bundesministerium der Justiz (vgl. § 253 Abs. 2 Sätze 4 ff.). Diese Rückstellungsabzinsungsverordnung – RückAbzinsV ist am 25. 11. 2009 verkündet worden (vgl. BGBl I 2009, S. 3790 f.). Die maßgebenden Zinssätze werden von der Deutschen Bundesbank mit verbindlicher Wirkung auf ihrer Webseite (www.bundesbank.de/statistik/statistik_zinsen.php) bekannt gemacht.

Das *Steuerrecht* enthält in § 6 Abs. 1 Nr. 3a EStG weitere Grundsätze für die Bewertung von Rückstellungen, die teilweise die in der Rechtsprechung entwickelten Grundsätze kodifizieren. Neu ist aber insbesondere die *Abzinsungspflicht* für alle Rückstellungen (Sach- und Geldleistungen) mit einem Zinssatz von 5,5 %, deren Laufzeit am Bilanzstichtag 12 Monate und mehr beträgt (vgl. dazu auch die Übergangsregelung in § 52 Abs. 16 Satz 8 ff. EStG und BMF-Schreiben vom 26. 5. 2005).

2663 Der Ansatz der Obergrenze von Rückstellungen in der Steuerbilanz wird durch die neue R 6.11 Abs. 3 EStR geregelt. Danach darf, mit Ausnahme der Pensionsrückstellungen, die Höhe der Rückstellungen in der Steuerbilanz den zulässigen Ansatz in der Handelsbilanz *nicht* überschreiten. Für den Gewinn, der sich aus der erstmaligen Anwendung des BilMoG durch die Auflösung von Rückstellungen ergibt, kann eine gewinnmindernde Rücklage gebildet werden (Wahlrecht, mit einem Auflösungszeitraum von 15 Jahren; vgl. im Einzelnen R 6.11 Abs. 3 EStR sowie Tz. 2598).

2665 Die Entwicklung der Rückstellungen wird meist in einem sog. Rückstellungsspiegel dargestellt, vgl. *Tabelle 53*.

TAB. 53: Entwicklung der Rückstellungen

<table>
<tr><th rowspan="3">Art der Rückstellung</th><th colspan="5">Entwicklung der Rückstellungen</th></tr>
<tr><th rowspan="2">1. 1. ..
Bilanzansatz
€</th><th colspan="3">1. 1. .. – 31. 12. ..</th><th rowspan="2">31. 12. ..
Bilanzansatz
€</th></tr>
<tr><th>Bildung
€</th><th>Verwendung
€</th><th>Auflösung
€</th></tr>
<tr><td></td><td></td><td></td><td></td><td></td><td></td></tr>
</table>

b) Verbindlichkeiten

Nach § 253 Abs. 1 HGB sind Verbindlichkeiten mit dem *künftigen Erfüllungsbetrag* zu passivieren. Bei vielen Verbindlichkeiten, insbesondere bei Verbindlichkeiten aus Warenlieferungen und Leistungen und kurzfristigen Bankverbindlichkeiten, stimmt der Erfüllungsbetrag mit dem zugeflossenen Betrag (Ausgabebetrag, Verfügungsbetrag) überein. Dies ist meist durch eine Rechnung (ggf. inkl. USt) oder einen Vertrag dokumentiert. 2670

Bei Darlehen und Anleihen fallen jedoch in vielen Fällen *Ausgabebetrag* und Erfüllungsbetrag auseinander. Der *Unterschiedsbetrag* (Agio, Disagio) stellt

- ein Auszahlungsdisagio
  oder ein Rückzahlungsagio (Ausgabebetrag < Rückzahlungsbetrag)
- bzw. ein Rückzahlungsdisagio (selten) (Ausgabebetrag > Rückzahlungsbetrag)

dar.

Für die *bilanzielle Behandlung* des Auszahlungsdisagios oder Rückzahlungsagios besitzt die Unternehmung nach dem *HGB* ein *Wahlrecht*. Entweder kann der Betrag sofort als Aufwand gebucht werden oder der Unterschiedsbetrag wird ganz oder teilweise im Rahmen der aktiven *Posten der Rechnungsabgrenzung* ausgewiesen und durch planmäßige Abschreibungen während der Laufzeit der Verbindlichkeit getilgt (§ 250 Abs. 3 HGB). Außerplanmäßige Abschreibungen sind jederzeit möglich.

Kapitalgesellschaften müssen das unter die Rechnungsabgrenzungsposten aufgenommene Disagio in der Bilanz gesondert ausweisen oder im Anhang angeben (§ 268 Abs. 6 HGB).

Für ein *Rückzahlungsdisagio* enthält das HGB keine Vorschriften. Es ist deshalb nach den GoB unter den passiven Posten der Rechnungsabgrenzung gesondert auszuweisen und über die Laufzeit zu verteilen. Bei Wandelschuldverschreibungen muss allerdings der Unterschiedsbetrag gemäß § 272 Abs. 2 Nr. 2 HGB in die Kapitalrücklage eingestellt werden.

Im Gegensatz zum früheren Recht enthält nun das HGB in § 256a HGB auch für die 2675
Umrechnung von Währungsverbindlichkeiten (Valutaschulden) eine entsprechende Vorschrift.

Auf Tz. 1074 und 2450 darf verwiesen werden!

Nach § 6 Abs. 1 Nr. 3 EStG bzw. nach H 6.10 Abs. 1 EStH sowie BMF-Schreiben vom 2680
26. 5. 2005 sind in der *Steuerbilanz* Verbindlichkeiten mit dem Nennwert anzusetzen und mit einem Zinssatz von 5,5 % abzuzinsen (abgezinster Erfüllungsbetrag). Dies gilt nicht für Verbindlichkeiten, deren Laufzeit am Bilanzstichtag weniger als 12 Monate beträgt, und Verbindlichkeiten, die verzinslich sind oder auf einer Anzahlung oder Vorausleistung beruhen. Ein *Unterschiedsbetrag* zwischen Nennwert (= Rückzahlungsbetrag) und Ausgabebetrag ist *über die Laufzeit zu verteilen* (vgl. H 6.10 EStH).

Beispiel zur Aufnahme eines Darlehens mit Disagio

Darlehenssumme (zugl. Rückzahlungsbetrag)	€ 100 000,–
6 % Disagio	6 000,–
Auszahlung (zu Beginn des Geschäftsjahres)	94 000,–
Laufzeit	3 Jahre

Buchungen nach dem HGB

Darlehensaufnahme:					
Bank	€	94 000,–			
Rechnungsabgrenzung			an Verbindlichkeiten		
(Disagio)				€	100 000,–
oder					
Zinsaufwand	€	6 000,–			
Jeweils am Ende der Geschäftsjahre (nur bei Buchung als Rechnungsabgrenzung):					
Zinsaufwand	€	2 000,–	an Rechnungsabgrenzung		
			(Disagio)	€	2 000,–

Buchungen nach dem EStG

Das Disagio ist unter die Posten der Rechnungsabgrenzung aufzunehmen und entsprechend der Laufzeit des Darlehens über den Posten Zinsaufwand aufzulösen. Im Steuerrecht hat die Unternehmung – im Gegensatz zum HGB – kein Wahlrecht in der Behandlung des Disagios.

LITERATUR

Zu a): BMF, Rückstellungen, a. a. O.; *Falterbaum/Bolk/Reiß/Kirchner,* a. a. O., S. 977 ff.; *Happe,* a. a. O.; *Heddäus,* a. a. O.; *Institut der Wirtschaftsprüfer,* Handelsrechtliche Bilanzierung, a. a. O.; *Institut der Wirtschaftsprüfer,* Zweifelsfragen, a. a. O.; *Institut der Wirtschaftsprüfer,* Bilanzierung von Emissionsberechtigungen, a. a. O.; *Institut der Wirtschaftsprüfer,* Rückstellungen für die Aufbewahrung, a. a. O., jeweils Tabelle 10; *Karrenbrook,* Net-of-Tax-Bewertung, a. a. O.; *Molzahn,* a. a. O; *Scharpf/Lutz,* a. a. O.; *Thoms-Meyer,* a. a. O.; WP Handbuch 2012, S. 463, 632 ff.; *Wöhe,* a. a. O., S. 515 ff.

Zu b): *Falterbaum/Bolk/Reiß/Kirchner,* a. a. O., S. 754 ff.; WP Handbuch 2012, S. 463, 634 ff.; Kommentare zu den angegebenen §§.

KONTROLLFRAGEN

Die Antworten zu den Kontrollfragen 158–167 finden Sie auf Seite 351 f.

158. Nennen Sie die Zwecke, für die Rückstellungen gebildet werden können!

159. In welcher Höhe sind nach dem HGB Rückstellungen zu bilden?

160. Für welche Arten von Rückstellungen besteht eine Passivierungspflicht und für welche ein Passivierungswahlrecht nach dem HGB?

161. Welche Voraussetzungen müssen gegeben sein, damit Pensionsrückstellungen auch in der Steuerbilanz passiviert werden dürfen?

162. Können Pensionsrückstellungen auch dann in der Steuerbilanz passiviert werden, wenn sie in der Handelsbilanz nicht ausgewiesen wurden?

163. Halten Sie die Passivierungspflicht für Pensionsrückstellungen unter betriebswirtschaftlichen Gesichtspunkten für richtig?

164. Nennen Sie Beispiele von Rückstellungen für ungewisse Verbindlichkeiten!

165. Erläutern Sie die Bestimmungen über den Wertansatz von Verbindlichkeiten
    a) nach dem HGB und
    b) nach dem EStG!

166. Was versteht man unter Erfüllungsbetrag und unter Ausgabebetrag?

167. Was sind Valutaverbindlichkeiten, und wie sind sie bei der Entstehung zu bewerten?

AUFGABE 27

In der Schraubenfabrik K. Wurm GmbH taucht zum 31.12.. das Problem der Bildung bzw. Auflösung von Rückstellungen auf. Folgende Tatbestände liegen vor:

a) Am 27.2. des Jahres fiel bei Schneeglätte ein Passant und verletzte sich erheblich. Dieser strengte einen Prozess gegen die Firma wegen Schadensersatz an und machte dabei € 14 000,– zuzüglich € 4 000,– für den Anwalt usw. geltend. Die Firma Wurm GmbH glaubt, dass sie keine Schuld trifft. Im Urteil in erster Instanz wurde die Klage abgewiesen. Der Kläger ging in die Berufung, das Urteil ist vor Ende nächsten Jahres zu erwarten.

b) Der Steuersachbearbeiter Hebesatz errechnete für dieses Geschäftsjahr folgende voraussichtlich zu zahlende Steuern aus, und zwar für

Gewerbesteuer	€ 7 500 000,–
Körperschaftsteuer	15 000 000,–
Als Abschlagszahlungen wurden geleistet:	
Gewerbesteuer	€ 7 400 000,–
Körperschaftsteuer	15 100 000,–

c) Im September des Jahres wurde ein Großauftrag für verchromte Schrauben mit Muttern hereingenommen.

Als Festpreis wurden	€ 150 000,–
+ 19 % USt	28 500,–
also insgesamt	€ 178 500,–
vereinbart.	

Aufgrund der allgemeinen und von der Firma nicht richtig eingeschätzten Teuerung betragen die gesamten Aufwendungen für den

Auftrag zum 31. 12. ..	€ 160 000,–
+ 19 % USt	30 400,–
also insgesamt	€ 190 400,–

Wegen der weiter steigenden Preise und Löhne wird erwartet, dass bis zum Zeitpunkt der Ausführung der Arbeit Anfang April im nächsten Jahr die

Aufwendungen	€ 165 000,–
+ 19 % USt	31 350,–
also insgesamt	€ 196 350,–

betragen. Wegen des Großauftrags konnten andere, preisgünstigere Aufträge nicht angenommen werden. Bei der üblichen Kalkulation kämen außerdem noch kalkulatorische Kosten mit rd. € 10 000,– hinzu.

Wie sind die Probleme in der Handelsbilanz und in der Steuerbilanz zu lösen?

Die Lösung zu Aufgabe 27 finden Sie auf Seite 392 f.

AUFGABE 28

In der Landgerätefabrik Fritz Weizen GmbH sind zur Aufstellung der Bilanz zum 31. 12. .. folgende Bewertungsprobleme zu lösen:

a) Die letztmals vor 4 Jahren mit Ölfarbe gestrichenen Fenster des Fabrikgebäudes sollten im Herbst des Jahres erneut gestrichen werden, was aber wegen des schlechten Wetters nicht geschah. Der mit Malermeister Schmierer im vergangenen Herbst vereinbarte Preis betrug € 8 330,– (einschl. 19 % USt). Nunmehr wurde die Arbeit im März des nächsten Jahres zu demselben Preis ausgeführt.

b) Die Unternehmung gewährt den Kunden einen Umsatzbonus nach einem gestaffelten System, d. h. mit steigendem Umsatz steigende Bonisätze. Buchhalter Schmitz hat die zum 31. 12. .. zu zahlenden Bonibeträge ermittelt und auf einer Kundenliste im Einzelnen zusammengestellt. Insgesamt beträgt der Bonus € 150 000,–.

Die Lösung zu Aufgabe 28 finden Sie auf Seite 393 f.

AUFGABE 29

Für Investitionen benötigt die Küchenmöbelfabrik Stahl GmbH einen Kredit über € 100 000,– mit einer Laufzeit von 4 Jahren. Die Holz-Bank AG berechnet die Auszahlung zum 1. 10. wie folgt:

	Darlehen	€	100 000,–
./.	1 % Bearbeitungsgebühr		1 000,–
./.	4 % Damnum		4 000,–
Gutschrift auf Konto Nr. 41125		€	95 000,–

Buchhalter Linde bucht wie folgt:

Bank	€	95 000,–	an Verbindlichkeiten gegenüber Kreditinstituten	€	100 000,–
Finanzierungskosten		1 000,–			
Aktive Rechnungs-abgrenzung		4 000,–			

Prüfen Sie, ob die Buchung richtig war und welche Möglichkeiten der Bewertung in Handels- und Steuerbilanz zum 31. 12. des Aufnahmejahres bestehen!

Die Lösung zu Aufgabe 29 finden Sie auf Seite 394.

AUFGABE 30

Von einem Lieferanten in den USA hat das Unternehmen am 20. 12. 2011 eine Lieferung über US$ 50 000,– erhalten. Nach langen Verhandlungen wurde als Zahlungsziel der 15. 1. 2013 vereinbart.

Der Devisenkassamittelkurs beträgt am 20. 12. 2011 1.25 US$ pro €.

Wie ist die Verbindlichkeit einzubuchen?

Am Abschlussstichtag 31. 12. 2011 beträgt der Kurs wegen der schwachen Wirtschaftslage nur noch 1.30 US$ pro €.

Wie ist nach § 256a HGB zu verfahren?

Wäre der Fall anders zu beurteilen, wenn als Zahlungsziel 20. 1. 2012 vereinbart wäre?

Die Lösung zu Aufgabe 30 finden Sie auf Seite 395.

8 Bilanzierung sonstiger Posten

a) Immaterielle Vermögensgegenstände, insbesondere Geschäfts- oder Firmenwert

Selbst geschaffene immaterielle Vermögensgegenstände des Anlagevermögens (zum 2700
Inhalt vgl. § 266 Abs. 2 HGB) *können* als Aktivposten nach § 248 Abs. 2 HGB in die Bilanz aufgenommen werden. Dieses neu geschaffene *Aktivierungswahlrecht* tritt an die Stelle des bisherigen Aktivierungsverbots. Nicht aufgenommen werden dürfen selbst geschaffene Marken, Drucktitel, Verlagsrechte und Ähnliches (vgl. § 248 Abs. 2 Satz 2 HGB).

Der Ansatz erfolgt zu den *Herstellungskosten*. Das sind die bei dessen *Entwicklung* angefallenen Aufwendungen nach § 255 Abs. 2a bzw. Abs. 2 HGB (Herstellungskosten). Entwicklung ist die Anwendung von Forschungsergebnissen oder von anderem Wissen für die Neuentwicklung von Gütern oder Verfahren oder die Weiterentwicklung von Gütern oder Verfahren mittels wesentlicher Änderungen. *Forschungskosten* können nicht aktiviert werden. Dabei handelt es sich um die eigenständige und planmäßige Suche nach neuen wissenschaftlichen Erkenntnissen oder Erfahrungen allgemeiner Art.

Können Forschung und Entwicklung nicht verlässlich voneinander getrennt werden, ist eine Aktivierung ausgeschlossen (vgl. § 255 Abs. 2a HGB).

Die Aktivierung und Abschreibung erfolgt nach den allgemeinen Vorschriften von § 253 Abs. 1 bzw. 3 HGB als Zugangs- und Folgebewertung.

Das *EStG* lässt eine Aktivierung immaterieller Vermögensgegenstände des Anlagevermögens *nur bei entgeltlichem Erwerb zu* (§ 5 Abs. 2 EStG und R 5.5 Abs. 1 bis 3 EStR). Es besteht ein Aktivierungsgebot; die Vorschriften über die Bewertung in den §§ 6 und 7 EStG sind dabei zu beachten, vgl. dazu Tz. 1242 mit *Tabelle 13*.

2704 Durch die Beschränkung der Aktivierung auf einen entgeltlichen Erwerb im Steuerrecht, im Gegensatz zum HGB, werden voraussichtlich in Zukunft Handels- und Steuerbilanz in diesem Bilanzposten unterschiedliche Beträge ausweisen.

2705 Für den *originären Geschäfts- oder Firmenwert* darf *kein* Aktivposten angesetzt werden. Übersteigt jedoch bei der *Übernahme* eines ganzen Unternehmens oder eines größeren Teils einer Unternehmung mit Unternehmenscharakter die Gegenleistung den Wert der einzelnen Vermögensgegenstände abzüglich der Schulden im Zeitpunkt der Übernahme, so gilt der *Unterschiedsbetrag (= entgeltlich erworbener Geschäfts- oder Firmenwert)* als *zeitlich begrenzt nutzbarer Vermögensgegenstand*. Dies ist eine gesetzlich fixierte Fiktion nach § 246 Abs. 1 Satz 4 HGB. Im Umkehrschluss gilt der selbst geschaffene, originäre Geschäfts- oder Firmenwert als »Nicht-Vermögensgegenstand« und ist daher nicht aktivierbar.

Der Posten ist nach § 266 Abs. 2 HGB gesondert beim Immateriellen Anlagevermögen auszuweisen und planmäßig bzw. außerplanmäßig über die Nutzungsdauer abzuschreiben (vgl. die vom Gesetz angenommene Regelabschreibung von 5 Jahren und die Vermerkpflicht im Anhang nach § 285 Nr. 13 HGB). Vgl. dazu auch § 253 Abs. 5 Satz 2 HGB – explizites Wertaufholungsverbot!

2707 Unter Übernahme ist der Erwerb von Vermögensgegenständen und Schulden im Gesamten von einem anderen Rechtsträger zu verstehen und zwar unabhängig davon, ob sie in dessen Bilanz ausgewiesen waren. Als Übernahme gilt daher nicht der Erwerb aller Aktien der AG oder aller Anteile einer GmbH, deren Rechnungslegung durch den Erwerb der Anteile nicht berührt wird. Der Erwerbsaufwand ist mit den Anschaffungskosten nach § 253 Abs. 1 HGB zu aktivieren und ggf. nach § 253 Abs. 3 HGB abzuschreiben. Infrage kommt u. a. die vollständige oder teilweise Übernahme von EU, OHG bzw. KG, bei denen sich dadurch die Ansätze in der Bilanz des erwerbenden Unternehmens usw. ändern.

2710 Nach *EStG* darf ebenfalls nur der derivative *Geschäfts- oder Firmenwert* als Aktivposten angesetzt werden (vgl. § 5 Abs. 2 EStG sowie Tz. 2700). Es besteht eine Aktivierungspflicht. Eine Abschreibung – wie sie im HGB vorgeschrieben ist – lässt das Steuerrecht ebenfalls zu, aber über einen erheblich längeren Zeitraum, nämlich 15 Jahre (§ 7 Abs. 1 Satz 3 EStG; u. U. Teilwertabschreibung, § 6 Abs. 1 Nr. 1 EStG, vgl. auch Tz. 1242 mit *Tabelle 13*).

2715 Für *immaterielle Vermögensgegenstände des Umlaufvermögens* gelten die allgemeinen Vorschriften über die Bewertung, insbes. § 253 Abs. 1, 4 HGB, § 6 Abs. 1 Nr. 2 EStG.

b) Posten der Rechnungsabgrenzung

Zur genauen Erfolgsermittlung müssen in vielen Fällen Aufwendungen und Erträge den 2720
einzelnen Geschäftsjahren durch entsprechende Abgrenzung zugerechnet werden (= zeitliche Abgrenzung). Der Ausweis eines Postens der Rechnungsabgrenzung setzt nach § 250 Abs. 1 und 2 HGB Folgendes voraus

- bei aktiven Posten:
  eine *Ausgabe* vor dem Bilanzstichtag, die Aufwand für eine bestimmte Zeit nach diesem Tag darstellt
- bei passiven Posten:
  eine *Einnahme* vor dem Bilanzstichtag, die Ertrag für eine bestimmte Zeit danach darstellt.

Es handelt sich um sog. transitorische Posten.

Fehlt es am Merkmal des Zahlungsvorganges, so sind derartige Abgrenzungen nicht über die Posten der Rechnungsabgrenzung, sondern über Forderungen bzw. Verbindlichkeiten vorzunehmen (vgl. auch § 268 Abs. 4 und 5 HGB, R 5.6 EStR, sog. antizipative Posten).

Geringfügige Beträge, die sich nur unbedeutend auf den Gewinn und das Bilanzbild 2725
auswirken, brauchen nicht abgegrenzt zu werden, vor allem, wenn sie jährlich wiederkehren und sich in den Geschäftsjahren ausgleichen. Ein exakter Betrag kann nicht genannt werden, denn dieser hängt auch von der Unternehmensgröße ab.

Nach § 250 Abs. 1 Satz 2 HGB a. F. konnten als Aufwand berücksichtigte Zölle usw. so- 2730
wie als Aufwand berücksichtigte Umsatzsteuer auf der Aktivseite als Rechungsabgrenzungsposten ausgewiesen werden (Wahlrecht). Dieses Wahlrecht wurde durch Streichung der Vorschriften aufgehoben. Das EStG enthält in § 5 Abs. 5 nach wie vor diese Vorschrift (vgl. auch R 5.6 EStR, §§ 13 Abs. 1 Nr. 1a, 14 UStG). Es ist ausdrücklich darauf hinzuweisen, dass das EStG den Ansatz zwingend vorschreibt!

c) Sonderposten aus der Währungsumstellung auf den Euro

Im Zuge der Umstellung von der DM auf den Euro gab es zwei Problemkreise, nämlich 2740

- Kursgewinne und Kursverluste durch die Umrechnung von Forderungen, Verbindlichkeiten usw. nach den festgelegten Wechselkursen:

Dafür konnte nach Art. 43 Abs. 1 EGHGB bzw. §§ 6d EStG, 52 Abs. 20 EStG ein »Sonderposten aus der Währungsumstellung auf den Euro« gebildet werden.

- Aufwendungen für selbst geschaffene immaterielle Vermögensgegenstände des Anlagevermögens:

Dafür konnte nach Art. 44 Abs. 1, 2 EGHGB in der *Handelsbilanz* ein Sonderposten vor dem Anlagevermögen als *Bilanzierungshilfe* mit der Bezeichnung »Aufwendungen für die Währungsumstellung auf den Euro« ausgewiesen werden (Wahlrecht).

Diese Bestimmungen sind durch Zeitablauf überholt und finden sich ggf. nur noch in Bilanzen vergangener Geschäftsjahre.

Einzelheiten zu diesen Posten sind unter der Tz. 2750 und 2755 in früheren Auflagen, insbesondere der 21. Auflage, zu finden. Auf diese wird verwiesen.

d) Ausgleichsbetrag nach dem Altfahrzeug-Gesetz

2760 Hersteller bzw. Importeure von PKW und leichten Nutzfahrzeugen haben die ab 1. 7. 2002 in den Verkehr gebrachten Fahrzeuge unentgeltlich zurückzunehmen (§ 3 Abs. 1 AltfahrzeugV). Die Verpflichtung gilt ab dem 1. 1. 2007 auch für Fahrzeuge, die vor dem 1. 7. 2002 in den Verkehr gebracht wurden. Dafür ist eine Rückstellung für ungewisse Verbindlichkeiten zu bilden (vgl. Art. 53 Abs. 1 EGHGB, § 6 Abs. 1 Nr. 3a Buchst. d EStG). Zur Reduzierung der Einmalbelastung erlaubt Art. 53 Abs. 2 EGHGB den Ausweis einer Bilanzierungshilfe mit der oben genannten Bezeichnung. Wegen der steuerlich eingeschränkten Bildung der Rückstellung ergibt sich bei Inanspruchnahme der handelsrechtlichen Bilanzierungshilfe eine Übereinstimmung von Handels- und Steuerbilanz.

e) Latente Steuern

2780 Die Vorschriften über latente Steuern (bisher: Steuerabgrenzung) gelten nach § 274 HGB für *Kapitalgesellschaften, bestimmte PHG* und für Unternehmen, die dem PublG unterliegen (vgl. § 5 Abs. 1 PublG). Kleine Kapitalgesellschaften sind von der Anwendung von § 274 HGB befreit (vgl. § 274a HGB).

Die bisherige Konzept einer GuV-orientierten Ermittlung (§ 274 HGB a. F.) wurde aufgegeben und entsprechend den internationalen Rechnungslegungsstandards durch eine Bilanz-orientierte Ermittlung ersetzt. *Tabelle 54* versucht, die wichtigsten Unterschiede gegenüberzustellen.

TAB. 54: Konzeption der latenten Steuern

Merkmale	**HGB a. F.**	**HGB n. F.**
Regelung	§ 274	§ 274
Konzeption	GuV-orientiert (timing-Konzept)	Bilanz-orientiert (temporary-Konzept)
Zielsetzung	Ausweis des korrekten Steueraufwands	Ausweis des korrekten Reinvermögens
Ermittlung	Differenzen zwischen dem handels- und steuerrechtlichen Steueraufwand, die sich später ausgleichen	Differenzen zwischen handels- und steuerrechtlichen Wertansätzen, die sich ausgleichen einschl. der Verlustvorträge

2785 Die Bestimmung in § 274 HGB bezieht sich auf zwei Tatbestände, nämlich auf

- erstens die *sog. latente Steuerschuld* (= Steuerbelastung) – Abs. 1 Satz 1
  = Unterschiede zwischen handelsrechtlichen und steuerrechtlichen Wertansätzen führen zu einer Steuerbelastung = passive latente Steuern
- zweitens den *sog. latenter Steueranspruch* (= Steuerentlastung) – Abs. 1 Satz 2
  = Unterschiede zwischen handelsrechtlichen und steuerrechtlichen Wertansätzen führen zu einer Steuerentlastung = aktive latente Steuern.

2790 Bei der Berechnung aktiver latenter Steuern sind nun ausdrücklich auch *steuerliche Verlustvorträge* in Höhe der innerhalb der nächsten fünf Jahre zu erwartenden Verlustverrechnung zu berücksichtigen (§ 274 Abs. 1 Satz 4 HGB).

Die Ermittlung der Beträge hat mit den *unternehmensindividuellen Steuersätzen* im Zeitpunkt des Abbaus der Differenzen zu erfolgen und sind nicht abzuzinsen. Die ausgewiesenen Posten sind aufzulösen, wenn die Steuerbelastung bzw. -entlastung eintritt oder mit ihr nicht mehr zu rechnen ist. Der Aufwand oder Ertrag aus der Veränderung bilanzierter latenter Steuern ist in der Gewinn- und Verlustrechnung gesondert unter dem Posten »Steuern vom Einkommen und Ertrag« auszuweisen (vgl. dazu § 274 Abs. 2 HGB).

Auf die differenzierte Ausschüttungssperre in § 268 Abs. 8 HGB wird abschließend verwiesen.

Wesentliche Anwendungsfälle in der Praxis, die zu latenten Steuern führen können 2792
bzw. führen, stellt *Tabelle 55* mit den entsprechenden Rechtsgrundlagen zusammen.

TAB. 55: Wesentliche Anwendungsfälle von § 274 HGB
Aktivierung von selbst geschaffenen immateriellen Vermögensgegenständen des Anlagevermögens § 248 Abs. 2 HGB/§ 5 Abs. 2 EStG
Entgeltlich erworbener Geschäfts- oder Firmenwert, beim Abweichen von einer 15-jährigen Nutzungsdauer §§ 246 Abs. 2, 285 Nr. 13 HGB/§ 7 Abs. 1 EStG
Rückstellungen ► insbes. Pensionsrückstellungen § 253 Abs. 2 HGB/§ 6a EStG ► insbes. Drohverlustrückstellungen § 249 Abs. 1 HGB/§ 5 Abs. 4a EStG
Ausübung von steuerlichen Wahlrechten ohne handelsrechtliche Übereinstimmung (Wegfall der umgekehrten Maßgeblichkeit, z. B. steuerliche Sonderabschreibungen)

Für *passive latente Steuern* besteht eine *Passivierungspflicht*. Sie sind auf der Passivseite 2795
unter dem Posten *»E. Passive latente Steuern«* im Gliederungsschema nach § 268 Abs. 3 HGB auszuweisen. Bei einer *insgesamt* sich ergebenden *aktiven latenten Steuerentlastung* gilt ein Aktivierungswahlrecht. Ein Ausweis erfolgt auf der Aktivseite unter dem Posten »D. Aktive latente Steuern« (vgl. § 268 Abs. 2 HGB). Die sich ergebende Steuerbelastung und die sich ergebende Steuerentlastung *können* auch unverrechnet angesetzt werden (vgl. § 274 Abs. 1 HGB).

Der unsaldierte Ausweis von latenten Steuern wirkt sich auf das Bilanzvolumen und damit evtl. auf die Größenklasse nach §§ 267, 293 HGB aus.

LITERATUR

Zu a): *BMF,* Bilanzsteuerliche Beurteilung, a. a. O.; *Coenenberg,* a. a. O., S. 178 ff.; *Falterbaum/Bolk/Reiß/Kirchner,* a. a. O., S. 703, 850 ff.; *Niemann,* a. a. O.; *Institut der Wirtschaftsprüfer,* Bilanzierung von Software beim Anwender, a. a. O.; *Institut der Wirtschaftsprüfer,* Bewertungen bei der Abbildung, a. a. O.; WP Handbuch 2012, S. 433, 574 f.; Kommentare zu den angegebenen §§.

Zu b): BMF, Rechnungsabgrenzungsposten, a. a. O.; *Falterbaum/Bolk/Reiß/Kirchner*, a. a. O., S. 225 ff.; *Wöhe*, a. a. O., S. 124 ff.; Kommentare zu den angegebenen §§.

Zu c): *Heinl/Linner/Otto*, a. a. O.; *Institut der Wirtschaftsprüfer*, Positionspapier, a. a. O.; *Institut der Wirtschaftsprüfer*, Einführung des Euro, a. a. O.; *Meyer/Gehring*, a. a. O.; *Pfitzer*, a. a. O.; *Wilms/Jochem*, a. a. O.

Zu d): *Meyer*, Altfahrzeug-Gesetz, a. a. O.

Zu e): *Coenenberg*, a. a. O., S. 474 ff.; DRS 18; *Federmann*, a. a. O., S. 282; *Institut der Wirtschaftsprüfer*, RS HFA 7; Kommentare zu den angegebenen §§.

KONTROLLFRAGEN

Die Antworten zu den Kontrollfragen 168–182 finden Sie auf Seite 352 f.

168. Was versteht man unter immateriellen Anlagewerten? Führen Sie mindestens fünf Beispiele auf!
169. Erläutern Sie den Begriff
    a) originärer Firmenwert und
    b) derivativer Firmenwert!
170. Wie ist ein originärer und ein derivativer Firmenwert bilanziell nach den Vorschriften des HGB und des EStG zu behandeln?
171. Wo muss ggf. ein derivativer Firmenwert in der Jahresbilanz einer Kapitalgesellschaft ausgewiesen werden?
172. Die bisherige Konzeption zur Ermittlung latenter Steuern wurde geändert. Nennen Sie die Fachausdrücke für die frühere und die jetzige Konzeption!
173. An welchen Instrumenten des Jahresabschlusses orientieren sich die beiden Konzeptionen?
174. Nennen Sie einige wichtige Sachverhalte, die zu latenten Steuern führen!
175. Ist bei der Ermittlung latenter Steuern von 30 % oder z. B. von 50 % auszugehen?
176. Auf welchen Steuerarten basiert die Ermittlung und die Abgrenzung latenter Steuern?
177. In einer Bilanz zum 31. 12. 2008 finden Sie den Begriff: Sonderposten mit Rücklageanteil. Was ist darunter zu verstehen?
178. Dürfen derartige Sonderposten auch in nach dem BilMoG aufgestellten Bilanzen fortgeführt werden?
179. Welcher bilanzmäßige Charakter kommt derartigen Posten zu?
180. Welchen Zweck hat die Bildung von aktiven und passiven Posten der Rechnungsabgrenzung?
181. Welcher bilanzmäßige Charakter kommt den Posten der Rechnungsabgrenzung zu?
182. Welcher Unterschied besteht zwischen einer Abgrenzung über Posten der Rechnungsabgrenzung und über sonstige Forderungen bzw. Verbindlichkeiten?

AUFGABE 31

In den Lackfabriken F. Knall GmbH wurde ein Patent im Zusammenhang mit der Lackherstellung von der werkseigenen Forschungsabteilung entwickelt. An Entwicklungskosten fielen im Entwicklungsjahr rd. € 750 000,– an. Der Marktwert des Patentes (geschätzter Verkaufspreis) liegt bei rd. € 500 000,–. Die wirtschaftliche Nutzungsdauer des Patentes wird auf 5 Jahre geschätzt.

a) Kann das Patent in der Handels- bzw. Steuerbilanz aktiviert werden und ggf. auf welcher Rechtsgrundlage?

b) Wie wäre der Fall zu beurteilen, wenn die Knall GmbH lediglich einen auf die Entwicklung und den Verkauf von Patenten ausgerichteten Geschäftsbetrieb hätte?

Die Lösung zu Aufgabe 31 finden Sie auf Seite 395.

AUFGABE 32

Von der Fritz Müller-Forschungs-OHG haben die Lackfabriken F. Knall GmbH eine Lizenz für eine Farbmischungsanlage zum 1. 1. erworben. Kaufpreis € 300 000,–, Nebenkosten € 50 000,–. Die wirtschaftliche Nutzungsdauer wird auf rd. 7 Jahre geschätzt.

a) Wie ist die Lizenz in der Handelsbilanz und in der Steuerbilanz zum 31. 12. des Erwerbsjahres zu behandeln?

b) Wie wäre zu verfahren, wenn während des Erwerbsjahres die Konkurrenz eine bessere Farbmischungsanlage patentieren ließe? Der Marktwert der Lizenz wird zum 31. 12. mit nur noch rd. € 150 000,– (dauerhaft) und die Restnutzungsdauer mit ca. 3 Jahren veranschlagt.

Die Lösung zu Aufgabe 32 finden Sie auf Seite 395.

AUFGABE 33

Für den Ausweis latenter Steuern nach § 274 HGB lässt das Gesetz verschiedene Möglichkeiten zu.

Das Unternehmen hat aktive latente Steuern mit 150 und passive latente Steuern mit 130 ermittelt. Steuerliche Verlustvorträge sind nicht vorhanden.

Wie kann der Sachverhalt in der Handelsbilanz nach § 274 HGB dargestellt werden?

Die Lösung zu Aufgabe 33 finden Sie auf Seite 396.

AUFGABE 34

In den Feinmechanischen Werken Paul Blechle GmbH sind im Zusammenhang mit dem Jahresabschluss zum 31. 12. folgende Abgrenzungsprobleme zu lösen:

a)	Abbuchung der Versicherungsprämie für Kraftfahrzeuge am 31. 10. für 1. 11.–30. 4. des folgenden Jahres	€ 600,–
b)	Wohnungsmiete des Hausmeisters für Januar geht im Dezember des Vorjahres ein	200,–
c)	Vertreterprovision über zuzüglich 19 % MwSt wird von uns erst im Januar gezahlt	1 500,–
d)	an Gewerbesteuer sind für das laufende Jahr voraussichtlich noch nachzuzahlen	4 000,–
e)	die Miete für einen Verkaufsraum wurde von uns am 30. 12. für 6 Monate im Voraus überwiesen	5 400,–
f)	ein Teil der Fertigungslöhne für Dezember kann erst im Januar ausgezahlt werden	4 500,–
g)	die Zinsen für ein Arbeitnehmerdarlehen werden nachträglich gezahlt, und zwar für 1. 10.–31. 3. des folgenden Jahres	1 200,–
h)	für Rohstoffe wurde am 1. 12. eine Vorauszahlung in Höhe von geleistet. Die Rohstoffe gingen am 4. 1. des nächsten Jahres ein.	7 500,–

Die Lösung zu Aufgabe 34 finden Sie auf Seite 396.

B. Die Gewinn- und Verlustrechnung (Erfolgsrechnung)

1 Inhalt der Gewinn- und Verlustrechnung

Während die *Bilanz* durch die Gegenüberstellung von Vermögen und Kapital am Bilanzstichtag eine *Zeitpunktbetrachtung* darstellt, beinhaltet die Gewinn- und Verlustrechnung eine Zusammenstellung der Aufwendungen und Erträge für die Dauer eines Geschäftsjahres. Somit ist die *Gewinn- und Verlustrechnung* eine *Zeitraumrechnung*, die das Zustandekommen des Erfolges mittels der Erfolgskomponenten »Aufwand« und »Ertrag« aufzeigt. Erst mit ihr gelingt es, einen möglichst sicheren Einblick in die Ertragslage einer Unternehmung zu erlangen. 2800

Aufwendungen und Erträge sind nur teilweise mit Einnahmen und Ausgaben identisch, z. B. bei Löhnen und Gehältern. In vielen Fällen fallen sie auseinander, z. B. bei der Bildung von Rückstellungen, bei Abschreibungen. Die Gewinn- und Verlustrechnung ist somit *keine Einnahmen- und Ausgaben-Rechnung*. Es muss auch noch darauf hingewiesen werden, dass manche in der handelsrechtlichen Gewinn- und Verlustrechnung ausgewiesenen Aufwendungen und Erträge bei der steuerlichen Gewinnermittlung nach dem EStG bzw. KStG nicht herangezogen werden dürfen, so z. B. Körperschaftsteueraufwand. Handels- und steuerrechtlicher Erfolg stimmen *nicht* überein (vgl. auch § 4 EStG, R 4.10 ff. EStR). 2805

2 Aufbau der Gewinn- und Verlustrechnung

a) Kontoform oder Staffelform

Die »traditionelle« Gewinn- und Verlustrechnung wird in *Kontoform* aufgestellt. Sie hat das in *Tabelle 56* gezeigte Aussehen: 2810

TAB. 56: Gewinn- und Verlustrechnung in Kontoform

Gewinn- und Verlustrechnung für die Zeit vom ... bis ...

Aufwand		Ertrag	
Aufwandsarten		Ertragsarten	
Gewinn	______	(oder) Verlust	______
Summe	======	Summe	======

Für *Kapitalgesellschaften und bestimmte PHG* ist die *Staffelform* (Berichtsform) wegen der größeren Übersichtlichkeit *zwingend* vorgeschrieben (§ 275 HGB). Es handelt sich gegenüber der Kontoform nicht um einen Wechsel des Inhalts, sondern lediglich um eine Änderung der Darstellungsmethode.

Folgender schematischer und vereinfachter Aufbau liegt oft einer Staffelform nach dem Gesamtkostenverfahren zu Grunde – *Tabelle 57*.

TAB. 57: Aufbau der Gewinn- und Verlustrechnung in Staffelform

	Umsatzerlöse
+/./.	Erhöhung/Verminderung des Bestands an fertigen und unfertigen Erzeugnissen
+	andere aktivierte Eigenleistungen
=	Gesamtleistung
./.	Materialaufwand
=	Rohertrag/Rohaufwand
+	verschiedene Erträge
./.	verschiedene Aufwendungen
=	Jahresüberschuss/-fehlbetrag

Es wird ausdrücklich darauf verwiesen, dass das HGB für Kapitalgesellschaften eine andere Gliederungssystematik vorsieht (s. unten Tz. 2825).

b) Brutto- oder Nettoausweis von Aufwand und Ertrag

2815 Der Ausweis von Aufwendungen und Erträgen in der Erfolgsrechnung kann entweder nach dem Brutto- oder Nettoprinzip erfolgen. *Brutto* bedeutet, dass alle Erfolgselemente *ohne jede Saldierung* in der Gewinn- und Verlustrechnung ausgewiesen werden (so § 246 Abs. 2 Satz 1 HGB). Ein Aufbau nach dem *Nettoprinzip* lässt Verrechnungen zwischen Aufwendungen und Erträgen zu, wobei im Grenzfall lediglich der Jahreserfolg in der Gewinn- und Verlustrechnung enthalten ist. Meist wird jedoch die Aufrechnung auf einander entsprechende Aufwands- und Ertragsposten, wie Mietaufwand – Mietertrag, Zinsaufwand – Zinsertrag, beschränkt.

c) Gesamtkostenverfahren oder Umsatzkostenverfahren

2820 Der Erfolg einer Unternehmung kann in der Gewinn- und Verlustrechnung entweder nach dem Gesamtkostenverfahren (Produktionskostenverfahren, Leistungsbilanz) oder nach dem Umsatzkostenverfahren ermittelt werden. Beim *Gesamtkostenverfahren* werden *alle* in einem Abrechnungszeitraum *angefallenen Aufwendungen* den Umsatzerlösen und sonstigen Erträgen unter Berücksichtigung der Bestandsveränderungen von fertigen und unfertigen Erzeugnissen gegenüber gestellt. Das oben aufgeführte Schema einer Gewinn- und Verlustrechnung, *Tabelle 57*, in Staffelform ist nach diesem Prinzip aufgebaut.

Das *Umsatzkostenverfahren* geht von den in einem bestimmten Zeitraum erzielten Umsatzerlösen aus und zieht hiervon die für den Umsatz angefallenen Kosten, den *Umsatzaufwand*, ab. Sowohl die Umsatzerlöse als auch die Umsatzaufwendungen können nach bestimmten Kriterien aufgeteilt werden, z. B. nach Kostenträgern, nach Kostenstellen, nach Kostenarten.

Die *Unterschiede* zwischen beiden Verfahren sollen an dem folgenden vereinfachten *Beispiel* in *Tabelle 58* aufgezeigt werden.

TAB. 58: Gesamtkosten- und Umsatzkostenverfahren	
Umsatzerlöse	T€ 1 000
Bestandserhöhung der fertigen Erzeugnisse	100
Aufwendungen des Geschäftsjahres	900
Gewinn- und Verlustrechnung – *Gesamtkostenverfahren*	
Umsatzerlöse	T€ 1 000
Bestandserhöhung der fertigen Erzeugnisse	+ 100
Aufwendungen des Geschäftsjahres	./. 900
Jahresüberschuss	T€ 200
Gewinn- und Verlustrechnung – *Umsatzkostenverfahren*	
Umsatzerlöse	T€ 1 000
Umsatzaufwand	./. 800
Jahresüberschuss	T€ 200

3 Gliederungsvorschriften nach dem HGB

In den für *alle Kaufleute* geltenden Vorschriften sind *keine Bestimmungen* über die Gliederung von Bilanz und Gewinn- und Verlustrechnung enthalten. Für *Kapitalgesellschaften und bestimmte PHG* sieht das HGB jedoch in § 265 zunächst *allgemeine Grundsätze* über die Gliederung von Bilanz und Gewinn- und Verlustrechnung (s. § 265 HGB und die Ausführungen zur Bilanz oben Tz. 2100) vor. Zur *Gliederung* selbst äußern sich vor allem §§ 264c, 275 ff. HGB. Danach lässt sich die Gewinn- und Verlustrechnung folgendermaßen charakterisieren: 2825

- Mindestgliederung mit vorgegebener Reihenfolge und gesondertem Ausweis der Posten,
- Staffelform,
- Gesamtkosten- *oder* Umsatzkostenverfahren,
- Bruttoausweis von Aufwendungen und Erträgen.

Für *kleine und mittelgroße* Kapitalgesellschaften und bestimmte PHG ist auch die *Kürzung* des Schemas *erlaubt* (Wahlrecht, § 276 HGB); für Kleinstkapitalgesellschaften vgl. auch § 275 Abs. 5 HGB.

Unter Beachtung von § 5 Abs. 1 und 5 PublG und den Bestimmungen des HGB über die Gliederung ergeben sich die in *Tabelle 59* gezeigten Möglichkeiten der Gliederung für die Gewinn- und Verlustrechnung.

TAB. 59: Schemata zur Gliederung der Gewinn- und Verlustrechnung

Rechtsform	Gliederung der Gewinn- und Verlustrechnung
EU, OHG, KG ► die nicht dem PublG unterliegen	GoB, vgl. §§ 242 Abs. 2, 243 Abs. 1 HGB
► die dem PublG unterliegen	GoB *oder* Gesamtkostenverfahren *oder* Umsatzkostenverfahren nach § 275 HGB i.V.m. § 5 PublG
Kleine und mittelgroße Kapitalgesellschaften/bestimmte PHG	Gesamtkostenverfahren *oder* Umsatzkostenverfahren, auch mit gekürztem Schema erlaubt § 275 i.V.m. § 276 HGB
Große Kapitalgesellschaften/bestimmte PHG	Gesamtkostenverfahren *oder* Umsatzkostenverfahren mit vollständigem Schema § 275 HGB
KleinstkapGes/bestimmte PHG	Gesamtkostenverfahren *oder* Umsatzkostenverfahren, auch mit gekürztem Schema nach § 275 i.V.m. § 276 HGB, *oder* stark gekürztes Schema nach § 275 Abs. 5 HGB

4 Gliederung bei Einzelunternehmen, OHG und KG

2830 Die allgemeinen Regelungen sehen für die Unternehmen lediglich die *Aufstellung* einer Gewinn- und Verlustrechnung als Bestandteil des Jahresabschlusses vor (§ 242 Abs. 2 HGB). Ausdrücklich sind das Gebot der Vollständigkeit und das Verrechnungsverbot bzw. -Gebot (§ 246 Abs. 1 und 2 HGB) auch bei Aufwendungen und Erträgen zu beachten.

Die Gewinn- und Verlustrechnung dieser Unternehmen weist folgende Merkmale auf:

- Konto- *oder* Staffelform,
- Bruttoausweis von Aufwendungen und Erträgen,
- Gesamtkosten- *oder* Umsatzkostenverfahren.

Für Unternehmen dieser Rechtsform ist ggf. § 5 Abs. 5 PublG zu beachten.

5 Gliederungsschemata für Kapitalgesellschaften und bestimmte PHG

a) Gesamtkostenverfahren

2835 In § 275 Abs. 2 HGB sieht das Gesetz das Gesamtkostenverfahren vor. Die *Struktur* der Gewinn- und Verlustrechnung ist in *Tabelle 60* aufgezeigt. Es fällt auf, dass die Struktur flach ist und im »Ergebnis der gewöhnlichen Geschäftstätigkeit« auch Sammelposten (Posten Nr. 4 und 8) enthalten sind. Dieser Tatbestand wirft im Rahmen externer Jahresabschlussanalyse erhebliche Probleme auf. Die *einzelnen Posten* der Gewinn- und Verlustrechnung werden in *Tabelle 61* erläutert.

Der Posten *Gesamtleistung* ist nicht im gesetzlichen Schema enthalten, kann aber ermittelt werden (Summe der Posten 1–3).

TAB. 60: Struktur der Gewinn- und Verlustrechnung nach dem Gesamtkosten- und Umsatzkostenverfahren (§ 275 Abs. 2, 3 HGB)

	Bezeichnung	GKV Posten	UKV Posten
	Betriebsergebnis	1–8	1–7
+	Finanzergebnis	9–13	8–12
=	Ergebnis der gewöhnlichen Geschäftstätigkeit	14	13
+ ./.	Außerordentliches Ergebnis	17 (15, 16)	16 (14, 15)
+ ./.	Steuern	18, 19	17, 18
=	Jahresüberschuss/Jahresfehlbetrag	20	19

TAB. 61: Gliederung der Gewinn- und Verlustrechnung nach dem Gesamtkostenverfahren (§ 275 Abs. 2 HGB)

Posten	Erläuterungen zum Inhalt
1. Umsatzerlöse	Es handelt sich um »Erlöse aus dem Verkauf und der Vermietung oder Verpachtung von für die gewöhnliche Geschäftstätigkeit der Kapitalgesellschaft typischen Erzeugnissen und Waren sowie aus von für die gewöhnliche Geschäftstätigkeit des Unternehmens typischen Dienstleistungen *nach Abzug von Erlösschmälerungen und der Umsatzsteuer«* (§ 277 Abs. 1 HGB). Nicht dazu gehören z. B. Einnahmen aus Nebenbetrieben, wie Kantinen, Erholungsheimen und dgl., siehe Posten 4. Erlösschmälerungen sind Preisnachlässe aller Art und zurückgewährte Entgelte (Boni, Gutschriften für Mängelrügen u. a.), beachte auch § 285 Nr. 4 HGB
2. Erhöhung oder Verminderung des Bestands an fertigen und unfertigen Erzeugnissen	Sowohl Änderungen der Menge als auch des Wertes sind zu berücksichtigen. Für Wertänderungen gilt dies jedoch nur insoweit, als sie nicht die sonst üblichen Abschreibungen überschreiten, in diesem Falle Ausweis unter Posten 7 b), vgl. § 277 Abs. 2 HGB
3. andere aktivierte Eigenleistungen	Es handelt sich insbes. um selbst erstellte Vermögensgegenstände des Anlagevermögens. Dazu gehören auch Bestandsveränderungen selbst erstellter Roh-, Hilfs- und Betriebsstoffe, soweit diese nicht unfertige oder fertige Erzeugnisse sind, und die in den aktivierten Eigenleistungen enthaltenen Aufwendungen für bezogene Materialien und für bezogene Leistungen

Posten	Erläuterungen zum Inhalt
4. sonstige betriebliche Erträge	Hierher gehören alle Erträge, auch aperiodische, aus der gewöhnlichen Geschäftstätigkeit, soweit sie nicht in die Posten 1–3 bzw. 9–11 einzustellen sind, vgl. auch § 277 Abs. 5 HGB. Auszuweisen sind u. a. Erträge aus dem Abgang von und Zuschreibungen zu Vermögensgegenständen des Anlage- und Umlaufvermögens, Erträge aus Zuschreibungen zu Forderungen wegen einer Kürzung einer Pauschalwertberichtigung, Erträge aus der Auflösung von Rückstellungen, in Ausnahmefällen Posten 15; Steuern s. Posten 18, 19
5. Materialaufwand: a) Aufwendungen für Roh-, Hilfs- und Betriebsstoffe und für bezogene Waren b) Aufwendungen für bezogene Leistungen	Unter Posten 5 a) ist der gesamte Materialverbrauch usw. für die Fertigung einzustellen, auch übliche Bewertungsdifferenzen. Bezogene Leistungen (Posten 5b)) gehören hierher, sofern sie mit dem Leistungsprozess in Verbindung stehen. Auch der Materialaufwand für andere Bereiche darf eingestellt werden, sonst Posten 8, Stetigkeit des Ausweises beachten
6. Personalaufwand: a) Löhne und Gehälter b) soziale Abgaben und Aufwendungen für Altersversorgung und für Unterstützung, davon für Altersversorgung	Sämtliche Löhne und Gehälter, Vorstandsbezüge, einschl. Nebenleistungen sind brutto, d. h. *vor* Abzug von Steuern usw. und ohne Rücksicht auf den Zeitpunkt der Zahlung auszuweisen. Aufsichtsratsvergütungen gehören zu Ziffer 8 (falls von der Hauptversammlung festgelegt zur Gewinnverwendung)
7. Abschreibungen: a) auf immaterielle Vermögensgegenstände des Anlagevermögens und Sachanlagen	Ausweis aller Abschreibungen, Übereinstimmung mit den Abschreibungen des Geschäftsjahres nach § 268 Abs. 2 HGB
(–) außerplanmäßige Abschreibungen	Gesonderte Angabe bezüglich des Postens 7 a) oder Angabe im Anhang, vgl. § 277 Abs. 3 Satz 1 i. V. m. § 253 Abs. 3 Satz 3, 4 HGB
b) auf Vermögensgegenstände des Umlaufvermögens, soweit diese die in der Kapitalgesellschaft üblichen Abschreibungen überschreiten	Zu den üblichen Abschreibungen vgl. auf unfertige und fertige Erzeugnisse – Posten 2; auf Roh-, Hilfs- und Betriebsstoffe – Posten 5; auf Forderungen – Posten 8; auf Wertpapiere – Posten 12. Üblich bedeutet regelmäßig, häufig.
8. sonstige betriebliche Aufwendungen	Alle Aufwendungen aus der gewöhnlichen Geschäftstätigkeit, auch aperiodische, sind, soweit sie nicht in vorhergehenden Posten enthalten und auch nicht in den Posten 12 und 13 auszuweisen sind, hier einzustellen, vgl. auch § 277 Abs. 5 HGB. Dazu gehören Verluste aus dem Abgang von Wirtschaftsgütern des Anlagevermögens, in Ausnahmefällen auch Posten 16; Abschreibungen auf Forderungen, soweit diese den üblichen Rahmen nicht überschreiten (sonst Posten 7 b))
(–) Erträge aus Gewinngemeinschaften, Gewinnabführungs- oder Teilgewinnabführungsverträgen	Gesonderter Ausweis nach § 277 Abs. 3 HGB, vgl. §§ 291 ff. AktG

Posten	Erläuterungen zum Inhalt
9. Erträge aus Beteiligungen, davon aus verbundenen Unternehmen	Zum Begriff vgl. § 271 Abs. 1 HGB Zum Kreis der dazugehörenden Unternehmen vgl. § 271 Abs. 2 HGB
10. Erträge aus anderen Wertpapieren und Ausleihungen des Finanzanlagevermögens, davon aus verbundenen Unternehmen	Finanzanlagen siehe Bilanz, Aktivseite, A.III.1–6 Vgl. zu verbundenen Unternehmen § 271 Abs. 2 HGB
11. sonstige Zinsen und ähnliche Erträge, davon aus verbundenen Unternehmen	Gesonderter Ausweis der Erträge aus der Abzinsung nach § 277 Abs. 5 HGB; vgl. zu verbundenen Unternehmen § 271 Abs. 2 HGB
12. Abschreibungen auf Finanzanlagen und auf Wertpapiere des Umlaufvermögens	Finanzanlagen siehe Bilanz, Aktivseite A.III.1–6, Wertpapiere siehe B.III.1–2 und Posten 7 b) oben
(–) Aufwendungen aus Verlustübernahme	Gesonderter Ausweis nach § 277 Abs. 3 HGB, vgl. §§ 291 ff. AktG
13. Zinsen und ähnliche Aufwendungen, davon an verbundene Unternehmen	Gesonderter Ausweis der Aufwendungen aus der Abzinsung nach § 277 Abs. 5 HGB. Beachte ab 1. 1. 2008: § 4h EStG, § 8a KStG (Zinsschranke); beachte evtl. Verfassungswidrigkeit! Vgl. zu verbundenen Unternehmen § 271 Abs. 2 HGB
14. Ergebnis der gewöhnlichen Geschäftstätigkeit	Überschuss oder Fehlbetrag aus Posten 1–13
15. außerordentliche Erträge	»Außerordentlich« = außerhalb der gewöhnlichen Geschäftstätigkeit, ungewöhnlich und selten, nicht regelmäßig, beachte auch die evtl. notwendige Erläuterung im Anhang (§§ 276, 277 Abs. 4 HGB)
16. außerordentliche Aufwendungen	Siehe Posten 15
17. außerordentliches Ergebnis	Saldo aus Posten 15 und 16
18. Steuern vom Einkommen und vom Ertrag	Auszuweisen sind nur die Steuern, die das Unternehmen als Steuerschuldner zu entrichten hat bzw. die auf die Steuerschuld des Unternehmens angerechnet werden, einschl. evtl. Nachzahlungen für Vorjahre. Steuern vom Einkommen: KSt, KapESt Ertrag: GewESt Zur Berechnung vgl. § 278 HGB Beachte ab 1. 1. 2008: GewESt ist keine Betriebsausgabe mehr (§ 4 Abs. 5b EStG, § 52 Abs. 12 EStG). Beachte die Sonderregelung für nicht körperschaftsteuerpflichtige Unternehmen (§ 5 Abs. 5 PublG) sowie den Bilanzposten B.2: Steuerrückstellungen. Abzusetzen sind Steuererstattungen und Auflösungen von Steuerrückstellungen. Auszuweisen ist der Aufwand oder Ertrag aus der Steuerabgrenzung nach § 274 HGB, vgl. § 274 Abs. 2 HGB.

Posten	Erläuterungen zum Inhalt
19. sonstige Steuern	Dazu gehören alle Steuern, mit Ausnahme der Steuern vom Einkommen und Ertrag (Posten 18), die Grund-, Kraftfahrzeug-, Versicherungsteuer. Abzusetzen sind Steuererstattungen und Auflösungen von Steuerrückstellungen. Nicht hierher gehören Steuern, die als Anschaffungsnebenkosten zu aktivieren sind, § 255 Abs. 1 HGB.
(–) Erträge aus Verlustübernahme	Gesonderter Ausweis nach § 277 Abs. 3 HGB, vgl. §§ 291 ff. AktG
(–) aufgrund einer Gewinngemeinschaft, eines Gewinnabführungs- oder eines Teilgewinnabführungsvertrages abgeführte Gewinne	Gesonderter Ausweis nach § 277 Abs. 3 HGB, vgl. §§ 291 ff. AktG
20. Jahresüberschuss/ Jahresfehlbetrag	Jahresüberschuss oder Jahresfehlbetrag ist der Betrag, der sich aus GuV als Überschuss der Erträge über die Aufwendungen oder der Aufwendungen über die Erträge ergibt
(–) Steueraufwand	Bei best. PHG *darf* ein (fiktiver) Steueraufwand der Gesellschafter mit dem Steuersatz der Komplementärgesellschaft offen abgesetzt oder hinzugerechnet werden, § 264c Abs. 3 HGB
(–) Ertrag aufgrund höherer Bewertung bzw. Kapitalherabsetzung	Ausweis nach einer Sonderprüfung bzw. bei gerichtlicher Entscheidung nach § 261 Abs. 1, 2 AktG, vgl. §§ 229, 232, 240 AktG
Ergänzung bei vollständiger bzw. teilweiser Ergebnisverwendung nach § 268 Abs. 1 HGB	*AG:* In diesem Falle ist die Gewinn- und Verlustrechnung nach dem »Jahresüberschuss/Jahresfehlbetrag« um die in § 158 Abs. 1 AktG aufgeführten Posten in Fortführung der Nummerierung zu ergänzen: vgl. auch § 58 AktG *GmbH:* Keine Regelung, analoge Anwendung von § 158 Abs. 1 AktG zulässig, beachte § 325 Abs. 1 und 2 HGB *Best. PHG:* Keine Regelung im HGB, aber notwendig bei Zu- oder Abschreibungen auf Gesellschafterkonten
Veränderungen von Kapital- und Gewinnrücklagen (§ 275 Abs. 4 HGB)	Ausweis in der Gewinn- und Verlustrechnung nach dem Posten »Jahresüberschuss/Jahresfehlbetrag«; vgl. auch § 158 AktG

b) Umsatzkostenverfahren

2840 Für die Zwecke der handelsrechtlichen Rechnungslegung wird auch das Umsatzkostenverfahren zugelassen (vgl. § 275 Abs. 1 HGB). Damit sollen internationale Vergleiche erleichtert werden, weil vor allem im angelsächsischen Raum das Umsatzkostenverfahren dominiert.

Bei der Anwendung des Umsatzkostenverfahrens muss auf zwei *Vermerkpflichten im Anhang* hingewiesen werden, nämlich

- der Materialaufwand (Posten 5) und
- der Personalaufwand (Posten 6)

ist entsprechend der Gliederung nach dem Gesamtkostenverfahren nach § 275 Abs. 2 HGB (Posten 5, 6) gesondert darzustellen (vgl. § 285 Nr. 8a), b) HGB). Auf den getrennten Ausweis des Materialaufwands wird für kleine Kapitalgesellschaften verzichtet (vgl. § 285 Nr. 8a i. V. m. § 288 HGB).

Die *einzelnen Posten* der Gewinn- und Verlustrechnung nach dem Umsatzkostenverfahren werden in *Tabelle 62* erläutert (zur Struktur siehe *Tabelle 60).*

Abgesehen von den Posten 1–5, 8 des Schemas stimmen die beiden Schemata praktisch überein. Im Rahmen der laufenden Buchhaltungsarbeiten stellt die Unternehmung zunächst eine Gewinn- und Verlustrechnung nach dem Gesamtkostenverfahren auf. Daraus wird die Gewinn- und Verlustrechnung nach dem Umsatzkostenverfahren entwickelt, und zwar mithilfe der Kostenrechnung. In *Tabelle 63* sind die *Zusammenhänge* schematisch dargestellt, und zwar nur bezüglich der Posten, die bei den beiden Verfahren nicht deckungsgleich sind.

TAB. 62: Gliederung der Gewinn- und Verlustrechnung nach dem Umsatzkostenverfahren (§ 275 Abs. 3 HGB)

Posten	Erläuterungen zum Inhalt
1. Umsatzerlöse	Es handelt sich um »Erlöse aus dem Verkauf und der Vermietung oder Verpachtung von für die gewöhnliche Geschäftstätigkeit der Kapitalgesellschaft typischen Erzeugnissen und Waren sowie aus von für die gewöhnliche Geschäftstätigkeit des Unternehmens typischen Dienstleistungen *nach Abzug von Erlösschmälerungen und der Umsatzsteuer«* (§ 277 Abs. 1 HGB). Nicht dazu gehören z. B. Einnahmen aus Nebenbetrieben, wie Kantinen, Erholungsheimen und dgl., siehe Posten 6. Erlösschmälerungen sind Preisnachlässe aller Art und zurückgewährte Entgelte (Boni, Gutschriften für Mängelrügen u. a.), beachte auch § 285 Nr. 4 HGB.
2. Herstellungskosten der zur Erzielung der Umsatzerlöse erbrachten Leistungen	Die Herstellungskosten der verkauften Erzeugnisse (einschl. der Minderungen der Bestände an Erzeugnissen) sind hier einzusetzen, insbes. anteiliger Material-, Personalaufwand, anteilige Abschreibungen auf immaterielle Vermögensgegenstände des Anlagevermögens, Sachanlagen (auch außerplanmäßige) sowie auf aktivierte Aufwendungen für Ingangsetzung und Erweiterung des Geschäftsbetriebs nach § 269 HGB a. F. und auf Vermögensgegenstände des Umlaufvermögens, soweit diese die üblichen Abschreibungen überschreiten. Wahlrecht bezgl. des Ausweises von aktivierten Fremdkapitalzinsen (§ 255 Abs. 3 Satz 2 HGB) und anteiliger Betriebssteuern.
3. Bruttoergebnis vom Umsatz	Ergebnis aus dem Posten Nr. 1 abzüglich Posten Nr. 2
4. Vertriebskosten	Aufwendungen des Vertriebsbereichs; insbes. anteiliger Personalaufwand, anteilige Abschreibungen auf immaterielle Vermögensgegenstände des Anlagevermögens und Sachanlagen sowie auf aktivierte Aufwendungen für Ingangsetzung und Erweiterung des Geschäftsbetriebs nach § 269 HGB a. F. und auf Vermögensgegenstände des Umlaufvermögens, soweit diese die üblichen Abschreibungen überschreiten.

Posten	Erläuterungen zum Inhalt
5. allgemeine Verwaltungskosten	Aufwendungen des Verwaltungsbereichs (soweit nicht Posten 2 oder 4), insbes. anteiliger Personalaufwand, anteilige Abschreibungen auf immaterielle Vermögensgegenstände des Anlagevermögens, Sachanlagen sowie auf aktivierte Aufwendungen für Ingangsetzung und Erweiterung des Geschäftsbetriebs nach § 269 HGB a. F. und auf Vermögensgegenstände des Umlaufvermögens, soweit diese die üblichen Abschreibungen überschreiten.
(–) Forschung und Entwicklung	Die Bildung weiterer Bereiche, entsprechend der Eigenart der Unternehmung, ist zulässig, so z. B. Forschung und Entwicklung, vom Gesetz aber nicht vorgesehen.
6. sonstige betriebliche Erträge	Hierher gehören alle Erträge, auch aperiodische, aus der gewöhnlichen Geschäftstätigkeit, soweit sie nicht in die Posten 1 bzw. 8–10 einzustellen sind, vgl. auch § 277 Abs. 5 HGB. Auszuweisen sind u. a. Erträge aus dem Abgang von und Zuschreibungen zu Vermögensgegenständen des Anlage- und Umlaufvermögens, Erträge aus Zuschreibungen zu Forderungen wegen einer Kürzung einer Pauschalwertberichtigung, Erträge aus der Auflösung von Rückstellungen, in Ausnahmefällen Posten 14; Steuern s. dort.
7. sonstige betriebliche Aufwendungen	Alle Aufwendungen aus der gewöhnlichen Geschäftstätigkeit, auch aperiodische sind, soweit sie nicht in vorhergehenden Posten, insbes. Posten 2, 4, 5, enthalten und auch nicht in den Posten 11 und 12 auszuweisen sind, hier einzustellen, vgl. auch § 277 Abs. 5 HGB. Dazu gehören Verluste aus dem Abgang von Wirtschaftsgütern des Anlagevermögens und des Umlaufvermögens; Abschreibungen auf Forderungen, soweit diese den üblichen Rahmen nicht überschreiten, in Ausnahmefällen Posten 15.
8.–19.	Entsprechen formell und weitgehend inhaltlich den Posten 9–20 des Gesamtkostenverfahrens, vgl. dazu die Ausführungen oben in *Tabelle 61.*

c) Verkürztes Schema

2850 Für *kleine und mittelgroße* Kapitalgesellschaften und bestimmte PHG sieht das Gesetz die Möglichkeit einer Verkürzung der Schemata als größenabhängige Erleichterung vor (Wahlrecht, § 276 HGB). Bei Anwendung des Gesamtkostenverfahrens dürfen die Posten Nr. 1–5, bei Anwendung des Umsatzkostenverfahrens die Posten Nr. 1–3 und 6 zu einem Posten *»Rohergebnis«* zusammengefasst werden.

In *Tabelle 64* wird dies für beide Verfahren gezeigt.

Ausdrücklich sei darauf hingewiesen, dass die Zusammenfassung zum Posten »Rohergebnis« bereits bei der *Aufstellung* der Gewinn- und Verlustrechnung erfolgen kann. Somit bleiben den Gesellschaftern wichtige Informationen vorenthalten (beachte aber § 131 Abs. 1 AktG). Auch für die Offenlegung darf das verkürzte Schema verwandt werden.

TAB. 63: Überleitung vom Gesamtkostenverfahren zum Umsatzkostenverfahren

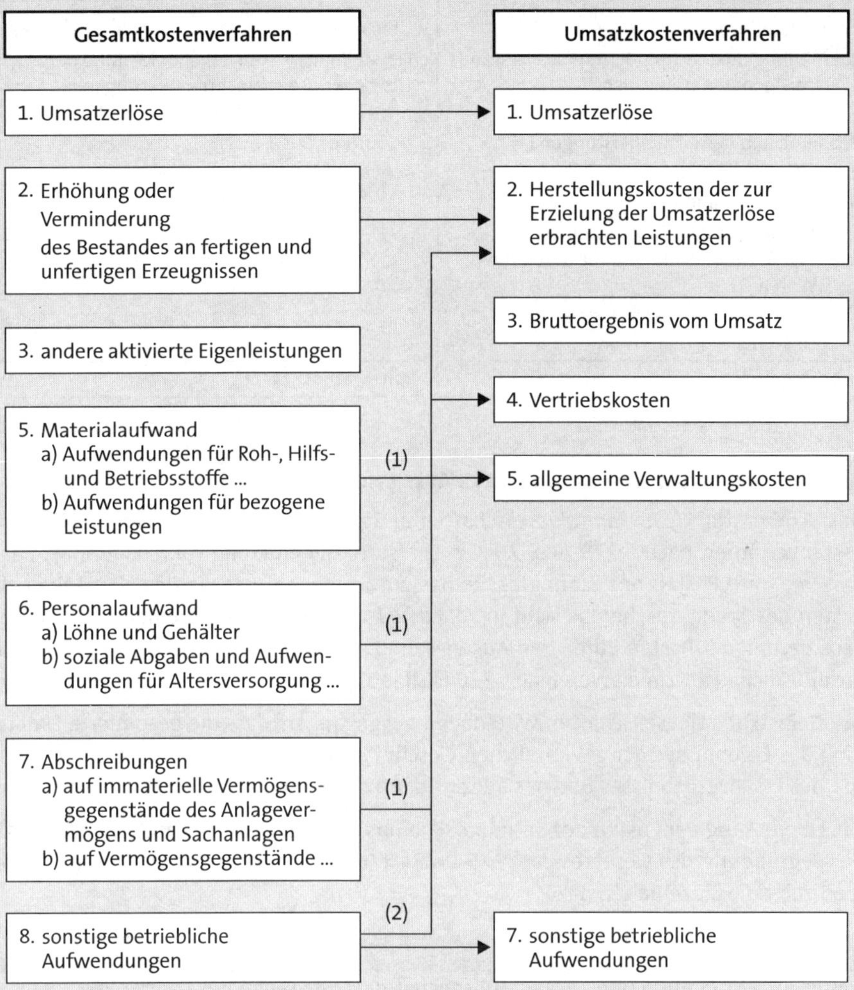

(1) Nur soweit nicht Erhöhung der Bestände (Posten 2) und andere aktivierte Eigenleistungen (Posten 3)

(2) Nur soweit den Posten 2, 4, 5 zuzurechnen

TAB. 64: Entwicklung des Rohergebnisses gem. § 276 HGB

Gesamtkostenverfahren	Umsatzkostenverfahren
1. Umsatzerlöse 2. Erhöhung oder Verminderung des Bestands an fertigen und unfertigen Erzeugnissen (+ / ./.) 3. andere aktivierte Eigenleistungen (+) 4. sonstige betriebliche Erträge (+) 5. Materialaufwand (./.) a) Aufwendungen für Roh-, Hilfs- und Betriebsstoffe und für bezogene Waren b) Aufwendungen für bezogene Leistungen	1. Umsatzerlöse 2. Herstellungskosten der zur Erzielung der Umsatzerlöse erbrachten Leistungen 3. Bruttoergebnis vom Umsatz (= Summe aus 1 ./. 2) 6. sonstige betriebliche Erträge (+)
= **Rohergebnis**	= **Rohergebnis**

d) Stark verkürztes Schema nach § 275 Abs. 5 HGB

2875 Das Schema für *Kleinstkapitalgesellschaften* in Staffelform orientiert sich am Gesamtkostenverfahren nach § 275 Abs. 2 HGB. Die starke Verkürzung führt allerdings dazu, dass mehrere Posten des Standardschemas zusammengefasst werden. Der Inhalt der Posten des Standardschemas wird in *Tabelle 61* ausführlich beschrieben. Eine weitere Reduzierung der Posten durch den Ausweis eines Rohergebnisses nach § 276 HGB wird ausdrücklich nicht zugelassen (vgl. § 276 HGB letzter Satz).

Bei Kleinstkapitalgesellschaften wird davon ausgegangen, dass die gesonderte Darstellung des Ergebnisses der gewöhnlichen Geschäftstätigkeit, des betrieblichen Ergebnisses, des Finanzergebnisses und des außerordentlichen Ergebnisses nicht notwendig ist.

Die Überleitung der Posten des Standardschemas in das stark verkürzte Schema wird in der Begründung des Gesetzes zu § 275 und § 276 HGB ausdrücklich aufgeführt. *Tabelle 65* zeigt die Einzelheiten dazu.

TAB. 65: Stark verkürztes Schema nach § 275 Abs. 5 HGB

Posten nach § 275 Abs. 5 HGB	**Überleitung der Posten aus § 275 Abs. 2 HGB – Gesamtkostenverfahren**
1. Umsatzerlöse	1. Umsatzerlöse
2. sonstige Erträge	2. Erhöhung des Bestands an fertigen und unfertigen Erzeugnissen 3. andere aktivierte Eigenleistungen 4. sonstige betriebliche Erträge 9. Erträge aus Beteiligungen 10. Erträge aus anderen Wertpapieren und Ausleihungen des Finanzanlagevermögens 11. sonstige Zinsen und ähnliche Erträge 15. außerordentliche Erträge
3. Materialaufwand	5. Materialaufwand

Posten nach § 275 Abs. 5 HGB	**Überleitung der Posten aus § 275 Abs. 2 HGB – Gesamtkostenverfahren**
4. Personalaufwand	6. Personalaufwand
5. Abschreibungen	7. Abschreibungen 12. Abschreibungen auf Finanzanlagen und auf Wertpapiere des Umlaufvermögens
6. sonstige Aufwendungen	2. Verminderung des Bestands an fertigen und unfertigen Erzeugenissen 8. sonstige betriebliche Aufwendungen 13. Zinsen und ähnliche Aufwendungen 16. außerordentliche Aufwendungen
7. Steuern	18. Steuern vom Einkommen und vom Ertrag 19. sonstige Steuern
8. Jahresüberschuss/Jahresfehlbetrag	20. Jahresüberschuss/Jahresfehlbetrag

Anmerkung:
Führt die kumulierte Darstellung nach § 275 Abs. 5 HGB nicht zur Vermittlung eines zutreffenden Bildes von der Vermögens-, Finanz- und Ertragslage, sind unter der Bilanz zusätzliche Angaben nach § 264 Abs. 2 Satz 2 bis 4 HGB zu machen.

LITERATUR

Zu 1 und 2: *Wöhe,* a. a. O., S. 259 ff.; Kommentare zu den angegebenen §§.

Zu 3–5: *Institut der Wirtschaftsprüfer,* Probleme des Umsatzkosten-Verfahrens, a. a. O.; *Pronobis,* a. a. O.; WP Handbuch 2012, S. 471, 638 ff.; Kommentare zu den angegebenen §§.

KONTROLLFRAGEN

Die Antworten zu den Kontrollfragen 183–198 finden Sie auf Seite 353 ff.

183. Der Erfolg der Unternehmung ergibt sich sowohl aus der Bilanz als auch aus der Gewinn- und Verlustrechnung. Worin besteht aber der grundsätzliche Unterschied zwischen beiden Instrumenten?

184. Erläutern Sie die Begriffe »Aufwand« und »Kosten« und grenzen Sie beide gegeneinander ab!

185. Stimmt der Erfolg der Handelsbilanz mit dem der Steuerbilanz überein?

186. Erläutern Sie die Begriffe

  a) Bruttoerfolgsrechnung,

  b) Staffelform und

  c) Gesamtkostenverfahren!

187. Welcher Art von Gewinn- und Verlustrechnung ist aus betriebswirtschaftlicher Sicht heraus die größte Aussagekraft beizulegen?

188. Was versteht man unter
   a) Steuern vom Einkommen?
   b) Steuern vom Ertrag?
189. Kennzeichnen Sie die wesentlichen Merkmale der Erfolgsrechnung nach § 275 Abs. 2 und 3 HGB!
190. Wie löst das HGB das Problem der USt im Zusammenhang mit den Umsatzerlösen?
191. Können außer den der Mehrwertsteuerpflicht unterliegenden Umsatzerlösen auch andere der USt zu unterwerfende Rechtsgeschäfte bei der Unternehmung anfallen?
192. Grenzen Sie Inhalt und Umfang der Posten »Umsatzerlöse« gegenüber anderen Ertragsposten ab!
193. Was sind »Eigenleistungen« und »andere aktivierte Eigenleistungen«?
194. Was versteht man unter »Jahresüberschuss«?
195. Welche Komponenten ergeben aus dem Jahresüberschuss bzw. -fehlbetrag den Bilanzgewinn bzw. -verlust?
196. In welchem Posten der Gewinn- und Verlustrechnung nach dem Gesamtkostenverfahren (§ 275 Abs. 2 HGB) werden
   a) Wertminderungen von fertigen Erzeugnissen,
   b) Abschreibungen auf Forderungen aus Warenlieferungen und Leistungen,
   c) Abschreibungen auf Rohstoffe

   erfasst?
197. Wie entstehen »Verluste aus dem Abgang von Vermögensgegenständen des Anlagevermögens«?
198. In welchem Posten nach § 275 Abs. 2 bzw. 3 HGB sind
   a) Erträge aus der Auflösung von Rückstellungen
   b) Aufwendungen aus der Bildung von Rückstellungen,

   in der Gewinn- und Verlustrechnung auszuweisen?

AUFGABE 35

Bei der Veräußerung eines Wirtschaftsgutes des Anlagevermögens fällt z. B. ein Veräußerungsgewinn von € 45 000,– an. Dieser soll im folgenden Geschäftsjahr auf ein neu zu kaufendes Wirtschaftsgut übertragen und zunächst als Rücklage nach § 6b EStG behandelt werden.

Wie ist der Ausweis im laufenden Geschäftsjahr nach HGB

a) in der Gewinn- und Verlustrechnung und

b) in der Jahresbilanz?

Die Lösung zu Aufgabe 35 finden Sie auf Seite 396.

AUFGABE 36

Entwickeln Sie aus den folgenden Angaben das »Rohergebnis« nach § 276 i.V.m. § 275 Abs. 2 HGB!

Umsatzerlöse (ohne USt)	T€ 1 040
Andere aktivierte Eigenleistungen	15
Bestandserhöhung fertige Erzeugnisse	25
Bestandsminderung unfertige Erzeugnisse	15
Aufwendungen für Roh-, Hilfs- und Betriebsstoffe und für bezogene Waren	540
Sonstige betriebliche Erträge	60

Die Lösung zu Aufgabe 36 finden Sie auf Seite 397.

DOWNLOAD

Hierzu finden Sie eine Arbeitshilfe unter www.nwb.de/go/meyer-bilanzierung!

AUFGABE 37

Die Finanzbuchhaltung der Textilweberei AG (siehe Aufgabe 4) legt zum Abschlussstichtag folgende Daten für die Gewinn- und Verlustrechnung vor:

Unfertige Erzeugnisse	AB	T€	110	EB	T€	85
Fertige Erzeugnisse	AB		100	EB		175
Steuern vom Einkommen und vom Ertrag						120
Sonstige Steuern						40
Einstellungen in freie Rücklagen						60
Materialaufwand						4 294
Verkaufskonto (ohne USt)						6 500
Zinserträge aus Festgeldern						50
Gewinn aus dem Vorjahr						4
Löhne und Gehälter						1 000
Arbeitgeberbeiträge zur Sozialversicherung usw.						500
Zinsaufwendungen						100
Sonstige Kosten						200
Ertrag aus dem Verkauf von Anlagevermögen						50
Umsatzsteuer aus Verkäufen						300
Sonstiger Ertrag						100
Abschreibungen auf Anlagen						250
Einzelwertberichtigungen auf Forderungen (üblich)						10

Pauschalwertberichtigungen auf Forderungen (üblich)	20
Zinserträge aus festverzinslichen Wertpapieren des Anlagevermögens	40

Erstellen Sie nach den obigen Angaben, bei denen die Bezeichnungen sich nicht mit dem HGB decken, eine Gewinn- und Verlustrechnung nach § 275 Abs. 2 HGB i. V. m. § 158 AktG!

Die Lösung zu Aufgabe 37 finden Sie auf Seite 397 f.

DOWNLOAD

Hierzu finden Sie eine Arbeitshilfe unter www.nwb.de/go/meyer-bilanzierung!

AUFGABE 38

Geben Sie an, unter welchem Posten der Gewinn- und Verlustrechnung nach § 275 Abs. 2 HGB die folgenden Aufwendungen und Erträge auszuweisen sind:

a) Abschreibungen auf einen derivativen Firmenwert — € 500 000,–

b) Verkauf von Wertpapieren des Umlaufvermögens,
Buchwert — 1 200,–
Veräußerungserlös — 1 500,–
Veräußerungskosten — 25,–

c) Eingang einer im vorhergehenden Geschäftsjahr wegen des Konkurses eines Kunden voll abgeschriebenen Forderung aus Warenlieferung € 2 023,– (einschl. 19 % USt).

d) Dividende aus Wertpapieren des Anlagevermögens (A. III. 5): Brutto € 16 000,–, abzüglich Kapitalertragsteuer € 4 000,–,
Eingang auf der Bank — € 12 000,–

e) Lieferantenskonto auf im Geschäftsjahr bezogene Rohstoffe € 24 000,–, davon entfallen auf bereits verarbeitete Rohstoffe — € 23 000,–

f) Ein nicht mehr benötigter PC aus der Geschäftsausstattung wird verkauft, Buchwert € 100,–, Verkaufspreis € 150,– (ohne USt)

g) Säumniszuschlag für eine zu spät gezahlte Steuer — € 100,–

h) Verkaufserlös von Rohstoffabfällen aus der Produktion (einschl. 19 % USt) — € 4 760,–

i) Von einer Tochtergesellschaft aufgrund eines Gewinnabführungsvertrages abgeführter Gewinn — € 100 000,–

j) Für erwartete Garantieleistungen aus Verkäufen erscheint eine Rückstellung von — € 50 000,– notwendig

k) Abschreibung auf ausstehende Einlagen € 25 000,–

l) Ertrag aus der Auflösung einer nicht mehr benötigten Prozessrückstellung € 15 000,–

Die Lösung zu Aufgabe 38 finden Sie auf Seite 398 f.

AUFGABE 39

Die Müller GmbH stellt nur ein einziges Produkt her, das sich aber sehr gut verkaufen lässt.

Die Gewinn- und Verlustrechnung nach dem Gesamtkostenverfahren hat – vereinfacht – folgendes Aussehen:

1.	Umsatzerlöse	T€	1 000
2.	Bestandserhöhung der fertigen Erzeugnisse	+	100
3.	sonstige betriebliche Erträge	+	40
4.	Materialaufwand	./.	400
5.	Personalaufwand	./.	300
6.	Abschreibungen auf Sachanlagen	./.	100
7.	sonstige betriebliche Aufwendungen	./.	150
8.	Zinsen und ähnliche Aufwendungen	./.	60
9.	Ergebnis der gewöhnlichen Geschäftstätigkeit	T€	130
10.	Steuern vom Einkommen und Ertrag	./.	70
11.	sonstige Steuern	./.	30
12.	Jahresüberschuss	T€	30

Die Abteilung »Kostenrechnung« ermittelt aufgrund der innerbetrieblichen Daten die folgende Verteilung der Aufwendungen (ohne kalkulatorische Kosten):

Betriebsabrechnungsbogen

Kostenstellen / Kostenarten	Herstellung %	Vertrieb %	Verwaltung %
Materialaufwand	90	5	5
Personalaufwand	80	10	10
Abschreibungen, Sachanlagen	70	20	10
sonstige betriebliche Aufwendungen	10	70	10

Zusatzangaben:

a) Die Unternehmung ermittelte die Herstellungskosten (HK) nach § 255 Abs. 2, 3 HGB für die fertigen Erzeugnisse (FE) auf der Basis der vollen Aufwendungen, aber ohne Verwaltungsgemeinkosten und ohne Zinsen.

b) Die sonstigen Steuern werden aus Vereinfachungsgründen nicht aufgeteilt.

c) Die Produktionsanlagen waren voll ausgelastet.

d) Zu Beginn des Geschäftsjahres waren keine fertigen Erzeugnisse aus dem Vorjahr vorhanden; gleiches gilt für unfertige Erzeugnisse.

Erstellen Sie eine Gewinn- und Verlustrechnung nach dem Umsatzkostenverfahren!

Die Lösung zu Aufgabe 39 finden Sie auf Seite 399.

DOWNLOAD

Hierzu finden Sie eine Arbeitshilfe unter www.nwb.de/go/meyer-bilanzierung!

C. Der Anhang und der Lagebericht – Besondere Pflichten für Kapitalgesellschaften und bestimmte PHG

Der Anhang und der Lagebericht ergänzen die Bilanz und die Gewinn- und Verlustrechnung und sollen sie mit den im HGB, AktG und GmbHG vorgesehenen *Mindestangaben* erläutern. Zusätzliche *freiwillige Angaben* sind zulässig. Auch darf Bilanz, Gewinn- und Verlustrechnung, Lagebericht und Anhang zu einem *Geschäftsbericht* zusammengefasst werden (vgl. die Ausführungen zur Offenlegung, Tz. 1560). Eine Darstellung der wesentlichen Merkmale und Elemente des Geschäftsberichts ist unter Tz. 1900 zu finden! 2900

1 Anhang

a) Inhalt

Der Anhang nach § 284 HGB lässt sich wie folgt strukturieren: 2910

(1) Angaben, die in Ausübung eines Wahlrechts gemacht werden	§ 284 Abs. 1 HGB
(2) Angaben zu einzelnen Sachverhalten	§ 284 Abs. 2 HGB
(3) Sonstige Pflichtangaben	§ 285 HGB
(4) Rechtsformspezifische Angaben	
(a) AG	§ 160 AktG
(b) GmbH	§ 29 Abs. 4, § 42 Abs. 3 GmbHG
(c) Bestimmte PHG	§ 264c Abs. 1, 2 HGB Art. 48 Abs. 5, 6 EGHGB

Die Angaben wegen der Ausübung eines Wahlrechts sind in den Gesetzen einzeln und getrennt bei den jeweiligen Sachverhalten aufgezählt.

Im Gesetz werden verschiedene *Formen der Angabe* unterschieden:

- Angabe: Oberbegriff für alle Arten der Berichterstattung bzw. verbaler oder zahlenmäßiger Hinweis auf Tatsachen, Namen usw.,
- Aufgliederung: Zahlenmäßige Segmentierung einer Größe,
- Ausweis: Zahlenmäßige Nennung von Beträgen,
- Begründung: Verbale Offenlegung der Motive bzw. Gründe,
- Darstellung: Verbale und/oder zahlenmäßige Angabe, verbunden mit einer Aufgliederung usw.,
- Erläuterung: Kommentierung über Inhalt, Zustandekommen usw. von Beträgen oder Posten, verbal und/oder zahlenmäßig.

In *Tabelle 67* sind alle gesetzlich vorgesehenen Angaben zusammengestellt. 2915

2917 Einen verbesserten Einblick in die Liquiditätslage und die finanzwirtschaftliche Situation geben die Verbindlichkeiten mit den Restlaufzeiten und den gegebenen Sicherheiten. Daraus lässt sich der in *Tabelle 66,* dargestellte *Verbindlichkeitenspiegel* entwickeln.

TAB. 66: Verbindlichkeitenspiegel

Art der Verbindlichkeit	Gesamt-betrag	davon mit einer Restlaufzeit von			gesicherte Beträge	Art der Sicherheit
		≤ 1 Jahr	> 1–5 Jahren	> 5 Jahren		
	T€	T€	T€	T€	T€	
Summe						
(1)	(2)	(3)	(4)	(5)	(6)	(7)

Erläuterung

(1) Angabe nach der jeweiligen Bilanzgliederung, § 285 Nr. 2 HGB
(2) Betrag aus der Bilanz
(3) Betrag aus der Bilanz (§ 268 Abs. 5 HGB)
(4) Ergebnis aus (2) ./. (3) ./. (5)
(5) Angabe nach § 285 Nr. 1a) HGB
(6) Angabe nach § 285 Nr. 1b) HGB
(7) Angabe nach § 285 Nr. 1b) HGB

Beachte auch die Erleichterung in § 288 HGB für die kleine und in § 327 Nr. 2 HGB für die mittelgroße Kapitalgesellschaft bzw. PHG

b) Unterlassen von Angaben

2920 Das HGB enthält auch Bestimmungen über das pflichtgemäße und freiwillige Unterlassen von Angaben. Die Berichterstattung hat zu unterbleiben, wenn es für das Wohl der Bundesrepublik Deutschland oder eines ihrer Länder erforderlich ist (§ 286 Abs. 1 HGB, § 160 Abs. 2 AktG – Berichterstattungsverbot). Die Aufgliederung der Umsatzerlöse (§ 285 Nr. 4 HGB), die Angaben zu Beteiligungen (§ 285 Nr. 11, 11a HGB), zum Eigenkapital und Jahresergebnis, zu den Bezügen können bei Vorliegen der im Gesetz genannten Voraussetzungen unterbleiben (§ 286 Abs. 2 bis 5 HGB i. V. m. Art. 59 EGHGB – Berichterstattungswahlrechte).

c) Größenabhängige Erleichterungen

2930 Für die *kleinen und mittelgroßen* Kapitalgesellschaften sowie bestimmte PHG sieht das HGB Erleichterungen vor. Diese Unternehmen brauchen einen Teil der »sonstigen Pflichtangaben« nach § 285 HGB nicht zu machen (§ 288 HGB; beachte aber § 131 Abs. 1 AktG). In *Tabelle 67* sind die Erleichterungen bereits berücksichtigt.

Nach § 264 Abs. 1 Satz 5 HGB brauchen *Kleinstkapitalgesellschaften* den Jahresabschluss *nicht* um einen *Anhang* zu erweitern, wenn sie 2940

- die in § 251 und die in § 268 Abs. 7 HGB genannten Angaben,
- die in § 285 Nummer 9 Buchstabe c genannten Angaben und
- im Falle einer AG oder einer KG a. A. die in § 160 Abs. 1 Satz 1 Nr. 2 des AktG genannten Angaben

unter der Bilanz angeben (vgl. dazu auch *Tabelle 3,* S. 3).

TAB. 67: Anhang nach § 264 Abs. 1 HGB – Zusammenstellung aller gesetzlich vorgesehenen Angaben

	Rechtsgrundlage
A. Angaben zum Jahresabschluss	
I. Zusätzliche Angaben	
1. wenn der Jahresabschluss trotz der GoB ein den tatsächlichen Verhältnissen entsprechendes Bild der Vermögens-, Finanz- und Ertragslage nicht vermittelt;	§ 264 Abs. 2 Satz 2 HGB
2. von kapitalmarktorientierten Kapitalgesellschaften über den Jahresabschluss	§ 264 Abs. 2 Satz 3 HGB
II. Angabe, Erläuterung und Begründung von Abweichungen	
1. Angaben und Begründungen zu Unterbrechungen der Form der Darstellungsstetigkeit (insbesondere der Gliederung der Bilanz und der GuV);	§ 265 Abs. 1 Satz 2 HGB
2. Angaben und Erläuterungen, wenn die Beträge von Posten der Bilanz oder GuV mit denen des vorhergehenden Geschäftsjahres nicht vergleichbar sind;	§ 265 Abs. 2 Satz 2 HGB
3. Angabe und Erläuterung der Anpassung der Vergleichszahlen des Vorjahres;	§ 265 Abs. 2 Satz 3 HGB
4. Angabe der Mitzugehörigkeit zu anderen Posten der Bilanz (wenn dies zur Aufstellung eines klaren und übersichtlichen Jahresabschlusses erforderlich ist), sofern nicht in der Bilanz vermerkt;	§ 265 Abs. 3 Satz 1 HGB
5. Angabe und Begründung einer Ergänzung des Gliederungsschemas, wenn verschiedene Gliederungsvorschriften konkurrieren;	§ 265 Abs. 4 Satz 2 HGB
6. Aufgliederung von in der Bilanz oder in der GuV zum Zwecke der größeren Klarheit der Darstellung zusammengefassten Posten;	§ 265 Abs. 7 Nr. 2 HGB
7. Angabe und Begründung der Abweichungen von Bilanzierungs- und Bewertungsmethoden; gesonderte Darstellung des Einflusses dieser Änderung auf die Vermögens-, Finanz- und Ertragslage.	§ 284 Abs. 2 Nr. 3 HGB
III. Allgemeine Erläuterung der Bilanz und der Gewinn- und Verlustrechnung	
1. Angabe der auf die Posten der Bilanz und der GuV angewandten Bilanzierungs- und Bewertungsmethoden;	§ 284 Abs. 2 Nr. 1 HGB
– Keine Offenlegungspflicht von Angaben zur GuV für kleine Kapitalgesellschaften –	§ 326 HGB
2. Angabe der Grundlagen für die Umrechnung fremder Währungen in Euro;	§ 284 Abs. 2 Nr. 2 HGB
3. Es sind Angaben zu machen über die Einbeziehung von Zinsen für Fremdkapital in die Wertfindung für Herstellungskosten.	§ 284 Abs. 2 Nr. 5 HGB

	Rechtsgrundlage
IV. Einzelangaben	
1. Darstellung der Entwicklung des Anlagevermögens (Anlagespiegel), sofern nicht in der Bilanz dargestellt;	§ 268 Abs. 2 Satz 1 HGB
– Keine Angabepflicht für kleine Kapitalgesellschaften –	§ 274a Nr. 1 HGB
2. Angabe der Abschreibungen des Geschäftsjahres der einzelnen Posten des Anlagevermögens, sofern nicht in der Bilanz vermerkt;	§ 268 Abs. 2 Satz 3 HGB
– Keine Angabepflicht für kleine Kapitalgesellschaften –	§ 274a Nr. 1 HGB
3. Angabe der außerplanmäßigen Abschreibungen § 253 Abs. 3 Satz 3 und 4 HGB, soweit sie nicht gesondert ausgewiesen sind;	§ 277 Abs. 3 Satz 1 HGB
4. Wurde die gewogene Durchschnittsbewertung angewandt oder bei der Bewertung gleichartiger Vermögensgegenstände des Vorratsvermögens eine Abgangsfolge unterstellt (z. B. Lifo, Fifo), so ist der Differenzbetrag zum jeweiligen Börsen- oder Marktwert anzugeben, wenn er erheblich von diesem abweicht;	§ 284 Abs. 2 Nr. 4 HGB
– Keine Angabepflicht für kleine Kapitalgesellschaften –	§ 288 HGB
5. Erläuterung von als sonstige Vermögensgegenstände ausgewiesenen Beträgen größeren Umfangs für Wirtschaftsgüter, die erst nach dem Abschlussstichtag rechtlich entstehen;	§ 268 Abs. 4 Satz 2 HGB
– Keine Angabepflicht für kleine Kapitalgesellschaften –	§ 274a Nr. 2 HGB
6. Angabe eines Damnums (§ 250 Abs. 3 HGB), soweit in der Bilanz nicht gesondert ausgewiesen;	§ 268 Abs. 6 HGB
– Keine Angabepflicht für kleine Kapitalgesellschaften –	§ 274a Nr. 4 HGB
7. Aufwendungen für Währungsumstellung auf den Euro als Bilanzierungshilfe	Art. 44 Abs. 1 Satz 4 EGHGB
8. Bilanzierungshilfe nach dem Altfahrzeug-Gesetz	Art. 53 Abs. 2 EGHGB
9. Erläuterung von Rückstellungen, die in der Bilanz unter »sonstige Rückstellungen« nicht gesondert ausgewiesen werden, wenn sie einen nicht unerheblichen Umfang haben;	§ 285 Nr. 12 HGB
– Keine Angabepflicht für kleine Kapitalgesellschaften –	§ 288 HGB
– Keine Offenlegungspflicht für mittelgroße Kapitalgesellschaften –	§ 327 Nr. 2 HGB
10. Erläuterung von als Verbindlichkeiten ausgewiesenen Beträgen größeren Umfangs, die erst nach dem Abschlussstichtag rechtlich entstehen;	§ 268 Abs. 5 Satz 3 HGB
– Keine Angabepflicht für kleine Kapitalgesellschaften –	§ 274a Nr. 3 HGB
11. Angabe des Gesamtbetrags der Verbindlichkeiten mit einer Restlaufzeit von mehr als 5 Jahren;	§ 285 Nr. 1 a HGB
12. Angabe des Gesamtbetrags der Verbindlichkeiten, die durch Pfandrechte oder ähnliche Rechte gesichert sind, unter Angabe von Art und Form der Sicherheiten;	§ 285 Nr. 1 b HGB
13. Aufgliederung der oben (= Nr. 11 und Nr. 12) verlangten Angaben für jeden Posten der Verbindlichkeiten, sofern sich diese Angaben nicht aus der Bilanz ergeben;	§ 285 Nr. 2 HGB
– Keine Angabepflicht für kleine Kapitalgesellschaften –	§ 288 HGB
– Keine Offenlegungspflicht für mittelgroße Kapitalgesellschaften –	§ 327 Nr. 2 HGB

	Rechtsgrundlage
14. Angabe der Haftungsverhältnisse nach §§ 251, 268 Abs. 7 HGB (Angabe der gewährten Pfandrechte und sonstiger Sicherheiten; Angabe, wenn gegenüber verbundenen Unternehmen) Alternativ: gesondert unter der Bilanz;	§ 268 Abs. 7 HGB
15. Erläuterung der unter den Posten »außerordentliche Erträge« und »außerordentliche Aufwendungen« ausgewiesenen Beträge (hinsichtlich ihres Betrags und ihrer Art), soweit die ausgewiesenen Beträge für die Beurteilung der Ertragslage nicht von untergeordneter Bedeutung sind;	§ 277 Abs. 4 Satz 2 HGB
– Keine Angabepflicht für kleine Kapitalgesellschaften –	§ 276 HGB
16. Erläuterungen der aperiodischen Erträge und Aufwendungen (hinsichtlich ihres Betrags und ihrer Art), soweit sie nicht für die Beurteilung der Ertragslage von untergeordneter Bedeutung sind;	§ 277 Abs. 4 Satz 3 HGB
– Keine Angabepflicht für kleine Kapitalgesellschaften –	§ 276 HGB
17. Angaben bei Anwendung des Umsatzkostenverfahrens (§ 275 Abs. 3 HGB)	
a) der Materialaufwand des Geschäftsjahres, gegliedert nach § 275 Abs. 2 Nr. 5 HGB	§ 285 Nr. 8a HGB
– Keine Angabepflicht für kleine Kapitalgesellschaften –	§ 288 HGB
– Keine Offenlegungspflicht für mittelgroße Kapitalgesellschaften –	§ 327 Nr. 2 HGB
b) der Personalaufwand des Geschäftsjahres, gegliedert nach § 275 Abs. 2 Nr. 6 HGB	§ 285 Nr. 8b HGB
– Keine Offenlegungspflicht für kleine Kapitalgesellschaften –	§ 326 HGB
18. Angabe des Gewinn- oder Verlustvortrags bei teilweiser Verwendung des Jahresergebnisses (alternativ gesondert in der Bilanz);	§ 268 Abs. 1 Satz 2 HGB
B. Zusätzliche Angaben	
1. Art und Zweck sowie Risiken und Vorteile von nicht in der Bilanz enthaltenen Geschäften	§ 285 Nr. 3 HGB
– Keine Angabepflicht für kleine und mittelgroße Kapitalgesellschaften	§ 288 HGB
2. Angabe des Gesamtbetrags der sonstigen finanziellen Verpflichtungen, die nicht in der Bilanz erscheinen und nicht nach § 251 HGB anzugeben sind, sofern diese Angaben für die Beurteilung der Finanzlage von Bedeutung sind (Verpflichtungen gegenüber verbundenen Unternehmen sind gesondert anzugeben);	§ 285 Nr. 3a HGB
– Keine Angabepflicht für kleine Kapitalgesellschaften –	§ 288 HGB
3. Aufgliederung der Umsatzerlöse nach Tätigkeitsbereichen sowie nach geografisch bestimmten Märkten, soweit sich, unter Berücksichtigung der Organisation des Verkaufs von für die gewöhnliche Geschäftstätigkeit der Kapitalgesellschaft typischen Erzeugnissen und der für die gewöhnliche Geschäftstätigkeit der Kapitalgesellschaft typischen Dienstleistungen, die Tätigkeitsbereiche und geografisch bestimmten Märkte untereinander erheblich unterscheiden;	§ 285 Nr. 4 HGB

	Rechtsgrundlage
– Keine Angabepflicht für kleine und mittelgroße Kapitalgesellschaften –	§ 288 HGB
– Keine Offenlegungspflicht für kleine Kapitalgesellschaften –	§ 326 HGB
– Angabe kann unterbleiben, wenn erheblicher Nachteil droht –	§ 286 Abs. 2 HGB
4. Angaben, in welchem Umfang die Steuern vom Einkommen und vom Ertrag das Ergebnis der gewöhnlichen Geschäftstätigkeit und das außerordentliche Ergebnis belasten;	§ 285 Nr. 6 HGB
– Keine Angabepflicht für kleine Kapitalgesellschaften –	§ 288 HGB
5. Angabe der durchschnittlichen Zahl der während des Geschäftsjahres beschäftigten Arbeitnehmer, getrennt nach Gruppen;	§ 285 Nr. 7 HGB
– Keine Angabepflicht für kleine Kapitalgesellschaften –	§ 288 HGB
6. Angabe der Aufwendungen für die Mitglieder des Geschäftsführungsorgans, eines Aufsichtsrats, eines Beirats oder einer ähnlichen Einrichtung, jeweils für jede Personengruppe (beachte § 286 Abs. 4, 5 HGB – Unterlassen der Angaben)	
a) die für die Tätigkeit im Geschäftsjahr gewährten Gesamtbezüge. Außer den Bezügen für das Geschäftsjahr sind die weiteren Bezüge anzugeben, die im Geschäftsjahr gewährt, bisher aber in keinem Jahresabschluss angegeben worden sind; auch Bezugsrechte und aktienbasierte Vergütungen;	§ 285 Nr. 9a HGB
– Keine Angabepflicht für kleine Kapitalgesellschaften –	§ 288 HGB
– Bei börsennotierten Aktiengesellschaften: zusätzlich unter Namensnennung die Bezüge jedes einzelnen Vorstandsmitglieds, vgl. dazu auch DRS 17	§ 285 Nr. 9a HGB
b) die Gesamtbezüge der früheren Mitglieder der bezeichneten Organe und ihrer Hinterbliebenen. Buchstabe a Satz 2 ist entsprechend anzuwenden. Angabe der Pensionsrückstellungen und der Fehlbeträge für diesen Personenkreis	§ 285 Nr. 9b HGB
– Keine Angabepflicht für kleine Kapitalgesellschaften –	§ 288 HGB
c) die gewährten Vorschüsse und Kredite unter Angabe der Zinssätze, der wesentlichen Bedingungen und der gegebenenfalls im Geschäftsjahr zurückgezahlten Beträge sowie die zu Gunsten dieser Personen eingegangenen Haftungsverhältnisse;	§ 285 Nr. 9c HGB
7. Angabe aller Mitglieder des Geschäftsführungsorgans und eines Aufsichtsrats, auch wenn sie im Geschäftsjahr oder später ausgeschieden sind, mit dem Familiennamen und mindestens einem ausgeschriebenen Vornamen einschl. des ausgeübten Berufs und bei börsennotierten Gesellschaften auch der Mitgliedschaft in Aufsichtsräten usw. Der Vorsitzende eines Aufsichtsrats, seine Stellvertreter und ein etwaiger Vorsitzender des Geschäftsführungsorgans sind als solche zu bezeichnen;	§ 285 Nr. 10 HGB
– bei Börsennotierung: Mitgliedschaft in anderen Kontrollgremien i. S. v. § 125 Abs. 1 Satz 3 AktG ist anzugeben	

	Rechtsgrundlage
8. Angabe von Name, Sitz, Beteiligungsquote, Eigenkapital und letztem Jahresergebnis von Unternehmen, an denen die Kapitalgesellschaft oder eine für Rechnung der Kapitalgesellschaft handelnde Person mindestens den fünften Teil der Anteile besitzt; ferner sind von börsennotierten Gesellschaften zusätzlich alle Beteiligungen an großen Kapitalgesellschaften anzugeben, die 5 % der Stimmrechte überschreiten; Angabe von Name, Sitz und Rechtsform der Unternehmen, deren unbeschränkt haftender Gesellschafter die Kapitalgesellschaft ist	§ 285 Nr. 11, 11a HGB
– Angabe kann unterbleiben, wenn von untergeordneter Bedeutung oder wenn erheblicher Nachteil droht; in letzterem Fall ist die Anwendung der Ausnahmeregelung im Anhang anzugeben –	§ 286 Abs. 3 Sätze 1 und 3 HGB
– Die Angabe des Eigenkapitals und des letzten Jahresergebnisses kann unterbleiben, wenn das Unternehmen, über das zu berichten ist, seinen Jahresabschluss nicht offenzulegen hat und die berichtende Kapitalgesellschaft weniger als die Hälfte der Anteile besitzt –	§ 286 Abs. 3 Satz 2 HGB
9. Angabe der Fehlbeträge nicht passivierter Rückstellungen für laufende Pensionen, Anwartschaften auf Pensionen und ähnliche Verpflichtungen (in einem Betrag);	Art. 28 Abs. 2 EGHGB
10. Angabe der Gründe für eine Abschreibung des Geschäfts- oder Firmenwerts von mehr als 5 Jahren (§ 255 Abs. 4 Satz 3 HGB);	§ 285 Nr. 13 HGB
11. Mutterunternehmen;	§ 285 Nr. 14 HGB
12. Honorarangaben für den Abschlussprüfer i. S. d. § 319 Abs. 1 HGB Vgl. IDW RS HFA 36, Tabelle 10	§ 285 Nr. 17 HGB
– Keine Angabepflicht für kleine und mittelgroße Kapitalgesellschaften –	§ 288 HGB
13. Finanzinstrumente – Kategorie, Art, Umfang und Zeitwert	§ 285 Nr. 19 HGB
14. Finanzinstrumente, die zu den Finanzanlagen (§ 266 Abs. 2 A III HGB) gehören, soweit über dem beizulegenden Zeitwert ausgewiesen	§ 285 Nr. 18 HGB
– Keine Angabepflicht für kleine Kapitalgesellschaften –	§ 288 HGB
15. Angaben zu nach § 340e Abs. 3 Satz 1 HGB bewertete Finanzinstrumente	§ 285 Nr. 20 HGB
16. Geschäfte mit nahestehenden Unternehmen und Personen bei nicht marktüblichen Bedingungen	§ 285 Nr. 21 HGB
– Keine Angabepflicht für kleine Kapitalgesellschaften	§ 288 HGB
– Beschränkung bei mittelgroßen Kapitalgesellschaften	§ 288 HGB
17. Angaben bei der Aktivierung von Forschungs- und Entwicklungskosten nach § 248 Abs. 2 HGB	§ 285 Nr. 22 HGB
– Keine Angabepflicht für kleine Kapitalgesellschaften	§ 288 HGB
18. Erläuterung und Angaben zu Bewertungseinheiten nach § 254 HGB, soweit nicht im Lagebericht	§ 285 Nr. 23 HGB
19. Angaben zur Ermittlung von Rückstellungen für Pensionen und ähnliche Verpflichtungen	§ 285 Nr. 24 HGB
20. Erläuterung der Vermögensrechnung nach § 246 Abs. 2 Satz 2 HGB	§ 285 Nr. 25 HGB

	Rechtsgrundlage
21. Ausgaben zu Anteilen oder Anlageaktien an inländischen Investmentvermögen	§ 285 Nr. 26 HGB
22. Risikoeinschätzung zu Verbindlichkeiten nach § 251 bzw. § 268 Abs. 7 HGB	§ 285 Nr. 27 HGB
23. Gesamtbetrag und Aufgliederung der Beträge nach § 268 Abs. 8 HGB	§ 285 Nr. 28 HGB
24. Latente Steuern – Angabe der Differenzen und Steuersätze	§ 285 Nr. 29 HGB
– Keine Angabepflicht für kleine und mittelgroße Kapitalgesellschaften	§ 288 HGB
25. Hinweis auf einen befreienden Konzernabschluss;	§ 291 Abs. 2 Nr. 3 HGB
26. Angabe bestimmter Posten bei verkürztem Bilanzschema mittelgroßer Kapitalgesellschaften.	§ 327 Nr. 1 HGB
C. Rechtsformspezifische Angaben	
I. AG, KGaA	
1. Angaben über eine zusätzliche Dotierung freier Rücklagen aus steuerrechtlichen Gründen (alternativ: gesonderter Ausweis in der Bilanz);	§ 58 Abs. 2a AktG
2. Angabe zum Posten Kapitalrücklage	
– wenn nicht in der Bilanz vermerkt –	
a) der Betrag, der während des Geschäftsjahres eingestellt wurde;	
b) der Betrag, der für das Geschäftsjahr entnommen wird;	§ 152 Abs. 2 AktG
3. Angaben zu den einzelnen Posten der Gewinnrücklagen	
– wenn nicht in der Bilanz vermerkt –	
a) die Beträge, die die HV aus dem Bilanzgewinn des Vorjahres eingestellt hat;	
b) die Beträge, die aus dem Jahresüberschuss des Geschäftsjahres eingestellt werden;	
c) die Beträge, die für das Geschäftsjahr entnommen werden;	§ 152 Abs. 3 AktG
4. Darstellung der Entwicklung vom »Jahresüberschuss/Jahresfehlbetrag« bis zum »Bilanzgewinn/Bilanzverlust« (alternativ in der GuV);	§ 158 Abs. 1 AktG
5. Zusätzliche Vorschriften zum Anhang	§ 160 Abs. 1 AktG
a) Angaben über Bestand und Zugang an Aktien, die ein Aktionär für Rechnung der Gesellschaft oder eines abhängigen oder eines im Mehrheitsbesitz der Gesellschaft stehenden Unternehmens oder ein abhängiges oder im Mehrheitsbesitz der Gesellschaft stehendes Unternehmen als Gründer oder Zeichner oder in Ausübung eines bei einer bedingten Kapitalerhöhung eingeräumten Umtausch- oder Bezugsrechts übernommen hat; sind solche Aktien im Geschäftsjahr verwertet worden, so ist auch über die Verwertung unter Angabe des Erlöses und die Verwendung des Erlöses zu berichten;	dto. Nr. 1

	Rechtsgrundlage
b) Angaben über den Bestand an eigenen Aktien der Gesellschaft, die sie, ein abhängiges Unternehmen usw. u. a. erworben oder als Pfand genommen hat (Zahl, Anteil am Grundkapital, Zeitpunkt des Erwerbs, Gründe für den Erwerb). Sind solche Aktien im Geschäftsjahr erworben oder veräußert worden, so ist auch über den Erwerb oder die Veräußerung unter Angabe der Zahl dieser Aktien, des Anteils am Grundkapital und des Erwerbs- oder Veräußerungspreises sowie über die Verwendung des Erlöses zu berichten;	dto. Nr. 2
c) Angaben über Zahl und Nennbetrag der Aktien jeder Gattung, sofern nicht aus der Bilanz ersichtlich; gesonderte Angabe von Aktien, die aus einer bedingten Kapitalerhöhung oder einem genehmigten Kapital im Geschäftsjahr gezeichnet wurden;	dto. Nr. 3
d) Angaben über das genehmigte Kapital;	dto. Nr. 4
e) Angaben über die Zahl der Bezugsrechte gem. § 192 Abs. 2 Nr. 3 AktG, der Wandelschuldverschreibungen und vergleichbaren Wertpapiere unter Angabe der Rechte, die sie verbriefen;	dto. Nr. 5
f) Angaben über Genussrechte, Rechte aus Besserungsscheinen und ähnliche Rechte unter Angabe der Art und Zahl der jeweiligen Rechte sowie der im Geschäftsjahr neu entstandenen Rechte;	dto. Nr. 6
g) Angaben über das Bestehen einer wechselseitigen Beteiligung unter Angabe des Unternehmens;	dto. Nr. 7
h) Angaben über das Bestehen einer Beteiligung an der Gesellschaft, die ihr nach § 20 Abs. 1 oder 4 AktG mitgeteilt worden ist; dabei ist anzugeben, wem die Beteiligung gehört und ob sie den vierten Teil aller Aktien der Gesellschaft übersteigt oder eine Mehrheitsbeteiligung (§ 16 Abs. 1 AktG) ist;	dto. Nr. 8
6. Erläuterung, ob und in welcher Höhe die aus einer Kapitalherabsetzung und aus der Auflösung von Kapital- und Gewinnrücklagen gewonnenen Beträge	
1. zum Ausgleich von Wertminderungen,	
2. zur Deckung von sonstigen Verlusten,	
3. zur Einstellung in die Kapitalrücklage verwandt werden;	§ 240 Satz 3 AktG
7. Angabe von Gründen und Beifügung einer Sonderrechnung, falls eine bei einer Sonderprüfung festgestellte Unterbewertung nicht mehr zu einer entsprechenden Korrektur der Bilanzansätze führt.	§ 261 Abs. 1 Satz 3, 4 AktG
8. Angabe und Zugänglichmachung der Erklärung nach § 161 AktG.	§ 285 Nr. 16 HGB
II. GmbH	
1. Angabe des Betrages der Rücklagen, die aufgrund von Wertaufholungen und steuerlichen Rücklagen in Gewinnrücklagen eingestellt wurden (alternativ gesonderter Ausweis in der Bilanz);	§ 29 Abs. 4 GmbHG
2. Angabe der Ausleihungen, Forderungen und Verbindlichkeiten gegenüber Gesellschaftern – sofern nicht gesondert in der Bilanz ausgewiesen.	§ 42 Abs. 3 GmbHG
III. Bestimmte PHG	
1. Angabe von Name und Sitz der Gesellschaften, die persönlich haftende Gesellschafter sind, sowie deren gezeichnetes Kapital;	§ 285 Nr. 15 HGB

	Rechtsgrundlage
2. Angabe der Ausleihungen, Forderungen gegenüber Gesellschaftern – sofern nicht gesondert in der Bilanz ausgewiesen;	§ 264c Abs. 1 HGB
3. Angabe nicht geleisteter Einlagen gem. § 172 Abs. 1 HGB;	§ 264c Abs. 2 HGB
4. Angabe der Verwendung von Buchwerten beim Anlagenspiegel;	Art. 48 Abs. 5 EGHGB
5. Angabe der Fehlbeträge nicht passivierter Rückstellungen für laufende Pensionen, Anwartschaften auf Pensionen und ähnliche Verpflichtungen.	Art. 48 Abs. 6 EGHGB

2 Lagebericht

2950 Im Zuge der Bilanzreform 2004 und durch das Vorstandsvergütungs-Offenlegungsgesetz wurde § 289 HGB teilweise neu gefasst, im Umfang ausgeweitet und dem international üblichen Standard näher gebracht. Neben den gesetzlich geforderten Angaben kann das Unternehmen freiwillig zusätzliche Informationen bereitstellen. Dies wird vor allem von börsennotierten Gesellschaften so gehandhabt, um Investoren Entscheidungsgrundlagen zu liefern.

2960 Nach § 289 Abs. 1 HGB hat der Lagebericht folgende *Mindestangaben* zu enthalten:

- Darstellung des Geschäftsverlaufs, des Geschäftsergebnisses und der Lage, damit ein den tatsächlichen Verhältnissen entsprechendes Bild vermittelt wird,
- ausgewogene und umfassende Analyse der Geschäftstätigkeit und der Lage, die dem Umfang und der Komplexität der Geschäftstätigkeit entspricht,
- Einbezug der bedeutsamsten finanziellen Leistungsindikatoren in die Analyse der Geschäftstätigkeit unter Bezugnahme auf Beträge und Angaben im Jahresabschluss,
- Erläuterung und Beurteilung der voraussichtlichen Entwicklung mit ihren wesentlichen Chancen und Risiken einschließlich der zu Grunde liegenden Annahmen.

Bei kapitalmarktorientierten Gesellschaften haben die gesetzlichen Vertreter eine zusätzliche Erklärung abzugeben (§ 289 Abs. 1 Satz 5 HGB).

2965 Im Lagebericht *soll* nach § 289 Abs. 2 HGB auch eingegangen werden auf

- Vorgänge von besonderer Bedeutung, die nach Schluss des Geschäftsjahres eingetreten sind,
- bei der Verwendung von Finanzinstrumenten (sofern dies für die Beurteilung der Lage oder der voraussichtlichen Entwicklung von Belang ist): Risikomanagementziele und -methoden, Methoden zur Absicherung sowie Preisänderungs-, Ausfall- und Liquiditätsrisiken, Risiken aus Zahlungsstromschwankungen,
- den Bereich der Forschung und Entwicklung,
- bestehende Zweigniederlassungen i. S. v. §§ 13 ff. HGB und
- die Grundzüge des Vergütungssystems nach § 285 Nr. 9 HGB, soweit es sich um eine börsennotierte Aktiengesellschaft handelt.

Diese Soll-Angaben werden zu Pflichtangaben, wenn sie bei vernünftiger kaufmännischer Beurteilung wichtige Informationen für den Berichtsempfänger darstellen.

Von *großen* Kapitalgesellschaften i. S.v. § 267 HGB verlangt nun § 289 Abs. 3 HGB den 2970
Einbezug von nicht finanziellen Leistungsindikatoren, wie Informationen über Umwelt- oder Arbeitnehmerbelange in die Analyse der Geschäftstätigkeit, soweit sie für das Verständnis des Geschäftsverlaufs oder der Lage von Bedeutung sind.

Börsennotierte AG und KGaA haben nach § 289 Abs. 4 HGB zusätzliche Angaben, ins- 2972
bes. zu Aktiengattungen, Stimmrechten usw., zu machen, vgl. dazu auch DRS 17.

Weitere Hinweise zur Aufstellung des (Konzern-)Lageberichts enthält DRS 20, der die 2975
bisherigen Standards DRS 15 – Lageberichterstattung und DRS 5 – Risikoberichterstattung ersetzt. Die Anwendung von DRS 20 auf den Lagebericht nach § 289 HGB wird vom DRSC in der Zusammenfassung dieses Standards ausdrücklich empfohlen.

Kapitalmarktorientierte Kapitalgesellschaften i. S.v. § 264d HGB haben die wesentlichen 2980
Merkmale des internen Kontroll- und des internen Risikomanagementsystems im Hinblick auf den Rechnungslegungsprozess zu beschreiben, § 289 Abs. 5 HGB.

Börsennotierte Aktiengesellschaften müssen eine Erklärung zur Unternehmensführung nach § 289a HGB abgeben (vgl. auch www.dcgk.de). Der am 24. 6. 2014 geänderte Deutsche Corporate Governance Kodex (DCGK) wurde am 30. 9. 2014 im Bundesanzeiger veröffentlicht.

LITERATUR

Zu 1: *Armeloh,* a. a. O.; *Institut der Wirtschaftsprüfer,* Anhangangaben, a. a. O., Tabelle 10; *Meyer,* Geschäftsbericht, a. a. O.; *Pfitzer/Oser/Wader,* a. a. O.; *Schnapauff,* a. a. O.; WP Handbuch 2012, S. 686 ff.; Kommentare zu den angegebenen §§.

Zu 2: DRS 20, DRS 17; *Institut der Wirtschaftsprüfer,* Aufstellung, a. a. O.; *Institut der Wirtschaftsprüfer,* Anhangangaben, Tabelle 10, a. a. O.; *Kaiser,* a. a. O.; *Selchert,* Prüfung, a. a. O.; WP Handbuch 2012, S. 797 ff.; *Wolf,* a. a. O.; Kommentare zu den angegebenen §§.

KONTROLLFRAGEN

Die Lösungen zu den Kontrollfragen 199–211 finden Sie auf Seite 355 ff.

199. Umfasst der Jahresabschluss von Kapitalgesellschaften auch den Anhang und den Lagebericht?
200. Welche Aufgabe haben Anhang und Lagebericht zu erfüllen?
201. Welche Grundsätze müssen bei einer Berichterstattung beachtet werden?
202. Was versteht man unter der sog. Schutzklausel?
203. Welchen Zweck soll der Anhang erfüllen?
204. Über welche Sachverhalte sind in jedem Anhang Angaben zu machen?
205. Ist im Anhang über die Aktivierung von unter Eigentumsvorbehalt gekauften und am Abschlussstichtag noch nicht bezahlten Vorräten zu berichten?

206. Kann dem Anhang
    a) das Bestehen eines Konzernverhältnisses zwischen dem berichtenden Unternehmen (Tochterunternehmen) und einem anderen Unternehmen (Mutterunternehmen),
    b) das Bestehen einer Beteiligung mit 30 % der Anteile an einer Kapitalgesellschaft

    entnommen werden?

207. Erläutern Sie Aufgabe und Inhalt des Lageberichts!

208. Halten Sie es für notwendig, dass auch über Vorgänge von besonderer Bedeutung, die nach Ablauf des Geschäftsjahres eingetreten sind, berichtet wird?

209. Was versteht man unter einem »Sozialbericht«? Gehört er zum Anhang?

210. Müssen Kapitalgesellschaften auch
    a) den Anhang und
    b) den Lagebericht veröffentlichen?

211. Gibt es beim Anhang hinsichtlich des Umfangs größenabhängige Erleichterungen?

AUFGABE 40

Die *auszugsweise* wiedergegebenen Angaben sind dem vom Vorstand der Schwäbischen Motoren AG aufgestellten Anhang zur Bilanz und Gewinn- und Verlustrechnung auf den 31. 12. .. entnommen. Dieser wird Wirtschaftsprüfer Dr. Findig zur Prüfung vorgelegt.

Stellen Sie fest, ob die Erläuterungen den Anforderungen des HGB genügen!

(1) Die Bewertungs- und Abschreibungsmethoden wurden im Berichtsjahr gegenüber den Vorjahren nicht geändert. Hinsichtlich der Einzelheiten verweisen wir auf den Anhang zum Jahresabschluss für das vorhergehende Geschäftsjahr.

(2) Die unfertigen und fertigen Erzeugnisse wurden entsprechend den GoB zu Herstellkosten aktiviert.

(3) Wechsel wurden bei den Forderungen aus Lieferungen und Leistungen zum Nominalbetrag aktiviert. Eine Rückstellung für Ausfälle ist durch eine vorsichtige Schätzung in der erforderlichen Höhe gebildet.

(4) Der Bestand an eigenen Aktien verringert sich gegenüber dem Vorjahr. Er betrug am Jahresende, nachdem er auf den niedrigeren Teilwert abgeschrieben wurde, € 2,0 Mio.

(5) Die Pensionsrückstellungen wurden nach versicherungsmathematischen Grundsätzen errechnet. Auf die sonstigen Rückstellungen entfallen € 13,2 Mio.

(6) An die Mitglieder des Vorstandes und Aufsichtsrates wurden Gesamtbezüge (Gehälter, Gewinnbeteiligung, Aufwandsentschädigungen) im Geschäftsjahr i. H. v. insgesamt € 458 217,35 gezahlt.

Die Lösung zu Aufgabe 40 finden Sie auf Seite 400.

III. Teil: Die Rechnungslegung des Konzerns nach nationalem Recht

A. Begriffe

1 Konzern

Unter einem *Konzern* wird der Zusammenschluss rechtlich selbstständiger Unternehmen unter einheitlicher Leitung verstanden (vgl. § 18 AktG). Folgende *Merkmale* sind hervorzuheben: 3000

- **Rechtliche Selbstständigkeit der Konzernunternehmen**
  Eine Rechtsform des in- oder ausländischen Rechts, nicht aber eigene Rechtspersönlichkeit muss vorliegen.

- **Einheitliche Leitung**
  Tatsächliche Ausübung ist erforderlich, die bloße Möglichkeit genügt nicht. Diese liegt vor, wenn die Geschäftspolitik und sonstige grundsätzliche Fragen aufeinander abgestimmt werden. Äußeres Zeichen für das Vorliegen einer einheitlichen Leitung sind inbes. personelle, kapitalmäßige und/oder vertragsmäßige Verflechtungen, in erster Linie Gewinnabführungsverträge nach § 291 AktG.

Konzerne lassen sich nach bestimmten Unterscheidungsmerkmalen in verschiedene *Arten* einteilen. Die wichtigsten sind in *Tabelle 68* dargestellt.

2 Verbundene Unternehmen

Es ist zwischen verbundenen Unternehmen i. S. d. HGB und des AktG zu unterscheiden. 3010
Das *HGB* (mit Bedeutung für den Einzel- und den Konzernabschluss) versteht unter verbundenen Unternehmen solche, »die als Mutter- oder Tochterunternehmen (§ 290) in den Konzernabschluss nach den Vorschriften über die Vollkonsolidierung einzubeziehen sind...« (§ 271 Abs. 2 HGB). Verbundene Unternehmen i. S. d. HGB sind also stets *Konzernunternehmen*.

Das *AktG* enthält in § 15 ebenfalls eine Definition »Verbundene Unternehmen«. Es handelt sich um einen *Sammelbegriff für verschiedene Arten wirtschaftlicher Verflechtung* von Unternehmen. Dieser geht im Umfang erheblich über das HGB hinaus, beinhaltet auch Konzernunternehmen. Diese einzelnen Merkmale und Gestaltungsformen sind in *Tabelle 69* zusammengefasst. 3015

TAB. 68: Arten der Konzerne

Unterscheidungsmerkmal	Konzernart
Verhältnis der Konzernunternehmen zueinander	Unterordnungskonzern (= eine Muttergesellschaft lenkt durch ihre Leitungsmacht den Konzern, vgl. § 18 Abs. 1 AktG) Gleichordnungskonzern (= die Konzernunternehmen stehen gleichrangig nebeneinander, vgl. § 18 Abs. 2 AktG)
Produktionsstufe der Konzernunternehmen	Horizontaler Konzern (= Unternehmen der gleichen Branche) Vertikaler Konzern (= Unternehmen mit aufeinander folgenden Produktionsstufen) Gemischt-gegliederter oder anorganischer Konzern (= Unternehmen verschiedener Branchen)
Art des Zusammenschlusses	Faktischer Konzern (= Leitung durch tatsächliche Beherrschung über die Beteiligung) Vertragskonzern (= ein Unternehmensvertrag bildet die Grundlage, vgl. §§ 291 ff. AktG, daneben meist eine Beteiligung)
Stufen der Beteiligung	Einstufiger Konzern (= die Muttergesellschaft besitzt die Kapitalanteile an den Konzernunternehmen selbst) Mehrstufiger Konzern (= die Muttergesellschaft besitzt die Kapitalanteile an Konzernunternehmen nicht alle unmittelbar, sondern mittelbar über andere Konzernunternehmen)
Umfang der Auslandsaktivitäten	Nationaler Konzern (= nur im Inland tätig) Internationaler Konzern (= in mindestens zwei Ländern tätig)

TAB. 69: Verbundene Unternehmen nach dem HGB und dem AktG

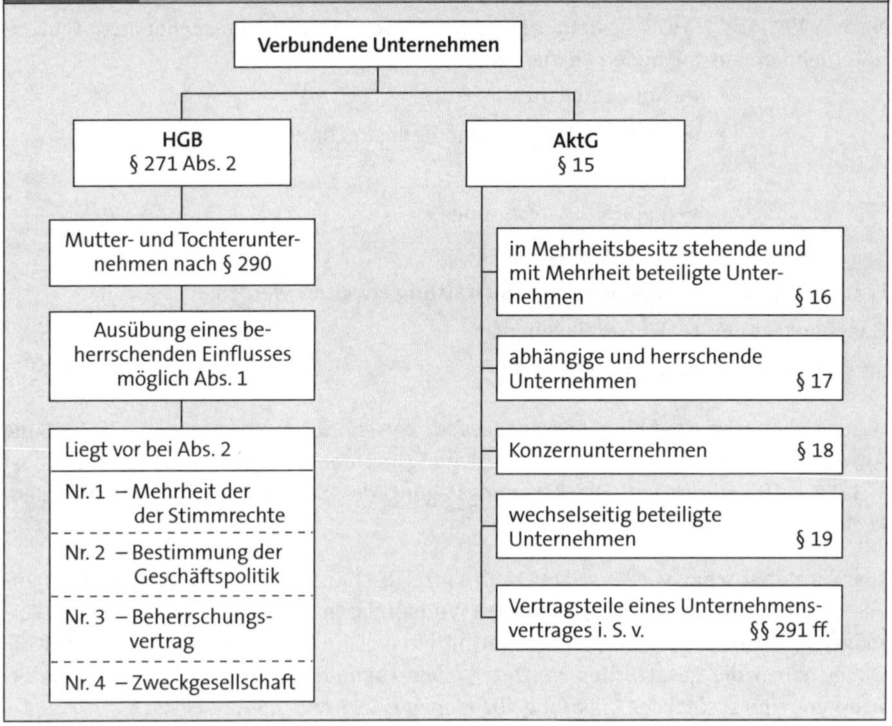

3 Assoziierte Unternehmen

Als assoziierte Unternehmen werden *nicht* in den Konzernabschluss einbezogene Un- 3020
ternehmen bezeichnet, an

- denen ein in den Konzernabschluss einbezogenes Unternehmen beteiligt ist (§ 271 Abs. 1 HGB) und
- tatsächlich einen maßgeblichen Einfluss auf die Geschäfts- und Finanzpolitik ausübt.

Der Einfluss wird beim Innehaben von mindestens 20 % der Stimmrechte vermutet (§ 311 Abs. 1 HGB, widerlegbare Assoziierungsvermutung). Ohne eine Vertretung im Aufsichtsrat oder im Vorstand des Unternehmens seitens des beteiligten Konzernunternehmens dürfte die Vermutung widerlegt sein. Ein maßgeblicher Einfluss besteht auch dann nicht, wenn die zur Konsolidierung notwendigen Informationen nicht gegeben werden (vgl. zur Konsolidierung Tz. 3384).

Unter den Begriff des assoziierten Unternehmens fallen auch – sofern die obigen Voraussetzungen erfüllt sind – nicht konsolidierte Konzernunternehmen und nicht konsolidierte Gemeinschaftsunternehmen (s. dazu auch § 310 HGB).

Die Vorschriften über assoziierte Unternehmen brauchen nicht angewandt zu werden, wenn die Beteiligung für die Vermittlung eines den tatsächlichen Verhältnissen entsprechenden Bildes der Vermögens-, Finanz- und Ertragslage des Konzerns von untergeordneter Bedeutung ist (§ 311 Abs. 2 HGB).

4 Konzernabschluss, Konzernlagebericht

3030 Nach § 297 Abs. 1 HGB besteht der Konzernabschluss *nicht börsennotierter* Mutterunternehmen aus folgenden Elementen:

- Konzernbilanz
- Konzern-Gewinn- und Verlustrechnung
- Konzernanhang
- Kapitalflussrechnung
- Eigenkapitalspiegel.

Er *kann* um eine ► Segmentberichterstattung erweitert werden.

Daneben tritt der ► Konzernlagebericht

als selbständiger Teil nach § 315 HGB.

Ausdrücklich sei darauf hingewiesen, dass für *börsennotierte* Konzerne ab 1. 1. 2005 die Anwendung internationaler Rechnungslegungsnormen zwingend vorgeschrieben ist (§ 315a HGB, vgl. IV. Teil: Die Rechnungslegung des Konzerns nach internationalem Recht, Tz. 4000).

Der Konzernabschluss ist – analog dem Einzelabschluss – klar und übersichtlich aufzustellen. Er hat ein den tatsächlichen Verhältnissen entsprechendes Bild der Vermögens-, Finanz- und Ertragslage zu vermitteln (vgl. im Einzelnen § 297 Abs. 2, 3 HGB). Dabei haben die gesetzlichen Vertreter eines kapitalmarktorientierten Mutterunternehmens eine zusätzliche Erklärung abzugeben (§ 297 Abs. 2 Satz 4 HGB).

Die bei der Konsolidierung auftretenden komplexen Sachverhalte lassen sich nicht vollständig in den relativ starren gesetzlichen Bestimmungen niederlegen. Sie erfordern eine flexible, anpassungsfähige und allgemein anerkannte Auslegung. Daher hat der Gesetzgeber in § 342 HGB die Möglichkeit zur Einrichtung eines privaten Rechnungslegungsgremiums geschaffen, das u. a. »Empfehlungen zur Anwendung der Grundsätze über die Konzernrechnungslegung« gibt. Dieses Gremium wurde als *Deutsches Rechnungslegungs Standards Committee e. V.* eingerichtet (vgl. dazu Tz. 5220). Bei Beachtung der Deutschen Rechnungslegungsstandards (DRS) des DRSC, die vom Bundesjustizministerium bekannt gemacht wurden, wird die Einhaltung der die Konzernrechnungslegung betreffenden Grundsätze ordnungsmäßiger Buchführung vermutet (vgl. § 342 Abs. 3 HGB und Tz. 5230).

Für Unternehmen, die dem PublG unterliegen, enthält § 13 PublG entsprechende Bestimmungen, die auf das HGB verweisen. Sie enthalten aber Erleichterungen. So brauchen eine Kapitalflussrechnung und ein Eigenkapitalspiegel nicht erstellt zu werden (vgl. § 13 Abs. 3 PublG).

3035 Der Abschluss des Konzerns stellt *keine* bloße *Addition* der Abschlüsse der einbezogenen Konzernunternehmen dar, sondern eine Zusammenfassung unter Berücksichtigung der wirtschaftlichen Verflechtungen zwischen den rechtlich selbstständigen Unternehmen. Aufgrund der *Fiktion,* der Konzern bilde nicht nur eine wirtschaftliche, sondern auch eine *rechtliche Einheit,* müssen zur korrekten Darstellung der Vermögens-, Finanz- und Ertragslage bestimmte Posten der Einzel-Bilanzen und -Gewinn- und Verlustrechnungen gegeneinander aufgerechnet (= konsolidiert) werden. Es handelt sich um die in *Tabelle 70* genannten und später noch zu erläuternden Vorgänge.

Abschließend sei auf folgende *Merkmale des Konzernabschlusses* hingewiesen: 3040

- Informationsinstrument,
- rein betriebswirtschaftlicher Abschluss,
- keine Rechtswirkungen gegenüber den Anteilseignern und den Gläubigern und
- noch keine Grundlage für die Besteuerung (maßgebend sind die Einzelabschlüsse).

TAB. 70: Konsolidierungsvorgänge

		HGB
Kapital-konsolidierung	Aufrechnung der Beteiligungsbuchwerte mit dem Eigenkapital der einbezogenen Tochterunternehmen	§ 301 § 307 § 309
Schulden-konsolidierung	Weglassen von Forderungen und Verbindlichkeiten zwischen den einbezogenen Konzernunternehmen	§ 303
Erfolgs-konsolidierung	Eliminierung von Erfolgen (Gewinne, Verluste) aus Lieferungen und Leistungen zwischen den einbezogenen Konzernunternehmen	§ 304
Aufwands- und Ertrags-konsolidierung	Eliminierung von Umsatzerlösen, Aufwendungen und Erträgen aus Lieferungen und Leistungen usw. zwischen den einbezogenen Konzernunternehmen	§ 305

5 Einheits-Theorie und Interessen-Theorie – die Grundgedanken

Unterschiedliche Auffassungen über den Zweck und die Aufgaben des Konzern- 3050
abschlusses haben zur Bildung verschiedener Theorien geführt. Von Bedeutung für die Praxis sind die Einheits-Theorie und die Interessen-Theorie.

Die *Einheits-Theorie* geht davon aus, dass die durch einheitliche Leitung zusammenge- 3055
fassten Konzernunternehmen eine wirtschaftliche Einheit bilden. Aufgabe des Konzernabschlusses ist die Darstellung der Vermögens- und Ertragslage des Konzerns als eine wirtschaftliche Einheit, einer Unternehmung »höherer Ordnung«. Die rechtliche Selbstständigkeit der einzelnen Konzernunternehmen wird vernachlässigt und ein Abschluss auch unter dem Gesichtspunkt der rechtlichen Einheit aufgestellt. Als Folge dieser Ansicht müssen u. a. sämtliche Vermögensgegenstände und Schulden ohne Rücksicht auf den Beteiligungsgrad in den Konzernabschluss übernommen und ggf. für die Anteile von Minderheitsaktionären ein Ausgleichsposten eingestellt werden (= Vollkonsolidierung oder Bruttomethode).

3060 Die *Interessen-Theorie* versteht den Konzernabschluss als erweiterten Abschluss des Mutterunternehmens. Er hat ihren Interessen zu dienen und soll das Vermögen und das Kapital aufzeigen, das den Aktionären der Muttergesellschaft zuzurechnen ist. Seine konsequente Ausprägung findet diese Ansicht in der Quotenkonsolidierung, Nettokonsolidierung oder anteilmäßigen Konsolidierung, d. h. der Übernahme des Vermögens und des Kapitals entsprechend dem Beteiligungsgrad. Ein nach den Kriterien der Interessen-Theorie aufgestellter Abschluss kann keinen Einblick in die Vermögens-, Finanz- und Ertragslage des Konzerns als wirtschaftliche Einheit geben. Vom Standpunkt der Betriebswirtschaftslehre ist daher die Einheits-Theorie wegen ihrer größeren Aussagekraft vorzuziehen.

Das *HGB* folgt in seinen Regelungen weitgehend der Einheits-Theorie (vgl. auch den Wortlaut von § 297 Abs. 3 Satz 1 HGB). Sofern das Gesetz für einzelne Tatbestände keine Bestimmungen enthält, muss eine Lösung i. S. d. Einheits-Theorie gesucht werden.

LITERATUR

Zu 1: *Busse von Colbe/Ordelheide u. a.*, Konzernabschlüsse, a. a. O., S. 57 ff.; *Coenenberg*, a. a. O., S. 609 ff.; *Küting/Weber*, Konzernabschluss, a. a. O., S. 79 ff.; *v. Wysocki/Wohlgemuth*, a. a. O.; *Wöhe*, a. a. O., S. 886 ff., S. 1 ff.; Kommentare zu den angegebenen §§.

Zu 2: *Wöhe*, a. a. O., S. 886 ff.; *Küting/Weber*, Konzernabschluss, a. a. O., S. 21 ff.; *v. Wysocki/Wohlgemuth*, a. a. O., S. 1 ff.; WP Handbuch 2012, S. 2709, 2825 ff.; Kommentare zu den angegebenen §§.

Zu 3: *Busse von Colbe/Ordelheide u. a.*, a. a. O., S. 513 ff.; *Küting/Weber*, Konzernabschluss, a. a. O., S. 577; *v. Wysocki/Wohlgemuth*, a. a. O., S. 130 ff.; Kommentare zu den angegebenen §§.

Zu 4: *Küting/Weber*, Konzernabschluss, a. a. O., S. 633 ff.; *v. Wysocki/Wohlgemuth*, a. a. O., S. 25 ff.; Kommentare zu den angegebenen §§.

Zu 5: *Küting/Weber*, Konzernabschluss, a. a. O., S. 90 ff.; *v. Wysocki/Wohlgemuth*, a. a. O., S. 3 ff.; WP Handbuch 2012, S. 1418 ff.; *Wöhe*, a. a. O., S. 900 ff.; Kommentare zu den angegebenen §§.

KONTROLLFRAGEN

Die Antworten zu den Kontrollfragen 212–220 befinden sich auf Seite 357 f.

212. Erläutern Sie die Begriffe »Konzern« und »Kartell« und zeigen Sie die Unterschiede auf!
213. Welche Konzernarten kommen in der Praxis am häufigsten vor?
214. Was ist unter einer »Holding« zu verstehen?
215. Erläutern Sie den Unterschied zwischen den Konzernvermutungen nach § 18 Abs. 1 Satz 2 und Satz 3 AktG!

216. Unterscheidet sich der Konzernabschluss von der bloßen Addition von Einzelabschlüssen?

217. Worin unterscheidet sich eine Beteiligung an einem assoziierten Unternehmen gegenüber einer Beteiligung an einem Unternehmen, das kein Tochterunternehmen ist?

218. Ist auch ein Konzernverhältnis ohne Kapitalbeteiligung möglich?

219. Hat der Konzernabschluss Auswirkungen auf die Dividendenansprüche der Aktionäre?

220. Dient der Konzernabschluss als Grundlage für die Besteuerung, insbesondere für die Ertragsbesteuerung?

B. Aufstellungspflicht, Konsolidierungskreis

1 Aufstellungspflicht

a) Aufstellung nach dem HGB

3100 Die *Pflicht zur Aufstellung* ist an bestimmte, gesetzlich definierte und alternative Voraussetzungen geknüpft. Für Konzerne, die bestimmte Größenmerkmale nicht übersteigen, sieht das HGB die *Befreiung* von der Aufstellung eines Konzernabschlusses und Konzernlageberichts vor. Die wesentlichen Sachverhalte sind in der *Tabelle 71* zusammengefasst und dargestellt. Daraus ergibt sich auch, dass das HGB faktisch nur die in der Praxis weitaus häufigeren *Unterordnungskonzerne* zur Konzernrechnungslegung verpflichtet. *Tabelle 72,* S. 196, zeigt je ein Beispiel für einen einstufigen Unterordnungs- und einen Gleichordnungskonzern. Ausdrücklich sei auf den Standard DRS 19 – Pflicht zur Konzernrechnungslegung verwiesen. In seltenen Fällen entsteht auch eine Pflicht zur Aufstellung nach den Vorschriften von § 264a HGB (vgl. Tz. 1143).

Bei *mehrstufigen Konzernen* führen die Bestimmungen über die Aufstellung eines Konzernabschlusses zur Aufstellung

- eines Gesamtkonzernabschlusses und
- von Teilkonzernabschlüssen auf jeder Konzernstufe (sog. Tannenbaumprinzip).

Große mehrstufige Konzerne mit zahlreichen Tochterunternehmen hätten mit erheblichem Aufwand eine Vielzahl von Teilkonzernabschlüssen zu erstellen und auch zu publizieren. Zur Vermeidung dieser Folgen enthalten die §§ 291, 292 HGB Vorschriften über befreiende Konzernabschlüsse. Danach ist es möglich, den Konzern vollständig in einem einzigen Gesamtkonzernabschluss zusammenzufassen, siehe dazu das Beispiel in *Tabelle 73,* S. 197. Es wird ergänzend darauf hingewiesen, dass das HGB den Begriff des Konzerns nicht definiert. Im Rahmen der Aufstellungspflicht umschreibt das Gesetz den Konzern.

TAB. 71: Aufstellungspflicht und größenabhängige Befreiungen

<table>
<tr><td colspan="3">Mutterunternehmen
(Kapitalgesellschaft mit Sitz im Inland)
= Ausübung eines beherrschenden Einflusses auf ein anderes Unternehmen
(= Tochterunternehmen) möglich</td><td>HGB
§ 290 Abs. 1</td></tr>
<tr><td rowspan="4">Tochterunternehmen</td><td>1</td><td>Mehrheit der Stimmrechte steht dem Mutterunternehmen zu</td><td>Abs. 2
Nr. 1</td></tr>
<tr><td>2</td><td>Recht des Mutterunternehmens, die Mehrheit des Verwaltungsorgans usw. zu bestellen oder abzuberufen und Gesellschafter (gleichzeitig) ist</td><td>Abs. 2
Nr. 2</td></tr>
<tr><td>3</td><td>Recht des Mutterunternehmens, einen beherrschenden Einfluss auszuüben (Beherrschungsvertrag oder Satzung)</td><td>Abs. 2
Nr. 3</td></tr>
<tr><td>4</td><td>Zweckgesellschaft</td><td>Abs. 2
Nr. 4</td></tr>
<tr><td colspan="4">Aufstellungspflicht</td></tr>
</table>

<table>
<tr><td rowspan="6">Merkmale</td><td></td><td>Bruttomethode
(Einzelabschlüsse)
Mio. €</td><td>Nettomethode
(Konzernabschluss)
Mio. €</td><td>HGB
§ 293</td></tr>
<tr><td>Bilanzsummen</td><td>≤ 23,100</td><td>≤ 19,250</td><td rowspan="3">Abs. 1</td></tr>
<tr><td>Umsatzerlöse</td><td>≤ 46,200</td><td>≤ 38,500</td></tr>
<tr><td>Arbeitnehmer</td><td>≤ 250</td><td>≤ 250</td></tr>
<tr><td colspan="3">Vorliegen:
Zwei der drei Merkmale an zwei aufeinander folgenden Abschlussstichtagen, vgl. auch Art. 66 Abs. 1 EGHGB</td><td>Abs. 1, 4</td></tr>
<tr><td colspan="3">Ausnahme:
Mutter- oder Tochterunternehmen
Kapitalmarktorientiert i. S. v. § 264d HGB</td><td>Abs. 5</td></tr>
<tr><td colspan="5">Größenabhängige Befreiungen</td></tr>
</table>

TAB. 72: Unterordnungskonzern und Gleichordnungskonzern

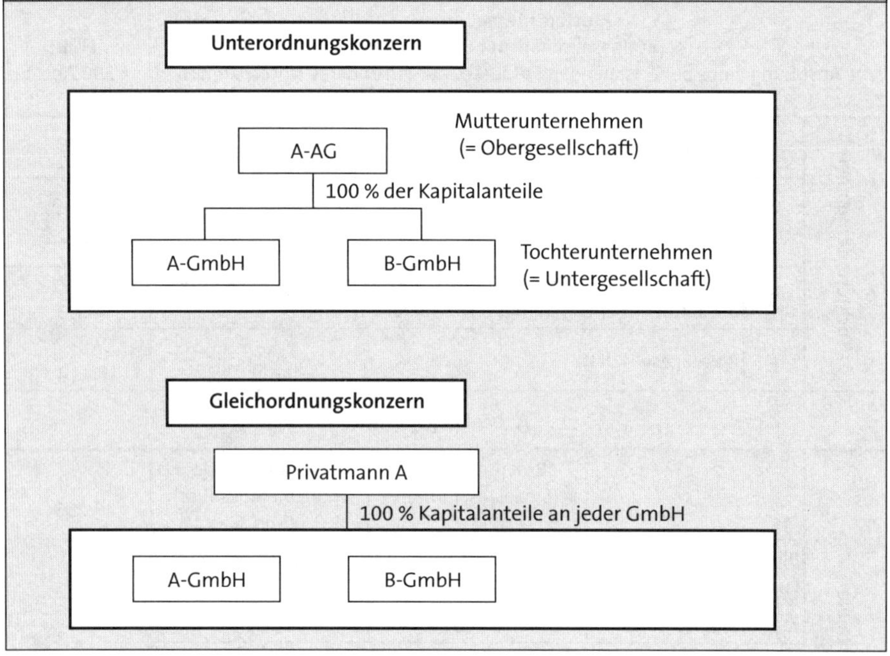

Bei der GmbH und Co KG ist die Komplementär-GmbH grundsätzlich als Mutterunternehmen anzusehen. Entscheidend ist aber die individuelle und konkrete Ausgestaltung des Vertragsverhältnisses, ob die Voraussetzungen nach § 290 HGB vorliegen.

b) Aufstellung nach dem PublG

3120 Das PublG unterscheidet zwei grundsätzliche Bereiche, nämlich

- Mutterunternehmen mit Sitz im Inland (§ 11 Abs. 1) und
- Mutterunternehmen mit Sitz im Ausland (§ 11 Abs. 3).

Erstere haben einen vollständigen Konzernabschluss aufzustellen, Letztere einen Teilkonzernabschluss (beschränkt auf den Inlandskonzern). Voraussetzung in beiden Fällen ist das Überschreiten bestimmter *Größenmerkmale*.

Zwei der nachfolgend genannten drei Kriterien müssen an drei aufeinander folgenden Konzernabschlussstichtagen vorliegen (§ 11 Abs. 1, 2 PublG):

Konzernbilanzsumme	> 65 Mio. €
Konzernumsatzerlöse	> 130 Mio. €
Beschäftigtenzahl (Inland)	> 5 000

Die Vorschriften über die befreienden Konzernabschlüsse und Konzernlageberichte nach dem HGB gelten sinngemäß für Konzerne nach dem PublG (vgl. § 11 Abs. 6 PublG); beachte auch DRS 19.

TAB. 73: Gesamtkonzernabschluss, Teilkonzernabschluss

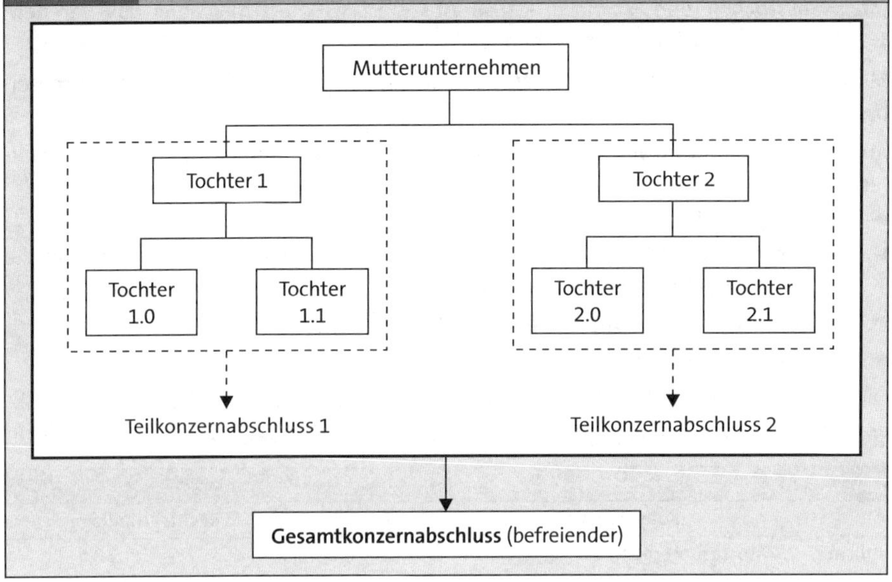

2 Konsolidierungskreis

a) Konsolidierungspflicht

Das *HGB* verlangt in § 294 Abs. 1 die Einbeziehung des *Mutterunternehmens und aller* 3130 *Tochterunternehmen* ohne Rücksicht auf den Sitz und die Rechtsform, d. h. grundsätzlich die Aufstellung von *Weltabschlüssen*. Im Laufe eines Geschäftsjahres kann sich der Konsolidierungskreis durch Begründung oder Aufgabe eines Konzernverhältnisses erweitern oder einengen.

Für die Aufstellung der Konzernbilanz als Zeitpunktrechnung ergeben sich keine Probleme. Die konsolidierte Gewinn- und Verlustrechnung als eine Zeitraumrechnung erfordert eine zeitliche Abgrenzung der Aufwendungen und Erträge, d. h. einen Zwischenabschluss. Kann dieser nicht aufgestellt werden, so können auch die gesamten Aufwendungen und Erträge konsolidiert werden. Der »erworbene« Gewinn ist in die Kapitalkonsolidierung einzubeziehen, die konsolidierte Gewinn- und Verlustrechnung zu korrigieren (Ausgleichsposten bei »sonstigen Aufwendungen«); Verluste sind sinngemäß zu behandeln. Das HGB sieht in § 294 Abs. 2 die Aufnahme von Angaben vor, die einen sinnvollen Vergleich der Konzernabschlüsse ermöglichen, ggf. durch Anpassung des vorhergehenden Konzernabschlusses.

b) Verbot und Verzicht auf die Einbeziehung

Sofern sich die Tätigkeit eines Konzernunternehmens von der Tätigkeit der anderen 3140 Konzernunternehmen gravierend unterscheidet und deshalb mit den Informationszielen des Konzernabschlusses unvereinbar ist, hat die Einbeziehung zu unterbleiben (= Einbeziehungsverbot, § 295 Abs. 1 HGB a. F., beachte aber § 295 Abs. 2 HGB a. F., § 298 Abs. 1 HGB i. V. m. § 265 Abs. 4 HGB).

Ein derartiges Einbeziehungsverbot ist international *nicht* üblich. *§ 295 HGB wurde ersatzlos gestrichen* und ist nach Art. 58 Abs. 3 EGHGB letztmals auf das vor dem 1. 1. 2005 beginnende Geschäftsjahr anzuwenden.

Mit Hilfe einer *Segmentberichterstattung* können die Mängel in der Aussagekraft beseitigt werden, vgl. Tz. 3700.

Auf die Einbeziehung kann nach § 296 HGB verzichtet werden (= Einbeziehungswahlrecht)

- bei Verfügungsbeschränkungen
- falls die für den Konzernabschluss notwendigen Angaben nicht ohne erhebliche Kosten oder Verzögerungen zu erhalten sind
- die Anteile zur Weiterveräußerung gehalten werden
- bei untergeordneter Bedeutung.

Die Ausübung des Wahlrechts ist im Konzernanhang zu begründen (§ 296 Abs. 3 HGB).

Tabelle 74 fasst die Sachverhalte nochmals übersichtlich zusammen.

TAB. 74: Konsolidierungskreis nach dem HGB

	Konsolidierungskreis	Rechtsgrundlage
Pflicht	Mutterunternehmen + alle Tochterunternehmen (ohne Rücksicht auf Sitz und Rechtsform)	§ 294
Verbot	Unterschiedliche Tätigkeit verbunden mit Unvereinbarkeit zur Vermittlung eines tatsächlichen Bildes	§ 295 letztmals anzuwenden auf vor dem 1. 1. 2005 beginnende Geschäftsjahre
Wahlrecht	► Erhebliche und dauernde Beschränkung der Ausübung der Rechte oder der Geschäftsführung ► Erforderliche Angaben verursachen unverhältnismäßig hohe Kosten oder bei Verzögerungen ► Anteile an Tochterunternehmen werden nur zur Veräußerung gehalten	§ 296 Abs. 1
	► Tochterunternehmen ist von untergeordneter Bedeutung	Abs. 2

Hinsichtlich weiterer Einzelheiten wird auf DRS 19 verwiesen.

c) Veränderungen

3150 Das HGB regelt in §§ 294 f. den Umfang der in den Konzernabschluss einzubeziehenden Unternehmen und insbes. in §§ 301 ff., wie dabei zu verfahren ist (vgl. dazu auch DRS 4). Es sind also Bestimmungen, die die erstmalige Konsolidierung und die Folgekonsolidierung umfassen. In der Praxis werden auch bisher konsolidierungspflichtige Unternehmen verkauft, scheiden also aus dem Konsolidierungskreis aus, oder die Beteiligungsquote wird verändert, was zu einer anderen Konsolidierungsmethode führt, z. B. statt der bisherigen Vollkonsolidierung nun eine anteilmäßige Konsolidierung. Für derartige Sachverhalte enthält das HGB keine Bestimmungen. Im Schrifttum finden sich dazu umfangreiche Abhandlungen. Weitere Einzelheiten finden sich in IDW RS HFA 44 – Konzernrechnungslegung bei Änderungen des Konsolidierungskreises, vgl. Tz. 1197.

Das Ausscheiden aus dem Konsolidierungskreis wird als Entkonsolidierung (auch: Endkonsolidierung) bezeichnet. DRS 4.44 ff. enthält dazu entsprechende Verfahrensregeln.

Den Wechsel zu einer anderen Konsolidierungsmethode nennt die Literatur Übergangskonsolidierung. Auch hierzu gibt DRS 4.51 entsprechende Hinweise.

LITERATUR

Zu 1: *Busse v. Colbe/Ordelheide u. a.*, Konzernabschlüsse, a. a. O., S. 57 ff.; *Deutsches Rechnungslegungs Standards Committee*, a. a. O.; *Krietenstein*, a. a. O.; *Küting/Weber*, Konzernabschluss, a. a. O., S. 119 ff.; *v. Wysocki/Wohlgemuth*, a. a. O., S. 25 ff.; WP Handbuch 2012, S. 1421 ff.; Kommentare zu den angegebenen §§.

Zu 2: *Busse v. Colbe/Ordelheide u. a.*, Konzernabschlüsse, a. a. O., S. 97 ff., S. 267 ff.; DRS 4; *Institut der Wirtschaftsprüfer*, Konzernrechnungslegung bei Änderung, a. a. O.; *Küting/Weber*, Konzernabschluss, a. a. O., S. 171 ff.; *Pfaff/Ganske*, a. a. O.; *v. Wysocki/Wohlgemuth*, a. a. O., S. 47 ff.; WP Handbuch 2012, S. 1456 ff.; Kommentare zu den angegebenen §§.

KONTROLLFRAGEN

Die Antworten zu den Kontrollfragen 221–226 befinden sich auf Seite 358.

221. Warum sind die Größenmerkmale für die Aufstellung von Einzelabschlüssen und von Konzernabschlüssen nach dem PublG (§§ 1 und 11) identisch?
222. Muss auch ein kleines und unbedeutendes Unternehmen, dessen Anteile zu 100 % dem Mutterunternehmen gehören, in den Konzernabschluss einbezogen werden?
223. Ist eine OHG zur Aufstellung eines Konzernabschlusses verpflichtet, wenn sie eine AG einheitlich leitet und alle Kapitalanteile besitzt?
224. Welche Regelungen enthält das HGB bezüglich der Einbeziehung ausländischer Tochterunternehmen?
225. Sind Unternehmen zu konsolidieren, an denen zwei verschiedene Gesellschaften mit jeweils 50 % beteiligt sind?
226. Besteht nach dem HGB eine Konsolidierungspflicht, ein Konsolidierungswahlrecht oder ein Konsolidierungsverbot für Tochterunternehmen ohne Kapitalbeteiligung?

AUFGABE 41

Der Privatmann A besitzt jeweils 100 % der Kapitalanteile an der B-Elektro AG (Bilanzstichtag: 30. 9.) und der C-Bau AG (Bilanzstichtag: 31. 12.), die er einheitlich leitet. Die B-Elektro AG besitzt an der D-Motoren AG (Bilanzstichtag: 31. 12.) und an der E-Brau GmbH (Bilanzstichtag: 30. 9.) jeweils 100 % des Kapitals. Zwischen der B-Elektro AG und der D-Motoren AG ist ein Gewinnabführungsvertrag nach § 291 AktG abgeschlossen.

a) Zeichnen Sie ein Schaubild der Unternehmensgruppe!

b) Um welche Konzernart handelt es sich?

c) Wie ist eine Konsolidierung mit unterschiedlichen Abschlussstichtagen zu beurteilen?

Die Lösung zu Aufgabe 41 finden Sie auf Seite 401.

AUFGABE 42

Abgrenzung des Konsolidierungskreises nach dem HGB

Eine Unternehmensgruppe zeigt folgenden Aufbau:

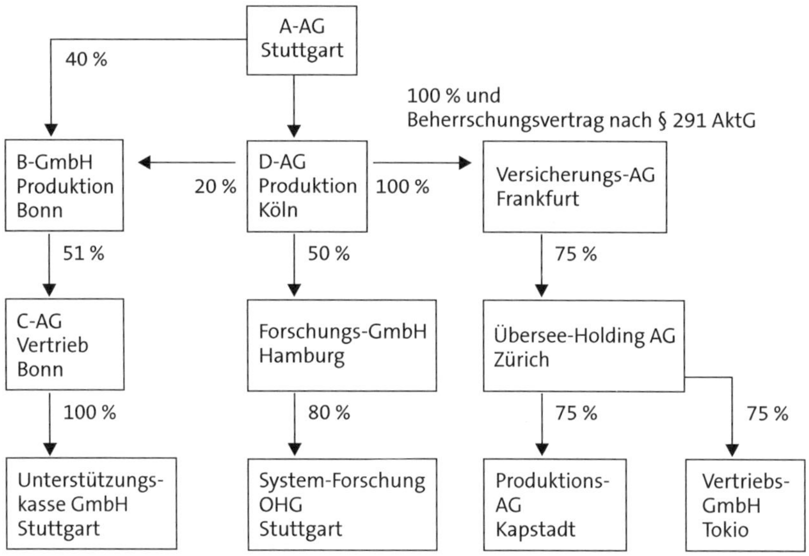

(Die Prozentzahlen geben die jeweilige Höhe der Kapitalbeteiligungen an, sie sind identisch mit den Stimmrechten)

a) Muss ein Konzernabschluss aufgestellt werden und ggf. von wem?

b) Sollte ein Konzernabschluss aufgestellt werden:

(1) Welche Unternehmen müssen einbezogen werden?

(2) Welche Unternehmen können einbezogen werden (Wahlrecht)?

(3) Welche Unternehmen dürfen nicht einbezogen werden?

Prüfen Sie die Fragen a)–c) auf der Basis der Vollkonsolidierung nach §§ 300 ff. HGB! Eine größenabhängige Befreiung nach § 293 HGB ist ausgeschlossen.

Die Lösung zu Aufgabe 42 finden Sie auf Seite 401.

C. Allgemeine Voraussetzungen, Grundsätze der Konsolidierung

1 Allgemeine Voraussetzungen

Die ordnungsmäßige Zusammenfassung und Konsolidierung der Einzelabschlüsse zum Konzernabschluss erfordert die Erfüllung einiger *materieller und formeller Voraussetzungen*. Im Einzelnen ist auf folgende Sachverhalte zu verweisen: 3200

a) Aufbau des Rechnungswesens

Die Zusammenführung der Einzelabschlüsse nach den Bestimmungen der §§ 301 ff. HGB verlangt einheitliche Kontenpläne zur Verarbeitung der Geschäftsvorfälle und eine gleiche Gliederung von Bilanzen und Gewinn- und Verlustrechnungen. Für die Gliederung des Abschlusses ist grundsätzlich das Schema des HGB für den Einzelabschluss maßgebend (§ 298 HGB). 3210

b) Bewertung

Nach der Einheits-Theorie sind Vermögensgegenstände und Kapital in der Konzernbilanz nach den *gleichen* Grundsätzen zu bewerten. Ohne die Einhaltung dieser Forderung könnten gleichartige Vermögensgegenstände mit unterschiedlichen Beträgen aktiviert sein. Das *HGB* enthält eigenständige Bewertungsvorschriften für den Konzernabschluss in § 308 f. Diese werden gesondert dargestellt (vgl. unten Tz. 3300). 3215

c) Abschlussstichtag

Die in den Konzernabschluss eingehenden Bilanzen und Gewinn- und Verlustrechnungen müssen – nach betriebswirtschaftlichen Kriterien beurteilt – *denselben* Abschlussstichtag und damit denselben Gewinnermittlungszeitraum (abgesehen von Rumpfgeschäftsjahren) haben, ggf. sind Zwischenabschlüsse aufzustellen. Bei der Wahl des Stichtags der Konzernbilanz wird grundsätzlich vom Abschlussstichtag der Muttergesellschaft ausgegangen. In § 299 bestimmt das *HGB* über den Abschlussstichtag: Maßgebend ist der Stichtag des Mutterunternehmens. Die Einheitlichkeit der Abschlussstichtage wurde als »Soll-Vorschrift« ausgestaltet. Danach darf auch ein Abschluss eines Unternehmens bis zu drei Monate *vor* dem Stichtag des Konzernabschlusses liegen. In diesem Fall ist über Vorgänge von besonderer Bedeutung – soweit sie den Abweichungszeitraum betreffen – zu berichten (§ 299 Abs. 2, 3 HGB). Liegt ein Abschlussstichtag um mehr als drei Monate vor dem des Konzernabschlusses, so muss ein *Zwischenabschluss* zur Wahrung der Einheitlichkeit aufgestellt werden. 3220

d) Recheneinheit

Der Konzernabschluss ist wie der Einzelabschluss in deutscher Sprache und in Euro aufzustellen (§ 244 i. V. m. § 298 Abs. 1 HGB). Dies ist auch die Berichtswährung. 3225

Das Problem der *einheitlichen* Recheneinheit taucht nur bei der Konsolidierung ausländischer, nicht zum Euro-Währungsgebiet gehörender Konzernunternehmen auf. Im

Rahmen der Konsolidierung müssen die Ansätze im Abschluss der Auslandsgesellschaft in Euro umgerechnet werden. Das vielschichtige und umfangreiche Spezialgebiet wurde in der betriebswirtschaftlichen Literatur eingehend diskutiert.

3227 Das HGB enthielt bislang keine Vorschriften über die Währungsumrechnung, verlangte aber die Erläuterung der Umrechnungsmodalitäten im Anhang (§ 313 Abs. 1 Nr. 2 HGB). Diese Regelungslücke wurde nun durch Einfügung von § 308a HGB für den Konzernabschluss geschlossen (zum Einzelabschluss vgl. § 256a HGB bzw. Tz. 1074). Es handelt sich um eine modifizierte Stichtagsmethode, bei der die Umrechnungsdifferenzen erfolgsneutral innerhalb des Konzerneigenkapitals nach den Rücklagen unter dem Posten »Eigenkapitaldifferenz aus Währungsumrechnung« zu erfassen sind. Bei teilweisem oder vollständigen Ausscheiden eines Tochterunternehmens ist der Posten in der entsprechenden Höhe erfolgswirksam aufzulösen.

Die Jahres- und Konzernabschlüsse in fremder Währung sind in die Berichtswährung »Euro« umzurechnen. Dabei gelten nach § 308a HGB folgende Grundsätze:

► Aktiv- und Passivposten (mit Ausnahme des Eigenkapitals):	Devisenkassamittelkurs am Abschlussstichtag
► Eigenkapital:	Historischer Kurs
► Posten der Gewinn- und Verlustrechnung:	Durchschnittskurs

Die bisherige Regelungslücke im HGB schloss bisher DRS 14 – Währungsumrechnung. Dieser enthält neben den Modalitäten der Umrechnung auch Hinweise, wie Abschlüsse aus Hochinflationsländern zu behandeln sind (vgl. DRS 14.35 ff.) und zusätzliche Anhangangaben (vgl. DRS 14.39).

DRS 14 wurde aufgehoben und ist letztmals anzuwenden auf das Geschäftsjahr, das vor dem oder am 31. 12. 2009 beginnt.

e) Konsolidierungsstelle

3230 Zur Durchführung der Konsolidierung, auch der vorbereitenden Arbeiten, bedarf es einer zentralen Stelle. Da die gesetzlichen Vertreter der *Muttergesellschaft* den Konzernabschluss sowie den Konzernlagebericht zu erstellen haben (vgl. § 290 Abs. 1 HGB), wird diese Abteilung in der Regel bei ihr eingerichtet. Zur organisatorischen Abwicklung erarbeitet diese meist ein sog. *Konsolidierungs-Handbuch*, das allen Konzernunternehmen zur Verfügung gestellt wird und entsprechende Arbeitsanweisungen enthält. Die technische Durchführung erfolgt bei Konzernen mit einer kleineren Anzahl von einzubeziehenden Unternehmen *tabellarisch* (vertikal: Posten, horizontal: Konzernunternehmen, Konsolidierungsspalte, Konzernabschluss) und bei Konzernen mit einer großen Anzahl von einzubeziehenden Unternehmen *buchhalterisch* (für alle Posten der Einzelabschlüsse werden Konten angelegt, die Ansätze der Einzelabschlüsse übertragen, die Konsolidierung durchgeführt und daraus der Konzernabschluss entwickelt), ggf. mit einem EDV-Programm. Auch eine Kombination beider Methoden kann angewandt werden.

2 Grundsätze der Konsolidierung

Für die Aufstellung des Konzernabschlusses enthält das HGB wichtige Grundsätze, die 3235
an verschiedenen Stellen eingefügt wurden. Im Einzelnen sind die in *Tabelle 75* genannten Grundsätze fixiert worden. Außerdem ist auf die Rechnungslegungsstandards des DRSC hinzuweisen, bei deren Beachtung nach § 342 Abs. 2 HGB eine Ordnungsmäßigkeitsvermutung gilt (vgl. dazu unten Tz. 5230).

TAB. 75: Grundsätze der Konsolidierung

		HGB
Klarheit und Übersichtlichkeit	Vermittlung eines den tatsächlichen Verhältnissen entsprechenden Bildes der Konzernlage.	§ 297 Abs. 2
Fiktion der rechtlichen Einheit	Es wird unterstellt, dass die einbezogenen Unternehmen auch rechtlich ein einziges Unternehmen wären.	§ 297 Abs. 3
Vollständigkeit	Alle Posten sind aufzunehmen, maßgeblich ist das Recht der Muttergesellschaft.	§ 300
Einheitlichkeit der Ansatz- und Bewertungsmethoden	Die Ansatz- und Bewertungsmethoden im Konzernabschluss müssen einheitlich sein, vgl. auch Tz. 3215, 3304.	§ 300 § 308
Stetigkeit und Vergleichbarkeit	Die Darstellungsmethode, die Konsolidierungs- und Bewertungsmethoden sind beizubehalten und damit vergleichbar sein.	§ 297 Abs. 3 § 298 § 265

LITERATUR

Zu 1: *Busse v. Colbe/Ordelheide u. a.*, Konzernabschlüsse, a. a. O., S. 34 ff.; DRS 14; *Institut der Wirtschaftsprüfer*, Konzernrechnungslegung, a. a. O.; *Küting/Scheren*, a. a. O.; *Küting/Weber*, Konzernabschluss, a. a. O., S. 231 ff.; *Ruhnke*, a. a. O.; *v. Wysocki/Wohlgemuth*, a. a. O., S. 232 ff.; WP Handbuch 2012, S. 1463 ff.; Kommentare zu den angegebenen §§.

Zu 2: *Busse v. Colbe/Ordelheide u. a.*, Konzernabschlüsse, a. a. O., S. 34 ff.; *v. Wysocki/Wohlgemuth*, a. a. O., S. 4 ff.; WP Handbuch 2012, S. 1418 f.; Kommentare zu den angegebenen §§.

KONTROLLFRAGEN

Die Antworten zu den Kontrollfragen 227–234 befinden sich auf Seite 358 f.

227. Über welche organisatorischen Möglichkeiten verfügen Konzerne, um gleichartige Gliederungsschemata der einzelnen Konzernunternehmen für die Erstellung eines Konzernabschlusses zu erhalten?

228. Enthält ein nach dem HGB aufgestellter Konzernabschluss Vermögensgegenstände und Verbindlichkeiten, die nach einheitlichen Grundsätzen bewertet werden?

229. Halten Sie die Regelung nach §§ 308 f. HGB (einheitliche Bewertung), beurteilt nach betriebswirtschaftlichen Kriterien, für sinnvoll?

230. Warum müssen die Abschlussstichtage aller einbezogenen Konzernunternehmen identisch sein?

231. Kann bei der Aufstellung eines Konzernabschlusses nach dem HGB auch ein anderer Bilanzstichtag als der Abschlussstichtag des Abschlusses des Mutterunternehmens gewählt werden?

232. Welche Regelungen enthält das HGB über die Umrechnung ausländischer Währungen in Euro?

233. Wie ist bei der Umrechnung grundsätzlich zu verfahren?

234. Welche Hauptaufgaben hat die Konsolidierungsstelle grundsätzlich zu erledigen?

D. Konsolidierung der Bilanzen

1 Zusammenfassung der Einzelabschlüsse

a) Grundsatz

Der Einzelabschluss des Mutterunternehmens *und* die Einzelabschlüsse der Tochter- 3300
unternehmen werden im Konzernabschluss zusammengefasst. An die Stelle der Anteile (= Beteiligungsbuchwerte) des Mutterunternehmens treten nach § 300 Abs. 1 HGB die Vermögensgegenstände, Schulden, Rechnungsabgrenzungsposten und Sonderposten der Tochterunternehmen (nicht aufgeführt: Eigenkapital). Die Übernahme in den Konzernabschluss erfolgt nur insoweit, als sie nach dem Recht der Mutter (d. h. dem deutschen Handelsrecht) bilanzierungsfähig sind und dieser aufgrund seiner Eigenart keine Abweichungen verlangt. In den Konzernabschluss wird also nicht der (unveränderte) handelsrechtliche Jahresabschluss eines Konzernunternehmens, die *Handelsbilanz I,* sondern ein dem Rechnungslegungszweck angepasster zweiter Abschluss, die *Handelsbilanz II,* einbezogen.

TAB. 76: Handelsbilanz I, II

Handelsbilanz I	= Abschluss nach dem Handelsrecht des Tochterunternehmens, z. B. USA
↓	*Anpassung an den Rechnungslegungszweck*
Handelsbilanz II	= Abschluss nach dem Handelsrecht des Mutterunternehmens, z. B. BRD

DRS 4 enthält Grundsätze, wie Unternehmenserwerbe im Konzernabschluss zu behandeln sind.

b) Vollständigkeitsgebot

Unabhängig, ob die Einzelabschlüsse der Tochterunternehmen Vermögensgegenstän- 3302
de, Schulden usw. enthalten, müssen diese *vollständig* nach dem *Recht des Mutterunternehmens,* also dem deutschen Handelsrecht, übernommen werden. Dies gilt jedoch nicht, wenn das HGB ein Bilanzierungsverbot oder ein Bilanzierungswahlrecht enthält. Bilanzierungswahlrechte dürfen im Konzernabschluss selbstständig und losgelöst vom Einzelabschluss ausgeübt werden (vgl. § 300 Abs. 2 HGB). Es besteht für die Übernahme in den Konzern also der Grundsatz der Maßgeblichkeit dem Grunde nach. Das Mengengerüst wird übernommen, nicht aber das Wertegerüst.

c) Einheitliche Bewertung

Die im Konzernabschluss ausgewiesenen Vermögensgegenstände, Schulden usw. sind 3304
einheitlich nach den auf den Jahresabschluss der Mutter *anwendbaren* Bewertungsmethoden und ggf. neu zu bewerten. Die Ansätze der Einzelabschlüsse werden somit nicht von vornherein in den Konzernabschluss übernommen (= *keine* Maßgeblichkeit der Einzelabschlüsse für den Konzernabschluss, § 308 Abs. 1, 2 HGB). Durch die Neufas-

sung von § 298 Abs. 1 und die Aufhebung von § 308 Abs. 3 HGB durch das TransPuG enthält der Konzernabschluss nun *keine* steuerlich beeinflussten Wertansätze und damit zusammenhängende Aufwendungen und Erträge, z. B. Sonderposten mit Rücklageanteil mehr (vgl. zur Übergangsregelung Art. 54 Abs. 1, 2 EGHGB). Dies entspricht auch den internationalen Standards.

Eine Erweiterung hat die Abkoppelung vom Steuerrecht durch die Aufhebung der umgekehrten Maßgeblichkeit erhalten (vgl. dazu Tz. 1235 ff.).

§ 298 Abs. 1 HGB verweist auf die anzuwendenden Vorschriften. Dazu gehört auch § 252 HGB, u. a. mit dem Grundsatz der Bewertungsstetigkeit, § 265 HGB, u. a. Beibehaltung der Form der Darstellung. Weitere Einzelheiten enthält DRS 13.

Für Konzerne, die nach dem PublG Rechnung legen, gelten hinsichtlich der Bewertung Sonderbestimmungen (vgl. § 13 Abs. 3 PublG).

2 Konsolidierung des Kapitals (= Kapitalkonsolidierung)

a) Grundsatz

3305 Die Kapitalverflechtung zwischen den einbezogenen Unternehmen, im einfachsten Fall zwischen dem Mutter- und dem Tochterunternehmen, führt bei einer bloßen Addition der Einzelbilanzen zu Doppelrechnungen. So erhöht sich durch eine Bargründung eines Tochterunternehmens weder das Gesamtvermögen noch das Gesamtkapital. Zur Vermeidung derartiger Doppelrechnungen werden bei der *Kapitalkonsolidierung nach § 301 HGB* die Beteiligungsbuchwerte an den einzubeziehenden Konzernunternehmen mit dem jeweiligen Eigenkapital (bezogen auf die Beteiligungshöhe) der Tochterunternehmen verrechnet (das Eigenkapital des Mutterunternehmens wird unverändert in den Konzernabschluss übernommen), vgl. hierzu *Tabelle 77*. Dies geschieht nach der *Erwerbsmethode* (= Methode der Erstkonsolidierung, erfolgswirksame Kapitalkonsolidierung, Purchase-Methode oder angelsächsische Methode). Außer dieser sog. Vollkonsolidierung mit Minderheitenausweis sieht das Gesetz für spezifische Sachverhalte besondere Konsolidierungsmethoden vor, die in *Tabelle 78* zusammengefasst sind.

TAB. 77: Beispiel zur Kapitalkonsolidierung nach § 301 HGB

I. Bilanz des Mutterunternehmens vor Gründung des Tochterunternehmens

Bilanz zum ...

A			P
Kasse	1 000	Eigenkapital	1 000
	1 000		1 000

II. Bilanzen nach der Gründung des Tochterunternehmens

Bilanz zum ... -Mutter

A			P
Beteiligung	400	Eigenkapital	1 000
Kasse	600		
	1 000		1 000

Bilanz zum ... -Tochter

A			P
Kasse	400	Eigenkapital	400
	400		400

III. Bilanz des Konzerns

Konzernbilanz zum ...

A			P
Kasse	1 000	Eigenkapital	1 000
	1 000		1 000

Kapitalkonsolidierung
Der Beteiligungsbuchwert in der Bilanz des Mutterunternehmens wird mit dem Eigenkapital des Tochterunternehmens verrechnet.

TAB. 78: Methoden der Kapitalkonsolidierung

Bezeichnung	Rechtsgrundlage	Tz.
Vollkonsolidierung mit Minderheitenausweis	§ 301 HGB	3305
Kapitalkonsolidierung bei Interessenzusammenführung	§ 302 HGB a. F.	3380
Anteilmäßige Konsolidierung	§ 310 HGB	3382
Equity-Methode für assoziierte Unternehmen	§ 311 f. HGB	3384

Die bei der *Vollkonsolidierung* zu lösenden vielschichtigen Probleme lassen sich in folgende *Fragenkomplexe aufgliedern:*

(1) Wie sind die Beteiligungsbuchwerte (= »Anteile«) zu ermitteln?

(2) Was gehört zum konsolidierungspflichtigen Eigenkapital und wie wird es ermittelt?

(3) Werden die Beteiligungsbuchwerte und das konsolidierungspflichtige Eigenkapital zum jeweiligen Stichtag des Konzernabschlusses oder zum Zeitpunkt der Entstehung des Konzerns aufgerechnet?

(4) Was geschieht, wenn konsolidierungspflichtiger Beteiligungsbuchwert und Eigenkapital betragsmäßig nicht übereinstimmen?

(5) Was ist zu tun, wenn keine 100 %ige Beteiligung vorliegt, sondern z. B. 30 % der Kapitalanteile Dritten, also anderen Gesellschaftern (sog. Minderheitsaktionären), gehören?

(6) Gibt es Sonderprobleme, die im HGB nur unvollständig geregelt oder gar nicht erwähnt sind?

Die aufgezeigten Fragenkomplexe werden in dieser Reihenfolge abgehandelt und mit einem durchgängigen Beispiel verdeutlicht. Dabei ist jedoch zu beachten, dass im Zuge des *BilMoG* das Verfahren der Kapitalkonsolidierung und die bisher vorhandenen Wahlrechte wesentlich geändert wurden.

Die komplexen Übergangsregelungen befinden sich in Art. 66, insbes. Abs. 4, und Art. 67 EGHGB. Es gilt nun *grundsätzlich* Folgendes:

- *Für Unternehmenserwerbe bis zum 31. 12. 2009:*

  Es gelten die Vorschriften des HGB a. F. Die bisherige Form der Kapital-Konsolidierung kann fortgeführt werden, also insbesondere die Buchwertmethode.

- *Für Unternehmenserwerbe ab 1. 1. 2010:*

  Es gelten die Vorschriften des HGB n. F. uneingeschränkt.

In *Tabelle 79* und *Tabelle 80* sind die Vorschriften des HGB a. F. und des HGB n. F. bezüglich der Kapitalkonsolidierung schematisch dargestellt. Ergänzend wird auf DRS 7 – Konzerneigenkapital und Konzernergebnis – verwiesen.

BEISPIEL: Die Mutter AG besitzt 100 % der Anteile an der Tochter GmbH, der Sitz der Gesellschaften befindet sich in der Bundesrepublik Deutschland. Die Handelsbilanzen bzw. Handelsbilanzen II beider Unternehmen zum 31. 12. t_1 (= Zeitpunkt des Erwerbs der Anteile und der Konzernentstehung) und zum 31. 12. t_2 (= Folgejahr) lauten wie folgt:

31. 12. t_1

Posten	Mutter AG		Tochter GmbH	
	Aktiva	Passiva	Aktiva	Passiva
Beteiligungen	600			
Sonstige Aktiva	400		600	
Gezeichnetes Kapital		300		200
Rücklagen/Gewinn		200		100
Sonstige Passiva		500		300
Summen	1 000	1 000	600	600

31.12. t_2

Posten	Mutter AG		Tochter GmbH	
	Aktiva	Passiva	Aktiva	Passiva
Beteiligungen	600			
Sonstige Aktiva	500		650	
Gezeichnetes Kapital		300		200
Rücklagen/Gewinn		250		150
Sonstige Passiva		550		300
Summen	1 100	1 100	650	650

Anmerkung

Aus didaktischen Gründen liegt dem Beispiel eine verkürzte Bilanz zu Grunde, deren Postenbezeichnungen sich nicht exakt mit denen des HGB decken.

b) Ermittlung der konsolidierungspflichtigen Beteiligungsbuchwerte

Nach § 301 Abs. 1 HGB gehören zu den »Anteilen« *alle* kapitalmäßigen Beteiligungen 3308
und Einlagen von Konzernunternehmen (nicht nur des Mutterunternehmens) bei *einbezogenen* anderen Konzernunternehmen, also alles, was Miteigentumsrechte begründet. Dabei kommt es nicht auf die Art des bilanziellen Ausweises an. Neben den Posten »Anteile an verbundenen Unternehmen« und »Beteiligungen« sind insbesondere auch Wertpapiere des Anlagevermögens (§ 266 Abs. 2 Pos. A III. HGB) und Wertpapiere im Umlaufvermögen (§ 266 Abs. 2 Pos. B III. HGB) einzubeziehen.

BEISPIEL: Die Beteiligung mit dem Buchwert von 600 in der Bilanz der Mutter AG ist heranzuziehen. Grundsätzlich ist zu prüfen, ob in anderen Posten weitere Anteile enthalten sind (was im Beispiel nicht vorliegt) und ob ggf. andere einbezogene Unternehmen derartige Anteile besitzen.

c) Umfang und Ermittlung des zu verrechnenden Eigenkapitals

Das HGB enthält keine Legaldefinition des Begriffs »Eigenkapital«. Aus dem Glie- 3310
derungsschema der Bilanz in § 266 Abs. 3 HGB lässt sich der Umfang i. S. d. HGB ableiten. Danach gehören zum *Eigenkapital*

I. Gezeichnetes Kapital

II. Kapitalrücklage

III. Gewinnrücklagen

IV. Gewinnvortrag/Verlustvortrag

V. Jahresüberschuss/-fehlbetrag

Bei teilweiser *Ergebnisverwendung* tritt an die Stelle der Posten IV. und V. der Bilanzgewinn oder Bilanzverlust (§ 268 Abs. 1 HGB).

Erwerb bis 31. 12. 2009 – HGB a. F.

Für den Ansatz bietet das Gesetz in § 301 Abs. 1 HGB zwei *Möglichkeiten als Wahlrecht* an:

Buchwertmethode	Das ist der Betrag, der dem **Buchwert** der in den Konzernabschluss aufzunehmenden Posten der Tochterunternehmen, ggf. nach Anpassung gem. § 308 Abs. 2 HGB, entspricht; das ist das Eigenkapital i. S. v. § 266 Abs. 3 Buchst. A HGB
Neubewertungsmethode	Das ist der Betrag, der dem **tatsächlichen Wert** der in den Konzernabschluss aufzunehmenden Posten der Tochterunternehmen entspricht (= Buchwerte + stille Reserven).

TAB. 79: Schematische Darstellung der Kapitalkonsolidierung – HGB a. F.

	Kapitalkonsolidierung		**HGB a. F.**
Methode	Erwerbsmethode Merkmale: (1) Erstkonsolidierung (2) Erfolgswirksame Kapitalkonsolidierung		§ 301
Verrechnung	Anteile, die einbezogenen Konzernunternehmen gehören, mit dem Eigenkapital des Tochterunternehmens, das auf die Anteile entfällt		Abs. 1
Ansatz der Anteile	Buchwert in den Bilanzen der einbezogenen Konzernunternehmen		Abs. 1 Satz 1
Ansatz des Eigenkapitals	Möglichkeit 1	Möglichkeit 2	Abs. 1 Satz 2 Nr. 1 und 2
	Buchwertmethode	Neubewertungs- (oder Anteilswert-)methode	
Zeitpunkt der Aufrechnung	Zeitpunkt (1) des Erwerbs der Anteile oder (2) der erstmaligen Einbeziehung oder (3) zu dem das Tochterunternehmen Konzernunternehmen wurde		Abs. 2
Unterschiedsbeträge zwischen den Anteilen und dem Eigenkapital	– Zuordnung auf die einzelnen Vermögensgegenstände, Schulden usw. (anteilig) – Restlicher Unterschiedsbetrag	– Ausweis des Unterschiedsbetrages	Abs. 1, 3
	Aktivseite Geschäfts- oder Firmenwert	*Passivseite* Unterschiedsbetrag aus der Kapitalkonsolidierung	§ 309
Anteile am Mutterunternehmen	Ausweis: Eigene Anteile im Umlaufvermögen		§ 301 Abs. 4
Anteile anderer Gesellschafter	Anteiliges Eigenkapital mit dem Nennbetrag	Anteiliges Eigenkapital mit dem Nennbetrag + anteilige stille Reserven	§ 307

Der *Neubewertungsmethode* liegt die Vorstellung zu Grunde, das Mutterunternehmen erwerbe nicht bloß die Anteile am Kapital, sondern vor allem die Vermögensgegenstände und die Schulden. Deshalb sollen deren Anschaffungswerte und nicht die Buchwerte in der Bilanz des Tochterunternehmens übernommen werden (= Anschaffungswertmethode). Dies erfordert eine *Neubewertung* in einer zusätzlichen für den Konzernabschluss erstellten *Umbewertungsbilanz.* Dabei darf das neu ermittelte Eigenkapital insgesamt die Anschaffungskosten des Mutterunternehmens für die Anteile auch überschreiten.

Die angewandte Methode ist im Konzernanhang anzugeben (§ 301 Abs. 1 letzter Satz HGB).

DRS 4 befasst sich mit den Unternehmenserwerben und deren Behandlung im Konzernabschluss. Er sieht als einzig zulässige Methode die Neubewertungsmethode vor (DRS 4.23).

Eigene Anteile am Mutterunternehmen, ausgewiesen in der Bilanz des Mutterunternehmens oder eines einbezogenen Tochterunternehmens, werden in die Konzernbilanz als eigene Anteile in das Umlaufvermögen übernommen und gesondert ausgewiesen (§ 301 Abs. 4 HGB). Dies führt zwangsläufig zur gleichen Behandlung der dafür gebildeten Rücklage für eigene Anteile, d. h. zum Ausweis unter dem Eigenkapital.

BEISPIEL

(1) Buchwertmethode

Die Buchwerte in den Handelsbilanzen (ggf. Handelsbilanzen II) der Tochter GmbH (= Ursprungsbilanz) bilden die Basis für die Kapitalkonsolidierung (siehe Ausgangsdaten).

(2) Neubewertungsmethode

Die Anwendung dieser Methode erfordert eine Neubewertung von Aktiva und Passiva und die Aufteilung in eine Ursprungs- und in eine Neubewertungsbilanz. In dieser werden die stillen Rücklagen (= Reserven) aufgelöst. Das Eigenkapital beträgt nun 500 bzw. 510.

31. 12. t_1

Posten	Tochter GmbH			
	Ursprungsbilanz		Neubewertungsbilanz	
	Aktiva	Passiva	Aktiva	Passiva
Beteiligungen				
Sonstige Aktiva	600		800	
Gezeichnetes Kapital		200		200
Rücklagen/Gewinn		100		100
Differenzen aus der Umbewertung				200
Sonstige Passiva		300		300
Summen	600	600	800	800

31.12. t_2

Posten	Tochter GmbH			
	Ursprungsbilanz		Neubewertungsbilanz	
	Aktiva	Passiva	Aktiva	Passiva
Beteiligungen				
Sonstige Aktiva	650		810	
Gezeichnetes Kapital		200		200
Rücklagen/Gewinn		150		150
Differenzen aus der Umbewertung				160
Sonstige Passiva		300		300
Summen	650	650	810	810

3313 *Unternehmenserwerbe ab 1.1.2010*

Es sind die neu gefassten Vorschriften über die Kapital-Konsolidierung in § 301 HGB n. F. anzuwenden. Danach ist nur noch die *Neubewertungsmethode* erlaubt.

d) Zeitpunkt der Aufrechnung von Beteiligungsbuchwert und Eigenkapital

3315 *Unternehmenserwerbe bis 31.12.2009*

Für die Ermittlung des Ansatzes kommen nach § 301 Abs. 2 HGB a. F. folgende Zeitpunkte in Betracht:

(1) Zeitpunkt des Erwerbs der Anteile *oder*

(2) Zeitpunkt der erstmaligen Einbeziehung in den Konzernabschluss *oder*

(3) beim Erwerb der Anteile zu verschiedenen Zeitpunkten: Zeitpunkt, zu dem das Unternehmen Tochterunternehmen wurde.

Der gewählte Zeitpunkt ist im Konzernanhang anzugeben (§ 301 Abs. 2 HGB), siehe aber DRS 4.9.

Nicht erlaubt ist die Aufrechnung zum jeweiligen Zeitpunkt der Erstellung des Konzernabschlusses (sog. deutsche Methode der Kapitalkonsolidierung oder Stichtagsmethode).

Es ist ausdrücklich festzuhalten, dass *nach* dem Zeitpunkt der Erstkonsolidierung eintretende *Veränderungen der Rücklagen einbezogener Tochterunternehmen* (ggf. anteilig) nicht in die Kapitalkonsolidierung eingehen, sondern als Erhöhungen oder Verminderungen der *Rücklagen des Konzerns* ausgewiesen werden. Häufigster Fall in der Praxis wird die Thesaurierung von Teilen des Gewinns und deren Einstellung in die Gewinnrücklagen sein.

BEISPIEL: Im vorliegenden Fall wurde als Zeitpunkt der Erstkonsolidierung der Erwerb der Anteile angenommen. Dies ist zugleich der Zeitpunkt der Konzernentstehung.

Unternehmenserwerbe ab 1. 1. 2010 3317

Die Vorschrift in § 301 Abs. 2 HGB wurde neu gefasst und die bisherigen Wahlrechte abgeschafft. Die Verrechnung hat zu dem Zeitpunkt zu erfolgen, zu dem das Unternehmen Tochterunternehmen geworden ist. Dies ist der Zeitpunkt des Erwerbs der Anteile und dieser ist zugleich der Zeitpunkt der Konzernentstehung.

TAB. 80: Schematische Darstellung der Kapitalkonsolidierung – HGB n. F.

Kapitalkonsolidierung		HGB n.F.
Methode	Erwerbsmethode Merkmale: (1) Erstkonsolidierung (2) Erfolgswirksame Kapitalkonsolidierung	§ 301
Verrechnung	Anteile, die einbezogenen Konzernunternehmen gehören, mit dem Eigenkapital des Tochterunternehmens, das auf die Anteile entfällt	Abs. 1
Ansatz der Anteile	Buchwert in den Bilanzen der einbezogenen Konzernunternehmen	Abs. 1 Satz 1
Ansatz des Eigenkapitals	Neubewertung der Vermögensgegenstände usw. (Neubewertungsmethode)	Abs. 1 Satz 2, 3
Zeitpunkt der Aufrechnung	Zeitpunkt zu dem das Tochterunternehmen Konzernunternehmen wurde	Abs. 2
Unterschiedsbeträge zwischen den Anteilen und dem Eigenkapital	Aktivseite: Geschäfts- oder Firmenwert Passivseite: Unterschiedsbetrag aus der Kapitalkonsolidierung	Abs. 3 § 309
Anteile am Mutterunternehmen	Offene Absetzung in der Vorspalte des gezeichneten Kapitals	Abs. 4
Anteile anderer Gesellschafter	Anteiliges Eigenkapital mit dem Nennbetrag + anteilige stille Reserven	§ 307

e) Unterschiedsbeträge zwischen Beteiligungsbuchwert und konsolidierungspflichtigem Eigenkapital

Unternehmenserwerbe bis 31. 12. 2009 3320

Sofern sich bei der *Buchwertmethode* nach der Verrechnung des Beteiligungsbuchwertes mit dem (anteiligen) Eigenkapital ein *Unterschiedsbetrag* ergibt, ist dieser den Wertansätzen und Schulden des jeweiligen Tochterunternehmens insoweit zuzuschreiben oder mit diesen zu verrechnen, als deren tatsächlicher Wert höher oder niedriger ist als der bisherige Wertansatz (§ 301 Abs. 1 Satz 3 HGB). Notwendige Abschreibungen usw. sind in den Folgejahren nach den allgemeinen Grundsätzen zu berücksichtigen.

Ein *nach* der obigen Verrechnung weiterhin *verbleibender Unterschiedsbetrag* muss in der Konzernbilanz nach § 301 Abs. 3, 309 HGB auf

- der Aktivseite als Geschäfts- oder Firmenwert *(oder* offene Verrechnung mit den Rücklagen),
- der Passivseite als Unterschiedsbetrag aus der Kapitalkonsolidierung ausgewiesen werden.

Bei Konzernen mit mehr als einem einzubeziehenden Tochterunternehmen können aktive und passive Posten entstehen. Die Verrechnung ist zulässig, erfordert aber eine Erläuterung im Anhang (vgl. § 301 Abs. 3 HGB).

3325 Auch bei der *Neubewertungsmethode* ergeben sich bei der Aufrechnung des Beteiligungsbuchwerts mit dem (anteiligen) Eigenkapital (berechnet nach § 301 Abs. 1 Nr. 2 HGB) regelmäßig *Unterschiedsbeträge.* Durch die Aufhebung der Beschränkung des Eigenkapitals auf die Anschaffungskosten der Beteiligung als Obergrenze kann bei der Neubewertungsmethode nun auch *ein* passiver Unterschiedsbetrag entstehen. Ein aktiver Unterschiedsbetrag (= Geschäfts- oder Firmenwert) wird analog zur Buchwertmethode behandelt (§ 301 Abs. 3 HGB).

Die (neubewerteten) Aktiva und Passiva müssen nach den allgemeinen Grundsätzen bewertet, also insbesondere abgeschrieben werden. Die Behandlung der verbleibenden Unterschiedsbeträge erfolgt – analog der Buchwertmethode – nach § 309 HGB. Auf die davon abweichenden Regelungen in DRS 4 wird verwiesen, insbes. DRS 4.28.

Zur zutreffenden Bemessung der stillen Reserven usw. müssen auch *latente Steuern* berücksichtigt werden, worauf aus Vereinfachungsgründen verzichtet wird.

Buchwertmethode und Neubewertungsmethode führen zu *identischen* Konzernbilanzen, wenn eine 100 %ige Beteiligung vorliegt.

3327 *Unternehmenserwerbe ab 1. 1. 2010*

Ein aktiver Unterschiedsbetrag aus der Verrechnung nach § 301 Abs. 1 HGB ist als Geschäfts- oder Firmenwert auszuweisen, § 301 Abs. 3 HGB. Die Abschreibung erfolgt nach den allgemeinen Vorschriften (§ 309 HGB) ab dem Zeitpunkt der Konzernentstehung (vgl. dazu § 301 Abs. 2 HGB). Dies sind die Bestimmungen in § 253 HGB. Eine offene Absetzung von den offenen Rücklagen ist nicht mehr erlaubt.

Entsteht bei der Aufrechnung nach § 301 Abs. 1, 2 HGB ein Unterschiedsbetrag auf der Passivseite, so ist dieser als »Unterschiedsbetrag aus der Kapitalkonsolidierung« nach dem Eigenkapital auszuweisen. Der Posten und wesentliche Änderungen gegenüber dem Vorjahr sind im Anhang zu erläutern (§ 301 Abs. 3 HGB).

Die Posten sind getrennt auszuweisen, eine Saldierung ist nicht erlaubt.

Buchwertmethode

31. 12. t_1 – **Erstkonsolidierung**

Posten	Mutter AG		Tochter GmbH (Ursprungs-bilanz)		Kapitalkonsolidierung						Konzern-bilanz	
					Aufrechnung BetBW/Ekap		Verteilung Aufr.-Diff.		Buchungen erfolgswirksam			
	A	P	A	P	S	H	S	H	S	H	A	P
Beteiligungen	600					600						
Sonst. Aktiva	400		600				200				1 200	
Gez. Kapital		300		200	200							300
Rücklagen/ Gewinn		200		100	100							200
Geschäftswert/							100				100	
Untersch. betrag					300			300				
Sonst. Passiva		500		300								800
Summen	1 000	1 000	600	600	600	600	300	300			1 300	1 300
Bereich					(1)		(2)		(3)		(4)	

31. 12. t_2 – **Folgekonsolidierung**

Posten	Mutter AG		Tochter GmbH (Ursprungs-bilanz)		Kapitalkonsolidierung						Konzern-bilanz	
					Aufrechnung BetBW/Ekap		Verteilung Aufr.-Diff.		Buchungen erfolgswirksam			
	A	P	A	P	S	H	S	H	S	H	A	P
Beteiligungen	600					600						
Sonst. Aktiva	500		650				200			40	1 310	
Gez. Kapital		300		200	200							300
Rücklagen/ Gewinn		250		150	100				65			235
Geschäftswert/							100			25	75	
Untersch. betrag					300			300				
Sonst. Passiva		550		300								850
Summen	1 100	1 100	650	650	600	600	300	300	65	65	1 385	1 385
Bereich					(1)		(2)		(3)		(4)	

Erläuterungen zur Buchwertmethode

31. 12. t_1 – Erstkonsolidierung

Bereich: (1) Aufrechnung von Beteiligungsbuchwert und Eigenkapital der Tochter GmbH.

Der Unterschiedsbetrag wird zunächst vollständig mit 300 übernommen.

(2) Der Unterschiedsbetrag wird auf die einzelnen Vermögensgegenstände soweit wie möglich verteilt (= Zuschreibung für die Konzernrechnungslegung) mit 200 (= stille Reserve). Der verbleibende Betrag von 100 stellt den Geschäftswert dar.

(3) Die Erstkonsolidierung ist stets erfolgsunwirksam.

(4) Die verbleibenden Beträge werden in die Konzernbilanz übernommen.

31. 12. t_2 – Folgekonsolidierung

Bereich: (1) Die Aufrechnung erfolgt entsprechend der Erstkonsolidierung.

(2) Die Verteilung des Unterschiedsbetrags entspricht der Erstkonsolidierung.

(3) Die Zuschreibungen auf die Sonstigen Aktiva und der Geschäftswert müssen entsprechend der Nutzungsdauer bzw. dem Gesetz abgeschrieben werden (vgl. ausdrücklich dazu § 309 Abs. 1 HGB, im Beispiel 4 Jahre), und zwar mit 40 bzw. 25. Die Konsolidierung ist somit erfolgswirksam; die Verrechnung erfolgt über die Rücklagen/Gewinn.

(4) Die verbleibenden Beträge werden in die Konzernbilanz übernommen.

Neubewertungsmethode

31. 12. t_1 – **Erstkonsolidierung**

Posten	Mutter AG		Tochter GmbH (Neubewertungsbilanz)		Kapitalkonsolidierung: Aufrechnung BetBW/Ekap		Kapitalkonsolidierung: Buchungen erfolgswirksam		Konzernbilanz	
	A	P	A	P	S	H	S	H	A	P
Beteiligungen	600					600				
Sonst. Aktiva	400		800						1 200	
Gez. Kapital		300		200	200					300
Rücklagen/Gewinn		200		100	100					200
Differenz aus Umbewertung				200	200					
Geschäftswert					100				100	
Sonst. Passiva		500		300						800
Summen	1 000	1 000	800	800	600	600			1 300	1 300
Bereich			(1)		(2)		(3)		(4)	

31. 12. t_2 – **Folgekonsolidierung**

Posten	Mutter AG		Tochter GmbH (Neubewertungsbilanz)		Kapitalkonsolidierung: Aufrechnung BetBW/Ekap		Kapitalkonsolidierung: Buchungen erfolgswirksam		Konzernbilanz	
	A	P	A	P	S	H	S	H	A	P
Beteiligungen	600					600				
Sonst. Aktiva	500		810						1 310	
Gez. Kapital		300		200	200					300
Rücklagen/Gewinn		250		150	100		65			235
Differenz aus Umbewertung				160	200			40		
Geschäftswert					100			25	75	
Sonst. Passiva		550		300						850
Summen	1 100	1 100	810	810	600	600	65	65	1 385	1 385
Bereich			(1)		(2)		(3)		(4)	

Erläuterungen zur Neubewertungsmethode

31. 12. t_1 – Erstkonsolidierung und 31. 12. t_2 – Folgekonsolidierung

Bereich:
(1) Es werden die Beträge aus der Neubewertungsbilanz übernommen (siehe oben). Die Differenz aus der Umbewertung in t_2 hat sich durch Wertminderung der Sonstigen Aktiva auf 160 verringert.

(2) Die eingesetzten Beträge sind in beiden Jahren identisch.

(3) Die Wertminderungen sind bei der Folgekonsolidierung ergebniswirksam zu verrechnen. Die Beträge stimmen mit der Buchwertmethode überein. Das Ergebnis der Verrechnung deckt sich mit der Buchwertmethode, nicht aber die Art.

(4) Die Buchwertmethode und die Neubewertungsmethode führen bei 100 %iger Beteiligung zu identischen Ergebnissen.

f) Die Behandlung von Anteilen anderer Gesellschafter

In der Praxis besitzen Konzerne in vielen Fällen nicht alle Kapitalanteile (also keine 100 %ige Beteiligung) an den in den Konzernabschluss einzubeziehenden Konzernunternehmen. Zur Lösung dieses Konsolidierungsproblems wurden in der Literatur zwei Verfahren entwickelt, nämlich die *Quotenkonsolidierung* oder Nettomethode und *die Vollkonsolidierung* oder Bruttomethode (siehe oben Tz. 3305 sowie Tz. 3382). 3330

Unternehmenserwerbe bis 31. 12. 2009 3332

Das *HGB* verlangt in § 307 die *Vollkonsolidierung mit Minderheitenausweis* und folgt damit der Einheits-Theorie. Die Anteile anderer Gesellschafter am Eigenkapital sind als *»Ausgleichsposten für die Anteile anderer Gesellschafter«* gesondert auszuweisen. Diese Anteile gehören zum *Eigenkapital* des Konzerns. Die Minderheitsaktionäre besitzen keine Gläubigerstellung, sondern sind Mitbeteiligte mit qualitativ gleichen Rechten wie das Mutterunternehmen, jedoch quantitativ nicht ausreichend, um die Unternehmenspolitik zu bestimmen.

Die *Ermittlung* des Ausgleichspostens richtet sich nach der Höhe ihres Anteils am Eigenkapital (nicht am Stimmrecht), und zwar

- bei der Buchwertmethode nach dem Anteil am Nennbetrag des Eigenkapitals,
- bei der Neubewertungsmethode nach dem Anteil am neu bewerteten Eigenkapital, also *einschließlich* der stillen Reserven.

Maßgebender Zeitpunkt für die Ermittlung ist der *jeweilige* Stichtag des Konzernabschlusses.

In der *Gewinn- und Verlustrechnung* sind die Anteile der anderen Gesellschafter am Gewinn bzw. Verlust *nach* dem Jahresüberschuss oder -fehlbetrag unter entsprechender Bezeichnung getrennt auszuweisen (§ 307 Abs. 2 HGB).

Es kann vorkommen, dass nicht in den Konzernabschluss einbezogene Konzernunternehmen Anteile an anderen einbezogenen Konzernunternehmen besitzen. In diesem Falle dürfen die Anteile nicht in die Kapitalkonsolidierung einbezogen, sondern sie müssen wie Anteile Dritter behandelt werden. Allerdings ist die Kennzeichnung des Sachverhalts durch den Ausweis eines Sonderpostens »Anteile nicht konsolidierter Konzernunternehmen am Eigenkapital« erforderlich.

BEISPIEL: Es wird nun für die Erstkonsolidierung unterstellt, dass lediglich 80 % der Anteile dem Mutterunternehmen und 20 % der Anteile anderen Gesellschaftern gehören. Die Wertansätze in der Bilanz des Mutterunternehmens werden teilweise geändert. Der Beteiligungsbuchwert soll nunmehr 480 und die sonstigen Aktiva 520 betragen. Die sonstigen Daten sind unverändert.

Buchwertmethode mit Anteilen anderer Gesellschafter

31.12. t_1 – **Erstkonsolidierung**

Posten	Mutter AG		Tochter GmbH (Ursprungs-Bilanz)		Kapitalkonsolidierung: Aufrechnung BetBW/Ekap		Kapitalkonsolidierung: Anteile and. Gesellschafter		Kapitalkonsolidierung: Verteilung Auf.-Diff.		Kapitalkonsolidierung: Buchungen erfolgswirksam		Konzernbilanz	
	A	P	A	P	S	H	S	H	S	H	S	H	A	P
Beteiligungen	480					480								
Sonst. Aktiva	520		600						160				1 280	
Gez. Kapital		300		200	160		40							300
Rücklagen/ Gewinn		200		100	80		20							200
Ant. and. Gesellsch.								60						60
Geschäftswert/									80				80	
Untersch. betrag					240					240				
Sonst. Passiva		500		300										800
Summen	1 000	1 000	600	600	480	480	60	60	240	240			1 360	1 360
Bereich					(1)		(2)		(3)		(4)		(5)	

Erläuterungen zur Buchwertmethode

Bereich:

(1) Die Aufrechnung erfolgt nach den bisherigen Grundsätzen nur mit geänderten Ausgangsdaten und auf der Basis des anteiligen Eigenkapitals.

(2) Die Anteile der anderen Gesellschafter betragen 20 % am Nominalkapital (Gezeichnetes Kapital und Rücklagen/Gewinn). Die anderen Gesellschafter nehmen nicht anteilig an den stillen Rücklagen und am Geschäftswert teil.

(3) Die Aufrechnungsdifferenz wird auf die Aktiva verteilt, und zwar nur die stille Reserve mit 200 und nur in Höhe des Anteils des Mutterunternehmens am Eigenkapital (= 80 %), somit 160.

(4) Erfolgswirksame Buchungen treten bei der Erstkonsolidierung nicht auf.

(5) In der Konzernbilanz wird der restliche Unterschiedsbetrag als Geschäftswert ausgewiesen. Die Anteile der anderen Gesellschafter betragen 60.

Neubewertungsmethode mit Anteilen anderer Gesellschafter

31. 12. t_1 – Erstkonsolidierung

Posten	Mutter AG		Tochter GmbH (Neubewertungs-Bilanz)		Kapitalkonsolidierung: Aufrechnung BetBW/Ekap		Kapitalkonsolidierung: Anteile and. Gesellschafter		Kapitalkonsolidierung: Buchungen erfolgswirksam		Konzernbilanz	
	A	P	A	P	S	H	S	H	S	H	A	P
Beteiligungen	480					480						
Sonst. Aktiva	520		800								1 320	
Gez. Kapital		300		200	160		40					300
Rücklagen/ Gewinn		200		100	80		20					200
Ant. and. Gesellschafter								100				100
Differenz aus Umbewertung				200	160		40					
Geschäftswert					80						80	
Sonst. Passiva		500		300								800
Summen	1 000	1 000	800	800	480	480	100	100			1 400	1 400
Bereich					(1)		(2)		(3)		(4)	

Erläuterungen zur Neubewertungsmethode

Bereich: (1) Die Aufrechnung erfolgt nach den bisherigen Grundsätzen nur mit den geänderten Ausgangsdaten und auf der Basis des anteiligen Eigenkapitals.

(2) Den anderen Gesellschaftern werden 20 % am gesamten Eigenkapital (Gezeichnetes Kapital, Rücklagen/Gewinn und Differenz aus der Umbewertung) zugerechnet.

(3) Erfolgswirksame Buchungen treten nicht bei der Erstkonsolidierung auf.

(4) Die Beträge werden in die Konzernbilanz übernommen. Die Anteile anderer Gesellschafter betragen nun einschl. der stillen Reserven 100.

Unternehmerwerbe ab 1. 1. 2010

3335 Die Kapital-Konsolidierung erfolgt künftig nur noch nach der Neubewertungsmethode, vgl. § 301 Abs. 1, 2 HGB bzw. Tz. 3313. Daraus folgt, dass die Anteile anderer Gesellschafter nur noch nach der Neubewertungsmethode zu ermitteln sind. § 307 Abs. 1 Satz 2 HGB a. F. wurde gestrichen (vgl. Art. 66 Abs. 4 EGHGB).

g) Sonderprobleme

3340 Im Rahmen der Kapitalkonsolidierung tauchen Fragen auf, für die das HGB keine Lösungen oder Hinweise enthält. Auf folgende, seltener auftretende Fälle soll hier noch hingewiesen werden:

- Ausstehende Einlagen
  Mutterunternehmen, Tochterunternehmen, eingefordert bzw. nicht eingefordert, Anteil von Konzernunternehmen oder von Minderheitsgesellschaftern

- Eigene Anteile
  Mutterunternehmen, Tochterunternehmen, Rückbeteiligung
- Gegenseitige Beteiligungen
- Mehrstufige Kapitalkonsolidierung
  mit oder ohne andere Gesellschafter, Sprungkonsolidierung, Ketten- und Simultankonsolidierung.

Im Rahmen dieser einführenden Arbeit können solche Spezialprobleme leider nicht behandelt werden; auf die Literatur am Ende des Abschnitts wird verwiesen.

LITERATUR

Zu 1 und 2: *Busse v. Colbe/Ordelheide u. a.*, Konzernabschlüsse, a. a. O., S. 125 ff., 193 ff.; *Küting/Weber,* Konzernabschluss, a. a. O., S. 279 ff.; *v. Wysocki/Wohlgemuth,* a. a. O., S. 78 ff.; WP Handbuch 2012, S. 1463 ff.; Kommentare zu den angegebenen §§.

KONTROLLFRAGEN

Die Antworten zu den Kontrollfragen 235–242 befinden sich auf Seite 395.

235. Wie lässt sich die vom HGB vorgeschriebene Methode der Kapitalkonsolidierung im § 301 HGB charakterisieren?

236. Die Anteile am Konzernunternehmen haben einen Nominalbetrag und einen Buchwert. Auf welchen von beiden kommt es
    a) bei der Ermittlung des Beteiligungsgrades
    b) bei der Kapitalkonsolidierung an?

237. Deckt sich das konsolidierungspflichtige Eigenkapital
    a) mit dem bilanziellen Eigenkapital?
    b) mit dem effektiven Eigenkapital?

238. Ergeben sich bei der Anwendung der Buchwertmethode gegenüber der Neubewertungsmethode unterschiedliche Ergebnisse?

239. Weshalb besitzt die Vollkonsolidierung gegenüber der Quotenkonsolidierung die größere Aussagekraft?

240. Weshalb können als Geschäfts- oder Firmenwert auszuweisende Unterschiedsbeträge aus der Kapitalkonsolidierung entstehen?

241. Gehört der Ausgleichsposten für die Anteile der anderen Gesellschafter vollständig zum dauerhaften Eigenkapital des Konzerns?

242. Bleibt der Ausgleichsposten für die Anteile der anderen Gesellschafter bei unverändertem Beteiligungsgrad des Konzerns auch betragsmäßig konstant?

AUFGABE 43

Die Mutter AG hat die Tochter GmbH zum 1. 1. t_1 zu 60 % erworben.

Führen Sie die Kapitalkonsolidierung als Erstkonsolidierung nach den folgenden Angaben, und zwar nach

a) der Buchwertmethode und

b) der Neubewertungsmethode

durch!

Ergänzende Angaben:

Bilanzansätze zum Erwerbszeitpunkt

Posten	Mutter AG	Tochter GmbH
Aktiva	700	450
Eigenkapital		
Gez. Kapital	400	300
Rücklagen	200	100
Jahresüberschuss	100	50

Kaufpreis für die Beteiligung	400
Stille Reserve im Vermögen der Tochter GmbH	100

Die Lösung zu Aufgabe 43 finden Sie auf Seite 402.

DOWNLOAD

Hierzu finden Sie eine Arbeitshilfe unter www.nwb.de/go/meyer-bilanzierung!

3 Konsolidierung von Forderungen und Verbindlichkeiten (= Schuldenkonsolidierung)

a) Grundsatz

3350 »Ausleihungen und andere Forderungen, Rückstellungen und Verbindlichkeiten zwischen den in den Konzernabschluss einbezogenen Unternehmen sowie entsprechende Rechnungsabgrenzungsposten sind *wegzulassen«* (§ 303 Abs. 1 HGB). Die Vorschrift entspricht der Einheits-Theorie. Der Konzern als wirtschaftliche Einheit kann – wie ein rechtlich selbstständiges Unternehmen – keine Forderungen bzw. Verbindlichkeiten gegen sich selbst haben.

Voraussetzung für das »Weglassen« ist allerdings nicht, dass Forderungen und Verbindlichkeiten sich in gleicher Höhe gegenüberstehen. Nach dieser Bestimmung sind auch in der Höhe unterschiedliche und einseitige Forderungen bzw. Verbindlichkeiten wegzulassen; die Begriffe »Forderungen« und »Verbindlichkeiten« sind dabei nicht im engen bilanztechnischen Sinne zu verstehen, sondern weit auszulegen. Danach kommen insbesondere auch folgende Posten in Betracht: Ausstehende Einlagen, Anzahlungen (erhaltene und geleistete), Ausleihungen, Wechsel, Guthaben bei Kreditinstituten, sonstige Vermögensgegenstände. Sofern die wegzulassenden Beträge von untergeordneter Bedeutung sind, kann auf eine Konsolidierung verzichtet werden (§ 303 Abs. 2 HGB).

TAB. 81: Beispiel zur Schuldenkonsolidierung nach § 303 HGB

I. Bilanz des Mutterunternehmens

A	Bilanz zum ...		P
Beteiligung	400	Eigenkapital	1 000
Forderungen gegenüber der Tochter	300		
Kasse	300		
	1 000		1 000

II. Bilanz des Tochterunternehmens

A	Bilanz zum ...		P
Kasse	700	Eigenkapital	400
		Verbindlichkeiten gegenüber der Mutter	300
	700		700

III. Bilanz des Konzerns

A	Konzernbilanz zum ...		P
Kasse	1 000	Eigenkapital	1 000
	1 000		1 000

Schuldenkonsolidierung
Forderungen und Verbindlichkeiten zwischen den in den Konzernabschluss einbezogenen Konzernunternehmen sind wegzulassen.

b) Forderungen und Verbindlichkeiten zwischen Konzernunternehmen

Der einfachste Fall liegt vor, wenn Forderungen und Verbindlichkeiten sich deckungsgleich, d. h. in gleich hohen Beträgen, gegenüberstehen. Das »Weglassen« wirft keine Probleme auf, das Konzernbilanzvolumen wird reduziert, der Konzernerfolg nicht beeinflusst. 3355

In manchen Fällen bilden sich *Differenzen* aus buchungstechnischen Gründen, z. B. zeitliche Buchungsunterschiede um den Bilanzstichtag. Diese »unechten Restbeträge« (= Buchungsfehler) sind bei der Erstellung des Konzernabschlusses zu berichtigen. Neben solchen Differenzen können sich auch Restbeträge aus u. U. zwingenden Bewertungsbestimmungen ergeben. So entsteht ein passiver Restbetrag, wenn die Forderung kleiner als die entsprechende Verbindlichkeit ist, z. B. eine niedrig verzinsliche Forderung wurde mit dem Barwert nach § 253 Abs. 3, 4 HGB und die korrespondierende Verbindlichkeit mit dem Erfüllungsbetrag nach § 253 Abs. 1 HGB bilanziert. Auch bei konzerninternen Lieferungen und Leistungen wird in der Bilanz des leistenden Konzernunternehmens eine Garantierückstellung passiviert, der in der Bilanz des empfangenden Konzernunternehmens regelmäßig keine Forderung gegenübersteht.

Nur in Ausnahmefällen kann ein aktiver Restbetrag (Forderung > Verbindlichkeit) entstehen. Sowohl passive als auch aktive Restbeträge werden über die konsolidierte Gewinn- und Verlustrechnung ausgeglichen und sind daher erfolgswirksam (= erfolgswirksame Schuldenkonsolidierung).

Dabei ist zwischen einer erstmaligen und einer wiederholten Verrechnung zu unterscheiden. Bei der erstmaligen erfolgswirksamen Schuldenkonsolidierung wird der Konzern-Jahresüberschuss/-fehlbetrag über den Aufwand bzw. Ertrag direkt beeinflusst, im zweiten Fall der Ergebnisvortrag des Konzerns. Die erfolgswirksame Schuldenkonsolidierung erfordert eine Steuerabgrenzung, um das Konzernergebnis korrekt abzubilden (vgl. dazu Tz. 3390).

Zum Zwecke der Übereinstimmung von Ergebnis des Mutterunternehmens und Konzernergebnis kann auch eine Verrechnung mit dem »Sonstigen Ausgleichsposten« bzw. der »Rücklage des Konzerns« infrage kommen (vgl. die Ausführungen zur konsolidierten Gewinn- und Verlustrechnung – Ausweis und Ermittlung des Konzernergebnisses, Tz. 3430).

c) Ausweis von Haftungsverhältnissen

3360 Nach den Bestimmungen in § 298 Abs. 1 i.V.m. § 268 Abs. 7, § 251 HGB müssen auch Eventualverbindlichkeiten im Konzernabschluss vermerkt werden. Eine *Addition* der in den Einzelabschlüssen enthaltenen Eventualverbindlichkeiten ist *nicht* sachgerecht, sondern sie sind unter dem Gesichtspunkt der wirtschaftlichen Einheit des Konzerns zu prüfen und zu *konsolidieren.* Beispielhaft sei auf folgende konsolidierungspflichtige Fälle hingewiesen: Wechsel, von einbezogenen Konzernunternehmen ausgestellt oder indossiert, befinden sich zum Konzernbilanzstichtag im Besitz von ebenfalls einbezogenen Konzernunternehmen; Bürgschaften von Konzernunternehmen werden für konzernfremde Unternehmen gegenüber ebenfalls einbezogenen Konzernunternehmen übernommen; Haftung aus der Bestellung von Sicherheiten für fremde Verbindlichkeiten, wenn die Haftung gegenüber einem einbezogenen Konzernunternehmen besteht.

d) Konsolidierung von Drittschuldverhältnissen

3363 Von Drittschuldverhältnis oder Fremdschuldverhältnis wird gesprochen, wenn verschiedene, in den Konzernabschluss einbezogene Konzernunternehmen *gleichzeitig* Forderungen und Verbindlichkeiten gegenüber einem Unternehmen außerhalb des Konsolidierungskreises (Drittunternehmen) besitzen.

TAB. 82: Beispiel für Drittschuldverhältnisse

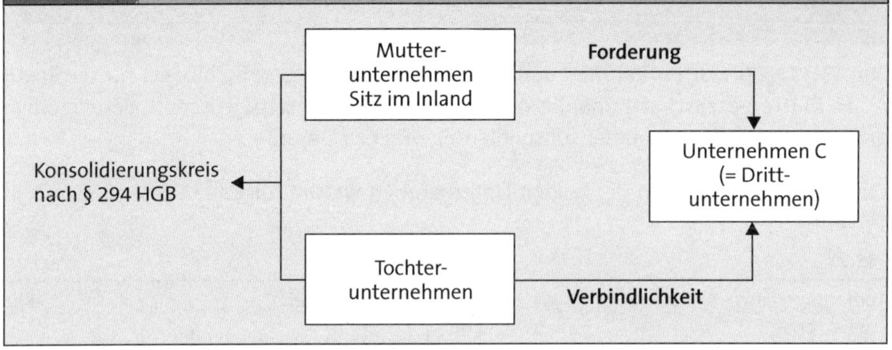

Aus der Sicht des Konzerns als einer wirtschaftlichen Einheit liegen gegenüber *demselben* Dritten Forderungen und Verbindlichkeiten vor, die nach der Einheits-Theorie wegzulassen sind. Das *HGB* verlangt jedoch nur das Weglassen von Forderungen und Verbindlichkeiten *zwischen* den in den Konzernabschluss einbezogenen Konzernunternehmen (§ 303 Abs. 1 HGB). Eine Pflicht zur Konsolidierung von Drittschuldverhältnissen besteht somit nicht. Die Literatur hält jedoch eine *freiwillige* Aufrechnung grundsätzlich im Rahmen des § 246 Abs. 2 HGB für zulässig. Wegen der damit verbundenen organisatorischen Schwierigkeiten bei deren Feststellung werden Drittschuldverhältnisse selten konsolidiert.

LITERATUR

Busse v. Colbe/Ordelheide u. a., Konzernabschlüsse, a. a. O., S. 345 ff.; *Küting/Weber*, Konzernabschluss, a. a. O., S. 498 ff.; *v. Wysocki/Wohlgemuth*, a. a. O., S. 215 ff.; WP Handbuch 2012, S. 1517 ff.; Kommentare zu den angegebenen §§.

KONTROLLFRAGEN

Die Antworten zu den Kontrollfragen 243–247 befinden sich auf Seite 359 f.

243. Können in einem Konzernabschluss noch Forderungen und Verbindlichkeiten gegenüber Konzernunternehmen enthalten sein?

244. Welcher Bilanzposten kann vor allem einseitige Verbindlichkeiten enthalten?

245. Wodurch können Differenzen zwischen den wegzulassenden Forderungen und Verbindlichkeiten entstehen?

246. Wirken Differenzen aus der Schuldenkonsolidierung in jedem Falle auf den Konzern-Jahresüberschuss/-fehlbetrag ein?

247. Halten Sie einen Jahresabschluss mit oder ohne Konsolidierung von Drittschuldverhältnissen für aussagefähiger?

AUFGABE 44

Zum 31.12.20.. ist im Rahmen der Erstellung eines Konzernabschlusses für die Textil AG (= Muttergesellschaft) und die Weberei GmbH (= Tochtergesellschaft, Beteiligungsgrad 70 %) auch eine Schuldenkonsolidierung durchzuführen.

Die (gekürzten) Bilanzen der beiden Unternehmen weisen folgende Posten (jeweils in T€) auf:

Aktiva	Textil AG		Passiva
Forderungen aus Lief. u. Leistg.	1 400	Rückstellungen	400
		Wechselverbindlichkeiten	100
Forderungen an verb. Unternehmen	600	Anzahlungen	200
		Gewinn	100

Aktiva	Weberei GmbH		Passiva
Anzahlungen	100	Rückstellungen	200
		Verbindlichkeiten aus Lief. u. Leistg.	800
Forderungen (= Wechsel)	80	Verbindlichkeiten geg. verb. Unternehmen	500

Erläuterungen zu den Bilanzen

a) Textil AG

(1) *Forderungen aus Lieferungen und Leistungen:* Der Teilbetrag von 400 resultiert aus Lieferungen an die Weberei GmbH. Gegenüber der Spinnerei Pfennig GmbH besteht eine fällige Forderung mit 100.

(2) *Forderungen an verbundene Unternehmen:* Der Teilbetrag von 200 betrifft eine Forderung an die Weberei GmbH.

(3) *Rückstellungen:* Für Lieferungen im vorhergehenden Geschäftsjahr an die Tochtergesellschaft wurde eine Garantierückstellung mit 10 gebildet.

(4) *Anzahlungen:* Der Teilbetrag von 100 wurde von der Weberei GmbH geleistet.

(5) *Wechselverbindlichkeiten:* Ein Betrag von 60 (= Wechselsumme) betrifft einen Wechsel gegenüber der Weberei GmbH.

b) Weberei GmbH

(1) *Anzahlungen:* Der Betrag wurde an die Textil AG geleistet, vgl. oben a) (4).

(2) *Forderungen (= Wechsel):* Der Wechselbetrag wurde abgezinst auf 59 und betrifft den Wechsel der Textil AG, vgl. oben a) (5).

(3) *Verbindlichkeiten aus Lieferungen und Leistungen:* Diese enthalten: Verbindlichkeiten gegenüber der Textil AG mit 400, eine fällige Verbindlichkeit gegenüber der Spinnerei GmbH, vgl. oben a) (1) mit 200.

(4) *Verbindlichkeiten gegenüber verbundenen Unternehmen:* Es ist ein Darlehen der Textil AG mit 200 enthalten, vgl. oben a) (2).

Führen Sie mithilfe der beiden (gekürzten) Bilanzen eine Schuldenkonsolidierung nach dem HGB durch, und erstellen Sie eine (gekürzte) Konzernbilanz!

Die Lösung zu Aufgabe 44 finden Sie auf Seite 403 f.

DOWNLOAD

Hierzu finden Sie eine Arbeitshilfe unter www.nwb.de/go/meyer-bilanzierung!

4 Konsolidierung zwischengesellschaftlicher Ergebnisse (= Erfolgskonsolidierung)

a) Grundsatz

Gewinne und Verluste, die aus Lieferungen und Leistungen zwischen Konzernunterneh- 3370
men entstanden und bei denen die Vermögensgegenstände sich am Konzernbilanzstichtag noch im Besitz von zum Konsolidierungskreis gehörenden Konzernunternehmen befinden, sind aus der Sicht des Konzerns als wirtschaftliche Einheit nicht realisiert. Unter betriebswirtschaftlichen Aspekten müssen solche zwischengesellschaftlichen Gewinne *und* Verluste in voller Höhe *eliminiert* werden, vgl. dazu *Tabelle 83*. Dabei ist ergänzend auf zwei Dinge hinzuweisen: Zum Ersten ändern sich dadurch die Ansätze in den Einzelbilanzen nicht, die Gewinnansprüche beteiligter Konzernunternehmen und eventueller Minderheiten bleiben von der Eliminierung zwischengesellschaftlicher Gewinne und Verluste im Konzernabschluss unberührt. Zum Zweiten: Bei der Erfolgskonsolidierung wird der Bilanzansatz des Vermögensgegenstandes für die Konzernbilanz verändert (bei zwischengesellschaftlichen Gewinnen reduziert; bei zwischengesellschaftlichen Verlusten erhöht). Zu Lasten bzw. zu Gunsten welchen Postens der Konzernbilanz solche Beträge zu verrechnen sind, ist im HGB nicht geregelt. Folgende Möglichkeiten ergeben sich:

a) Konzernbilanzgewinn bzw. -verlust
(Folge: Konzernergebnis und Ergebnis des Mutterunternehmens stimmen nicht überein.)

b) Globale Korrektur des Eigenkapitals über einen »Sonstigen Ausgleichsposten« bzw. über die »Rücklage des Konzerns«.

(Vgl. auch die Ausführungen zur konsolidierten Gewinn- und Verlustrechnung, unten Tz. 3400).

TAB. 83: Beispiel zur Erfolgskonsolidierung nach § 304 HGB

I. Bilanz des Mutterunternehmens

A	Bilanz zum ...		P
Beteiligung	400	Eigenkapital	1 000
Kasse	600		
	1 000		1 000

II. Bilanz des Tochterunternehmens

A	Bilanz zum ...		P
Vorräte	200	Eigenkapital	400
Kasse	200		
	400		400

Anmerkung:
In den Vorräten sind Vermögensgegenstände aus einer Lieferung des Mutterunternehmens enthalten:

Anschaffungskosten des Tochterunternehmens	200
Wert für den Konzernabschluss nach § 304 Abs. 1 HGB	180
Zwischengesellschaftlicher Gewinn	20

III. Bilanz des Konzerns

A	Konzernbilanz zum ...		P
Vorräte	180	Eigenkapital	980
Kasse	800		
	980		980

Erfolgskonsolidierung
Ergebnisse (Gewinne oder Verluste) aus Lieferungen zwischen den in den Konzernabschluss einbezogenen Konzernunternehmen in Vermögensgegenständen, die in den Konzernabschluss aufzunehmen sind, müssen herausgerechnet werden.

b) Konzernanschaffungskosten, Konzernherstellungskosten

3372 Vermögensgegenstände, die ganz oder teilweise auf Lieferungen oder Leistungen zwischen in den Konzernabschluss *einbezogenen* Unternehmen beruhen, sind in der Konzernbilanz mit einem Betrag anzusetzen, zu dem sie in der auf den Stichtag des Jahresabschlusses aufgestellten Jahresbilanz dieses Unternehmens angesetzt werden könnten; die Ermittlung erfolgt unter der Fiktion der rechtlichen Einheit (vgl. § 304 Abs. 1 HGB). Dies ist eine Umschreibung der Begriffe »Konzernherstellungskosten« und »Konzernanschaffungskosten«.

Als *Konzernherstellungskosten* gelten alle Kosten, die aus der Sicht des einheitlichen Unternehmens als Herstellungskosten aktiviert werden dürfen. Den »Einzelherstellungskosten« sind also sämtliche Kosten hinzuzurechnen, die aus der Sicht der einzelnen Unternehmung nicht, aber aus der Sicht des Konzerns aktivierbare Kosten darstellen. Dies gilt z. B. für den Transport von Fertigerzeugnissen vom herstellenden Konzernunternehmen zum vertreibenden Konzernunternehmen. Für das herstellende Konzernunternehmen handelt es sich um Vertriebskosten, für den Konzern um innerbetriebliche Transportkosten. Neben der beschriebenen Erweiterung des Umfangs der zu aktivierenden Kosten kann es in selteneren Fällen auch zu Reduzierungen gegenüber den Einzelherstellungskosten kommen, z. B.: die Einzelherstellungskosten enthalten an einbezogene Konzernunternehmen bezahlte Lizenzgebühren.

Für die Ermittlung der Konzernanschaffungskosten bzw. Konzernherstellungskosten stehen dem Mutterunternehmen die Wahlrechte in § 300 Abs. 2 HGB (Ansatz in der Konzernbilanz), § 308 HGB (einheitliche Bewertung) und § 298 Abs. 1 HGB (Ansatz im Einzelabschluss) zur Verfügung (zur Bewertung im Einzelabschluss vgl. Tz. 2230).

Die Begriffe »Zwischengewinn« und »Zwischenverlust« lassen sich wie folgt definieren:

Zwischengewinn	=	Buchwert im Einzelabschluss > Konzernhöchstwert
Zwischenverlust	=	Buchwert im Einzelabschluss < Konzernmindestwert

Konzernhöchstwert ist der Wert, zu dem ein Vermögensgegenstand höchstens im Konzernabschluss angesetzt werden darf, also z. B. die Obergrenze der Herstellungskosten aus der Sicht des Konzerns. Als *Konzernmindestwert* kann der Betrag bezeichnet werden, der als Untergrenze mindestens anzusetzen ist, z. B. die Untergrenze aus der Sicht des Konzerns bei den Herstellungskosten nach § 255 Abs. 2 HGB. Ob wegen des Niederstwertprinzips usw. eine Abwertung notwendig wird, muss im Einzelfall entschieden werden.

c) Umfang der eliminierungspflichtigen zwischengesellschaftlichen Ergebnisse

Die Bestimmung in § 304 Abs. 1 HGB verlangt die Eliminierung *aller* zwischengesell- 3375
schaftlichen Ergebnisse (Gewinne und Verluste) bei Vermögensgegenständen, die ganz oder teilweise auf Lieferungen und Leistungen zwischen in den Konzernabschluss einbezogenen Unternehmen beruhen. In Abs. 2 wird der Grundsatz eingeschränkt. Danach kann auf das Herausrechnen *verzichtet* werden, wenn die Eliminierung der Zwischenergebnisse für die Vermittlung eines den tatsächlichen Verhältnissen entsprechenden Bildes der Vermögens-, Finanz- und Ertragslage von untergeordneter Bedeutung ist.

d) Arbeitsablauf

Folgende Schritte sind zur Eliminierung zwischengesellschaftlicher Erfolge erforderlich: 3378

(1) Feststellung, ob aus direkten konzerninternen Lieferungen einbezogener Konzernunternehmen Bestände von Vermögensgegenständen am Konzernbilanzstichtag vorhanden sind (u. a. Einzelfeststellung bei wertvollen Gegenständen; Durchschnittspreisermittlung, Verbrauchs- bzw. Veräußerungsfolgen, Gruppenbewertung)

(2) Berechnung des Konzernhöchstwertes und des Konzernmindestwertes

(3) Vergleich der Bilanzansätze in den Einzelbilanzen mit dem Konzernhöchst- bzw. Konzernmindestwert

(4) Eliminierung evtl. zwischengesellschaftlicher Ergebnisse gem. § 304 HGB (lieferungsindividuelle Methode, u. a. für besonders wertvolle Gegenstände; Durchschnittsätze als Jahresdurchschnitt, Konzerndurchschnitt, u. a. für große Bestandsmengen wie Vorräte). Zur korrekten Durchführung, an der stets mehrere Konzernunternehmen beteiligt sind, bedarf es organisatorischer Vorkehrungen, insbesondere bei den Kontenplänen der Buchführung, und eines zweckadäquaten Informationssystems (siehe auch Konsolidierungs-Handbuch, Tz. 3230).

(5) Ermittlung und Durchführung der Steuerabgrenzung, vgl. Tz. 3390.

LITERATUR

Busse v. Colbe/Ordelheide u. a., Konzernabschlüsse, a. a. O., S. 373 ff.; *Küting/Weber,* Konzernabschluss, a. a. O., S. 512 ff.; *v. Wysocki/Wohlgemuth,* a. a. O., S. 174 ff.; WP Handbuch 2012, S. 1486 ff.; *Wöhe,* a. a. O., S. 959 ff.; Kommentare zu den angegebenen §§.

KONTROLLFRAGEN

Die Antworten zu den Kontrollfragen 248–252 befinden sich auf Seite 360.

248. Können in einem nach dem HGB aufgestellten Konzernabschluss Gegenstände mit zwischengesellschaftlichen Gewinnen enthalten sein?

249. Ist eine freiwillige Eliminierung nicht eliminierungspflichtiger zwischengesellschaftlicher Ergebnisse zulässig?

250. Warum verlangt das HGB teilweise keine Eliminierung zwischengesellschaftlicher Ergebnisse?

251. Halten Sie die generelle Pflicht zur Eliminierung zwischengesellschaftlicher Ergebnisse für richtig?

252. Werden in der Praxis voraussichtlich häufig zwischengesellschaftliche Verluste bei fertigen Erzeugnissen zu eliminieren sein oder nicht?

AUFGABE 45

Bei der Konsolidierung zum 31. 12. 20 . . hat der Multima-Konzern auch Probleme im Zusammenhang mit zwischengesellschaftlichen Lieferungen und Leistungen zu lösen.

a) In den Vorräten der Tochtergesellschaft Multine GmbH und der Muttergesellschaft Multa AG sind aus zwischengesellschaftlichen Lieferungen zwischen den Firmen Rohstoffe mit Anschaffungskosten von € 17 000,– bzw. € 7 500,– enthalten.

Die beiden Gesellschaften kalkulieren wie folgt:

Kostenart	Produkt 1 (Mutter)	Produkt 2 (Tochter)
Materialkosten (davon rein kalkulatorische Kosten 500 bzw. 400)	€ 5 000,—	€ 4 000,—
Fertigungskosten (davon rein kalkulatorische Kosten 1 400 bzw. 400)	7 000,—	2 000,—
Herstellkosten	€ 12 000,—	€ 6 000,—
Verwaltungsgemeinkosten	1 000,—	500,—
Forschungs- und Entwicklungsgemeinkosten	1 000,—	500,—
Vertriebsgemeinkosten (effektive Transportkosten 600 bzw. 300)	2 000,—	1 000,—
Gewinn/Verlust	1 000,—	./. 500,—
Verkaufspreis	€ 17 000,—	€ 7 500,—
Der Marktpreis gem. § 255 Abs. 3 HGB beträgt zum Konzernbilanzstichtag	€ 20 000,—	€ 9 000,—
Anteile anderer Gesellschafter		30 %

Für die Zwecke der Konzernrechnungslegung bewertet das Mutterunternehmen seit Jahren die fertigen Erzeugnisse gem. § 308 HGB mit den Vollkosten, jedoch ohne Verwaltungsgemeinkosten und Zinsen für das Fremdkapital (vgl. dazu § 255 Abs. 2, 3 HGB).

b) Die Multima-Forschungs GmbH (mit Sitz im Ausland und 100 %ige Tochter der Multa AG und ebenfalls zum Konsolidierungskreis gehörend) entwickelt Patente, die sie anschließend verkauft.

In diesem Geschäftsjahr entwickelte sie ein Patent

Entwicklungskosten (= effektiver Aufwand)	T€ 1 500
Bilanzansatz	750

c) Um Gewinne ins (ertragsteuergünstigere) Ausland zu verlagern, verkauft die Multima AG Produkte an die 100 %ige Tochter Multima-Vertriebs-GmbH mit Sitz in den USA zum Preis von € 100,– pro Stück. Die ermittelten Konzernherstellungskosten (unter Berücksichtigung von § 308 HGB) betragen € 120,– pro Stück.

Wie sind die Probleme in der Konzernbilanz zu lösen?

Im Falle c) ist noch zu prüfen, ob bei einem eventuellen Verzicht auf die Einbeziehung der Tochtergesellschaft eine andere Behandlung notwendig wäre!

Die Lösung zu Aufgabe 45 finden Sie auf Seite 404 f.

DOWNLOAD

Hierzu finden Sie eine Arbeitshilfe unter www.nwb.de/go/meyer-bilanzierung!

5 Besondere Problemstellungen

a) Kapitalkonsolidierung bei Interessenzusammenführung

3380 Unter der sog. Interessenzusammenführung wird die Übernahme von mindestens 90 % der Anteile an einem Tochterunternehmen im Tausch gegen eigene Anteile verstanden. Unter den nachfolgend genannten Bedingungen darf ein Mutterunternehmen von den in § 301 Abs. 1 HGB geforderten Regeln der Kapitalkonsolidierung abweichen. Bei diesem vereinfachten Verfahren (Pooling-of-interests-Methode), als *Wahlrecht* ausgestaltet, werden die Anteile des Mutterunternehmens mit dem gezeichneten Kapital des Tochterunternehmens verrechnet (§ 302 Abs. 1 HGB a. F.).

Die *Voraussetzungen* nach § 302 Abs. 1 HGB a. F. lauten:

1. die zu verrechnenden Anteile betragen mindestens 90 % des Nennbetrages bzw. des rechnerischen Wertes der Anteile des Tochterunternehmens
2. die Anteile wurden aufgrund einer Vereinbarung erworben, die die Ausgabe von Anteilen eines einbezogenen Unternehmens vorsieht
3. eine vorgesehene Barzahlung übersteigt nicht 10 % des Nennbetrags bzw. des rechnerischen Anteils.

Aus dieser Kapitalkonsolidierung entstehende *Unterschiedsbeträge* sind mit den Rücklagen zu verrechnen oder hinzuzurechnen (§ 302 Abs. 2 HGB a. F.). Die Anwendung der Methode, die Veränderungen der Rücklagen sowie Name und Sitz des Unternehmens sind im Konzernanhang anzugeben (§ 302 Abs. 3 HGB a. F.).

Aufgrund der angeführten Voraussetzungen wird diese Methode der Kapitalkonsolidierung selten angewandt werden können.

3381 § 302 HGB a. F. und damit das Verfahren wurde durch das BilMoG *ersatzlos gestrichen*. Vor Inkrafttreten des BilMoG gebildete Posten dürfen beibehalten werden (vgl. Art. 67 Abs. 5 EGHGB).

b) Anteilmäßige Konsolidierung

3382 Es kommt manchmal vor, dass in den Konzernabschluss einbezogene Konzernunternehmen zusammen mit nicht in den Konzernabschluss einbezogenen unabhängigen Unternehmen ein anderes, drittes Unternehmen führen. Ein solcher typischer Fall liegt vor, wenn zwei Unternehmen eine Tochtergesellschaft gründen, sich mit je 50 % am Kapital beteiligen und es *gemeinsam* leiten, z. B. zur rationellen Fertigung von Konsumgütern in Großserien, sog. *Gemeinschaftsunternehmen*.

Für derartige Fälle sieht das *HGB* die *Möglichkeit der anteilmäßigen Konsolidierung*, also entsprechend dem Anteil am Kapital, vor (Wahlrecht). Die sonst übliche Vollkonsolidierung mit Minderheitenausweis wird durch die quotale Übernahme des Vermögens, der Verbindlichkeiten usw. ersetzt (*sog. Quotenkonsolidierung*). Im Übrigen sind die bereits beschriebenen Regeln der Konsolidierung anzuwenden (vgl. im Einzelnen § 310 HGB sowie DRS 9). Anteile anderer Gesellschafter entfallen wegen der anteilmäßigen Übernahme des Vermögens und der Schulden zwangsläufig.

Wird das Wahlrecht nach § 310 HGB nicht ausgeübt, so kommt, da es sich um *kein* Tochterunternehmen nach § 290 HGB handelt, nur eine Konsolidierung nach §§ 311 f. HGB, Equity-Methode, in Frage (s. dazu auch unten c) Konsolidierung von assoziiierten Unternehmen, Tz. 3384).

§ 310 Abs. 2 HGB verweist u. a. auf die Anwendung von § 301 HGB. Danach war bisher sowohl die Buchwertmethode als auch die Neuberwertungsmethode bei der anteilmäßigen Übernahme möglich. Durch die Neufassung von § 301 HGB ist in Zukunft nur noch die *Neubewertungsmethode* zulässig. 3383

c) Konsolidierung von assoziierten Unternehmen

Assoziierte Unternehmen (zum Begriff siehe Tz. 3020) müssen grundsätzlich nach der sog. *Equity-Methode* in den Konzernabschluss einbezogen werden (vgl. § 311 f. HGB sowie DRS 8). Es handelt sich um eine *besondere Technik der Kapitalkonsolidierung,* bei der im Gegensatz zur Vollkonsolidierung nicht die Aktiva bzw. Passiva (ohne anteiliges Eigenkapital) des einbezogenen Unternehmens an die Stelle des Beteiligungsbuchwerts treten. *Ziel* dieser Methode ist vielmehr, den *tatsächlichen Wert der Beteiligung* zu ermitteln und diesen anstelle der im Einzelabschluss (meist) wegen des Anschaffungskostenprinzips unterbewerteten Vermögensgegenstände in der Konzernbilanz auszuweisen. 3384

Der *Verfahrensablauf* folgt in wesentlichen Teilen der angelsächsischen Methode der Kapitalkonsolidierung, weist aber bei der Fortführung des in der Konzernbilanz zu aktivierenden Betrags Besonderheiten auf. Zum besseren Verständnis soll die Methode anhand der einzelnen Arbeitsschritte dargelegt und mit einem Zahlenbeispiel begleitet werden.

Im Zuge des *BilMoG* wurden die Bestimmungen in § 312 HGB teilweise neu gefasst. Dabei wurden bisherige Wahlrechte aufgehoben und internationalen Gepflogenheiten angepasst. Von der Methode her ist nur noch die Buchwertmethode zulässig und der Zeitpunkt der Aufrechnung wurde auf das Entstehen des Assoziierungsverhältnisses beschränkt (vgl. § 312 HGB). Die Neufassung ist anzuwenden auf Erwerbe usw., die ab dem 1. 1. 2010 getätigt wurden (vgl. Art. 67 Abs. 3 EGHGB). In *Tabelle 84* und *Tabelle 85* werden die Regelungen nach § 312 HGB a. F. und nach § 312 HGB n. F. gezeigt. 3386

DRS 8 wurde der neuen Rechtslage angepasst.

Nachfolgend werden die einzelnen *Arbeitsschritte* gezeigt, wobei *beide Verfahren* dargestellt werden.

Arbeitsschritte: 3388

(1) Ermittlung der assoziierten Unternehmen und deren Beteiligungsbuchwert

Der Posten »Beteiligungen« in der Bilanz des Mutterunternehmens und den Bilanzen aller anderen einbezogenen Unternehmen muss daraufhin untersucht werden, ob assoziierte Unternehmen nach § 311 HGB vorhanden sind; gleichzeitig ist der Beteiligungsbuchwert festzustellen.

BEISPIEL: Die Mutter-AG besitzt eine Beteiligung an der Assozi-GmbH in Höhe von 30 %. Der Beteiligungsbuchwert in der Bilanz der Mutter-AG beträgt seit Beteiligungserwerb unverändert 200. Es ist davon auszugehen, dass es sich um ein assoziiertes Unternehmen und nicht um eine Beteiligung von untergeordneter Bedeutung i. S. v. § 311 Abs. 2 HGB handelt.

Die Bilanz der Mutter-AG sieht wie folgt aus:

Aktiva	Konzernbilanz		Passiva
Beteiligungen	200	Eigenkapital	250
Sonstige Aktiva	500	Sonstige Passiva	450
	700		700

(Um das Beispiel nicht mit unnötigen Zahlen zu belasten, wird vereinfachend die Bilanz der Mutter und die Beteiligung am assoziierten Unternehmen als »Konzernbilanz« bezeichnet.)

TAB. 84: Konsolidierung von assoziierten Unternehmen – HGB a. F.

	Möglichkeit 1	Möglichkeit 2	HGB a. F.
Methode	Buchwertmethode	Kapitalanteilsmethode	§ 312 Abs. 1 Satz 1
Ansatz in der Konzernbilanz	Buchwert der Beteiligung	Betrag, der dem anteiligen Eigenkapital entspricht	Abs. 1 Satz 1
Ermittlung des Ansatzes	Übernahme des Postens Beteiligungen	Anteiliger Wert nach Auflösung stiller Reserven; Obergrenze: Anschaffungskosten der Beteiligung	Abs. 1 Sätze 2, 3, 4
Höhe des Unterschiedsbetrages	Zwischen Beteiligungsbuchwert und anteiligem bilanziertem Eigenkapital: Vermerk in der Konzernbilanz oder im Anhang	Zwischen Beteiligungsbuchwert und anteiligem Wert nach Auflösung stiller Reserven: Gesonderter Ausweis in der Konzernbilanz oder Angabe im Anhang	Abs. 1 Sätze 2, 3
Behandlung des Unterschiedsbetrages	– Zuordnung auf die einzelnen Vermögensgegenstände, Schulden usw. – Restlicher Unterschiedsbetrag *Aktivseite* Geschäfts- oder Firmenwert	Unterschiedsbetrag *Passivseite* Unterschiedsbetrag von assoziierten Unternehmen	Abs. 2 i. V. m. § 309, DRS 8
Zeitpunkt der Ermittlung	Zeitpunkt (1) des Erwerbs der Anteile oder (2) der erstmaligen Einbeziehung oder (3) des Entstehens des Assoziierungsverhältnisses		Abs. 3
Fortführung in Folgejahren	Eigenkapitalveränderungen sind zu berücksichtigen, Gewinnausschüttungen abzuziehen Basis: Jeweils letzter Jahresabschluss bzw. Konzernabschluss		Abs. 4 Abs. 6
Bewertungsmethoden	Anpassung der Bewertungsmethoden des Konzerns, falls Bewertung beim assoziierten Unternehmen davon abweicht, möglich. Sofern nicht: Angabe im Konzernanhang		Abs. 5
Zwischenergebnisse	Behandlung nach § 304 HGB (sofern Sachverhalte bekannt oder zugänglich sind), auch anteilige Absetzung vom Kapital zulässig		Abs. 5

TAB. 85: Konsolidierung von assoziierten Unternehmen – HGB n. F.

Methode	Buchwertmethode	**HGB n. F.** § 312 Abs. 1 Satz 1
Ansatz in der Konzernbilanz	Buchwert der Beteiligung	Abs. 1 Satz 1
Ermittlung des Ansatzes	Übernahme des Postens Beteiligungen	Abs. 1 Satz 1
Höhe des Unterschiedsbetrages	Zwischen Beteiligungsbuchwert und anteiligem Eigenkapital: Vermerk im Konzernanhang	Abs. 1 Satz 2
Behandlung des Unterschiedsbetrages	► Zuordnung auf die einzelnen Vermögensgegenstände usw. ► Restlicher Unterschiedsbetrag Aktivseite: Geschäfts- oder Firmenwert Passivseite: Unterschiedsbetrag	Abs. 2 Satz 1, 2 Abs. 2 Satz 3, 4
Zeitpunkt der Ermittlung	Entstehen des Assoziierungsverhältnisses	Abs. 3
Fortführung in Folgejahren	Eigenkapitalveränderungen sind zu berücksichtigen, Gewinnausschüttungen abzuziehen Basis: Jeweils letzter Jahresabschluss bzw. Konzernabschluss	Abs. 4 Abs. 6
Bewertungsmethoden	Anpassung der Bewertungsmethoden des Konzerns, falls Bewertung beim assoziierten Unternehmen davon abweicht, möglich. Sofern nicht: Angabe im Konzernanhang	Abs. 5
Zwischenergebnisse	Behandlung nach § 304 HGB (sofern Sachverhalte bekannt oder zugänglich sind), auch anteilige Absetzung vom Kapital zulässig	Abs. 5

(2) Ermittlung des auszuweisenden Ansatzes

Die Beteiligung ist in der Konzernbilanz entweder

a) nach der Buchwertmethode (§ 312 Abs. 1 Nr. 1 HGB a. F. bzw. § 312 Abs. 1 Satz 1 HGB n. F.)

oder

b) nach der Kapitalanteilsmethode (§ 312 Abs. 1 Nr. 2 HGB a. F.)

anzusetzen (vgl. dazu aber DRS 8.18, der nur die Methode nach Buchst. a) zulässt).

BEISPIEL: Die Bilanz der Assozi-GmbH weist folgende Beträge aus:

	Ursprungs-bilanz	nach Auflösung stiller Reserven		Ursprungs-bilanz	nach Auflösung stiller Reserven
Aktiva	600	700	Eigenkapital (einschl. stiller Reserven)	400	500
			Sonstige Passiva	200	200
	600	700		600	700

Bei der *Buchwertmethode* ist der Buchwert in der Bilanz der Mutter-AG mit 200 auch in der Konzernbilanz auszuweisen. Der Unterschiedsbetrag zwischen diesem und dem anteiligen Eigenkapital (30 % aus 400 = 120) in Höhe von 80 muss bei erstmaliger Anwendung in der Konzernbilanz oder im Konzernanhang angegeben werden (§ 312 Abs. 1 Satz 2 HGB).

Der *Differenzbetrag* mit 80 zeigt die beim Erwerb der Beteiligung übernommenen anteiligen stillen Reserven und den übernommenen Geschäfts- oder Firmenwert. Danach hat die Konzernbilanz folgendes Aussehen:

Aktiva	Konzernbilanz		Passiva
Assoziierte Beteiligungen davon Unterschieds-betrag nach § 312 HGB: 80	200	Eigenkapital	250
Sonstige Aktiva	500	Sonstige Passiva	450
	700		700

Bei der *Kapitalanteilsmethode* werden die Buchwerte in der Bilanz der Assozi-GmbH um die stillen Reserven erhöht, die Vermögensgegenstände neu bewertet (vgl. § 312 Abs. 1 Satz 3 HGB a. F. und die obige Bilanz). Der verbleibende Unterschiedsbetrag zwischen dem neu ermittelten anteiligen Eigenkapital ist bei erstmaliger Anwendung gesondert in der Konzernbilanz auszuweisen oder im Anhang zu vermerken (§ 312 Abs. 1 Satz 3 HGB a. F.).

Er ergibt sich wie folgt:

	Beteiligungsbuchwert	200
./.	Anteiliges Eigenkapital	
	30 % von 500	150
	Verbleibender Unterschiedsbetrag	50
	(= Geschäfts- oder Firmenwert, anteilig)	

Die Konzernbilanz hat nun folgendes Aussehen:

Aktiva	Konzernbilanz		Passiva
Assoziierte Beteiligungen	150	Eigenkapital	250
Unterschiedsbetrag nach § 312 Abs. 1 Satz 3 HGB a. F.	50		
Sonstige Aktiva	500	Sonstige Passiva	450
	700		700

(3) Zeitpunkt der Ermittlung

Das Gesetz sieht (analog zur allgemeinen Kapitalkonsolidierung in § 301 Abs. 2 HGB) *drei alternative Möglichkeiten* vor (§ 312 Abs. 3 HGB a. F.). Die Ermittlung kann vorgenommen werden zum Zeitpunkt

- des Erwerbs der Anteile oder
- der erstmaligen Einbeziehung in den Konzernabschluss oder
- zu dem das Unternehmen assoziiertes Unternehmen geworden ist.

Der gewählte Zeitpunkt ist im Konzernanhang anzugeben.

Nach § 312 Abs. 3 HGB n. F. ist zwingend der Zeitpunkt, zu dem das Unternehmen assoziiertes Unternehmen wurde, vorgeschrieben.

BEISPIEL: Im Beispiel wird vom Zeitpunkt des Entstehens des Assoziierungsverhältnisses ausgegangen.

(4) Behandlung von Unterschiedsbeträgen

Die Verfahrensweise hängt von der angewandten Methode ab. Bei der *Buchwertmethode* ist der Unterschiedsbetrag zunächst den Vermögensgegenständen usw. zuzuordnen und entsprechend fortzuführen, abzuschreiben (§ 312 Abs. 2 Sätze 1, 2 HGB). Für einen evtl. verbleibenden Unterschiedsbetrag gelten die Bestimmungen über die Kapitalkonsolidierung in § 309 HGB (vgl. § 312 Abs. 2 Satz 3 HGB). Ein passiver Unterschiedsbetrag (Beteiligungsbuchwert < anteiliges Eigenkapital) erscheint nicht in der Konzernbilanz.

BEISPIEL: Bei der Ermittlung des auszuweisenden Ansatzes wurde gezeigt, dass der Posten Sonstige Aktiva stille Reserven mit 100 enthält, davon entfallen auf die Mutter-AG 30. Somit verbleibt ein weiterer Unterschiedsbetrag von 50. Er stellt auf der Aktivseite einen *Geschäfts- oder Firmenwert* dar.

Die *stillen* Reserven in den Sonstigen Aktiva sind nach den allgemeinen Vorschriften zu bewerten, insbesondere abzuschreiben. Gleiches gilt für den verbleibenden Unterschiedsbetrag, den Geschäfts- oder Firmenwert nach § 309 Abs. 1 HGB. Maßgebend sind die für den Konzernabschluss angewandten Bewertungsmethoden. Damit werden die Beträge in der konsolidierten Gewinn- und Verlustrechnung erfolgswirksam.

Die Ermittlung des bei der *Kapitalanteilsmethode* auszuweisenden Unterschiedsbetrages wurde bereits oben gezeigt. Die Behandlung der stillen Reserven und des verbleibenden Unterschiedsbetrages, d. h. des Geschäfts- oder Firmenwerts, geschieht nach den bei der Buchwertmethode geschilderten Grundsätzen (vgl. § 312 Abs. 2 Sätze 2, 3 HGB a. F.). Ein passiver Unterschiedsbetrag kann nicht entstehen, weil das anteilige Eigenkapital die Anschaffungskosten der Beteiligung nicht übersteigen darf (§ 312 Abs. 1 Satz 3 HGB a. F.).

BEISPIEL: Auf die obigen Ausführungen zur Buchwertmethode wird verwiesen; sie gelten entsprechend. Im Ergebnis sind beide Verfahren identisch.

(5) Behandlung des Beteiligungswertes in den Folgejahren

Um einen zeitgerechten und den tatsächlichen Verhältnissen entsprechenden Ausweis der Beteiligung zu erhalten, müssen bei dem Ansatz der Beteiligung in der Konzernbilanz die Veränderungen des Eigenkapitals berücksichtigt und in den Folgejahren fortgeschrieben werden (vgl. § 312 Abs. 4 HGB).

BEISPIEL: Der Erwerb sei mit Ablauf des Geschäftsjahres t_0 erfolgt, die Assozi-GmbH war ergebnislos. Der gesamte Jahresüberschuss in t_1 beträgt 60, Vollausschüttung in t_2; der Jahresüberschuss in t_2 beträgt 80, Vollausschüttung in t_3.

Die Abschreibungen in jedem Geschäftsjahr betragen auf

die stillen Reserven jeweils	5,
den Geschäfts- oder Firmenwert jeweils	5.

Daraus entwickelt sich bei der Buchwert- und Kapitalanteilsmethode der *Ansatz der Beteiligung in der konsolidierten Bilanz* wie folgt:

Entwicklung des Ansatzes	t_1		t_2	
	Buchwert-methode	Kapital-anteils-methode	Buchwert-methode	Kapital-anteils-methode
Assoziierte Beteiligungen (einschl. Unterschiedsbetrag) – Vorjahr	200	200	208	208
+ Anteilige Jahresüberschüsse	18	18	24	24
./. Anteilige Jahresfehlbeträge	–	–	–	–
./. Vereinnahmte Gewinnausschüttungen	–	–	18	18
./. Abschreibungen				
– stille Reserven	5	5	5	5
– Geschäfts- oder Firmenwert	5	5	5	5
= Ansatz der assoziierten Beteiligung (einschl. Unterschiedsbetrag)	208	208	204	204

In der *konsolidierten Gewinn- und Verlustrechnung* ist das auf assoziierte Unternehmen entfallende Ergebnis gesondert auszuweisen (§ 312 Abs. 4 HGB).

BEISPIEL:

Posten	Gewinn- und Verlustrechnung					
	t₁			t₂		
	Mutter	Veränderung	Konzern	Mutter	Veränderung	Konzern
Erträge aus Beteiligungen				18	./. 18	–
Ergebnis aus assoziierten Unternehmen		+ 18	18		+ 24	24
Abschreibungen		10	10		10	10
Jahresüberschuss bzw. Konzern-Jahresüberschuss	–		8	18		14

Diese Zahlen im »Ergebnis aus assoziierten Unternehmen« korrespondieren mit den Veränderungen der Beteiligungen an assoziierten Unternehmen (siehe Beispiel oben).

Abschließend sei noch darauf verwiesen, dass bei der Übernahme von assoziierten Unternehmen auch eine Ergebniskonsolidierung nach § 304 HGB grundsätzlich notwendig ist und auch einheitliche Bewertungsmethoden anzuwenden sind (vgl. im Einzelnen § 312 Abs. 5 HGB).

d) Latente Steuern

3390 Im Konzernabschluss ist entsprechend dem Einzelabschluss ebenfalls eine Steuerabgrenzung vorzunehmen (§ 306 HGB). Im Gegensatz zum Einzelabschluss hat der Konzernabschluss als rein betriebswirtschaftlicher Abschluss keine Rechtswirkung, insbes. stellt der Konzern kein Steuersubjekt dar. Aus diesem Grunde kann die Steuerabgrenzung im Konzernabschluss nur der *korrekten Ergebnisermittlung* und der Vermeidung von Verzerrungen durch Bewertungsmaßnahmen bei der Konsolidierung, insbes. i. S. v. § 300 Abs. 2 HGB, dienen. Auch müssen alle erfolgswirksamen Konsolidierungsvorgänge bezüglich ihrer Wirkungen auf die Abgrenzung der latenten Steuern untersucht werden. Durch die Anwendung der angelsächsischen Methode der Kapitalkonsolidierung entstehen keine latenten Steuern, weil es sich um dauerhafte Differenzen handelt.

3391 Die Steuerabgrenzung im Konzernabschluss wurde im Anschluss an den Einzelabschluss (vgl. Tz. 2780) durch die *Neufassung von § 306 HGB* im Zuge des *BilMoG* neu geregelt. Die *bisherigen Vorschriften* sind bis zum 31. 12. 2009 anzuwenden. Diese werden in den Tz. 3392 bis 3394 dargestellt.

3392 Die *Pflicht* zur Bildung eines aktiven Abgrenzungspostens (kein Wahlrecht wie im Einzelabschluss, vgl. § 274 Abs. 2 HGB) und einer Rückstellung nach § 249 Abs. 1 Satz 1 HGB ist an folgende *Voraussetzungen* geknüpft:

TAB. 86: Steuerabgrenzung nach § 306 HGB a. F.

Unterschiedlicher Steueraufwand aus differierenden Ergebnissen			
Summe der Einzelergebnisse	>	Jahresergebnis des Konzerns	= posten auf der Aktivseite
Summe der Einzelergebnisse	<	Jahresergebnis des Konzerns	= Rückstellung nach § 249 Abs. 1 Satz 1 HGB
+ Ausgleich des zu hohen oder niedrigen Steueraufwands in späteren Geschäftsjahren			

Eine Veränderung erfolgt insbesondere durch die *Erfolgskonsolidierung*, und zwar führt die Eliminierung von Zwischengewinnen zu aktiven Abgrenzungsposten und von Zwischenverlusten zu passiven Posten (= Rückstellungen). Über die Art und Weise der Ermittlung des Steueraufwands enthält das Gesetz keine Vorschriften. Diese Regelungslücke schließt DRS 10, der detailliert die Bildung, Auflösung und die Ermittlung des Ertragsteuersatzes darstellt. DRS 10 sieht auch die Bildung latenter Steuern für im Rahmen der Kapitalkonsolidierung aufgelöste stille Reserven und Lasten vor (DRS 10.16), was aber nicht durch den Wortlaut von § 306 HGB gedeckt ist. Dieser Auffassung wird daher hier nicht gefolgt. DRS 10.16 entspricht jedoch eher den internationalen Standards, denen aber andere Abgrenzungskonzeptionen zu Grunde liegen. 3393

Der Posten ist in der Konzernbilanz oder im Konzernanhang anzugeben. Er darf mit den Posten der Einzelabschlüsse nach § 274 HGB a. F. zusammengefasst werden. 3394

Die *neu gefassten Vorschriften in § 306 HGB* sind nach Art. 66 Abs. 3 EGHGB erstmals für nach dem 31. 12. 2009 beginnende Geschäftsjahre anzuwenden. Die wesentlichen Merkmale werden nachstehend beschrieben. 3395

DRS 10 befasst sich ebenfalls mit latenten Steuern im Konzernabschluss auf der Basis der bisherigen Vorschriften im HGB. Er ist letztmals anzuwenden auf das Geschäftsjahr, das vor dem oder am 31. 12. 2009 beginnt. An seine Stelle tritt auf der Basis des *BilMoG* nun DRS 18, der erstmals auf Geschäftsjahre anzuwenden ist, die nach dem 31. 12. 2010 beginnen. Eine frühere Anwendung des Standards wird empfohlen.

Das Konzept orientiert sich am Temporary-Konzept (analog von § 274 HGB für den Einzelabschluss). Danach sind Steuerbelastungen und/oder Steuerentlastungen, aus Differenzen zwischen handelsrechtlichen Wertansätzen der Vermögensgegenstände, Schulden oder Rechnungsabgrenzungsposten und deren steuerlichen Wertansätzen, die sich in späteren Geschäftsjahren voraussichtlich wieder abbauen, bei einer insgesamt sich ergebenden Steuerbelastung als passive latente Steuern und eine sich insgesamt ergebende Steuerentlastung als aktive latente Steuer auszuweisen. Auch ein unsaldierter Ausweis ist zulässig (vgl. § 306 Abs. 1 Satz 2, 3, 4 HGB). Die Posten dürfen mit den Posten nach § 274 HGB zusammengefasst werden. Vgl. dazu auch Tz. 2780 ff.!

Daraus ergeben sich, wie bisher schon, drei *Ansatzebenen* für die Ermittlung latenter Steuern im Konzernabschluss, nämlich

(1) die Einzelabschlüsse sämtlicher einbezogener Unternehmen (§ 274 i.V.m. § 298 Abs. 1 HGB (Handelsbilanzen I), vgl. dazu Tz. 2780 ff.

(2) die Handelsbilanzen bei Anpassung an Konzernwerte (Handelsbilanzen II) nach § 300 Abs. 2 HGB), vgl. dazu Tz. 3300 ff.

(3) latente Steuern, die sich aus Konsolidierungsmaßnahmen ergeben nach §§ 290 ff. HGB, vgl. dazu u. a. Tz. 3305 ff., 3350 ff., 3370 ff., 3382 ff.

Für die Bewertung und den Ansatz verweist § 306 Satz 5 auf § 274 Abs. 2 HGB. Danach sind unternehmensindividuelle Steuersätze anzuwenden. Dies ist aber bei großen Konzernen mit einer Vielzahl von Unternehmen nicht praktikabel. Deshalb wird auch ein konzerneinheitlicher Satz für zulässig gehalten. 3396

LITERATUR

Zu a): *Busse v. Colbe/Ordelheide u. a.,* Konzernabschlüsse, a. a. O., S. 343; *v. Wysocki/ Wohlgemuth,* a. a. O., S. 135 ff.; Kommentare zu den angegebenen §§.

Zu b): *Busse v. Colbe/Ordelheide u. a.,* Konzernabschlüsse, a. a. O., S. 491 ff.; *DRSC,* DRS 9; *Küting/Weber,* Konzernabschluss, a. a. O., S. 569 ff.; *v. Wysocki/Wohlgemuth,* a. a. O., S. 141 ff.; *Zündorf,* a. a. O.; WP Handbuch 2012, S. 1550, ff.; Kommentare zu den angegebenen §§.

Zu c): DRS 8; *v. Wysocki/Wohlgemuth,* a. a. O., S. 155 ff.; WP Handbuch 2012, S. 1534 ff.; Kommentare zu den angegebenen §§.

Zu d): *Busse v. Colbe/Ordelheide u. a.,* Konzernabschlüsse, a. a. O., S. 420 ff.; *Coenenberg,* a. a. O., S. 763 ff.; *DRSC,* DRS 10, 18; *Küting/Weber,* Konzernabschluss, a. a. O., S. 273 ff.; *Karrenbrock,* a. a. O.; *Kühne/Melcher,* a. a. O.; *v. Wysocki/Wohlgemuth,* a. a. O., S. 250 ff.; WP Handbuch 2012, S. 1522 ff.; Kommentare zu den angegebenen §§.

KONTROLLFRAGEN

Die Antworten zu den Kontrollfragen 253–257 befinden sich auf Seite 360 f.

253. Was versteht man unter assoziierten Unternehmen?

254. Welche Ziele werden mit der Konsolidierung von assoziierten Unternehmen verfolgt?

255. Warum sehen auch die Vorschriften über die Rechnungslegung des Konzerns eine Steuerabgrenzung vor?

256. Warum gestattet das HGB auch eine anteilmäßige Konsolidierung?

257. Hat die Steuerabgrenzung im Konzernabschluss auch Einfluss auf Steuerzahlungen des Mutterunternehmens?

AUFGABE 46

Ein Studierender stellt folgende Fragen:

Welche Konsolidierungsmaßnahmen können zu latenten Steuern führen (Ansatzebene (3)?

Sind latente Steuern im Konzernabschluss abzuzinsen?

Die Lösung zu Aufgabe 46 finden Sie auf Seite 405.

6 Gliederung der konsolidierten Bilanz

Das *Gliederungsschema des Einzelabschlusses* (§ 266 HGB) sowie die allgemeinen Grundsätze sind auch auf die Konzernbilanz anzuwenden (§ 298 Abs. 1 HGB), und zwar 3397

- soweit ihre Eigenart keine Abweichung bedingt,
- die Vorschriften über die Rechnungslegung des Konzerns und
- die für die Rechtsform und den Geschäftszweig der einbezogenen Unternehmen geltenden Vorschriften für große Kapitalgesellschaften (beschränkt auf den Geltungsbereich des Gesetzes)

nichts anderes bestimmen, vgl. dazu *Tabelle 34*, Seite 73 ff.!

Die möglichen Abweichungen zum Einzelabschluss sowie die *Sonderposten* werden in *Tabelle 87* zusammengefasst und erläutert.

TAB. 87: Sonderposten in der Konzernbilanz

Posten	Erläuterungen zum Inhalt
Geschäfts- oder Firmenwert	Verbleibender aktiver Unterschiedsbetrag aus der Kapitalkonsolidierung nach § 301 Abs. 3 HGB
Beteiligungen an assoziierten Unternehmen	Gesonderter Ausweis gem. § 311 Abs. 1 HGB; bei untergeordneter Bedeutung Verzicht möglich, siehe § 311 Abs. 2 HGB sowie § 312 Abs. 1 HGB
Vorräte	Zusammenfassung der einzelnen Posten (ohne Anzahlungen) erlaubt, wenn deren Aufgliederung wegen besonderer Umstände mit einem unverhältnismäßig hohen Aufwand verbunden wäre, § 298 Abs. 2 HGB, Aufgliederung im Konzernanhang § 265 Abs. 7 HGB
Aktive latente Steuern	Ausweispflicht auf der Aktivseite, evtl. Saldierung; vgl. § 306 HGB
Anteile nicht konsolidierter Konzernunternehmen am Eigenkapital	Anteile nicht konsolidierter Konzernunternehmen am Eigenkapital von in den Konzernabschluss einbezogenen Konzernunternehmen; keine gesetzliche Bestimmung vorhanden
Ausgleichsposten für die Anteile der anderen Gesellschafter	Ausweis der Anteile am Eigenkapital mit entsprechender Bezeichnung innerhalb des Eigenkapitals; § 307 Abs. 1 HGB
Unterschiedsbetrag aus der Kapitalkonsolidierung	Verbleibender Unterschiedsbetrag (passiver) nach § 301 Abs. 3 HGB (vgl. auch oben Geschäfts- oder Firmenwert)
Passive latente Steuern	Ausweis auf der Passivseite, u. U. Saldierung; vgl. § 306 HGB
Eigenkapitaldifferenz aus der Währungsumrechnung	Ausweis innerhalb der Konzerneigenkapitals nach den Rücklagen; § 308a HGB

Auch ist darauf hinzuweisen, dass Konzerne die Entwicklung ihres Anlagevermögens in Form des *Anlagengitters, -spiegels* nach § 268 Abs. 2 HGB in der Konzernbilanz oder im Konzernanhang darstellen müssen (vgl. § 298 Abs. 1 HGB).

Für Mutterunternehmen, die nach § 11 PublG einen Konzernabschluss aufstellen, gelten besondere Bestimmungen für die Gliederung der Konzernbilanz. Danach ist grundsätzlich das Schema für Kapitalgesellschaften anzuwenden (vgl. im Einzelnen § 13 Abs. 2 PublG).

LITERATUR

Busse von Colbe/Ordelheide u. a., Konzernabschlüsse, a. a. O., S. 443 ff.; *Küting/Weber*, Konzernabschluss, a. a. O., S. 635 ff.; WP Handbuch 2012, S. 1463 ff.; Kommentare zu den angegebenen §§.

KONTROLLFRAGEN

Die Antworten zu den Kontrollfragen 258–260 befinden sich auf Seite 361.

258. Warum übernimmt das HGB die Gliederung für die Einzelbilanz grundsätzlich auch für die Konzernbilanz?

259. Welches Problem hat zum Verzicht auf einen getrennten Ausweis der einzelnen Posten des Vorratsvermögens geführt?

260. Das Konzernunternehmen A stellt eine am Bilanzstichtag noch nicht vollständig fertig gestellte Maschine für die Konzernunternehmung B her, die diese später für Produktionszwecke verwenden will. Wie ist die Maschine in der Bilanz des Konzernunternehmens A auszuweisen? Wie ist die Maschine in der Konzernbilanz auszuweisen?

E. Konsolidierung der Gewinn- und Verlustrechnungen

1 Zusammenfassung der Aufwendungen und Erträge, Aufwands- und Ertragskonsolidierung

Die Aufwendungen und Erträge der in den Konzernabschluss einzubeziehenden 3400
Konzernunternehmen sind

- unabhängig von der Berücksichtigung in deren Gewinn- und Verlustrechnung nach dem Recht des Mutterunternehmens und
- vollständig in der konsolidierten Gewinn- und Verlustrechnung zusammenzufassen (§ 300 Abs. 2 HGB).

In den meisten Konzernen tauschen die Konzernunternehmen Lieferungen und Leistun- 3405
gen untereinander aus. Die Einzelgewinn- und -verlustrechnungen weisen dadurch zwangsläufig Aufwendungen und Erträge aus diesen konzerninternen Geschäften auf. Unter dem Gesichtspunkt der rechtlichen Einheit (siehe auch § 304 Abs. 1 HGB) dürfen derartige Beträge in der konsolidierten Gewinn- und Verlustrechnung nicht enthalten sein. § 305 HGB schreibt deshalb eine *vollständige Aufwands- und Ertragskonsolidierung* vor, und zwar wie folgt:

- Bei den Umsatzerlösen:
  Die Erlöse aus Lieferungen und Leistungen sind mit den auf sie entfallenden Aufwendungen, soweit sie nicht als Erhöhung der Bestände an fertigen und unfertigen Erzeugnissen oder als andere aktivierte Eigenleistungen auszuweisen sind, zu verrechnen
- Bei anderen Erträgen:
  Die anderen Erträge aus Lieferungen und Leistungen sind mit den auf sie entfallenden Aufwendungen, soweit sie nicht als andere aktivierte Eigenleistungen auszuweisen sind, zu verrechnen.

Das Gesetz enthält keine Aufzählung über die einzelnen vorzunehmenden Verrechnun- 3410
gen. Es müssen im Rahmen der Zusammenfassung *alle* konzerninternen Vorgänge untersucht und ggf. unter dem Gesichtspunkt der wirtschaftlichen Einheit des Konzerns aufgerechnet, umgegliedert und gesondert ausgewiesen werden. Für einzelne allgemeine und nicht gesondert geregelte Problemkreise wird auf die Ausführungen auf Tz. 3235 verwiesen. Diese Verrechnung bezieht sich nur auf die in den Konzernabschluss *einbezogenen* Konzernunternehmen. Deshalb kann ein Konzernabschluss Erträge und Aufwendungen aus konzerninternen Geschäften mit den nicht konsolidierten Konzernunternehmen enthalten.

Aufgrund der vollständigen und ausnahmslosen Verrechnung der konzerninternen Aufwendungen und Erträge handelt es sich bei der Konzern-Gewinn- und -Verlustrechnung um eine *vollkonsolidierte Gewinn- und Verlustrechnung*. Andere Formen, z. B. teilkonsolidierte Gewinn- und Verlustrechnungen, sind nicht zulässig.

Für *alle* Konzerne sieht § 305 Abs. 2 HGB eine *Erleichterung* vor. Die zwischenkonzernlichen Erträge und Aufwendungen brauchen dann nicht weggelassen zu werden, wenn sie für die Vermittlung eines den tatsächlichen Verhältnissen entsprechenden Bildes der Vermögens-, Finanz- und Ertragslage von untergeordneter Bedeutung sind.

Für Einzelkaufleute und Personenhandelsgesellschaften, die nach dem PublG zur Aufstellung von Konzernabschlüssen verpflichtet sind, enthält das Gesetz Erleichterungen, insbes. braucht die Gewinn- und Verlustrechnung nicht offen gelegt zu werden (vgl. § 13 Abs. 3 PublG).

2 Einzelne Konsolidierungsvorgänge

a) Konsolidierung von Innenumsatzerlösen

3420 Innenumsatzerlöse sind Erlöse aus Lieferungen und Leistungen zwischen den in den Konzernabschluss *einbezogenen* Konzernunternehmen. Diese sind mit den darauf entfallenden Aufwendungen zu verrechnen oder als Bestandserhöhung oder als andere aktivierte Eigenleistung auszuweisen (vgl. § 305 Abs. 1 Nr. 1 HGB). Diese Vorgänge werden aus der Sicht der rechtlichen Einheit betrachtet und erfordern eine differenzierte Behandlung der Innenumsatzerlöse. So kommen insbesondere folgende *Fälle* in Betracht:

- Umgliederung in andere aktivierte Eigenleistungen,
- Umgliederung in Bestandsveränderungen,
- Verrechnung von Innenumsatzerlösen mit Bestandsveränderungen,
- Verrechnung mit den Aufwendungen.

Vgl. die Beispiele in *Tabelle 88,* S. 247.

b) Ergebnisübernahmen, Erträge aus Beteiligungen

3425 Durch die Kapitalverflechtung von Konzernunternehmen ergeben sich zwangsläufig Ergebnisübernahmen innerhalb der zum Konsolidierungskreis gehörenden Unternehmen. Dieser Sachverhalt wirft keine Probleme auf, wenn die Ergebnisse *periodengleich* übernommen werden, z. B. bei Ergebnisübernahmeverträgen. Die einander entsprechenden Erträge und Aufwendungen fallen weg. Treten aber *Phasenverschiebungen* zwischen Gewinnerzielung und Gewinnausschüttung auf (Gewinn der Tochter des Jahres t_1 wird im Jahre t_2 als Beteiligungsertrag des Mutterunternehmens ausgewiesen), so ist eine Abgrenzung notwendig. Eine unveränderte Übernahme der Beträge aus den Einzelgewinn- und -verlustrechnungen im Jahre t_2 würde den Jahresüberschuss zu hoch erscheinen lassen (neben dem Gewinn aus t_2 ist auch der Gewinn der Tochter aus t_1 enthalten). Deshalb muss darauf geachtet werden, dass nur periodengleiche Ergebnisse den Jahresüberschuss bzw. -fehlbetrag beeinflussen. Periodenfremde Beteiligungserträge sind gesondert über den Ergebnisvortrag (oder die Gewinnrücklagen) zu erfassen.

c) Ermittlung und Ausweis des Konzernergebnisses

3430 Für die Gliederung der konsolidierten Gewinn- und Verlustrechnung wird auf Anwendung der Vorschriften für den Einzelabschluss verwiesen, soweit ihre Eigenart keine Abweichung bedingt (vgl. § 298 Abs. 1 HGB). Hinsichtlich der Ermittlung des Ergebnisses enthält § 307 Abs. 2 HGB die Bestimmung, dass der anderen Gesellschaftern zustehende

Gewinn bzw. der auf sie entfallende Verlust nach dem Posten »Jahresüberschuss/Jahresfehlbetrag« unter entsprechender Bezeichnung gesondert auszuweisen ist.

Die Gliederungsschemata für die Gewinn- und Verlustrechnung im Einzelabschluss enden mit dem Posten »Jahresüberschuss/Jahresfehlbetrag« (vgl. § 275 Abs. 2, 3 HGB). Veränderungen der Kapital-/Gewinnrücklagen dürfen erst nach dem Posten »Jahresüberschuss/Jahresfehlbetrag« ausgewiesen werden (§ 275 Abs. 4 HGB). Dies geschah in Abstimmung mit dem Gliederungsschema der Bilanz, das auch im Normalfall den »Jahresüberschuss/Jahresfehlbetrag« unter dem Eigenkapital ausweist (vgl. § 266 Abs. 3 HGB). Im Falle der teilweisen oder vollständigen Gewinnverwendung tritt der »Bilanzgewinn/Bilanzverlust« an seine Stelle (§ 268 Abs. 1 HGB).

TAB. 88: Beispiele zur Aufwands- und Ertragskonsolidierung

Beispiel 1

- Mutter kauft Waren für 800 ein
- Verkauf dieser Waren an die Tochter für 1 000
- Weiterverkauf durch die Tochter an Konzernfremde für 1 200

Posten	Mutter	Tochter	Summe	Konsolidierung	Konzern-GuV
Umsatzerlöse	1 000	1 200	2 200	./. 1 000	1 200
Materialaufwand	800	1 000	1 800	./. 1 000	800

Beispiel 2

- Mutter verkauft der Tochter eine Maschine zu Konzernherstellungskosten mit 750
- Tochter hat diese Maschine am Abschlussstichtag als Ware noch auf Lager und mit 750 aktiviert

Posten	Mutter	Tochter	Summe	Konsolidierung	Konzern-GuV
Umsatzerlöse	750	–	750	./. 750	–
Bestandsveränderungen Fertigerzeugnisse	–	–	–	+ 750	+ 750

Beispiel 3

- Mutter verkauft zu Konzernherstellungskosten an die Tochter mit 500
- Tochter benutzt die Maschine für die Produktion

Posten	Mutter	Tochter	Summe	Konsolidierung	Konzern-GuV
Umsatzerlöse	500	–	500	./. 500	–
andere aktivierte Eigenleistungen	–	–	–	+ 500	+ 500

Das HGB enthält keine gesetzliche Regelung über die Entwicklung und Darstellung des Konzernbilanzgewinns/-verlusts. Es muss aber beachtet werden, dass neben dem getrennten Ausweis der Anteile von Minderheitsgesellschaftern auch die Besonderheiten der jeweiligen Rechtsform der Konzernunternehmen zu berücksichtigen sind. Deutsche Konzerne sind häufig dazu übergegangen, als Konzernbilanzergebnis das Bilanzergebnis des Mutterunternehmens als ausschüttbares Ergebnis auszuweisen und die Konzerngewinn- und -verlustrechnung mit dem Konzernjahresüberschuss bzw. -fehlbetrag enden zu lassen. Die (sonstigen) Gewinnrücklagen dienen dann regelmäßig als Ausgleichsposten für Differenzen. Meist wird abschließend auf die Entwicklung des Eigenkapitals im *Eigenkapitalspiegel* verwiesen, vgl. dazu DRS 7 und Tz. 3800.

3 Gliederung der konsolidierten Gewinn- und Verlustrechnung

3450 Für die Gliederung der konsolidierten Gewinn- und Verlustrechnung gelten nach § 298 Abs. 1 HGB die *allgemeinen Gliederungsvorschriften* (ohne die größenabhängigen Erleichterungen in § 277 HGB) für die einzelne Unternehmung. Damit haben Konzerne die Möglichkeit, ihre konsolidierte Gewinn- und Verlustrechnung nach

- dem Gesamtkostenverfahren *oder*
- dem Umsatzkostenverfahren

aufzustellen (§ 275 Abs. 2, 3 HGB).

Auch für die Konzern-Gewinn- und -Verlustrechnung gelten – analog zur Konzernbilanz – zunächst die allgemeinen Vorschriften, allerdings nur insoweit, als

- ihre Eigenart keine Abweichung bedingt,
- die Vorschriften über die Rechnungslegung des Konzerns und
- die für die Rechtsform und den Geschäftszweig der einbezogenen Unternehmen geltenden Vorschriften für große Kapitalgesellschaften (beschränkt auf den Geltungsbereich des Gesetzes)

nichts anderes bestimmen (§ 298 Abs. 1 HGB), vgl. dazu *Tabelle 61 und 62*!

Die möglichen *Abweichungen* vom Normalschema und die *Sonderposten* in der konsolidierten Gewinn- und Verlustrechnung sind in *Tabelle 89* zusammengefasst und dargestellt.

TAB. 89: Sonderposten in der Konzern-Gewinn- und Verlustrechnung

Posten	**Erläuterungen zum Inhalt**
Anderen Gesellschaftern zustehender Gewinn bzw. auf sie entfallender Verlust	Anteile der anderen Gesellschafter am Ergebnis sind gesondert nach dem Posten »Jahresüberschuss/Jahresfehlbetrag« auszuweisen; § 307 Abs. 2 HGB
Einstellungen in Gewinnrücklagen ► des Konzerns	Die Einstellungen in Gewinnrücklagen müssen beim Vorhandensein von anderen Gesellschaftern aufgespalten werden
► Anteile der anderen Gesellschafter	Keine gesetzliche Regelung vorhanden
Ergebnis aus assoziierten Beteiligungen	Ausweis des Ergebnisses unter einem gesonderten Posten; § 312 Abs. 4 HGB

Einzelne DRS verlangen bei bestimmten Sachverhalten zusätzliche Angaben, so z. B. DRS 13.11 bei Durchbrechung des Stetigkeitsgrundsatzes.

Für Konzerne, die nach dem PublG Konzernabschlüsse aufstellen, gelten für die Gliederung der Gewinn- und Verlustrechnung grundsätzlich die Vorschriften für Kapitalgesellschaften. Für Personenhandelsgesellschaften und Einzelkaufleute sind Erleichterungen vorgesehen, u. a. müssen sie keine Gewinn- und Verlustrechnungen publizieren (vgl. im Einzelnen § 13 Abs. 2, 3 PublG).

LITERATUR

Busse v. Colbe/Ordelheide u. a., Konzernabschlüsse, a. a. O.,S. 443 ff.; *Küting/Weber*, Konzernabschluss, a. a. O., S. 638 ff.; WP Handbuch 2012, S. 1553 ff.; *Wöhe*, a. a. O., S. 972 ff.; Kommentare zu den angegebenen §§.

KONTROLLFRAGEN

Die Antworten zu den Kontrollfragen 261–272 befinden sich auf Seite 361 f.

261. Können in konsolidierten Gewinn- und Verlustrechnungen noch Aufwendungen und Erträge von Konzernunternehmen enthalten sein?
262. In welchem Posten sind Umsatzerlöse mit nicht konsolidierten Tochterunternehmen auszuweisen?
263. Charakterisieren Sie die konsolidierte Gewinn- und Verlustrechnung nach dem HGB!
264. Was wird unter Phasenverschiebung bei Gewinnen verstanden?
265. Welche Probleme ergeben sich im Zusammenhang mit der Phasenverschiebung in mehrstufigen Konzernen?
266. Warum müssen bei der konsolidierten Gewinn- und Verlustrechnung die sog. Innenumsatzerlöse mit den darauf entfallenden Aufwendungen verrechnet werden?
267. Warum wird im Konzernabschluss eine Steuerabgrenzung nach § 306 HGB vorgenommen?
268. Auf welche Steuerarten bezieht sich die Steuerabgrenzung nach § 306 HGB?
269. In welchen Fällen ist ein Abgrenzungsposten auf der Aktivseite zu bilden?
270. Sind latente Steuern nach § 274 HGB und § 306 HGB im Konzernabschluss getrennt auszuweisen?
271. Warum wird als Konzernergebnis in der Praxis meist der Bilanzgewinn der Konzernmutter ausgewiesen?
272. Die international tätigen Konzerne verwenden in ihren Konzernabschlüssen bei der Gewinn- und Verlustrechnung fast ausschließlich das Umsatzkostenverfahren. Warum?

AUFGABE 47

Zum Konsolidierungskreis gehören die Mechanischen Werke AG (= Mutterunternehmen) und die Gerätefabrik Belz GmbH (= Tochterunternehmen). Die Beteiligung beträgt 80 %. Die Gewinn- und Verlustrechnungen der beiden Gesellschaften wiesen folgende Beträge auf:

Gewinn- und Verlustrechnung für die Zeit vom ... bis ...

Posten	**Mechanische Werke AG T€**	**Gerätefabrik Belz GmbH T€**
Umsatzerlöse	15 000	10 000
Erhöhung/Verminderung des Bestandes an fertigen und unfertigen Erzeugnissen	+ 200	./. 100
andere aktivierte Eigenleistungen	20	10
sonst. betriebliche Erträge	10	5
Materialaufwand	9 000	6 000
Personalaufwand	4 000	1 900
Abschreibungen	900	800
sonst. betriebliche Aufwendungen	800	150
Erträge aus Beteiligungen	400	–
sonst. Zinsen und ähnl. Erträge	10	15
Zinsen und ähnl. Aufwendungen	60	40
Ergebnis der gewöhnlichen Geschäftstätigkeit	880	1 040
Steuern		
a) vom Einkommen und vom Ertrag	260	300
b) sonstige	120	140
Jahresüberschuss	500	600
Gewinn-/Verlustvortrag	–	–
Einstellung in andere Gewinnrücklagen	100	–
Bilanzgewinn	400	600

Ergänzende Angaben

(1) Aus Lieferungen und Leistungen zwischen beiden Firmen sind Erlöse von T€ 1 000,– angefallen. Darin ist enthalten:
   a) eine Maschine mit T€ 100,–, die bei dem Mutterunternehmen im Anlagevermögen aktiviert ist, Konzernherstellungskosten T€ 95,–, Nutzungsdauer: 10 Jahre;
   b) ein Betrag von T€ 700,– (Lieferungen der Mutter an die Tochter); die Gegenstände waren nach Be- und Verarbeitung am Bilanzstichtag bereits wieder verkauft und damit bei der Tochtergesellschaft nicht mehr aktiviert;
   c) eine Lieferung des Mutterunternehmens, als Rohstoffe in den Vorräten des Tochterunternehmens aktiviert, und zwar mit T€ 200,–; Konzernherstellungskosten T€ 180,–.

(2) Die Erträge aus Beteiligungen mit T€ 400,– sind der Anteil des Mutterunternehmens am Gewinn des Tochterunternehmens des Vorjahres.

(3) Für eine konzerninterne Darlehensgewährung des Mutterunternehmens an das Tochterunternehmen wurden T€ 10,– Zinsen vereinbart und auch gezahlt.

(4) Die Anteile anderer Gesellschafter betragen 20 %.

(5) Es wird mit einem Ertragsteuersatz von 50 % gerechnet.

Anmerkung:

Zwischengesellschaftliche Erfolge aus Vorjahren sind nicht vorhanden.

Erstellen Sie nach den obigen Angaben eine konsolidierte Gewinn- und Verlustrechnung nach dem HGB. Der Konzernbilanzgewinn und der Gewinn des Mutterunternehmens sollen nicht übereinstimmen!

Die Lösung zu Aufgabe 47 finden Sie auf Seite 405 ff.

DOWNLOAD

Hierzu finden Sie eine Arbeitshilfe unter www.nwb.de/go/meyer-bilanzierung!

AUFGABE 48

Die Mutter AG hat die Tochter GmbH zu 80 % zum 31.12.t1/1.1.t2 erworben. Der Kaufpreis betrug T€ 700,– (siehe Beteiligungen).

a) Erstellen Sie anhand der unten folgenden Angaben (Beträge in T€) einen Konzernabschluss nach der Buchwert- und der Neubewertungsmethode nach den Vorschriften vor Inkrafttreten des BilMoG und zwar in Form der Erst- und der Folgekonsolidierung.

   Die im Jahre 2010 veröffentlichten Konzernabschlüsse basieren grundsätzlich auf diesen Vorschriften!

   Bezüglich latenter Steuern auf stille Reserven wird ausdrücklich auf Tz. 3393 ff. verwiesen.

b) Welche wesentlichen Unterschiede ergeben sich beim Konzernabschluss durch die geänderten Vorschriften des BilMoG gegenüber dem bisher geltenden Recht?

c) Muss bei den vor Inkrafttreten des BilMoG erworbenen Konzernunternehmen die Kapitalkonsolidierung von der Buchwertmethode auf die Neubewertungsmethode umgestellt werden?

d) Ergeben sich im vorliegenden Fall wesentliche Unterschiede bei der Anwendung der Neubewertungsmethode nach den Vorschriften des HGB auf der Basis des BilMoG?

Die Lösung zu Aufgabe 48 finden Sie auf Seite 408 ff.

DOWNLOAD

Hierzu finden Sie eine Arbeitshilfe unter www.nwb.de/go/meyer-bilanzierung!

Bilanzen für die Buchwertmethode

31. 12. t_1

Posten	**Mutter AG**		**Tochter-GmbH (Ursprungsbilanz)**	
	A	P	A	P
Beteiligungen	700			
Sonstige Aktiva	500		800	
Gez. Kapital		300		400
Rücklagen		200		100
Gewinn		–		–
Sonst. Passiva		700		300
Summen	1 200	1 200	800	800

31. 12. t_2

Posten	**Mutter AG**		**Tochter-GmbH (Ursprungsbilanz)**	
	A	P	A	P
Beteiligungen	700			
Sonstige Aktiva	600		950	
Gez. Kapital		300		400
Rücklagen		250		100
Gewinn		100		60
Sonst. Passiva		650		300
Summen	1 300	1 300	950	950

Bilanzen für die Neubewertungsmethode

31. 12. t_1

Posten	Mutter AG		Tochter-GmbH (Neubewertungsbilanz)	
	A	P	A	P
Beteiligungen	700			
Sonstige Aktiva	500		1 050	
Gez. Kapital		300		400
Rücklagen		200		100
Gewinn/ Differenz aus Umbewertung				250
Geschäftswert				
Sonst. Passiva		700		300
Summen	1 200	1 200	1 050	1 050

31. 12. t_2

Posten	Mutter AG		Tochter-GmbH (Neubewertungsbilanz)	
	A	P	A	P
Beteiligungen	700			
Sonstige Aktiva	600		1 150	
Gez. Kapital		300		400
Rücklagen		250		100
Gewinn/ Differenz aus Umbewertung		100		60 200
Geschäftswert				
Sonst. Passiva		650		390
Summen	1 300	1 300	1 150	1 150

Gewinn- und Verlustrechnungen für die Zeit vom 1. 1.–31. 12. t_2

Posten	**Mutter AG**		**Tochter GmbH**	
Umsatzerlöse		2 000		1 500
Erhöhung/Verminderung des Bestandes an fertigen und unfertigen Erzeugnissen	+	100	./.	50
Andere aktivierte Eigenleistungen	+	10	+	20
Sonst. betriebliche Erträge	+	40	+	60
Materialaufwand	./.	600	./.	600
Personalaufwand	./.	480	./.	450
Abschreibungen	./.	200	./.	150
Sonst. betriebliche Aufwendungen	./.	400	./.	180
Sonst. Zinsen und ähnl. Erträge	+	50	+	100
Zinsen und ähnl. Aufwendungen	./.	70	./.	50
Ergebnis der gewöhnlichen Geschäftstätigkeit	+	450	+	200
Steuern				
a) vom Einkommen und vom Ertrag	./.	200	./.	100
b) sonstige	./.	100	./.	40
Jahresüberschuss	+	150	+	60
Gewinn-/Verlustvortrag		–		–
Einstellung in andere Gewinnrücklagen	./.	50		–
Bilanzgewinn	+	100	+	60

Ergänzende Angaben

(1) Kapitalkonsolidierung

a) Aufrechnungszeitpunkt für die Erstkonsolidierung ist der Zeitpunkt des Beteiligungserwerbs, für die Folgekonsolidierung der 31. 12. t_2.

b) Im Zeitpunkt 31. 12. t_1 sind stille Reserven bei der Tochter in den sonstigen Aktiva mit 250 vorhanden, Wertminderungen in t_2 50 (noch nicht berücksichtigt in der Gewinn- und Verlustrechnung).

c) Ein evtl. Geschäftswert ist in 10 Jahren abzuschreiben.

(2) Schuldenkonsolidierung zum 31. 12. t_2

a) Die sonstigen Aktiva der Mutter enthalten eine Forderung an die Tochter mit 100, Ausweis eines identischen Betrages in der sonstigen Passiva der Tochter.

b) Die Mutter hat für eine Lieferung im Jahre t_2 eine Garantierückstellung mit 10 gebildet (siehe (3) a).

(3) Erfolgskonsolidierung zum 31. 12. t_2

a) In den sonstigen Aktiva der Tochter sind aus zwischengesellschaftlichen Lieferungen in t_2 Vorräte mit 100 enthalten; eliminierungspflichtige Gewinne 20. Aus der Sicht des Konzerns handelt es sich nicht um Rohstoffe, sondern um unfertige Erzeugnisse.

b) Aus einem inzwischen abgewickelten Darlehensgeschäft hat die Tochter an die Mutter Zinsen mit 15 gezahlt.

c) Belastung mit Ertragsteuern: 50 %.

F. Konzernanhang

Auch Konzerne haben nach §§ 313 ff. HGB einen Anhang aufzustellen. Generelles Ziel ist – analog dem Einzelabschluss (§§ 284 ff. HGB, sowie Tz. 2910) – die Erläuterung der konsolidierten Bilanz und Gewinn- und Verlustrechnung; beachte dazu auch § 298 Abs. 1 HGB. Von der Struktur her besitzt der Konzernanhang folgenden *Aufbau:* 3500

(1) Erläuterung der Konzernbilanz und Konzern-Gewinn- und Verlustrechnung	
(a) Angaben, die aufgrund der Ausübung eines Wahlrechtes nicht in der Konzernbilanz oder Konzern-Gewinn- und Verlustrechnung, sondern im Anhang zu machen sind	§ 313 Abs. 1 Satz 1 HGB
(b) Angaben zu einzelnen spezifischen Sachverhalten	§ 313 Abs. 1 Satz 2 HGB
(2) Aufstellung über den Anteilsbesitz	§ 313 Abs. 2, 3 HGB
(3) Sonstige Pflichtangaben	§ 314 HGB
Anmerkung:	
Kapitalflussrechnung, Segmentberichterstattung und Eigenkapitalspiegel sind selbständige Elemente, nicht Teile (mehr) des Konzernanhangs	§ 297 Abs. 1 HGB

Die *angabepflichtigen Tatbestände* sind in *Tabelle 90* zusammengefasst. Der Konzernanhang und der Anhang der Muttergesellschaft dürfen zusammengefasst werden (§ 298 Abs. 3 HGB). 3510

TAB. 90: Konzernanhang nach § 297 Abs. 1 HGB – Zusammenstellung aller gesetzlich vorgesehenen Angaben

			Rechtsgrundlage
A.	**Angaben zum Konzernabschluss und zum Konsolidierungsbereich**		
I.	Zusätzliche Angaben, wenn der Konzernabschluss trotz der GoB ein den tatsächlichen Verhältnissen entsprechendes Bild der Vermögens-, Finanz- und Ertragslage nicht vermittelt.		§ 297 Abs. 2 Satz 3 HGB
	Bei Zusammenfassung des Konzernanhangs mit dem der Mutter: Trennung der Angaben		§ 298 Abs. 3 Satz 3 HGB
II.	Angabe, Erläuterung und Begründung von Abweichungen, Konsolidierungsbereich		
	1.	Angaben bei wesentlichen Änderungen in der Zusammensetzung der in den Konzernabschluss einbezogenen Unternehmen, um die aufeinander folgenden Konzernabschlüsse sinnvoll zu vergleichen;	§ 294 Abs. 2 HGB
		beachte die ggf. zusätzlichen Angaben nach DRS. 4.52 ff.	
	2.	Begründung bei Verzicht auf Einbeziehung, wenn die Voraussetzungen nach § 296 Abs. 1 oder Abs. 2 HGB vorliegen;	§ 296 Abs. 3 HGB

		Rechtsgrundlage
	3. Aufzählung der in den Konzernabschluss einbezogenen Unternehmen mit Name, Sitz, Anteil am Kapital, Konsolidierungsgrund;	§ 313 Abs. 2 Nr. 1 Satz 1 HGB
	4. Gleiche Angaben wie lfd. Nr. 3 zu den Tochterunternehmen, die nach § 296 HGB nicht einbezogen wurden;	§ 313 Abs. 2 Nr. 1 Satz 2 HGB
	5. Aufzählung der assoziierten Unternehmen mit Namen, Sitz, Anteil am Kapital sowie Angabe und Begründung, wenn die Vorschriften über assoziierte Unternehmen wegen untergeordneter Bedeutung nicht angewandt wurden;	§ 313 Abs. 2 Nr. 2 HGB
	beachte auch die zusätzlichen Angaben nach DRS. 8.47 ff.	
	6. Gleiche Angaben wie lfd. Nr. 3 zu den Gemeinschaftsunternehmen;	§ 313 Abs. 2 Nr. 3 HGB
	beachte auch die zusätzlichen Angaben nach DRS. 9.20 ff.	
	7. Aufzählung der anderen Unternehmen bei Beteiligung von mindestens 20 % mit Name, Sitz, Anteil am Kapital, Höhe des Eigenkapitals und Ergebnis des letzten Geschäftsjahres; Angabe aller Beteiligten an großen Kapitalgesellschaften mit mehr als 5 % der Stimmrechte;	§ 313 Abs. 2 Nr. 4 HGB
	8. Angabe der Anwendung der Schutzklausel, falls die Angaben nach § 313 Abs. 2 nicht gemacht werden;	§ 313 Abs. 3 HGB
	Schutzklausel kann bei Kapitalmarktorientierung nicht in Anspruch genommen werden, vgl. im Einzelnen	§ 313 Abs. 3 Satz 3 HGB
III.	Grundsätze der Bilanzierung, Bewertung und Konsolidierung	
	1. Angabe der auf die Posten der Konzernbilanz und KonzernGuV angewandten Bilanzierungs- und Bewertungsmethoden;	§ 313 Abs. 1 Satz 1 Nr. 1 HGB
	2. Angabe der Grundlagen für die Kursumrechnung von Fremdwährungspositionen;	§ 313 Abs. 1 Satz 1 Nr. 2 HGB
	3. Angabe und Begründung der Abweichungen von den Bilanzierungs-, Bewertungs- und Konsolidierungsmethoden; beachte ergänzend: DRS 13.28	§ 313 Abs. 1 Satz 1 Nr. 3, 1. Halbsatz HGB
	4. Gesonderte Darstellung des Einflusses von Abweichungen der Bilanzierungs-, Bewertungs- und Konsolidierungsmethoden auf die Vermögens-, Finanz- und Ertragslage des Konzerns;	§ 313 Abs. 1 Satz 1 Nr. 3, 2. Halbsatz HGB i.V. m. § 297 Abs. 3 HGB
	5. Angabe und Begründung bei Abweichungen von den Konsolidierungsmethoden des Vorjahres;	§ 297 Abs. 3 Satz 4 HGB
	6. Angabe des Einflusses der Abweichungen auf die Vermögens-, Finanz- und Ertragslage des Konzerns;	§ 297 Abs. 3 Satz 5 HGB
	7. Angabe und Begründung bei abweichendem Konzernabschlussstichtag (Abschlussstichtag Mutterunternehmen ≠ Abschlussstichtag Konzern);	§ 299 Abs. 1 HGB a. F.
	8. Angaben bei abweichendem Abschlussstichtag eines einbezogenen Unternehmens, für das kein Zwischenabschluss aufgestellt wird; Vorgänge von besonderer Bedeutung für Vermögens-, Finanz- und Ertragslage, soweit nicht in Konzernbilanz und Konzern-GuV berücksichtigt;	§ 299 Abs. 3 HGB

		Rechtsgrundlage
	9. Erläuterung des Unterschiedsbetrags aus der Kapitalkonsolidierung einschließlich wesentlicher Änderungen gegenüber dem Vorjahr (Aktiv: Firmenwert; Passiv: Unterschiedsbetrag aus der Kapitalkonsolidierung);	§ 301 Abs. 3, Satz 2 HGB
	10. Angabepflichten bei anteiliger Konsolidierung;	§ 310 Abs. 2 HGB
	11. Angabe und Begründung bei Abweichungen von den Bewertungsmethoden des Mutterunternehmens;	§ 308 Abs. 1 Satz 3 HGB
	12. Hinweis bei nicht einheitlicher Bewertung im Konzern, sofern Banken oder Versicherungen einbezogen werden;	§ 308 Abs. 2 Satz 2 HGB
	13. Angabe und Begründung bei Abweichungen vom Grundsatz der einheitlichen Bewertung im Konzern;	§ 308 Abs. 2 Satz 4 HGB
	14. Angabe des Unterschiedsbetrags zwischen Buchwert der Beteiligung und dem anteiligen Eigenkapital des assoziierten Unternehmens bei Erstkonsolidierung;	§ 312 Abs. 1 Satz 2 HGB
	15. Angabe der Nichtanpassung der Bewertung beim assoziierten Unternehmen an die Bewertung im Konzernabschluss.	§ 312 Abs. 5 Satz 2 HGB
IV.	Erläuterung der Konzernbilanz und der Konzern-Gewinn- und Verlustrechnung	
	1. Angabe des Gesamtbetrags der Verbindlichkeiten mit einer Restlaufzeit von mehr als fünf Jahren;	§ 314 Abs. 1 Nr. 1 HGB
	2. Angabe des Gesamtbetrags der Verbindlichkeiten, die durch Pfandrechte oder ähnliche Rechte gesichert sind;	§ 314 Abs. 1 Nr. 1 HGB
	3. Angabe der Fehlbeträge von Pensionsverpflichtungen;	Art. 28 Abs. 2 EGHGB
	4. Aufgliederung der Umsatzerlöse nach Tätigkeitsbereichen und geografisch bestimmten Märkten; Befreiung bei Segmentberichterstattung, bei Segmentberichterstattung beachte die Angabepflichten nach DRS 3.25 ff.;	§ 314 Abs. 1 Nr. 3, Abs. 2 HGB
	5. Angabe des Personalaufwands;	§ 314 Abs. 1 Nr. 4 HGB
	6. Bei Zusammenfassung der Vorräte in der Konzernbilanz: Aufgliederung im Konzernanhang.	§ 298 Abs. 2 HGB i. V. m. § 265 Abs. 7 HGB
B.	**Zusätzliche Angaben**	
	1. Art und Zweck sowie Risiken von Geschäften, die nicht im Konzernabschluss enthalten sind;	§ 285 Abs. 1 Nr. 2 HGB
	2. Angabe des Gesamtbetrags der sonstigen finanziellen Verpflichtungen;	§ 314 Abs. 1 Nr. 2a HGB
	3. Gesonderte Angabe der sonstigen finanziellen Verpflichtungen und der Haftungsverhältnisse gem. § 251 HGB, die gegenüber nicht einbezogenen Tochterunternehmen bestehen;	§ 314 Abs. 1 Nr. 2a, 2. Halbsatz HGB
	4. Angabe der durchschnittlichen Zahl der Arbeitnehmer des Konzerns, getrennt nach Gruppen;	§ 314 Abs. 1 Nr. 4 HGB
	5. Gesonderte Angabe der durchschnittlichen Zahl der Arbeitnehmer bei nur anteilmäßig einbezogenen Unternehmen;	§ 314 Abs. 1 Nr. 4, 2. Halbsatz HGB

		Rechtsgrundlage
6.	Angaben für die Mitglieder des Geschäftsführungsorgans, eines Aufsichtsrats, eines Beirats oder einer ähnlichen Einrichtung des Mutterunternehmens, jeweils für jede Personengruppe:	
	die für die Wahrnehmung ihrer Aufgaben im Mutterunternehmen und den Tochterunternehmen im Geschäftsjahr gewährten Gesamtbezüge; auch Bezugsrechte und aktienbasierte Vergütungen,	§ 314 Abs. 1 Nr. 6 a HGB
	Mutterunternehmen = börsennotierte Aktiengesellschaft: zusätzlich unter Namensnennung die Bezüge jedes einzelnen Vorstandsmitglieds, Befreiung möglich – vgl. § 314 Abs. 2 HGB, DRS 17;	
7.	Angabe der Gesamtbezüge der früheren Mitglieder der Organe und ihrer Hinterbliebenen;	§ 314 Abs. 1 Nr. 6 b HGB
8.	Angabe für die früheren Mitglieder der Organe und ihrer Hinterbliebenen: die gebildeten Pensionsrückstellungen und einen Fehlbetrag;	§ 314 Abs. 1 Nr. 6 b Satz 2 HGB
9.	Angaben für die Mitglieder der Organe über die vom Mutterunternehmen und von den Tochterunternehmen gewährten Kredite;	§ 314 Abs. 1 Nr. 6 c HGB
10.	Angaben für die Mitglieder der Organe über die zu Gunsten dieser Personengruppe eingegangenen Haftungsverhältnisse;	§ 314 Abs. 1 Nr. 6 c HGB
11.	Angaben über den Bestand an Anteilen an dem Mutterunternehmen;	§ 314 Abs. 1 Nr. 7 HGB
12.	Abgabe der Erklärung nach § 161 AktG für jedes einbezogene börsennotierte Unternehmen und Zugänglichmachung der Erklärung;	§ 314 Abs. 1 Nr. 8 HGB
13.	Honorarangaben für den Konzernabschlussprüfer Vgl. IDW RS HFA 36, Tabelle 10;	§ 314 Abs. 1 Nr. 9 HGB
14.	Finanzinstrumente des Finanzanlagevermögens, sofern der Ausweis nicht zum beizulegenden Zeitwert usw.;	§ 314 Abs. 1 Nr. 10 HGB
15.	Angaben zu mit dem beizulegenden Zeitwert bewertete Finanzinstrumente nach § 340e Abs. 3 Satz 1 HGB;	§ 314 Abs. 1 Nr. 12 HGB
16.	Geschäfte zu nicht üblichen Marktbedingungen;	§ 314 Abs. Nr. 13 HGB
17.	Gesamtbetrag der aktivierten Forschungs- und Entwicklungskosten u. ä. nach § 248 Abs. 2 HGB;	§ 314 Abs. Nr. 14 HGB
18.	Erläuterungen zu Bewertungseinheiten nach § 254 HGB soweit nicht im Konzernlagebericht angegeben;	§ 314 Abs. 1 Nr. 15 HGB
19.	Berechnungsverfahren und Annahmen bei Rückstellungen für Pensionen und ähnlichen Verpflichtungen;	§ 314 Abs. 1 Nr. 16 HGB
20.	Angaben zur Verrechnung nach § 246 Abs. 2 Satz 2 HGB;	§ 314 Abs. 1 Nr. 17 HGB
21.	Erläuterungen zu Anteilen oder Anlageaktien an inländischen Investmentvermögen;	§ 314 Abs. 1 Nr. 18 HGB
22.	Risikoeinschätzung zu Beträgen nach § 251 oder § 268 Abs. 7 HGB;	§ 314 Abs. 1 Nr. 19 HGB

	Rechtsgrundlage
23. Begründung einer längeren Nutzungsdauer (> 5 Jahre) für einen derivativen Geschäfts- oder Firmenwert;	§ 314 Abs. 1 Nr. 20 HGB
24. Angaben zu latenten Steuern;	§ 314 Abs. 1 Nr. 21 HGB
25. Aufgabe der Befreiung eines Tochterunternehmens zur Aufstellung eines Jahresabschlusses für Kapitalgesellschaften.	§ 264 Abs. 3 Nr. 4 HGB § 264b Nr. 3 HGB
C. Angaben nach § 298 Abs. 1 HGB	
Vgl. dazu die Angaben beim Einzelabschluss, TAB. 61, nämlich	§ 298 Abs. 1 HGB
A.II. Nr. 1–6, A.IV. Nr. 1–3, 5, 6, 10, 14–16, 18	
D. Rechtsformspezifische Angaben	
Vgl. dazu die Angaben beim Einzelabschluss, TAB. 61, nämlich	
I. AG, KGa. A. Nr. 2, 3, 5–7	
II. GmbH Nr. 2	
III. Bestimmte PHG Nr. 2	

LITERATUR

Armeloh, a. a. O.; *Busse von Colbe/Ordelheide u. a.*, Konzernabschlüsse, a. a. O., S. 607 ff.; DRS 5, 11, 17; *Küting/Weber*, Konzernabschluss, a. a. O., S. 674 ff.; WP Handbuch 2012, S. 1571 ff.; Kommentare zu den angegebenen §§.

KONTROLLFRAGEN

Die Antworten zu den Kontrollfragen 273–280 befinden sich auf S. 362

273. Welchem Zweck dient der Konzernanhang?
274. Sind die Kapitalflussrechnung, die Segmentberichterstattung und der Eigenkapitalspiegel Teile des Anhangs?
275. Müssen alle rechnungslegungspflichtigen Konzerne nach dem HGB z. B. eine Kapitalflussrechnung erstellen?
276. Was ist unter »börsennotiert« und »kapitalmarktorientiert« zu verstehen?
277. Welche Märkte in Deutschland sind damit konkret gemeint?
278. Der Anhang des Mutterunternehmens und des Konzerns dürfen nach § 298 Abs. 3 HGB zusammengefasst werden. Wird dieses Wahlrecht von den international tätigen Konzernen in der Praxis ausgeübt?
279. § 314 Abs. 1 Nr. 3 HGB verlangt die Aufgliederung der Umsatzerlöse im Anhang u. a. nach Tätigkeitsbereichen. Ist dies in jedem Falle notwendig?
280. Kann auch ein nicht kapitalmarktorientiertes Mutterunternehmen dem Konzernabschluss z. B. eine Kapitalflussrechnung des Mutterunternehmens, nicht aber des Konzerns anfügen?

G. Kapitalflussrechnung

1 Inhalt und Merkmale

3600 Seit Jahrzehnten ist die Kapitalflussrechnung als Bewegungsbilanz, finanzwirtschaftliche Bilanz, Zeitraumbilanz oder Finanzierungsrechnung in der betriebswirtschaftlichen Literatur bekannt. Es handelt sich um finanzwirtschaftlich ausgerichtete Bilanzen, die die Veränderung von Vermögen und Kapital, teilweise auch Kontenumsätzen in der Gewinn- und Verlustrechnung, im Zeitablauf aufzeigen. In den Geschäftsberichten werden sie als Teil der freiwilligen Publizitätserweiterung von Konzernen und Unternehmen seit vielen Jahren veröffentlicht.

Im Jahre 1998 wurde erstmals für börsennotierte Mutterunternehmen in § 297 Abs. 1 HGB vorgeschrieben, dass der Konzernanhang um eine Kapitalflussrechnung zu erweitern ist. Mit dem Bilanzrechtsreformgesetz wurde § 297 Abs. 1 HGB neu gefasst. Danach hat jeder Konzernabschluss für Geschäftsjahre, die nach dem 31. 12. 2004 beginnen, zwingend eine Kapitalflussrechnung als selbständiges Element zu umfassen.

3605 Ergänzend wird noch darauf hingewiesen, dass die gesetzlichen Vertreter einer kapitalmarktorientierten Kapitalgesellschaft, die nicht zur Aufstellung eines Konzernabschlusses verpflichtet ist, eine Kapitalflussrechnung aufzustellen haben; vgl. dazu § 264 Abs. 1 HGB und Tz. 1065. Die Ausgestaltung ist im Gesetz nicht geregelt.

3610 Eine gesetzliche Vorschrift über die Ausgestaltung des neuen Instruments gibt es nicht. Das private Rechnungslegungsgremium nach § 342 HGB, das DRSC, verabschiedete inzwischen drei Standards zu diesem Instrument, nämlich

- DRS 2 – Kapitalflussrechnung
- DRS 2–10 – Kapitalflussrechnung von Kreditinstituten
- DRS 2–20 – Kapitalflussrechnung von Versicherungsunternehmen.

Die oben genannten Standards sind letztmalig anzuwenden auf das Geschäftsjahr, das vor dem oder am 31. 12. 2014 beginnt (vgl. DRS 21.56 ff.).

Sie wurden durch

- DRS 21 – Kapitalflussrechnung

ersetzt, der in den Anlagen auch die Besonderheiten von Kapitalflussrechnungen von Kredit- und Finanzdienstleistungsinstituten und von Versicherungen enthält. Dieser Standard ist erstmals zu beachten für das nach dem 31. 12. 2014 beginnende Geschäftsjahr. Eine frühere vollumfängliche Anwendung ist zulässig und wird empfohlen (vgl. DRS 21.55).

Ausdrücklich verweist der Standard darauf, dass er auch für Mutterunternehmen nach § 11 PublG gilt, die eine Kapitalflussrechnung aufzustellen haben, nicht aber für Mutterunternehmen, die nach § 315a HGB einen Konzernabschluss nach internationalen Rechnungslegungsstandards (IFRS) aufstellen (DRS 21.3 ff.).

Die folgenden Ausführungen beziehen sich auf DRS 21. Hinsichtlich der Kapitalflussrechnung nach dem nicht mehr anzuwendenden DRS 2 wird auf die 25. Auflage dieses Buches, S. 256 ff., verwiesen.

Die mit Hilfe einer Kapitalflussrechnung verfolgten *Ziele* umschreibt DRS 21.1 wie 3615
folgt:

Für die finanzwirtschaftliche Beurteilung eines Unternehmens sind die ihm zugeflossenen Finanzierungsmittel sowie deren Verwendung von Bedeutung. Die Kapitalflussrechnung soll den Einblick in die Fähigkeit des Unternehmens verbessern, künftig finanzielle Überschüsse zu erwirtschaften, seine Zahlungsverpflichtungen zu erfüllen und Ausschüttungen an die Anteilseigner zu leisten. Die Kapitalflussrechnung soll die Veränderung des Finanzmittelfonds zeigen. Hierzu soll sie für die Berichtsperiode die Zahlungsströme darstellen und darüber Auskunft geben, wie das Unternehmen aus der laufenden Geschäftstätigkeit Finanzmittel erwirtschaftet hat und welche zahlungswirksamen Investitions- und Finanzierungsmaßnahmen vorgenommen wurden.

2 Aufstellungstechniken

Grundlage von Kapitalflussrechnungen sind die Buchführung bzw. die daraus nach den 3620
handelsrechtlichen Grundsätzen ordnungsmäßiger Buchführung abgeleiteten Abschlüsse (DRS 21.10). Die in dem Standard verwendeten Begriffe bzw. Definitionen werden zusammenfassend in DRS 21.9 erläutert.

Die Kapitalflussrechnung eines Konzerns kann entweder aus der Konzernbilanz und der Konzerngewinn- und -verlustrechnung unter Verwendung zusätzlicher Informationen *oder* durch die Konsolidierung der einzelnen Kapitalflussrechnungen der in den Konzernabschluss einbezogenen Unternehmen erfolgen (DRS 21.11). In der Praxis wird in der Regel vom Konzernabschluss ausgegangen.

Die Kapitalflussrechnung ist in *Staffelform* unter Beachtung der in dem Standard enthaltenen, ggf. ergänzten und erweiterten *Mindestgliederungen* darzustellen (DRS 21.21). Die Vorjahreszahlen sollen angegeben werden (DRS 21.22). Es gilt der Stetigkeitsgrundsatz für die Darstellung (DRS 21.23).

3 Tätigkeitsabgrenzung

a) Ziele

Aus den bereits oben beschriebenen Zielsetzungen ergeben sich zunächst drei Teilberei- 3630
che, zu denen Auskünfte gegeben werden sollen, nämlich

- Zahlungsströme aus laufender Geschäftstätigkeit,
- Zahlungswirksame Investitionstätigkeit, und
- Zahlungswirksame Finanzierungstätigkeit.

Die Ergebnisse aus diesen drei Segmenten decken sich mit den zahlungswirksamen Veränderungen des Finanzmittelfonds.

b) Cashflow aus laufender Geschäftstätigkeit

3635 Dieser Bereich umfasst die Zahlungsströme aus der auf Erlöserzielung ausgerichteten Geschäftstätigkeit, soweit sie nicht den beiden anderen Bereichen zuzuordnen sind. Dafür stehen wahlweise zwei Methoden zur Verfügung:

a) die direkte Methode: Einzahlungen und Auszahlungen werden unsaldiert angegeben *oder*

b) die indirekte Methode: das Periodenergebnis wird korrigiert um nicht zahlungswirksame Aufwendungen und Erträge, um Bestandsveränderungen bei Posten des Nettoumlaufvermögens (ohne Finanzmittelfonds) und um alle Posten, die Cashflows aus der Investitions- und Finanzierungstätigkeit sind.

Die Einzelheiten sind in DRS 21.38 ff. zusammengefasst.

In der Regel geht die Praxis von der indirekten Methode aus – vgl. dazu das Schema unten in *Tabelle 91*, S. 263 f.

c) Cashflow aus der Investitionstätigkeit

3640 Die Zahlungsströme im Zusammenhang mit den Veränderungen des Anlagevermögens werden brutto und direkt erfasst. Die Hauptgruppen im Schema nach § 266 HGB Immaterielles Anlagevermögen, Sachanlagen und Finanzanlagen wiederholen sich. Getrennt ausgewiesen werden Einzahlungen bzw. Auszahlungen aus dem Verkauf bzw. aus dem Erwerb von konsolidierten Unternehmen (vgl. DRS 21.42 ff.).

d) Cashflow aus Finanzierungstätigkeit

3645 Diesem Bereich sind die Zahlungsströme aus der Finanzierungstätigkeit gesondert auszuweisen. Auch hier ist die direkte Methode anzuwenden (DRS 21.47). Es ist dabei die Mindestgliederung zu beachten (DRS 21.50 f.).

e) Finanzmittelfonds

3650 Es handelt sich um Zahlungsmittel und Zahlungsmitteläquivalente. Die zuletzt genannten müssen dem Unternehmen als Liquiditätsreserve dienen und müssen jederzeit in Zahlungsmittel ohne wesentliche Wertabschläge umgewandelt werden können (vgl. DRS 21.9 ff.).

Fremdwährungsbestände gehören ebenfalls zum Finanzmittelfonds. Sie sind mit dem Wechselkurs des Bilanzstichtages umzurechnen. Bei Veränderungen des Wechselkurses liegen keine zahlungswirksamen Geschäftsvorfälle vor. Deshalb werden diese Veränderungen in diesem Bereich gesondert ausgewiesen (vgl. DRS 21.9).

TAB. 91:		Kapitalflussrechnung (indirekte Methode) (DRS 21 – Tabelle 6: Mindestgliederungsschema)
1.		Periodenergebnis (Konzernjahresüberschuss/-fehlbetrag einschließlich Ergebnisanteile anderer Gesellschafter)
2.	+/-	Abschreibungen/Zuschreibungen auf Gegenstände des Anlagevermögens
3.	+/-	Zunahme/Abnahme der Rückstellungen
4.	+/-	Sonstige zahlungsunwirksame Aufwendungen/Erträge
5.	-/+	Zunahme/Abnahme der Vorräte, der Forderungen aus Lieferungen und Leistungen sowie andere Aktiva, die nicht der Investitions- oder Finanzierungstätigkeit zuzuordnen sind
6.	+/-	Zunahme/Abnahme der Verbindlichkeiten aus Lieferungen und Leistungen sowie anderer Passiva, die nicht der Investitions- oder Finanzierungstätigkeit zuzuordnen sind
7.	-/+	Gewinn/Verlust aus dem Abgang von Gegenständen des Anlagevermögens
8.	+/-	Zinsaufwendungen/Zinserträge
9.	-	Sonstige Beteiligungserträge
10.	+/-	Aufwendungen/Erträge aus außerordentlichen Posten
11.	+/-	Ertragsteueraufwand/-ertrag
12.	+	Einzahlungen aus außerordentlichen Posten
13.	-	Auszahlungen aus außerordentlichen Posten
14.	-/+	Ertragsteuerzahlungen
15.	=	Cashflow aus der laufenden Geschäftstätigkeit (Summe aus 1 bis 14)
16.	+	Einzahlungen aus Abgängen von Gegenständen des immateriellen Anlagevermögens
17.	-	Auszahlungen für Investitionen in das immaterielle Anlagevermögen
18.	+	Einzahlungen aus Abgängen von Gegenständen des Sachanlagevermögens
19.	-	Auszahlungen für Investitionen in das Sachanlagevermögen
20.	+	Einzahlungen aus Abgängen von Gegenständen des Finanzanlagevermögens
21.	-	Auszahlungen für Investitionen in das Finanzanlagevermögen
22.	+	Einzahlungen aus Abgängen aus dem Konsolidierungskreis
23.	-	Auszahlungen für Zugänge zum Konsolidierungskreis
24.	+	Einzahlungen aufgrund von Finanzmittelanlagen im Rahmen der kurzfristigen Finanzdisposition
25.	-	Auszahlungen aufgrund von Finanzmittelanlagen im Rahmen der kurzfristigen Finanzdisposition
26.	+	Einzahlungen aus außerordentlichen Posten
27.	-	Auszahlungen aus außerordentlichen Posten
28.	+	Erhaltene Zinsen
29.	+	Erhaltene Dividenden
30.	=	Cashflow aus der Investitionstätigkeit (Summe aus 16 bis 29)
31.	+	Einzahlungen aus Eigenkapitalzuführungen von Gesellschaftern des Mutterunternehmens
32.	+	Einzahlungen aus Eigenkapitalzuführungen von anderen Gesellschaftern

33.	-	Auszahlungen aus Eigenkapitalherabsetzungen an Gesellschafter des Mutterunternehmens
34.	-	Auszahlungen aus Eigenkapitalherabsetzungen an andere Gesellschafter
35.	+	Einzahlungen aus der Begebung von Anleihen und der Aufnahme von (Finanz-)Krediten
36.	-	Auszahlungen aus der Tilgung von Anleihen und (Finanz-)Krediten
37.	+	Einzahlungen aus erhaltenen Zuschüssen/Zuwendungen
38.	+	Einzahlungen aus außerordentlichen Posten
39.	-	Auszahlungen aus außerordentlichen Posten
40.	-	Gezahlte Zinsen
41.	-	Gezahlte Dividenden an Gesellschafter des Mutterunternehmens
42.	-	Gezahlte Dividenden an andere Gesellschafter
43.	=	Cashflow aus der Finanzierungstätigkeit (Summe aus 31 bis 42)
44.		Zahlungswirksame Veränderungen des Finanzmittelfonds (Summe aus 15, 30, 43)
45.	+/-	Wechselkurs- und bewertungsbedingte Änderungen des Finanzmittelfonds
46.	+/-	Konsolidierungskreisbedingte Änderungen des Finanzmittelfonds
47.	+	Finanzmittelfonds am Anfang der Periode
48.	=	Finanzmittelfonds am Ende der Periode (Summe aus 44 bis 47)

LITERATUR

Amen, M., a. a. O.; *Coenenberg*, a. a. O., S. 781 ff.; DRS 2, 21; *Küting/Weber*, Konzernabschluss, a. a. O., S. 648 ff.; *Meyer, C.*, Konsolidierte Zeitraumbilanzen, a. a. O.; *Rimmelspacher/Reitmeier*, a. a. O.; Schmalenbach-Gesellschaft, a. a. O., WP Handbuch 2012, S. 1597 ff.; Kommentare zu den angegebenen §§.

KONTROLLFRAGEN

Die Antworten zu den Kontrollfragen 281–288 finden Sie auf S. 362 f.

281. Welchen Zwecken dient die Kapitalflussrechnung grundsätzlich?
282. Nennen Sie die beiden Methoden bzw. Aufstellungstechniken!
283. Welche Methode wird üblicherweise in der Praxis angewandt?
284. Warum sollen die Zahlungsströme brutto erfasst werden?
285. In welche Teilbereiche werden die Zahlungsströme aufgeteilt?
286. Was ist unter »Finanzmittelfonds« zu verstehen?
287. Erläutern sie den Begriff »wechselkursbedingte Veränderungen des Finanzmittelfonds«!
288. Werden außerhalb der externen Rechnungslegung auch Kapitalflussrechnungen erstellt und ggf. in welchen Bereichen?

AUFGABE 49

Der Leiter Rechnungswesen möchte möglichst wirtschaftlich arbeiten, also die Kosten gering halten. Im Zusammenhang mit der Konzernrechnungslegung hat er folgende Fragen:

a) Kann auf die Aufstellung einer Konzern-Kapitalflussrechnung verzichtet werden?

b) Im Falle einer Aufstellungspflicht könnte ein einfacheres Gliederungsschema verwendet werden, um die Kosten zu senken. Ist dies zulässig?

c) Muss auch die Kapitalflussrechnung durch einen Wirtschaftsprüfer auf ihre Richtigkeit hin überprüft werden?

d) Um die Kosten für die Veröffentlichung gering zu halten, soll eine evtl. aufzustellende Kapitalflussrechnung nicht veröffentlicht werden! Ist dies zulässig?

Die Lösung zu Aufgabe 49 finden Sie auf Seite 415.

H. Segmentberichterstattung

1 Inhalt und Merkmale

3700 Die in § 314 Abs. 1 Nr. 3 HGB *im Konzernanhang* vorgeschriebene »Aufgliederung der Umsatzerlöse nach Tätigkeitsbereichen sowie nach geographisch bestimmten Märkten« reicht nicht aus, um den Ansprüchen kapitalmarktorientierter Rechnungslegung zu genügen. Gerade in Konzernen mit verschiedenartigen Geschäftszweigen unterscheiden sich Gewinnspannen, Risiken und Wachstumspotenziale oft erheblich. Eine Auffächerung der Umsatzerlöse und die Angabe weiterer entscheidungsrelevanter Elemente sind daher, auch im internationalen Vergleich, unabdingbar. Der Einblick in die Vermögens-, Finanz- und Ertragslage wird verbessert und transparent.

In § 297 Abs. 1 HGB ist nun für nicht börsennotierte Konzerne eine Segmentberichterstattung als Wahlrecht und selbständiges Element vorgesehen. Bei der Ausübung dieses Wahlrechts entfällt dann die Aufgliederung der Umsatzerlöse i. S. v. § 314 Abs. 1 Nr. 3 HGB (vgl. § 314 Abs. 2 HGB).

3710 Die Ausgestaltung schreibt der Gesetzgeber nicht vor. In den Rechnungslegungsgrundsätzen

- DRS 3 – Segmentberichterstattung
- DRS 3–10 – Segmentberichterstattung von Kreditinstituten
- DRS 3–20 – Segmentberichterstattung von Versicherungsunternehmen

sind Inhalte, Verfahren und Grundsätze fixiert. Die folgenden Ausführungen beziehen sich auf den DRS 3.

2 Segmentierung

3720 Als Segment kann jede abgrenzbare Untereinheit, z. B. Produktgruppe, Geschäftseinheit, Profit Center, des Konzerns angesehen werden. Die Regeln der Segmentierung gibt DRS 3 vor. Danach hat die Segmentierung primär nach den operativen Segmenten des Konzerns zu erfolgen, wobei unterstellt wird, dass dies auch mit der internen Organisations- und Berichtsstruktur übereinstimmt und dass diese Strukturierung auf die unterschiedlichen Risiken und Chancen der Aktivitäten des Konzerns abstellt (vgl. DRS 3. 9 ff.). Die Bestimmung der anzugebenden Segmente zeigt *Tabelle 92*.

TAB. 92: Bestimmung der anzugebenden Segmente

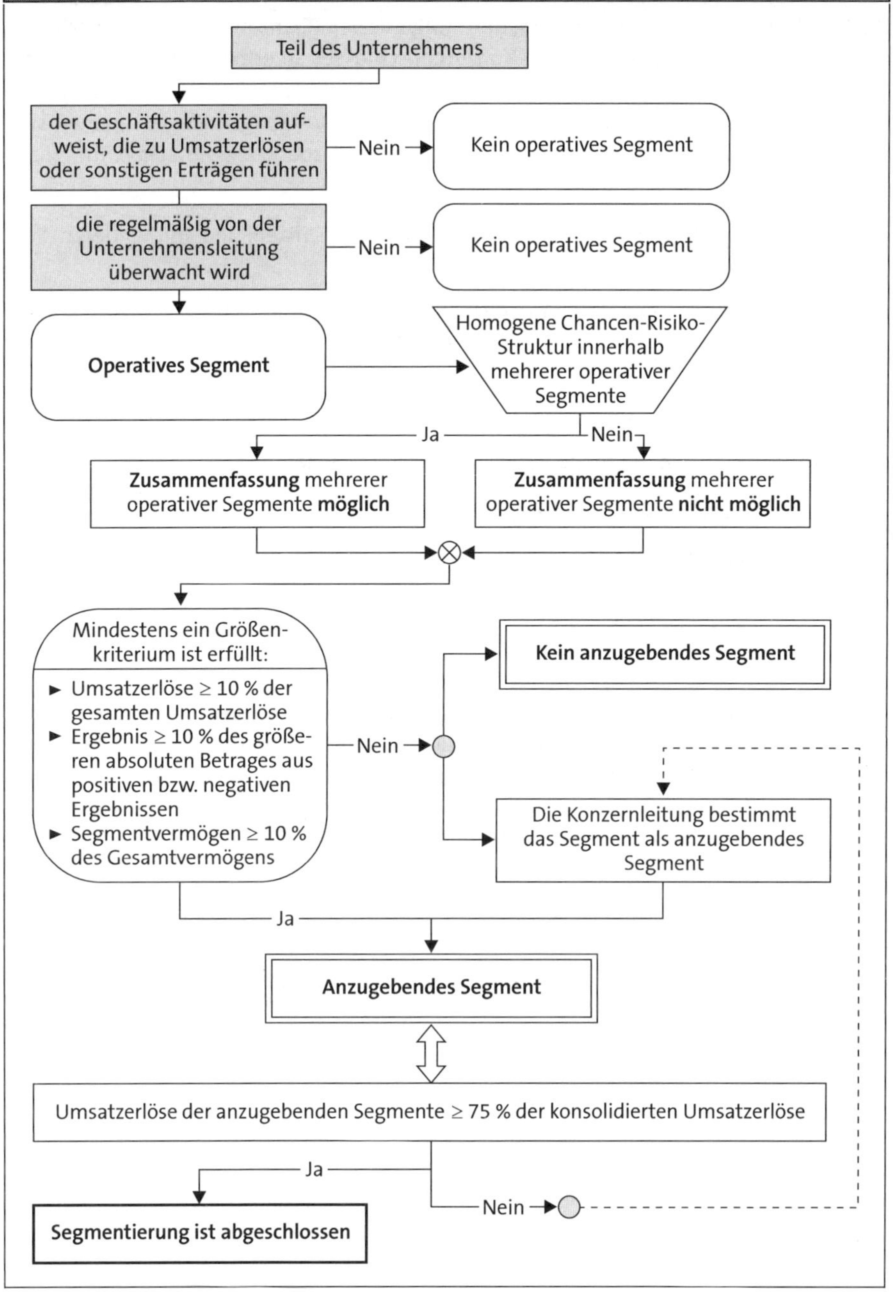

Quelle: DRSC, DRS 3 – Anlage 1.

3 Segmentangaben

3740 Die Berichterstattung hat in Übereinstimmung mit den Bilanzansatz- und Bewertungsmethoden des zu Grunde liegenden Konzernabschlusses zu erfolgen (vgl. DRS 3.19 ff.). Jedes Segment ist zu beschreiben und die Merkmale für die Abgrenzung und Zusammenfassung von Segmenten zu erläutern (DRS 3.25 ff.). Betragsmäßige Angaben sind für jedes Segment für das laufende Jahr und für die Vorperiode zu machen. Im Einzelnen sind dies:

a) Umsatzerlöse unterteilt nach Umsatzerlösen mit Dritten und mit anderen Segmenten,

b) Segmentergebnis sowie die darin enthaltenen

   aa) Abschreibungen,

   bb) Andere nicht zahlungswirksame Posten,

   cc) Ergebnis aus Beteiligungen an assoziierten Unternehmen,

   dd) Erträge aus sonstigen Beteiligungen,

c) Vermögen einschließlich der Beteiligungen,

d) Investitionen in das langfristige Vermögen,

e) Schulden.

Wird als Segmentergebnis das Ergebnis der gewöhnlichen Geschäftstätigkeit ausgewiesen, sind zusätzlich Zinsertrag und Zinsaufwand anzugeben. Wird als Segmentergebnis das Periodenergebnis ausgewiesen, sind zusätzlich Zinsertrag, Zinsaufwand und Ertragsteuern anzugeben (DRS 3.31 ff.). Außerdem sind Überleitungen auf die entsprechenden Abschlusszahlen erforderlich (vgl. DRS 3.37). Die Grundsätze der Stetigkeit und Vergleichbarkeit müssen dabei beachtet werden (vgl. DRS 3.46 ff.).

Ein *Beispiel* für die Segmentberichterstattung enthält Anlage 2 zu DRS 3.

Weitere Einzelheiten werden im Zusammenhang mit der internationalen Rechnungslegung erläutert, vgl. Tz. 5492.

LITERATUR

Coenenberg, a. a. O., S. 894 ff.; DRS 3; *Küting/Weber,* Konzernabschluss, a. a. O., S. 664 ff.; WP Handbuch 2012, S. 1610 ff.; Kommentare zu den angegebenen §§.

KONTROLLFRAGEN

Die Antworten zu den Kontrollfragen 289–295 finden Sie auf S. 363 f.

289. Erläutern Sie den Begriff »Segment«.

290. Worin besteht der eigentliche Informationsvorteil der Segmentberichterstattung aus der Sicht eines Kapitalanlegers?

291. Woran hat sich die Abgrenzung der Segmente zu orientieren?

292. Dürfen die betragsmäßigen Segmentangaben dem internen Rechnungswesen, z. B. der Kostenrechnung, entnommen werden?

293. Nennen Sie die Hauptelemente der Segmentangaben!

294. Warum wird der Grundsatz der Stetigkeit bei der Segmentberichterstattung vorgeschrieben?

295. Ist eine Segmentberichterstattung, vorgeschrieben nur für den Konzernabschluss, aus Ihrer Sicht auch für einen Einzelabschluss sinnvoll?

AUFGABE 50

Im Rahmen der erstmaligen Erstellung einer Segmentberichterstattung tauchen folgende Fragen auf:

a) Ist der Konzern bei der Erstellung an DRS 3 gebunden oder kann er eine andere Form wählen?

b) Hätte die Anwendung von DRS 3 Vorteile für den Konzern?

c) Im Anhang des Konzerns müssen keine Vorjahreszahlen angegeben werden. Gilt dies auch für die Segmentberichterstattung?

d) Muss jeder »kleine« Geschäftszweig als Segment ausgewiesen werden?

e) Dürfen die Summen aus der Segmentberichterstattung von denen des Konzernabschlusses abweichen?

Die Lösung zu Aufgabe 50 finden Sie auf Seite 415 f.

I. Eigenkapitalspiegel

3800 Durch die Neufassung von § 297 Abs. 1 HGB im Rahmen des Bilanzrechtsreformgesetzes wird nun die Aufstellung eines Eigenkapitalspiegels als selbstständiger Teil von allen nach nationalen Rechnungslegungsnormen aufgestellten Konzernabschlüssen verlangt. Die Bestimmung ist erstmals anzuwenden auf nach dem 31. 12. 2004 beginnende Geschäftsjahre (vgl. Art. 58 Abs. 3 EGHGB).

3810 Auch hier schreibt § 297 Abs. 1 HGB *keine* Ausgestaltung des Eigenkapitalspiegels vor. Einen entsprechenden Standard hat das DRSC bereits erarbeitet, nämlich DRS 7. Danach hat die Darstellung der Entwicklung des Konzerneigenkapitals gesondert für das Mutterunternehmen und die Minderheitsgesellschafter zu erfolgen (DRS 7.2). Neben den Veränderungen des Geschäftsjahres sind auch die Vorjahreszahlen auszuweisen (DRS 7.3). Im Einzelnen sind die Veränderungen folgender Posten des Konzerneigenkapitals, ggf. rechtsformspezifische Anpassung, horizontal darzustellen *(Tabelle 93)*:

TAB. 93: Eigenkapitalspiegel – Posten horizontal

	Gezeichnetes Kapital des Mutterunternehmens	
–	Nicht eingeforderte ausstehende Einlagen des Mutterunternehmens	
+	Kapitalrücklage	
+	Erwirtschaftetes Konzerneigenkapital	
–	Eigene Anteile, die zur Einziehung bestimmt sind	
+	Kumuliertes übriges Konzernergebnis, soweit es auf die Gesellschafter des Mutterunternehmens entfällt	
=	*Eigenkapital des Mutterunternehmens gemäß Konzernbilanz*	
–	Eigene Anteile, die nicht zur Einziehung bestimmt sind	
=	*Eigenkapital des Mutterunternehmens*	
+	*Eigenkapital der Minderheitsgesellschafter*	
	– davon:	Minderheitenkapital
	– davon:	Kumuliertes übriges Konzernergebnis, soweit es auf Minderheitsgesellschafter entfällt
=	*Konzerneigenkapital*	

Die Inhalte dieser Posten sind in DRS 7.5 ff. definiert. Neben den Veränderungen des Konzerneigenkapitals sind ergänzende Angaben erforderlich (vgl. DRS 7.15).

3815 Abschließend wird noch darauf hingewiesen, dass die gesetzlichen Vertreter einer kapitalmarktorientierten Kapitalgesellschaft, die nicht zur Aufstellung eines Konzernabschlusses verpflichtet ist, einen Eigenkapitalspiegel aufzustellen haben; vgl. dazu Tz. 1065. Die Ausgestaltung ist im Gesetz nicht geregelt.

Die Veränderungen der Posten, vertikal darzustellen, sind in *Tabelle 94* aufgezeigt. 3820

TAB. 94: Eigenkapitalspiegel – Posten vertikal

Stand am 31. 12. 01
Ausgabe von Anteilen
Erwerb/Einziehung eigener Anteile
Gezahlte Dividenden
Änderungen des Konsolidierungskreises
übrige Veränderungen
Konzern-Jahresüberschuss/-fehlbetrag
übriges Konzerngesamtergebnis
Konzerngesamtergebnis
Stand am 31. 12. 02

Die Anlage zu DRS 7 enthält ein *Muster des Konzerneigenkapitalspiegels.*

LITERATUR

Coenenberg, a. a. O., S. 594 ff.; DRS 7; *Küting/Weber,* Konzernabschluss, a. a. O., S. 671 ff.; *Strieder,* a. a. O.; WP Handbuch 2012, S. 1608 ff.; Kommentare zu den angegebenen §§.

KONTROLLFRAGEN

Die Antworten zu den Kontrollfragen 296–300 finden Sie auf S. 364.

296. Welche Funktion erfüllt das Eigenkapital im Rahmen der Unternehmens- bzw. Konzernfinanzierung?

297. Welchen Zwecken dient der Eigenkapitalspiegel?

298. Handelt es sich beim Konzerneigenkapital um Kapital, das dem Konzern dauerhaft zur Verfügung steht?

299. Warum werden »Eigene Anteile, die nicht zur Einziehung bestimmt sind« bei der Ermittlung des Eigenkapitals des Mutterunternehmens abgezogen?

300. Umfasst das »Minderheitenkapital« nur deren Anteile am »Gezeichneten Kapital« einer Kapitalgesellschaft?

J. Konzernlagebericht

3900 Auch der Konzern hat einen Lagebericht nach § 315 HGB aufzustellen. Die dabei anzugebenden Sachverhalte decken sich mit denen für die einzelne Unternehmung (vgl. § 289 HGB). Insoweit kann auf diese und die dort gemachten Ausführungen verwiesen werden (vgl. Tz. 2950). Börsennotierte Mutterunternehmen haben aber zusätzliche Angaben nach § 315 Abs. 2 Satz 6, Abs. 4 HGB zu machen.

Auf DRS 20 – Konzernlagebericht (ersetzt DRS 5 – Risikoberichterstattung, DRS 15 – Lageberichterstattung), ist erstmals für nach dem 31. 12. 2012 beginnende Geschäftsjahre anzuwenden, und DRS 17 – Berichterstattung über die Vergütung der Organmitglieder wird ausdrücklich verwiesen.

3905 § 315 Abs. 2 HGB wurde ergänzt um eine Nummer 5. Danach sind auch die wesentlichen Merkmale des internen Kontroll- und Risikomanagementsystems im Hinblick auf den Konzernrechnungslegungsprozess darzulegen, sofern ein Tochterunternehmen oder das Mutterunternehmen kapitalmarktorientiert i. S. v. § 264d HGB sind.

3910 Der Lagebericht des Mutterunternehmens und des Konzerns dürfen – wie die Anhänge – unter bestimmten Bedingungen zusammengefasst werden (vgl. im Einzelnen § 315 Abs. 3 i. V. m. § 298 Abs. 3 HGB).

LITERATUR

Buchheim/Knorr, a. a. O.; *Busse von Colbe/Ordelheide u. a.,* Konzernabschlüsse, a. a. O., S. 621 ff.; DRS 20, DRS 17; *Kaiser,* a. a. O.; WP Handbuch 2012, S. 1616 ff.; *Wolf,* a. a. O.; Kommentare zu den angegebenen §§.

IV. Teil: Die Rechnungslegung des Konzerns nach internationalem Recht

A. Inanspruchnahme von § 292a HGB a. F.

Ein Mutterunternehmen, das einen organisierten Markt i. S. d. § 2 Abs. 2 WpHG durch 4000
von ihm oder einem seiner Tochterunternehmen ausgegebene Wertpapiere i. S. d. § 2 Abs. 2 Satz 1 WpHG in Anspruch nimmt oder die Zulassung dazu beantragt hat, braucht nach § 292a Abs. 1 HGB a. F. einen Konzernabschluss und einen Konzernlagebericht nach dem HGB nicht aufzustellen, wenn es einen Konzernabschluss und Konzernlagebericht nach international anerkannten Rechnungslegungsvorschriften aufstellt, z. B. US-GAAP. Die Unterlagen sind in deutscher Sprache und in Euro offen zu legen (§§ 325, 328 HGB) mit dem Hinweis, dass es sich nicht um einen nach deutschem Recht aufgestellten Konzernabschluss und Konzernlagebericht handelt.

Die Vorschrift ist letztmals auf Geschäftsjahre, die am 31. 12. 2004 enden, anzuwenden (Art. 5 KapAEG). Mit dem Bilanzrechtsreformgesetz wurde diese Bestimmung ausdrücklich aufgehoben. Für Geschäftsjahre, die nach dem 31. 12. 2004 enden, bedarf es daher für die Anwendung internationaler Rechungslegungsstandards anderer Rechtsgrundlagen.

Die Anwendung von § 292a HGB a. F. ist durch Zeitablauf nicht mehr möglich und wird 4050
deshalb nicht mehr näher erläutert. Es wird dazu auf die 21. Auflage, Buch Tz. 4000, verwiesen.

B. EU-Verordnung vom 19. 7. 2002 bzw. 11. 3. 2008

Nach längeren Beratungen im Europäischen Parlament und im Rat der Europäischen 4100
Gemeinschaft wurde eine rechtsunmittelbar wirkende Rechtsverordnung beschlossen, die die künftige Rechnungslegung in der EU regelt. Das Verfahren zur Übernahme von IFRS in die EU wurde durch die Verordnung vom 11. 3. 2008 neu gefasst, wobei die Rechte des Europäischen Parlaments gestärkt wurden (= Regelungsverfahren mit Kontrolle) (vgl. Anhang, S. 418). Danach ergibt sich Folgendes:

- *Konsolidierte Abschlüsse von kapitalmarktorientierten Gesellschaften*:
  Aufstellung für Geschäftsjahre, die am oder nach dem 1. 1. 2005 beginnen, nach IFRS (Art. 4)
- *Konsolidierte Abschlüsse von nicht kapitalmarktorientierten Gesellschaften*:
  Mitgliedstaaten haben ein Wahlrecht, ob sie diesen Gesellschaften die Anwendung internationaler Rechnungslegungsvorschriften gestatten oder vorschreiben (Art. 5, Buchst. b)
- *Einzelabschlüsse:*
  Wahlrecht analog konsolidierter Abschlüsse von nicht kapitalmarktorientierten Gesellschaften (Art. 5, Buchst. a).

Die Mitgliedstaaten können nach Art. 9 Übergangsbestimmungen erlassen, die zeitli- 4120
che Erleichterungen beim Übergang auf IFRS beinhalten. Danach kann Gesellschaften, von denen lediglich Schuldtitel zugelassen sind, erlaubt werden, erst ab Geschäfts-

jahren, die am oder nach dem 1.1.2007 beginnen, IFRS anzuwenden. Gesellschaften, die bereits andere internationale Standards bei der Rechnungslegung, z. B. US-GAAP, anwenden, kann die gleiche Frist eingeräumt werden.

4121 Die Übernahme der bei Inkrafttreten der Verordnung vorliegenden internationalen Rechnungslegungsstandards (zu den Begriffsbestimmungen vgl. Art. 2) entscheidet die Kommission nach einem besonderen Verfahren (Art. 3 Abs. 3). Durch Verordnung der Kommission vom 29.9.2003 wurden die bisherigen IAS und SIC mit Ausnahme von IAS 32 und IAS 39 einschließlich deren Interpretationen SIC 5, 16 und 17 übernommen. In dieser Verordnung sind das Vorwort (Preface) und das Rahmenkonzept (Framework) nicht enthalten. Sie wurden damit nicht in die EU eingeführt (entsprechend der Vorgabe in Art. 2 der EU-Verordnung vom 19.7.2002). Zahlreiche IAS verweisen jedoch auf die Anwendung der Grundsätze im Vorwort (Preface) und Rahmenkonzept (Framework). Die Europäische Kommission hat durch eine Rechtsverordnung vom 3.11.2008 eine konsolidierte Fassung aller in die der EU in Kraft befindlichen IFRS angenommen. In *Tabelle 95* sind diese Verordnung und alle weiteren in zeitlicher Reihenfolge zusammengestellt. Die einzelnen Verordnungen enthalten genaue Zeitvorgaben über die erstmalige Anwendung; freiwillig bzw. zwingend.

4125 Die übernommenen Standards wurden bzw. werden in allen Amtssprachen der Gemeinschaft im Amtsblatt der Europäischen Gemeinschaften veröffentlicht. Dabei muss leider darauf hingewiesen werden, dass sich bei der Übersetzung aus der englischen Originalsprache ins Deutsche eine erhebliche Zahl von Fehlern und Unzulänglichkeiten eingeschlichen haben. Ein Rückgriff auf die Originaltexte ist empfehlenswert.

4130 Internationale Rechnungslegungsstandards können nur übernommen werden, wenn sie u. a. den europäischen öffentlichen Interessen entsprechen (vgl. Art. 3 Abs. 2). Für die Übernahme der zukünftig verabschiedeten Standards sieht die Verordnung ein spezielles Übernahmeverfahren (Endorsement-Prozess) vor (Art. 3 Abs. 1). Dabei wird die Kommission von speziellen Ausschüssen unterstützt. Einen Überblick gibt *Tabelle 96.*

Der *EFRAG Endorsement Status Report* zeigt den aktuellen Stand der Übernahme auf (vgl. unter www.drsc.de).

Die *Grundzüge des internationalen Rechts* der Konzernrechnungslegung, insbes. ein *Vergleich von HGB, IFRS und US-GAAP,* sind im V. Teil, Tz. 5000, dargestellt.

TAB. 95: Verordnungen der Kommission der Europäischen Gemeinschaften zur Übernahme von IFRS

Datum	Nr.	Amtsblatt der EU	Inhalt
03.11.2008	1126/2008	L 320/1	Konsolidierte Fassung aller in der EU in Kraft befindlichen IFRS
10.12.2008	1260/2008	L 338/10	Änderungen von IAS 23
16.12.2008	1261/2008	L 338/17	Änderungen von IFRS 2
16.12.2008	1262/2008	L 338/21	Änderungen von IFRIC 13
16.12.2008	1263/2008	L 338/25	IFRIC 14
17.12.2008	1274/2008	L 339/3	Änderungen von IFRS 1
21.01.2009	53/2009	L 17/23	Änderungen von IAS 32, IAS 1 u. a.

Datum	Nr.	Amtsblatt der EU	Inhalt
23.01.2009	70/2009	L 21/16	Zahlreiche Änderungen von Standards
26.03.2009	254/2009	L 80/5	IFRIC 12
04.06.2009	460/2009	L 139/6	IFRIC 16
03.06.2009	494/2009	L 149/6	Änderungen von IAS 27
03.06.2009	495/2009	L 149/22	Änderungen von IFRS 3
22.07.2009	636/2009	L 191/5	IFRIC 15
09.09.2009	824/2009	L 239/48	Änderungen von IAS 39 und IFRS 7
15.09.2009	839/2009	L 244/6	Änderungen von IAS 39
25.11.2009	1136/2009	L 311/6	Änderungen von IFRS 1
27.11.2009	1142/2009	L 312/8	IFRIS 17
27.11.2009	1164/2009	L 314/15	IFRIC 18
27.11.2009	1165/2009	L 314/21	Änderungen von IFRS 4, IFRS 7
30.11.2009	1171/2009	L 314/43	Änderungen von IFRIC 9, IAS 39
23.12.2009	1293/2009	L 347/23	Änderung von IAS 32
30.12.2009	–	L 347/32	Berichtigung von IAS 1 – VO vom 17.12.2008
23.03.2010	243/2010	L 77/33	Änderungen zahlreicher Standards
23.03.2010	244/2010	L 77/42	Änderungen von IFRS 2, Streichung von IFRIC 8 und 11
23.06.2010	550/2010	L 157/3	Änderungen zu IFRS 1
30.06.2010	574/2010	L 166/6	Änderungen von IFRS 1 und IFRS 7
19.07.2010	632/2010	L 186/1	Änderungen von IAS 24 und IFRS 8
19.07.2010	632/2010	L 186/10	Änderungen von IFRIC 14
23.07.2010	662/2010	L 193/10	IFRIC 19 und Änderungen von IFRS 1
18.02.2011	149/2011	L 46/1	Annual Improvements 2008–2010
22.11.2011	1205/2011	L 305/16	IFRS 7 – Erweiterung von Anhangangaben
05.06.2012	475/2012	L 146/1	Änderungen von IAS 1 und IAS 19 mit Folgeänderungen anderer Standards
11.12.2012	1254/2012	L 360/1	IFRS 10, 11 und 12, Änderungen von IAS 27 und 28
11.12.2012	1255/2012	L 360/78	Änderungen von IAS 12 und IFRS 1, IFRS 13, IFRIC 20
13.12.2012	1256/2012	L 360/145	Änderungen von IFRS 7 und IAS 32
04.03.2013	183/2013	L 61/6	IFRS 1 – Erstmalige Anwendung – Darlehen der öffentlichen Hand
27.03.2013	301/2013	L 90/78	Jährliche Anpassungen 2009–2011
04.04.2013	313/2013	L 95/9	Änderungen von IFRS 10, IFRS 11 und IFRS 12
06.09.2013	313/2013	L 238/23	Berichtigung von EU-Verordnung 313/2013
20.11.2013	1174/2013	L 312/1	Änderungen von IFRS 10 und 12, IAS 27 mit Folgeänderungen
19.12.2013	1374/2013	L 346/8	Änderungen von IAS 36
19.12.2013	1375/2013	L 346/42	Änderungen von IAS 39
13.06.2014	634/2014	L 175/9	IFRIC 21 – Abgaben
18.12.2014	1361/2014	L 365/120	Jährliche Anpassungen, IFRS 3, IFRS 13, IAS 40

Diese Verordnungen stehen unter www.drsc.de zum Download bereit.

TAB. 96: Einführung von IFRS in die Europäische Union

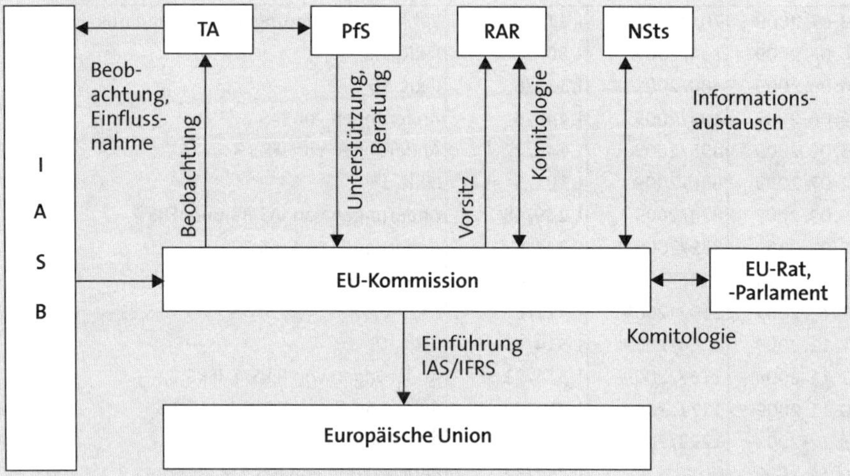

IASB – International Accounting Standards Board
TA – Technischer Ausschuss (European Financial Reporting Advisory Group – EFRAG) – Vorbemerkung Ziffer 10
PfS – Prüfgruppe für Standardübernahmeempfehlungen (Standard Advice Review Group – SARG)
RAR – Regelungsausschuss für Rechnungslegung (Accounting Regulatory Committee – ARC) – Art. 6
NSts – Nationale Standardsetter, u. a. DRSC

4140 Die Transformation der EU-Verordnung in deutsches Recht erfolgte durch das Bilanzrechtsreformgesetz (BilReG), insbes. durch die Einfügung von § 315a HGB »Konzernabschluss nach internationalen Rechnungslegungsstandards«. Daneben waren zahlreiche Ergänzungen erforderlich, u. a. bezüglich der Aufstellung, Prüfung, Feststellung bzw. Billigung und Offenlegung, die in der EU-Verordnung vom 19. 7. 2002/11. 3. 2008 bzw. in den IFRS *nicht* geregelt sind.

LITERATUR

Deutscher Bundestag, Drucksache 15/3419 und 15/4054; Begründung/Anmerkungen zu § 315a HGB; a. a. O.; *Inwinkl,* a. a. O.; *Kommission der Europäischen Gemeinschaften,* Verordnungen, Kommentar; *Meyer,* Der Regierungsentwurf ..., a. a. O.; Bilanzrechtsreformgesetz (BilReG) ..., a. a. O.; *Niehus,* Die IFRS auf Deutsch, a. a. O.; *Oversberg,* a. a. O.; vgl. auch den Text der EU-VO im Anhang.

C. Aufstellung nach § 315a HGB

1 Pflicht zur Aufstellung bei Börsennotierung

Die Vorschrift verpflichtet in § 315a Abs. 1 Mutterunternehmen zur Aufstellung eines 4200
Konzernabschlusses nach den von der EU übernommenen internationalen Rechnungslegungsstandards unter Bezugnahme auf Art. 4 der EU-VO vom 19. 7. 2002/11. 3. 2008.

Im Einzelnen müssen folgende Voraussetzungen vorliegen, damit die Pflicht ausgelöst wird:

- Pflicht zur Aufstellung eines Konzernabschlusses nach §§ 290–293 HGB
- Börsennotierung des Mutterunternehmens (vgl. dazu auch § 3 Abs. 2 AktG)
- Zulassung der Wertpapiere am geregelten Markt in einem beliebigen Mitgliedsstaat am jeweiligen Bilanzstichtag.

Außerdem verweist § 315a HGB auf zusätzlich anzuwendende Vorschriften des HGB. Dazu gehört u. a. die Angabe spezifischer Sachverhalte aus dem Konzernanhang nach §§ 313, 314 HGB, die Aufstellung eines Konzernlageberichts nach § 315 HGB, die Prüfung und Offenlegung des Konzernabschlusses.

2 Pflicht bei Antrag auf Zulassung zur Börsennotierung

In § 315a Abs. 2 HGB erweitert das deutsche Recht den Anwendungsbereich der EU-VO 4220
vom 19. 7. 2002/11. 3. 2008. Damit soll dem erweiterten Informationsbedürfnis künftiger Kapitalanleger Rechnung getragen werden.

Im Einzelnen lösen folgende Tatbestände die Aufstellungspflicht eines Konzernabschlusses nach internationalen Rechnungslegungsstandards aus:

- Pflicht zur Aufstellung eines Konzernabschlusses nach §§ 290–293 HGB,
- Antrag auf Börsennotierung durch das *Mutterunternehmen*,
- Sitz der Börse im Inland.

Der Antrag eines *Tochterunternehmens* auf Zulassung zum Handel hat keine Rechtsfolgen. Diese Vorschrift gilt erstmals für Geschäftsjahre, die nach dem 31. 12. 2006 beginnen (Art. 58 Abs. 3 EGHGB).

3 Freiwillige Aufstellung

§ 315a Abs. 3 räumt allen Mutterunternehmen das Wahlrecht ein, einen Konzern- 4230
abschluss nach internationalen Rechnungslegungsstandards zu erstellen. In diesem Fall müssen die in § 315a Abs. 1 HGB genannten Standards und Vorschriften *vollständig* befolgt werden.

LITERATUR

Deutscher Bundestag, Drucksache 15/3419 und 15/4054; *Meyer,* Bilanzrechtsreformgesetz, a. a. O.; vgl. auch den Text der EU-VO im Anhang.

D. Übergangsbestimmungen nach Art. 9 EU-VO

4300 Die EU-Verordnung sieht Erleichterungen bei der Pflicht zum Übergang auf die Konzernrechnungslegung nach internationalen Standards in zwei Fällen vor, nämlich

- Mutterunternehmen, von denen lediglich Schuldtitel in einem Mitgliedsland börsennotiert sind,
- Mutterunternehmen, deren Wertpapiere in einem Nichtmitgliedsland zum öffentlichen Handel zugelassen sind und die andere international anerkannte Rechnungslegungsstandards anwenden.

Dem nationalen Gesetzgeber steht das Wahlrecht zu, die Anwendung von IFRS hinauszuschieben auf Geschäftsjahre, die am oder nach dem 1. 1. 2007 beginnen.

Durch Art. 57 EGHGB wird diese Erleichterung auch deutschen Konzernen zugänglich gemacht. Die Pflicht zur Anwendung erstreckt sich auf Geschäftsjahre, die nach dem 31. 12. 2006 beginnen. Die Vorschrift betrifft vor allem Konzerne, die nach US-GAAP Rechnung legen und z. B. an der New Yorker Börse zugelassen sind. Vgl. dazu auch oben Tz. 4000.

LITERATUR

Deutscher Bundestag, Drucksache 15/3419, 15/4054; *Meyer,* Bilanzrechtsreformgesetz, a. a. O.

E. Aufstellung nach § 11 Abs. 6 PublG

Konzerne, die dem PublG unterliegen, konnten bereits bisher durch § 11 Abs. 6 Nr. 2 PublG durch die Anwendung von § 292a HGB a. F. nach internationalen Rechnungslegungsstandards Konzernabschlüsse aufstellen, vgl. Tz. 4000. Durch die Neufassung dieser Vorschrift können diese weiterhin nach diesen Standards Rechnung legen. Ausdrücklich wird darauf verwiesen, dass die Erleichterungen im PublG nicht in Anspruch genommen werden können und die Standards vollständig anzuwenden sind (vgl. im Einzelnen § 11 Abs. 6, § 22 PublG). 4400

LITERATUR

Deutscher Bundestag, Drucksache 15/3419, 15/4054; *Meyer,* Bilanzrechtsreformgesetz, a. a. O.

F. Umstellung der Rechnungslegung von HGB auf IFRS

4500 Der Übergang von nationalen Rechnungslegungsnormen zu IFRS ist in den von der EU inzwischen übernommenen IFRS 1 geregelt (außer Kraft: SIC 8). In diesem Standard sind alle zusätzlichen und inhaltlichen Probleme der Umstellung beschrieben und festgelegt. Die zeitlichen Vorgaben werden in *Tabelle 97* aufgezeigt. Daraus ergibt sich, dass wegen der Vergleichszahlen des Vorjahres zwingend ein zweijähriger Umstellungsprozess notwendig ist. Dabei muss aber beachtet werden, dass im Unternehmen selbst vorher entsprechende Projektarbeiten, u. a. Organisation, Systeme, Prozesse, stattfinden müssen, die eine Umstellungsphase von etwa drei Jahren erfordern. Es entstehen erhebliche interne und externe Kosten und zwar einmalige und fortlaufende, die eine genaue Analyse der Kosten-Nutzen-Relation vor einer Entscheidung bei freiwilliger Umstellung i. S. v. § 315a Abs. 3 HGB bzw. § 11 Abs. 6 PublG sinnvoll erscheinen lassen. Dabei stellt sich auch die Frage, ob anstelle der Buchführung nach §§ 238 ff. HGB auf eine Buchführung nach IFRS übergangen wird und diese dann auf das HGB übergeleitet wird.

TAB. 97: Erstmalige Anwendung von IFRS

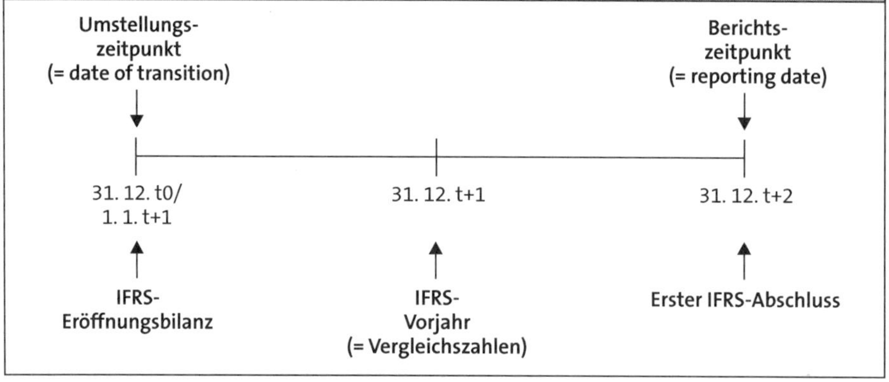

4520 Das grundlegende Umstellungsprinzip ist die retrospektive Anwendung aller IFRS-Standards einschließlich der dazu gehörenden Interpretationen (vgl. IFRS 1.7). Spezielle Ausnahmen und Vereinfachungen für bestimmte Tatbestände sind explizit aufgeführt (vgl. IFRS 1.13 ff.). Ergänzend werden die Erläuterung der Auswirkungen des Übergangs auf die IFRS bezüglich der Vermögens-, Finanz- und Ertragslage, des Cash Flows und Überleitungsrechnungen zum Eigenkapital und Periodenergebnis verlangt (vgl. IFRS 1.23 ff.).

4521 Der IASB hat am 9. 7. 2009 einen Standard für kleine und mittelgroße Unternehmen (SMEs) veröffentlicht (vgl. Mitteilung des DRSC vom 10. 7. 2009 unter www.drsc.de). Im Rahmen einer Diskussion über die Rechnungslegung und der Überarbeitung der Richtlinien ist die EU-Kommission zu der Auffassung gelangt, dass die Einführung dieses neuen Standards nicht den Zielen der Vereinfachung und der Reduzierung des Verwaltungsaufwands dienlich wäre. Eine verbindliche Einführung wird nicht angestrebt.

Die EU-Kommission hat eine Richtlinie für Erleichterungen sog. Kleinstunternehmen (micro entities) vom 14. 3. 2012 erlassen. Diese wurden vom deutschen Bundestag am 29. 11. 2012 durch das sog. MicroBilG in nationales Recht umgesetzt (vgl. dazu Tz. 1128).

LITERATUR

Bundesverband der Deutschen Industrie e.V./Ernst & Young AG, a.a.O.; *Institut der Wirtschaftsprüfer*, Internationalisierung der Rechnungslegung im Mittelstand, a.a.O.; *Institut der Wirtschaftsprüfer*, Einzelfragen bei der erstmaligen Anwendung der IFRS nach IFRS 1, a.a.O., Tabelle 10; *Kessler/Strickmann*, a.a.O.; *Meyer, J.*, a.a.O.; *Niehus*, IFRS für den Mittelstand? Warum eigentlich?, a.a.O.; *Rosenberger*, a.a.O.; *Völker-Lehmkuhl/Mages*, a.a.O.; *Winkeljohann*, a.a.O., S. 436 ff.; WP Handbuch 2012, S. 1895 ff.; Kommentare zu IFRS 1.

KONTROLLFRAGEN

Die Antworten zu den Kontrollfragen 301–310 finden Sie auf S. 364 f.

301. Warum hat es der Gesetzgeber seit längerer Zeit erlaubt, befreiende Konzernabschlüsse nach internationalen Rechnungslegungsstandards aufzustellen?

302. Die Vorschrift von § 292a HGB trat mit Ablauf des 31. 12. 2004 außer Kraft. Haben Konzerne danach keine Möglichkeit mehr, einen Konzernabschluss nach internationalen Rechnungslegungsstandards aufzustellen?

303. Was ist der wesentliche Inhalt der EU-VO vom 19. 7. 2002 bzw. 11. 3. 2008?

304. Gelten die vom IASB verabschiedeten IFRS unmittelbar für die deutschen Konzerne?

305. Können auch nicht börsennotierte Konzerne ihre konsolidierten Jahresabschlüsse nach IFRS aufstellen?

306. Enthalten die Vorschriften in § 315a HGB größenabhängige Erleichterungen?

307. Können auch Konzerne, die nach dem PublG Konzernabschlüsse aufzustellen haben, diese alternativ nach den Regeln von IFRS aufstellen?

308. Kann ein Unternehmen, das dem PublG unterliegt, auch bei der Erstellung eines Konzernabschlusses nach IFRS die bisherigen Erleichterungen, z. B. Nichtoffenlegung einer vollständigen Gewinn- und Verlustrechnung, in Anspruch nehmen?

309. Welche Gründe sprechen z. B. für die Umstellung auf IFRS? Zählen Sie mindestens drei auf!

310. Muss ein Konzernabschluss nach IFRS auch geprüft und offengelegt werden?

AUFGABE 51

Im Oktober/November des Jahres 2013 überlegt die Geschäftsleitung der mittelständischen Maschinenbau GmbH, ob sie ihren Konzernabschluss von HGB auf IFRS umstellen soll. Der Abschlussstichtag ist wie üblich der 31. 12. Dabei tauchen folgende Fragen auf:

a) Zu welchem Abschlussstichtag kann realistischerweise erstmals ein kompletter IFRS-Konzernabschluss erstellt und danach auch veröffentlicht werden?

b) Muss der Konzernabschluss auch geprüft werden?

c) Muss das Mutterunternehmen neben dem IFRS-Jahresabschluss auch noch einen HGB-Abschluss und eine Steuerbilanz erstellen?

d) Unterliegt der Einzelabschluss der Muttergesellschaft nach HGB (= große Kapitalgesellschaft i. S. v. § 267 HGB) noch der Prüfungspflicht?

e) Muss der Einzelabschluss der Mutter nach HGB oder kann an dessen Stelle der Einzelabschluss nach IFRS offengelegt werden?

Die Lösung zu Aufgabe 51 finden Sie auf Seite 416.

V. Teil: Grundzüge der internationalen Rechnungslegung – ein Vergleich HGB, IFRS und US-GAAP

A. Einführung

Deutsche Unternehmen und Konzerne sind weltweit tätig, entwickeln eine globale Geschäftstätigkeit. Auch die Finanzmärkte wachsen mehr und mehr zusammen. Die Wertpapiere der Muttergesellschaften, insbesondere deren Aktien, werden an allen bedeutenden Börsenplätzen der Welt gehandelt. Sie stehen bei ihrer Geschäftstätigkeit und beim Handel ihrer Wertpapiere im Konkurrenzkampf mit anderen ausländischen Konzernen. Dies erfordert eine *externe Rechnungslegung,* die 5000

- international vergleichbar ist und
- international akzeptiert wird.

Dabei kommt es nicht auf den Einzelabschluss der Muttergesellschaft an. Vielmehr wird der Konzern als wirtschaftliche Einheit betrachtet. Somit steht der *konsolidierte Jahresabschluss* als Instrument zur Dokumentation der wirtschaftlichen Lage im Blickpunkt des Interesses.

Diesem internationalen Wettbewerb stellen sich praktisch alle großen deutschen Konzerne, u. a. die Daimler AG und die Bayer AG, die ihre Konzernabschlüsse ab dem Geschäftsjahr 1997 nach US-GAAP bzw. IFRS aufgestellt haben, und zwar früher auf der Basis von § 29a HGB a. F.

B. Ziele

5100 Die deutsche externe Rechnungslegung, basierend auf der 4. EG-Richtlinie, ist kontinental-europäisch geprägt und bei der Bewertung am Gläubigerschutz-Prinzip und an der Kapitalerhaltung orientiert. In Deutschland kommt für den Einzelabschluss noch als Ausnahme gegenüber vielen anderen Staaten die Verzahnung der Handelsbilanz mit der Steuerbilanz durch die Maßgeblichkeit (§ 5 Abs. 1 Satz 1 EStG) und die umgekehrte Maßgeblichkeit (u. a. § 5 Abs. 1 Satz 2 EStG a. F., § 254 HGB a. F.) hinzu. Insofern ist der Einzelabschluss auch von steuerlichen Einflüssen geprägt. Somit gehört der Fiskus auch zu den Adressaten des Abschlusses.

5105 Das BilMoG löst die Verzahnung von Handels- und Steuerbilanz durch die Änderung bzw. durch die Aufhebung zahlreicher Vorschriften im HGB und die Streichung der umgekehrten Maßgeblichkeit nach § 5 Abs. 1 Satz 2 EStG, vgl. dazu oben insbes. Tz. 1235.

5110 Die angelsächsische Tradition der Rechnungslegung ist kapitalmarktorientiert, stellt also die Sicht des Investors, des Aktionärs, in den Mittelpunkt. Dies erfordert mehr Informationen und Transparenz über die wirtschaftliche Lage des Konzerns, vor allem im Hinblick auf die Finanzpublizität, u. a. Finanzierungsrechnung, und die Segmentberichterstattung. Auch eine schnellere Offenlegung der Unterlagen zur gezielten Anlage- bzw. Investitionsentscheidung wird erwartet, vgl. dazu *Tabelle 98*.

TAB. 98: Merkmale internationaler Rechnungslegung

Objekt	Konsolidierter Jahresabschluss
Merkmale	Internationale Vergleichbarkeit und Akzeptanz
Sicht	Kapitalmarktorientiert
Information bzw. Transparenz	Wirtschaftliche Lage, Finanzpublizität, Segmentberichterstattung
Offenlegung	Schnell und umfassend

LITERATUR

Busse v. Colbe/Ordelheide, u. a., Konzernabschlüsse, a. a. O., S. 12 ff.; *Küting,* Auf der Suche nach dem richtigen Gewinn, a. a. O.; *Pellens/Fülbier/Gassen/Sellhorn,* a. a. O., S. 33 ff.; *Winkeljohann,* a. a. O., S. 3 ff.; *Zülch/Hendler,* a. a. O., S. 67 ff.

C. Organisationen

1 HGB-Rechnungslegung

In Deutschland gab es bisher keine explizit vom Gesetz geforderte oder eingerichtete Institution, die sich mit der Schaffung und Interpretation von Rechnungslegungsnormen beschäftigte. Ohne konkreten gesetzlichen Auftrag bemühte sich das *Institut der Wirtschaftsprüfer* um die Auslegung von gesetzlichen Bestimmungen durch die Verabschiedung von Fachgutachten in verschiedenen Ausschüssen, insbesondere dem Hauptfachausschuss (HFA). Beispielhaft wird auf die Stellungnahmen des Sonderausschusses Bilanzrichtlinien-Gesetz (SABI) im Anschluss an die Einführung des Gesetzes im Jahre 1985 verwiesen, vgl. dazu Tz. 1197. 5200

Die mangelnde Repräsentanz deutscher Institutionen in internationalen Gremien veranlasste u. a. den Gesetzgeber im Rahmen des 1998 verabschiedeten KonTraG § 342 HGB zu schaffen, der eine privatrechtliche Einrichtung vorsieht, der durch Vertrag bestimmte Aufgaben übertragen werden. Im Einzelnen sind dies: 5210

- Entwicklung von Empfehlungen zur Anwendung der Grundsätze über die Konzernrechnungslegung,
- Beratung des Bundesministeriums der Justiz bei Gesetzgebungsvorhaben zu Rechnungslegungsvorschriften,
- Vertretung der Bundesrepublik Deutschland in internationalen Standardisierungsgremien,
- Erarbeitung von Interpretationen der internationalen Rechnungslegungsstandards i. S. d. § 315a Abs. 1 HGB.

Bei Erarbeitung von Empfehlungen usw. müssen sämtliche an Rechnungslegungsfragen interessierte Personen und Organisationen auf breiter Basis beteiligt werden.

Die Organisation i. S. v. § 342 HGB wurde 1998 gegründet und auch vom Bundesministerium der Justiz durch Vertrag vom 3. 9. 1998 anerkannt, und zwar als *DRSC Deutsches Rechnungslegungs Standards Committee e. V.* 5220

Über seine Arbeit veröffentlicht der DRSC e.V. Quartalsberichte und einen umfangreichen Jahresbericht, sowohl in gedruckter Form als auch im Internet zum Download (www.drsc.de).

Der Vertrag vom 3. 9. 1998 wurde vom DRSC am 28. 6. 2010 zum 31. 12. 2010 gekündigt. Im Zuge der Verhandlungen mit dem Bundesministerium der Justiz sollen neben der inhaltlichen Neuordnung auch die zukünftige Finanzierung dieser wichtigen Aufgabe geregelt werden. Die bisherigen Aufgaben gingen nach § 342 HGB wieder auf das Bundesministerium der Justiz über, vgl. aber Tz. 5228. 5225

Der Verein hat am 20. 7. 2011 eine neue Satzung verabschiedet. Neben den bisherigen Aufgaben (vgl. oben Tz. 5210) wurde in § 2 der Satzung noch hinzugefügt 5227

- die Erhöhung der Qualität der Rechnungslegung,
- die Förderung der Forschung und Ausbildung in den vorgenannten Bereichen.

Mitglied des Vereins kann jede juristische Person und jede Personenvereinigung werden, die der gesetzlichen Pflicht zur Rechnungslegung unterliegt oder sich mit der Rechnungslegung befasst (§ 4 der Satzung).

Tabelle 99 zeigt die Organe und Gremien des Vereins nach der Satzung vom 20. 7. 2011 auf (vgl. dazu auch den Text der Satzung unter www.drsc.de *über uns*).

TAB. 99: Organe und Gremien des DRSC nach der Satzung vom 20. 7. 2011

Organe/Gremium/Satzung	**Funktion**
Mitgliederversammlung §§ 7 ff.	Wahl, Abberufung und Entlastung des Verwaltungsrats und des Normierungsausschusses; Jahresbeitrag, Wirtschaftsplan; Jahresabschluss; Satzung
Verwaltungsrat §§ 10 ff.	20 Mitglieder, bestimmt Grundsätze und Leitlinien des Vereins; Wahl der Mitglieder der Fachausschüsse; Bestellung, Beratung und Überwachung des Präsidiums
Normierungsausschuss §§ 13 ff.	7 Mitglieder nach Wahl durch die Mitgliederversammlung; Vorschläge für die Wahl der Mitglieder des Präsidiums und der Fachausschüsse
Präsidium § 16	Präsident und Vizepräsident; Wahl durch den Verwaltungsrat auf Vorschlag des Normierungsausschusses; Führung der Geschäfte des Vereins; gesetzliche Vertreter nach § 26 BGB
Fachausschüsse §§ 19 ff.	Interpretationen der internationalen Rechnungslegungsstandards i. S. v. § 315a HGB; Rechnungslegungsstandards i. S. v. § 342 HGB; Stellungnahmen zu Fragen der Rechnungslegung, Diskussionspapieren, Veröffentlichungen; Ausschüsse: HGB-Ausschuss; IFRS-Ausschuss; Wissenschaftsbeirat

Der Verein hat *Grundsätze und Leitlinien für die Arbeit des DRSC* nach eingehender Diskussion aufgestellt, die vom Verwaltungsrat am 22. 11. 2012 verabschiedet wurden (vgl. Mitteilung des DRSC vom 23. 11. 2012 mit dem Volltext unter www.drsc.de).

5228 Das Bundesministerium der Justiz und das neu organisierte DRSC haben am 2. 12. 2011 einen neuen Vertrag nach § 342 Abs. 1 HGB abgeschlossen (zum Text des Vertrags siehe www.drsc.de *über uns*).

5230 Inzwischen liegen auch Standards vor, die nach ihrer Bekanntmachung gem. § 342 Abs. 2 HGB die Ordnungsmäßigkeitsvermutung bei ihrer Anwendung beinhalten (beachte aber die umfangreiche Kritik an dieser Vorschrift hinsichtlich des Verfassungsrechts und der Gesetzessystematik). Die verabschiedeten Standards sind in *Tabelle 100* zusammengefasst.

TAB. 100:	Deutsche Rechnungslegungs Standards (DRS)
DRS	**Inhalt**
DRS Nr. 1	Befreiender Konzernabschluss nach § 292a HGB[1)]
DRS Nr. 1a	Befreiender Konzernabschluss nach § 292a HGB – Konzernabschluss nach US-GAAP: Goodwill und andere immaterielle Vermögenswerte des Anlagevermögens[1)]
DRS Nr. 2	Kapitalflussrechnung[2)]
DRS Nr. 2–10	Kapitalflussrechnung von Kreditinstituten[2)]
DRS Nr. 2–20	Kapitalflussrechnung von Versicherungsunternehmen[2)]
DRS Nr. 3	Segmentberichterstattung
DRS Nr. 3–10	Segmentberichterstattung von Kreditinstituten
DRS Nr. 3–20	Segmentberichterstattung von Versicherungen
DRS Nr. 4	Unternehmenserwerbe im Konzernabschluss
DRS Nr. 5	Risikoberichterstattung[3)]
DRS Nr. 5–10	Risikoberichterstattung von Kredit- und Finanzdienstleistungsinstituten[3)]
DRS Nr. 5–20	Risikoberichterstattung von Versicherungsunternehmen[3)]
DRS Nr. 6	Zwischenberichterstattung[4)]
DRS Nr. 7	Konzerneigenkapital und Konzerngesamtergebnis
DRS Nr. 8	Bilanzierung von Anteilen an assoziierten Unternehmen im Konzernabschluss
DRS Nr. 9	Bilanzierung von Anteilen an Gemeinschaftsunternehmen im Konzernabschluss
DRS Nr. 10	Latente Steuern im Konzernabschluss[5)]
DRS Nr. 11	Berichterstattung über Beziehungen zu nahe stehenden Personen[6)]
DRS Nr. 12	Immaterielle Vermögenswerte des Anlagevermögens[6)]
DRS Nr. 13	Grundsatz der Stetigkeit und Berichtigung von Fehlern
DRS Nr. 14	Währungsumrechnung[6)]
DRS Nr. 15	Lageberichterstattung[7)]
DRS Nr. 15a	Übernahmerechtliche Angaben und Erläuterungen im Konzernlagebericht[6)]
DRS Nr. 16	Zwischenberichterstattung
DRS Nr. 17	Berichterstattung über die Vergütung der Organmitglieder
DRS Nr. 18	Latente Steuern
DRS Nr. 19	Pflicht zur Konzernrechnungslegung und Abgrenzung des Konsolidierungskreises
DRS Nr. 20	Konzernlagebericht
DRS Nr. 21	Kapitalflussrechnung

[1)] aufgehoben, beachte Übergangsfristen

[2)] DRS 2, DRS 2-10, DRS 2-20 ersetzt durch DRS 21

[3)] DRS 5 ersetzt durch DRS 20

[4)] DRS Nr. 6 wurde durch DRS Nr. 16 ersetzt

[5)] DRS Nr. 10 wurde durch DRS Nr. 18 ersetzt

[6)] außer Kraft gesetzt durch DRS 4 bzw. 5

[7)] DRS Nr. 15 wurde ersetzt durch DRS Nr. 20

5235 Das Rechnungslegungs Interpretations Committee (RIC) hat inzwischen Rechungslegungsinterpretationen und Anwendungshinweise erarbeitet, die in *Tabelle 101* zusammengestellt sind.

TAB. 101: Rechnungslegungsinterpretationen (RIC) und Anwendungshinweise (AH)

RIC/AH	Inhalt
RIC 1	Bilanzgliederung nach Fristigkeit gemäß IAS 1 Darstellung des Abschlusses
RIC 2	Verpflichtung zur Entsorgung von Elektro- und Elektronikgeräten
RIC 3	Auslegungsfragen zu Instrumenten mit Gläubigerkündigungsrecht gemäß IAS 32
AH1 (IFRS)	Einzelfragen zur Bilanzierung von Altersteilzeitverpflichtungen nach IFRS
RIC AH IFRS (2009/01)	Bilanzierung von Ausgaben zur Registrierung nach der EU-Chemikalienverordnung REACH
RIC AH IFRS (2009/02)	Ausgewählte IFRS-Bilanzierungsfragen in Zusammenhang mit der Finanz- und Wirtschaftskrise

2 IFRS-Rechnungslegung

5240 Das International Accounting Standards Committee (IASC) wurde 1973 in London von Berufsverbänden gegründet und war ursprünglich stark angelsächsisch geprägt. Zum 1.4.2001 hat sich die Organisation umbenannt und heißt nun International Accounting Standard Board (IASB). Die Organisation wurde neu gestaltet und ähnelt nun dem amerikanischen FASB. *Tabelle 102* zeigt die neue Organisation und ihre Gremien.

Ziel der Aktivitäten ist die weltweite Anerkennung der nach diesen Rechnungslegungsnormen aufgestellten Abschlüsse durch die IOSCO – Zusammenschluss nationaler Börsenaufsichtsbehörden (siehe Tz. 5260). Durch eine umfassende Dokumentation von Rechnungslegungsnormen ist dies im Sommer 2000 erreicht worden.

TAB. 102: Institutionen der IFRS-Rechnungslegung	
Gremium	**Funktion**
International Accounting Standards Committee Foundation (IASCF)	Gemeinnützige Stiftung mit Sitz in Delaware/USA; Beaufsichtigung des IASB durch die Trustees (= Treuhänder)
Board of Trustees	12 Personen mit Aufsichts- und Finanzierungsfunktion im IASB Konkret: Berufung der Mitglieder des Boards usw.; finanzielle Mieter aquirieren, Satzungsänderungen
Monitoring Board	Oberstes Aufrichtsgremium; Aufgaben: Auswahl der Trustees, deren Überwachung und Beratung
International Accounting Standards Board (IASB)	16 hauptamtliche Mitglieder; Aufgabe: Verabschiedung der Exposure Drafts (= Diskussionsentwürfe), der Standards (= IFRS) und der IFRS Interpretationen
IFRS Interpretations Committee	14 Mitglieder, bestimmt von den Trustees; Aufgabe: Stellungnahme zu Anwendungs- und Interpretationsfragen der Standards
IFRS Advisory Council	Mindestens 30 Mitglieder, bestimmt von den Trustees, Repräsentanten von verschiedenen Organisationen, z. B. Weltbank, IOSCO, DRSC; Aufgabe: Beratung der Trustees und Diskussion mit dem Board
Working Groups	Vom Board eingesetzte Arbeitsgruppen zur Unterstützung des Boards bei einzelnen Projekten

3 US-Rechnungslegung

In den USA sind eine Reihe von Institutionen mit der Schaffung und Interpretation von 5250
Rechnungslegungsnormen beschäftigt. Die drei wichtigsten sind:

- Securities and Exchange Commission (SEC),
- American Institute of Certified Public Accountants (AICPA) und das
- Financial Accounting Standards Board (FASB).

Die nachfolgende *Tabelle 103* zeigt die wesentlichen Funktionen dieser Organisation auf.

TAB. 103: Institutionen der US-amerikanischen Rechnungslegung	
Organisation	**Funktion**
Securities and Exchange Commission (SEC)	Börsenaufsichtsbehörde, mit quasi legislativer Funktion, Verlautbarung über formelle und ausweistechnische Gestaltung
American Institute of Certified Public Accountants (AICPA)	Vereinigung der amerikanischen Wirtschaftsprüfer, Vorschläge über alle Bilanzierungsfragen
Financial Accounting Standards Board (FASB)	Unabhängiges Gremium mit der Aufgabe, Rechnungslegungsgrundsätze zu entwickeln, verschiedene Organisationen

4 Sonstige Organisationen

5260 Neben den oben genannten Organisationen gibt es eine Reihe weiterer, die sich um eine Standardisierung und Vereinheitlichung der Rechnungslegungsnormen bemühen. Die wichtigsten sind:

- International Organisation of Securities Commissions (IOSCO) – Zusammenschluss nationaler Börsenaufsichtsbehörden
- International Federations of Accountants (IFAC) – die internationale Vereinigung der Wirtschaftsprüfer
- Fédération des Exports Comptables Européens (FEE) – die europäische Vereinigung von Berufsorganisationen der Wirtschaftsprüfung.

LITERATUR

Coenenberg, a. a. O., S. 47 ff.; *Küting,* IASC, FASB und DRSC, a. a. O.; *Moxter,* DRSC, a. a. O.; *Pellens/Fülbier/Gassen/Sellhorn,* a. a. O., S. 33 ff.; *Zülch/Hendler,* a. a. O., S. 40 ff.

KONTROLLFRAGEN

Die Antworten zu den Kontrollfragen 311–319 finden Sie auf Seite 365.

311. Warum wird in Deutschland für die weltweit tätigen Unternehmen eine international anerkannte Rechnungslegung benötigt?
312. Steht bei der Rechnungslegung der Jahresabschluss des Mutterunternehmens oder der konsolidierte Jahresabschluss im Mittelpunkt?
313. Durch welche Merkmale ist die deutsche Rechnungslegung maßgeblich gekennzeichnet?
314. Welche besonders wichtigen Institutionen tragen in Deutschland zur Entwicklung von Rechnungslegungsgrundsätzen bei?
315. Welche konkreten Aufgaben hat das DRSC durch das HGB?
316. Hat die Beachtung der bekannt gemachten DRS Auswirkungen auf die Qualität der Rechnungslegung?
317. Ist das International Accounting Standard Board (IASB) mit Sitz in London eine Behörde der britischen Regierung?
318. Was ist die Securities and Exchange Commission (SEC) und welche Aufgaben hat sie?
319. Was verbirgt sich hinter der Abkürzung »IOSCO« und welche Aufgabe kommt dieser Institution zu?

D. Rechtsgrundlagen

1 HGB

Die Vorschriften des HGB (§§ 238 ff.) basieren auf den verschiedenen EG-Richtlinien. 5300
Diese sind das Ergebnis intensiver Beratungen der Mitglieder. Sie beinhalten sehr viele Wahlrechte, vor allem auch bei der Bewertung, sodass die Mitgliedsstaaten ihre bisherigen Rechnungslegungsgepflogenheiten weitgehend beibehalten konnten (vgl. dazu *Tabelle 6*, S. 6.

Im HGB selbst wird differenziert zwischen den allgemeinen Vorschriften für alle Rechtsformen und den ergänzenden Vorschriften für bestimmte Rechtsformen wie Kapitalgesellschaften, Genossenschaften, Kreditinstituten und Versicherungen (vgl. dazu *Tabelle 7*, S. 7.

2 IFRS

a) Aufbau des Rechnungslegungssystems

Das Rechnungslegungssystem des IASC bzw. IASB ist mehrstufig aufgebaut. Im Einzel- 5310
nen sind folgende Bereiche zu nennen:

- Vorwort (Preface),
- Rahmenkonzept (Framework),
- Standards (IAS/IFRS),
- Interpretationen (SIC/IFRIC).

Die vom IASC bis zur Neuorganisation im Jahr 2001 verabschiedeten IAS und SIC wurden vom IASB voll übernommen. Sie behalten, auch bei späteren Überarbeitungen, ihre bisherige Bezeichnung. Nur bei Neufassungen oder komplett neuen Standards und Interpretationen werden die Bezeichnungen IFRS und IFRIC verwendet. Diese vier Regelungsbereiche umfassen die International Financial Reporting Standards (IFRS).

Zum Vorwort:

Dieser allgemeine Einführungstext geht auf die allgemeinen Ziele und Verfahrens- 5320
regeln sowie die allgemeinen Anwendungsbereiche der Normen ein. Die Stellung und die Verbindlichkeit werden an keiner Stelle näher erläutert. Dem Preface kommt daher keine besondere Bedeutung zu.

Zum Rahmenkonzept:

Es handelt sich hierbei um das Rahmenkonzept für die Aufstellung und Darstellung von Abschlüssen, also den theoretischen Unterbau, die konzeptionelle Grundlage. Im Wesentlichen werden dabei folgende Sachverhalte angesprochen: Zielsetzung von Abschlüssen, zu Grunde liegende Annahmen, qualitative Anforderungen an den Abschluss, die Abschlussposten, Erfassung und Bewertung von Abschlussposten, Kapital- und Kapitalerhaltungskonzepte.

Zu den Standards:

Die Standards regeln die Einzelfragen der Rechnungslegung. Die verabschiedeten Standards, bisher IAS – International Accounting Standards, nunmehr IFRS – International Financial Reporting Standards, sind in *Tabelle 104* zusammengefasst dargestellt und zwar nur soweit sie in die EU übernommen wurden, vgl. dazu *Tabelle 95*, S. 274 f. Aus der Reihenfolge lässt sich keine Systematik ableiten. Der inhaltliche Umfang der Standards ist ganz unterschiedlich. Er befasst sich u. U. nur mit einem Bilanzposten, einem ganzen Rechnungslegungsinstrument oder mit branchenspezifischen Problemen. Durch die ständige Überarbeitung einzelner Standards kann auch nicht auf die zeitliche Abfolge geschlossen werden.

Zu den Interpretationen:

Die Interpretationen (IFRIC = International Financial Reporting Interpretations Committee) befassen sich mit der Auslegung einzelner offener Fragen der Standards, wobei der internationale Aspekt im Vordergrund steht. Die bisherigen Interpretationen sind allerdings längst nicht so umfangreich wie die Standards. In *Tabelle 105* sind die bisher verabschiedeten SIC/IFRIC zusammengestellt und zwar nur soweit sie in die EU übernommen wurden, vgl. dazu *Tabelle 95*, S. 274 f.

TAB. 104: Zusammenstellung der IFRS

IAS / IFRS	Bezeichnung deutsch	Bezeichnung englisch
IAS 1	Darstellung des Abschlusses	Presentation of financial statements
IAS 2	Vorräte	Inventories
IAS 7	Kapitalflussrechnungen	Cash flow statements
IAS 8	Rechnungslegungsmethoden, Änderungen von rechnungslegungsbezogenen Schätzungen und Fehlern	Accounting policies. Changes in Accounting estimates and errors
IAS 10	Ereignisse nach dem Bilanzstichtag	Events after the balance sheet date
IAS 11	Fertigungsaufträge	Construction contracts
IAS 12	Ertragsteuern	Income taxes
IAS 16	Sachanlagen	Property, plant and equipment
IAS 17	Leasingverhältnisse	Leases
IAS 18	Umsatzerlöse	Revenue
IAS 19	Leistungen an Arbeitnehmer	Employee benefits
IAS 20	Bilanzierung und Darstellung von Zuwendungen der öffentlichen Hand	Accounting for government grants and disclosure of government assistance
IAS 21	Auswirkungen von Wechselkursänderungen	The effects of changes in foreign exchange rates
IAS 23	Fremdkapitalkosten	Borrowing costs
IAS 24	Angaben über Beziehungen zu nahe stehenden Unternehmen und Personen	Related party disclosures
IAS 26	Bilanzierung und Berichterstattung von Altersversorgungsplänen	Accounting and reporting by retirement benefit plans
IAS 27	Einzelabschlüsse (ersetzt bisherigen IAS 27; neu: IFRS 10)	Separate financial statements

IAS / IFRS	Bezeichnung deutsch	Bezeichnung englisch
IAS 28	Anteile an assoziierten Unternehmen und Gemeinschaftsunternehmen	Investments in associates and joint ventures
IAS 29	Rechnungslegung in Hochinflationsländern	Financial reporting in hyperinflationary economies
IAS 31	Anteile zu Gemeinschaftsunternehmen (ersetzt durch IFRS 11)	Interests in joint ventures
IAS 32	Finanzinstrumente: Darstellung	Financial instruments: presentation
IAS 33	Ergebnis je Aktie	Earnings per share
IAS 34	Zwischenberichterstattung	Interim financial reporting
IAS 36	Wertminderung von Vermögenswerten	Impairment of assets
IAS 37	Rückstellungen, Eventualverbindlichkeiten und Eventualforderungen	Provisions, contingent liabilities and contingent assets
IAS 38	Immaterielle Vermögenswerte	Intangible assets
IAS 39	Finanzinstrumente: Ansatz und Bewertung	Financial instruments: recognition and measurement
IAS 40	Als Finanzinstrumente gehaltene Immobilien	Investment property
IAS 41	Landwirtschaft	Agriculture
IFRS 1	Erstmalige Anwendung der IFRS	First-time adoption of IFRS
IFRS 2	Aktienbasierte Vergütung	Share-based payment
IFRS 3	Unternehmenszusammenschlüsse	Business combinations
IFRS 4	Versicherungsverträge	Insurance contracts
IFRS 5	Zur Veräußerung gehaltene langfristige Vermögenswerte und aufgegebene Geschäftsbereiche	Non-current assets held for sale and disconfirmed operations
IFRS 6	Exploration und Evaluierung von mineralischen Resourcen	Exploration for and evaluation of mineral Resources
IFRS 7	Finanzinstrumente: Angaben	Financial instruments: Disclosures
IFRS 8	Geschäftssegmente	Operating Segments
IFRS 10	Konzernabschlüsse	Consolidated financial statements
IFRS 11	Gemeinsame Vereinbarungen	Joint arrangements
IFRS 12	Angaben zu Anteilen an anderen Unternehmen	Disclosure of interests in other entities
IFRS 13	Bemessung des beizulegenden Zeitwerts	Fair value measurement

TAB. 105: Zusammenstellung der SIC/IFRIC

SIC / IFRIC	Bezeichnung deutsch	Bezeichnung englisch
SIC 7	Einführung des Euro (IAS 21)	Introduction of the Euro
SIC 10	Beihilfen der öffentlichen Hand – Kein spezifischer Zusammenhang mit betrieblichen Tätigkeiten (IAS 20)	Government assistance – no specific relation to operating activities
SIC 15	Operating-Leasingverhältnisse – Anreize	Operating leases – incentives
SIC 25	Ertragsteuern – Änderungen im Steuerstatus eines Unternehmens oder seiner Anteilseigner	Income taxes – changes in the tax status of an enterprise or its shareholders
SIC 27	Beurteilung des wirtschaftlichen Gehalts von Transaktionen in der rechtlichen Form von Leasingverhältnissen	Evaluating the substance of transactions involving the legal form of a lease
SIC 29	Ausgabe – Vereinbarungen von Dienstleistungslizenzen	Disclosure – service concession arrangements
SIC 31	Erträge – Tausch von Werbeleistungen	Revenue – barter transactions involving advertising services
SIC 32	Immaterielle Vermögenswerte – Kosten von Internetseiten	Intangible assets – web site costs
IFRIC 1	Änderungen bestehender Rückstellungen für Entsorgungs-, Wiederherstellungs- und ähnlichen Verpflichtungen	Changes in existing decommissioning, restoration and similar liabilities
IFRIC 2	Geschäftsanteile an Genossenschaften und ähnliche Instrumente	Member's shares in cooperative entities and similar instruments
IFRIC 4	Feststellung, ob eine Vereinbarung ein Leasinggeschäft enthält	Determining whether an arrangement contains a lease
IFRIC 5	Rechte auf Anteile an Fonds für Entsorgung, Rekultivierung und Umweltsanierung	Rights to interests arising from decommissioning, restoration and environmental rehabilitation funds
IFRIC 6	Verbindlichkeiten, die sich aus einer Teilnahme an einem spezifischen Markt ergeben – Elektro- und Elektronik-Alt-Geräte	Liabilities arising from participating in a specific market – waste electrical and electronic equipment
IFRIC 7	Anwendung des Anpassungssatzes unter IAS 29 – Rechnungslegung in Hochinflationsländern	Applying the restatement approach under IAS 29 financial reporting in hyperinflationary economies
IFRIC 9	Neubeurteilung eingebetteter Derivate	Reassessment of embedded derivatives
IFRIC 10	Zwischenberichterstattung und Wertminderung	Interim financial reporting and impairment
IFRIC 12	Dienstleistungskonzessionsvereinbarungen	Service confession Arrangement
IFRIC 13	Kundenbindungsprogramme	Costumer loyalty Programmes
IFRIC 14	IAS 19 – Die Betreuung eines leistungsorientierten Vermögenswertes, Mindestdotierungsverpflichtungen und ihre Wechselwirkung	IAS 19 – The limit of a definied benefit asset, minium funding requirements and their interaction
IFRIC 15	Verträge über die Errichtung von Immobilien	Agreements of the construction of real estate

SIC / IFRIC	Bezeichnung deutsch	Bezeichnung englisch
IFRIC 16	Absicherung einer Nettoinvestition in einem ausländischen Geschäftsbetrieb	Hedges of a net investment in a foreign operation
IFRIC 17	Sachdividenden an Eigentümer	Distributions of a non-cash assets to owner
IFRIC 18	Übertragung von Vermögenswerten durch einen Kunden	Transfers of assets from customers
IFRIC 19	Tilgung finanzieller Verbindlichkeiten durch Eigenkapitalinstrumente	Extinguishing financial liabilities with equity instruments
IFRIC 20	Abraumkosten in der Produktionsphase eines Tagesbaubergwerks	Stripping costs in the production of a surface mine
IFRIC 21	Abgaben	Levies

b) Gliederung der Standards

Die Gliederung aller Standards folgt einem bestimmten System. Im Einzelnen sind dies: 5330

- Zielsetzung,
- Anwendungsbereich,
- Definitionen,
- Inhalt der Regelung (mit Benchmark-Methode [= empfohlenes Verfahren] und alternativ zulässiger Methode),
- Übergangsbestimmungen,
- Zeitpunkt der erstmaligen Anwendung.

c) Sachlicher Geltungsbereich

Die IASB-Normen sind grundsätzlich allgemein verbindlich (IAS 1.2). Sie gelten somit 5340
für Einzel- und Konzernabschlüsse. Es wird dabei weder größen- noch branchenabhängig differenziert. Dies ist im deutschen Handelsrecht detailliert anders geregelt, vgl. dazu oben *Tabelle 7 und 8*, S. 7 und 11, und zwar in allen Teilbereichen. Aber auch die IFRS enthalten in einzelnen Bereichen Sondervorschriften.

Der IASB hat IFRS for Small and Medium-sized Entities verabschiedet. Dieser ist jedoch 5345
bezüglich seiner Eignung usw. umstritten. Vgl. dazu oben Tz. 4521.

3 US-Recht

Die Quellen des US-Rechts sind vielfältig. Neben den Verlautbarungen der SEC und des 5350
FASB sind die Börsenzulassungsvorschriften, das Gesellschaftsrecht der einzelnen Bundesstaaten, Spezialgesetze für einzelne Industriezweige und einzelne Steuergesetze bzw. Verwaltungsvorschriften zu nennen. Die Statements des FASB enthalten die »generally accepted accounting principles« (GAAP) und sind damit von zentraler Bedeutung für die US-amerikanische Rechnungslegung.

Die US-GAAP müssen alle börsennotierten Unternehmen und alle Unternehmen, deren Jahresabschlüsse durch einen Wirtschaftsprüfer geprüft werden, einhalten. Die SEC kann auf der Einreichung eines entsprechenden Abschlusses bestehen. Die Vergabe des

Testates durch den Wirtschaftsprüfer ist von der Erstellung eines US-GAAP-konformen Abschlusses abhängig. Die nachfolgende *Tabelle 106* zeigt die wesentlichen Elemente der US-amerikanischen Rechnungslegungsnormen auf. Das bisherige System (House of GAAP) wurde im Rahmen der U.S. GAAP Codification of Accounting Standards neu geordnet und systematisiert.

TAB. 106: U.S. GAAP – Codification of Accounting Standards (ASC)

Kodierung	Themengebiet	
100	Rahmenkonzept	General Principles
200	Darstellung	Presentation
205	Darstellung des Abschlusses	Presentation of Financial Statements
210	Bilanz	Balance Sheet
215	Eigenkapitalveränderungsrechnung	Statement of Shareholder Equity
220	Gesamtergebnisrechnung	Comprehensive Income
225	Gewinn- und Verlustrechnung	Income Statement
230	Kapitalflussrechnung	Statement of Cash Flows
235	Anhang	Notes to Financial Statements
250	Methodenänderungen und Fehlerkorrekturen	Accounting Changes and Error Corrections
255	Preisänderungen	Changing Prices
260	Ergebnis je Aktie	Earnings per Share
270	Zwischenberichterstattung	Interim Reporting
272	Gesellschaften mit beschränkter Haftung	Limited Liability Entities
274	Privatbilanzen	Personal Financial Statements
275	Risiken und Unsicherheiten	Risks and Uncertainties
280	Segmentberichterstattung	Segment Reporting
300	Vermögenswerte	Assets
400	Verbindlichkeiten	Liabilities
500	Eigenkapital	Equity
600	Erträge	Revenue
700	Aufwendungen	Expenses
800	Transaktionsgeschäfte, u. a. Konsolidierung	Broad Transactions
900	Branchenspezifik	Industry

5360 Abschlüsse ausländischer Emittenten mussten mit Hilfe einer Überleitungsrechnung auf US-GAAP transformiert werden. Sofern diese Abschlüsse nach IFRS in der vom IASB veröffentlichten Fassung aufgestellt werden, entfällt die Überleitungsrechnung; sie werden anerkannt. Da die EU nicht alle Standards übernommen hat, fallen Abschlüsse nach IFRS aus der EU derzeit nicht unter diese Befreiungsregelung.

LITERATUR

Coenenberg, a. a. O., S. 47 ff., 52 ff.; *Institut der Wirtschaftsprüfer,* Einzelfragen zur Anwendung von IAS/IFRS, a. a. O.; *Hayn/Waldersee,* a. a. O; *Pellens/Fülbier/Gassen/Sellhorn,* a. a. O., S. 55 ff.; *Sellhorn/Hahn/Müller,* a. a. O.; *Winkeljohann,* a. a. O., S. 31 ff.; *Zülch/Hendler,* a. a. O., S. 101 ff.; *Zülch/Pronobis,* a. a. O.

KONTROLLFRAGEN

Die Antworten zu den Kontrollfragen 320–325 finden Sie auf Seite 365 f.

320. Auf welchen Rechtsgrundlagen beruhen die deutschen handelsrechtlichen Vorschriften für Kapitalgesellschaften und Konzerne?

321. Welche Bedeutung kommt dem Rahmenkonzept (Framework) innerhalb der IFRS-Rechnungslegung zu?

322. Kann aus der Nummerierung der Standards auf ein System, analog der Paragraphen im HGB, geschlossen werden?

323. Folgen die Standards einem bestimmten System in ihrem Aufbau?

324. Gelten die IFRS generell nur für den Konzernabschluss? Wird dabei größen- und branchenmäßig differenziert?

325. Sind die amerikanischen Rechnungslegungsnormen, analog dem HGB, zentral und systematisch aufgebaut?

E. Vergleich HGB, IFRS, US-GAAP

1 Grundsätze

a) HGB

5400 Für Kapitalgesellschaften und Konzerne sieht das *HGB* eine »Generalnorm« vor. Es soll mit dem Jahresabschluss ein »den tatsächlichen Verhältnissen entsprechendes Bild der Vermögens-, Finanz- und Ertragslage« gezeigt werden (vgl. *Tabelle 107*). Neben dieser Generalnorm enthält das HGB eine Reihe weiterer Grundsätze, die im Gesetz verteilt aufgeführt sind. Dazu gehören u. a. folgende Grundsätze:

- Klarheit und Übersichtlichkeit (§ 243 Abs. 2 HGB),
- Vollständigkeit (§ 246 Abs. 1 HGB),
- Bilanzkontinuität (§ 252 Abs. 1 Nr. 1, 6 HGB),
- Periodenabgrenzung (§ 252 Abs. 1 Nr. 5 HGB),
- Bewertung (Vorsichtsprinzip, Realisationsprinzip, Imparitätsprinzip, Einzelbewertung, Niederstwertprinzip, s. u. a. § 252 Abs. 1 HGB).

TAB. 107: Grundsätze nach dem HGB – § 264 Abs. 2 bzw. § 297 Abs. 2 HGB

Generalnorm	
	Tatsächliches Bild der ► Vermögens-, ► Finanz- und ► Ertragslage
unter Beachtung der	
	Grundsätze ordnungsmäßiger Buchführung; im Einzelnen: ► Buchführung ► Bilanzierung ► Inventur

Alle Vorschriften, insbesondere auch die Bestimmungen über die Bewertung, sind beherrscht vom Grundsatz des Gläubigerschutzes. Diese darin enthaltenen Ansatz- und Bewertungswahlrechte erlauben den Bilanzerstellern die teilweise nicht erkennbare Bildung und Auflösung stiller Reserven.

b) IFRS

5410 Im Mittelpunkt der *IFRS-Grundsätze* steht das Ziel einer »Decision Usefulness«, eines nützlichen Urteils des *Investors am Kapitalmarkt* (vgl. Framework, Preface). Dies ist ein fundamentaler Unterschied zum am Gläubigerschutz orientierten deutschen Jahresabschluss.

Grundlegende *Annahmen* (Underlying Assumptions) bilden die periodengerechte Erfolgsermittlung (Accrual Basis) und die Unternehmensfortführung (Going Concern). Als qualitative Eigenschaften (Qualitative Characteristics) gelten die Verständlichkeit

(Understandability), die Bedeutung (Relevance) und Wesentlichkeit (Materiality) der Bilanzinformation. Die Verlässlichkeit (Reliability) der Informationen wird weiter differenziert in: die glaubwürdige Darstellung (Faithful Representation, auch true and fair view), wirtschaftliche Betrachtungsweise (Substance over Form), objektive Darstellung (Neutrality), vorsichtige Bilanzierung (Prudence), Vollständigkeit (Completeness). Eingeschränkt werden die Grundsätze Bedeutung und Verlässlichkeit der Daten durch die Forderung einer zeitnahen Information (Timeliness) und der Ausgeglichenheit zwischen den Kosten und dem Nutzen von Informationen (Balance between Benefit and Cost). Es gilt auch, einen Ausgleich zwischen den einzelnen qualitativen Ansprüchen (Balance between Qualitative Characteristics) zu finden (vgl. dazu inbes. IAS 1).

TAB. 108: Rechnungslegungsgrundsätze nach IFRS

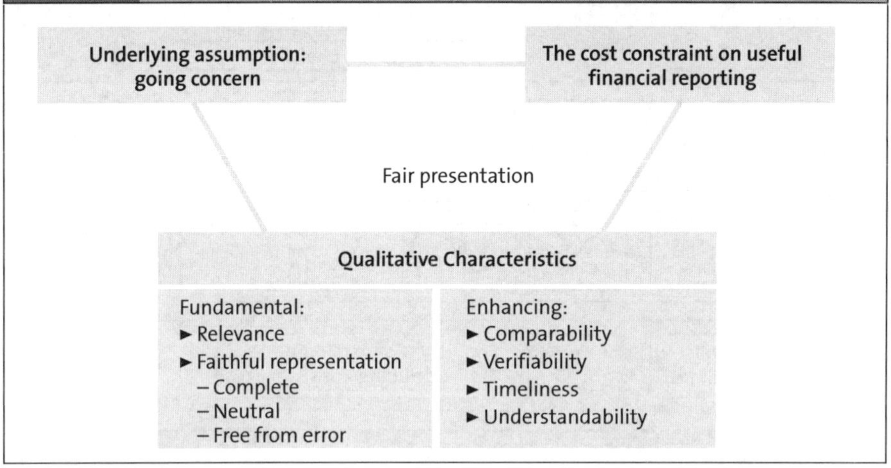

Quelle: Coenenberg/Haller/Schultze, Jahresabschluss und Jahresabschlussanalyse, 23. Aufl., Stuttgart 2014, S. 67

c) US-GAAP

Die *US-amerikanischen Grundsätze* und die IFRS-Grundsätze sind, wie *Tabelle 108* und 5420
Tabelle 109 zeigen, weitgehend deckungsgleich. Dies beruht auf dem dominierenden angloamerikanischen Einfluss in den Gremien der IFRS-Rechnungslegung. Sie werden aber derzeit überarbeitet.

Auf besondere Ausführungen wird deshalb verzichtet und auf die vorhergehenden verwiesen.

TAB. 109: Hierarchische Ordnung der US-amerikanischen Grundsätze

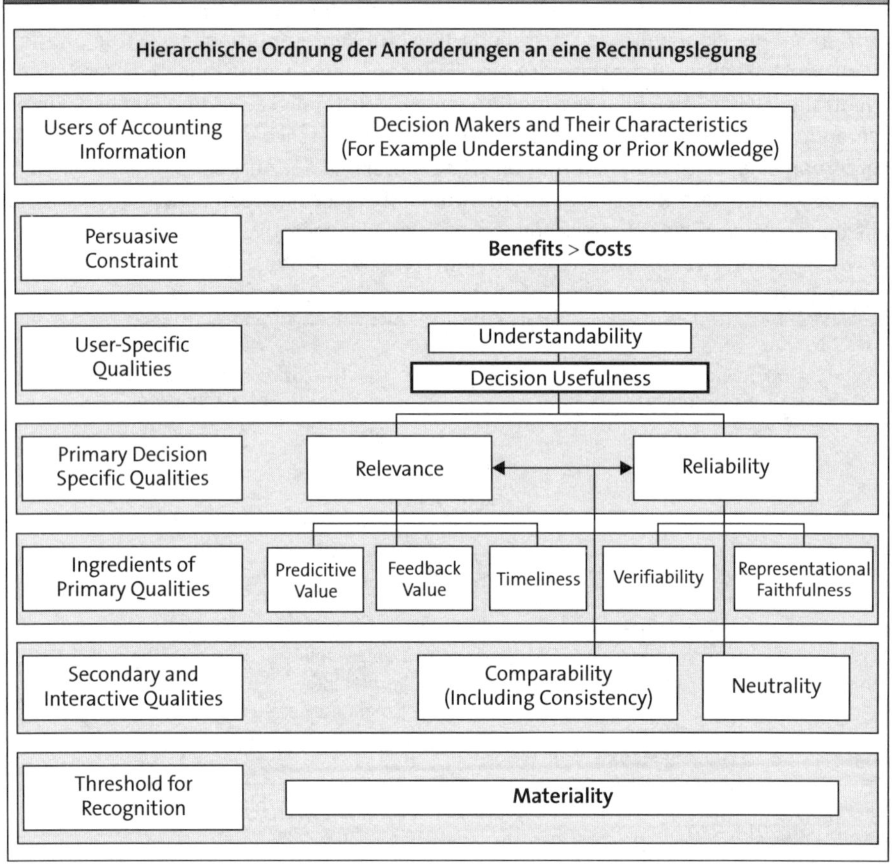

Quelle: KPMG, US-GAAP, Rechnungslegung nach US-amerikanischen Grundsätzen, 4. Aufl., Düsseldorf 2007, S. 16.

LITERATUR

Coenenberg, a. a. O., S. 51 ff.; *Heuser/Theile,* a. a. O., S. 41 ff., *Institut der Wirtschaftsprüfer,* Abweichungen, a. a. O., *Institut der Wirtschaftsprüfer,* Praktisch relevante Abweichungen, a. a. O.; *Pellens/Fülbier/Gassen/Sellhorn,* a. a. O., S. 83 ff.; *Vater,* a. a. O.; *Winkeljohann,* a. a. O., S. 23 ff.; *Zülch/Hendler,* a. a. O., S. 73 ff.

2 Instrumente

5430 In allen Rechtskreisen werden grundsätzlich die gleichen Instrumente der Rechnungslegung verwendet (vgl. *Tabelle 110*). § 297 Abs. 1 HGB ist im Zuge des BilReG neu gefasst worden. Danach haben Konzernabschlüsse zwingend eine Kapitalflussrechnung und einen Eigenkapitalspiegel zu umfassen. Für die Segmentberichterstattung besteht ein Wahlrecht; in diesem Falle entfällt die Aufgliederung der Umsatzerlöse nach § 314 Abs. 1 Nr. 3 HGB im Anhang (§ 314 Abs. 2 HGB).

Die wesentlichen Ausführungen nach IFRS finden sich in IAS 1.10 bzw. nach US-GAAP in ASC 200.

TAB. 110: Instrumente der Rechnungslegung (Konzern)

Instrument	**HGB**	**IFRS**	**US-GAAP**
Bilanz / Balance Sheet	x	x	x
GuV/ Income Statement	x	x	x
Anhang / Notes	x	x	x
Kapitalflussrechnung / Cashflow Statement	x	x	x
Segmentberichterstattung / Segment Reporting	x (1)	x (2)	x (3)
Eigenkapitalentwicklung / Statement of Changes in Stockholders'Equity	x	x	x
Ergebnis je Aktie / Earnings per share	–	x	x

(1) Wahlrecht nach § 297 Abs. 1 HGB
(2) nur kapitalmarktorientierte Unternehmen, Teil des Anhangs (vgl. IAS 1.10 und 1.112 (b))
(3) nur kapitalmarktorientierte Unternehmen

LITERATUR

Pellens/Fülbier/Gassen/Sellhorn, a. a. O., S. 167 ff.; *Winkeljohann,* a. a. O., S. 43 ff.; *Zülch/ Hendler,* a. a. O., S. 101 ff.

3 Gliederung der Bilanz

a) HGB

Das *HGB* verlangt für Kapitalgesellschaften eine Bilanz in *Kontoform* mit vorgeschriebe- 5440
ner Gliederung (§ 266 HGB). Die Aktiv- und Passivseite beginnen mit dem langfristigen Vermögen bzw. Kapital und enden mit den kurzfristigen Teilen. Zahlreiche Wahlrechte bieten den Unternehmen erhebliche Gestaltungsspielräume, die vor allem von Großunternehmen ausgenutzt werden. Diese verlagern meist Angaben aus der Bilanz in den Anhang. Im Einzelnen wird auf die Ausführungen Tz. 2100 und die dort gezeigten Tabellen verwiesen.

b) IFRS

Die *IFRS-Regeln* enthalten *keine* direkten Gliederungsvorschriften. Aus den Verlaut- 5445
barungen (IAS 1, überarbeitet 2007 und spätestens anzuwenden für Geschäftsjahre beginnend nach dem 31. 12. 2008) kann jedoch ein Schema abgeleitet werden, das auf der Aktivseite etwa dem System des HGB ähnlich ist, während auf der Passivseite mit den Verbindlichkeiten begonnen und mit dem Eigenkapital geendet wird. Die Vermögenswerte und Schulden sind zu unterscheiden nach Kurz- oder Langfristigkeit und als getrennte Gruppen auszuweisen (vgl. IAS 1.60 ff.).

Nach IAS 1.54 sind in der Bilanz zumindest folgende Posten darzustellen:

a) Sachanlagen / Property, plant, equipment,

b) Als Finanzinvestitionen gehaltene Immobilien / Investment property,

c) Immaterielle Vermögenswerte / Intangible assets,

d) Finanzielle Vermögenswerte ohne e), h) und i) / Financial assets,

e) Nach der Equity-Methode bilanzierte Finanzanlagen / Investments accounted for using the equity method,

f) Biologische Vermögenswerte / Biological Assets,

g) Vorräte / Inventories,

h) Forderungen aus Lieferungen und Leistungen und sonstige Forderungen / Trade and other receivables,

i) Zahlungsmittel und Zahlungsmitteläquivalente / Cash and cash equivalents,

j) Summe der Vermögenswerte gemäß IFRS 5 / Total asset and liabilities in accordance with IFRS 5,

k) Verbindlichkeiten aus Lieferungen und Leistungen und sonstige Verbindlichkeiten / Trade and other payables,

l) Rückstellungen / Provisions,

m) Finanzielle Verbindlichkeiten (ohne k und l) / Financial liabilities,

n) Steuerschulden und -erstattungsansprüche gemäß IAS 12, Ertragsteuern / Liabilities and assets for current tax, as defined in IAS 12, Income taxes,

o) Latente Steueransprüche und -schulden gemäß IAS 12 / Deferred tax liabilities and deferred tax assets, as defined in IAS 12,

p) Schulden, die den Veräußerungsgruppen zugordnet sind, die gemäß IRFS 5 als zur Veräußerung gehalten eingestuft werden / Liabilities included in disposal groups classified as held for sale in accordance with IFRS 5,

q) Nicht beherrschende Anteile, die im Eigenkapital dargestellt werden / Non Controlling interest, presented within equity,

r) Gezeichnetes Kapital und Rücklagen, die den Eigentümern der Muttergesellschaft zuzuordnen sind / Issued capital and reserves attributable to equity holders of the parent.

Dies soll lediglich eine Liste mit Posten sein, für die ein getrennter Ausweis erforderlich ist (IAS 1.57). Zusätzliche Posten, Überschriften und Zwischensummen, sind aufzunehmen, wenn dies ein IFRS verlangt oder es notwendig ist, um die Vermögens- und Finanzlage des Unternehmens den tatsächlichen Verhältnissen entsprechend darzustellen (IAS 1.57). Aus dem Gesagten ergibt sich, dass die Bilanz sowohl in Kontoform als auch in Staffelform erstellt werden kann (vgl. dazu oben Tz. 2100). Inzwischen liegt ein Vorschlag für die Gliederung vom Rechnungslegungs Interpretations Committee (RIC) des DRSC vor und zwar RIC 1 – Bilanzgliederung nach Fristigkeit gemäß IAS 1 – Darstellung des Abschlusses (Basis: alte Fassung von IAS 1). *Tabelle 111* enthält das Beispiel im Anhang von RIC 1.

TAB. 111: Bilanzgliederung nach IAS 1 aus RIC 1 – Anhang

AKTIVA	PASSIVA
Langfristige Vermögenswerte	**Eigenkapital**
Immaterielle Vermögenswerte	**Den Gesellschaftern des Mutterunternehmens zurechenbarer Anteil am Eigenkapital**
Biologische Vermögenswerte	
Sachanlagen	
Als Finanzinvestition gehaltene Immobilien	Gezeichnetes Kapital
At Equity bilanzierte Beteiligungen	Rücklagen
Forderungen aus Lieferungen und Leistungen	Sonstige Eigenkapitalkomponenten
Wertpapiere	**Eigene Anteile**
Sonstige Vermögenswerte	**Nicht beherrschende Anteile**
Latente Steueransprüche	*SUMME Eigenkapital*
	Schulden
	Langfristige Schulden
Summe langfristige Vermögenswerte	Rückstellungen
	Finanzverbindlichkeiten
Kurzfristige Vermögenswerte	Verbindlichkeiten aus Lieferungen und Leistungen
Vorratsvermögen	Abgegrenzte Zuwendungen der Öffentlichen Hand
Forderungen aus Lieferungen und Leistungen	
Wertpapiere	Sonstige Verbindlichkeiten
Laufende Ertragsteueransprüche	Latente Steuerverbindlichkeiten
Zahlungsmittel und Zahlungsmitteläquivalente	*Summe langfristige Schulden*
	Kurzfristige Schulden
Sonstige Vermögenswerte	Rückstellungen
	Laufende Ertragsteuerverbindlichkeiten
	Finanzverbindlichkeiten
Zwischensumme kurzfristige Vermögenswerte	Verbindlichkeiten aus Lieferungen und Leistungen
	Sonstige Verbindlichkeiten
	Zwischensumme kurzfristige Schulden
Zur Veräußerung gehaltene langfristige Vermögenswerte und Veräußerungsgruppen	Schulden in direktem Zusammenhang mit zur Veräußerung gehaltenen langfristigen Vermögenswerten und Veräußerungsgruppen
Summe kurzfristige Vermögenswerte	*Summe kurzfristige Schulden*
	SUMME Schulden
BILANZSUMME	**BILANZSUMME**

LITERATUR

Pellens/Fülbier/Gassen/Sellhorn, a. a. O., S. 167 ff.; WP Handbuch 2012, u. a. S. 1658 ff.; *Zülch/Hendler,* a. a. O., S. 104 ff.

c) US-GAAP

5450 Nur für die börsennotierten Gesellschaften enthalten die *US-amerikanischen Rechnungslegungsnormen* Vorgaben der SEC für die Gliederung der Bilanz. Diese kann in *Konto- oder Staffelform* erstellt werden. Die Gliederungsreihenfolge, kurzfristiges Vermögen bzw. Fremdkapital, danach langfristiges Vermögen bzw. Kapital, ist dem HGB entgegengesetzt. Zahlreiche Wahlrechte ermöglichen die Verlagerung von Angaben in die Notes.

Die Gliederung zeigt *Tabelle 112* auf.

TAB. 112: Bilanz – Mindestgliederung nach US-GAAP

VERMÖGEN / ASSETS	EIGENKAPITAL UND SCHULDEN / EQUITY AND LIABILITIES
Kurzfristiges Vermögen / Current assets – Liquide Mittel / Cash and cash items – Wertpapiere des Umlaufvermögens / Marketable securities – Forderungen und Besitzwechsel / Accounts and notes receivable ./. Wertberichtigungen auf zweifelhafte Forderungen und Besitzwechsel / Allowances for doubtful accounts and notes receivable – Abgrenzungsposten / Unearnded income – Vorräte / Inventories – Aktive transitorische Rechnungsabgrenzungsposten / Prepaid expenses – Sonstige Gegenstände des Umlaufvermögens / Other current assets	**Kurzfristige Schulden / Current liabilities** – Kurzfristige Verbindlichkeiten / Accounts and notes payable – Andere kurzfristige Verbindlichkeiten / Other current liabilities **Langfristige Schulden / Non current liabilities** – Langfristige Darlehen / Bonds, mortages and other long-term debts – Langfristige Verbindlichkeiten gegenüber verbundenen Unternehmen oder Personen / Indebtedness to related parties – non-current – Sonstige langfristige Verbindlichkeiten / Other liabilities – Ungewisse Verbindlichkeiten / Commitments and contingent liabilities – Rückstellungen mit längerfristigem Charakter / Deferred credits
Langfristiges Vermögen / Non-current Assets – Wertpapiere und Beteiligungen an verbundenen Unternehmen / Securities and indebtedness of related parties – Weitere Wertpapiere / Other investments – Sachanlagevermögen / Property, plant and equipment – Kumulierter Betrag der Abschreibungsaufwendungen der Anlagegegenstände / Accumulated depreciation, depletion and amortization of property, plant and equipment – Immaterielles Anlagevermögen / Intangible assets – Kumulierter Betrag des Amortisationsaufwandes des immateriellen Anlagevermögen / Accumulated depreciation and amortization of intangible assets – Sonstige langfristige Posten / Other assets	**Anteile von Minderheitsgesellschaftern / Minority interests in consolidiated subsidiaries** **Eigenkapital / Equity** – Mit Kündigungsrecht ausgestattete Vorzugsaktien / Preferred stocks – redeemable – Vorzugsaktien ohne Kündigungsrecht / Preferred stocks – non redeemable – Stammaktien / Common stocks – Sonstiges Eigenkapital / Other stockholder's equity
Summe der Vermögenswerte / Total assets	**Summe des Eigenkapitals und der Schulden/ Total equity and liabilities**

4 Gliederung der Gewinn- und Verlustrechnung

a) Allgemeines

Die Vorschriften über die Gewinn- und Verlustrechnung und die dabei anzuwendenden Verfahren weisen, gegenüber der Bilanz, eine größere Vielfalt auf. Einen Überblick gibt *Tabelle 113: Merkmale der Gewinn- und Verlustrechnung (Kapitalgesellschaften).* Auf die Einzelheiten wird nachfolgend eingegangen. 5460

TAB. 113: Merkmale der Gewinn- und Verlustrechnung (Kapitalgesellschaften)

Merkmal	**HGB**	**IFRS**	**US-GAAP**
Gesamtkostenverfahren	x	x	–
Umsatzkostenverfahren	x	x	x
Kontoform	–	–	–
Staffelform	x	x	x

b) HGB

Das HGB lässt für Kapitalgesellschaften alternativ das Gesamtkosten- oder Umsatzkostenverfahren, aber nur in Staffelform, zu (vgl. § 275 HGB). Die Einzelheiten, insbesondere mit den dabei auszuweisenden Posten werden auf Tz. 2825 dargestellt. 5462

c) IFRS

Ein Unternehmen hat nach IAS 1.81 alle in einer Periode erfassten Ertrags- und Aufwandsposten wie folgt darzustellen: 5463

- in einer einzigen *Gesamtergebnisrechnung* (single statement of comprehensive income)

oder

- in zwei Aufstellungen: einer *Aufstellung der Ergebnisbestandteile* (gesonderte Gewinn- und Verlustrechnung) *und* einer *Überleitung vom Gewinn oder Verlust der Periode zum Gesamtergebnis* mit Ausweis der Bestandteile des sonstigen Ergebnisses (Gesamtergebnisrechnung) (two statements approach).

Die IFRS enthalten keine detaillierten Vorschriften über die Gliederung der *Gesamtergebnisrechnung*. Sie verlangen aber, dass dieses Instrument zumindest folgende Posten enthält (IAS 1.82 ff.): 5464

a) Umsatzerlöse / Revenue,
b) Finanzierungsaufwendungen / Finance costs,
c) Gewinn- und Verlustanteile an assoziierten Unternehmen und Gemeinschaftsunternehmen, die nach der Equity-Methode bilanziert werden / Share of the profit or loss of associates and joint ventures accounted for using the equity method,
d) Steueraufwendungen / Tax expense,
e) Gesonderter Betrag des aufgegebenen Geschäftsbereichs / A single amount comprising the total of: the post-tax Profit or loss of dicontinned operations ...

Zusätzliche Posten, Überschriften und Zwischensummen sind in der Gewinn- und Verlustrechnung darzustellen, wenn dies nach anderen IFRS verlangt wird und/oder eine solche Darstellung notwendig ist, um die Ertragslage des Unternehmens den tatsächlichen Verhältnissen entsprechend darzustellen.

Ein Unternehmen hat eine Aufwandsgliederung anzugeben, die entweder auf der Art der Aufwendungen oder auf deren Funktion im Unternehmen beruht (vgl. IAS 1.99). Dabei werden zwei Wege angeboten, nämlich das Gesamtkostenverfahren oder das Umsatzkostenverfahren. Als *Beispiele* werden dabei die unten gezeigten Unterteilungen vorgeschlagen, vgl. *Tabellen 114, 115*.

Unternehmen, die das Umsatzkostenverfahren anwenden, haben zusätzliche Informationen über die Art der Aufwendungen, einschließlich des Aufwandes für planmäßige Abschreibungen sowie des Personalaufwands, anzugeben (vgl. dazu auch § 285 Nr. 8 HGB).

Das *sonstige Ergebnis* (other comprehensive income – OCI) setzt sich nach IAS 1.7 aus verschiedenen Bestandteilen zusammen, die erfolgsneutral zu verrechnen sind (vgl. auch IAS 1.90 ff.).

Das *Periodenergebnis* aus der Gewinn- und Verlustrechnung (net profit or loss) und das sonstige Ergebnis (other comprehensive income) bilden den Periodengesamterfolg (comprehensive income).

TAB. 114: Gesamtkostenverfahren (Aufwandsartenmethode), IAS 1.102		
Umsatzerlöse / Revenue		x
Sonstige Erträge / Other income		x
Veränderung des Bestandes an Fertigerzeugnissen und unfertigen Erzeugnissen / Change in inventories of finished and goods and work in progress	x	
Aufwendungen für Roh-, Hilfs- und Betriebsstoffe / Raw materials and consumables used	x	
Aufwendungen für Leistungen an Arbeitnehmer / Employee benefits expense	x	
Aufwand für planmäßige Abschreibungen / Depreciation and amortisation expense	x	
Andere Aufwendungen / Other expenses	x	
Gesamtaufwand / Total expenses		– x
Gewinn vor Steuern / Profit before tax		x

TAB. 115: Umsatzkostenverfahren, IAS 1.103	
Umsatzerlöse / Revenue	x
Umsatzkosten / Cost of sales	– x
Bruttogewinn / Gross Profit	x
Sonstige Erträge / Other income	x
Vertriebskosten / Distribution costs	– x
Verwaltungsaufwendungen / Administrative expenses	– x
Andere Aufwendungen / Other expenses	– x
Gewinn vor Steuern / Profit before tax	x

d) US-GAAP

Die Gewinn- und Verlustrechnung nach *US-Recht* bildet den Mittelpunkt der Rech- 5465
nungslegung und hat ein größeres Gewicht als die Bilanz. Sie steht in der Regel vor der Bilanz. Auch deutsche Konzerne schließen sich dieser Übung in zunehmendem Maße an. Die Gliederung erfolgt nur nach dem Umsatzkostenverfahren und in Staffelform. Auch hier werden Zwischenergebnisse zur Erfolgsquellenanalyse gebildet. Auf *Tabelle 116* wird verwiesen.

TAB. 116: Gewinn- und Verlustrechnung nach US – GAAP (ASC 225)
Betriebstätigkeit / Operating Section Umsatzerlöse / Net sales and gross revenues Kosten der umgesetzten Leistung / Costs and expenses applicable to sales and revenues Sonstige betriebsbedingte Aufwendungen / Other operating costs an expenses Vertriebs- und allgemeine Verwaltungskosten / Selling, general and administrative expenses Aufwand für zweifelhafte Forderungen / Provision for doubtful accounts and notes Sonstige Gemeinkosten / Other general expenses
Betriebsfremde Tätigkeit / Non-Operation Section Sonstige (nicht-)betriebliche Erträge / Non-operating income Zinserträge und -aufwendungen / Interest and amortization Sonstige (nicht-)betriebliche Aufwendungen / Non-operating expenses
Ergebnis vor Steuern und anderen abzugrenzenden Posten / Income or loss before income tax expenses and appropriate items below
Ertragsteuern / Income tax expense Anteil der Minderheitsgesellschafter am Ergebnis / Non-controlling interest in income of consolidated subsidiaries Anteil nicht konsolidierter Tochtergesellschaften am Ergebnis / Equity in earnings of unconcilidated subsidiaries and 50 % or less ownend persons
Ergebnis aus fortgeführten Geschäftsbereichen / Income or loss from continuing operations
Ergebnis aus der Aufgabe von Geschäftsbereichen / Discontinued operations
Ergebnis vor außerordentlichen Einflüssen, d. h. aus gewöhnlicher Geschäftstätigkeit (und Einflüssen aus der Änderung von Bilanzierungsmethoden) **/ Income or loss before extraordinary items** (and cumulative effects of changes in accounting principles)
Außerordentliches Ergebnis, abzüglich der gesondert auszuweisenden Ertragsteuern / Extraordinary items, less applicable tax
Ergebnis der Periode / Net income or loss
Ergebnis pro Aktie / Earnings per schare

LITERATUR

Coenenberg, a. a. O., S. 507 ff.; *Heuser/Theile,* a. a. O., S. 657 ff.; *Pellens/Fülbier/Gassen/Sellhorn,* a. a. O., S. 173 ff.; *Pronobis,* a. a. O.; WP Handbuch 2012, u. a. S. 1659 ff.; *Zülch/Hendler,* a. a. O., S. 116 ff.

5 Bewertung

a) Unterschiede in der Bewertungskonzeption

5470 Für die Ausgestaltung der Bewertungsvorschriften usw. gibt es zwei verschiedene Ansatzebenen. Die erste versucht, eine Vielzahl von Sachverhalten durch *abstrakte, generalisierende Formulierungen* abzudecken (= Code Law). Dieses mehr kontinental-europäisch geprägte System wird im HGB praktiziert. Der Vorteil dieser Regelung liegt in der Kürze der Vorschriften. Die zweite Ansatzebene ersetzt die systemorientierte Abfassung der Normen durch eine Vielzahl von *Einzelfallregelungen* (= Case Law). Durch diese Spezialregelungen werden die Rechnungslegungsnormen umfangreich und unübersichtlich. Diese Verfahrensweise dominiert im angelsächsischen Bereich und damit auch bei IFRS und US-GAAP.

b) Bewertungsmaßstäbe

(1) Überblick

5475 Das *HGB* enthält eine ganze Anzahl von Bewertungsmaßstäben, die im Einzelnen in den *Tabellen 39, 43, 44,* S. 85, 90, 100 dargestellt sind. Der Ausgangspunkt und damit die Basiswerte sind die Anschaffungs- oder Herstellungskosten.

Die *IFRS-Regelungen* enthalten, bedingt durch die zeitlich weit auseinander liegende Entstehung, an verschiedenen Stellen Anweisungen zur Bewertung, so u. a. Framework/Rahmenkonzept 99 ff., IAS 16, 25, 39. Sie beinhalten *keine geschlossene Bewertungskonzeption.*

Auch hier bilden die Anschaffungs- bzw. Herstellungskosten die Ausgangswerte. Jedoch ist Folgendes zu beachten: Die Ausgangswerte bilden nach dem HGB die absolute Obergrenze, die in keinem Fall überschritten werden darf. Dies ist bei den IFRS nicht so streng, siehe u. a. IAS 39 – Finanzinstrumente: Ansatz und Bewertung. Auch das im HGB genau beachtete Realisationsprinzip für Erträge wird im Rahmen der IFRS nicht so strikt eingehalten. Dies gilt z. B. für langfristige Fertigungsaufträge, vgl. IAS 11.22 ff.

Die Bestimmungen nach *US-GAAP* sind mit denen von IFRS weitgehend identisch. Wegen der angestrebten Anerkennung von IFRS durch die SEC nähern sich die IFRS immer mehr den Regelungen nach US-GAAP an.

In *Tabelle 117* sind wichtige Bewertungsmaßstäbe der IFRS und von US-GAAP vergleichend gegenübergestellt.

TAB. 117: Wichtige Bewertungsmaßstäbe in der IFRS- und US-GAAP-Rechnungslegung

Bezeichnung	**IFRS bzw. US-GAAP**
Anschaffungs- bzw. Herstellungskosten	Historical cost
Wiederbeschaffungskosten	Replacement cost
Barwert	Present value
Veräußerungswert	Realisable value
Erfüllungsbetrag	Settlement value
Beizulegender Wert	Fair value
Erzielbarer Betrag	Recoverable amount
Marktwert	Market value

(2) Wichtige Maßstäbe nach IFRS

Die *Anschaffungskosten* umfassen im Wesentlichen dieselben Elemente wie nach dem HGB, also Anschaffungspreis, -preisminderungen, -nebenkosten (vgl. oben Tz. 2230 insbes. IAS 16). Dies gilt auch für nachträgliche Anschaffungskosten. Fremdkapitalkosten können, im Gegensatz zum HGB, in Ausnahmefällen zu den Anschaffungskosten gehören (vgl. im Einzelnen IAS 23). Zuwendungen/Zuschüsse der öffentlichen Hand sind von den Anschaffungskosten abzusetzen oder über einen passiven Abgrenzungsposten über die Nutzungsdauer zu verteilen (vgl. IAS 20.24-27). 5477

Im Gegensatz zum HGB, das den Unternehmen bislang bei der Ermittlung der *Herstellungskosten* einen erheblichen Gestaltungsspielraum, vor allem der Untergrenze einräumt (vgl. oben Tz. 2283), engen die IFRS dies erheblich ein. Neben den Einzelkosten sind alle Gemeinkosten zu aktivieren (vgl. IAS 16.16; 2.10 ff.). Fixe Produktionsgemeinkosten dürfen, analog dem deutschen Recht, auf der Basis einer Normalauslastung eingerechnet werden. Substanzsteuern, nicht aber Ertragsteuern, gehören nach Literaturmeinung zu den aktivierungspflichtigen Bestandteilen. Sonstige Kosten, insbes. Lagerkosten, sind einzurechnen (vgl. insbes. IAS 2.14). Für den Ansatz von Fremdkapitalkosten besteht, analog zu den Anschaffungskosten, ein Wahlrecht. In seltenen Fällen werden Entwicklungskosten aktiviert (vgl. IAS 38.57).

(3) Finanzinstrumente

Im deutschen Handelsrecht sind der Ansatz und der Ausweis von originären Finanzinstrumenten geregelt. Für derivative Finanzinstrumente fehlen dazu entsprechende Bestimmungen. Für einzelne Tatbestände schreibt das HGB eine Berichtspflicht im Anhang und Lagebericht vor (vgl. dazu oben Tz. 2065). 5478

In den IFRS ist der Ausweis und die Bewertung von Finanzinstrumenten detailliert in zwei Standards geregelt und zwar in

- IAS 32 – Darstellung,
- IAS 39 – Ansatz und Bewertung.

Daneben bestehen aber auch Sonderregelungen für einzelne Sachverhalte.

Der Ausweis und Ansatz derivativer Finanzinstrumente nimmt dabei einen breiten Raum ein. IAS 39.9 enthält eine Definition des Begriffes. Danach sind sie zu bilanzieren, wenn das Unternehmen Anteil an den vertraglichen Rechten oder Pflichten des Instruments hat (IAS 39.14). Der erstmalige Ansatz hat dann zum fair value – beizulegender Zeitwert zu erfolgen (IAS 39.43). Für die Folgebewertung gelten differenzierte Regelungen (vgl. dazu IAS 39.45 ff.).

Es handelt sich um sehr komplexe Sachverhalte. Auf die spezielle Literatur hierzu wird verwiesen.

c) Bewertung von Vermögenswerten und Schulden nach IFRS

(1) Überblick

5480 Die Vorschriften des *HGB* wurden bereits erläutert, vgl. dazu oben u. a. Tz. 2200. Eine Übersicht und Gegenüberstellung mit den *US-GAAP* enthält *Tabelle 118*, S. 311. Auf wichtige Regelungsinhalte wird im Folgenden näher eingegangen.

(2) Vermögenswerte und Schulden

5481 Als *Vermögenswert* (asset) gilt eine Ressource, über die das Unternehmen aufgrund von Ereignissen in der Vergangenheit verfügen kann und aus dem ihm ein künftiger wirtschaftlicher Nutzen zufließt (F. 49a). Der Begriff »Verfügungsmacht« ist eine Umschreibung des »wirtschaftlichen Eigentums« im deutschen Recht. Werden die Kriterien erfüllt, so liegt die abstrakte Bilanzierungsfähigkeit vor. Unter *Schuld* (liability) wird eine gegenwärtige Verpflichtung verstanden, die aufgrund eines Ereignisses in der Vergangenheit entstand und deren Erfüllung mit dem Abfluss von Ressourcen verbunden ist. Entsprechende Rechtsinstitute mit durchsetzbaren Ansprüchen liegen in der Regel zu Grunde (F. 49b). Beim Vorliegen der Voraussetzungen ist die abstrakte Bilanzierungsfähigkeit vorhanden.

(3) Erst- und Folgebewertung

5482 Sowohl bei Vermögenswerten als auch bei Schulden ist zwischen einer Erstbewertung und einer Folgebewertung zu unterscheiden. Als Erstbewertung ist der Zeitpunkt des erstmaligen Ausweises in der Bilanz zu verstehen, die Folgebewertung im darauf folgenden Jahres- bzw. Konzernabschluss.

Bei der *Erstbewertung von Vermögenswerten* bilden die Anschaffungs- oder Herstellungskosten fast ausnahmslos die Ausgangs- oder Basiswerte. Im Rahmen der Folgebewertung kommen drei verschiedene Bewertungsverfahren in Betracht:

- Fortgeführte Anschaffungs- bzw. Herstellungskosten,
- Erfolgsneutrale Bewertung zum beizulegenden Wert (Fair Value),
- Erfolgswirksame Bewertung zum beizulegenden Wert (Fair Value).

Die Regelungsinhalte für die verschiedenen Bilanzposten sind sehr differenziert, sowohl als Wahlrecht als auch als Pflicht. Dominierend sind jedoch die fortgeführten Anschaffungs- bzw. Herstellungskosten.

Die *Pensionsrückstellungen* sind mit dem Anwartschaftsverfahren auf der Basis des Kapitalmarktzinssatzes und nicht mit dem Teilwertverfahren (vgl. § 6a EStG) zu passivieren. Für die Handelsbilanz wird die Ermittlung den IFRS angenähert, vgl. § 253 Abs. 1 und 2 HGB n. F. Sonstige Rückstellungen sind in dem Erfüllungsbetrag (nach bestmöglicher Schätzung) auszuweisen. *Verbindlichkeiten* sind mit dem Erfüllungsbetrag zu bilanzieren und zwar mit Ausnahme der langfristigen, für die der Barwert anzusetzen ist.

TAB. 118: Bewertung wichtiger Bilanzposten

Posten	HGB	US-GAAP	IFRS
Immat. Aktiva			
► Forschungskosten	Aktivierungsverbot	Aktivierungsverbot	Aktivierungsverbot
► Entwicklungskosten	Aktivierungsgebot n. § 255 Abs. 2a HGB	Aktivierungsverbot	Aktivierungsgebot (6 Voraussetzungen)
► Firmenwert (derivativ)	Aktivierungspflicht (Abschreibung: Regel: max. 5 Jahre)	Aktivierungspflicht (keine planmäßige Abschreibung: Impairment-Test)*	Aktivierungspflicht (mit Überprüfung)
Sachanlagen			
► Bewertungsmaßstab	fortgeführte AHK, Neubewertungsverbot	fortgeführte AHK, Neubewertungsverbot	fortgeführte AHK (E), Neubewertung (AZ)
► Finanzleasing (wirtschaftliches Eigentum)	steuerliche Leasingerlasse	Leasingnehmer (grundsätzlich)	Leasingnehmer (grundsätzlich)
► Anlagen im Bau: Fremdkapitalkosten	Aktivierungswahlrecht für Bauzeitzinsen	Aktivierungsverbot by Qualifying Assets	Aufwand (E), Aktivierung bei Qualifying Assets (AZ)
Wertpapiere			
► Finanzanlagen	gemildertes Niederstwertprinzip	fortgef. AHK bei Held-to-maturity; sonst: Neubewertung (gesperrte Rücklage)	Anschaffungskosten, Niederstwert (Portfolio)
► Wertpapiere des Umlaufvermögens	strenges Niederstwertprinzip	Tageswerte bei Trading Securities, sonst: Neubewertung	Tageswerte oder Niederstwert
Vorräte			
► Herstellungskosten strenges Niederstwertprinzip	Vollkostenansatz Abwertung auf Marktpreis oder beizulegenden Wert	Vollkostenansatz Lower of cost or market	Vollkostenansatz Lower of cost and net realizable value (absatzmarktorientiert)
► Auftragsfertigung	Completed-contract-method	Percentage-of-completion-method	Percentage-of-completion-method
Rückstellungen			
► Pensionen	Erfüllungsbetrag mit Abzinsung	Ansammlungsverfahren (Kapitalmarktzins)	Ansammlungsverfahren (Kapitalmarktzins)
► Aufwandsrückstellungen	Verbot	Verbot	Verbot
Fremdwährung			
► Verbindlichkeiten und Forderungen	Devisenkassamittelkurs	Umrechnung mit Stichtagskurs	Umrechnung mit Stichtagskurs

(E): Empfohlene Methode nach IAS; (AZ): Alternativ zulässige Methode nach IFRS
(AHK): Anschaffungs- oder Herstellungskosten

* Beachte: Für einen Konzernabschluss nach US-GAAP: ASC 200

(4) Anlagevermögen

5483 Die nachfolgende *Tabelle 119* enthält Regelungen für die wichtigsten Gruppen des Anlagevermögens. Auf eine wesentliche und wichtige Abweichung vom deutschen Handelsrecht ist hinzuweisen. Vermögenswerte, genutzt mittels *Finanzierungsleasing*, sind nicht dem Leasinggeber, sondern dem *Leasingnehmer* zuzurechnen und in dessen Bilanz auszuweisen (vgl. im Einzelnen IAS 17 sowie IFRIC 4).

TAB. 119: Bewertung des Anlagevermögens nach IFRS

Art des Anlagevermögens	Bewertung	Grundlage
Aufwendungen für Ingangsetzung und Erweiterung	Aktivierungsverbot	IAS 38.69
Immaterielle Vermögenswerte		
► allgemein	Aktivierung, soweit Voraussetzungen erfüllt, mit AK/HK, Abschreibung	F 53 ff., 83 F 100, IAS 38.97
► Goodwill	Aktivierungspflicht mit Überprüfung	IFRS 3.51 ff. IAS 8.48
► Forschungskosten	Aktivierungsverbot	IAS 38.54 ff.
► Entwicklungskosten	Aktivierungsgebot, wenn Voraussetzungen erfüllt, mit AK/HK, Abschreibung	IAS 38.57 ff. F. 100, IAS 38.88
Sachanlagen		
► allgemein	Aktivierung mit AK/HK ./. planmäßige Abschreibung; Neubewertung	IAS 16.15 ff. IAS 16.31 ff.
► als Finanzinvestitionen	Buchwert oder beizulegender Wert	IAS 40
Finanzanlagen		
► assoziierte Unternehmen	Anschaffungskosten oder nach IFRS 9	IAS 27.10
► verbundene Unternehmen	Anschaffungskosten oder nach IFRS 9	IAS 27.10
► Gemeinschaftsunternehmen	Anschaffungskosten oder nach IFRS 9	IAS 27.10

(5) Umlaufvermögen

5484 Auf zwei wesentliche Unterschiede soll hingewiesen werden. Bei *langfristiger Fertigung* wird der Gewinn entsprechend dem Fertigstellungsgrad und vor der Abnahme des Werkes realisiert. Dies widerspricht dem Realisationsprinzip in § 252 Abs. 1 Nr. 4 HGB. Die wesentlichen Bewertungsvorschriften enthält *Tabelle 120*.

TAB. 120: Bewertung des Umlaufvermögens nach IFRS

Art des Umlaufvermögens	Bewertung	Grundlage
Vorräte		
► allgemein	Ansatzpflicht mit Anschaffungs- oder Herstellungskosten; Niederstwertprinzip, Wertaufholungspflicht	IAS 2, insbes. IAS 2.9 ff. IAS 2.33
► langfristige Fertigung	Ansatzpflicht mit percentage-of-completion-method	IAS 11.22 ff.
Forderungen	Ansatz Anschaffungskosten, Wertaufholungspflicht	IAS 32, 39 u. a. IAS 39.43
Latente Steueransprüche	Aktivierungspflicht als Vermögenswert	IAS 12, insbes. IAS 12.12 ff.

(6) Passivposten

Die wichtigsten Posten der Passivseite und ihre Bewertung sind in *Tabelle 121* zusam- 5485
mengestellt. Dabei ergeben sich auch wesentliche Unterschiede zum HGB. Die Berechnungsmodalitäten für die Pensionsrückstellungen unterscheiden nur noch wenig und führen bei Anwendung von IFRS zu ähnlichen Beträgen. Die nach deutschem Recht, teilweise passivierungspflichtigen Aufwandsrückstellungen i. S. v. § 249 Abs. 1 HGB sind nach IFRS unzulässig.

LITERATUR

Coenenberg, a. a. O., S. 93 ff.; *Institut der Wirtschaftsprüfer,* Einzelfragen bei der Anwendung von IAS, a. a. O.; *Institut der Wirtschaftsprüfer,* Einzelfragen zur Bilanzierung von Finanzinstrumenten nach IFRS (RS HFA 9), a. a. O., jeweils Tabelle 10; *Kuhn,* a. a. O.; *Kuhn/Scharpf,* a. a. O.; *Maier,* a. a. O.; *Molzahn,* a. a. O.; *Pellens/Fülbier/Gassen/Sellhorn,* a. a. O., S. 321 ff.; *Winkeljohann,* a. a. O., S. 63 ff.; WP Handbuch 2012, u. a. S. 1470 ff., 1677 ff.; *Zülch/Hendler,* a. a. O., S. 187 ff.

TAB. 121: Bewertung der Passivposten nach IFRS

Art des Postens	Bewertung	Grundlage
Eigenkapital	Nominalbetrag	kein IAS/IFRS, vgl. aber F. 65 ff.
Rückstellungen		
► Pensions-	Passivierungspflicht mit Anwartschaftsverfahren, Dynamisierung, Marktzinsfuß	IAS 19, insbes. IAS 19.24 ff.
► Aufwands-	Passivierungsverbot	IAS 37.10 ff.
► latente Steuern	Passivierungspflicht für temporäre Differenzen	IAS 12.15 ff.
► Sonstige	Passivierungspflicht mit wahrscheinlichstem Wert, ggf. Abzinsung	IAS 37.14 ff.
Verbindlichkeiten		
► finanzielle	Anschaffungskosten	IAS 39.AG64
► nicht finanzielle	Rückzahlungsbetrag	Einzelregelungen

6 Kapitalflussrechnung

5490 International gehören Kapitalflussrechnungen zu den unverzichtbaren Instrumenten der externen Rechnungslegung, und zwar sowohl für den Einzel- als auch den Konzernabschluss. Sie sollen Informationen über die Fähigkeit eines Unternehmens, Zahlungsmittel und Zahlungsmitteläquivalente zu erwirtschaften, ermitteln. Die internationalen Rechnungslegungsnormen sehen daher in IAS 7 und ASC 230 entsprechende Bestimmungen vor und betonen, dass Kapitalflussrechnungen einen integralen Bestandteil eines jeden Abschlusses darstellen.

Dabei werden folgende Bereiche für die Mittelzu- bzw. -abflüsse oder den Cashflow gebildet:

- laufende Geschäftstätigkeit,
- Investitionstätigkeit,
- Finanzierungstätigkeit.

Die Ergebnisse bilden zusammen die Veränderung der Zahlungsmittel bzw. -äquivalente einschließlich etwaiger Kursveränderungen von Fremdwährungen als gesondertem Fonds ab.

Das HGB schreibt nun in § 297 Abs. 1 vor, dass Konzerne ihren Konzernabschluss um eine Konzernkapitalflussrechnung als selbstständigen Teil zu erweitern haben. Für Einzelabschlüsse gilt dies nur ausnahmsweise (vgl. § 264 Abs. 1 HGB), eine freiwillige Aufstellung ist aber erlaubt.

Die Ausgestaltung wird nicht geregelt. Das DRSC hat entsprechend seinem gesetzlichen Auftrag nach § 342 Abs. 1 Ziffer 1 HGB einen entsprechenden Standard erarbeitet, und zwar den DRS 2, nun ersetzt durch DRS 21. Dieser, zeitlich gegenüber den SFAS und IFRS der jüngste, orientiert sich sehr eng an den (älteren) internationalen Standards. Aus diesem Grunde kann bezüglich der Einzelheiten auf die zum HGB-Konzernabschluss gemachten Ausführungen, Tz. 3600, den DRS 2 bzw. nun DRSC 21 und die dazugehörenden Kommentierungen verwiesen werden.

LITERATUR

Busse v. Colbe/Ordelheide, a. a. O., S. 569 ff.; DRS 21; *Pellens/Fülbier/Gassen/Sellhorn,* a. a. O., S. 182 ff.; *Zülch/Hendler,* a. a. O., S. 136 ff.

7 Segmentberichterstattung

Durch die Aggregation der Einzelabschlüsse zum Konzernabschluss sind die Risiken 5492
und Chancen der Unternehmenstätigkeit nur global abgebildet. Dies gilt in besonderem Maße für die großen Konzerne, die eine Vielzahl von Geschäftsfeldern mit sehr differenzierten wirtschaftlichen Perspektiven bearbeiten. Deshalb ist es schon lange international üblich, durch eine Segmentbetrachtung zu deaggregieren, um so einen Einblick in die Struktur der Vermögens-, Finanz- und Ertragslage, den Risiken und Chancen, zu erhalten. Nur diese Information ermöglicht es einem Kapitalanleger, fundierte Investitionsentscheidungen zu treffen.

Eine Segmentberichterstattung ist nach HGB, IFRS und US-GAAP vorgesehen. Im HGB 5493
ist dies eine Wahlrecht nach § 297 Abs. 1 HGB für den Konzernabschluss; vgl. dazu Tz. 3700 ff. Kapitalmarktorientierte Kapitalgesellschaften, die nicht zur Aufstellung eines Konzernabschlusses verpflichtet sind, können den Jahresabschluss auch um eine Segmentberichterstattung erweitern, vgl. § 264 Abs. 1 HGB und Tz. 1065.

Bei den IFRS und US-GAAP sehen die Standards eine Aufstellungspflicht für Unternehmen vor, die kapitalmarktorientiert sind; vgl. dazu *Tabelle 110*, S. 295.

Das HGB enthält keine Gestaltungsvorgaben für die Segmentberichterstattung. Diese sind in DRS 3 enthalten und haben sich an den Bilanzierungs- und Bewertungsmethoden des Konzernabschlusses zu orientieren und sind auf diesen überzuleiten. IFRS 8 und ASC 280 sehen die Verwendung der quantitativen Angaben nach dem internen Berichtswesen vor und auch die Segmentzuordnung orientiert sich an der internen Berichterstattung. In der *Tabelle 122* sind die wesentlichen Unterschiede gegenübergestellt.

TAB. 122: Qualitativer Umfang der Segmentberichterstattung

Grundlage	**HGB (Konzernabschluss)**	**IFRS**	**US-GAAP**
Regelung in	DRS 3	IFRS 8	ASC 280
Anwendungsbereich	► Wahlrecht zur Segmentberichterstattung, § 297 Abs. 1 HGB; dann entfällt Pflicht zur Umsatzaufgliederung nach § 314 Abs. 1 Nr. 3 HGB (§ 314 Abs. 2 HGB) ► Geschäftsjahre nach dem 31. 12. 2004	► Unternehmen, deren Eigen- oder Fremdkapital öffentlich gehandelt wird ► Geschäftsjahre ab dem 1. 1. 2009	► Unternehmen, deren Eigen- oder Fremdkapital öffentlich gehandelt wird ► Geschäftsjahre nach dem 15. 12. 1997
Segmenttypen	Segmentierung geht grundsätzlich von der internen Reportingstruktur (= management approach) aus, aber: ► Ergänzung durch risk and return approach ► Untergliederung in operating segments	Segmentierung der internen Reporting Struktur (management approach) folgend, Vorbild: ASC280 bzw. SFAS131	Segmentierung der internen Reporting-Struktur folgend (management approach) ► Publikation von ausführlichen Segmentinformationen für operating segments ► Publikation weniger ergänzender Informationen für geschäftsfeld-, regionen- und kundenbezogene Segmente
Wesentlichkeitsgrenzen für die Segmentierung	Operative Segmente müssen mindestens eines der folgenden Kriterien erfüllen: ► Segmentumsatz ≥ 10 % des Gesamtumsatzes ► Segmentvermögen ≥ 10 % des Gesamtvermögens ► Segmentergebnis ≥ 10 % des Gesamtergebnisses Identifikation weiterer Segmente erforderlich, sofern die nach diesen Kriterien berichtspflichtigen Segmente nicht mindestens 75 % der Außenumsätze repräsentieren.	Erträge stammen mehrheitlich aus Außenumsätzen und mindestens eines der folgenden Kriterien ist erfüllt: ► Segmentumsatz ≥ 10 % des Gesamtumsatzes ► Segmentvermögen ≥ 10 % des Gesamtvermögens ► Segmentergebnis ≥ 10 % des Gesamtergebnisses Identifikation weiterer Segmente erforderlich, sofern die nach diesen Kriterien berichtspflichtigen Segmente nicht mindestens 75 % der Außenumsätze repräsentieren, vertikal integrierte Segmente nicht berichtspflichtig.	Operating segments müssen mindestens eines der folgenden Kriterien erfüllen: ► Segmentumsatz ≥ 10 % des Umsatzes ► Segmentvermögen ≥ 10 % des Vermögens ► Segmentergebnis ≥ 10 % des Ergebnisses jeweils aller berichteten operating segments. Identifikation weiterer Segmente erforderlich, sofern die nach diesen Kriterien berichtspflichtigen Segmente nicht mindestens 75 % der Außenumsätze repräsentieren, vertikal integrierte Segmente nicht berichtspflichtig.

Die Segmentberichterstattung nach *IFRS 8* soll zusätzliche Informationen über die *Entwicklung wesentlicher Geschäftsbereiche* (Produkte, Dienstleistungen, geografische Regionen, Kunden) liefern und zwar aus der *Sicht des Managements* (sog. management aproach). Damit wird auf die interne Berichtsstruktur zurückgegriffen. 5494

Die Abgrenzung der *berichtspflichtigen Segmente* wird IFRS 8.5 ff. vorgegeben. Sie werden in *Tabelle 123* aufgezeigt.

Die *berichtspflichtigen Angaben* lassen sich nach IFRS 8.20 ff. wie folgt einteilen:

- Generelle Informationen

  (Ableitung der Segmente, Darstellung der Produkte und Dienstleistungen),
- Weiterführende Informationen

  (Nettovermögen, Ertragslage),
- Überleitung zum IFRS-Abschluss.

Für die *formale Darstellung* gibt es keine direkten Vorgaben. Es sind jedoch nach dem Grundprinzip in IFRS 8.1 Informationen anzugeben, anhand derer die Abschlussadressaten die Art und die finanziellen Auswirkungen der von dem Unternehmen ausgeübten Geschäftstätigkeiten sowie das wirtschaftliche Umfeld, in dem es tätig ist, beurteilen können. Das allgemeine Stetigkeitsgebot bei der Darstellung nach IAS 1.45 gilt auch für die Segmentberichterstattung. Analog zur Bilanz und Gewinn- und Verlustrechnung sind bei der Segmentberichterstattung die Vorjahreswerte anzugeben (IFRS 8.21, 29 f.).

Konkrete Beispiele über die Ausgestaltung finden sich in den Geschäftsberichten deutscher börsennotierter Konzerne bzw. deren Konzernabschlüsse.

TAB. 123: Berichtspflichtige Segmente nach IFRS 8

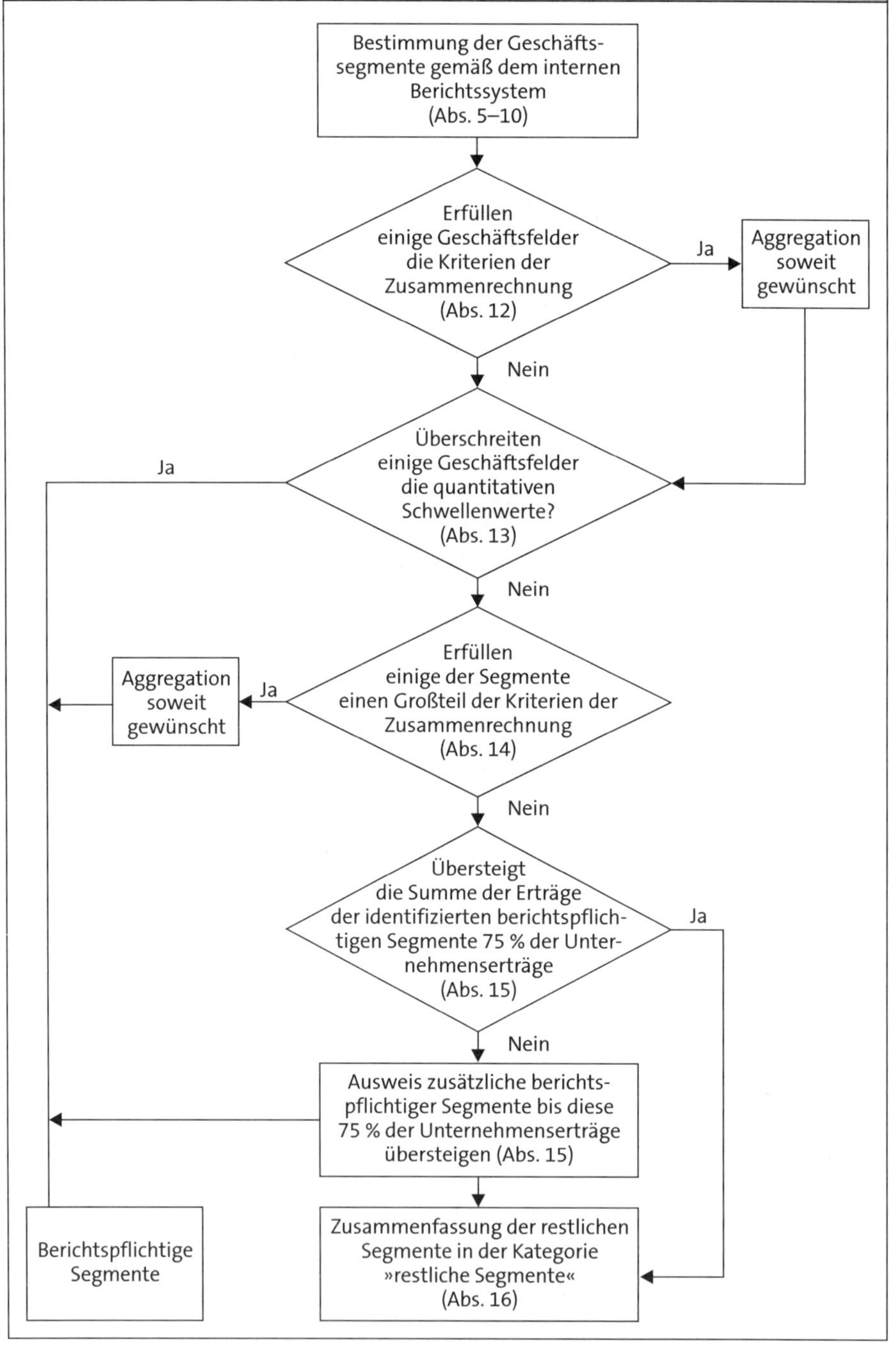

Quelle: *Baetge/Wollmert/Kirsch/Oser/Bischof*, Rechnungslegung nach IFRS, 2. Aufl., Stuttgart 2002, IFRS 8, Tz. 48.

LITERATUR

Baetge/Kirsch/Thiele, Konzernbilanzen, a. a. O., S. 497 ff.; *Busse v. Colbe/Ordelheide,* a. a. O., S. 597 ff.; *Coenenberg,* a. a. O., S. 894 ff.; *Heuser/Theile,* a. a. O., S. 712 ff.; *Pellens/ Fülbier/Gassen,* a. a. O., S. 817 ff.; WP Handbuch 2012 I, u. a. S. 1873 ff.; *Zülch/Hendler,* a. a. O., S. 157 ff.

8 Entwicklung des Eigenkapitals und Ergebnis je Aktie

Die Entwicklung des Eigenkapitals (= Eigenkapitalsveränderungsrechnung) ist in allen 5495 Rechtskreisen vorgeschrieben und dem Inhalt nach weitgehend deckungsgleich (vgl. dazu zum HGB oben Tz. 3800) Allerdings ergeben sich im Anwendungsbereich erhebliche Differenzen. Das HGB verlangt dieses nun auch bei der Aufstellung von Konzernabschlüssen, nicht aber für Einzelabschlüsse (vgl. § 297 HGB, Änderung der Rechtslage durch das BilReG; DRS 7).

In IAS 1.10 wird eine Eigenkapitalveränderungsrechnung als Teil des Jahresabschlusses verlangt. Die Einzelheiten sind in IAS 1.106 ff. festgelegt.

Das Ergebnis pro Aktie muss nach den Vorschriften des HGB *nicht* ermittelt und dokumentiert werden (vgl. jedoch die Empfehlung von DVFA/SG). In der internationalen Rechnungslegung ist aber die Erläuterung üblich und auch vorgeschrieben (vgl. IAS 33 und ASC 260).

Vorgaben zur Erstellung nach internationalen Regeln enthält IAS 33. Danach haben Unternehmen, deren Stammaktien öffentlich gehandelt werden oder dies beantragt haben, eine entsprechende Rechnung aufzustellen. Sofern ein Einzel- und Konzernabschluss aufgestellt werden, genügt die Erstellung für den Konzernabschluss (vgl. IAS 33.4). Auch die US-GAAP enthalten in ASC 220 »Reporting Comprehensive Income« entsprechende Vorschriften.

Die Grundformel für die Ermittlung lautet:

$$\text{Ergebnis je Aktie} = \frac{\text{Periodenergebnis}}{\text{Anzahl der während der Periode ausstehenden Aktien}}$$

LITERATUR

Busse v. Colbe/Ordelheide, a. a. O., S. 484 ff.; *Coenenberg,* a. a. O., S. 598 ff., 597; DRS 7; *Winkeljohann,* a. a. O., S. 365 ff.; *Zülch/Hendler,* a. a. O., S. 134 ff.

9 Anhang bzw. Lagebericht

a) Allgemeines

5496 Die Informationen, die Bilanz und Gewinn- und Verlustrechnung liefern, reichen allein nicht aus, um die Informationsbedürfnisse der Adressaten, also in erster Linie von Investoren, zu befriedigen. Deshalb verlangen alle drei Rechtssysteme zusätzlich Angaben zu dem Inhalt der beiden Rechnungslegungsinstrumente. Diese werden als Anhang bzw. notes bezeichnet. Einen speziellen Lagebericht kennt nur das HGB, sowohl für den Einzelabschluss von Kapitalgesellschaften und bestimmten Personenhandelsgesellschaften (vgl. dazu oben Tz. 2950) als auch den Konzernabschluss (vgl. oben Tz. 3900).

b) HGB

5497 Ein Anhang ist nur für Kapitalgesellschaften und bestimmte PHG sowie für alle Konzernabschlüsse vorgeschrieben (vgl. oben Tz. 2910 und Tz. 3500). Er soll weitere Informationen liefern, insbesondere die Bilanzierungs- und Bewertungsmethoden erläutern. Der Inhalt ist gesetzlich normiert, zusätzliche freiwillige Angaben sind zulässig. Ausdrücklich soll darauf verwiesen werden, dass das HGB hinsichtlich des Orts der Angabe Gestaltungsspielräume gewährt. So können einzelne Angaben entweder in der Bilanz bzw. der Gewinn- und Verlustrechnung oder im Anhang gemacht werden. Der Umfang der berichtspflichtigen Tatbestände ist gegenüber den IFRS und US-GAAP geringer. Auf den nun vorliegenden DRS 20 – Konzernlagebericht wird abschließend verwiesen.

c) IFRS

5498 Der *Anhang* (= notes) gilt als Bestandteil des Jahresabschlusses und zwar unabhängig von der Rechtsform und Größe. Die Struktur und die Ziele der zusätzlichen Angaben sind in IAS 1.112 ff. detailliert beschrieben. Nach IAS 1.112 haben die Anhangangaben Informationen zu liefern

- über die Grundlagen der Aufstellung des Abschlusses, u. a. die Bilanzierungs- und Bewertungsmethoden,
- über die nach den IFRS erforderlichen Informationen, die aber an keiner anderen Stelle des Abschlusses gegeben werden,
- die notwendig für das Verständnis sind und die nicht in den anderen Bestandteilen enthalten sind.

Die Anhangangaben sind systematisch zu machen, ggf. mit Querverweis zu den anderen Bestandteilen des Abschlusses (IAS 1.114 ff.). Insgesamt handelt es sich um Angaben, die über die vom HGB geforderten beträchtlich hinausgehen.

Die IFRS enthalten keine Vorgaben zur Erstellung eines Konzernlageberichts. § 315a Abs. 1 HGB verweist jedoch auf zusätzlich anzuwendende Vorschriften. Dazu gehört auch die Aufstellung eines Konzerlageberichts; vgl. Tz. oben 4200. Der Konzernanhang nach IFRS enthält jedoch bereits zahlreiche Angaben, die nach § 315 HGB im Konzernlagebericht verlangt werden; vgl. IAS 1.13. Eine weitergehende freiwillige Berichterstattung wird von vielen Unternehmen bzw. Konzernen gemacht. Diese fallen nicht unter die Bestimmungen nach IFRS; vgl. dazu IAS 1.14.

d) US-GAAP

Auch die amerikanischen Rechnungslegungsnormen verlangen zusätzliche Angaben in 5499
Form eines Anhangs bzw. notes. Das grundsätzliche Anforderungsprofil deckt sich mit dem von IAS (vgl. oben bzw. ASC 235). Die Details sind in verschiedenen Standards geregelt. Darüber hinaus bestehen auch branchenspezifische Angabepflichten. Insgesamt gehen die angabenpflichtigen Tatbestände weit über die Anforderungen des HGB hinaus.

LITERATUR

Coenenberg, a. a. O., S. 847 ff.; *Farr/Keitz,* a. a. O.; *Leibfried/Weber,* a. a. O.; *Pellens/Fülbier/Gassen/Sellhorn,* a. a. O., u. a. S. 941 ff.; *Winkeljohann,* a. a. O., S. 363 ff.; *Zülch/Hendler,* a. a. O., S. 167 ff.

KONTROLLFRAGEN

Die Antworten zu den Kontrollfragen 326–350 finden Sie auf Seite 366 f.

326. Welches grundsätzliche Aussageziel haben die Jahresabschlüsse nach HGB für Kapitalgesellschaften und nach IFRS?

327. Unterscheiden sich die Instrumente der Rechnungslegung für einen Konzernabschluss nach HGB, IFRS und US-GAAP?

328. Decken sich die Gliederungsschemata der Bilanz nach HGB und IFRS inhaltlich?

329. Lassen die Rechnungslegungsvorschriften nach IFRS für die Gewinn- und Verlustrechnung das in Deutschland übliche Gesamtkostenverfahren und die Kontoform zu?

330. Das kontinental-europäisch geprägte Bilanzrecht, insbesondere auch die Bewertung, hat einen anderen Ansatzpunkt als das angloamerikanische Rechtssystem. Nennen Sie die beiden unterschiedlichen Ansätze!

331. Enthalten die IFRS analog zum HGB eine in sich geschlossene Bewertungskonzeption?

332. Die Basiswerte nach HGB sind die Anschaffungs- und die Herstellungskosten. Sind dies auch die Basiswerte nach IFRS und sind diese inhaltlich mit dem HGB deckungsgleich?

333. Bei der Bewertung zu Herstellungskosten gibt es nach § 255 Abs. 2, 3 HGB eine Unter- und Obergrenze. Gibt es diesen Bewertungsspielraum auch nach IFRS?

334. Erläutern Sie die Begriffe »Erstbewertung« und »Folgebewertung«!

335. Nennen Sie Bewertungsmaßstäbe für die Erst- und Folgebewertung!

336. Nach dem HGB konnten Aufwendungen für Ingangsetzung und Erweiterung als Bilanzierungshilfe nach § 269 HGB a. F. bilanziert werden, u. a. als Schutz gegen Überschuldung. Wie ist dies nach IFRS geregelt?

337. Für latente Steueransprüche besteht im Einzelabschluss nach § 274 HGB ein Aktivierungswahlrecht. Ist dies nach IFRS genauso?

338. Wie sind Sonderposten mit Rücklageanteil i. S. v. § 247 Abs. 3 HGB a. F. in einem Jahresabschluss nach IFRS zu behandeln?

339. Unterscheidet sich die Kapitalflussrechnung nach DRS 2 wesentlich von denen nach IAS 7 bzw. SFAS 95?

340. Unterscheiden sich die Gliederungsschemata von Kapitalflussrechnungen für Einzelabschlüsse von denen für Konzernabschlüsse?

341. An was haben sich die quantitativen Angaben bei der Segmentberichterstattung zu orientieren und zwar

- am Konzernabschluss oder
- am internen Berichtswesen?

342. Warum sind die Berichtsgrößen in allen Rechnungslegungskreisen (HGB, IFRS, US-GAAP) weitgehend deckungsgleich?

343. Ist nach dem HGB ein Eigenkapitalspiegel für börsennotierte Aktiengesellschaften vorgeschrieben?

344. Wie ist die Rechtslage für den Eigenkapitalspiegel bezüglich des Konzernabschlusses eines nicht börsennotierten Mutterunternehmens zu beurteilen?

345. Gehört nach IFRS ein Eigenkapitalspiegel zu den Pflichtbestandteilen

- eines Einzelabschlusses?
- eines Konzernabschlusses?

346. Schreibt das HGB, entsprechend den internationalen Gepflogenheiten, die Ermittlung eines Ergebnisses pro Aktie vor?

347. Halten Sie einen Anhang als Informationsinstrument für notwendig, auch international?

348. Sind die Tatbestände aufgelistet, über die in dem Anhang (= Notes) nach IFRS zu berichten ist?

349. Können auch zusätzliche freiwillige Angaben gemacht werden?

350. Börsennotierte Mutterunternehmen haben einen Konzernabschluss nach IFRS nach § 315a Abs. 1 HGB aufzustellen. Die Standards IFRS kennen das Instrument »Lagebericht« nicht.

     Muss ein Mutterunternehmen, das einen Konzernabschluss nach IFRS aufstellt, einen Lagebericht i. S. v. § 315 HGB erstellen?

AUFGABE 52

Die mittelständische Maschinenbau GmbH will wegen ihrer Exporte in alle Welt den Konzernabschluss auf IFRS umstellen. Eines der ersten Probleme ist die Frage nach der Gliederung der Bilanz. Bisher wird das Schema in § 266 HGB für große Kapitalgesellschaften zu Grunde gelegt.

a) Gibt es nach IFRS auch Gliederungsschemata für Bilanzen?

b) Gibt es Größenmerkmale und branchenspezifische Gliederungen?

c) Kann das Schema nach § 266 HGB auch bei einem IFRS-Abschluss verwendet werden?

d) Welchen praktikablen Vorschlag würden Sie der Maschinenbau GmbH machen?

Die Lösung zu Aufgabe 52 finden Sie auf Seite 416.

AUFGABE 53

Für den Bilanzansatz von fertigen Erzeugnissen werden aus Vereinfachungsgründen die Herstellungskosten in der Handels- und Steuerbilanz zum 31.12.2012 mit der Untergrenze nach dem EStG bzw. R 6.3 EStR angesetzt.

a) Könnte nach deutschem Handelsrecht noch ein geringerer Wertansatz gewählt werden?

b) Ist der Wertansatz von fertigen Erzeugnissen in den IFRS geregelt und ggf. wo?

c) Wie sind fertige Erzeugnisse grundsätzlich nach IFRS zu bewerten?

d) Welche Folgen hätte dies bei der Überleitung nach IFRS gegenüber dem HGB-Abschluss?

Die Lösung zu Aufgabe 53 finden Sie auf Seite 417.

AUFGABE 54

Die wirtschaftliche Entwicklung ist auch durch steigende Preise, also Inflation, gekennzeichnet. Dadurch kann es zu folgendem Tatbestand kommen:

Ein Unternehmen hatte vor rd. 50 Jahren Grund und Boden zum Preis von umgerechnet € 50,– gekauft (= Anschaffungskosten). Inflationsbedingt ist der beizulegende Wert (= Marktwert) auf € 250,– gestiegen.

a) Wie ist das Problem steigender Preise grundsätzlich im HGB geregelt?

b) Wie ist das Problem steigender Preise grundsätzlich bei IFRS geregelt?

c) Wie könnte das Unternehmen nach IFRS bewerten, wenn das Grundstück zum betriebsnotwendigen Vermögen gehörte?

d) Beeinflusst eine evtl. Wertänderung den Jahresüberschuss?

Die Lösung zu Aufgabe 54 finden Sie auf Seite 417.

AUFGABE 55

In der betriebswirtschaftlichen Literatur nehmen die Beiträge und Diskussionen zu Finanzinstrumenten einen relativ breiten Raum ein.

a) Erläutern Sie den Begriff »originäre Finanzinstrumente«!

b) Was ist unter einem »derivativen Finanzinstrument« zu verstehen?

c) Wie ist das Ansatz- und Bewertungsproblem derivativer Finanzinstrumente im deutschen Handelsrecht geregelt?

d) Gibt es zu dem Problem von Finanzinstrumenten Standards nach IFRS?

Die Lösung zu Aufgabe 55 finden Sie auf Seite 418.

AUFGABE 56

Die gutgehende Multa AG möchte ein ebenfalls expandierendes Einzelunternehmen aufkaufen. Dabei stellt sich die Frage, wie die Geschäftswerte nach HGB bzw. IFRS im Einzelabschluss zu behandeln sind.

a) Was wird unter originärem und derivativem Geschäftswert verstanden?

b) Wie sind diese Werte nach HGB bzw. dem EStG anzusetzen?

c) Welche Bewertungsmöglichkeiten sieht IFRS vor?

Die Lösung zu Aufgabe 56 finden Sie auf Seite 418.

AUFGABE 57

Die Metallbau AG möchte ein neues Warenwirtschaftssystem einrichten. Dabei soll auch die Frage der künftigen Bewertung der Rohstoffe geklärt werden. Das Unternehmen setzte bisher für alle Rohstoffe den gewogenen Durchschnittswert an, soweit nicht das Niederstwertprinzip zu beachten war.

Der kaufmännische Vorstand erläutert nach dem Besuch eines Seminars, der Ansatz der Rohstoffe nach der Lifo-Methode führe bei steigenden Preisen zu stillen Reserven. Außerdem würde damit auch die Belastung mit Ertragsteuern gesenkt.

Angesicht der bereits angedachten Umstellung des Konzernabschlusses auf IFRS stellt der kaufmännische Vorstand folgende Fragen:

a) Treffen die Feststellungen zu stillen Reserven und Ertragsteuern zu?

b) Kann Lifo nach dem HGB für die Bewertung der Vorräte oder auch eine andere Methode verwendet werden?

c) Wie ist in der Steuerbilanz zu bewerten?

d) Kann mit Lifo auch nach den Standards von IFRS bewertet werden?

Die Lösung zu Aufgabe 57 finden Sie auf Seite 419.

AUFGABE 58

Die Bau AG führt Großaufträge durch, u. a. Brücken und Tunnel, die bis zur Fertigstellung über zwei bis drei Jahre laufen. Es handelt sich durchaus um lukrative Aufträge, weil das technische Know-how der Konkurrenz überlegen ist.

a) Wann sind die Gewinne aus den Aufträgen nach dem HGB einzubuchen?

b) Kann die Realisierung von Gewinn nach dem HGB durch entsprechende Verträge beschleunigt werden?

c) Wie ist bei einer Umstellung der Rechnungslegung auf IFRS zu verfahren?

Die Lösung zu Aufgabe 58 finden Sie auf Seite 419.

AUFGABE 59

Viele Unternehmen haben ihren Mitarbeitern Zusagen für eine spätere betriebliche Altersversorgung gegeben. Dafür werden in der Regel Pensionsrückstellungen nach versicherungsmathematischen Verfahren gebildet. Dabei muss auch ein bestimmter Rechnungszinsfuß zu Grunde gelegt werden. Die Eisen AG hat sich dabei bislang an das EStG gehalten.

a) Welchen Rechnungszinsfuß schreibt das HGB vor?

b) Welchen sieht das EStG vor?

c) Wie ist die Frage nach IFRS geregelt?

d) Welche Folgen ergeben sich z. B. bei einem niedrigeren/höheren Rechnungszinsfuß auf die Höhe der Pensionsrückstellungen?

Die Lösung zu Aufgabe 59 finden Sie auf Seite 419 f.

AUFGABE 60

Die stets auf eine Steuerminimierung bedachte Schlau AG hat eine Rückstellung nach § 249 Abs. 1 Nr. 1 HGB gebildet. Nun stellt der Student Felix, der in der Abteilung »Rechnungswesen« sein Praxissemester ableistet, folgende Fragen:

a) Wie heißen Rückstellungen, für die es keine Außenverpflichtungen gibt?

b) Ist die Rückstellung auch in der Steuerbilanz zulässig?

c) Sind derartige Rückstellungen auch nach IFRS erlaubt bzw. anzusetzen?

Die Lösung zu Aufgabe 60 finden Sie auf Seite 420.

F. Konzernrechnungslegung nach HGB, IFRS und US-GAAP

1 Grundlagen

a) HGB

5500 Die wesentlichen Elemente für die Aufstellung von Konzernabschlüssen nach dem HGB wurden bereits beschrieben (vgl. oben Tz. 3030). Auf einzelne wesentliche Aspekte soll nochmals stichwortartig verwiesen werden.

Die für alle Konzerne geltenden Vorschriften in §§ 290 ff. HGB beruhen auf der Umsetzung der 7. EG-Richtlinie in deutsches Recht (vgl. dazu Tz. 1100). Diese Richtlinie ist im Kern dominiert vom angelsächsischen Gedankengut. Sie widerspricht in einzelnen Bestimmungen den IFRS und soll deshalb angepasst werden. Durch die EU-Verordnung vom 19. 7. 2002/11. 3. 2008 müssen alle börsennotierten Konzerne ab dem Geschäftsjahr 2005 bzw. 2007 ihre Konzernabschlüsse nach IFRS aufstellen. Für nicht börsennotierte Konzerne steht dem nationalen Gesetzgeber das Recht zu, die Aufstellung nach internationalem Recht vorzuschreiben. Die Umsetzung ist durch das Bilanzrechtsreformgesetz (BilReG) erfolgt (vgl. § 315a HGB sowie Tz. 4200). Daraus ergibt sich, dass für die wichtigsten Konzerne in der EU künftig einheitliches Recht anzuwenden ist.

Die Neufassung der Richtlinie ist aber zu beachten, vgl. Tz. 1129.

b) IFRS

5510 Die IFRS gelten, wie bereits erwähnt, grundsätzlich für Einzel- und Konzernabschlüsse. Nur wenige Standards betreffen ausschließlich die Rechnungslegung des Konzerns. Im Einzelnen sind dies

- IFRS 3 – Unternehmenszusammenschlüsse,
- IFRS 10 – Konzernabschlüsse,
- IFRS 11 – Gemeinsame Vereinbarungen,
- IFRS 12 – Angaben zu Anteilen an anderen Unternehmen,
- IAS 28 – Anteile an assoziierten Unternehmen und Gemeinschaftsunternehmen.

Die angelsächsisch geprägten Standards sind, wie die Vorschriften des HGB, geprägt vom Gedanken der Einheits-Theorie, d. h. der Konzernabschluss wird unter der Fiktion der wirtschaftlichen und rechtlichen Einheit erstellt (vgl. dazu IFRS 10, Anhang A – Definition Konzernabschluss).

c) US-GAAP

5520 Während der Konzernabschluss in Deutschland als reines Informationsinstrument anzusehen ist, kommt dem Konzernabschluss in den USA eine wesentlich größere Bedeutung zu. Er dient der Bemessung für die Dividendenausschüttung der Mutter und wird u.U. auch für die Besteuerung herangezogen. Durch diese andersartigen Funktionen wird er auch als »zweiter Abschluss des Mutterunternehmens« angesehen. Somit fließen auch Elemente der so genannten Interessen-Theorie in die Vorschriften ein (vgl. dazu Tz. 3050).

Die von verschiedenen Standardsettern geschaffenen Normen wurden systematisiert 5525
und neu strukturiert. Sie sind als »Codification of Accounting Standards (ASC)« mit einer entsprechenden numerischen Ordnung und einer sachlichen Bezeichnung veröffentlicht worden. Sie beginnen mit dem Rahmenkonzept und enden mit einer Branchenspezifik; vgl. dazu Tz. 5350 mit *Tabelle 106*.

LITERATUR

Busse v. Colbe/Ordelheide, a. a. O., S. 1 ff.; *Coenenberg*, a. a. O., S. 609 ff.; *Pellens/Fülbier/Gassen/Sellhorn*, a. a. O., S. 733 ff.; WP Handbuch 2012, S. 1417 ff., 1645 ff.

2 Instrumente

Die Instrumente der Rechnungslegung für den Einzelabschluss werden auch für den 5530
Konzernabschluss verwendet (vgl. dazu oben Tz. 5430). Es ist dabei zu beachten, dass durch den Konzern als wirtschaftliche Einheit und die Einbeziehung von ausländischen Unternehmen spezifische Probleme entstehen, die zu vielen Detailfragen Lösungen erfordern. Dazu gehören Fragen der Gliederung, der Währungsumrechnung, der Bewertung, spezielle Fragen im Zusammenhang mit der Konzern-Kapitalflussrechnung und dgl. mehr. Es sprengt den Rahmen dieser Einführung, wenn derartige Sachverhalte abgehandelt werden. Auf die im Literaturverzeichnis genannten Fachbeiträge ist zu verweisen.

3 Aufstellungspflicht und Konsolidierungskreis

Zur Aufstellung verpflichtet ist stets das *Mutterunternehmen*. In den Konzernabschluss 5540
müssen *alle* in- und ausländischen *Tochterunternehmen* einbezogen werden. Es handelt sich nach HGB, IFRS und US-GAAP um *Weltabschlüsse*.

Das *HGB* enthält für bestimmte Fälle Einbeziehungswahlrechte (vgl. § 296 HGB). IFRS 10.5 ff. grenzt den Konsolidierungskreis annähernd identisch ein. Gleiches gilt für die Konzernabschlüsse nach US-GAAP. Bei unterschiedlicher Geschäftstätigkeit von Tochtergesellschaften besteht nach HGB kein Einbeziehungsverbot mehr (Aufhebung von § 295 HGB). Dies gilt auch für Konzernabschlüsse nach IFRS und US-GAAP. Es wird darauf verwiesen, dass mit Hilfe der Segmentberichterstattung die abweichenden Geschäftsfelder erläutert werden können. *Tabelle 124* gibt einen Überblick hierzu.

LITERATUR

Busse v. Colbe/Ordelheide, a. a. O., S. 57 ff.; *Coenenberg*, a. a. O., S. 615 ff.; *Pellens/Fülbier/Gassen/Sellhorn*, a. a. O., S. 733 ff.; *Winkeljohann*, a. a. O., S. 321 ff.; WP Handbuch 2012, u. a. S. 1463 ff., 1657 ff.

4 Konsolidierung der Bilanzen

5550 Die Vorgänge bei der Konsolidierung der Bilanzen sind im Wesentlichen deckungsgleich geregelt. Die wesentlichen Sachverhalte wurden bei der Darstellung des Konzernabschlusses bereits dargestellt (vgl. oben Tz. 3300). *Tabelle 125* enthält eine Übersicht der IFRS-Regelungen.

LITERATUR

Baetge/Kirsch/Thiele, Konzernbilanzen, a. a. O., S. 175 ff.; *Busse v. Colbe/Ordelheide,* a. a. O., S. 125 ff.; *Coenenberg,* a. a. O., S. 667 ff.; *Pellens/Fülbier/Gassen/Sellhorn,* a. a. O., S. 733 ff.; *Winkeljohann,* a. a. O., S. 327 ff.; WP Handbuch 2012, u. a. S. 1463 ff., 1650 ff.

5 Konsolidierung der Gewinn- und Verlustrechnungen

5560 In allen Rechtskreisen sind sämtliche konzerninternen Aufwendungen und Erträge zu eliminieren. Somit entstehen *vollkonsolidierte* Gewinn- und Verlustrechnungen, deren Gliederung, abgesehen von konzernspezifischen Posten, mit der des Einzelabschlusses identisch ist. Auf die Ausführungen zum Einzelabschluss und Konzernabschluss wird verwiesen (vgl. oben Tz. 2800 und Tz. 3400).

LITERATUR

Busse v. Colbe/Ordelheide, a. a. O., S. 425 ff.; *Coenenberg,* a. a. O., S. 752 ff.; *Pellens/Fülbier/Gassen/Sellhorn,* a. a. O., S. 733 ff.; *Winkeljohann,* a. a. O., S. 278 ff.; WP Handbuch 2012, u. a. S. 1553 ff., 1659 ff.

TAB. 124: Aufstellungspflicht, Konsolidierungskreis nach IFRS

Sachverhalt	Regelung	Grundlage
Aufstellungspflicht	Control-Konzept	IFRS 10.1 ff.
	keine rechtsformspezifischen Besonderheiten	
	keine größenabhängigen Befreiungen	
	Befreiender Konzernabschluss möglich	IFRS 10.4
Konsolidierungskreis	Weltabschluss, d. h. vollständige Einbeziehung aller Konzernunternehmen	IFRS 10.5 ff.
	Einbeziehungswahlrecht bei Unwesentlichkeit	F 29 f.
	Vereinfachte Einbeziehung bei Weiterveräußerungsabsicht	IFRS 5, u. a. 5.38 ff.
Abschlussstichtag	Einzelabschlussstichtag des Mutterunternehmens (Grundsatz)	IFRS 10.B 92 f.
	Zwischenabschlüsse	IFRS 10.B 92 f.

TAB. 125: Wichtige Konsolidierungsvorgänge nach IFRS

Sachverhalt	Regelung	Grundlage
Kapitalkonsolidierung (nur Neubewertungs-Methode)	Purchase-Methode (= Erwerbs-Methode)	IFRS 10.19 und IFRS 3.4 ff.
Anteile Dritter		
► am Kapital	Getrennter Ausweis	IFRS 10.22
► am Periodenergebnis	Abzug von Jahresüberschuss/-fehlbetrag	IFRS 10.B 94 ff.
Schuldenkonsolidierung	Pflicht zum Weglassen Ausnahme: unwesentliche Beträge	IFRS 10.B 86 (c) F 29
Aufwands- und Ertrags-konsolidierung	Vollständige Pflicht, Ausnahme: unwesentliche Beträge	IFRS 10.B 86
Zwischenergebnis-konsolidierung	Eliminierungspflicht	IFRS 10.B 86
Latente Steuern	Abgrenzungspflicht für aktive und passive Beträge	IAS 12; IFRS 10.B 86 (c)
Equity-Methode	Assoziierte Unternehmen, Gemeinschaftsunternehmen	IFRS 11.24

KONTROLLFRAGEN

Die Antworten zu den Kontrollfragen 351–360 finden Sie auf Seite 367 f.

351. Gibt es für börsennotierte Mutterunternehmen die Möglichkeit, anstelle eines Konzernabschlusses nach IFRS einen nach US-GAAP aufzustellen?
352. Ist die Anwendung anderer internationaler Rechnungslegungsstandards möglich?
353. Die Vorschriften im HGB zur Konzernrechnungslegung sind zusammenfassend in den §§ 290 ff. HGB geregelt. Ist dies bei IFRS genauso?
354. Sie haben bereits von der Einheits- und der Interessen-Theorie gehört. Welche Theorie liegt IFRS und US-GAAP zu Grunde?
355. Wie grenzt IFRS den Konsolidierungskreis grundsätzlich ab?
356. Die Aussagefähigkeit von Konzernabschlüssen leidet, wenn z. B. eine Tochtergesellschaft mit unterschiedlicher Geschäftstätigkeit einbezogen wird. Gibt es Möglichkeiten, diesen Mangel zu beseitigen?
357. Nach § 301 HGB ist bei der Kapital-Konsolidierung nur die Neubewertungs-Methode zugelassen. Wie ist das bei IFRS geregelt?
358. Gehören die Anteile von Minderheitsgesellschaftern zum Eigen- oder Fremdkapital bei Konzernabschlüssen nach IFRS?
359. Die größte Aussagefähigkeit besitzen sog. vollkonsolidierte Gewinn- und Verlustrechnungen. Sind die nach IFRS aufgestellten Konzern-Gewinn- und Verlustrechnungen vollkonsolidiert?

     Nennen Sie ggf. den Standard!
360. Ist nach IFRS die der Interessen-Theorie zuzurechnende Quotenkonsolidierung, also die Konsolidierung nach dem Beteiligungsgrad, möglich?

G. Ausblick

5600 Im Jahre 2002 haben sich die Rahmenbedingungen der Bilanzierung nach dem Handelsrecht sowohl für den Einzelabschluss als auch den Konzernabschluss durch die Verabschiedung der EU-Verordnung vom 19. 7. 2002 grundlegend verändert. Danach haben börsennotierte Konzerne ab dem Jahre 2005 bzw. 2007 konsolidierte Jahresabschlüsse zwingend nach den Rechtsnormen IFRS aufzustellen. Für den Einzelabschluss und den Konzernabschluss nicht börsennotierter Konzerne steht dem nationalen Gesetzgeber, also dem Deutschen Bundestag, das Wahlrecht zu, ob er die Anwendung nationalen Rechts oder/und internationalen Rechts vorschreibt bzw. zulässt (vgl. dazu auch *Tabelle 6*, S. 6). Dies ist mit dem Bilanzrechtsreformgesetz (BilReG) erfolgt, vgl. dazu insbes. § 315a HGB.

Weiterhin bleibt festzuhalten, dass die EU-Kommission Vorschläge zur Überarbeitung der 4. und 7. EU-Richtlinie erarbeitet hat. Sie verfolgen das Ziel, diese mit den IFRS kompatibel zu machen (vgl. EU-Modernisierungsrichtlinie vom 18. 6. 2003).

5601 Rund sechs Jahre nach der ersten Ankündigung einer Reform des deutschen Bilanzrechts wurde des Bilanzrechtsmodernisierungsgesetz (BilMoG) im Jahre 2009 vom Bundestag und Bundesrat verabschiedet (vgl. zu weiteren Einzelheiten Tz. 1127 ff.). Dabei sollte das deutsche Bilanzrecht international zu stellenden Ansprüchen genügen, aber zugleich einfacher und kostengünstiger sein. Gleichzeitig wurden auch zwei EU-Richtlinien in deutsches Recht transformiert.

Die Ziele wurden durch die Abschaffung international nicht zulässiger Wahlrechte, so z. B. Abschaffung von Aufwandsrückstellungen, und Anpassung von Rechtsnormen an die IFRS, so z. B. bei der Beschränkung der Kapitalkonsolidierung auf die Neubewertungsmethode, erreicht. Es ist damit die größte Reform des deutschen Bilanzrechts seit dem Bilanzrichtliniengesetz vom 19. 12. 1985. Die ersten Einzel- und Konzernabschlüsse nach neuem Recht wurden in der Regel zum 31. 12. 2010 aufgestellt und im Frühjahr 2011 veröffentlicht.

5602 Im Jahre 2012 hat der deutsche Gesetzgeber die Richtlinie der EU-Kommission vom 14. 3. 2012 über die Rechnungslegung von Kleinstunternehmen (micro entities) mit dem Kleinstkapitalgesellschaften-Bilanzänderungsgesetz (MicroBilG) in deutsches Recht mit Anwendung erstmals auf den 31. 12. 2012 umgesetzt (vgl. dazu insbesondere Tz. 1128). Damit wurde vor allem die Rechnungslegung und Offenlegung von Unterlagen für rund 500 000 Kleinstunternehmen erheblich vereinfacht.

5603 Die Europäische Union hat die 4. und 7. EG-Richtlinie überarbeitet und zusammengefasst und mit der ergänzten 8. EG-Richtlinie zu einer einzigen Richtlinie zusammengefasst. Außerdem sind weitere, nicht so umfangreiche Richtlinien umzusetzen (vgl. Tz. 1129). Dies bringt für den deutschen Gesetzgeber, wenn auch nicht in zu großem Umfang, die Notwendigkeit einer Umsetzung und die Änderung von nationalem Recht mit sich.

VI. Teil: Lösungen zu den Kontrollfragen

ANTWORTEN

1. Bilanzen sollen insbesondere folgende Funktionen erfüllen

   a) gegenüber den Aktionären:
      - Rechenschaftsfunktion
      - Ermittlungsfunktion
      - Informationsfunktion

   b) gegenüber den Gläubigern:
      - Informationsfunktion
      - Sicherungsfunktion

   c) gegenüber den Veranlagungsbehörden für die Steuern vom Einkommen und Ertrag:
      - Ermittlungsfunktion
      - Dokumentationsfunktion
      - Rechenschaftsfunktion.

2. Freiwillig erstellte interne Bilanzen können u. a. folgende Ziele haben:

   a) Grundlage für die Kontrolle, Planung und Disposition von Vermögen und Kapital,

   b) Ermittlung von Kennzahlen im Rahmen einer Bilanzanalyse,

   c) Errechnung des erwirtschafteten Erfolges unter Berücksichtigung einer realen Kapitalerhaltung,

   d) Aufstellung einer Bilanz mit den tatsächlichen Werten (nach Auflösung etwaiger stiller Reserven) von Vermögen und Kapital,

   e) Nachweis der Finanzierung durch finanzwirtschaftliche Bilanzen.

3. Die Produktionskapazitäten einer Unternehmung ergeben sich aus den in der Unternehmung vorhandenen Betriebsmitteln. Diese Betriebsmittel können sowohl in juristischem bzw. wirtschaftlichem Eigentum der Unternehmung stehen als auch im Wege des Leasing in den Produktionsprozess eingegliedert sein. Die zuletzt genannten Produktionsgüter sind grundsätzlich nicht in der Bilanz der Unternehmung (= Leasingnehmer) enthalten. Auch die Bilanzansätze der in juristischem bzw. wirtschaftlichem Eigentum der Unternehmung stehenden Betriebsmittel lassen keinen exakten Schluss auf die Produktionskapazitäten zu, weil die Wertansätze durch bewertungspolitische Maßnahmen und dgl. verfälscht sein können. Außerdem sind Wertansätze nicht mit Produktionskapazitäten gleichzusetzen. Diese Überlegungen führen zu dem Ergebnis, dass aus einer Erhöhung bzw. Verminderung des Bilanzvolumens ein Wachstum oder eine Schrumpfung der Produktionskapazitäten nicht direkt ableitbar ist.

4. Die grundsätzlichen und typischen Unterschiede zwischen Eigenkapital und Fremdkapital lassen sich an folgender Gegenüberstellung aufzeigen:

Eigenkapital	**Fremdkapital**
1. Veränderliche Größe	1. Feste Größe
2. Unbestimmter Ertrag	2. Fester Zinsanspruch
3. Haftung für das Fremdkapital (garantierendes Kapital)	3. Keine Haftung (garantiertes Kapital)
4. Unbefristete Verfügbarkeit	4. Befristete Verfügbarkeit
5. Mitspracherecht bei unternehmerischen Entscheidungen	5. Kein Mitspracherecht bei unternehmerischen Entscheidungen
6. Einsicht in die Unternehmensverhältnisse	6. Keine Einsicht in die Unternehmensverhältnisse

5. Aufgrund der Bewertungsvorschriften kommt es oft vor, dass ein Vermögensgegenstand mit einem geringerem als dem tatsächlichen Wert oder gar nicht in der Bilanz ausgewiesen ist. Daher liegt der tatsächliche Wert des Vermögens üblicherweise über der Summe »Aktiva«.

6. Zur Führung von Handelsbüchern sind nach §§ 238, 241a i.V.m. § 1 f. HGB nur die Kaufleute verpflichtet. Grundsätzlich sind alle Kapitalgesellschaften und bestimmte PHG nach § 264a HGB zur Veröffentlichung von Unterlagen verpflichtet. Der Umfang ist aber größenabhängig geregelt (vgl. §§ 325 ff. HGB). Andere Unternehmensformen müssen, sofern sie die in den §§ 1 ff. PublG festgelegten Größenmerkmale überschreiten, ihren Jahresabschluss nach den Vorschriften des PublG aufstellen und veröffentlichen.

7. Nein, nach § 140 AO hat jeder, der nach dem Handelsrecht verpflichtet ist, Bücher zu führen, dies auch für die Zwecke der Besteuerung zu tun. Dies gilt ohne Rücksicht auf die in § 141 Abs. 1 AO aufgeführten Größenmerkmale.

8. Die Vorschriften der §§ 145 ff. AO gelten uneingeschränkt für Personen, die nicht durch die Normen des Handelsrechts, sondern nur durch das Steuerrecht verpflichtet sind, Bücher zu führen. Dazu gehören z. B. Land- und Forstwirte (nicht eingetragene).

9. Die Vorschriften des Handels- und Steuerrechts stimmen teilweise wörtlich überein; sie enthalten die in der Praxis und auch in der betriebswirtschaftlichen Literatur anerkannten Anforderungen und Regeln – allerdings unvollständig –, die an eine ordnungsmäßige Buchführung zu stellen sind.

10. Im Handelsrecht wird über das anzuwendende Buchführungssystem nichts ausgesagt. Indirekt verlangt das HGB die doppelte kaufmännische Buchführung, weil eine Gewinn- und Verlustrechnung verlangt wird (§ 242 Abs. 2 HGB) und nur dieses Buchführungssystem deren Aufstellung ermöglicht.

11. Die GoB sind Leitsätze, die als Generalklauseln bei der Führung der Handelsbücher und Erstellung der Jahresabschlüsse beachtet werden müssen. Teilweise wurden sie im Handelsrecht kodifiziert, so insbesondere im HGB.

12. Die Einteilung der GoB ist in der betriebswirtschaftlichen Literatur nicht einheitlich. Unter dem Gesichtspunkt der Teilgebiete im Rahmen der Buchführung lassen sich die Grundsätze einteilen in:

    a) Grundsätze ordnungsmäßiger Buchführung im engeren Sinne (= Grundsätze im Zusammenhang mit der Buchführung),

    b) Grundsätze ordnungsmäßiger Inventur (= Grundsätze im Zusammenhang mit der Bestandsaufnahme),

    c) Grundsätze ordnungsmäßiger Bilanzierung (= Grundsätze im Zusammenhang mit dem Jahresabschluss).

13. HGB z. B. § 239 Abs. 4; § 241 Abs. 1, 2, 3; § 243 Abs. 1; § 256; § 264 Abs. 2; § 297 Abs. 2; § 322 Abs. 1; AO z. B. § 146 Abs. 5; § 147 Abs. 2; EStG z. B. § 5 Abs. 1.

14. Bei der Aufstellung einer Liquiditätsbilanz sind fristenkongruente Vermögens- und Kapitalschichten zu bilden. Die Länge der Fristen hängt von der gestellten Zielsetzung ab und kann nur im Einzelfall festgelegt werden.

    Eine Liquiditätsbilanz könnte folgendes Aussehen haben:

Aktiva	**Liquiditätsbilanz zum ... Passiva**
I. Flüssige Mittel	I. Sofort fälliges Kapital
II. Innerhalb von 30 Tagen verflüssigbares Vermögen	II. Innerhalb von 30 Tagen fälliges Kapital
III. Innerhalb von 31 bis 60 Tagen verflüssigbares Vermögen	III. Innerhalb von 31 bis 60 Tagen fälliges Kapital
IV. Innerhalb von 61 bis 180 Tagen verflüssigbares Vermögen	IV. Innerhalb von 61 bis 180 Tagen fälliges Kapital
V. Nach mehr als 180 Tagen verflüssigbares Vermögen	V. Nach mehr als 180 Tagen fälliges Kapital

15. Die Bilanz ist eine Stichtagsbetrachtung, z. B. zum 31. 12. ..; die Gewinn- und Verlustrechnung eine Zeitraumrechnung, z. B. für die Zeit vom 1. 1. .. bis 31. 12. ..

16. Bilanzen haben keinen Selbstzweck, sondern sie sollen die ihnen vorgegebenen Aufgaben erfüllen. Von dieser Zweckbestimmung hängen der Inhalt und der Aufbau von Bilanzen ab.

17. Die Handelsbilanz soll in erster Linie die Eigentümer über die wirtschaftliche Lage der Unternehmung informieren und zugleich Rechenschaft über die Entwicklung im vergangenen Geschäftsjahr ablegen. In zweiter Linie gilt dies auch für die Gläubiger der Unternehmung, die dadurch die Risiken ihrer Kreditgewährung abschätzen können. Die Steuerbilanz dient vor allem der Erfolgsermittlung als Grundlage für die Ertragsbesteuerung.

18. Nach den Vorschriften des Handelsrechts ist auf der Grundlage der Buchführung und der Inventur eine Bilanz, die Handelsbilanz, aufzustellen. Sie dient zugleich der Besteuerung, sofern die steuerlichen Erfolgsermittlungsvorschriften keine Abweichung verlangen. Eine aus der Handelsbilanz, korrigiert um steuerlich zwin-

gend vorgeschriebene Abweichungen, abgeleitete Bilanz ist die Steuerbilanz. Daraus ergibt sich, dass die Steuerbilanz keine eigenständige Bilanz, sondern eine aus der Handelsbilanz entwickelte Bilanz darstellt (vgl. §§ 242 ff. HGB, §§ 5 ff. EStG).

19. Jeder Kaufmann (abgesehen von den Kleingewerbetreibenden nach § 1 Abs. 2 HGB) ist nach den Vorschriften der §§ 242 ff. HGB verpflichtet, eine Handelsbilanz aufzustellen; beachte auch § 241a HGB.

20. Die Wertansätze in der Handelsbilanz sind maßgebend für die Steuerbilanz, sofern die Steuergesetze keinen anderen Wertansatz, meist einen höheren, zwingend vorschreiben (§ 5 Abs. 1 Satz 1 EStG).

21. In vielen Fällen, insbesondere bei Einzelunternehmen und Personengesellschaften, hat sich das Prinzip der Maßgeblichkeit umgedreht. Es wird nämlich eine Handelsbilanz aufgestellt, die den Vorschriften des Steuerrechts entspricht. Handelsbilanz und die daraus abgeleitete Steuerbilanz sind dadurch identisch (= Einheitsbilanz).

22. Aufgrund der steuerlichen Bewertungsvorschriften können die Wertansätze in der Handelsbilanz und in der Steuerbilanz und damit zugleich die Erfolge (Gewinne bzw. Verluste) voneinander abweichen. Die Verbindung zwischen Handels- und Steuerbilanz wird durch steuerliche Ausgleichsposten hergestellt. Sie befinden sich meist auf der Passivseite, selten auf der Aktivseite der Steuerbilanz.

23. Mithilfe der Buchführung werden die am Bilanzstichtag vorhandenen Vermögensgegenstände und Schulden buchmäßig erfasst oder diese werden erst am Jahresende mithilfe der Inventur nachgewiesen (z. B. bei Rohstoffen, wenn die Abgänge nicht bei jeder Entnahme gebucht worden sind). Der Inventur kommt daher der generelle Zweck zu, die Übereinstimmung zwischen den Werten der Buchhaltung und den effektiv vorhandenen Vermögensgegenständen und Schulden nachzuweisen bzw. bei Abweichungen herzustellen.

24. Die Unternehmung ist in der Wahl ihrer Inventurmethoden grundsätzlich frei. Sie kann verschiedene Methoden nebeneinander anwenden und beliebig kombinieren. Allerdings begrenzen die GoB und das Steuerrecht die Anwendung einiger Inventurmethoden. Dies gilt insbesondere für die permanente Inventur und die zeitverschobene Inventur.

25. In §§ 240, 241 HGB ist die Inventur zwingend vorgeschrieben. Bei einer erheblich mangelhaften oder fehlerhaften Inventur verliert die Buchführung ihre Ordnungsmäßigkeit.

26. Die Stichtagsinventur bzw. die ausgeweitete Stichtagsinventur zwingt die Unternehmung zur Vornahme der Inventurarbeiten in unmittelbarem Zusammenhang mit dem Bilanzstichtag. Eine negative Auswirkung auf den Ablauf des Geschäftsbetriebes, insbesondere ein Schließen, kann die Folge sein. Die zeitverschobene Inventur, vor allem aber die permanente Inventur, erlaubt eine Streckung der Inventurarbeiten. Eine Ausführung im Zusammenhang mit niedrigen Lagerbeständen (Saisonbetriebe) oder den Werksferien gewährleistet ein hohes Maß an Flexibilität und beeinträchtigt den Geschäftsbetrieb nur unbedeutend oder überhaupt nicht.

27. Der Nachweis über die in einer Unternehmung vorhandenen Vermögensgegenstände und Schulden kann nur dann richtig erbracht werden, wenn eine vollständige Inventur vorliegt. Ausnahmen sind insoweit zulässig, als dadurch die GoB eingehalten werden.

28. Auch nach der Aufstellung des Inventars müssen die Bestände – wie sie durch die Inventur ermittelt werden – nachweisbar und nachprüfbar sein. Diese Forderung wird vor allem durch die Aufbewahrung der Inventurlisten und dgl. mit dem Namen und der Unterschrift der aufnehmenden Personen sowie dem Datum Rechnung getragen (H 5.3 EStH).

29. Unter permanenter Inventur versteht man eine Inventurmethode, bei der die Bestände an irgendeinem Tag des Geschäftsjahres ermittelt und mit der Lagerbuchführung abgestimmt werden. Die sich am Bilanzstichtag aus der Lagerbuchführung ergebenden Bestände gelten als Inventurbestände und werden in das Inventar übernommen.

    Folgende Voraussetzungen müssen vorliegen:

    a) Lagerbuchführung,

    b) mindestens eine körperliche Bestandsaufnahme während des Geschäftsjahres,

    c) Anfertigung eines Protokolls über die Bestandsaufnahme nach Buchstabe b).

    Unzulässig ist das Verfahren bei Beständen mit unkontrollierbarem Abgang und bei besonders wertvollen Wirtschaftsgütern.

30. Beim beweglichen Anlagevermögen kann auf eine Inventur verzichtet werden, wenn eine Anlagekartei mit detaillierten Angaben geführt wird (vgl. § 241 Abs. 2 HGB und R 5.4 EStR).

31. Die Ordnungsmäßigkeit der Buchführung ist zu verneinen, da die Unterlagen vor Ablauf der Aufbewahrungsfrist nach § 257 Abs. 1 und 4, 5 HGB vernichtet wurden. Der Mangel betrifft die Jahre 2010 und 2011, weil sowohl die Endbestände 2010 als auch die Anfangsbestände 2011 (Bilanzidentität) nicht nachweisbar sind. Ob und ggf. welche steuerlichen Folgen dies hat, kann nur im Einzelfall beurteilt werden. Zu beachten sind jedoch §§ 163 und 227 AO.

32. Die Differenz von € 50,– ist über ein Kassenbestands-Differenzkonto als Aufwand zu buchen.

33. Das HGB enthält in § 243 Abs. 2 keine exakte Zeitangabe. Dies gilt uneingeschränkt für EU, OHG und KG, die nicht dem PublG unterliegen. Für die AG, KGaA, die GmbH und bestimmte PHG nach § 264a HGB sowie Unternehmen, die dem PublG unterliegen, sind genaue Fristen vorgesehen, vgl. § 264 Abs. 1 HGB, § 5 PublG.

34. Prüfungspflichtig sind die mittelgroßen und großen Kapitalgesellschaften (§ 316 Abs. 1 HGB) und bestimmte PHG nach § 264a HGB; EU, OHG und KG nur dann, wenn sie wegen ihrer Größe dem PublG unterliegen (§ 6 PublG).

35. Gegenstand der Prüfung ist u. a. der Jahresabschluss unter Einbeziehung der Buchführung und des Lageberichts. Der Inhalt besteht u. a. in der Überprüfung der Einhaltung der Bestimmungen des Gesetzes und der Satzung. Vgl. im Einzelnen § 317 HGB.

36. Durch die Feststellung wird der Jahresabschluss rechtsverbindlich. Der Bilanzgewinn als verteilungsfähiger Erfolg ist festgelegt.

37. Nach § 325 Abs. 1 und 2 HGB ist der Jahresabschluss von Kapitalgesellschaften von den gesetzlichen Vertretern beim elektronischen Bundesanzeiger einzureichen (beachte die größenabhängigen Erleichterungen in §§ 326, 327 HGB sowie § 25 AktG) und bekannt machen zu lassen.

38. Die Besteuerung erfolgt durch Schätzung der Besteuerungsgrundlage nach § 162 AO.

39. Die Ursachen liegen in den unterschiedlichen Auffassungen über die Zwecke, Zielsetzungen und Aufgaben von Bilanzen.

40. Beiden liegt die nominelle Kapitalerhaltung zu Grunde.

41. Die statische Bilanz-Auffassung strebt vor allem die Darstellung der Vermögens- und Kapitalbestände an (beachte jedoch die Bilanz-Auffassung von Le Coutre), die dynamische zielt in erster Linie auf die richtige Erfolgsermittlung ab.

42. In der statischen Bilanz-Auffassung kommt der Gewinn- und Verlustrechnung nur eine geringe Bedeutung zu, dominierend ist die Bilanz. Die dynamische Bilanz-Auffassung stellt die Gewinn- und Verlustrechnung als Instrument der Erfolgsermittlung in den Mittelpunkt. Die Bilanz bildet ein Abgrenzungskonto, ein Hilfsmittel der Gewinn- und Verlustrechnung.

43. Allgemeine Bestimmungen enthalten die §§ 240 Abs. 1, 242 Abs. 1 und 247 Abs. 1 HGB. Nach den GoB werden unter bilanzierungsfähigen Vermögensgegenständen alle Sachen, Rechte usw. verstanden, die am Abschlussstichtag einen objektiv messbaren Nutzenvorrat haben. Als Verbindlichkeiten sind alle Beträge aus Sachverhalten anzusetzen, für die eine Inanspruchnahme der Unternehmung feststeht oder aber möglich erscheint.

44. Vor allem folgende Sachverhalte sind zu nennen:

    a) unter Eigentumsvorbehalt gekaufte Waren, Maschinen usw.,

    b) zur Sicherung übereignete Vorräte, Kraftfahrzeuge usw.,

    c) zur Sicherung abgetretene Forderungen.

45. Zu a): Unter *notwendigem Betriebsvermögen* versteht man die Vermögensgegenstände und Schulden, die wesentlich oder unabdingbar zur Erreichung der unternehmerischen Zielsetzung sind (z. B. Maschinen, Fabrikgebäude, Rohstoffe).

    Zu b): Zum *gewillkürten Betriebsvermögen* werden alle Vermögensgegenstände gerechnet, die in einem objektiven Zusammenhang mit dem Betrieb stehen und in der Buchführung als Betriebsvermögen geführt werden; z. B. geschäftlich und privat genutzter Pkw, Wertpapiere, Wohngebäude für Arbeitnehmer.

Zu c): Zum *notwendigen Privatvermögen* gehören alle Sachen usw., die nur privat nutzbar sind oder tatsächlich nur privat genutzt werden; z. B. Zweitwagen für Privatzwecke, Briefmarkensammlung, Einkommensteuerschuld.

46. Die Unterscheidung in die verschiedenen Arten des Vermögens ist nur bei Einzelunternehmen und Personengesellschaften von Bedeutung. Bei den Kapitalgesellschaften, die eigene Rechtspersönlichkeit besitzen, gehören alle in der Bilanz ausgewiesenen Vermögensgegenstände und Schulden zum Betriebsvermögen.

47. Schwebende Geschäfte sind schuldrechtliche Geschäfte, bei denen noch keiner der Vertragspartner mit der Ausführung begonnen hat. Beispiele: Kaufvertrag, ohne dass eine Lieferung oder Zahlung stattgefunden hat (dazu rechnet das Bestellobligo); Darlehensvertrag, wobei die Auszahlung und eine Rückzahlung noch nicht erfolgt ist.

48. Bei Ansatzwahlrechten wird über die Frage der Bilanzierung oder Nicht-Bilanzierung entschieden. Bewertungswahlrechte ermöglichen die Bestimmung des Wertes, z. B. eines bilanzierten Vermögensgegenstandes durch die Wahl der Abschreibungsmethode.

49. Das Verrechnungsverbot (oder Bruttoprinzip) dient der Klarheit und Übersichtlichkeit und ermöglicht einen besseren Einblick in die Vermögens-, Finanz- und Ertragslage des Unternehmens (vgl. § 246 Abs. 2 HGB).

50. Die Bilanz nach § 266 HGB wird von folgenden Gliederungskriterien beherrscht
    a) Kontoform,
    b) Bruttoprinzip und
    c) Liquiditätsgliederung.

51. Eine Kapitalgesellschaft darf vom gesetzlichen Schema abweichen,
    a) wenn der Geschäftszweig und
    b) die Klarheit und Übersichtlichkeit es erfordern,
    c) bei freiwilligen Gliederungserweiterungen,
    d) bei unerheblichen Beträgen kann eine Zusammenfassung erfolgen,
    e) bei Leerposten.

    Vgl. im Einzelnen § 265 Abs. 4–8 HGB.

52. Leerposten sind Posten im Gliederungsschema nach § 266 HGB, für die keine Beträge vorhanden sind. Sie brauchen in der Bilanz nicht aufgeführt zu werden (vgl. § 265 Abs. 8 HGB und die Angabe der Vorjahresbeträge).

53. »Formblätter« für den Jahresabschluss sind vom gesetzlichen »Normalschema« nach § 266 HGB abweichende Gliederungen, die für spezifische Geschäftszweige, wie z. B. Banken, nach § 330 HGB erlassen werden.

54. Die Kontoform ist die übliche Gegenüberstellung von Vermögen und Kapital. Bei der Staffelform werden Vermögen und Kapital untereinander angeordnet, wobei meist das Eigenkapital mit dem Gewinn bzw. Verlust am Ende als Ergebnis aus-

geworfen wird. Bei der Bruttoform müssen u. a. Forderungen und Verbindlichkeiten unsaldiert ausgewiesen werden, die Nettoform gestattet dagegen die Aufrechnung.

55. Das HGB enthält in § 266 ein Gliederungsschema für alle Kapitalgesellschaften (AG, KGaA, GmbH) mit Erleichterungen für kleine und Kleinstkapitalgesellschaften (vgl. § 266 Abs. 1). Für personenbezogene Unternehmen (EU, OHG, KG) ist kein Gliederungsschema vorgeschrieben, jedoch ergibt sich aus § 247 HGB eine Grobstruktur der Bilanz. Für Unternehmen, die dem PublG unterliegen, gilt § 5 Abs. 1 PublG. Bestimmte PHG nach § 264a HGB haben jedoch die Vorschriften für Kapitalgesellschaften zu beachten, insbesondere deren Gliederungsvorschriften in § 266 HGB.

56. Die Hauptgruppen auf der Aktivseite sind

    A. Anlagevermögen,

    B. Umlaufvermögen,

    C. Rechnungsabgrenzungsposten,

    D. Aktive latente Steuern,

    E. Aktiver Unterschiedsbetrag aus der Vermögensverrechnung.

    Auf der Passivseite werden folgende Gruppen gebildet:

    A. Eigenkapital,

    B. Rückstellungen,

    C. Verbindlichkeiten,

    D. Rechnungsabgrenzungsposten,

    E. Passive latente Steuern.

57. Zum Anlagevermögen gehören alle Vermögensgegenstände, die dazu bestimmt sind, dauernd dem Geschäftsbetrieb zu dienen (vgl. § 247 Abs. 2 HGB). Für das Umlaufvermögen fehlt eine Legaldefinition. Es kann nur negativ abgegrenzt werden. Zum Umlaufvermögen gehört alles, was nicht zum Anlagevermögen und den Rechnungsabgrenzungsposten gehört; s. R 6.1 EStR.

    Die Entwicklung der einzelnen Posten des Anlagevermögens ist darzustellen (§ 268 Abs. 2 HGB).

58. Nach § 268 Abs. 2 HGB sind dabei die gesamten Anschaffungs- und Herstellungskosten, die Zugänge, die Abgänge, die Umbuchungen und die Zuschreibungen des Geschäftsjahres sowie die Abschreibungen in ihrer gesamten Höhe gesondert anzuführen. Diese Forderung wird durch den Ausweis eines Anlagengitters oder Anlagespiegels erfüllt. Zum Aufbau vgl. Tz. 2160.

59. In der Praxis kommt dem Posten *keine* große Bedeutung zu, da mit dem Ausweis ausstehender Einlagen die Ausgabe von Namensaktien verbunden ist; vgl. § 10 Abs. 2 AktG.

60. Eigene Aktien sind offen von Posten, »gezeichnetes Kapital« abzusetzen (§ 272 Abs. 1a HGB). Die Voraussetzungen, nach denen sie erworben werden dürfen, zählt § 71 Abs. 1 AktG abschließend auf. Infrage kommen insbesondere der Erwerb im Rahmen einer Kapitalherabsetzung und der Erwerb zur Ausgabe als Arbeitnehmeraktien (Belegschaftsaktien).

61. Für die Beantwortung der Frage des bilanzmäßigen Charakters kommt es auf die Zweckbestimmung der eigenen Anteile an. Wurden z. B. Aktien zur Kapitalherabsetzung erworben, so handelt es sich um einen Korrekturposten zum Gezeichneten Kapital. Sollen z. B. die eigenen Aktien an Arbeitnehmer ausgegeben werden, besitzen sie eher den Charakter eines Vermögensgegenstandes.

62. Zu den gewerblichen Schutzrechten gehören z. B. Patente, Markenzeichen, Gebrauchsmuster, Geschmacksmuster, Abbaurechte, Urheberrechte, Verlagsrechte.

63. Rücklagen gehören zum Eigenkapital der Unternehmung, Rückstellungen dagegen zum Fremdkapital. Rückstellungen werden über eine Aufwandsbuchung gebildet. Rücklagen entstehen meist durch Gewinn-Thesaurierung. Rückstellungen stehen dem Unternehmen je nach Zweckbestimmung lang- oder kurzfristig zur Verfügung. Rücklagen sind normalerweise dauernd verfügbares Eigenkapital.

64. Kapitalgesellschaften, PHG nach § 264a HGB und dem PublG unterliegende Unternehmen ist der Ausweis von Wertberichtigungen auf der Passivseite der Bilanz nicht erlaubt. Personenbezogene Unternehmen dürfen Wertberichtigungen ausweisen. Infrage kommen vor allem Wertberichtigungen zu Sachanlagen, Beteiligungen und zu Wertpapieren des Anlagevermögens sowie als Pauschalwertberichtigung zu Forderungen.

65. Wertberichtigungen gehören weder zum Eigenkapital noch zum Fremdkapital. Sie stellen eine Berichtigung des auf der Aktivseite zu Anschaffungs- bzw. Herstellungskosten ausgewiesenen Vermögens dar und sind die bisher darauf vorgenommenen Abschreibungen. Die Differenz zwischen Anschaffungs- bzw. Herstellungskosten und Wertberichtigung ergibt den Bilanzansatz am Abschlussstichtag.

66. Zu den Vorräten gehören Roh-, Hilfs- und Betriebsstoffe; unfertige Erzeugnisse; unfertige Leistungen; fertige Erzeugnisse und Waren; geleistete Anzahlungen.

67. Forderungen (ohne Forderungen, die in Wertpapieren verkörpert sind) können in folgenden Posten enthalten sein: A I. 4; A II. 4; A III. 2, 4, 6; B I. 4; B II. 1–4; B IV.

68. Die Guthaben sind folgendermaßen auszuweisen:

    Guthaben nach Buchstabe a):
    Posten B IV.: Guthaben bei Kreditinstituten

    Guthaben nach Buchstabe b):
    Posten B IV.: Guthaben bei Kreditinstituten, sofern über das Guthaben nach Abzug von Vorschusszinsen verfügt werden kann, was allgemein üblich ist

    Guthaben nach Buchstabe c):
    Posten B II. 4: Sonstige Vermögensgegenstände, weil das Guthaben den Charakter eines Zahlungsmittels nicht besitzt.

69. Zu den sonstigen Verbindlichkeiten gehören alle Verbindlichkeiten, die nicht in den anderen Posten des Fremdkapitals auszuweisen sind z. B. Verbindlichkeiten gegenüber Sozialversicherungsträgern, gegenüber dem Finanzamt wegen noch abzuführender MWSt, Verbindlichkeiten aus Miet- und Pachtverträgen, Verbindlichkeiten wegen noch nicht gezahlter Versicherungsbeiträge.

70. In folgenden Posten können Kapitalanteile an einer Aktiengesellschaft ausgewiesen werden: A III. 1, 3, 5; B III. 1, 2.

71. Bei »Anzahlungen« handelt es sich um Zahlungen aufgrund eines schuldrechtlichen Vertrages, wobei die geschuldete Lieferung oder Leistung noch aussteht. Werden die Zahlungen von der bilanzierenden Unternehmung geleistet, so kommt ein Ausweis beim Anlagevermögen »geleistete Anzahlungen und Anlagen im Bau« oder beim Umlaufvermögen unter »geleistete Anzahlungen« in Betracht. Erhaltene Anzahlungen sind im Rahmen der »Verbindlichkeiten« als »erhaltene Anzahlungen auf Bestellungen« zu passivieren, vgl. aber § 268 Abs. 5 HGB.

72. Forderungen aus Lieferungen und Leistungen sind ohne Rücksicht auf deren Laufzeit unter diesem Posten im Umlaufvermögen auszuweisen (beachte den Vermerk der Restlaufzeit nach § 268 Abs. 4 HGB). Eine andere Beurteilung ist dann geboten, wenn eine solche Forderung z. B. zu verzinsen wäre. Es liegt dann ein Kreditgeschäft vor, was bei einer Laufzeit von 5 Jahren einen Ausweis unter den Finanzanlagen als »6. sonstige Ausleihungen« erforderlich machen würde.

73. Es handelt sich um Verbindlichkeiten, die dem Grunde nach und der Höhe nach bekannt sind. Ungewiss ist, ob die Unternehmung in Anspruch genommen wird.

74. Nach § 251 HGB müssen folgende Haftungsverhältnisse in der Bilanz vermerkt werden, sofern sie nicht auf der Passivseite auszuweisen sind:

    1. Verbindlichkeiten aus der Begebung und Übertragung von Wechseln,
    2. Verbindlichkeiten aus Bürgschaften, Wechsel- und Scheckbürgschaften,
    3. Verbindlichkeiten aus Gewährleistungsverträgen,
    4. Haftung aus der Bestellung von Sicherheiten für fremde Verbindlichkeiten.

    Kapitalgesellschaften und bestimmte PHG müssen zusätzlich § 268 Abs. 7 HGB beachten.

75. Der Jahresabschluss soll einen möglichst sicheren Einblick in die Vermögens- und Ertragslage der Gesellschaft geben (vgl. aber die höheren Anforderungen in § 264 Abs. 2 HGB). Dieser wird nur dann gegeben, wenn auch die latenten Risiken und Verpflichtungen aufgrund von Haftungsverhältnissen sichtbar sind. Aus diesem Grunde ist der Vermerk der Haftungsverhältnisse notwendig.

76. Das HGB sieht eine Reihe von Sonderposten vor, und zwar auf der Aktivseite u. a. eingeforderte ausstehende Einlagen auf das gezeichnete Kapital, Disagio (nur Kapitalgesellschaften, vgl. § 250 Abs. 3, § 268 Abs. 6 HGB), nicht durch Eigenkapital gedeckter Fehlbetrag; auf der Passivseite u. a. Genussscheinkapital.

77. Das Prinzip der Vorsicht im Rahmen der Bewertung dient dem Schutz der Gläubiger und der Erhaltung der Unternehmung.

78. Der Grundsatz der Vorsicht findet seinen Niederschlag auch im Realisationsprinzip und Imparitätsprinzip.

79. Unter dem Realisationsprinzip versteht man die Zulässigkeit des Ausweises von Gewinnen und Verlusten erst nach der Realisierung durch einen Umsatzakt.

80. Vermögensgegenstände und Schulden sind grundsätzlich einzeln zu bewerten. Zusammenfassungen mit anderen Gegenständen sind nur bei Gleichartigkeit erlaubt. Durch den Grundsatz der Einzelbewertung sollen möglichst genaue und zutreffende Wertansätze in der Bilanz erreicht werden.

81. Der Grundsatz der Einzelbewertung kann u. a. durch die Gruppen- und Festbewertung nach § 240 Abs. 3 und 4 HGB durchbrochen werden.

82. Unter Geschäftsjahr versteht man in der Regel einen Zeitraum von 12 Monaten. An dessen Ende (Abschluss- oder Bilanzstichtag) hat der Kaufmann nach § 240 Abs. 2 HGB einen Jahresabschluss aufzustellen. Das EStG spricht anstelle von Geschäftsjahr von einem Wirtschaftsjahr (vgl. § 4a EStG und § 8b EStDV). Inhaltlich decken sich beide Begriffe.

83. Maßgebender Zeitpunkt für die Bewertung ist der Bilanzstichtag (vgl. § 252 Abs. 1 Nr. 3 HGB). Auch im Steuerrecht gilt der Grundsatz der Bewertung zum Bilanzstichtag uneingeschränkt.

84. Vermögensgegenstände und Schulden sind zu dem ihnen am Abschlussstichtag zukommenden Wert und nach den zu diesem Zeitpunkt maßgebenden Verhältnissen zu bilanzieren. Zwischen dem Abschlussstichtag und dem Tag der Bilanzerstellung erlangte bessere Erkenntnisse über die Verhältnisse am Bilanzstichtag müssen berücksichtigt werden. Zweck dieser sog. Aufhellungstheorie und der Bestimmung in § 252 Abs. 1 Nr. 4 HGB ist die möglichst genaue Erfassung der Tatbestände am Abschlussstichtag und die daraus resultierende exaktere Bewertung.

85. Nein! Damit soll eine ständige Änderung der Jahresabschlüsse vermieden werden. Dies dient auch der Rechtssicherheit.

86. Die Regelungen in § 240 HGB gelten für alle Kaufleute. Da die Bestimmungen in §§ 264 ff. HGB und das AktG nichts Gegenteiliges enthalten, können auch Aktiengesellschaften eine Gruppenbewertung durchführen bzw. einen Festwert nach § 240 Abs. 3 und 4 HGB ansetzen.

87. Das HGB unterscheidet bei der Bewertung des Vermögens Gegenstände des Anlagevermögens (§ 253 Abs. 3 HGB) und Gegenstände des Umlaufvermögens (§ 253 Abs. 4 HGB). Im EStG ist dagegen eine andere Gruppierung zu finden, nämlich abnutzbare Gegenstände des Anlagevermögens (§ 6 Abs. 1 Nr. 1 EStG) und andere Wirtschaftsgüter (nicht abnutzbares Anlagevermögen und Umlaufvermögen, § 6 Abs. 1 Nr. 2 EStG).

88. Im Regelfall gehört die USt nicht zu den Anschaffungskosten; sie kann vielmehr als Vorsteuer abgezogen werden. Allerdings gibt es von diesem Normalfall Ausnahmen, die in § 9b EStG und R 9b. EStR sowie in § 15 UStG im Einzelnen festgelegt sind.

89. Zuschüsse bzw. Subventionen dürfen von den Anschaffungskosten abgezogen werden. Dadurch liegen die Anschaffungskosten für den Vermögensgegenstand unter dem dafür gezahlten Entgelt (vgl. u. a. R 6.5 EStR).

90. Im Falle des Buchstabens a) ist der Wert unserer Beteiligung sicherlich gestiegen. Hierfür sind keine Anschaffungskosten entstanden, eine Werterhöhung scheidet somit aus. Auch für eine Zuschreibung allein aus diesem Grund ist kein Raum. Für den Sachverhalt nach Buchstabe b) gilt das Gleiche. In beiden Fällen bleibt der Bilanzansatz unverändert.

91. Die Vermögensgegenstände sind einzeln zu bewerten und die Anschaffungskosten einzeln festzustellen. Damit sollen zutreffende und genaue Wertansätze in der Bilanz erreicht werden. Vgl. § 252 Abs. 1 Nr. 3 HGB.

92. Die Unterschiede liegen im Umfang der in die Berechnung einzubeziehenden Kosten. Nach dem HGB und dem EStG hat die Unternehmung ein Wahlrecht zwischen einer Unter- und einer Obergrenze. Vgl. im Einzelnen *Tabelle 42 und 43*, S. 92 und 94.

93. Bei den »Herstellungskosten« handelt es sich nicht um Kosten im betriebswirtschaftlichen Sinne, sondern um »Herstellungsaufwand«. Daraus folgt, dass bei der Ermittlung der Herstellungskosten keine kalkulatorischen Kosten einbezogen werden dürfen. An ihre Stelle treten u. U. effektive Aufwendungen.

94. Unter Herstellungsaufwand sind Aufwendungen zu verstehen, die

    a) die Substanz des Wirtschaftsgutes vermehren oder

    b) den Zustand des Wirtschaftsgutes erheblich ändern oder

    c) den bisherigen Zustand des Wirtschaftsgutes deutlich und wesentlich verbessern.

    Zum Erhaltungsaufwand gehören die Aufwendungen, die

    a) die Wesensart des Vermögensgegenstandes nicht verändern,

    b) den Vermögensgegenstand in ordnungsmäßigem Zustand erhalten sollen und

    c) regelmäßig in ungefähr gleicher Höhe wiederkehren.

    Herstellungsaufwand ist zu aktivieren, nicht aber Erhaltungsaufwand.

95. Bei der Behandlung von Reparaturen als Erhaltungsaufwand bzw. als Herstellungsaufwand ergeben sich folgende Unterschiede:

Auswirkung	**Erhaltungsaufwand**	**Herstellungsaufwand**
Bilanzansatz	unverändert	um Herstellungsaufwand erhöht
Erfolg	geringer, da Buchung als Aufwand (= erfolgswirksam)	kein Einfluss, da Aktivierung (= erfolgsunwirksam)
Ertragsteuern	geringer, da Erfolg niedriger	kein Einfluss, da Erfolg unbeeinflusst

96. »Herstellkosten« ist ein Begriff aus der Kostenrechnung bzw. Kalkulation. Die »Herstellkosten« umfassen die Materialkosten und die Fertigungskosten. Der Begriff »Herstellungskosten« ist ein Begriff aus dem Handels- und Steuerrecht.

97. Aktivierungspflichtige Eigenleistungen sind zu »Herstellungskosten« in die Bilanz einzustellen (vgl. § 255 Abs. 2, 2a, 3 HGB, §§ 6 f. EStG). Zum Inhalt des Begriffes »Herstellungskosten« siehe oben die Lösung zu Kontrollfrage 92.

    Zu den praktisch bedeutsamen Fällen der Aktivierung von Vermögensgegenständen zu Herstellungskosten gehören ihre Ermittlung bei

    a) unfertigen Erzeugnissen,

    b) fertigen Erzeugnissen und

    c) anderen Eigenleistungen, z. B. selbst erstellte Maschinen.

98. Diese Aufwendungen sind wie folgt zu berücksichtigen:

Abschreibungen:	lediglich bilanzielle Abschreibungen
Zinsen:	grundsätzlich weder Eigen- noch Fremdkapitalzinsen; Wahlrecht und ursächlicher Zusammenhang mit einer Kreditaufnahme
Gewerbesteuer:	Gewerbeertragsteuer kann einbezogen werden (Wahlrecht nur in der Steuerbilanz, bis 31. 12. 2007).

    Diese Behandlung ergibt sich aus § 255 Abs. 2, 2a, 3 HGB und R 6.3 EStR.

99. Der Begriff des Teilwertes geht von folgenden Voraussetzungen aus:

    a) ein fiktiver Erwerber übernimmt den Betrieb als Ganzes,

    b) der Gesamtwert wird unter den Voraussetzungen ermittelt, dass der fiktive Erwerber den Betrieb fortführt,

    c) der Gesamtkaufpreis ist auf die einzelnen Wirtschaftsgüter zu verteilen.

100. Die zu Grunde liegenden Voraussetzungen sind unrealistisch, weil die Prämissen nur bei einem effektiven Verkauf gegeben sind. Ein sehr schwieriges Problem ist die Aufteilung des Gesamtkaufpreises auf die einzelnen Wirtschaftsgüter, was in vielen Fällen nur geschätzt werden kann.

101. Wegen der rechnerisch unmöglichen Ermittlung des Teilwertes nach der Definition des EStG hat der RFH bzw. BFH in seiner Rechtsprechung Teilwertvermutungen aufgestellt, die eine Ermittlung des Teilwertes erlauben.

102. Bei einem Vergleich der Legaldefinition des Teilwertes und den Teilwertvermutungen zeigt es sich, dass die Teilwertvermutungen

    a) teilweise im Widerspruch zum Gesetz stehen und

    b) auf die Marktverhältnisse abheben.

    Dadurch führen die Ansätze des Teilwertes meist zu einer Übereinstimmung mit den Wertansätzen nach dem HGB.

103. Bei den »Abschreibungen« handelt es sich um eine Methode zur Erfassung des Werteverzehrs von Vermögensgegenständen, deren Nutzungsdauer über das Ende eines Geschäftsjahres hinaus geht. Abschreibungen können aber auch als eine Methode zur Verteilung der Anschaffungs- bzw. Herstellungskosten auf die Nutzungsdauer von Vermögensgegenständen angesehen werden.

104. Die Verfahren lassen sich wie folgt charakterisieren:

Abschreibungsmethode	Abschreibungssumme	Restbuchwert
► linear	konstant	fallend in gleichen Jahresbeträgen, am Ende der Nutzungsdauer gleich null
► geometrisch-degressiv	geometrisch fallend; am Anfang hoch, dann kleiner werdend	fallend in ungleichmäßigen Jahresbeträgen, führt nicht zum Wert null
► arithmetisch-degressiv (digital)	arithmetisch fallend; am Anfang hoch, kleiner werdend	fallend in ungleichmäßigen Jahresbeträgen, führt am Ende der Nutzungsdauer zum Wert null

105. Methodenfreiheit bedeutet, dass die Unternehmung die Abschreibungsmethode selbst und nach eigener Wahl bestimmen kann. Eingeschränkt wird das Wahlrecht lediglich durch die GoB, denen die Abschreibungsmethode zu entsprechen hat. Nach § 253 HGB können die Unternehmen die Abschreibungsmethode frei wählen, sofern sie den GoB entspricht. Nach dem EStG ist lediglich die lineare Abschreibungsmethode ohne Beschränkung zulässig. Die geometrisch-degressive Abschreibung darf bei beweglichen Anlagegütern nicht mehr als das Zweieinhalbfache des linearen Abschreibungssatzes und nicht mehr als 25 % betragen (vgl. § 7 Abs. 2 EStG mit zeitlich begrenzter Ausnahme). Für die Abschreibung nach der Leistung und für die Abschreibung von Gebäuden gelten Sonderbestimmungen; vgl. hierzu §§ 7 ff. EStG, § 11c EStDV sowie R 7.1 ff. EStR).

106. Planmäßige Abschreibung bedeutet, dass die Anschaffungs- bzw. Herstellungskosten nach einem Plan über die voraussichtliche Nutzungsdauer zu verteilen sind (vgl. § 253 Abs. 2 HGB). Als Plan genügt die Kennzeichnung mit einer Abschreibungsmethode, z. B. 10 % lineare Abschreibung.

107. Die Abschreibungsmethoden können nicht beliebig gewechselt werden, weil dies den GoB widerspricht. Die Unternehmung ist an die gewählte Abschreibungsmethode gebunden. Sofern ein sachlicher Grund für einen Wechsel besteht, kann ausnahmsweise auf eine andere Abschreibungsmethode übergegangen werden (vgl. auch § 252 Abs. 1 Nr. 6 HGB).

108. In der Praxis wird häufig eine Kombination zwischen dregressiver und linearer Abschreibung vorgenommen. Dies beruht auf der Beschränkung der degressiven Abschreibung im EStG (vgl. § 7 Abs. 2 und 3 EStG und deren Änderungen). Außerdem ist noch oft die Kombination zwischen der Abschreibung nach Leistung (Inanspruchnahme) und linearer Abschreibung anzutreffen. Die Mindestabschreibung bemisst sich nach der linearen Methode, bei entsprechender Inanspruchnahme wird darüber hinaus abgeschrieben.

109. Für das Anlagevermögen gilt das gemilderte Niederstwertprinzip. Danach kann in der Handelsbilanz bei einer Wertminderung zum Bilanzstichtag der niedrigere Wert angesetzt werden. Lediglich bei einer voraussichtlich dauernden Wertminderung ist der niedrigere Wert zu aktivieren (vgl. § 253 Abs. 3). § 6 Abs. 1 EStG bestimmt für die Bewertung, dass der niedrigere Teilwert angesetzt werden *kann*, auch bei einer voraussichtlich dauernden Wertminderung. Aufgrund der Aufhebung der umgekehrten Maßgeblichkeit der Handelsbilanz für die Steuerbilanz kommt diesem erweiterten Wahlrecht nun praktische Bedeutung zu, vgl. *Tabelle 13* bzw. Tz. 1242.

110. Nach § 253 Abs. 5 HGB darf der niedrigere Wert nicht mehr beibehalten werden, wenn der Grund hierfür weggefallen ist. Eine Zuschreibung auf den vorher aktivierten Betrag ist zwingend. Ausnahme: Geschäfts- oder Firmenwert, derivativer. Die Vorschriften für die Steuerbilanz enthält § 5 Abs. 1; § 6 Abs. 1 Nr. 1 und 2 EStG und zwar mit Zuschreibungspflicht.

111. Nein, eine Übereinstimmung ist in den meisten Fällen nicht gegeben. Dies hat mehrere Ursachen, vor allem aber zwei Gründe: Zum einen stimmen die jährlichen Abschreibungsbeträge nicht mit der tatsächlichen Wertminderung überein, zum anderen wird der Rest- oder Schrottwert bei der Bemessung der Abschreibung grundsätzlich außer Acht gelassen (vgl. dazu auch § 252 Abs. 1 Nr. 2 HGB).

112. Zu den nicht abnutzbaren Gegenständen des Anlagevermögens gehören insbesondere der Grund und Boden, Beteiligungen, Wertpapiere des Anlagevermögens, Ausleihungen, Anzahlungen auf Anlagen.

113. Ursachen und Gründe, die zu einer außerplanmäßigen Abschreibung führen können, sind z. B. Sinken des Börsenkurses; Entwicklung eines neuen Patentes; Diebstahl von Vermögensgegenständen; Entwertung von Maschinen und dgl. durch Mode- bzw. Nachfrageänderungen; falsche Schätzungen der Nutzungsdauer.

114. Durch die Aufhebung der umgekehrten Maßgeblichkeit in § 5 Abs. 1 Satz 2 EStG a. F. (Streichung der Vorschrift) ist diese und andere Vorschriften im HGB nicht mehr notwendig.

115. Durch die Zusammenfassung von Vermögensgegenständen zu einer Gruppe wird die Inventur nicht erleichtert, weil nach wie vor sämtliche Gegenstände körperlich aufzunehmen sind. Dagegen wird die Bewertung durch den Ansatz eines gleichen Wertes für verschiedene Vermögensgegenstände erheblich vereinfacht.

116. Mithilfe der Gruppenbewertung können spezifische Gegenstände des Anlagevermögens und des Umlaufvermögens bewertet werden. Diese müssen allerdings annähernd gleichwertig sein oder es muss sich um gleichartige Vermögensgegenstände handeln. Der Ansatz erfolgt mit dem gewogenen Durchschnittswert (vgl. § 240 Abs. 4 HGB).

117. Die Vorteile bei der Bewertung mit einem Festwert liegen zum einen in einer Vereinfachung der Bewertung und zum anderen in einer Arbeitserleichterung bei der Inventur. Durch den Ansatz des Festwertes wird der Grundsatz der Einzelbewer-

tung durchbrochen und lediglich der Festwert aktiviert. Eine Inventur braucht grundsätzlich nur alle 3 Jahre vorgenommen zu werden (vgl. § 240 Abs. 3 HGB sowie R 5.4 Abs. 4 EStR, H 6.8 EStH).

118. Ein Festwert darf nur für Gegenstände des Sachanlagevermögens sowie für Roh-, Hilfs- und Betriebsstoffe des Vorratsvermögens gebildet werden (vgl. § 240 Abs. 3 HGB).

119. Nach § 5 Abs. 1 EStG sind die Wertansätze, die sich nach handelsrechtlichen GoB ergeben, auch für die Zwecke der Besteuerung maßgebend. Dies gilt allerdings nicht, wenn die steuerlichen Erfolgsermittlungsvorschriften zwingend etwas anderes vorschreiben. Da ein Ansatz eines Festwertes nach dem EStG nicht verboten ist, kann er auch in die Steuerbilanz übernommen werden (vgl. u. a. R 5.4 Abs. 4 EStR, *Tabelle 13* bzw. Tz. 1242).

120. Die Bestimmungen befinden sich insbesondere in den § 253 Abs. 1, 4 HGB bzw. § 6 Abs. 1 Nummer 2 EStG. Die möglichen Wertansätze des Handels- und Steuerrechts wurden in *Tabelle 48*, S. 112 zusammengefasst.

121. Grundsätzlich sind die Gegenstände des Umlaufvermögens nach § 253 Abs. 1 Satz 1 HGB mit den Anschaffungs- bzw. Herstellungskosten anzusetzen. Sind diese Werte höher als die sich nach Abs. 4 Satz 1, 2 ergebenden, so *müssen* die niedrigeren Wertansätze ausgewiesen werden (strenges Niederstwertprinzip).

122. Dem Wahlrecht kommt nun in der Praxis Bedeutung zu, weil durch die Änderung von § 5 Abs. 1 EStG, insbesondere die Aufhebung der umgekehrten Maßgeblichkeit, dieses steuerliche Wahlrecht unabhängig von der Handelsbilanz ausgeübt werden kann, vgl. Tz. 1242.

123. Der Grundsatz der Einzelbewertung wird u. a. beim Ansatz eines Festwertes und bei der Gruppenbewertung nach § 240 Abs. 3, 4 HGB durchbrochen. Auch bei der Ermittlung der Anschaffungs- bzw. Herstellungskosten gleichartiger Vermögensgegenstände des Vorratsvermögens mithilfe eines Durchschnittswertes sowie mit Verbrauchs- bzw. Veräußerungsfolgen ist dies der Fall.

124. Die Begriffsinhalte decken sich für das Anlage- und Umlaufvermögen. Das HGB enthält in § 255 eine gemeinsame Bestimmung für *alle* Vermögensgegenstände.

125. Das HGB erlaubt eine Unterstellung (Fiktion) der Veräußerungs- bzw. Verbrauchsfolge, die nicht mit der tatsächlichen übereinzustimmen braucht (§ 256 HGB; Lifo oder Fifo). Auch das EStG lässt für die Bewertung gleichartiger Gegenstände des Vorratsvermögens eine Verbrauchsfolgeunterstellung zu. Diese ist jedoch auf das Lifo-Verfahren beschränkt (vgl. § 6 Abs. 1 Nr. 2a EStG, R 6.9 EStR).

126. Bei diesen Methoden handelt es sich um Veräußerungs- bzw. Verbrauchsfolgen, die bei der Bewertung gleichartiger Gegenstände des Vorratsvermögens angewandt werden (vgl. § 256 HGB). Die Methoden bedeuten Folgendes:

a) Lifo-Methode (Last in – first out),

b) Fifo-Methode (First in – first out),

c) Hifo-Methode (Highest in – first out).

Die Bewertung nach c) ist durch die Neufassung von § 256 HGB nicht mehr erlaubt.

127. Zu a): Skontration bedeutet die fortlaufende Ermittlung des Durchschnittswertes bei jedem einzelnen Zugang und Abgang von Vermögensgegenständen.

Zu b): Beim Perioden-Lifo wird der Wert des Bestandes am Ende der Periode ermittelt, d. h., die Verbrauchsunterstellung gilt für die ganze Periode. Dagegen errechnet die Methode des permanenten Lifo jeden einzelnen Abgang nach den Grundsätzen der Lifo-Methode, d. h., als Wert des Abganges sind die Anschaffungskosten der zuletzt angeschafften Vermögensgegenstände anzusetzen.

128. Die Verhältnisse am Beschaffungsmarkt sind z. B. maßgebend für Roh-, Hilfs- und Betriebsstoffe; die am Absatzmarkt z. B. für fertige Erzeugnisse, Wertpapiere. Beide Märkte gelten z. B. bei der Bewertung von Handelswaren.

129. Ja, das HGB lässt durch die Bestimmung in § 253 Abs. 4 keine Ausnahme zu.

130. Forderungen sind – wie alle Vermögensgegenstände – grundsätzlich einzeln zu bewerten. Soweit die Anschaffungskosten nach § 253 Abs. 1 HGB über dem sich aus § 253 Abs. 4 HGB ergebenden Wert liegen, muss die Forderung entsprechend abgeschrieben werden. Die Abschreibung wird als »Einzelwertberichtigung von Forderungen« bezeichnet.

Aus der großen Zahl der als volleinbringlich angesehenen Forderungen, vor allem aus Warenlieferungen und Leistungen fällt – wenn auch nicht im Einzelnen der Person und Höhe nach bekannt – aufgrund der bisherigen Erfahrungen ein bestimmter Teil der Gesamtforderung aus. Dieser, mithilfe eines Prozentsatzes auf das Entgelt ermittelte Forderungsausfall, wird als allgemeines Kreditrisiko global abgeschrieben und als »Pauschalwertberichtigung zu Forderungen« bezeichnet.

131. Forderungen sind grundsätzlich mit dem Nominalbetrag in der Bilanz zu aktivieren (vgl. § 253 Abs. 1 HGB). Soweit der ihnen nach § 253 Abs. 3 HGB beizulegende Wert niedriger ist, *muss* der niedrigere Betrag ausgewiesen werden. Bei der Bewertung von Forderungen mithilfe von Pauschalwertberichtigungen zu Forderungen handelt es sich um eine Methode zur Ermittlung des Wertes nach § 253 Abs. 3 HGB bzw. des Teilwertes nach § 6 Abs. 1 EStG.

132. Durch die Abschreibung von Forderungen ändert sich die Bemessungsgrundlage für die USt, d. h., für das nicht vereinnahmte Entgelt erstattet das Finanzamt den hierfür gezahlten Betrag (vgl. § 17 Abs. 2 UStG). Deshalb hat die Abschreibung einer Forderung vom Nettobetrag (Forderung abzüglich darin enthaltener MwSt) zu erfolgen.

133. Valutaforderungen sind Forderungen in fremder Währung, also z. B. in Schweizer Franken.

134. Valutaforderungen sind grundsätzlich zum Devisenkassamittelkurs am Abschlussstichtag umzurechnen, vgl. § 256a HGB.

135. Eine Forderung gilt als uneinbringlich, wenn sie aller Voraussicht nach nicht eingeht, z. B. wenn bei einer Insolvenz vermutlich kein Gläubiger befriedigt wird. Als

zweifelhaft sind alle Forderungen einzustufen, bei denen durch die Würdigung der gesamten Umstände mit einem teilweisen Ausfall gerechnet werden muss.

136. Barwert ist der Marktwert, der Ablösungsbetrag einer Forderung. Dieser hängt ab vom Nominalbetrag der Forderung, von ihrer Fälligkeit und vom zu Grunde gelegten Zinsfuß.

137. Mit dem Nominalbetrag sind volleinbringliche fällige Forderungen, insbesondere Forderungen aus Warenlieferungen und Leistungen, anzusetzen. Dagegen werden unverzinsliche, vor allem mittel- und langfristige Forderungen mit dem Barwert in der Bilanz ausgewiesen.

138. Im Wirtschaftsleben kommen häufig folgende Arten von Wertpapieren vor:

    Aktien, Wechsel, Schecks, Schuldverschreibungen, Wandelschuldverschreibungen, Anleihen des Bundes und der Länder, Pfandbriefe.

139. Die Anschaffungskosten bei Wertpapieren setzen sich meist zusammen aus dem Anschaffungspreis (Börsenkurs bei Effekten) und den Anschaffungsnebenkosten (z. B. Maklerprovision, Spesen und dgl.). Anschaffungspreisminderungen durch Rabatte, Skonti und Ähnliches treten selten auf.

140. Nur in einem Punkt besteht ein Unterschied von erheblicher Bedeutung. Für die Wertpapiere des Anlagevermögens gilt das gemilderte Niederstwertprinzip (vgl. § 253 Abs. 3 HGB) und für die Wertpapiere des Umlaufvermögens das strenge Niederstwertprinzip (vgl. § 253 Abs. 4 HGB).

141. Nein, der Kassenbestand kann sich zusammensetzen aus
    - Euro-Banknoten, Euro-Münzen,
    - Briefmarken und ähnlichen Marken,
    - Sorten (ausländische Banknoten, Münzen).

142. Bei der Bewertung der Sorten können sich wegen der Umrechnung in Euro Probleme ergeben; Banknoten, Münzen, Briefmarken und ähnliche Marken sind zum Nennwert anzusetzen.

143. Für ein Bundesbankguthaben gibt es keine Bewertungsprobleme, da es von einer öffentlich-rechtlichen Institution garantiert wird.

144. Guthaben bei Kreditinstituten sind Forderungen des Umlaufvermögens. Die dafür geltenden Bewertungsgrundsätze sind anzuwenden.

145. Bei einer KG werden die Kapitalkonten der Komplementäre als veränderliche Kapitalkonten und die Kapitalkonten der Kommanditisten grundsätzlich als feste Kapitalkonten geführt. Das Grundkapital (auszuweisen als gezeichnetes Kapital, § 152 Abs. 1 AktG) bei der AG ist als festes Kapitalkonto anzusehen, während offene Rücklagen und Jahresüberschuss/-fehlbetrag, Gewinn-/Verlustvortrag, Bilanzgewinn bzw. -verlust zu den beweglichen Eigenkapitalkonten gehören.

146. Dauernd verfügbares Eigenkapital steht der Unternehmung langfristig zur Verfügung. Es umfasst u. a. das gezeichnete Kapital und in der Regel auch die offenen Rücklagen. Temporäres Eigenkapital kann nur vorübergehend für die Zwecke der

Unternehmensfinanzierung eingesetzt werden. Zu dieser Gruppe gehören insbesondere Gewinnvorträge sowie Eigenkapitalanteile, deren Rückzahlung in kurzer Frist erfolgen wird. Sichtbares Eigenkapital ist in der Bilanz als solches ausgewiesen, z. B. das gezeichnete Kapital, offene Rücklagen, Kapitalkonten der Gesellschafter. Dagegen entsteht einerseits durch eine gesetzlich vorgeschriebene Bewertung, andererseits durch eine gezielte Bewertungspolitik Eigenkapital, das der Bilanz nicht entnommen werden kann. Es handelt sich um die stillen Reserven (oder stillen Rücklagen), gebildet durch Unterbewertung des Vermögens und/oder Überbewertung von Verbindlichkeiten, insbesondere von Rückstellungen. Da stille Rücklagen bei ihrer Auflösung zu versteuern sind, müssen sie in einen Ertragsteueranteil (= Fremdkapital) und in einen Eigenkapitalanteil aufgespalten werden.

147. Die Bestimmungen des § 120 HGB enthalten nichts Gegenteiliges, woraus die Zulässigkeit von negativen Kapitalkonten durch Umkehrschluss gefolgert werden kann. Verluste, meist über mehrere Jahre hinweg, führen zunächst zur Aufzehrung des Eigenkapitals und anschließend zum Ausweis eines negativen Eigenkapitalkontos. Auch überhöhte Entnahmen können dieses Ergebnis haben. Dann ist die Unternehmung überschuldet, eine Unterbilanz liegt vor. Siehe auch § 15a EStG.

148. Die Zusammensetzung und der Umfang der verschiedenen Eigenkapitalien lassen sich wie folgt aufzeigen:

Nominalkapital	**Bilanzielles Eigenkapital**		**Effektives Eigenkapital**	
Gezeichnetes Kapital		Gezeichnetes Kapital		Gezeichnetes Kapital
	./.	ausstehende Einlagen	./.	ausstehende Einlagen
	+	Kapitalrücklage	+	Kapitalrücklage
	+	Gewinnrücklagen	+	Gewinnrücklagen
	+	Gewinnvortrag	+	Gewinnvortrag
	./.	Verlustvortrag	./.	Verlustvortrag
	+	Jahresüberschuss	+	Jahresüberschuss
	./.	Jahresfehlbetrag	./.	Jahresfehlbetrag
			+	Stille Reserven/ Rücklagen-Eigenkapitalanteil
Anmerkung: Bei teilweiser oder vollständiger Ergebnisverwendung tritt der Bilanzgewinn bzw. Bilanzverlust an die Stelle von Gewinn- bzw. Verlustvortrag und Jahresüberschuss, § 268 Abs. 1 HGB. Sonderfall: eigene Anteile nach § 272 Abs. 1a HGB				

149. Unter einer Aktiengattung versteht man Aktien, die gegenüber anderen Aktien besondere Rechte gewähren. Häufig kommen Mehrstimmrechtsaktien und Aktien, die bei der Gewinnausschüttung bevorzugt werden, vor. Die verschiedenen Aktiengattungen sind in der Bilanz beim Grundkapital zu vermerken (vgl. §§ 11, 152 Abs. 1 AktG).

150. Bedingtes Kapital entsteht bei der Ausgabe von Wandelanleihen bzw. Optionsanleihen. Die Eigentümer dieser Wertpapiere haben das Recht, nach den bei ihrer Ausgabe festgelegten Bedingungen Aktien zu erwerben (vgl. §§ 192 ff. AktG). Die Höhe des bedingten Kapitals ist in der Bilanz zu vermerken (§ 152 Abs. 1 AktG).

   Der Vorstand kann für höchstens 5 Jahre ermächtigt werden, das Grundkapital bis zu einem bestimmten Nennbetrag durch Ausgabe neuer Aktien gegen Einlagen zu erhöhen (= genehmigtes Kapital, vgl. §§ 202 ff. AktG). Das genehmigte Kapital ist jedoch nicht in der Bilanz, sondern lediglich im Anhang zu vermerken (vgl. § 160 Abs. 1 Nr. 4 AktG).

151. Für die AG ist eine gesetzliche Rücklage vorgeschrieben (§ 150 Abs. 1 AktG). In diese sind die Beträge aus den in § 150 Abs. 2 AktG genannten Sachverhalten einzustellen.

152. Die Verwendungszwecke der gesetzlichen Rücklage sind in § 150 Abs. 3 bzw. 4 AktG abschließend aufgezählt. Danach sollen vor allem Jahresfehlbeträge und Verlustvorträge ausgeglichen werden.

153. Die Unterschiede zwischen stillen Rücklagen und offenen Rücklagen lassen sich durch die nachstehende Übersicht anschaulich darstellen:

Merkmal	**stille Rücklagen**	**offene Rücklagen**
Erkennbarkeit	nicht ersichtlich	ersichtlich
Kapitalcharakter	Eigen- bzw. Fremdkapital	Eigenkapital
Bildung	Unterbewertung von Vermögen, Überbewertung von Verbindlichkeiten	Ausweis als Einstellung in Rücklagen in der Bilanz und evtl. Gewinn- und Verlustrechnung
Ertragsbesteuerung	bei der Auflösung	bei der Bildung, sofern durch Gewinnthesaurierung entstanden

154. Die Bewertungsvorschriften sowohl des HGB als auch des EStG lassen die Bildung stiller Reserven zu. Als Beispiele hierfür sind zu nennen: die degressive Abschreibung; Abschreibung geringwertiger Wirtschaftsgüter im Jahr der Anschaffung; Anschaffungs- bzw. Herstellungskosten bilden die Obergrenze, auch wenn der tatsächliche Wert darüber liegt, was besonders beim Grund und Boden der Fall ist.

155. Unter einer Entnahme wird die Überführung von Vermögensgegenständen aus dem Betriebsvermögen in das Privatvermögen verstanden. Bei einer Einlage handelt es sich um den gleichen Vorgang in umgekehrter Richtung (vgl. u. a. § 4 Abs. 1 EStG).

156. Nicht entnahmefähig ist das notwendige Betriebsvermögen, nicht eingelegt werden kann notwendiges Privatvermögen.

157. Entnahmen unterliegen der USt; sie sind steuerbare Umsätze i. S. d. § 3 Abs. 1b, 9a UStG. Ohne eine Besteuerung könnte durch eine Entnahme die Zahlung der USt umgangen werden, da Unternehmen die von ihnen beim Erwerb gezahlte USt als Vorsteuer von der Steuerschuld absetzen. Darin liegt die Berechtigung zur Besteuerung.

158. Die Zwecke, für die Rückstellungen gebildet werden dürfen, zählt § 249 HGB einzeln und abschließend auf. Kapitalgesellschaften müssen u.U. zusätzlich eine Rückstellung für Steuerabgrenzung bilden (vgl. § 274 Abs. 1 HGB); beachte aber die Beschränkungen im EStG.

159. Rückstellungen dürfen nur in Höhe des Erfüllungsbetrages angesetzt werden, der »nach vernünftiger kaufmännischer Beurteilung notwendig ist« (§ 253 Abs. 1 HGB). Die Beurteilung kann lediglich im konkreten Fall erfolgen und zu spezifischen Berechnungs-(Schätzungs-)Methoden führen, z. B. bei der Ermittlung des Ansatzes von Pensionsrückstellungen.

160. Die Passivierungspflicht ergibt sich direkt aus § 249 Abs. 1 HGB. Das Wort »sind« bedeutet Passivierungspflicht. Auch für die Rückstellung für Steuerabgrenzung nach § 274 Abs. 1 HGB besteht eine Passivierungspflicht. Das HGB enthält keine Passivierungswahlrechte (mehr).

161. Es müssen nach § 6a EStG folgende Voraussetzungen erfüllt sein:

    a) der Pensionsberechtigte muss einen Rechtsanspruch auf die Leistung besitzen,

    b) kein Vorbehalt bezüglich einer Minderung oder Entziehung der Leistung seitens der Unternehmung,

    c) die Pensionszusage muss schriftlich erteilt sein.

162. Nein, aufgrund der Maßgeblichkeit der Handelsbilanz für die Steuerbilanz können in der Steuerbilanz nur dann Pensionsrückstellungen passiviert werden, wenn sie auch in der Handelsbilanz enthalten sind (§ 5 Abs. 1 Satz 1 EStG); vgl. auch Tz. 1242.

163. Bei Pensionsrückstellungen handelt es sich um rechtsverbindlich eingegangene Verpflichtungen, die bei Eintritt des Versorgungsfalles erfüllt werden müssen. Den seitens der Unternehmung zu zahlenden Pensionsleistungen steht – betriebswirtschaftlich gesehen – ein Teil der Arbeitsleistung des Pensionsberechtigten während dessen Mitarbeit im Unternehmen (Wartezeit) gegenüber. Insofern sind die der Pensionsrückstellung in diesem Zeitraum zugeführten Beträge zusätzlicher Personalaufwand für diesen Arbeitnehmer. Es wäre – betriebswirtschaftlich betrachtet – nicht richtig, wenn bei einem Verzicht auf die Bildung einer Rückstellung die nach dem Ausscheiden des Pensionsberechtigten vorhandenen Arbeitnehmer Leistungen für nicht mehr produktiv tätige frühere Mitarbeiter aufzubringen hätten.

164. Zu den Rückstellungen für ungewisse Verbindlichkeiten gehören u. a. Prozessrückstellungen, Rückstellungen für Steuern und Abgaben, Rückstellungen für Gewährleistungen, Rückstellungen für evtl. Inanspruchnahme aus dem Wechselobligo und aus Bürgschaften (sofern nicht als Verbindlichkeiten auszuweisen), Provisionen, Gratifikationen, Tantiemen, Boni für das abgelaufene Geschäftsjahr.

165. Nach § 253 Abs. 1 HGB sind Verbindlichkeiten mit dem Erfüllungsbetrag zu passivieren. Dagegen verlangt § 6 Abs. 1 Nr. 3 EStG den Ansatz mit den Anschaffungskosten. Als Anschaffungskosten gilt nach H 6.10 EStH der Nennwert (= Rückzah-

lungsbetrag) der Verbindlichkeit. In besonderen Fällen besteht eine Abzinsungspflicht, vgl. § 6 Abs. 1 Nr. 3 EStG.

166. Unter Erfüllungsbetrag ist der Betrag zu verstehen, den der Schuldner dem Gläubiger insgesamt zur Tilgung der Schuld zurückzubezahlen hat. Als Ausgabebetrag gilt der dem Schuldner zugeflossene Betrag. Dieser weicht vom Rückzahlungsbetrag ab, wenn bei der Auszahlung an den Schuldner ein Disagio abgezogen wurde.

167. Valutaverbindlichkeiten sind Verbindlichkeiten, die in fremder Währung zu entrichten sind, z. B. Schweizer Franken. Sie müssen grundsätzlich mit dem Devisenkassamittelkurs am Abschlusstag passiviert werden, § 256a HGB.

168. Zu den immateriellen Anlagewerten gehören Rechte usw., die dazu bestimmt sind, dauernd dem Geschäftsbetrieb zu dienen. Insbesondere handelt es sich um Konzessionen, gewerbliche Schutzrechte (u. a. Patente, Warenzeichen, Gebrauchsmuster, Geschmacksmuster) und ähnliche Rechte (u. a. Urheberrechte, Verlagsrechte, Braurechte, Rezepturen) sowie Lizenzen an solchen Rechten.

169. Unter originärem Firmenwert versteht man den Wert der Unternehmung, der über den Substanzwert hinausgeht und im Laufe der Zeit von der Unternehmung selbst geschaffen wird. Er wird vor allem verkörpert durch den Ruf der Unternehmung, die Organisation und den Kundenstamm. Ein derivativer Firmenwert entsteht beim Übergang des Unternehmens, z. B. Kauf durch ein anderes Unternehmen. Es ist der Betrag, den der Erwerber über den Substanzwert hinaus zahlt, vgl. § 246 Abs. 1 Satz 4 HGB.

170. Ein originärer Firmenwert darf als immaterielles Wirtschaftsgut des Anlagevermögens weder nach dem HGB noch nach dem EStG aktiviert werden. In der Handelsbilanz ist ein derivativer Firmenwert auszuweisen (vgl. § 246 Abs. 1 Satz 4 HGB). Die Abschreibung darf über die Nutzungsdauer verteilt werden (vgl. § 285 Nr. 13 HGB). Nach § 7 Abs. 1 EStG gilt ein Zeitraum von 15 Jahren als Nutzungsdauer. Außerdem kommt eine Teilwertabschreibung nach § 6 Abs. 1 Nr. 1 EStG in Betracht.

171. Ein derivativer Firmenwert ist gesondert unter den Posten des Anlagevermögens/immaterielle Vermögensgegenstände auszuweisen (vgl. § 266 Abs. 2 HGB).

172. Die bisherige Konzeption wird »timing-Konzept« und die künftige Konzeption »temporary-Konzept« bezeichnet.

173. Die frühere Konzeption orientiert sich an der Gewinn- und Verlustrechnung und die jetzige an der Bilanz!

174. Es sind u. a. folgende Sachverhalte zu nennen: Aktivierung selbst geschaffener immaterieller Anlagewerte; entgeltlich erworbener Geschäfts- oder Firmenwert bei einer Abschreibung von unter 15 Jahren; Bildung von Drohverlustrückstellungen und auch Pensionsrückstellungen.

175. Bei der Ermittlung ist nicht von bestimmten Prozentsätzen, sondern von den unternehmungs- bzw. konzernspezifischen Steuersätzen auszugehen, vgl. insbes. § 274 Abs. 2 HGB.

176. Es handelt sich um die Abgrenzung des Steueraufwands, also in erster Linie von Ertragsteuern.

177. Es sind Passivposten, die für Zwecke der Steuern vom Einkommen und Ertrag zulässig sind und die nach § 247 Abs. 3 HGB a. F. in der Handelsbilanz gebildet wurden.

178. Diese Posten dürfen nach Art. 67 Abs. 3 EGHGB auch nach dem Inkrafttreten des BilMoG weiter geführt werden.

179. Es handelt sich um Mischposten von Eigenkapital und Fremdkapital. Der bei der Auflösung anfallende Ertrag ist in Höhe des Steueraufwands Fremdkapital, der Rest Eigenkapital.

180. Die Posten der Rechnungsabgrenzung dienen der periodengerechten Erfolgsermittlung.

181. Es handelt sich weder um Vermögensgegenstände noch um Kapital, sondern um Verrechnungsposten.

182. Sowohl die Posten der Rechnungsabgrenzung als auch die Sonstigen Forderungen und Verbindlichkeiten dienen der korrekten Erfolgsermittlung. Bei den Posten der Rechnungsabgrenzung erfolgten Zahlungsvorgänge im laufenden Geschäftsjahr (vgl. § 250 HGB, § 5 Abs. 5 EStG), während diese bei sonstigen Forderungen bzw. Verbindlichkeiten erst im folgenden Geschäftsjahr oder auch später auftreten.

183. Die Bilanz weist den Erfolg als Differenz zwischen dem Eigenkapital zu Beginn und dem Eigenkapital zum Ende des Geschäftsjahres, z. B. als Jahresüberschuss, aus. Die Ursachen des Erfolges werden nicht sichtbar. Dagegen zeigt die Gewinn- und Verlustrechnung die Erfolgskomponenten »Aufwand« und »Ertrag« und den Erfolg als Differenz zwischen beiden auf. Durch die nach Arten geordneten Erfolgselemente lässt sich ein Einblick in die Ertragslage gewinnen.

184. Unter »Aufwand« wird der Werteverzehr, wie er nach Handels- bzw. Steuerrecht für die Erfolgsermittlung zu erfassen ist, verstanden. Der Begriff »Kosten« stammt aus dem Bereich der Kostenrechnung. Diese können als normaler Werteverzehr zur Erstellung und Verwertung der betrieblichen Leistungen, erfasst nach betriebswirtschaftlichen Kriterien, bezeichnet werden.

Zur Abgrenzung beider Begriffe verwendet die Literatur meist folgendes Schema:

185. Der Erfolg nach Handelsbilanz und Steuerbilanz stimmt nur dann überein, wenn die Aufwendungen und Erträge in der handelsrechtlichen Erfolgsrechnung sich mit den in der steuerlichen Gewinn- und Verlustrechnung auszuweisenden Betriebsausgaben und Betriebseinnahmen decken. Dies trifft bei Kapitalgesellschaften u. a. wegen der Körperschaftsteuer nicht zu. Auch treten durch Bewertungsunterschiede vielfach Differenzen auf.

186. Die Begriffe können folgendermaßen erläutert werden:

a) Bruttoerfolgsrechnung bedeutet unsaldierter Ausweis von Aufwendungen und Erträgen.

b) Im Gegensatz zur Kontoform werden bei dieser Art von Erfolgsrechnung die Aufwendungen und Erträge nicht nebeneinander, sondern untereinander dargeboten. Die Darstellung wird auch als Berichtsform bezeichnet. Kontoform und Staffelform decken sich inhaltlich; es handelt sich lediglich um zwei verschiedene Darstellungsmethoden.

c) Beim Gesamtkostenverfahren werden die gesamten Kosten einer Rechnungsperiode den Erträgen, insbesondere den Umsatzerlösen, unter Berücksichtigung der Bestandsveränderungen von unfertigen und fertigen Erzeugnissen, gegenübergestellt.

187. Die betriebswirtschaftlich größte Aussagekraft besitzt eine Gewinn- und Verlustrechnung als Bruttorechnung in Staffelform und nach dem Gesamtkostenverfahren, und zwar weil

a) die Bruttorechnung den besten Einblick in die Aufwands- und Ertragsstruktur bietet

b) die Staffelform gegenüber der Kontoform übersichtlicher ist

c) das Gesamtkostenverfahren die effektiven Aufwendungen und Erträge einschließlich der Bestandsveränderungen von fertigen und unfertigen Erzeugnissen zeigt und nicht – wie das Umsatzkostenverfahren – nur die Umsatzaufwendungen und die Umsatzerlöse.

188. Es gehören zu den Steuern

- vom Einkommen:
  - die Körperschaftsteuer
  - die Kapitalertragsteuer
- vom Ertrag:
  - die Gewerbeertragsteuer.

189. Die Gewinn- und Verlustrechnung nach § 275 Abs. 2 bzw. 3 HGB weist folgende Merkmale auf:

- Brutto-Rechnung
- Staffelform
- Gesamtkosten- oder Umsatzkostenverfahren.

190. Nach § 277 Abs. 1 HGB sind die Umsatzerlöse nach Abzug der Umsatzsteuer auszuweisen.

191. Ja, der USt unterliegen außer den in dem Posten »Umsatzerlöse« auszuweisenden Erträgen (abgesehen von den gesetzlichen Ausnahmen) insbesondere auch die Veräußerung von nicht mehr benötigten Vermögensgegenständen und die private Nutzung von Gegenständen des Betriebsvermögens.

192. Inhalt und Abgrenzung der Umsatzerlöse gegenüber anderen Ertragsposten ergeben sich eindeutig aus der gesetzlichen Umschreibung in § 277 Abs. 1 HGB.

193. Unter »Eigenleistungen« werden alle selbst erstellten Güter- und Dienstleistungen verstanden. Die Unternehmung hat sie am Abschlussstichtag in die Bilanz einzustellen und zu Herstellungskosten auszuweisen. Das HGB sieht als »andere aktivierte Eigenleistungen« sämtliche aktivierungspflichtigen Eigenleistungen an, die nicht zu unfertigen und fertigen Erzeugnissen gehören. Darunter fallen vor allem selbst erstellte Anlagen und selbst ausgeführte, zu aktivierende Großreparaturen.

194. Der Jahresüberschuss kann als Differenz zwischen Erträgen und Aufwendungen eines Geschäftsjahres definiert werden (vgl. § 275 Abs. 2, 3 HGB).

195. Für die AG enthält § 158 Abs. 1 AktG ein entsprechendes Schema. Im GmbHG fehlt eine Vorschrift. Die Komponenten des AktG können von der GmbH sinngemäß übernommen werden.

196. Die Aufwendungen müssen in der Gewinn- und Verlustrechnung nach § 275 Abs. 2 HGB wie folgt ausgewiesen werden:

Zu a) Posten 2 – soweit dies die üblichen Abschreibungen überschreitet in Posten 7 b)

Zu b) Posten 8 – soweit dies die üblichen Abschreibungen überschreitet in Posten 7 b)

Zu c) Posten 5 – soweit dies die üblichen Abschreibungen überschreitet in Posten 7 b).

197. Die Differenz zwischen dem Buchwert und dem Veräußerungspreis bzw. dem Schrottwert beim Ausscheiden von Gegenständen des Anlagevermögens (abzüglich evtl. Veräußerungskosten) ergibt, sofern der Buchwert höher liegt, einen Verlust aus dem Abgang von Gegenständen des Anlagevermögens.

198. Die Erträge sind in Posten 4 »sonstige betriebliche Erträge« (Gesamtkostenverfahren) bzw. 6 (Umsatzkostenverfahren) und die Aufwendungen für die Bildung je nach Art der Rückstellung in dem dazugehörenden spezifischen Aufwandsposten auszuweisen. In Ausnahmefällen kommen auch die Posten 15/16 bzw. 14/15 »außerordentliche Erträge und Aufwendungen« sowie Posten 18/19 bzw. 17/18 »Steuern« in Betracht.

199. Der Jahresabschluss umfasst bei Kapitalgesellschaften grundsätzlich Bilanz, Gewinn- und Verlustrechnung und Anhang (vgl. § 264 Abs. 1 HGB). Daneben tritt der Lagebericht als selbständiger Teil.

200. Der Anhang und der Lagebericht sollen neben der Bilanz und der Gewinn- und Verlustrechnung Informationen über die wirtschaftliche Lage der Gesellschaft und den Geschäftsverlauf geben.

201. Der Jahresabschluss hat »ein den tatsächlichen Verhältnissen entsprechendes Bild der Vermögens-, Finanz- und Ertragslage zu vermitteln« (§ 264 Abs. 2 HGB). Gleiches gilt für den Lagebericht (§ 289 Abs. 1 HGB). An diesem Informationsziel hat sich die Berichterstattung zu orientieren.

202. Zum Wohl der Bundesrepublik Deutschland oder eines ihrer Länder hat u. U. eine Berichterstattung zu unterbleiben (vgl. § 286 Abs. 1 HGB, § 160 Abs. 2 AktG).

Außerdem dürfen bestimmte andere Angaben weggelassen werden (vgl. dazu § 286 Abs. 2–5 HGB).

203. Der Anhang soll die Bilanz und Gewinn- und Verlustrechnung durch gesetzlich normierte Angabepflichten erläutern, damit die gesteckten Informationsziele erreicht werden.

204. Die Sachverhalte sind einzeln und detailliert in den §§ 284, 285 HGB sowie zusätzlich § 160, § 240, § 261 AktG, § 29 Abs. 4, § 42 Abs. 3 GmbHG, aufgeführt.

205. Nach § 285 Nr. 3a HGB muss im Anhang über die aus der Bilanz nicht ersichtlichen Haftungsverhältnisse berichtet werden. Die Herausgabeverpflichtung stellt bei unter Eigentumsvorbehalt gekauften Gegenständen ein Haftungsverhältnis dar. Deshalb müssen im Anhang entsprechende Angaben gemacht werden. Sofern es sich um branchenübliche Eigentumsvorbehalte handelt, werden diese in der Regel für die Beurteilung der Finanzlage nicht von Bedeutung sein. In diesem Fall kann auf die Berichterstattung verzichtet werden.

206. Über diese Sachverhalte ist zu berichten, nämlich

zu a) gem. § 285 Nr. 14 HGB

zu b) gem. § 285 Nr. 11 HGB

(beachte auch § 286 Abs. 3).

207. Der Lagebericht nach § 289 HGB soll zusätzlich über die wirtschaftliche Lage der Kapitalgesellschaft Aufschluss geben. Er umfasst im Wesentlichen die Berichterstattung über den Geschäftsverlauf, über die Lage der Gesellschaft, über Vorgänge von besonderer Bedeutung, die nach dem Schluss des Geschäftsjahres eingetreten sind, über die voraussichtliche Entwicklung, über den Bereich Forschung und Entwicklung und über Zweigniederlassungen, die Grundzüge des Vergütungssystems sowie die Risiken der künftigen Entwicklung.

208. Vorgänge von besonderer Bedeutung beeinflussen die Beurteilung bisheriger Unternehmerentscheidungen und die künftig zu treffenden betriebspolitischen Maßnahmen. Deshalb erscheint eine Berichterstattung hierüber unbedingt erforderlich (vgl. § 289 Abs. 2 Nr. 1 HGB).

209. Der Sozialbericht erläutert die in der Unternehmung im sozialen Bereich aufgetretenen Probleme und zeigt die auf diesem Gebiet erbrachten Leistungen auf. Er ge-

hört zum Lagebericht und ist aber kein gesetzlich ausdrücklich vorgeschriebener Teil (vgl. § 289 HGB).

210. Ja, vgl. im Einzelnen § 325 HGB.

211. Für kleine und mittelgroße Kapitalgesellschaften enthält § 288 HGB entsprechende Vorschriften (Wahlrecht). Für Kleinstkapitalgesellschaften vg. § 264 Abs. 1 Satz 5 HGB!

212. Unter »Konzern« wird der Zusammenschluss rechtlich selbstständiger Unternehmen unter einheitlicher Leitung verstanden (vgl. § 18 AktG). Das »Kartell« ist ebenfalls ein Zusammenschluss rechtlich selbstständiger Unternehmen, auf horizontaler Ebene, mit dem Ziel der Marktbeherrschung und Wettbewerbsbeschränkung bis zu dessen Beseitigung (vgl. GWB).

    Die Unterschiede zwischen beiden liegen u. a. darin

    - Kartell ist stets ein horizontaler Zusammenschluss, ein Konzern kann auch gemischt-gegliedert oder vertikal sein,
    - Kartelle entstehen durch vertragliche Absprachen, bei Konzernen besteht meist eine Kapitalverflechtung, daneben sind auch vertragliche Bindungen möglich,
    - Kartellunternehmen geben ihre wirtschaftliche Selbstständigkeit nicht vollständig auf (der Grad ist abhängig von der Art des Kartells), Konzernunternehmen besitzen wegen der einheitlichen Leitung keine wirtschaftliche Selbstständigkeit.

213. Unterordnungskonzern und Vertragskonzern (meist gekoppelt mit einer Kapitalbeteiligung); bei dem Kriterium der Produktionsstufen und den Stufen der Beteiligung lässt sich kein eindeutiger Schwerpunkt fixieren.

214. Unter »Holding« wird eine »Halte«-Gesellschaft verstanden, die nur Finanzanlagen, u. a. Anteile an verbundenen Unternehmen, verwaltet und selbst nicht produziert, z. B. die E.ON AG.

215. Bei der Vermutung in Satz 2 handelt es sich um eine unwiderlegbare Konzernvermutung, bei der in Satz 3 um eine widerlegbare Konzernvermutung; die Beweislast liegt beim herrschenden Unternehmen.

216. Beim Konzernabschluss werden die Einzelabschlüsse nicht einfach addiert, sondern vor allem durch die Kapital-, Schulden- und Erfolgskonsolidierung soll die wirtschaftliche Verflechtung beseitigt und ein Abschluss unter dem Gesichtspunkt der wirtschaftlichen und rechtlichen Einheit erstellt werden.

217. Die Beteiligung an einem assoziierten Unternehmen ist gegenüber anderen Beteiligungen dadurch gekennzeichnet, dass ein maßgeblicher Einfluss auf die Geschäfts- und Finanzpolitik ausgeübt wird. Dies wird bei einer Beteiligung von mindestens 20 % der *Stimmrechte* (widerlegbar) vermutet (§ 311 Abs. 1 HGB).

218. Entscheidend für die Entstehung eines Konzernverhältnisses ist lediglich die einheitliche Leitung. Diese kann auch auf rein vertraglicher Basis, ohne jede Kapitalbeteiligung, beruhen (allerdings selten).

219. Der Konzernabschluss kann als betriebswirtschaftlicher Abschluss, als ein Informationsinstrument bezeichnet werden. Für Dividendenansprüche usw. ist nur der Einzelabschluss maßgebend.

220. Nein, die Besteuerungsgrundlage bildet nur der Einzelabschluss.

221. Ziel des PublG ist die Information der Öffentlichkeit über die wirtschaftliche Lage von Wirtschaftssubjekten, die bestimmte Größenmerkmale erreichen. Dabei kann es nicht auf die Organisationsform, Einzelunternehmen oder verschiedene Unternehmen in Konzernform, ankommen.

222. Grundsätzlich müssen alle Konzernunternehmen einbezogen werden. Sofern ein Tochterunternehmen von untergeordneter Bedeutung ist, kann auf die Einbeziehung verzichtet werden (vgl. im Einzelnen § 296 Abs. 2, 3, HGB).

223. Zur Aufstellung ist die OHG nur verpflichtet, wenn sie die Größenmerkmale in § 11 PublG überschreitet. Das HGB sieht eine Verpflichtung nur für Mutterunternehmen in der Rechtsform der Kapitalgesellschaft (§ 290 Abs. 1 HGB) oder bestimmte PHG (§ 264a HGB) vor.

224. Nach § 294 Abs. 1 HGB sind alle Tochterunternehmen ohne Rücksicht auf den Sitz einzubeziehen, auch die ausländischen. Es ist zu prüfen, ob nicht ein Verzicht auf die Einbeziehung möglich ist (vgl. § 296 HGB).

225. Es ist zunächst zu prüfen, ob es sich bei den besitzenden Unternehmen um Kapitalgesellschaften handelt, die einen beherrschenden Einfluss ausüben können (vgl. § 290 Abs. 1 HGB). Für bestimmte Tatbestände besteht nach § 290 Abs. 2 HGB stets ein beherrschender Einfluss und damit eine Konsolidierungspflicht.

Auch eine Quotenkonsolidierung (§ 310 HGB) oder eine Konsolidierung als assoziiertes Unternehmen (§ 311 HGB) kann infrage kommen.

226. Auf eine Kapitalbeteiligung kommt es bei der Aufstellungspflicht nach § 290 Abs. 2 HGB und der daraus resultierenden Einbeziehungspflicht nach §§ 294 ff. HGB nicht an. Sofern die Voraussetzungen zutreffen, besteht eine Konsolidierungspflicht dem Grunde nach.

227. Dies geschieht am zweckmäßigsten mittels einheitlicher Kontierungs- und Buchführungsrichtlinien bzw. Konsolidierungs-Handbücher.

228. Die Bestimmungen in §§ 308 f. HGB sehen eine einheitliche Bewertung vor. Nur bei Auswirkungen von untergeordneter Bedeutung kann davon abgesehen werden.

229. Aus betriebswirtschaftlichen Gründen ist eine einheitliche Bewertung unerlässlich. Nur so ist es gewährleistet, dass gleichartige Tatbestände auch im Jahresabschluss nach den gleichen Grundsätzen bilanziert werden.

230. Ohne diese Forderung könnte durch konzerninterne, von außen nicht erkennbare Manipulationen die Vermögens-, Finanz- und Ertragslage des Konzerns beeinflusst werden.

231. Nein, durch die Neufassung von § 299 Abs. 1 HGB ist dies nicht mehr möglich.

232. Das HGB enthält darüber in § 308a HGB Regeln.

233. Damit der Konzernabschluss ein den tatsächlichen Verhältnissen entsprechendes Bild vermittelt, ist mit differenzierten Kursen, abhängig von den Jahresabschlussposten, umzurechnen. Vgl. dazu im Einzelnen § 308a HGB.

234. Der Konsolidierungsstelle fallen vor allem folgende Aufgaben zu: Abgrenzung des Konsolidierungskreises, Aufstellung eines Konsolidierungsplanes, Abstimmung der zwischenkonzernlichen Konten, Berichtigung von Fehlern in den Einzelabschlüssen, Durchführung der Konsolidierung, Erstellung der konsolidierten Bilanz und Gewinn- und Verlustrechnung sowie des Konzernanhangs und des Konzernlageberichts; ggf. auch Kapitalflussrechnung, Segmentberichterstattung und Eigenkapitalspiegel.

235. Es handelt sich um die Erwerbsmethode der Kapitalkonsolidierung, also um die Methode der Erstkonsolidierung und der erfolgswirksamen Folgekonsolidierung und um eine Methode mit Bruttoausweis der Unterschiedsbeträge.

236. Bei der Ermittlung des Beteiligungsgrades kommt es auf den Nominalbetrag, bei der Kapitalkonsolidierung auf den Buchwert an. Es ist aber zu beachten, dass die im Buchwert enthaltenen stillen Reserven (teilweise) bei der Kapitalkonsolidierung aufgelöst werden.

237. Das konsolidierungspflichtige Eigenkapital deckt sich weder mit dem bilanziellen Eigenkapital (u. a. wegen nicht konsolidierungspflichtiger Rücklagen) noch mit dem effektiven Eigenkapital (wegen der stillen Reserven).

238. Grundsätzlich nicht. Nur beim Vorhandensein von sog. Minderheitsaktionären wird bei der Neubewertungsmethode auch deren Anteil an den stillen Reserven ausgewiesen. Beachte aber die Neufassung von §§ 301, 307 HGB.

239. Erst durch die Vollkonsolidierung zeigt sich die tatsächliche Größe und Wirtschaftsmacht des Konzerns als einer wirtschaftlichen Einheit.

240. Beim Erwerb von Anteilen muss der Käufer auch anteilig den Geschäfts- oder Firmenwert zahlen, der dann im Rahmen der Kapitalkonsolidierung auch aufgedeckt und als solcher ausgewiesen wird.

241. Nein, die Anteile am Gewinn bzw. Verlust sind temporär.

242. Nein, wegen der Änderung der Rücklagen, der Gewinne bzw. Verluste kann auch der Ausgleichsposten für die Anteile der anderen Gesellschaften ohne Veränderung des Beteiligungsgrades betragsmäßig schwanken.

243. Ja, insbesondere in dem Posten »Forderungen bzw. Verbindlichkeiten gegenüber verbundenen Unternehmen«; und zwar gegenüber solchen Konzernunternehmen, die gem. § 296 HGB *nicht* in den Konsolidierungskreis einbezogen wurden.

244. Es handelt sich um den Posten »Rückstellungen«, insbesondere »Sonstige Rückstellungen«.

245. Zwei Ursachenkomplexe kommen infrage: Buchungsfehler und zwingende Bewertungsvorschriften.

246. Nein, nur Differenzen aus Vorgängen des betreffenden Geschäftsjahres beeinflussen den Konzern-Jahresüberschuss/-fehlbetrag. Vorgänge aus früheren Geschäftsjahren wirken nur auf den Ergebnisvortrag ein.

247. Ein Jahresabschluss mit Konsolidierung der Drittschuldverhältnisse ist aussagefähiger, da er die effektiven Bestände an Vermögen und Kapital enthält und damit einen besseren Einblick in die Vermögens- und Kapitalstruktur gewährt.

248. Ja, und zwar

a) sofern das HGB eine Eliminierung nicht verlangt (vgl. § 304 Abs. 2 HGB) und

b) sofern es sich um Gewinne aus Lieferungen und Leistungen nicht einbezogener Konzernunternehmen handelt.

249. Dies entspricht der generellen Zielsetzung der Einheits-Theorie und damit auch dem HGB und ist deshalb zulässig. Ein Hinweis im Geschäftsbericht im Zusammenhang mit den Grundsätzen der Konsolidierung ist aber erforderlich.

250. Die Eliminierung zwischengesellschaftlicher Ergebnisse ist mit einem erheblichen Arbeitsaufwand verbunden. Aus Gründen der Praktikabilität und Wirtschaftlichkeit verlangt das HGB daher keine Eliminierung, sofern die Bedingungen von § 304 Abs. 2 HGB erfüllt sind.

251. Ja, nur bei Eliminierung aller zwischengesellschaftlichen Ergebnisse lässt sich ein den tatsächlichen Verhältnissen entsprechendes Bild der Vermögens-, Finanz- und *Ertrag*slage gewinnen.

252. Die Untergrenze des Wertansatzes von fertigen Erzeugnissen in der Konzernbilanz liegt bei den Einzelkosten und bestimmten Gemeinkosten (vgl. § 255 Abs. 2 HGB, unter Beachtung von § 308 HGB). Unter diesem Betrag werden nur in seltenen Fällen konzerninterne Geschäfte abgewickelt. Deshalb wird nur in Ausnahmefällen eine Eliminierung zwischengesellschaftlicher Verluste stattfinden.

253. Das Gesetz enthält eine Legaldefinition, vgl. dazu § 311 Abs. 1 HGB. Danach übt ein in den Konzernabschluss einbezogenes Unternehmen einen maßgeblichen Einfluss auf ein nicht einbezogenes Unternehmen aus und besitzt auch eine Beteiligung.

254. Es soll damit ein möglichst zutreffender und zeitgerechter Wertansatz des Beteiligungsbuchwerts gefunden werden; nur so kann der konsolidierte Jahresabschluss auch den gesteckten Informationszielen gerecht werden.

255. Auch im Konzernabschluss soll die Ertragslage der wirtschaftlichen Einheit möglichst zutreffend gezeigt werden. Ergebniswirksame Verrechnungen, die sich wieder ausgleichen, werden bezüglich ihrer Steuerwirkungen erfasst. Vgl. dazu § 306 HGB.

256. Die gemeinsame Leitung eines anderen Unternehmens und die damit verbundene Möglichkeit, über Vermögen und Kapital zu bestimmen, soll auch im Konzernabschluss zum Ausdruck kommen.

257. Nein, Steuersubjekt ist nur die rechtlich selbstständige Unternehmung und deren Abschluss.

258. Einzelbilanz und Konzernbilanz sollen ein den tatsächlichen Verhältnissen entsprechendes Bild der Vermögens-, Finanz- und Ertragslage vermitteln (vgl. § 264 Abs. 2 und § 297 Abs. 2 HGB). Das Gliederungsschema für die Einzelbilanz entspricht diesen Anforderungen und kann daher unter Berücksichtigung konzernspezifischer Posten übernommen werden.

259. Bei vertikalen Konzernen ergeben sich Zurechnungsprobleme bei den einzelnen Posten, z. B. ein Fertigerzeugnis ist bei einem anderen Unternehmen als Rohstoff auszuweisen.

260. In der Bilanz des Konzernunternehmens A gehört die Maschine zu den »unfertigen Erzeugnissen« des Vorratsvermögens. In der Konzernbilanz ist die Maschine unter dem Posten »Anlagen im Bau« im Rahmen des Anlagevermögens auszuweisen und eine entsprechende Umgliederung (Sicht des einheitlichen Unternehmens) vorzunehmen.

261. Ja, wenn der Konsolidierungskreis nicht alle Konzernunternehmen umfasst und/ oder § 305 Abs. 2 HGB angewandt wird.

262. Diese gehören zu den (Außen-)Umsatzerlösen (vgl. § 305 Abs. 1 HGB).

263. Die konsolidierte Gewinn- und Verlustrechnung nach dem HGB ist
   - eine vollkonsolidierte Gewinn- und Verlustrechnung
   - in Staffelform
   - nach dem Gesamt- oder Umsatzkostenverfahren.

264. Phasenverschiebung bedeutet das Auseinanderfallen von Gewinnerzielung und Gewinnausschüttung, was im Rahmen der Ermittlung des Konzernergebnisses berücksichtigt werden muss.

265. Bei mehrstufigen Konzernen kann es oft Jahre dauern, bis der Gewinn einer Tochtergesellschaft bei der Muttergesellschaft als Beteiligungsertrag in deren Gewinn- und Verlustrechnung ausgewiesen wird. Auf jeder Konzernstufe ist deshalb eine entsprechende Prüfung und Abgrenzung vorzunehmen.

266. Aus der Sicht des Konzerns als einem einheitlichen Unternehmen handelt es sich nicht um Erlöse. Die Verrechnung vermeidet eine Doppelrechnung und die Aufblähung der Gewinn- und Verlustrechnung.

267. Die Ertragslage des Konzerns soll korrekt wiedergegeben werden. Deshalb wird für den Konzern unterstellt, dass er auch eine rechtliche Einheit darstellt, die als Steuersubjekt Zahlungen zu leisten habe.

268. Die Steuerabgrenzung bezieht sich auf die Ertragsteuern (Steuerbe- und -entlastung), die der Konzern als fiktiver Steuerschuldner zu tragen hätte.

269. Bei der Eliminierung von zwischengesellschaftlichen Gewinnen entstehen latente Steueransprüche.

270. Nach § 306 Satz 6 HGB dürfen die Posten zusammen gefasst werden (Wahlrecht).

271. Der Konzernabschluss ist lediglich ein Informationsinstrument ohne Rechtswirkungen, insbesondere ohne Ansprüche auf Ausschüttungen. Um dies klar zum Ausdruck zu bringen, wird durch buchtechnische Maßnahmen das Ergebnis der Mutter ausgewiesen.

272. Im internationalen Vergleich, besonders im angelsächsischen Bereich, dominiert das Umsatzkostenverfahren. Im Interesse der Vergleichbarkeit mit anderen Wettbewerbern auf dem Kapitalmarkt wird deshalb das Umsatzkostenverfahren bevorzugt.

273. Der Konzernanhang dient der Erläuterung der Konzernbilanz und der Konzern-Gewinn- und Verlustrechnung, liefert also zusätzliche Informationen.

274. Nein, sie sind selbstständige Elemente des Konzernabschlusses, vgl. § 297 Abs. 1 HGB.

275. Ja, diese Pflicht haben nun alle Konzerne durch Neufassung von § 297 Abs. 1 HGB.

276. Der Begriff ist in § 3 Abs. 1 AktG umschrieben: Gesellschaften, deren Aktien zu einem Markt zugelassen sind, der von staatlich anerkannten Stellen geregelt und überwacht wird, regelmäßig stattfindet und für das Publikum mittelbar oder unmittelbar zugänglich ist. Der Begriff »kapitalmarktorientiert« ist in § 264d HGB definiert und hat Rechtsfolgen bei der Rechnungslegung.

277. Im Jahr 2003 sind zwei neue Börsenzulassungssegmente entstanden:

    General Standard:
    Im Segment General Standard müssen Unternehmen die gesetzlichen Mindestanforderungen des amtlichen Marktes oder geregelten Marktes erfüllen.

    Prime Standard:
    Im Segment Prime Standard müssen Unternehmen über die gesetzlichen Mindestanforderungen hinaus zusätzlich hohe internationale Transparenzanforderungen erfüllen.

    Auswahlindizes: DAX, MDAX, TecDAX und SDAX.

278. Nein, die Konzerne üben das Wahlrecht selten aus. In den Geschäftsberichten wird meist nur noch der Konzernabschluss abgedruckt. Der Abschluss der Mutter kann ggf. separat angefordert werden oder ist in Kurzform enthalten. Daher ist eine Trennung sinnvoll.

279. Nein, bei der Erstellung einer Segmentberichterstattung, auch freiwillig, ist der Konzern davon befreit (§ 314 Abs. 2 HGB).

280. Nein, zwingend vorgeschrieben ist eine *Konzern*-Kapitalflussrechnung (§ 297 Abs. 1 HGB).

281. Die Kapitalflussrechnung soll einen Einblick in die finanzielle Leistungsfähigkeit eines Konzerns geben, insbesondere auch in die künftige Fähigkeit, finanzielle Überschüsse zu erwirtschaften.

282. Die Erstellung erfolgt entweder direkt durch die unmittelbare Erfassung aller Zahlungsströme oder durch die indirekte Ableitung der Zahlungsströme aus dem Konzernabschluss (Periodenergebnis usw.).

283. Die Praxis verwendet üblicherweise die indirekte Ermittlung, da die unmittelbare Erfassung aller Zahlungsströme zu aufwändig ist.

284. Nur bei einer Brutto-Erfassung werden alle Zahlungsströme aufgezeigt und nur so ist ein vollständiger Einblick in die finanzwirtschaftlichen Abläufe möglich.

285. Das Schema des DRSC unterscheidet drei Teilbereiche, nämlich laufende Geschäftstätigkeit, Investitions- und Finanzierungsbereich.

286. Im Finanzmittelfonds werden die Zahlungsmittelbestände und Zahlungsmitteläquivalente zusammengefasst.

287. Es handelt sich nicht um eine mengenmäßige Änderung von Devisen- und Sortenbeständen, sondern um eine buchmäßige, verursacht durch eine Änderung des Wechselkurses zwischen den Bilanzstichtagen.

288. Ja, und zwar u. a. im Rahmen des Prüfungsberichts nach § 321 HGB und im Rahmen der Jahresabschlussanalyse, insbesondere von Kreditinstituten.

289. Unter »Segment« wird jede isolierbare Untereinheit, u. a. Geschäftszweck, innerhalb einer diversifizierten Wirtschaftseinheit (Unternehmen, Konzern) verstanden.

290. Der Konzernabschluss ist eine Zusammenfassung aller Aktivitäten des Konzerns, ein Konglomerat. Durch eine Segmentberichterstattung werden Risiken und Ertragspotentiale nach Geschäftsfeldern usw. transparent. Nur so ist ein Einblick in die Vermögens-, Finanz- und Ertragslage und die tatsächlichen Verhältnisse im Einzelnen möglich.

291. Die Orientierung erfolgt nach den operativen Bereichen des Konzerns, wobei grundsätzlich unterstellt wird, dass dies mit der internen Organisations- und Berichtsstruktur übereinstimmt und dies sich mit den Risiken und Chancen der Geschäftsfelder deckt.

292. Nein, die im Konzernabschluss angewandten Bilanzansatz- und Bewertungsmethoden bilden die Grundlage. Eine Übereinstimmung mit dem internen Rechnungswesen ist unwahrscheinlich.

293. Die Hauptelemente nach DRS 3.31 ff. sind

   a) Umsatzerlöse,

   b) Segmentergebnis,

   c) Vermögen,

   d) Investitionen in das langfristige Vermögen,

   e) Schulden.

294. Nur bei der Einhaltung dieses Grundsatzes ist ein Einblick in die wirtschaftliche Lage im Zeitablauf und in deren Veränderungen möglich.

295. Ja, dies gilt vor allem dann, wenn es sich um eine große Unternehmung mit vielen Geschäftsfeldern und damit mit unterschiedlichen Risiko- und Ertragsstrukturen handelt.

296. Dem Eigenkapital kommt die Haftungsfunktion gegenüber den Gläubigern zu.

297. Der Eigenkapitalspiegel soll den Einblick in die durchaus nicht homogene Struktur des Konzerneigenkapitals und dessen Veränderung gegenüber dem Vorjahr durch die Angabe der Vorjahreszahlen verbessern.

298. Nein, die Ergebnisanteile der Mutter und der Minderheitsgesellschafter, die zur Ausschüttung bestimmt sind, gehören zum kurzfristigen Eigenkapital des Konzerns und führen bei Ausschüttung zu einem Liquiditätsabfluss.

299. Diese eigenen Anteile sind, wirtschaftlich betrachtet, eine Kapitalherabsetzung (vgl. auch § 272 Abs. 1a HGB). Durch Veräußerung können sie jedoch in liquide Mittel umgewandelt werden.

300. Nein, dazu gehören auch entsprechende Anteile an einer Kapitalrücklage und an den Gewinnrücklagen.

301. Die großen deutschen Konzerne sind weltweit tätig und auch an ausländischen Börsen zugelassen. Sie benötigen im globalen Wettbewerb, auch auf dem Kapitalmarkt, international vergleichbare Konzernabschlüsse. Daher hat der Gesetzgeber ihnen ein Wahlrecht für deren Erstellung eingeräumt.

302. Die Möglichkeit haben die Konzerne auch weiterhin und zwar durch die Umsetzung der EU-VO vom 19. 7. 2002 bzw. 11. 3. 2008 in deutsches Recht, vgl. § 315a HGB.

303. Börsennotierte Konzerne haben in der EU ab 1. 1. 2005 ihre Konzernabschlüsse nach IFRS aufzustellen.

304. Nein, die verabschiedeten Standards werden geprüft und nach einem besonderen Verfahren in die EU eingeführt, vgl. insbes. Art. 6 der EU-VO vom 19. 7. 2002 bzw. 11. 3. 2008.

305. Ja, § 315a Abs. 3 HGB räumt ihnen das Wahlrecht ein, anstelle eines Konzernabschlusses nach HGB einen nach IFRS aufzustellen.

306. In § 315a HGB gibt es keine größenabhängigen Erleichterungen.

307. § 11 Abs. 6 Nr. 2 PublG enthält ein entsprechendes Wahlrecht.

308. Nein, der Gesetzgeber verlangt die vollständige Anwendung aller Standards ohne Erleichterungen, vgl. § 11 Abs. 6 Nr. 2 PublG.

309. Folgende Gründe können für eine Umstellung sprechen:

- Internationale Vergleichbarkeit mit Konkurrenzunternehmen,
- Bessere Kreditkonditionen im Zusammenhang mit dem Rating,
- Höheres Ansehen u. a. bei Kunden.

310. Ja, das HGB macht bei der Prüfung und Offenlegung von Konzernabschlüssen keinen Unterschied bezüglich der angewandten Rechtsnormen (vgl. dazu die Formulierungen in § 315a Abs. 1, 3 HGB).

311. Die weltweit tätigen Unternehmen stehen im globalen Wettbewerb mit anderen Unternehmen und zwar sowohl mit ihren Produkten als auch am Kapitalmarkt. Also müssen sie auch nach international anerkannten und vergleichbaren Standards ihre wirtschaftliche Lage offen legen.

312. Nur der konsolidierte Jahresabschluss vermag die tatsächliche wirtschaftliche Lage des Konzerns darzustellen. Einzelabschlüsse, auch der Mutter, können durch nicht erkennbare Manipulationen innerhalb des Konzerns beeinflusst werden.

313. Das deutsche Recht der Rechnungslegung ist vor allem gekennzeichnet durch das Prinzip des Gläubigerschutzes, die Kapitalerhaltung und die Verzahnung mit dem Steuerrecht durch die Maßgeblichkeit und umgekehrte Maßgeblichkeit (beachte die Aufhebung durch das BilMoG).

314. Seit langer Zeit trägt der Berufsstand der Wirtschaftsprüfer mit dem Institut der Wirtschaftsprüfer (IDW) durch seine Vorschläge usw. dazu bei. Durch seinen in § 342 HGB festgelegten Auftrag als »Privates Rechnungslegungsgremium« ist das Deutsche Rechnungslegungs Standards Committee e.V. (DRSC) dazu berufen.

315. Das HGB legt in § 342 Abs. 1 die Aufgaben fest: Entwicklung von Empfehlungen zur Anwendung von Grundsätzen über die Konzernrechnungslegung, Beratung des BMJ bei Gesetzesvorhaben und die Vertretung der BRD in internationalen Gremien, Erarbeitung von Interpretationen internationaler Rechnungslegungsstandards.

316. Bei Beachtung dieser Grundsätze wird vermutet, dass die Konzernrechnungslegung den Grundsätzen ordnungsmäßiger Konzernrechnungslegung entspricht; vgl. § 342 Abs. 2 HGB.

317. Nein, das IASB ist ein unabhängiges und international besetztes Gremium, das vom IASCF überwacht und kontrolliert wird.

318. Die Securitie and Exchange Commission (SEC) ist die Börsenaufsichtsbehörde der USA und bestimmt die Gestaltung der Rechnungslegung der börsennotierten Unternehmen.

319. Dahinter verbirgt sich die International Organisation of Securities Commissions, ein Zusammenschluss nationaler Börsenaufsichtsbehörden. Sie hat die IFRS als internationale Rechnungslegungsstandards anerkannt.

320. Die Rechtsgrundlagen sind in erster Linie die 4. und 7. EG-Richtlinie. Diese beinhalten aber viele Wahlrechte, so dass der nationale Gesetzgeber zahlreiche der früheren Grundsätze beibehalten konnte. Eine Überarbeitung und Zusammenfassung ist erfolgt, vgl. Tz. 1100, insbes. 1129.

321. Es handelt sich dabei um den theoretischen Unterbau mit allgemeinen Grundsätzen für die Rechnungslegung, also die konzeptionelle Grundlage.

322. Nein, aus der Nummerierung kann nicht auf ein System geschlossen werden. Die Rechnungslegungsgrundsätze sind zeitlich und sachlich nicht zu systematisieren und vielfach in mehreren Standards geregelt.

323. Alle Standards sind nach einem einheitlichen System aufgebaut. Sie beginnen mit der Zielsetzung, Anwendungsbereich, Definition, Inhalt, Übergangsbestimmungen und enden mit der zeitlichen Anwendung.

324. Die Standards differenzieren nicht zwischen Einzel- und Konzernabschluss und machen keine größen- und branchenabhängigen Unterschiede.

325. Nein, die amerikanischen Rechnungslegungsnormen sind in vielen verschiedenen und verstreuten Rechtsgrundlagen zu finden, weil u. a. auch die einzelnen Bundesstaaten Gesetze erlassen haben.

326. Der Jahresabschluss nach HGB soll »ein den tatsächlichen Verhältnissen entsprechendes Bild der Vermögens-, Finanz- und Ertragslage« vermitteln; der nach IFRS eines »Decision Usefullness«, eines nützlichen Urteils eines Investors am Kapitalmarkt.

327. Nein, die Instrumente sind praktisch deckungsgleich. Die Unterschiede beziehen sich noch auf das Ergebnis pro Aktie.

328. Die Gliederungsschemata sind zwar nicht identisch, decken sich aber inhaltlich weitgehend.

329. Die IFRS lassen sowohl das Gesamtkosten- als auch das Umsatzkostenverfahren zu. Die Kontoform ist nicht zulässig, sondern nur die Staffel- oder Berichtsform (vgl. IAS 1.102 f.).

330. Der europäisch geprägte Ansatz ist abstrakt, generalisierend = Code Law; der angloamerikanische ist einzelfallbezogen = Case Law.

331. Nein, die zeitlich weit auseinander liegenden und verabschiedeten Standards enthalten einzelne Regelungen, aber keine in sich geschlossene Konzeption.

332. Auch nach IFRS sind dies die Basiswerte. Im Wesentlichen sind sie inhaltlich deckungsgleich.

333. Die Bewertungsspielräume sind, wie nun auch im HGB, wesentlich eingeengt und damit auch die Bilanzpolitik. Es ist praktisch mit der Obergrenze zu bilanzieren. Vgl. dazu für Vorräte IAS 2.10 ff.

334. Bei der Erstbewertung wird ein Vermögenswert bzw. ein Schuldposten erstmals bilanziert. Im darauf folgenden Abschluss erfolgt dann die Folgebewertung, vgl. auch § 253 HGB.

335. Als Bewertungsmaßstäbe für die Erstbewertung kommen in erster Linie die Anschaffungs- bzw. die Herstellungskosten in Betracht. Danach vor allem fortgeführte Anschaffungs- bzw. Herstellungskosten und der beizulegende Wert (= Fair Value).

336. Diese Bilanzierungshilfe kennt IFRS nicht. Die Aufwendungen sind als Aufwand zu erfassen, IAS 38.69. Beachte: IFRS-Abschlüsse sind Informationsinstrumente ohne rechtliche Folgen.

337. Nein, im Gegensatz zum HGB besteht hier eine Aktivierungspflicht als Vermögenswert, IAS 12.12 ff.

338. Jahresabschlüsse nach IFRS kennen keine steuerlich beeinflussten Posten. Die Posten sind im Rahmen der Überleitung in die Handelsbilanz II herauszurechnen.

339. Nein, DRS 2 orientiert sich an den beiden älteren internationalen Vorschriften.

340. Grundsätzlich nicht, aber bei Konzernen sind spezifische Abschlussposten zu berücksichtigen, z. B. Anteile in Fremdbesitz.

341. Dieses Problem ist im Rahmen der Rechnungslegung unterschiedlich geregelt. DRS 3 verlangt die Orientierung an den Bilanzierungs- und Bewertungsmethoden des Konzernabschlusses. IFRS 8.5-10 und ASC 280 sehen die Orientierung am internen Berichtswesen vor.

342. Die Berichtsgrößen orientieren sich am Informationsbedarf eines Kapitalanlegers. Dieser ist weltweit identisch!

343. Durch die Neufassung von § 264 Abs. 1 HGB ist dies ein Pflichtbestandteil, vgl. Tz. 1065.

344. Ein nicht börsennotiertes Mutterunternehmen hat einen Konzernabschluss nach § 297 Abs. 1 HGB aufzustellen. Der Eigenkapitalspiegel ist ein Pflichtbestandteil.

345. IAS 1.8 verlangt den Eigenkapitalspiegel zwingend als Pflichtbestandteil eines Jahresabschlusses. Dabei wird nicht in Einzel- und Konzernabschluss unterschieden.

346. Nein, das HGB enthält dazu keine Vorschriften. Es bleibt abzuwarten, ob eine ergänzende Vorschrift aufgenommen wird. Viele Unternehmen berichten freiwillig.

347. Ja, die reinen Zahlen von Bilanz und Gewinn- und Verlustrechnung ohne eine Kommentierung ihres Zustandekommens und weiterer Angaben reichen für eine Beurteilung der wirtschaftlichen Lage nicht aus.

348. Die berichtspflichtigen Tatbestände sind im Einzelnen aufgelistet, vgl. IAS 1.112 ff.

349. Freiwillige Angaben verbessern den Informationsgehalt und sind daher zulässig.

350. Ja, § 315a Abs. 1 HGB schreibt dies ausdrücklich vor.

351. Nein, § 292a HGB bzw. die Frist in Art. 57 EGHGB ist abgelaufen!

352. Nein, nach Art. 2 der EU-VO v. 19. 7. 2002 bzw. 11. 3. 2008 ist die Aufstellung nur nach den IFRS möglich.

353. Nein, dies ist sehr differenziert geregelt. Einzelne Standards betreffen den Einzel- und den Konzernabschluss, andere nur den Konzernabschluss, z. B. IFRS 10, IAS 36.

354. Beide sind, wie das HGB, beherrscht vom Gedankengut der Einheits-Theorie, was sich an den einzelnen Standards und den Details ablesen lässt.

355. Nach IFRS 3 und 10 sind alle Konzernunternehmen ohne Rücksicht auf Sitz und Rechtsform einzubeziehen. Es handelt sich, wie beim HGB und US-GAAP, um einen sog. Weltabschluss.

356. Das wichtigste Instrument dazu ist die vorgeschriebene Segmentberichterstattung mit der Bildung eines separaten Segments. Darüber hinaus können freiwillige Angaben gemacht werden.

357. Nach IFRS 3.4 ff. ist auch nur die Neubewertungsmethode zugelassen.

358. IFRS sind beherrscht von der Einheits-Theorie, folglich gehören diese Anteile zum Eigenkapital des Konzerns, wenn auch mit getrenntem Ausweis, vgl. dazu IFRS 3.19.

359. Es handelt sich um vollkonsolidierte Gewinn- und Verlustrechnungen, vgl. dazu IFRS 10.B 86!

360. Dies ist nicht mehr möglich. Durch den neu eingeführten IFRS 11.24 ist nur noch die Equitymethode erlaubt.

VII. Teil: Lösungen zu den Aufgaben

LÖSUNGEN

Aufgabe 1

a) In die Bilanz der Unternehmung dürfen nur Vermögensgegenstände und Schulden der Maschinenfabrik Albert Müller OHG, nicht aber Vermögen und Schulden der Gesellschafter aus deren Privatbereich eingestellt werden. Der Ausweis der Einkommensteuerschuld des Gesellschafters Fritz ist unzulässig (vgl. § 264c Abs. 3 HGB). Durch eine Passivierung würde der Grundsatz der Bilanzwahrheit verletzt (vgl. auch § 247 HGB).

b) Durch die Lieferung des Rohstoffes Z ging die Gefahr des zufälligen Untergangs usw. auf die Maschinenfabrik über. Der Rohstoff ist der Unternehmung wirtschaftlich zuzurechnen, und damit ist sie der wirtschaftliche Eigentümer. Folglich muss der Rohstoff aktiviert und die entsprechende Verbindlichkeit auf der Passivseite ausgewiesen werden. Ein Weglassen würde den Grundsatz der Vollständigkeit verletzen (vgl. § 246 HGB).

c) Ein Ausweis gegenüber dem Vorjahr kann nur aus sachlichen Gründen geändert werden. Ein Hinweis auf den neu gestalteten Ausweis ist notwendig, und die Vergleichbarkeit mit dem Vorjahr muss gegeben sein. Im vorliegenden Fall trifft dies nicht zu. Der Grundsatz der formalen Bilanzkontinuität wird nicht eingehalten (vgl. insbes. § 265 Abs. 1 HGB). Außerdem lässt sich die Handlungsweise nicht mit dem Grundsatz der Bilanzklarheit vereinbaren (vgl. § 243 Abs. 2 HGB).

d) Forderungen und Verbindlichkeiten sind brutto auszuweisen. Eine Saldierung verletzt das Prinzip der Bilanzklarheit. § 246 Abs. 2 HGB verbietet ausdrücklich eine Verrechnung von Forderungen und Verbindlichkeiten.

e) In diesem Fall stehen sich am Bilanzstichtag Forderungen und Verbindlichkeiten gegenüber, die aufrechnungsfähig i. S. d. §§ 387 ff. BGB sind. Deshalb erlischt ein Teil der Verbindlichkeiten durch Aufrechnung mit der Forderung (€ 2 775,– ./. € 1 665,–), sodass am Jahresende noch eine effektive Verbindlichkeit in Höhe von € 1 110,– besteht. Diese Verbindlichkeit ist in der Bilanz auszuweisen. Die Erklärung der Aufrechnung nach § 388 BGB muss allerdings abgegeben werden.

Aufgabe 2

a) Grundsätzlich sind alle Gegenstände körperlich durch Inventur zu erfassen und ins Inventar aufzunehmen, und zwar ohne Rücksicht auf die Höhe der Anschaffungskosten oder deren vollständige Abschreibung. Dies gilt u. a. aber nicht für sog. Gegenstände mit geringem Wert (Anschaffungskosten von nicht mehr als € 150,–), sofern sie voll abgeschrieben wurden (vgl. R 5.4 Abs. 1 EStR).

b) Das Verfahren ist unzulässig, weil im laufenden Geschäftsjahr *keine* körperliche Bestandsaufnahme stattfinden würde, H 5.3 EStH.

c) Die Inventurunterlagen dürfen nach Aufstellung des Inventars nicht vernichtet werden, da sonst der Grundsatz der Nachprüfbarkeit verletzt ist. Die Aufbewahrungspflicht beträgt 10 Jahre (vgl. u. a. § 257 HGB).

d) Bei der Inventur muss u. a. auch der Grundsatz der Wirtschaftlichkeit im Rechnungswesen beachtet werden. Im vorliegenden Fall ist es unzumutbar, den Bestand durch Wiegen zu ermitteln. Es genügt, wenn durch eine möglichst genaue Schätzung, evtl. im Zusammenhang mit Eingangsrechnungen, der Bestand am Bilanzstichtag festgestellt wird. Gegen eine Stichtagsinventur der übrigen Betriebsstoffe bestehen keine Bedenken.

e) Fehlerhaft ist die Aufnahme bei der nachverlegten Inventur, da diese nur bis zu zwei Monate nach dem Bilanzstichtag erfolgen darf. Sie muss also spätestens Ende Februar abgeschlossen sein. Die Berechnung des Einstandspreises durch Abzug der Bruttospanne vom Verkaufspreis ist zulässig.

f) Das Konsignationslager muss durch eine Stichtagsinventur erfasst und ins Inventar aufgenommen werden. Eine permanente Inventur ist nicht zulässig, weil es sich um eine leicht verdunstende Flüssigkeit handelt (vgl. R 5.3 Abs. 3 EStR).

g) Die unfertigen Erzeugnisse (Vorräte, Umlaufvermögen) müssen – ohne Rücksicht auf den Wert – vollständig erfasst werden. Die Grenze von € 150,– betrifft nur sog. Wirtschaftsgüter mit geringem Wert (Anlagevermögen), die vollständig abgeschrieben sind (vgl. R 5.4 Abs. 3 EStR).

h) Es widerspricht dem Grundsatz der Wirtschaftlichkeit, wenn *sämtliche* Kunden angeschrieben werden. Eine stichprobenweise Anforderung von Saldenbestätigungen genügt.

i) Eine körperliche Erfassung der Schuldwechsel ist unmöglich, weil sie sich bei den Gläubigern befinden. Es wäre lediglich anhand der Aufzeichnungen der Unternehmung über die ausgestellten Wechsel (z. B. Wechselkopierbuch) eine Überprüfung vorzunehmen.

Aufgabe 3

a) Es handelt sich um eine Forderung an ein verbundenes Unternehmen nach § 271 Abs. 2 HGB. Diese ist unter A. III. 2 »Ausleihungen an verbundene Unternehmen« auszuweisen.

b) Folgende Posten können infrage kommen:

- A. III. 3 »Beteiligungen«:

  sofern die Anlage als Beteiligung anzusehen ist, was die bilanzierende Unternehmung selbst entscheidet (vgl. auch § 271 Abs. 1 HGB)

- B. II. 4 »Sonstige Vermögensgegenstände«:

  sofern die Kapitalanteile nur vorübergehend erworben wurden und nicht als Daueranlage gedacht sind. Handelt es sich um eine bedeutende Summe, muss ein Sonderposten eingefügt werden (vgl. § 265 Abs. 5 HGB).

c) Es kommt nur der Ausweis unter Posten B. II. 4 »Sonstige Vermögensgegenstände« infrage.

d) Ohne Rücksicht auf die juristische Zugehörigkeit zum Gebäude sind Maschinen für Produktionszwecke unter dem Posten A. II. 2 »technische Anlagen und Maschinen« auszuweisen.

e) Diese Wertmarken gehören zum Kassenbestand, Posten B. IV.

f) Ein Ausweis in der Bilanz kann nicht erfolgen, da der Wechsel zur Sicherung einer Forderung als Pfand hereingegeben wurde.

g) In den Posten A. II. 1 sind alle Bauwerke einzustellen, und zwar ohne Rücksicht auf die Art und den Standort des Gebäudes.

Aufgabe 4

Bilanz zum ...

Aktivseite

A. Anlagevermögen:					
I. Immaterielle Vermögensgegenstände:					
1. Selbst geschaffene gewerbliche Schutzrechte und ähnliche Rechte und Werte	T€	–		
2. entgeltlich erworbene Konzessionen, gewerbliche Schutzrechte und ähnliche Rechte und Werte sowie Lizenzen an solchen Rechten und Werten	T€	–		
3. Geschäfts- oder Firmenwert		–		
4. geleistete Anzahlungen		–	T€	–
II. Sachanlagen:				
1. Grundstücke, grundstücksgleiche Rechte und Bauten einschließlich der Bauten auf fremden Grundstücken	T€	800		
2. technische Anlagen und Maschinen		900		
3. andere Anlagen, Betriebs- und Geschäftsausstattung		400		
4. geleistete Anzahlungen und Anlagen im Bau		–	T€	2 100

	III.	Finanzanlagen:				
		1. Anteile an verbundenen Unternehmen	T€	250		
		2. Ausleihungen an verbundene Unternehmen		–		
		3. Beteiligungen		200		
		4. Ausleihungen an Unternehmen, mit denen ein Beteiligungsverhältnis besteht		–		
		5. Wertpapiere des Anlagevermögens		–		
		6. sonstige Ausleihungen		–	T€	450
		Summe Anlagevermögen			T€	2 550
B.		Umlaufvermögen:				
	I.	Vorräte:				
		1. Roh-, Hilfs- und Betriebsstoffe	T€	400		
		2. unfertige Erzeugnisse, unfertige Leistungen		85		
		3. fertige Erzeugnisse und Waren		175		
		4. geleistete Anzahlungen		–	T€	660
	II.	Forderungen und sonstige Vermögensgegenstände:				
		1. Forderungen aus Lieferungen und Leistungen	T€	315		
		2. Forderungen gegen verbundene Unternehmen		500		
		3. Forderungen gegen Unternehmen, mit denen ein Beteiligungsverhältnis besteht		–		
		4. sonstige Vermögensgegenstände		6	T€	821
	III.	Wertpapiere:				
		1. Anteile an verbundenen Unternehmen	T€	–		
		2. sonstige Wertpapiere		300	T€	300
	IV.	Kassenbestand, Bundesbankguthaben, Guthaben bei Kreditinstituten und Schecks			T€	38
		Summe Umlaufvermögen			T€	1 819
C.		Rechnungsabgrenzungsposten			T€	7
D.		Aktive latente Steuern				–
E.		Aktiver Unterschiedsbetrag aus der Vermögensverrechnung				–
					T€	4 376

Passivseite

A.	Eigenkapital:						
	I. Gezeichnetes Kapital			T€	2 500		
	II. Kapitalrücklage				250		
	III. Gewinnrücklagen						
	1. gesetzliche Rücklage	T€	50				
	2. Rücklage für Anteile an einem herrschenden oder mit Mehrheit beteiligten Unternehmen		–				
	3. satzungsmäßige Rücklagen		–				
	4. andere Gewinnrücklagen		400		450		
	IV. Bilanzgewinn				200		
	davon Gewinnvortrag	T€	4			T€	3 400
B.	Rückstellungen:						
	1. Rückstellungen für Pensionen und ähnliche Verpflichtungen			T€	100		
	2. Steuerrückstellungen				40		
	3. sonstige Rückstellungen				30	T€	170
C.	Verbindlichkeiten:						
	1. Anleihen			T€	–		
	davon konvertibel	T€	–				
	2. Verbindlichkeiten gegenüber Kreditinstituten				200		
	3. erhaltene Anzahlungen auf Bestellungen				20		
	4. Verbindlichkeiten aus Lieferungen und Leistungen				100		
	5. Verbindlichkeiten aus der Annahme gezogener Wechsel und der Ausstellung eigener Wechsel				40		
	6. Verbindlichkeiten gegenüber verbundenen Unternehmen				–		
	7. Verbindlichkeiten gegenüber Unternehmen, mit denen ein Beteiligungsverhältnis besteht				–		
	8. sonstige Verbindlichkeiten				440		
	davon aus Steuern		–				
	davon im Rahmen der sozialen Sicherheit		–			T€	800
D.	Rechnungsabgrenzungsposten						6
E.	Passive latente Steuern						–
						T€	4 376

Ergänzende Hinweise

a) Für die Zulässigkeit zur Einstellung in Rücklagen beachte auch § 58 Abs. 2, 2a AktG.

b) Die Bewegungen der Rücklagen können sowohl in der Bilanz als auch im Anhang angegeben werden; vgl. § 152 Abs. 2, 3 AktG.

Der Ausweis müsste wie folgt lauten:
Andere Gewinnrücklagen

Stand zu Beginn des Geschäftsjahres	T€ 340
Einstellung im Geschäftsjahr	60
Stand am Ende des Geschäftsjahres	400

c) Bei teilweiser Gewinnverwendung tritt an die Stelle der Posten »Jahresüberschuss/Jahresfehlbetrag« und »Gewinnvortrag/Verlustvortrag« der Posten »Bilanzgewinn/Bilanzverlust« nach § 268 Abs. 1 HGB. Der Gewinn- bzw. Verlustvortrag ist einzubeziehen und gesondert zu vermerken.

Aufgabe 5

Bilanzposten	Anschaffungs-/ Herstellungskosten	Zugänge des Geschäftsjahrs +	Abgänge des Geschäftsjahrs ./.	Umbuchungen des Geschäftsjahrs + ./.	Zuschreibungen des Geschäftsjahrs +	Abschreibungen (kumuliert) ./.	Stand am	Stand Vorjahr	Abschreibungen des Geschäftsjahrs
(0)	(1)	(2)	(3)	(4)	(5)	(6)	(7)	(8)	(9)
A.II.2.									
Jahr 1	–	400	–	–	–	100	300	–	100
Jahr 2	400	100	60	–	15	205	250	300	125
Jahr 3	440	80	–	–	–	340	180	250	150

Hinsichtlich der Entwicklung der einzelnen Zahlen vgl. die Anmerkung zum Anlagengitter Tz. 2160.

Aufgabe 6

Die Anschaffungskosten errechnen sich wie folgt:

	Anschaffungspreis		
	Grundstückspreis lt. Kaufvertrag		€ 510 000,–
+	*Anschaffungsnebenkosten*		
	a) Beurkundungsgebühr für Kaufvertrag	€ 3 000,–	
	b) Grunderwerbsteuer	12 000,–	
	c) Eintragungsgebühr für das Grundstück	1 000,–	
	d) Maklerprovision	10 200,–	
	e) Abbruchkosten für die Scheune	4 000,–	30 200,–
	Ungefähre Anschaffungskosten		€ 540 200,–

Nicht zu den Anschaffungskosten gehören die USt (= Vorsteuer), Kosten der Finanzierung und die Grundsteuer, die laufenden Aufwand darstellen. Die Abbruchkosten für die Scheune sind Teil der Anschaffungskosten, da davon auszugehen ist, dass für die abbruchreife und wertlose Scheune kein Entgelt gezahlt wurde, sondern nur für den Grund und Boden. Die Abbruchkosten sind daher dem Grund und Boden zuzurechnen (vgl. auch H 6.4 EStH).

Aufgabe 7

Die Anschaffungskosten für die Maschine errechnen sich nach § 255 Abs. 1 HGB wie folgt:

Anschaffungspreis			
	Kaufpreis	€	30 000,–
+	*Aufwendungen für Betriebsbereitschaft*		
	Kosten des Fundaments		500,–
+	*Anschaffungsnebenkosten*		
	Kosten des Transports und der Versicherung		300,–
./.	*Anschaffungspreisminderungen*		
	Skonto, 3 % aus € 30 000,–		./. 900,–
		€	29 900,–

Die USt ist in allen Fällen als Vorsteuer abzuziehen. Bei dem Fundament kommt es nicht auf die Zahlung an, vielmehr muss der Geschäftsvorfall im laufenden Geschäftsjahr gebucht und über »Verbindlichkeiten aus Lieferungen und Leistungen« abgegrenzt werden. Die Kosten der Finanzierung (Diskont für den Wechsel) gehören nicht zu den Anschaffungskosten der Maschine.

Aufgabe 8

Die Forderung ist zum 31. 12. 01 bei den alternativen Sachverhalten wie folgt zu bewerten:

a) Die Forderung ist im Jahre 01 abzuschreiben, da die Insolvenz im Jahre 01 stattfand und am 31. 12. die Forderung wertlos ist. Die Berichtigung der USt darf erfolgen, weil durch die Insolvenzeröffnung die Forderung als uneinbringlich gilt, vgl. § 17 Abs. 2 UStG.

b) Nach dem Bilanzstichtag, aber *vor* der Bilanzerstellung, erlangte bessere Erkenntnisse über die Verhältnisse am Bilanzstichtag müssen berücksichtigt werden. Eine Behandlung entsprechend Buchstabe a) ist notwendig.

c) In diesem Falle erfährt die Unternehmung von der Insolvenz nach dem Zeitpunkt der Bilanzerstellung. Eine nachträgliche Änderung der Bilanz ist nicht möglich. Eine Abschreibung kann erst im Geschäftsjahr 02 erfolgen.

d) Durch die Brandkatastrophe ist die wirtschaftliche Lage der Firma F. Schmidt zum 31. 12. 01 äußerst schlecht. Wie sich weit vor der Bilanzerstellung zeigt, besitzt die Forderung schon am Abschlussstichtag nicht ihren vollen Nennwert. Eine Abschreibung auf den Wert nach § 253 Abs. 4 HGB und § 6 Abs. 1 Nr. 2 EStG ist bereits zum 31. 12. 01 notwendig.

Aufgabe 9

Eine Rückstellung von global 3 % des Wechselobligos darf nicht gebildet werden. Da die Laufzeit sämtlicher Wechsel spätestens am 31. 3. 02 endet, steht im Zeitpunkt der Bilanzerstellung (30. 4.) der Umfang des Ausfalles fest. Nur in Höhe dieses Betrages kommt ein Ausweis unter dem Posten »Sonstige Verbindlichkeiten« infrage. Ist lediglich eine Schätzung des Betrages möglich, müsste eine Rückstellung in angemessener Höhe gebildet werden.

Aufgabe 10

Zum 31. 12. 03 ist in der Bilanz der Maschinenbau A. Müller GmbH die Rückstellung nach wie vor zu passivieren. Sie muss im Geschäftsjahr 04 ertragswirksam aufgelöst werden. Erst am 15. 2. 04. steht nämlich endgültig fest, dass ein Grund zur Bildung der Rückstellung *nicht* vorlag. Maßgebend sind die objektiven Tatsachen am Bilanzstichtag (vgl. H 5.7 Abs. 13 EStH i. V. m. BFH-Urteil vom 30. 1. 2002 – BStBl II 2002, S. 688 und *Tabelle 37*).

Aufgabe 11

Handelswaren gehören zum Umlaufvermögen. Sie dürfen höchstens mit dem Marktpreis von € 9 000,– in der Handelsbilanz angesetzt werden (vgl. § 252 Abs. 1 Nr. 3, 4 HGB – Imparitätsprinzip, § 253 Abs. 4 Satz 1 HGB).

In der Steuerbilanz *kann* der Wert von € 9 000,– als Teilwert der Handelswaren ausgewiesen werden. Es können jedoch auch die Anschaffungskosten mit € 10 000,– ausgewiesen werden (Wahlrecht). Vgl. § 6 Abs. 1 Nr. 2 EStG, R 6.7, 6.8 EStR, Tz. 1242.

Aufgabe 12

Die *Untergrenze* der Herstellungskosten nach § 255 Abs. 2 HGB sind die Einzelkosten und bestimmte Gemeinkosten (vgl. Tz. 2275 ff.). Diese bestehen im vorliegenden Fall aus:

Materialeinzelkosten	€ 39 200,–
Fertigungseinzelkosten	19 000,–
Sonderkosten der Fertigung (Konstruktionskosten)	7 500,–
Materialgemeinkosten 15 %	5 880,–
Fertigungsgemeinkosten 250 %	47 500,–
	€ 119 080,–

Bei der Ermittlung der *Obergrenze* für die Aktivierung der Maschine werden auch die Gemeinkosten (ohne Vertriebsgemeinkosten) einbezogen:

Materialeinzelkosten	€ 39 200,–
Materialgemeinkosten 15 %	5 880,–
Fertigungseinzelkosten	19 000,–
Fertigungsgemeinkosten 250 %	47 500,–
Sonderkosten der Fertigung	7 500,–
Kosten der allgemeinen Verwaltung 10 % aus € 119 080,–	11 908,–
	€ 130 988,–

Die in R 6.3 EStR 2012 vorgesehene Anhebung der Wertuntergrenze der Herstellungskosten (vgl. *Tabelle 43*) wurde durch Widerspruch des Nationalen Normenkontrollrats zurückgenommen (vgl. Tz. 2287). Somit bleibt es bis auf Weiteres bei der Wertuntergrenze nach den EStR 2008 (vgl. *Tabelle 42*).

Damit ist die Wertuntergrenze und die Wertobergrenze nach Handels- und Steuerrecht weiterhin identisch!

Für den Ausweis in der *Handelsbilanz* hat die Maschinenfabrik Fritz und Keller AG folgende Möglichkeiten:

a) Ansatz der Untergrenze mit € 119 080,–

b) Ansatz der Obergrenze mit € 130 988,–

c) Ansatz eines Wertes zwischen der Unter- und Obergrenze.

Für den Ansatz in der *Steuerbilanz* gilt Folgendes:

Aufgrund der Maßgeblichkeit der Handelsbilanz für die Steuerbilanz muss der Wertansatz aus der Handelsbilanz übernommen werden, sofern die Bewertungsvorschriften des EStG nicht zwingend einen anderen Wertansatz vorschreiben. Im vorliegenden Falle bedeutet dies, dass

a) bei einem Ansatz in der Handelsbilanz von € 119 080,– ist in der Steuerbilanz auch der Betrag von € 119 080,– anzusetzen,

b) bei einem Ansatz in der Handelsbilanz von über € 119 080,– bis € 130 988,– in der Steuerbilanz der Ansatz aus der Handelsbilanz zu übernehmen ist.

Vgl. dazu insbes. Tz. 1242 und 2283 ff. mit den geänderten steuerlichen Vorschriften!

Anmerkungen zur Berechnung:

a) Bei der Berechnung der Herstellungskosten dürfen keine kalkulatorischen Kosten einbezogen werden. Die Gemeinkostenzuschlagsätze nach dem BAB für die Kalkulation sind nicht brauchbar; es ist vielmehr ein zusätzlicher BAB für die Zwecke der Ermittlung der Herstellungskosten aufzustellen.

b) Es können nur die effektiv angefallenen Aufwendungen berücksichtigt werden. Skontoabzüge beim Fertigungsmaterial sind Anschaffungskostenminderungen, und die Buchung als Skontoertrag ist zu berichtigen.

c) Bei der Ermittlung der Herstellungskosten dürfen nach § 255 Abs. 2 HGB nur »angemessene« Kosten, die auf den Zeitraum der Herstellung entfallen, eingerechnet werden. Bei erheblich gesunkenem Beschäftigungsgrad ist es nicht zulässig, die gesamten Kosten (wegen der hohen Belastung mit fixen Kosten) zu aktivieren. Bei einer Schwankung von lediglich 5 % braucht dies allerdings noch nicht beachtet zu werden.

d) Die Kosten der Konstruktion der Maschine sind nicht dem allgemeinen Forschungs- und Entwicklungsaufwand zuzurechnen. Sie stellen Sondereinzelkosten der Fertigung dar und müssen aktiviert werden.

Aufgabe 13

a) Die Zahlung an die Maschinenfabrik errechnet sich wie folgt:

Rechnungsbetrag	€	23 800,–
./. 5 % Nachlass wegen eines Mangels		1 190,–
	€	22 160,–
./. 2 % Skonto		452,20
Zahlung	€	22 157,80

Die Zahlung kann auch auf diese Art ermittelt werden:

Warenwert der Maschine	€	20 000,–
./. 5 % Nachlass wegen eines Mangels		1 000,–
	€	19 000,–
./. Skonto		380,–
	€	18 620,–
+ 19 % USt		3 537,80
Zahlung	€	22 157,80

b) Die Anschaffungskosten (§ 255 Abs. 1 HGB) setzen sich zusammen aus:

Entgelt nach Abzügen und ohne USt	€	18 620,–
+ Kosten des Fundaments		600,–
+ Fracht		250,–
Anschaffungskosten	€	19 470,–

c) In der Handelsbilanz dürfen alle Methoden der Abschreibung gewählt werden, sofern sie den GoB entsprechen (§ 253 Abs. 2 HGB). Für die Zwecke der steuerlichen Erfolgsermittlung dürfen unbeschränkt nur die lineare Abschreibung und für bewegliche Anlagegegenstände auch die Abschreibung nach Maßgabe der Leistung in Anspruch genommen werden (§ 7 Abs. 1 EStG). Für die anderen Abschreibungsmethoden sind im Gesetz Beschränkungen enthalten (vgl. insbesondere § 7 Abs. 2 EStG).

d) Der Abschreibungssatz beträgt bei linearer Abschreibung 12,5 %. Die geometrisch-degressive Abschreibung darf in der Handelsbilanz ohne Rücksicht auf die Höhe des Prozentsatzes vorgenommen werden (sofern dies den GoB entspricht; die Grenze liegt etwa bei einem Prozentsatz von 50–60 %). In der Steuerbilanz darf gem. § 7 Abs. 2 EStG die geometrisch-degressive Abschreibung nicht mehr als das Zweieinhalbfache des linearen Satzes und höchstens 25 % betragen. Dies bedeutet, dass für die Zwecke der steuerlichen Erfolgsermittlung ein Abschreibungssatz von 25 % anzusetzen ist.

Es ist zu beachten, dass ab 1. 1. 2004 nur monatsgenau abzuschreiben ist (= Wegfall der Vereinfachungsregel, vgl. § 7 Abs. 1 Satz 4 bzw. Abs. 2 Satz 3 EStG).

Der Wertansatz zum Ende des Anschaffungsjahres errechnet sich nach dem Gesagten wie folgt:

lineare Abschreibung

Anschaffungskosten	€	19 470,–
./. planmäßige Abschreibung linear, 12,5 % = € 2 433,75		
davon 3 Monate		609,–
Wertansatz zum 31. 12.	€	18 861,–

degressive Abschreibung

Anschaffungskosten		19 470,–
./. planmäßige Abschreibung degressiv, 25 % = € 4 867,50		
davon 3 Monate		1 216,88
Wertansatz zum 31. 12.	€	18 253,12

e) Der Wert der Maschine ergibt sich bei linearer Abschreibung wie folgt:

Anschaffungskosten	€	19 470,–
./. planmäßige Abschreibung im Jahr der Anschaffung – siehe oben d)		609,–
Wert zum 31. 12. des Anschaffungsjahres	€	18 861,–
./. planmäßige Abschreibung 12,5 % aus € 19 470,–		2 434,–
Wert am 31. 12. des folgenden Jahres bei planmäßiger Abschreibung	€	16 427,–
Der tatsächliche Wert beträgt gem. § 253 Abs. 2 HGB		10 000,–
was eine Differenz von	€	6 427,–
ergibt.		
Daraus folgt, dass in diesem Geschäftsjahr eine planmäßige Abschreibung von	€	2 434,–
und eine außerplanmäßige Abschreibung von		6 427,–
vorzunehmen ist, was zusammen	€	8 861,–
ergibt.		

Die außerplanmäßige Abschreibung in der Handelsbilanz auf den nach § 253 Abs. 3 HGB beizulegenden Wert ist zwingend, da es sich um eine dauernde Wertminderung handelt. In der Steuerbilanz kann der Betrag von € 10 000,– ebenfalls angesetzt bzw. die Abschreibung von insgesamt € 8 861,– vorgenommen werden. Der Wert von € 10 000,– entspricht dem Teilwert (Wahlrecht nach § 6 Abs. 1 Nummer 1 EStG, vgl. auch *Tabelle 13*).

In den folgenden 4 Geschäftsjahren kann die Maschine in der Handels- und Steuerbilanz nun linear abgeschrieben werden.

Aufgabe 14

a) Die Anschaffungskosten errechnen sich wie folgt:

Kaufpreis für das Grundstück einschl. Bauernhaus	€	750 000,–
+ Nebenkosten für die Beurkundung usw.		75 000,–
+ Kosten des Abbruchs für das Bauernhaus ohne USt vgl. H 6.4 EStH		5 000,–
Vorläufige Anschaffungskosten	€	830 000,–
+ Erschließungskosten nach Baugesetzbuch vgl. H 6.4 EStH		90 000,–
endgültige Anschaffungskosten	€	920 000,–

Der übernommene Hypothekarkredit gehört nicht zu den Anschaffungskosten, auch wenn er vom Kaufpreis abgesetzt wird. Das Darlehen muss vielmehr passiviert werden.

b) Die Herstellungskosten des Bürogebäudes sind wie folgt zu ermitteln:

Rechnungen der Handwerker	€	1 300 000,–
+ Architektenrechnung		70 000,–
+ Anschluss an Strom- und Wassernetz vgl. H 6.4 EStH		30 000,–
Herstellungskosten ohne Zinsen	€	1 400 000,–

Aktivierung von Fremdkapitalzinsen

Nach § 255 Abs. 3 HGB dürfen in der Handelsbilanz im vorliegenden Fall Zinsen aktiviert werden, und zwar bis zur Bezugsfertigkeit (ohne Agio) im Betrag von € 45 000,–. Für die Zwecke der steuerlichen Gewinnermittlung erlaubt R 33 Abs. 4 EStR die Aktivierung ebenfalls, vgl. *Tabelle 13*.

c) Das Handelsrecht enthält in § 253 Abs. 1, 3 HGB keine besonderen Vorschriften für Gebäude. Somit sind alle Methoden planmäßiger Abschreibungen, soweit sie den GoB entsprechen, zulässig. Für das Steuerrecht gilt zunächst § 7 Abs. 1 EStG. Danach ist die betriebsgewöhnliche Nutzungsdauer von 50 Jahren zugrunde zu legen. Somit ergäbe sich eine lineare Abschreibung von 2 % bezogen auf die Zeit vom 1. 11.–31. 12. 2012. § 7 Abs. 4 Satz 1 schreibt für Gebäude, die zu einem Betriebsvermögen gehören und nicht zu Wohnzwecken dienen, eine lineare Abschreibung von 3 % vor.

Die degressive Abschreibung für Gebäude des Betriebsvermögens ist durch Änderung des EStG nicht mehr zulässig.

Der Buchwert des Gebäudes zum 31. 12. ergibt sich bei *linearer Abschreibung* wie folgt

Herstellungskosten	€	1 400 000,–
./. planm. Abschreibung 3 % Herstellungskosten für die Zeit vom 1. 11.–31. 12.		7 000,–
Bilanzansatz zum 31. 12.	€	1 393 000,–

Durch die Aufhebung der umgekehrten Maßgeblichkeit kommt nach HGB nur eine lineare Abschreibung mit 2 % oder eine geometrisch-degressive in Betracht.

d) Für den durch den Bau der Schnellstraße im Wert geminderten Teil des Grundstückes ist eine Abschreibung gem. § 253 Abs. 3 Satz 3 HGB auf den am Abschlussstichtag beizulegenden Wert notwendig, da es sich um eine dauernde Wertminderung handelt. Der Preis von € 55,– pro m² muss in der Handelsbilanz angesetzt werden. Er entspricht dem Teilwert nach § 6 Abs. 1 Nr. 2 EStG. Beim Ansatz handelt es sich um ein Wahlrecht, das unabhängig von der Handelsbilanz ausgeübt werden kann, vgl. § 5 Abs. 1 Satz 1 Halbsatz 2 EStG und *Tabelle 13*.

Bisheriger Bilanzansatz für den Teil von 2 000 m²

$(\frac{920\,000}{5\,000} \times 2\,000)$	€	368 000,–
./. Wert nach § 253 Abs. 3 Satz 3 HGB bzw. § 6 Abs. 1 Ziffer 2 EStG 2000 m² zu je € 55,– pro m²		110 000,–
Außerplanmäßige Abschreibung bzw. Teilwertabschreibung	€	258 000,–

Aufgabe 15

Es handelt sich um bewegliche, abnutzbare Gegenstände des Anlagevermögens; diese sind selbstständig nutzbar und bewertbar. Sofern die Anschaffungskosten für *jeden* Gegenstand der einzelnen Arten nicht mehr als € 410,– betragen, darf der Vermögensgegenstand im Jahr der Anschaffung als geringwertiges Wirtschaftsgut voll abgeschrieben werden (handelsrechtliche Vereinfachungsregel, vgl. auch § 6 Abs. 2 EStG, R 6.13 EStR und H 6.13 EStH). Die Anschaffungskosten übersteigen für das einzelne Wirtschaftsgut nicht € 410,– (ohne die als Vorsteuer abziehbare MwSt und nach Abzug des Skontos von 3 %). Die Voraussetzungen für die Behandlung der Büroausrüstung als geringwertige Wirtschaftsgüter liegen vor.

Der Fall wäre steuerlich anders zu beurteilen, weil § 6 Abs. 2 bzw. 2a EStG a. F. andere Wertgrenzen enthält.

Aufgabe 16

Es muss geprüft werden, ob Erhaltungsaufwand oder Herstellungsaufwand vorliegt. Bei der Beurteilung der Frage kommt es nicht auf den Buchwert (im vorliegenden Fall gleich € 1,– Erinnerungswert), sondern auf den tatsächlichen Wert bzw. Zustand des Wirtschaftsgutes im Zeitpunkt der Maßnahme an. Herstellungsaufwendungen sind anzunehmen, wenn das Wirtschaftsgut als Ganzes dem vollen Verschleiß unterlegen hat und daher wiederhergestellt werden muss (Neuherstellung). Erhaltungsaufwand liegt vor, wenn ein weiterhin nutzfähiger Vermögensgegenstand durch den Austausch von ergänzungsbedürftigen Teilen erhalten werden soll (vgl. § 255 Abs. 2 Satz 1 HGB und analog R 21.1 EStR).

Der Lkw kann im Zeitpunkt des Einbaues des Austauschmotors noch weitere 5 Jahre genutzt werden. Der Motor hat eine kürzere Lebensdauer als der Lkw im Ganzen, sein Austausch dient lediglich der Erhaltung der Nutzungsfähigkeit des Lkw im bisherigen Umfang. Daher liegt Erhaltungsaufwand vor; die Kosten des Austauschmotors sind als Reparaturaufwand zu verbuchen.

Aufgabe 17

a) Nach § 253 Abs. 5 HGB besteht bei Wegfall der Gründe eine Zuschreibungspflicht. Auch im Steuerrecht besteht eine Zuschreibungspflicht, vgl. § 6 Abs. 1 Nr. 1, 2 EStG.

b) Aus den bei a) geschilderten Gründen ist auch hier eine Zuschreibung in der Handels- und Steuerbilanz, und zwar unter Berücksichtigung der bisher vorzunehmenden Abschreibungen, vorzunehmen. Die Obergrenze bilden die Anschaffungskosten (vgl. § 253 Abs. 1 HGB, § 6 Abs. 1 Nr. 1 bzw. 2 EStG) in Höhe von T€ 300.

c) Eine KG hat, wie eine GmbH, in der *Handelsbilanz* kein Beibehaltungswahlrecht für a) und b) in § 253 Abs. 5 HGB. Das Gleiche gilt für die Steuerbilanz, vgl. § 6 Abs. 1 Nr. 1 bzw. 2 EStG.

Aufgabe 18

Zunächst muss beachtet werden, dass die USt als abzugsfähige Vorsteuer gem. § 9b EStG nicht zu den Anschaffungskosten gehört und deshalb herauszurechnen ist. Der Jubiläumsnachlass mindert die Anschaffungskosten für die Lieferung vom 15. 10., was zu einer Reduzierung des Betrages um € 90,– auf € 810,– führt.

Für den Ausweis in der *Handelsbilanz* können (abgesehen vom *permanenten* Lifo usw.) folgende Methoden zur Ermittlung der Anschaffungskosten angewandt werden:

a) Durchschnittsmethode, also Wertermittlung als gewogenes arithmetisches Mittel oder durch Skontration,

b) Wertermittlung mithilfe einer Verbrauchsfolge, also mit der Lifo- und Fifo-Methode; eine Verbrauchsfolgeunterstellung ist nach § 256 HGB zulässig.

Allerdings dürfen die so errechneten Anschaffungskosten nicht über dem aus dem Börsen- oder Marktpreis abgeleiteten Wert liegen (strenges Niederstwertprinzip beim Umlaufvermögen, vgl. § 253 Abs. 4 HGB).

Es ergeben sich folgende Wertansätze:

a) Durchschnittswert als gewogenes arithmetisches Mittel:

Anfangsbestand	100 kg	€	1 000,–
Zugang	200 kg		2 400,–
	100 kg		810,–
	400 kg	€	4 210,–
	1 kg		10,53
	150 kg		1 578,75

b) Durchschnittswert durch Skontration (gleitender Durchschnitt):

1.1	AB	100 kg à	€ 10,–	€ 1 000,–
1.4.	Zugang	200 kg à	12,–	2 400,–
		300 kg à	€ 11,33	€ 3 400,–
1.7.	Abgang	100 kg à	11,33	1 133,33
		200 kg à	€ 11,33	€ 2 266,67
15.10.	Zugang	100 kg à	8,10	810,–
		300 kg à	€ 10,26	€ 3 076,67
1.12.	Abgang	150 kg à	10,26	1 538,34
31.12.	EB	150 kg à	€ 10,26	€ 1 538,33

c) Perioden-Lifo

EB	100 kg à	€ 10,–	€ 1 000,–
	50 kg à	€ 12,–	600,–
	150 kg à	€ 10,67	€ 1 600,–

d) Perioden-Fifo

EB	100 kg à	€ 8,10	€ 810,–
	50 kg à	€ 12,–	600,–
	150 kg à	€ 9,40	€ 1 410,–
Der Wert nach § 253 Abs. 4 Satz 1 HGB beträgt			
	150 kg à	€ 10,60	€ 1 590,–

Daraus ergibt sich, dass die Schnelldruck GmbH ein Wahlrecht beim Ansatz des Rohstoffes hat, und zwar kann sie alternativ die Werte nach dem Buchstaben a), b) und d) in der Bilanz ausweisen. Es ist aber unzulässig, den sich aus dem Lifo-Verfahren ergebenden Betrag nach Buchstabe c) heranzuziehen. Dies verletzt das in § 253 Abs. 4 Satz 1 HGB festgelegte Niederstwertprinzip. Bei einer Bewertung nach dem Lifo-Verfahren könnte höchstens der Marktpreis von € 1 590,– aktiviert werden.

In die *Steuerbilanz* ist grundsätzlich der in der Handelsbilanz ausgewiesene Betrag zu übernehmen (Maßgeblichkeit der Handelsbilanz für die Steuerbilanz), soweit nicht nach § 5 Abs. 1 Satz 1 Halbsatz 2 EStG im Rahmen der Ausübung eines steuerlichen Wahlrechts ein anderer Wertansatz gewählt wird (vgl. Tz. 1242). R 6.8 Abs. 3 EStR erlaubt den Wertansatz nach der Durchschnittsmethode, wobei das Verfahren der Skontration als das genauere Verfahren ebenfalls anwendbar ist. Auch eine Verbauchsfolgeunterstellung ist nach § 6 Abs. 1 Nr. 2a EStG zulässig, nämlich das Lifo-Verfahren. Somit kann im Anschluss an die Handelsbilanz eine Bewertung nach Buchst. a), b) oder c) in der Steuerbilanz erfolgen; bei Buchst. c) mit € 1 590,– als Obergrenze. Soweit in der Handelsbilanz das Verfahren d) gewählt wurde, kann dieses nicht in die Steuerbilanz übernommen werden. Das Unternehmen hat das Wahlrecht nach a), b) oder c).

Aufgabe 19

a) Der Zielverkaufspreis für ein Gerät ergibt sich wie folgt:

Fertigungsmaterial	€	100,–
Materialgemeinkosten 20 %		20,–
Materialkosten	€	120,–
Fertigungslohn	€	200,–
Fertigungsgemeinkosten 240 %		480,–
Fertigungskosten	€	680,–
Herstellkosten	€	800,–
Verwaltungsgemeinkosten 10 %		80,–
Vertriebsgemeinkosten 20 %		160,–
Selbstkosten	€	1 040,–
Gewinnzuschlag 25 %		260,–
Barverkaufspreis	€	1 300,–
Skonto 2 %		26,53
Zielverkaufspreis (ohne USt)	€	1 326,53

b) Nach § 255 Abs. 2, 3 HGB liegt für die *Handelsbilanz* die Untergrenze der Herstellungskosten (ohne die unzulässige Einbeziehung kalkulatorischer Kosten) bei den Einzelkosten sowie einzelnen Gemeinkosten und die Obergrenze bei den Einzelkosten und den Gemeinkosten für Material, Fertigung und Verwaltung, nicht aber für Vertrieb (vgl. im Einzelnen Tz. 2283 ff.). Allerdings dürfen diese Gemeinkosten nur in angemessenem Umfang, und soweit sie auf den Zeitraum der Herstellung entfallen, berücksichtigt werden. Die erst im folgenden Jahr entstehenden Verwaltungsgemeinkosten sind daher wegzulassen.

Aus dem Gesagten ergibt sich als Untergrenze der Herstellungskosten der Betrag von € 740,– (Materialkosten € 120,– + Fertigungskosten (ohne kalkulatorische Kosten) € 620,–) und als Obergrenze die Summe von € 790,– (Materialkosten € 120,–, Fertigungskosten, jedoch ohne kalkulatorische Kosten, € 620,–, Verwaltungsgemeinkosten, jedoch ohne die im folgenden Geschäftsjahr anfallenden Aufwendungen, € 50,–).

Bei der Ermittlung des Wertansatzes für die *Steuerbilanz* besteht lediglich bei dem Ansatz der Verwaltungsgemeinkosten ein Wahlrecht, sodass sich als Untergrenze der Herstellungskosten € 740,– (Materialkosten, Fertigungskosten, jedoch ohne kalkulatorische Kosten) ergibt. Die Obergrenze deckt sich mit der des Handelsrechts, beträgt also € 790,– (vgl. R 6.3 EStR) sowie Tz. 2283. Beachte aber nun die geänderten Vorschriften für den steuerlichen Wertansatz durch die EStR 2012, vgl. Tz. 2284 ff.!

c) Nein, es darf erstens nicht von den für kalkulatorische Zwecke ermittelten Selbstkosten ausgegangen und zweitens kein globaler Abschlag von 33 1/3 % gemacht werden. Zur Ermittlung des Wertes am Bilanzstichtag sind die Bestimmungen des § 253 Abs. 4 HGB bzw. § 6 EStG zu beachten.

d) In der Handelsbilanz sind fertige Erzeugnisse grundsätzlich zu Herstellungskosten nach § 253 Abs. 1 HGB anzusetzen, soweit nicht nach § 253 Abs. 4 HGB ein niedrigerer Wert notwendig ist.

Die Herstellungskosten betragen nach Buchstabe b) mindestens € 740,– und höchstens € 790,–.

Nach § 253 Abs. 4 Satz 2 HGB ist der den Geräten beizulegende Wert mithilfe der Methode der verlustfreien Bewertung zu ermitteln und errechnet sich wie folgt:

Voraussichtlicher Verkaufserlös			€ 600,–
./.	noch anfallende Kosten (bis zum Verkaufstag)		
	Verwaltungsgemeinkosten	€ 30,–	
	Vertriebsgemeinkosten	80,–	
	Zinsen		
	12 % für 3 Monate aus € 600,–	18,–	128,–
Beizulegender Wert			€ 472,–

Der beizulegende Wert mit € 472,– stellt die Obergrenze für den Ansatz in der Handelsbilanz dar. Die Untergrenze liegt bei den Herstellungskosten bei € 740,–. Diese darf nicht angesetzt werden.

e) Die steuerlichen Herstellungskosten liegen – wie oben in Buchstabe b) bereits errechnet – bei € 740,– bzw. € 790,–. Neben den Herstellungskosten kann auch der niedrigere Teilwert nach § 6 Abs. 1 Nr. 2 EStG angesetzt werden. Einzelheiten zur Berechnung sind in R 6.7, 6.8 Abs. 1, 2 EStR festgelegt. Daraus ergibt sich der Teilwert wie folgt:

Voraussichtlicher Verkaufserlös			€ 600,–
./.	branchenüblicher Gewinn		
	25 % Aufschlag bzw. Spanne von 20 %		120,–
			€ 480,–
./.	noch anfallende Kosten:		
	Verwaltungsgemeinkosten	€ 30,–	
	Vertriebsgemeinkosten	80,–	
	Zinsen		
	12 % für 3 Monate aus € 600,–	€ 18,–	€ 128,–
	Teilwert		€ 352,–

Maßgebend für die Steuerbilanz sind die Wertansätze der Handelsbilanz (vgl. § 5 Abs. 1 Satz 1 EStG). Nach oben Buchstabe d) liegt dort der anzusetzende Betrag bei € 472,–.

Der Ansatz des Teilwerts nach § 6 Abs. 1 Nr. 1 EStG ist ein steuerliches Wahlrecht, das nach § 5 Abs. 1 Satz 2 EStG ausgeübt werden kann (vgl. Tz. 1242). Ein besonderes Verzeichnis ist erforderlich (vgl. § 5 Abs. 1 S. 2 EStG).

Aufgabe 20

a) Am 31.12. handelt es sich bei dem Verkauf des Rohstoffes noch um ein schwebendes Geschäft, das bilanziell nicht erfasst werden darf. Die Müller-Papier AG ist nach wie vor juristischer und auch wirtschaftlicher Eigentümer, woraus sich die Pflicht zur Aktivierung des Rohstoffes in der Bilanz ergibt. Nach § 253 Abs. 4 Satz 1 HGB *muss* der niedrigere Börsen- oder Marktpreis mit € 1 450,– angesetzt werden. Dies gilt auch dann, wenn die Unternehmung durch ein Verpflichtungsgeschäft über die Ware verfügt hat, aber noch Eigentümer ist und die Gefahr des zufälligen Unterganges usw. trägt (vgl. auch R 5.7 Abs. 8 EStR).

b) Gegenstände des Vorratsvermögens können, soweit es den GoB entspricht, auch mithilfe der retrograden Ermittlung der Anschaffungskosten durch Abzug der Bruttospanne vom Verkaufspreis bewertet werden. Dies kann im vorliegenden Fall wie folgt geschehen:

Verkaufspreis	€	756,–
./. Kalkulationsaufschlag Kalkulationsfaktor 1,5		252,–
= Anschaffungskosten	€	504,–

c) Heizöl gehört zu den Betriebsstoffen und damit zum Vorratsvermögen (vgl. § 266 Abs. 2 HGB).

1. Für gleichartige Vermögensgegenstände des Vorratsvermögens können die Anschaffungskosten mithilfe von Verbrauchsfolgen bzw. -unterstellungen errechnet werden (vgl. § 256 HGB). Danach erlaubt das Handelsrecht die Ermittlung der Anschaffungskosten für Heizöl mithilfe von Verbrauchsfolgeunterstellungen.

2. Der Durchschnittswert als gewogenes arithmetisches Mittel ergibt sich folgendermaßen:

Anfangsbestand	10 000 l	€	5 000,–
Zugang	30 000 l		16 500,–
	40 000 l	€	21 500,–
	1 000 l	€	537,50

Die *Anschaffungskosten* betragen für den Bestand von 20 000 l nach der Durchschnittsmethode € 10 750,–.

3. Die Anschaffungskosten dürfen nur angesetzt werden, wenn der sich aus § 253 Abs. 4 Satz 1 HGB ergebende Wert nicht darunter liegt. Dieser errechnet sich wie folgt:

Anschaffungskosten pro 1000 l	€	630,70
./. 19 % USt		100,70
	€	530,–
20 000 l	€	10 600,–

Die Anschaffungskosten von € 10 750,– dürfen nicht aktiviert werden, da der Marktwert lediglich € 10 600,– beträgt.

Aufgabe 21

a) Die Forderungen lt. Debitorenliste enthalten die USt, diese ist herauszurechnen (vgl. § 17 Abs. 1 und 2 UStG). Der Satz von 7 % erscheint sachlich begründet und muss somit zu Grunde gelegt werden. Daraus ergibt sich folgende Pauschalwertberichtigung zu Forderungen:

	Forderungen aus Warenlieferungen und Leistungen	€	184 450,–
./.	darin enthaltene USt 19 %		29 450,–
	Steuerliches Entgelt	€	155 000,–
	daraus 7 % als Pauschalwertberichtigung	€	10 850,–
Der Bilanzansatz der Forderungen aus Warenlieferungen und Leistungen beträgt somit		€	173 600,–

b) Die Forderung ist mit dem Barwert zu aktivieren (§ 253 Abs. 4 Sätze 1, 2 HGB). Eine Abschreibung erscheint aufgrund der Bankbürgschaft nicht notwendig.

Nominalwert		€	33 300,–
./.	Abzinsung 2 Jahre, Zinsfuß 10 %, Abzinsungsfaktor 0,8264		5 780,88
	Barwert – Folgejahr	€	27 519,12

Der Abzinsungsbetrag ist als Zinsaufwand zu buchen.

Im darauf folgenden Jahr ist der sich auf diesen Zeitpunkt ergebende Barwert anzusetzen (§ 253 Abs. 5 HGB – Zuschreibungspflicht).

Der Barwert errechnet sich wie folgt:

Nominalbetrag		€	33 300,–
./.	Abzinsung 1 Jahr, Zinsfuß 10 %, Abzinsungsfaktor 0,9091		3 026,97
	Barwert	€	30 273,03

Die Differenz zwischen den Barwerten von € 2 753,91 ist eine Zuschreibung und als Zinsertrag zu buchen. In diesem Fall erscheint der Barwert mit € 30 273,03 in der Bilanz.

c) Die Forderung ist zum 31. 12. .. voll abzuschreiben (Buchung: Abschreibungen auf Forderungen im Wert von € 20 000,–, USt von € 3 200,–, an Forderungen in Höhe von € 23 200,–. Begründung: Insolvenzanmeldung vor dem Abschlussstichtag, Uneinbringlichkeit muss berücksichtigt werden, Aufhellungstheorie).

Aufgabe 22

a) Wechsel sind mit dem Barwert aufgrund des § 253 Abs. 4 HGB zu bewerten. Dieser ist wie folgt zu errechnen:

Wechselsumme	€	20 000,–
./. Abzinsung für die Zeit vom 1. 1.–31. 3. Folgejahr, 3 Monate, 8 % Diskontsatz		400,–
Barwert zum 31. 12. ..	€	19 600,–

Buchung zum 31. 12. ..:

Zinsaufwand € 400,– an Wechselforderungen € 400,–.

Der Barwert von € 19 600,– in der Handelsbilanz entspricht dem Teilwert nach § 6 Abs. 1 EStG, der in der Steuerbilanz angesetzt werden kann, vgl. Tz. 1242.

Bei Kapitalgesellschaften und bestimmten PHG – wie im vorliegenden Fall – ist zu beachten, dass im Gliederungsschema nach § 266 HGB kein Posten »Besitzwechsel« enthalten ist. Derartige Wechsel sind im Posten der zu Grunde liegenden Forderung, also meist bei Forderungen aus Lieferungen und Leistungen, auszuweisen.

b) Zur vorübergehenden Geldanlage gekaufte Wertpapiere gehören zum Umlaufvermögen. Die Bewertung erfolgt nach § 253 Abs. 1, 4 HGB.

Die Buchung der Spesen usw. als außerordentlicher Aufwand ist falsch. Es handelt sich um Anschaffungsnebenkosten, die zu aktivieren sind. Die Anschaffungskosten für die Aktien betragen € 9 710,40.

Am Jahresende ist zu prüfen, ob der sich aus dem Börsen- oder Marktpreis ergebende Wert nicht unter den Anschaffungskosten liegt. Dieser wird durch den Börsenpreis abzüglich der bei einer Veräußerung anfallenden Kosten (Maßgeblichkeit des Absatzmarktes, da die Wertpapiere zum Verkauf bestimmt) ermittelt.

Der Wert errechnet sich danach:

	Börsen- oder Marktpreis	€	....
./.	Kosten der Veräußerung	€	....
=	Wert, der sich aus dem Börsen- oder Marktpreis zum Abschlussstichtag ergibt.	€	....

Wegen der geringen Höhe der Veräußerungskosten von Wertpapieren und wegen der notwendigen Schätzungen wird in der Praxis der handelsrechtlichen Bewertung auf die Berücksichtigung dieser Aufwendungen verzichtet und der Einfachheit halber lediglich der niedrigere Börsen- oder Marktpreis angesetzt.

Im vorliegenden Fall ergibt sich ein Börsen- oder Marktpreis von 300 Aktien à € 28,80 = € 8 640,–. Eine Abschreibung von (€ 9 710,40 ./. € 8 640,–) € 1 070,40 ist gem. § 253 Abs. 4 HGB erforderlich.

Der Börsenpreis der Handelsbilanz kann in die Steuerbilanz übernommen werden, sofern er dem Teilwert nach § 6 Abs. 1 EStG entspricht. Dies trifft jedoch nicht zu, da die Legaldefinition des Teilwertes von dem *Erwerb* des ganzen Betriebes ausgeht. Deshalb wird ein Käufer neben dem Börsenkurs auch die im Zusammenhang mit dem Erwerb resultierenden Anschaffungsnebenkosten zahlen. Eine Reduzierung der Anschaffungskosten auf den reinen Börsenkurs ist daher unzulässig. Es dürfen die Anschaffungskosten nur in demselben Verhältnis gemindert werden, wie der Börsenkurs am Bilanzstichtag gegenüber dem Börsenkurs am Kauftag gesunken ist.

Der Kurs sank von 32,– auf 28,80 pro Stück, was einer Minderung von 10 % entspricht. Daraus ergibt sich folgende Berechnung:

	Anschaffungskosten	€	9 710,40
./.	Abschreibung auf den Teilwert, 10 % der Anschaffungskosten		971,04
	Teilwert zum 31. 12...	€	8 739,36

c) Eigene Aktien können nur in den nach § 71 Abs. 1 AktG ausdrücklich zugelassenen Fällen erworben werden (vgl. auch § 160 Abs. 1 Nr. 1, 2 AktG). Dazu gehört auch ein Kauf zur Ausgabe als Arbeitnehmeraktien.

Die Vorschriften über den Ausweis und die bilanzielle Behandlung beim Erwerb eigener Aktien wurden im Zuge des BilMoG erheblich verändert.

Der Ausweis eigener Aktien unter Wertpapiere des Umlaufvermögens sowie der Ausweis einer Rücklage für eigene Anteile nach § 266 HGB a. F. ist entfallen. Nach § 272 Abs. 1a HGB sind eigene Anteile in der Vorspalte offen von dem Posten »Gezeichnetes Kapital« abzusetzen; ein Unterschiedsbetrag zwischen Nennbetrag und Anschaffungskosten mit den frei verfügbaren Rücklagen zu verrechnen. Anschaffungsnebenkosten sind Aufwendungen des Geschäftsjahrs. Es sind keine außerordentlichen Aufwendungen i. S. v. § 277 Abs. 4 HGB, sondern sonstige betriebliche Aufwendungen.

Aufgabe 23

Das Guthaben stellt eine Forderung dar, die grundsätzlich mit dem Nominalbetrag (= Anschaffungskosten) in der Bilanz zu aktivieren ist. Im vorliegenden Fall kommt dem Guthaben mit Sicherheit dieser Wert nicht mehr zu. Deshalb hat ein Ansatz mit dem beizulegenden Wert nach § 253 Abs. 4 HGB zu erfolgen. Dieser wird je nach der Einschätzung der Lage zwischen dem Wert null und ca. 50 % des Nominalbetrages liegen.

Den Charakter eines liquiden Mittels hat das Guthaben durch den Wegfall der Verfügbarkeit verloren. Formal handelt es sich zwar noch um ein Guthaben bei einem Kreditinstitut, nicht aber dem Inhalt nach. Es ist deshalb bei den »Sonstigen Vermögensgegenständen« auszuweisen.

Aufgabe 24

Fall 1

Rechtsgrundlage: § 272 Abs. 1 HGB; § 42 Abs. 1 GmbHG

Aktiva			Passiva
		Gezeichnetes Kapital T€ 100	
	./.	nicht eingeforderte Einlagen T€ 30	
	=	Eingefordertes Kapital	T€ 70

Fall 2

Rechtsgrundlage: § 272 Abs. 1 HGB; § 152 Abs. 1 AktG

Aktiva			Passiva
Forderungen		Gezeichnetes Kapital T€ 200	
– eingeforderte, aber noch nicht eingezahlte Einlagen	./.	nicht eingeforderte Einlagen T€ 100	
T€ 25	=	Eingefordertes Kapital	T€ 100

Aufgabe 25

a) Die Höhe des in die anderen Gewinnrücklagen einzustellenden Betrages ergibt sich aus der Vorschrift des § 58 Abs. 2 AktG. Insbesondere muss dabei ein Verlustvortrag aus dem Vorjahr berücksichtigt werden. Die Berechnung des einstellungsfähigen Höchstbetrages ist wie folgt durchzuführen:

Jahresüberschuss des Geschäftsjahrs	€	16 000 000,–
./. Verlustvortrag aus dem Vorjahr		2 000 000,–
Basisbetrag	€	14 000 000,–
davon maximal die Hälfte nach § 58 Abs. 2 AktG	€	7 000 000,–

Vorstand bzw. Aufsichtsrat können bei voller Ausschöpfung ihres Einstellungsrechtes höchstens € 7 000 000,–, nicht aber € 8 000 000,– in die anderen Gewinnrücklagen einstellen.

b) Der Ausweis sieht wie folgt aus:

I.	Gezeichnetes Kapital			T€ 175 000,–
II.	Kapitalrücklage			37 500,–
III.	Gewinnrücklagen			
	1. gesetzliche Rücklage		T€ 30 000,–	
	2. andere Gewinnrücklagen Stand am ...	T€ 75 000,–		
	./. Entnahme zur Kapitalerhöhung aus Gesellschaftsmitteln	25 000,–		
	+ Einstellung aus dem Jahresüberschuss	7 000,–	57 000,–	87 000,–

Anmerkungen

(1) Die Veränderung des Grundkapitals braucht nicht angegeben zu werden. Durch die Vorjahreszahlen ergibt sich dies indirekt (vgl. § 265 Abs. 2 HGB).

(2) Die Veränderungen der Rücklagen sind in der Bilanz *oder* im Anhang darzustellen (vgl. § 152 Abs. 2, 3 AktG).

c) Das Unternehmen stärkt durch eine Kapitalerhöhung aus Gesellschaftsmitteln seine Eigenkapitalbasis nicht. Es liegt lediglich eine Umbuchung von einem Eigenkapitalkonto auf ein anderes vor, was nicht als effektive Finanzierung bezeichnet werden kann und auch keinerlei Finanzierungswirkung besitzt. Gegenüber dem vorhergehenden Zustand besteht allerdings ein Unterschied: das dividendenberechtigte Kapital stieg um € 25 000 000,–.

Aufgabe 26

a) Es handelt sich um eine Entnahme i. S. d. § 6 Abs. 1 Nr. 4 EStG, die zu gleichen Teilen von den beiden Gesellschaftern vorgenommen wurde. Der nahe Verwandtschaftsgrad ist ohne Einfluss.

Als Teilwert sind die Anschaffungskosten (Teilwertvermutung) anzusetzen. Außerdem unterliegt die Entnahme der USt. Die von der Firma gemachte Buchung ist falsch. Die richtige Buchung lautet:

Privat Birnbaum jr.	€ 5 950,–	an	Sonstige betriebliche Erträge	€ 10 000,–
Privat Birnbaum sen.	5 950,–		USt	1 900,–

b) Die Kosten des Fundaments gehören als Anschaffungsnebenkosten zu den Anschaffungskosten der Maschine und müssen aktiviert werden. Die Rechnung über € 3 480,– des Bauunternehmens Müller ist zugleich als Schuld der Unternehmung zu passivieren.

Die Buchung lautet:

Anlagen im Bau	€ 3 000,–	an	Verbindlichkeiten aus Lieferungen und	
Vorsteuer	570,–		Leistungen	€ 3 570,–

Durch die Übergabe der Münzensammlung erlischt die Schuld in Höhe von € 2 500,–. Zugleich handelt es sich um eine Einlage des Gesellschafters Grünzweig. Der Schätzwert von € 2 500,– entspricht dem Teilwert nach § 6 Abs. 1 Nr. 5 EStG. Folgende Buchung ist erforderlich:

Verbindlichkeiten aus Lieferungen und Leistungen	€ 2 500,–	an	Privatkonto Grünzweig	€ 2 500,–

c) Die Reparatur muss als Entnahme angesehen werden, die der USt unterliegt (§ 3 Abs. 1b, 9a UStG). Die Höhe der Entnahme ist wie folgt zu errechnen:

20 Stunden zu je	€ 30,–	€ 600,—
Material zum Teilwert, das sind die Anschaffungskosten		40,—
		€ 640,—
+ 19 % USt		121,60
		€ 761,60

Daraus ergibt sich die Buchung:

Privat Birnbaum jr.	€ 761,60	an	Sonstige betriebliche Erträge	€ 640,—
			USt	121,60

Die geschenkten € 20,– unterliegen der Besteuerung bei der Unternehmung in keinem Fall.

Aufgabe 27

a) Aus dem Prinzip der Vorsicht heraus ergibt sich die Notwendigkeit zur Bildung einer Rückstellung, trotz des günstigen Urteils der ersten Instanz. Allerdings kann die Höhe nicht exakt bestimmt werden. Nach § 253 Abs. 1 HGB muss sie in Höhe des Betrages gebildet werden, der nach vernünftiger kaufmännischer Beurteilung notwendig ist.

Die Obergrenze der Rückstellung liegt bei € 18 000,– (Schadensersatz, Anwaltskosten) zuzüglich evtl. eigener Anwaltskosten und Gerichtskosten. Im Fall braucht allerdings nicht von der Obergrenze ausgegangen zu werden, da im ergangenen Urteil der Standpunkt der Firma bestätigt wurde. Ein vollständiger Verzicht auf die Bildung einer Rückstellung erscheint jedoch nicht angebracht, weil der Kläger in die Berufung ging und bislang kein rechtskräftiges Urteil vorliegt. Zusammen mit dem Prozessberater der Firma ist das Risiko zu beurteilen und unter Beachtung des Vorsichtsprinzips die Höhe der notwendigen Rückstellung zu schätzen.

Der Betrag muss sowohl in der Handelbilanz als auch in der Steuerbilanz passiviert werden. Es besteht keine Abzinsungspflicht, vgl. § 6 Abs. 3a EStG.

b) Der noch zu zahlende Betrag bzw. der überzahlte Betrag ergibt sich wie folgt:

Voraussichtliche Gewerbesteuerschuld	€ 7 500 000,–
./. Abschlagszahlungen	7 400 000,–
Zu wenig gezahlt	€ 100 000,–
Voraussichtlichte Körperschaftsteuerschuld	€ 15 000 000,–
./. Abschlagszahlungen	15 100 000,–
Zu viel gezahlt	€ 100 000,–

Für die erwartete Gewerbesteuernachzahlung ist eine Rückstellung in Höhe von € 100 000,– zu bilden, beachte aber Tz. 2624!

Die von der Unternehmung selbst errechnete Überzahlung der Körperschaftsteuer von € 100 000,– kann natürlich in keinem Fall als Rückstellung eingestellt werden. Auch eine Verrechnung mit der Rückstellung für die Gewerbesteuer kommt nicht infrage (vgl. § 246 Abs. 2 HGB).

Es handelt sich um eine unverbindliche Berechnung der Firma. Ein Rechtsanspruch auf Erstattung besteht (noch) nicht. Sofern ernsthaft mit einer Erstattung zu rechnen ist, muss der voraussichtliche Erstattungsbetrag unter »sonstige Vermögensgegenstände« aktiviert werden.

c) Die Höhe der USt richtet sich nach dem vereinbarten Entgelt und nicht nach den gestiegenen Aufwendungen. Das Entgelt bleibt in jedem Falle € 150 000,–. Aus diesem Grund bleibt die USt außerhalb der Überlegungen.

Bei den Differenzen aus dem vereinbarten Festpreis von € 150 000,– und den höheren Aufwendungen von € 160 000,– bzw. € 165 000,– handelt es sich um einen Verlust aus einem schwebenden Geschäft in Höhe von € 10 000,– bzw. € 15 000,–. Die Bildung einer Rückstellung ist nach § 249 Abs. 1 i. V. m. § 253 Abs. 1 HGB notwendig, und zwar in Höhe von € 15 000,–, weil zum Zeitpunkt der Bilanzerstellung die zukünftigen Verhältnisse bereits hinreichend genau festliegen. Unter dem Gesichtspunkt der Vorsicht müssen die Vollkosten (genauer: -aufwendungen) angesetzt werden. Die kalkulatorischen Kosten sind wegzulassen. Der Ansatz ist *nicht* in die Steuerbilanz zu übernehmen, vgl. § 5 Abs. 4a EStG.

Aufgabe 28

a) Nach § 249 Abs. 1 Satz 2 HGB ist eine Rückstellung wegen unterlassener Aufwendungen für Instandhaltung zu bilden.

Im vorliegenden Fall beträgt die Rückstellung € 7 000,– (§ 253 Abs. 1 HGB). Die USt ist wegzulassen, da sie als Vorsteuer abgezogen wird.

Aufgrund der Maßgeblichkeit der Handelsbilanz für die Steuerbilanz wird eine derartige Rückstellung auch in der Steuerbilanz ausgewiesen. Das Steuerrecht schränkt aber den Ausweis in zwei Punkten ein (vgl. R 5.7 Abs. 1, 11 EStR, H 5.7 Abs. 11 EStH), nämlich

1. die Instandhaltung muss innerhalb der ersten 3 Monate des folgenden Geschäftsjahres nachgeholt werden,
2. für Erhaltungsarbeiten, die in ungefähr dem gleichen Abstand und in ungefähr dem gleichen Umfang anfallen, darf keine Rückstellung gebildet werden.

Die Voraussetzung nach der Ziffer 2 ist im Fall nicht gegeben, sodass die Rückstellung nicht in die Steuerbilanz übernommen werden kann.

b) Die Höhe des zu zahlenden Betrages und die Empfänger stehen im Einzelnen fest. Die Voraussetzungen zur Bildung einer Rückstellung fehlen. Der Betrag ist unter dem Posten »Sonstige Verbindlichkeiten« auszuweisen.

Aufgabe 29

Der Abzug einer Bearbeitungsgebühr und eines Damnums ist als einheitlicher Sachverhalt anzusehen, sodass als Disagio € 5 000,– oder 5 % der Darlehenssumme angefallen sind (vgl. H 6.10 EStH).

Nach § 250 Abs. 3 i.V.m. § 268 Abs. 6 HGB darf ein Disagio unter die Posten der Rechnungsabgrenzungen aufgenommen werden; es ist dort jedoch gesondert auszuweisen oder im Anhang anzugeben und durch planmäßige Abschreibungen zu tilgen. Ein Disagio kann aber auch sofort als Aufwand gebucht werden. Die steuerliche Gewinnermittlung verlangt eine Verteilung des Disagios über die Laufzeit des Darlehens (H 6.10 EStH). Für den Sachverhalt ergibt sich daraus Folgendes:

Handelsbilanz

Das Disagio kann vollständig oder teilweise als Aufwand gebucht oder als Disagio unter die Posten der Rechnungsabgrenzung eingestellt werden. Im laufenden Geschäftsjahr, das noch drei Monate umfasst, ist bei einer Gesamtlaufzeit von vier Jahren mindestens der Betrag von € 312,50 als Aufwand einzusetzen.

Eine Buchung von € 1 000,– als Aufwand und die Verteilung von € 4 000,– als Rechnungsabgrenzung (Disagio) bewegt sich im Rahmen des Wahlrechts nach § 250 Abs. 3 HGB.

Steuerbilanz

Nach H 6.10 EStH besitzt die Unternehmung kein Wahlrecht. Ein Disagio muss auf die Laufzeit des Darlehens verteilt werden. Folgende Buchungen sind notwendig:

Bei der Darlehensaufnahme

Bank	€	95 000,–	an	Verbindlichkeiten gegenüber Kreditinstituten	€	100 000,–
Aktive Rechnungsabgrenzung	€	5 000,–				

Zum Abschlussstichtag

Zinsaufwand	€	312,50	an	Aktive Rechnungsabgrenzung	€	312,50

Eine für die Zwecke der handelsrechtlichen Rechnungslegung evtl. erfolgte andere Behandlung des Disagios muss für die steuerliche Gewinnermittlung korrigiert werden.

Aufgabe 30

Die Verbindlichkeit ist zum Devisenkassamittelkurs am Aufnahmetag einzubuchen. Die Verbindlichkeit wird daher mit € 40 000,– (US$ 50 000,–/1.25) erfasst.

Am Abschlussstichtag 31. 12. 2011 beträgt die Verbindlichkeit aufgrund des schwachen US$ nur noch € 38 461,54. Dieser Betrag darf aber nicht ausgewiesen werden, weil nach § 256a Satz 1 HGB das Anschaffungswert- und Realisationsprinzip gilt. Es verbleibt bei derartigen längerfristigen Verbindlichkeiten beim Ausweis von € 40 000,–.

Bei einer Restlaufzeit von einem Jahr und weniger lässt § 256a Satz 2 HGB aus Praktikabilitätsgründen eine Abweichung zu. Es ist der Betrag von € 38 461,54 auszuweisen.

Aufgabe 31

a) Es handelt sich um ein immaterielles Anlagegut, für das ein Aktivierungsahlrecht besteht (vgl. § 248 Abs. 2 HGB). Ein Ausweis in der Handelsbilanz ist daher zulässig, und zwar mit den Herstellungskosten nach § 248 Abs. 2a HGB. Dies gilt nicht für die Steuerbilanz, vgl. § 5 Abs. 2 EStG.

b) Aufgrund der unternehmerischen Zielsetzung gehört ein solches Patent zu den Gegenständen des Umlaufvermögens. Für dieses gilt § 248 Abs. 2 HGB nicht. Maßgebend sind die Bestimmungen des § 253 Abs. 1, 4 HGB. Danach wäre nach Abs. 1 der Betrag der Herstellungskosten bzw. der niedrigere Wert nach Abs. 4 Satz 2 anzusetzen, im vorliegenden Fall also € 500 000,–. Der genannte Betrag entspricht dem Teilwert und § 6 Abs. 1 Nr. 2 EStG, sodass der handelsrechtliche Ansatz in die Steuerbilanz zu übernehmen ist.

Aufgabe 32

a) Die Lizenz ist mit den Anschaffungskosten von € 350 000,– zu aktivieren, da sie entgeltlich erworben wurde (§ 253 Abs. 1 HGB). Wegen der auf 7 Jahre beschränkten Nutzungsdauer bedarf es einer Abschreibung mit 14 $^{2}/_{7}$ % der Anschaffungskosten oder € 50 000,– bei linearer Abschreibung. Zum 31. 12. beträgt danach der Bilanzansatz € 300 000,–. Zulässig sind auch andere Methoden der Abschreibung, sofern sie den GoB entsprechen (§ 253 Abs. 3 HGB). Auch in der Steuerbilanz ist die Lizenz gem. § 5 Abs. 2 EStG zu aktivieren und auf die Nutzungsdauer verteilt linear abzuschreiben (§ 6 Abs. 1 Nr. 1 EStG, beachte aber § 7 Abs. 1 EStG, R 7.1 Abs. 1 EStR).

b) Eine außerplanmäßige Abschreibung nach § 253 Abs. 2 HGB auf den am Bilanzstichtag beizulegenden Wert von € 150 000,– ist unabdingbar. Für die Restnutzungsdauer von 3 Jahren erscheint eine lineare Abschreibung von 33 $^{1}/_{3}$ % am zweckmäßigsten; auch eine andere, den GoB entsprechende Abschreibungsmethode wäre zulässig.

   Der Betrag von € 150 000,– stimmt mit dem niedrigeren Teilwert überein. Dieser kann lediglich mit 33 $^{1}/_{3}$ % linear abgeschrieben werden (vgl. §§ 5 Abs. 1, 6 Abs. 1 Nr. 2, 7 Abs. 1 EStG).

Aufgabe 33

Nach § 274 HGB gibt es folgende Möglichkeiten:

- Möglichkeit 1: Kein Ausweis von aktiven bzw. passiven latenten Steuern
- Möglichkeit 2: Ausweis von aktiven latenten Steuern mit 20
- Möglichkeit 3: Ausweis von aktiven latenten Steuern mit 150 und passiven mit 130
- Möglichkeit 4: Ausweis von aktiven latenten Steuern mit 130 und passiven mit 130

Aufgabe 34

Die Geschäftsfälle sind wie folgt abzugrenzen bzw. auszuweisen:

a) Aktive Rechnungsabgrenzung	€ 400,–
b) Passive Rechnungsabgrenzung	200,–
c) Sonstige Verbindlichkeiten	1 785,–
d) Steuerrückstellungen (Handelsbilanz; Steuerbilanz: ab 1. 1. 2008 entfallen, da keine Betriebsausgabe, § 4 Abs. 5b EStG, § 52 Abs. 12 EStG)	4 000,–
e) Aktive Rechnungsabgrenzung	5 400,–
f) Sonstige Verbindlichkeiten	4 500,–
g) Sonstige Vermögensgegenstände	600,–
h) Ausweis als Anzahlungen des Umlaufvermögens (Aktivseite B. I. 4)	7 500,–

Aufgabe 35

In der Gewinn- und Verlustrechnung ist der Betrag von € 45 000,– unter »Sonstige betriebliche Erträge« (Posten 4 bzw. 6) auszuweisen. Der Posten »Außerordentliche Erträge« (Posten 15 bzw. 14) kommt nur in Ausnahmefällen und bei ganz erheblichen Beträgen in Betracht (vgl. § 277 Abs. 4 HGB).

In der Handelsbilanz darf der Sonderposten wegen der Aufhebung von § 247 Abs. 3 HGB a. F. bzw. der Aufhebung der umgekehrten Maßgeblichkeit in § 5 Abs. 1 Satz 2 EStG nicht mehr gebildet werden. Die Möglichkeit des Ausweises in der Steuerbilanz bleibt aber erhalten, vgl. § 5 Abs. 1 Satz 2, 3 EStG, vgl. dazu Tz. 1235 ff.

Aufgabe 36

1.	Umsatzerlöse	T€	1 040
2.	Erhöhung des Bestandes an fertigen und unfertigen Erzeugnissen	+	10
3.	andere aktivierte Eigenleistungen	+	15
4.	sonstige betriebliche Erträge	+	60
5.	Materialaufwand		
	a) Aufwendungen für Roh-, Hilfs- und Betriebsstoffe und für bezogene Waren	./.	540
=	Rohergebnis	T€	585

Aufgabe 37

Gewinn- und Verlustrechnung für die Zeit vom ... bis ...

1.	Umsatzerlöse		T€	6 500
2.	Erhöhung des Bestandes an fertigen und unfertigen Erzeugnissen		+	50
3.	andere aktivierte Eigenleistungen			–
4.	sonstige betriebliche Erträge		+	150
5.	Materialaufwand			
	a) Aufwendungen für Roh-, Hilfs- und Betriebsstoffe und für bezogene Waren		./.	4 294
	b) Aufwendungen für bezogene Leistungen			–
6.	Personalaufwand			
	a) Löhne und Gehälter		./.	1 000
	b) soziale Abgaben und Aufwendungen für Altersversorgung und für Unterstützung		./.	500
	davon für Altersversorgung –			
7.	Abschreibungen			
	a) auf immaterielle Vermögensgegenstände des Anlagevermögens und Sachanlagen		./.	250
	b) auf Vermögensgegenstände des Umlaufvermögens, soweit diese die in der Kapitalgesellschaft üblichen Abschreibungen überschreiten			–
8.	sonstige betriebliche Aufwendungen		./.	230
9.	Erträge aus Beteiligungen,			–
	davon aus verbundenen Unternehmen	–		
10.	Erträge aus anderen Wertpapieren und Ausleihungen des Finanzanlagevermögens,		+	40
	davon aus verbundenen Unternehmen	–		
11.	sonstige Zinsen und ähnliche Erträge,		+	50
	davon aus verbundenen Unternehmen	–		
12.	Abschreibungen auf Finanzanlagen und auf Wertpapiere des Umlaufvermögens			–
13.	Zinsen und ähnliche Aufwendungen,		./.	100
	davon an verbundene Unternehmen	–		
14.	Ergebnis der gewöhnlichen Geschäftstätigkeit		T€ +	416

15.	außerordentliche Erträge			–
16.	außerordentliche Aufwendungen			–
17.	außerordentliches Ergebnis	T€		–
18.	Steuern vom Einkommen und vom Ertrag	T€	./.	120
19.	sonstige Steuern		./.	40
20.	Jahresüberschuss	T€	+	256
21.	Gewinnvortrag aus dem Vorjahr		+	4
22.	Einstellung in Gewinnrücklagen – andere Gewinnrücklagen		./.	60
23.	Bilanzgewinn	T€		200

Ergänzend wird darauf hingewiesen, dass Leerposten nicht aufgenommen werden müssen, vgl. § 265 Abs. 8 HGB.

Aufgabe 38

Die Vorgänge werden im Schema der Gewinn- und Verlustrechnung nach § 275 Abs. 2 HGB in den nachfolgend genannten Posten ausgewiesen:

a)	Posten 7 a)	€ 500 000,–
b)	Posten 4	275,–
	oder	
	Posten 4	300,–
	Posten 8	25,–
c)	Posten 4	1 700,–

Der Restbetrag von € 323,– ist die USt mit 19 %. Dieser muss wie folgt gebucht werden:

- sofern das USt-Konto bereits berichtigt
  = Habenbuchung auf dem USt-Konto
- sofern das USt-Konto noch nicht berichtigt
  = Habenbuchung auf dem Konto Forderungen (Kundenkonto)

d)	Posten 10	16 000,–
	Posten 18	4 000,–
e)	Skonti sind Minderungen der Anschaffungskosten; d. h. im vorliegenden Fall:	
	Posten 5 a)	./. 23 000,–
	die restlichen € 1 000,– mindern den Bilanzansatz für Roh-, Hilfs- und Betriebsstoffe	
f)	Posten 4	50,–
g)	Posten 8	100,–
h)	Posten 1	4 000,–
	(wenn ständig im Zusammenhang mit der Produktion anfallend; sonst unter Posten 4)	

i)	Sonderposten, vgl. § 277 Abs. 3 HGB	100 000,–
j)	Posten 8, in Sonderfällen Posten 16	50 000,–
k)	Posten 8 (zweckmäßiger: Sonderposten, vgl. § 265 Abs. 5 HGB)	25 000,–
l)	Posten 4	15 000,–

Aufgabe 39

a) Die Zurechnung der Aufwendungen für die erzeugten FE auf die Bereiche Herstellung, Vertrieb, Verwaltung ergibt folgende Zahlen:

Kostenstellen / **Kostenarten**	**Summe T€**	**Herstellung T€**	**Vertrieb T€**	**Verwaltung T€**
Materialaufwand	400	360	20	20
Personalaufwand	300	240	30	30
Abschreibungen, Sachanlagen	100	70	20	10
sonst. betr. Aufwendungen	150	15	105	15
Summe	950	685	175	75

b)

Herstellungskosten der erzeugten FE des Geschäftsjahres	T€	685
./. Bestandserhöhung FE zu HK		100
= HK der zur Erzielung der Umsatzerlöse erbrachten Leistungen	T€	585

c) Gewinn- und Verlustrechnung nach dem UKV

1.	Umsatzerlöse	T€	1 000
2.	HK der zur Erzielung der UE erbrachten Leistungen	./.	585
3.	Bruttoergebnis vom Umsatz	+	415
4.	Vertriebskosten	./.	175
5.	allgemeine Verwaltungskosten	./.	75
6.	sonstige betriebliche Erträge	+	40
7.	sonstige betriebliche Aufwendungen	./.	15
8.	Zinsen und ähnliche Aufwendungen	./.	60
9.	Ergebnis der gewöhnlichen Geschäftstätigkeit	+	130
10.	Steuern vom Einkommen und Ertrag	./.	70
11.	sonstige Steuern	./.	30
12.	Jahresüberschuss	T€	30

Aufgabe 40

Zu den Angaben der Schwäbischen Motoren AG zur Bilanz und Gewinn- und Verlustrechnung auf den 31. 12... ist festzustellen:

(1) Auf das vorhergehende Geschäftsjahr darf nicht verwiesen werden, es ist jedes Jahr zu berichten, vgl. § 284 Abs. 2 Nr. 1 HGB.

(2) Das HGB erlaubt nur den Ansatz von Herstellungskosten, nicht aber die Aktivierung zu Herstellkosten. Außerdem muss der Hinweis präzisiert werden, weil bei Herstellungskosten zwischen der Obergrenze und der Untergrenze ein erheblicher Unterschied bestehen kann.

(3) Wechsel sind mit dem Barwert zu aktivieren, nicht mit dem Nominalbetrag, und ggf. abzuschreiben nach § 253 Abs. 4 HGB. Eine Rückstellung kann nicht »durch eine vorsichtige Schätzung« gebildet werden, sondern ist »in Höhe des Betrages anzusetzen, der nach vernünftiger kaufmännischer Beurteilung notwendig ist« (vgl. § 253 Abs. 1 HGB).

(4) Ein derartiger Hinweis erscheint im Hinblick auf § 160 Abs. 1 Nr. 2 AktG unzulässig. Vielmehr ist zu berichten über den Bestand an eigenen Aktien, den Erwerb bzw. die Veräußerung unter Angabe des Erwerbs- bzw. Veräußerungspreises sowie über die Verwendung des Erlöses. Auch muss die Zulässigkeit des Erwerbs (vgl. § 71 AktG) ersichtlich sein.

Für den Ausweis und den Wertansatz sind die Bestimmungen in § 272 Abs. 1, 1a, 1b HGB zu beachten!

(5) Die Angaben über die Höhe der Rückstellungen sind überflüssig, sie können der Bilanz entnommen werden. Es muss aber erläutert werden:

a) die Zusammensetzung der »sonstigen Rückstellungen« (§ 285 Nr. 12 HGB)

b) nach § 284 Abs. 2 Nr. 1 HGB die angewandten Bilanzierungen und Bewertungsmethoden, vgl. insbes. § 253 Abs. 2 HGB i. V. m. Art. 67 Abs. 1, 2 EGHGB.

(6) Die Bezüge von Vorstand und Aufsichtsrat müssen gesondert angegeben werden (vgl. § 285 Nr. 9 a) HGB) sowie § 286 Abs. 4 HGB. Bei Börsennotierung: getrennte Angabe der Vergütung für jedes Vorstandsmitglied (vgl. § 285 Nr. 9a S. 5 bis 9; § 286 Abs. 5; § 289 Abs. 2 Nr. 5 HGB; Art. 59 EGHGB).

Aufgabe 41

a)

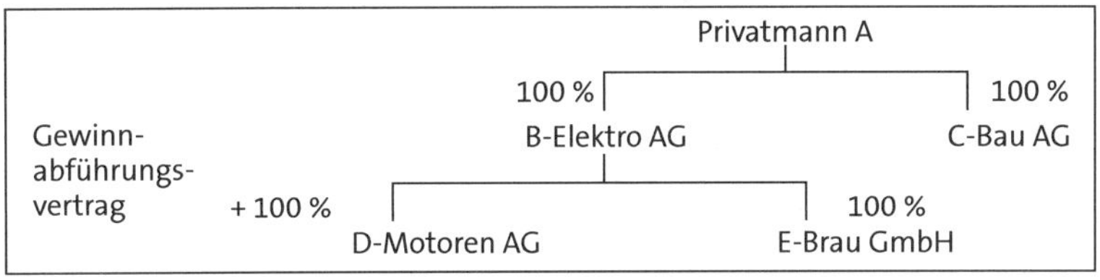

b) Gleichordnungskonzern (B – Elektro AG – C – Bau AG)
Unterordnungskonzern (B – Elektro AG gegenüber D – Motoren AG und E – Brau GmbH)

Gemischt-gegliederter Konzern
(wegen der unterschiedlichen Branchen der Unternehmen)

Faktischer Konzern und Vertrags-Konzern (Gewinnabführungsvertrag zwischen B – Elektro AG und D – Motoren AG)

Einstufiger Konzern

c) Es wird allgemein für unabdingbar angesehen, dass die Abschlussstichtage der einbezogenen Unternehmen identisch sein müssen, um Manipulationen vorzubeugen und um ein genaues Bild der wirtschaftlichen Lage des Konzerns zu erhalten.

Das HGB lässt aber Ausnahmen vom einheitlichen Abschlussstichtag zu, vgl. im Einzelnen § 299 Abs. 2 HGB.

Aufgabe 42

a) Für jeden Konzern ist nach § 290 Abs. 1, 2 HGB ein Konzernabschluss zu erstellen (A-AG und B-GmbH). Die A-AG kann aber auch einen befreienden Abschluss nach § 291 HGB erstellen.

b) (1) nach § 290 Abs. 1, 2 i. V. m. §§ 294 ff. HGB besteht eine *Einbeziehungspflicht* für

A – AG; B – GmbH; C – AG; D – AG; Versicherungs-AG;
Übersee-Holding AG mit ihren beiden Tochterunternehmen,
nämlich Produktions-AG und Vertriebs-GmbH

wenn die Voraussetzungen nach § 290 Abs. 1, 2, HGB vorliegen würden (ohne Zusatzinformationen nicht feststellbar), dann Forschungs- GmbH und System-Forschung OHG.

(2) nach § 296 Abs. 1, 2 HGB, insbes. Abs. 2 Nr. 1 HGB Wahlrecht bezüglich der Unterstützungskasse GmbH (sofern die Unterstützungskasse als Sozialvermögen überhaupt ein Tochterunternehmen i. S. v. § 290 Abs. 1, 2 HGB ist).

(3) Das bisherige Einbeziehungsverbot wegen unterschiedlicher Tätigkeit, hier: Versicherungs-AG, ist durch Aufhebung von § 295 HGB entfallen. Vgl. dazu auch Art. 58 Abs. 3 EGHGB.

Aufgabe 43

Die einzelnen Arbeitsschritte wurden im Text bereits an einem Beispiel erläutert (vgl. Tz. 3330). Die Lösung lässt sich damit leicht nachvollziehen. Der Unterschied zwischen beiden Methoden entsteht durch die Zurechnung der stillen Reserven teilweise auch auf die Anteile anderer Gesellschafter.

Buchwertmethode mit Anteilen anderer Gesellschafter – 1.1 t_1 – Erstkonsolidierung

Posten	Mutter AG		Tochter GmbH (Ursprungs-Bilanz)		Kapitalkonsolidierung: Aufrechnung BetBW/Ekap		Anteile and. Gesellschafter		Verteilung Aufr.-Diff.		Buchungen erfolgswirksam		Konzernbilanz	
	A	P	A	P	S	H	S	H	S	H	S	H	A	P
Aktiva	700		450			400			60				810	
Eigenkapital														
Gez. Kapital		400		300	180		120							400
Rücklagen		200		100	60		40							200
Jahresüberschuss		100		50	30		20							100
Ant. and. Gesellsch.								180						180
Geschäftswert/									70				70	
Untersch.betrag					130					130				
Summen	700	700	450	450	400	400	180	180	130	130	–	–	880	880
Bereich					(1)		(2)		(3)		(4)		(5)	

Neubewertungsmethode mit Anteilen anderer Gesellschafter – 1.1 t_1 – Erstkonsolidierung

Posten	Mutter AG		Tochter GmbH (Neubewertungs-Bilanz)		Kapitalkonsolidierung: Aufrechnung BetBW/Ekap		Anteile and. Gesellschafter		Buchungen erfolgswirksam		Konzernbilanz	
	A	P	A	P	S	H	S	H	S	H	A	P
Aktiva	700		550			400					850	
Eigenkapital												
Gez. Kapital		400		300	180		120					400
Rücklagen		200		100	60		40					200
Jahresüberschuss		100		50	30		20					100
Ant. and. Gesellsch.								220				220
Diff. aus Umbewert.				100	60		40					
Geschäftswert					70						70	
Summen	700	700	550	550	400	400	220	220	–	–	920	920
Bereich					(1)		(2)		(3)		(4)	

Aufgabe 44

Bilanzposten	Textil AG	Weberei GmbH	Summe	Konsolidierung S	Konsolidierung H	Konsolid. Bilanz
Aktiva						
Anzahlungen geg. verb. Untern.	–	100	100		(2) 100	–
Forderungen aus Liefg. und Leistungen	1 400	–	1 400		(1) 400	900
Forderungen (= Wechsel)	–	80	80		(6) 100 (4) 59	21
Forderungen an verb. Untern.	600	–	600		(3) 200	400
Passiva						
Rückstellungen	400	200	600	(5) 10		590
Verbindlichk. aus Lief. u. Leistg.	–	800	800	(1) 400 (6) 100		300
Wechselverbindlichkeiten	100	–	100	(4) 60		40
Anzahlungen	200	–	200	(2) 100		100
Verbindlichkeiten geg. verb. Untern.	–	500	500	(3) 200		300
(Konzern-) Gewinn	100	–	100		(4) 1 (5) 10	111
				870	870	

Erläuterungen

(1) Aufrechnung Lieferanten-Forderungen/-Verbindlichkeiten
Textil AG (1) / Weberei GmbH (3)
mit jeweils 400

(2) Aufrechnung der Anzahlung mit je 100
Textil AG (4) / Weberei GmbH (1)

(3) Aufrechnung der Forderungen/Verbindlichkeiten gegenüber
verbundenen Unternehmen
Textil AG (2) / Weberei GmbH (4)
mit jeweils 200

(4) Aufrechnung von Wechselforderungen mit Wechselverbindlichkeiten
Textil AG (5) / Weberei GmbH (2)
mit 59 60

(Wechselforderungen mit 59, die Differenz von 1 erhöht den Konzern-Jahresüberschuss = erfolgswirksame Schuldenkonsolidierung, wegen Reduzierung des Aufwandes)

(5) Herausrechnung der Garantierückstellung mit 10, erfolgswirksam über den Gewinnvortrag, nicht über den Konzern-Jahresüberschuss, da bereits im vorhergehenden Geschäftsjahr entstanden.

(6) Freiwillig: Konsolidierung von Drittschuldverhältnissen
Aufrechnung von Forderungen mit Verbindlichkeiten aus Lieferungen und Leistungen
Textil AG (1) / Weberei GmbH (3)
mit jeweils 100

Aufgabe 45

a) Ermittlung der Konzernherstellungskosten (als Konzernhöchstwert)

Kostenart	**Produkt 1**	**Produkt 2**
Materialkosten	€ 4 500,–	€ 3 600,–
Fertigungskosten	5 600,–	1 600,–
Vertriebsgemeinkosten – Transportkosten	600,–	300,–
Konzernherstellungskosten	€ 10 700,–	€ 5 500,–
Ansatz in den Einzelbilanzen	17 000,–	7 500,–
Zwischengesellschaftlicher Gewinn	€ 6 300,–	€ 2 000,–

Anmerkung

Die Vertriebsgemeinkosten – Transportkosten sind aus der Sicht des Konzerns als einem einheitlichen Unternehmen als entstandene innerbetriebliche Transportkosten zu verstehen und damit Teil der Fertigungskosten. Anteile anderer Gesellschafter haben keinen Einfluss auf die Erfolgskonsolidierung.

Ergebnis

Die zwischengesellschaftlichen Gewinne sind gem. § 304 Abs. 1 HGB zu eliminieren, sofern nicht nach § 304 Abs. 2 HGB darauf verzichtet werden kann. Der Konzernjahresüberschuss wird davon beeinflusst, falls die Gewinne eliminiert werden.

b) Aktivierung des Patentes

Für die Frage der Aktivierung und Passivierung ist in einem Konzernabschluss nach deutschem Recht § 300 Abs. 2 HGB zu beachten. Unabhängig von der Bilanzierung im Abschluss der Tochtergesellschaft ist die Frage nach deutschem Handelsrecht zu entscheiden.

Nach § 248 Abs. 2 HGB besteht nur für selbst entwickelte immaterielle Vermögensgegenstände des Anlagevermögens ein Aktivierungswahlrecht, für immaterielle Vermögensgegenstände des Umlaufvermögens gem. § 253 Abs. 1 und 3 HGB ein Aktivierungsgebot.

Das Patent ist daher zu aktivieren, sofern es aus der Sicht des Konzerns zum Umlaufvermögen gehört. Die Frage des konkreten Wertansatzes ist nach § 308 HGB zu entscheiden.

c) Es handelt sich um einen zwischengesellschaftlichen Verlust in Höhe von € 20 pro Stück. Nach § 304 Abs. 1 HGB sind derartige Verluste grundsätzlich zu eliminieren, sofern nicht nach § 304 Abs. 2 HGB eine Ausnahme möglich ist. Voraussetzung für eine Eliminierung ist allerdings, dass die Gegenstände sich am Konzernbilanzstichtag noch im Besitz des Tochterunternehmens befinden, d. h. bilanziert sind.

   Sofern das Tochterunternehmen nicht in den Konzernabschluss einbezogen wird, darf keine Erfolgseliminierung durchgeführt werden, da die Gegenstände *nicht* in den Konzernabschluss übernommen werden (vgl. § 304 Abs. 1 Satz 1 HGB).

Aufgabe 46

Folgende Konsolidierungsmaßnahmen können zu latenten Steuern führen:

- Einheitlicher Bilanzansatz nach § 300 HGB – vgl. Tz. 3300,
- Kapitalkonsolidierung nach § 301 HGB – vgl. Tz. 3305,
- Schuldenkonsolidierung nach § 303 HGB – vgl. Tz. 3350,
- Zwischenergebniskonsolidierung nach § 304 HGB – vgl. Tz. 3370 und
- Aufwands- und Ertragskonsolidierung nach § 305 HGB – vgl. Tz. 3400.

Nach § 306 Satz 5 HGB ist § 274 Abs. 2 HGB entsprechend anzuwenden. Danach sind latente Steuern, auch im Konzernabschluss, nicht abzuzinsen.

Aufgabe 47

Erläuterungen zur Konsolidierung

(1) Die Innenumsatzerlöse sind vollständig zu eliminieren.

a) Die bei der Tochtergesellschaft aktivierte Maschine ist als aktivierte Eigenleistung auszuweisen, und zwar mit T€ 100. Eine Eliminierung des zwischengesellschaftlichen Gewinnes nach § 304 Abs. 1 HGB ist zwar vorgeschrieben, kann aber nach dem Abs. 2 unterbleiben. Im Übrigen müssten bei einer Eliminierung über 10 Jahre hinweg die Abschreibungen jeweils korrigiert werden.

b) Ebenfalls herauszurechnen sind die bereits weiter veräußerten Lieferungen des Mutterunternehmens an das Tochterunternehmen mit 700, die sonst die konsolidierte Gewinn- und Verlustrechnung doppelt enthält.

c) Die gelieferten Rohstoffe sind aus der Sicht des Konzerns eine Bestandsveränderung der unfertigen Erzeugnisse, die als solche mit T€ 180 (nach Eliminierung des Zwischengewinns nach § 304 Abs. 1 HGB) auszuweisen ist.

(2) Der Beteiligungsertrag betrifft das vorhergehende Geschäftsjahr. Aus der Sicht des Konzerns als einer einheitlichen Unternehmung darf er das laufende Ergebnis, den Jahresüberschuss, nicht beeinflussen. Es fehlt an der Phasenidentität. Der Betrag ist als Gewinnvortrag auszuweisen.

(3) Sowohl die Zinsaufwendungen als auch die Zinserträge sind um die konzerninternen Beträge zu reduzieren.

(4) Für die Anteile der anderen Gesellschafter am Bilanzgewinn ist ein besonderer Posten einzustellen, vgl. § 307 Abs. 2 HGB.

(5) Durch die Eliminierung des Zwischengewinns ist einerseits das Konzernergebnis gegenüber der Summe der Einzelergebnisse um 20 reduziert und andererseits der Bilanzansatz der unfertigen Erzeugnisse um 20 reduziert (vgl. oben (1) c). Bei einem Ertragsteuersatz von 50 % ergibt sich eine »fiktive« Ertragsteuerreduzierung von 10. Diese ist gem. § 306 HGB in der Gewinn- und Verlustrechnung des Konzerns vorzunehmen, und gleichzeitig muss ein Abgrenzungsposten auf der Aktivseite der Bilanz des Konzerns eingestellt werden.

Gewinn- und Verlustrechnung für die Zeit vom ... bis ...

Posten	Mechanische Werke AG	Gerätefabrik Belz GmbH	Summe	Konsolidierung	Konsolidierte Gewinn- und Verlustrechnung
	T€	T€	T€	T€	T€
Umsatzerlöse	15 000	10 000	25 000	(1) ./. 1 000	24 000
Erhöhung/Verminderung des Bestandes an fertigen und unfertigen Erzeugnissen	+ 200	./. 100	+ 100	(1) + 180	+ 280
andere aktivierte Eigenleistungen	20	10	30	(1) + 100	130
sonst. betriebliche Erträge	10	5	15		15
Materialaufwand	9 000	6 000	15 000	(1) ./. 700	14 300
Personalaufwand	4 000	1 900	5 900		5 900
Abschreibungen	900	800	1 700		1 700
sonst. betriebliche Aufwendungen	800	150	950		950
Erträge aus Beteiligungen	400	–	400	(2) ./. 400	–
sonst. Zinsen und ähnl. Erträge	10	15	25	(3) ./. 10	15
Zinsen und ähnl. Aufwendungen	60	40	100	(3) ./. 10	90
Ergebnis der gewöhnlichen Geschäftstätigkeit	880	1 040	1 920		1 500
Steuern					
a) vom Einkommen und vom Ertrag	260	300	560	(5) ./. 10	550
b) sonstige	120	140	260		260
Konzern-/Jahresüberschuss	500	600	1 100		690
Gewinn-/Verlustvortrag	–	–		(2) + 400	400
Einstellung in andere Gewinnrücklagen	100	–	100		100
Anteile anderer Gesellschafter am Gewinn	–	–		(4) ./. 120	./. 120
Konzern-/Bilanzgewinn	400	600	1 000		870

Aufgabe 48

a) Konsolidierung nach dem Recht vor Inkrafttreten des BilMoG

Die Ziffern und Buchstaben beziehen sich – soweit möglich – auf die Angaben in der Aufgabenstellung!

Konsolidierung nach der Buchwertmethode

31. 12. t_1 – Erstkonsolidierung

Es ist nur die Kapitalkonsolidierung (erfolgsunwirksam) durchzuführen.

Der Beteiligungsbuchwert wird mit dem anteiligen Eigenkapital (Spalte 1) verrechnet. Der Restbetrag von 300 wird zunächst als Unterschiedsbetrag ausgewiesen. Er ist – soweit möglich – auf die anteiligen stillen Reserven der Aktiva zu verteilen, hier mit 200 (80 % von 250). Der Restbetrag stellt einen Geschäfts- oder Firmenwert dar. Die Anteile anderer Gesellschafter betragen 20 % des Eigenkapitals der Tochter, also 100.

31. 12. t_2 – Folgekonsolidierung

(1) Kapitalkonsolidierung

a) Die Kapitalkonsolidierung entspricht dem Verfahren der Erstkonsolidierung.

b) Die Wertminderung der stillen Reserve ist bei der Kapitalkonsolidierung in der Bilanz und in der Gewinn- und Verlustrechnung zu erfassen, und zwar anteilig mit 80 % = 40.

c) Das unter b) Gesagte gilt sinngemäß auch für die Abschreibung des Geschäfts- oder Firmenwertes, und zwar mit 10. Die Abschreibung in der Gewinn- und Verlustrechnung beträgt somit 50.

(2) Schuldenkonsolidierung

a) Forderungen und Verbindlichkeiten zwischen den einbezogenen Unternehmen sind wegzulassen, hier mit 100.

b) Die Rückstellung ist zu Gunsten des Gewinnes in der Bilanz aufzulösen. In der Gewinn- und Verlustrechnung sind die sonstigen betrieblichen Aufwendungen um 10 zu kürzen.

(3) Erfolgskonsolidierung

a) Die zwischengesellschaftlichen Gewinne in den Vorräten mit 20 sind zu Lasten des Gewinnes in der Bilanz zu eliminieren. In der Gewinn- und Verlustrechnung ist der Innenumsatz mit 100 zu eliminieren und gleichzeitig eine Erhöhung der unfertigen Erzeugnisse mit 80, nach Eliminierung des zwischengesellschaftlichen Gewinnes mit 20, einzubuchen.

b) Die Zinsen sind im Rahmen der Aufwands- und Ertragskonsolidierung wegzulassen. Sie berühren nur die Gewinn- und Verlustrechnung.

c) Durch erfolgswirksame Konsolidierungsmaßnahmen (ohne Kapitalkonsolidierung) ist eine Reduzierung des Gewinnes um 10 (+10 ./. 20) eingetreten. Es ist deshalb eine Steuerabgrenzung nach § 306 HGB erforderlich. Es ist eine aktive Steuerabgrenzung mit 50 % von 10 = 5 vorzunehmen.

In der Bilanz erhöhen sich die sonst. Aktiva und der Gewinn um 5. In der Gewinn- und Verlustrechnung reduzieren sich die Ertragsteuern um 5 mit einer entsprechenden Erhöhung des Gewinnes.

(4) Anteile anderer Gesellschafter am Gewinn

In der Bilanz sind die Anteile anderer Gesellschafter mit 20 % von 60 = 12 am Gewinn entsprechend auszuweisen. Gleiches gilt für die Gewinn- und Verlustrechnung.

Buchwertmethode – 31. 12. t_1 – Erstkonsolidierung

Posten	Mutter AG		Tochter GmbH (Ursprungs-Bilanz)		Kapitalkonsolidierung: Aufrechnung BetBW/Ekap		Kapitalkonsolidierung: Anteile and. Gesellschafter		Kapitalkonsolidierung: Verteilung Aufr.-Diff.		Kapitalkonsolidierung: Buchungen erfolgswirksam		Konzernbilanz	
	A	P	A	P	S	H	S	H	S	H	S	H	A	P
Beteiligungen	700					700								
sonstige Aktiva	500		800						200				1 500	
Gez. Kapital		300		400	320		80							300
Rücklagen		200		100	80		20							200
Gewinn/Konzern-		–		–										
Ant. and. Gesellsch.								100						100
Untersch. betrag					300					300				
Geschäftswert									100				100	
sonstige Passiva		700		300										1 000
Summen	1 200	1 200	800	800	700	700	100	100	300	300	–	–	1 600	1 600
Bereich					(1)		(2)		(3)		(4)		(5)	

31. 12. t_2 – Folgekonsolidierung

Posten	Mutter AG		Tochter GmbH (Ursprungs-Bilanz)		Kapitalkonsolidierung: Aufrechnung BetBW/Ekap		Kapitalkonsolidierung: Anteile and. Gesellschafter		Kapitalkonsolidierung: Verteilung Aufr.-Diff.		Kapitalkonsolidierung: Buchungen erfolgswirksam		Schulden-, Erfolgskonsolidierung		Konzernbilanz	
	A	P	A	P	S	H	S	H	S	H	S	H	S	H	A	P
Beteiligungen	700					700										
sonstige Aktiva	600		950						200			(1)	(3) 5	(3) 20	1 595	
Gez. Kapital		300		400	320		80					40		(2)100		300
Rücklagen		250		100	80		20				(1)		(4) 12	(3) 5		250
Gewinn/Konzern-		100		60							50		(3) 20	(2) 10		93
Ant. and. Gesellsch.								100						(4) 12		112
Untersch. betrag					300					300		(1)				
Geschäftswert									100			10	(2)		90	
sonstige Passiva		650		390									100 10			930
Summen	1 300	1 300	950	950	700	700	100	100	300	300	50	50	147	147	1 685	1 685
Bereich					(1)		(2)		(3)		(5)		(5)		(6)	

Gewinn- und Verlustrechnung für die Zeit vom 1. 1.–31. 12. t_2

Posten	Mechanische Werke AG	Gerätefabrik Belz GmbH	Summe	Konsolidierung	Konsolidierte Gewinn- und Verlustrechnung
	T€	T€	T€	T€	T€
Umsatzerlöse	2 000	1 500	3 500	(3) 100	3 400
Erhöhung/Verminderung des Bestandes an fertigen und unfertigen Erzeugnissen	+ 100	./. 50	+ 50	(3) 80	+ 30
andere aktivierte Eigenleistungen	+ 10	+ 20	+ 30		+ 30
sonst. betriebliche Erträge	+ 40	+ 60	+ 100		+ 100
Materialaufwand	./. 600	./. 600	./. 1 200		./. 1 200
Personalaufwand	./. 480	./. 450	./. 930		./. 930
Abschreibungen	./. 200	./. 150	./. 350	(1) 50	./. 400
sonst. betriebliche Aufwendungen	./. 400	./. 180	./. 580	(2) 10	./. 570
sonst. Zinsen und ähnl. Erträge	+ 50	+ 100	+ 150	(3) 15	+ 135
Zinsen und ähnl. Aufwendungen	./. 70	./. 50	./. 120	(3) 15	./. 105
Ergebnis der gewöhnlichen Geschäftstätigkeit	+ 450	+ 200	+ 650		+ 590
Steuern					
a) vom Einkommen und vom Ertrag	./. 200	./. 100	./. 300	(3) 5	./. 295
b) sonstige	./. 100	./. 40	./. 140		./. 140
Konzern-/Jahresüberschuss	+ 150	+ 60	+ 210		+ 155
Gewinn-/Verlustvortrag	–	–	–		–
Einstellung in andere Gewinnrücklagen	./. 50	–	./. 50		./. 50
Anteile anderer Gesellschafter am Gewinn				(4) 12	./. 12
Konzern-/Bilanzgewinn	+ 100	+ 60	+ 160		+ 93

Konsolidierung nach der Neubewertungsmethode

31. 12. t_1 – Erstkonsolidierung

Es ist nur eine Kapitalkonsolidierung (erfolgsunwirksam) durchzuführen. Bei der Aufrechnung von anteiligem Eigenkapital und Beteiligungsbuchwert ist auch die anteilige Differenz aus der Umbewertung einzubeziehen. Der Restbetrag von 100 stellt den Geschäftswert dar. Die Anteile anderer Gesellschafter umfassen nun auch die anteiligen stillen Reserven mit 50.

31. 12. t_2 – Folgekonsolidierung

(1) Kapitalkonsolidierung

a) Die Kapitalkonsolidierung entspricht dem Verfahren für die Erstkonsolidierung.

b) Die Abschreibung auf die stillen Reserven mit 50 ist anteilig aufzuteilen, d. h. auf den Konzern mit 40 und die anderen Gesellschafter mit 10. In der Gewinn- und Verlustrechnung wird der Betrag mit 50 unter den Abschreibungen erfasst.

c) Die Wertminderung des Geschäfts- oder Firmenwerts mit 10 ist allein dem Konzern und nicht auch anteilig den anderen Gesellschaftern zu belasten. Eine erfolgsneutrale Verrechnung mit den Rücklagen nach § 309 Abs. 1 Satz 3 HGB ist ebenfalls möglich. In der Gewinn- und Verlustrechnung ist der Betrag unter den Abschreibungen auszuweisen.

(2) Schuldenkonsolidierung und

(3) Erfolgskonsolidierung

Beide Verfahren stimmen in diesen Punkten überein. Auf die Ausführungen zur Buchwertmethode wird verwiesen.

Neubewertungsmethode – 31. 12. t_1 – Erstkonsolidierung

Posten	**Mutter AG**		**Tochter GmbH**		**Kapitalkonsolidierung**						**Konzern-bilanz**	
			(Neu-bewertungs-Bilanz)		Aufrech-nung BetBW/Ekap		Anteile and. Gesell-schafter		Buchungen erfolgs-wirksam			
	A	P	A	P	S	H	S	H	S	H	A	P
Beteiligungen	700					700						
sonstige Aktiva	500		1 050								1 550	
Gez. Kapital		300		400	320		80					300
Rücklagen		200		100	80		20					200
Gewinn/ Konzern-												
Ant. and. Gesellsch.								150				150
Differenz aus												
Umbewertung				250	200		50					
Geschäftswert					100						100	1 000
sonst. Passiva		700		300								
Summen	1 200	1 200	1 050	1 050	700	700	150	150	–	–	1 650	1 650
Bereiche					(1)		(2)		(3)		(4)	

31. 12. t_2 – Folgekonsolidierung

Posten	**Mutter AG**		**Tochter GmbH** (Ursprungs-Bilanz)		**Kapitalkonsolidierung** Aufrechnung BetBW/Ekap		Anteile and. Gesellschafter		Buchungen erfolgswirksam		**Schulden-, Erfolgskonsolidierung**		**Konzernbilanz**	
	A	P	A	P	S	H	S	H	S	H	S	H	A	P
Beteiligungen	700					700								
sonstige Aktiva	600		1 150									(3) 20	1 635	
Gez. Kapital		300		400	320		80				(3) 5	(2) 100		300
Rücklagen		250		100	80		20				(4) 12	(3) 5		250 93
Gewinn/ Konzern-		100		60					(1) 50		(3) 20	(2) 10		
Ant. and. Gesellsch.								150	(1) 10			(4) 12		152
Differenz aus Umbewertung				200	200		50			(1) 50				
Geschäftswert					100					(1) 10			90	
sonstige Passiva		650		390							(2) 100 10			930
Summen	1300	1300	1150	1150	700	700	150	150	60	60	147	147	1725	1725
Bereiche					(1)		(2)		(3)		(4)		(5)	

Gewinn- und Verlustrechnung für die Zeit vom 1. 1.–31. 12. t_2

Posten	Mechanische Werke AG	Gerätefabrik Belz GmbH	Summe	Konsolidierung	Konsolidierte Gewinn- und Verlustrechnung
	T€	T€	T€	T€	T€
Umsatzerlöse	2 000	1 500	3 500	(3) 100	3 400
Erhöhung/Verminderung des Bestandes an fertigen und unfertigen Erzeugnissen	+ 100	./. 50	+ 50	(3) 80	+ 130
andere aktivierte Eigenleistungen	+ 10	+ 20	+ 30		+ 30
sonst. betriebliche Erträge	+ 40	+ 60	+ 100		+ 100
Materialaufwand	./. 600	./. 600	./. 1 200		./. 1 200
Personalaufwand	./. 480	./. 450	./. 930		./. 930
Abschreibungen	./. 200	./. 150	./. 350	(1) 50/10	./. 410
sonst. betriebliche Aufwendungen	./. 400	./. 180	./. 580	(2) 10	./. 570
sonst. Zinsen und ähnl. Erträge	+ 50	+ 100	+ 150	(3) 15	+ 135
Zinsen und ähnl. Aufwendungen	./. 70	./. 50	./. 120	(3) 15	./. 105
Ergebnis der gewöhnlichen Geschäftstätigkeit	+ 450	+ 200	+ 650		+ 580
Steuern					
a) vom Einkommen und vom Ertrag	./. 200	./. 100	./. 300	(3) 5	./. 295
b) sonstige	./. 100	./. 40	./. 140		./. 140
Konzern-/Jahresüberschuss	+ 150	+ 60	+ 210		+ 145
Gewinn-/Verlustvortrag	–	–	–		–
Einstellung in andere Gewinnrücklagen	./. 50	–	./. 50		./. 50
Anteile anderer Gesellschafter am Gewinn					
– am Gewinn				(4) 12	
– an Abschreibungen/stille Reserven				(1) 10	./. 2
Konzern-/Bilanzgewinn	+ 100	+ 60	+ 160		+ 93

b) Wesentliche Unterschiede durch das BilMoG

Es haben sich gegenüber dem bisherigen Recht folgende wesentliche Unterschiede ergeben

- Neufassung der Pflicht zur Aufstellung eines Konzernabschlusses in § 290 HGB,
- Beibehaltungspflicht der Konsolidierungsmethoden nach § 298 HGB,

- Kapitalkonsolidierung nur noch nach der Neubewertungsmethode zulässig, Bruttoausweis des Unterschiedsbetrags aus der Kapitalkonsolidierung nach §§ 301, 309 HGB,
- Neufassung der Vorschriften über latente Steuern nach § 306 HGB,
- Aufnahme einer Vorschrift über die Währungsumrechnung in § 308a HGB.

c) Umstellung der Methode der Kapitalkonsolidierung

Nein, nach Art. 66 Abs. 3 Satz 4 EGHGB finden die neuen Vorschriften erstmals auf Erwerbsvorgänge Anwendung, die in den Geschäftsjahren erfolgt sind, die nach dem 31. 12. 2009 begonnen haben.

d) Es ergeben sich im vorliegenden Fall keine wesentlichen Unterschiede. Durch die Neufassung von § 309 HGB ist allerdings keine erfolgsneutrale Verrechnung des Geschäfts- oder Firmenwerts mit den Rücklagen mehr möglich. Die bisherige Konzeption zur Berechnung latenter Steuern in § 306 HGB ist § 274 HGB angepasst; vgl. auch DRS 18.

Aufgabe 49

Die Fragen des Leiters Rechnungswesen sind wie folgt zu beantworten:

a) Die Konzernkapitalflussrechnung ist nach § 297 Abs. 1 HGB ein zwingender Bestandteil des Konzernjahresabschlusses. Auf die Aufstellung kann nicht verzichtet werden.

b) Das HGB enthält keine direkten Vorgaben über das zu verwendende Gliederungsschema. Die Vorgaben in § 297 Abs. 2 HGB, u. a. Klarheit, Übersichtlichkeit, Beachtung der GoB, müssen aber eingehalten werden.

   Bei der Anwendung von DRS 21 gilt nach § 342 Abs. 2 HGB die Ordnungsmäßigkeitsvermutung.

c) Der Konzernabschluss ist auch durch einen Abschlussprüfer zu prüfen, § 316 Abs. 2 HGB. Die Konzernkapitalflussrechnung ist nach § 297 Abs. 1 HGB Teil des Konzernjahresabschlusses und damit prüfungspflichtig.

d) Die Veröffentlichung der Konzernkapitalflussrechung als Teil des Konzernjahres-Abschlusses ist zwingend. Dies ergibt sich aus § 325 Abs. 3 HGB.

Aufgabe 50

a) Nein, es ist möglich, eine andere Form zu wählen. Das Gesetz schreibt nur die Segmentberichterstattung als solche vor; die Ausgestaltung bleibt offen.

b) Bei Beachtung des DRS 3, der vom Bundesministerium der Justiz in der geltenden Fassung am 31. 8. 2005 bekannt gemacht wurde, wird die Beachtung der die Konzernrechnungslegung betreffenden GoB vermutet (§ 342 Abs. 2 HGB)

c) Nein, bei der Segmentberichterstattung müssen zu Vergleichszwecken Vorjahreszahlen analog zur Bilanz und Gewinn- und Verlustrechnung angegeben werden (vgl. DRS 3.30, 43; bei der erstmaligen Erstellung 3.49).

d) Es gibt Größenmerkmale, die sich an einer 10 %-Grenze orientieren, vgl. im Einzelnen DRS 3.15 und 3.42.

e) Nein, die Summen müssen übereinstimmen. Die Segmentzahlen sind auf die Abschlusszahlen überzuleiten, vgl. insbesondere DRS 3.37.

Aufgabe 51

a) Um eine Umstellung durchzuführen, bedarf es im Konzern organisatorischer Vorkehrungen, Schulungen der Mitarbeiter usw., damit alle benötigten Informationen bereitgestellt werden können. Das kann nicht mehr im Jahre 2013 geschehen. Erforderlich ist das Jahr 2014. Zum 1. 1. 2015 kann eine IFRS-Eröffnungsbilanz erstellt werden. Der erste Jahresabschluss erfolgt zum 31. 12. 2015, der komplette Abschluss mit Vergleichszahlen dann zum 31. 12. 2016.

b) Ja, nach § 316 HGB ist der Konzernabschluss zu prüfen und zwar einschließlich aller Einzelabschlüsse der einbezogenen Unternehmen nach § 317 Abs. 3 HGB; vgl. dazu § 315a Abs. 1 HGB.

c) Diese Unterlagen müssen von allen Unternehmen als Basis für die Anteilseigner bzw. dem Finanzamt zur steuerlichen Gewinnermittlung erstellt werden. Letztlich ist es also ein dreifaches Rechenwerk: IFRS, HGB, EStG.

d) Ja, die Pflichtprüfung ergibt sich aus § 316 Abs. 1 HGB und ist unabhängig von der Prüfung des Einzelabschlusses nach IFRS.

e) Das Unternehmen hat als Kapitalgesellschaft nach § 325 Abs. 2a HGB ein Wahlrecht bezüglich der Offenlegung. Die Voraussetzungen für die befreiende Wirkung legt § 325 Abs. 2b HGB fest.

Aufgabe 52

a) Die IFRS enthalten keine direkte Gliederung, die mit § 266 HGB vergleichbar ist. In IAS 1.54 sind aber eine Reihe von Posten aufgeführt, die in der Bilanz darzustellen sind. Zusätzliche Posten dürfen neu aufgenommen werden (IAS 1.55 ff.).

b) Die IFRS differenzieren nicht nach Größe und Branche. IAS 1.54 gilt somit ganz allgemein.

c) Nein, weil grundsätzlich eine Darstellung von Vermögen und Schulden nach Fristigkeit, also lang- und kurzfristig, verlangt wird. Diesen Ansprüchen genügt das Schema in § 266 HGB nicht.

d) Für die Gliederung der Bilanz liegt ein Vorschlag des RIC vom DRSC, nämlich RIC 1 – Bilanzgliederung nach Fristigkeit gemäß IAS 1 vor. Es ist empfehlenswert, diese Bilanzgliederung, ggf. mit Ergänzungen, zu verwenden.

Aufgabe 53

Die Antworten lauten:

a) Nein, durch die Neufassung von § 255 Abs. 2 HGB entspricht die handelsrechtliche Untergrenze der des Steuerlichen, beachte aber Tz. 2284 ff.

b) Die IFRS widmen dem Ansatz von Vorräten einen Standard, nämlich IAS 2 – Vorräte. In IAS 2.12 ff. ist der Ansatz festgelegt. Ergänzend wird auf IAS 23 – Fremdkapitalkosten verwiesen.

c) Fertige Erzeugnisse sind grundsätzlich mit den Einzelkosten und *allen* Gemeinkosten anzusetzen. Ausdrücklich davon ausgenommen sind die Vertriebskosten (vgl. IAS 2.16).

d) Es ergeben sich zwei wichtige Folgen:

- Der Ansatz der Fertigerzeugnisse in der Bilanz nach IFRS ist höher als der Ansatz in der Handelsbilanz nach HGB.
- Der Erfolg vor Steuern ist höher als der in der Gewinn- und Verlustrechnung nach HGB wegen der Veränderung des Postens der »Bestandsveränderungen von fertigen Erzeugnissen«.

Aufgabe 54

Die Fragen sind wie folgt zu beantworten:

a) Vermögensgegenstände sind nach § 253 Abs. 1 HGB *höchstens* mit den Anschaffungs- oder Herstellungskosten anzusetzen. Inflationsbedingte Erhöhungen des Werts dürfen nicht berücksichtigt werden, z. B. durch Zuschreibungen. Dies wird Anschaffungskosten-Prinzip genannt. Beachte auch das Realisationsprinzip in § 252 Abs. 1 Nr. 4 HGB!

b) Die IFRS sehen dies nicht so streng und lassen in verschiedenen Standards Ausnahmen zu, so z. B. in IAS 16.31, 38.72, 40.30 und zwar den Ansatz zum Fair Value = beizulegenden Wert.

c) Im Zuge der Folgebewertung hat das Unternehmen die Möglichkeit (= Wahlrecht) einer Neubewertung als Sachanlage gemäß IAS 16.29 ff. und zwar auf den beizulegenden Wert.

d) Im vorliegenden Fall hat eine Zuschreibung auf den um € 250,– betragenden Wert eine Erhöhung zur Folge. Die Wertsteigerung ist *direkt* innerhalb des Eigenkapitals als »Neubewertungsrücklage« einzustellen. Der Vorgang ist also ergebnisneutral.

Aufgabe 55

a) Bei »originären« Finanzinstrumenten handelt es sich um finanzielle Vermögenswerte und finanzielle Schulden. Zu den zuerst genannten gehören z. B. Finanzanlagen, Wertpapiere des Umlaufvermögens, Forderungen. Zu den finanziellen Schulden gehören u. a. Verbindlichkeiten, lang- oder kurzfristig, Schuldverschreibungen, Pfandbriefe, Schuldscheine.

b) Für »derivative Finanzinstrumente« gibt es keine umfassende Definition. Es handelt sich häufig um Kapitalmarktprodukte, die zur Sicherung von Geschäften abgeschlossen werden. Zu nennen sind hier: Optionen (u. a. Zins-, Währungsoptionen), Finanztermingeschäfte (u. a. Futures aller Art, Forwards).

c) Zum Ansatz und zur Bewertung von derivativen Finanzinstrumenten äußert sich das HGB nicht direkt. Es sind die allgemeinen Ansatz- und Bewertungsmethoden anzuwenden. Vgl. aber § 254 HGB!
Es sind allerdings Berichtspflichten im Anhang bzw. Konzernanhang eingeführt worden (vgl. dazu § 285 Nr. 18, 19, 20 HGB, § 314 Abs. 1 Nr. 10, 11, 12 HGB).

d) Die Probleme sind umfassend geregelt worden und zwar in

- IAS 39 – Finanzinstrumente: Ansatz und Bewertung,
- IAS 32 – Finanzinstrumente: Darstellung.

Aufgabe 56

a) Originärer Firmenwert ist der im Rahmen der eigenen Unternehmenstätigkeit selbst geschaffene Geschäftswert, u. a. Ruf der Unternehmung.
Unter derivativem Firmenwert wird der durch Kauf entstandene und abgeleitete Geschäftswert verstanden. Er entsteht, wenn der Kaufpreis über dem Nettovermögen liegt.

b) Der originäre Firmenwert kann weder nach dem HGB noch nach dem EStG aktiviert werden (§§ 246 Abs. 1, 255 Abs. 1 HGB HGB, § 5 Abs. 2 EStG). Für einen derivativen Firmenwert enthält das HGB eine Aktivierungspflicht verbunden mit einer Abschreibungspflicht im Falle der Aktivierung (§ 246 Abs. 1 HGB). Nach dem EStG ist ein derivativer Firmenwert zu aktivieren und über einen Zeitraum von 15 Jahren abzuschreiben (vgl. § 5 Abs. 2 EStG i.V. m. § 7 Abs. 1 EStG).

c) Nach IAS 38.48 darf ein selbst geschaffener Geschäfts- oder Firmenwert nicht aktiviert werden. Dies gilt jedoch nicht für den derivativen Geschäfts- oder Firmenwert (vgl. IFRS 3.32 ff. bzw. 3.51). Die Bewertung ist jährlich zu überprüfen (vgl. IAS 36).

Aufgabe 57

a) Ja, die Aussagen stimmen. Die zuletzt mit höheren Preisen eingekauften Rohstoffe werden als Abgang klassifiziert und als Aufwand gebucht, was die Ertragsteuern senkt. Werden die Rohstoffe einmal ganz aufgebraucht, löst sich die stille Reserve auf und die Besteuerung wird nachgeholt.

b) Das HGB lässt für gleichartige Vermögensgegenstände als Bewertungsvereinfachungsverfahren bestimmte Verbrauchsfolgen zu, soweit sie den GoB entsprechen (vgl. § 256 HGB). Das sind Lifo und Fifo.

c) Auch das EStG lässt für den Ansatz von Vorräten Lifo zu, aber sonst kein anderes Verfahren (vgl. § 6 Abs. 2a EStG, R 6.9 EStR).

d) Die Bewertung von Vorräten ist in IAS 2 geregelt. Nach IAS 2.25 kann nur nach der Durchschnitts-Methode oder Fifo-Methode bewertet werden. Die früher zulässige Lifo-Methode wurde abgeschafft, weil diese in vielen Fällen zu einer Verzerrung des Jahresabschlusses führt.

Aufgabe 58

a) Gewinne dürfen erst ausgewiesen werden, wenn sie realisiert sind (§ 252 Abs. 1 Nr. 4 HGB). Dies geschieht durch Abnahme des Werkes und Übergang des wirtschaftlichen Eigentums, damit auch des Risikos.

b) Dies kann beschleunigt werden, wenn anstelle der Abnahme des Bauwerkes als Ganzes nach zwei bis drei Jahren sog. Teilabnahmen bestimmter Bauabschnitte vereinbart werden, also eine Teil-Gewinnrealisierung. Die Gewinnrealisierung erfolgt so nicht in einem Schritt, sondern verteilt sich auf verschiedene Geschäftsjahre.

c) Dem Problem der Fertigungsaufträge und deren bilanzielle Behandlung widmet der IASB einen kompletten Standard, nämlich IAS 11. Die Fertigungsaufträge sind einzeln zu beurteilen (IAS 11.7). Die Erfassung von Auftragserlösen, damit die Gewinnrealisierung, ist in IAS 11.22 ff. geregelt. Ist das Ergebnis des Auftrages zuverlässig zu schätzen, ist der Erlös entsprechend dem Leistungsfortschritt realisiert (= percentage-of-completion-method). Es handelt sich dann um eine Ansatzpflicht.

Aufgabe 59

a) Durch die Neufassung von § 253 Abs. 2 HGB hat sich das Verfahren geändert. Der anzuwendende Zinssatz wird von der Deutschen Bundesbank ermittelt und bekannt gemacht. Vgl. auch Art. 67 Abs. 1, 2 EGHGB, Tz. 2661.

b) Das EStG sieht § 6 Abs. 3 EStG zwingend einen Rechnungszinsfuß von 6 % vor.

c) Die IFRS schreiben keinen festen Rechnungszinsfuß vor, sondern in IAS 19.83 – Leistungen an Arbeitnehmer – wird bestimmt, dass der Zinssatz auf der Grundlage der Renditen am Bilanzstichtag zu bestimmen ist und zwar für erstrangige, festverzinsliche Industrieanleihen.

d) Ein höherer Zinssatz führt, bei sonst gleichen Bedingungen, zu einem niedrigeren Bilanzansatz; ein niedrigerer zu einem höheren. Die Berechnung mit einem Zinssatz von 6 % entspricht nicht dem derzeitigen Zinsniveau und führt zu einer Unterbewertung der Pensionsverpflichtungen. Nach dem Monatsbericht Oktober 2014 der Deutschen Bundesbank, S. 53*, liegt die Rendite für Industrieobligationen bei 2,7 % (Vorjahr: 3,9).

Aufgabe 60

a) Es handelt sich um sog. Aufwandsrückstellungen (= Rückstellungen ohne Verpflichtung gegenüber Dritten). Beispiel: im HGB § 249 Abs. 1 Satz 2 HGB.

b) Ja, das EStG enthält dazu keine Bestimmung. Somit gilt die Maßgeblichkeit der Handels- für die Steuerbilanz, § 5 Abs. 1 Satz 1 EStG. Beachte aber R 5.7 Abs. 11 EStR sowie *Tabelle 13*.

c) Diesem Problem ist zusammen mit Eventualschulden und -forderungen IAS 37 gewidmet. Die Voraussetzung für die Ansatzpflicht ist in IAS 37.14 ff. geregelt. Es muss sich dabei um eine Verpflichtung gegenüber einer »anderen Partei«, also gegenüber einem Dritten handeln. Bei der Rückstellung nach a) liegt eine sog. Innenverpflichtung vor, für die nach IFRS keine Rückstellung gebildet werden darf.

Anhang

Euro-Umrechnungskurse

Euro-Teilnehmerländer	**Währung** ISO-Kürzel	**Kurs**
Belgien/Luxemburg	BEF/LUF	40,3399
Deutschland	**DEM**	**1,95583**
Estland*	EEK	15,6466
Finnland	FIM	5,94573
Frankreich	FRF	6,55957
Griechenland	GRD	340,750
Irland	IEP	0,787564
Italien	ITL	1936,27
Lettland**	LVL	0,702804
Litauen***	LTL	3,45280
Malta	MTL	0,429300
Niederlande	NLG	2,20371
Österreich	ATS	13,7603
Portugal	PTE	200,482
Slowakei****	SKK	32,1260
Slowenien	SIT	239,640
Spanien	ESP	166,386
Zypern (griech. Teil)	CYP	0,585274

* ab 1. 1. 2011, vgl. Monatsbericht der EZB August 2010, S. 75
** ab 1. 1. 2014, vgl. Monatsbericht der EZB August 2013, S. 16
*** ab 1. 1. 2015, vgl. Monatsbericht der EZB August 2014, S. 16
**** ab 1. 1. 2009, vgl. Monatsbericht der EZB August 2008, S. 68

VERORDNUNG (EG) Nr. 1606/2002 bzw. 297/2008
DES EUROPÄISCHEN PARLAMENTS UND DES RATES

vom 19. Juli 2002 / 11. März 2008

betreffend die Anwendung internationaler Rechnungslegungsstandards

(Amtsblatt der EG vom 11. 9. 2002 – L 243/1 / 9. 4. 2008 – L 97/62)

DAS EUROPÄISCHE PARLAMENT UND DER RAT DER EUROPÄISCHEN UNION –

gestützt auf den Vertrag zur Gründung der Europäischen Gemeinschaft, insbesondere auf Artikel 95 Absatz 1,

auf Vorschlag der Kommission[1],

nach Stellungnahme des Wirtschafts- und Sozialausschusses[2],

gemäß dem Verfahren des Artikels 251 des Vertrags[3],

in Erwägung nachstehender Gründe:

(1) Auf der Tagung des Europäischen Rates vom 23./24. März 2000 in Lissabon wurde die Notwendigkeit einer schnelleren Vollendung des Binnenmarktes für Finanzdienstleistungen hervorgehoben, das Jahr 2005 als Frist für die Umsetzung des Aktionsplans der Kommission für Finanzdienstleistungen gesetzt und darauf gedrängt, dass Schritte unternommen werden, um die Vergleichbarkeit der Abschlüsse kapitalmarktorientierter Unternehmen zu verbessern.

(2) Um zu einer Verbesserung der Funktionsweise des Binnenmarkts beizutragen, müssen kapitalmarktorientierte Unternehmen dazu verpflichtet werden, bei der Aufstellung ihrer konsolidierten Abschlüsse ein einheitliches Regelwerk internationaler Rechnungslegungsstandards von hoher Qualität anzuwenden. Überdies ist es von großer Bedeutung, dass an den Finanzmärkten teilnehmende Unternehmen der Gemeinschaft Rechnungslegungsstandards anwenden, die international anerkannt sind und wirkliche Weltstandards darstellen. Dazu bedarf es einer zunehmenden Konvergenz der derzeitig international angewandten Rechnungslegungsstandards, mit dem Ziel, letztlich zu einem einheitlichen Regelwerk weltweiter Rechnungslegungsstandards zu gelangen.

(3) Die Richtlinie 78/660/EWG des Rates vom 25. Juli 1978 über den Jahresabschluss von Gesellschaften bestimmter Rechtsformen[4], die Richtlinie 83/349/EWG des Rates vom 13. Juni 1983 über den konsolidierten Abschluss[5], die Richtlinie 86/635/EWG des Rates vom 8. Dezember 1986 über den Jahresabschluss und den

1 ABl. C 154 E vom 29. 5. 2001, S. 285.

2 ABl. C 260 vom 17. 9. 2001, S. 86.

3 Stellungnahme des Europäischen Parlaments vom 12. März 2002 (noch nicht im Amtsblatt veröffentlicht) und Beschluss des Rates vom 7. Juni 2002.

4 ABl. L 222 vom 14. 8. 1978, S. 11. Richtlinie zuletzt geändert durch Richtlinie 2001/65/EG des Europäischen Parlaments und des Rates (ABl. L 283 vom 27. 10. 2001, S. 28).

5 ABl. L 193 vom 18. 7. 1983, S. 1. Richtlinie zuletzt geändert durch Richtlinie 2001/65/EG des Europäischen Parlaments und des Rates.

konsolidierten Abschluss von Banken und anderen Finanzinstituten[1] und die Richtlinie 91/674/EWG des Rates vom 19. Dezember 1991 über den Jahresabschluss und den konsolidierten Abschluss von Versicherungsunternehmen[2] richten sich auch an kapitalmarktorientierte Gesellschaften in der Gemeinschaft. Die in diesen Richtlinien niedergelegten Rechnungslegungsvorschriften können den hohen Grad an Transparenz und Vergleichbarkeit der Rechnungslegung aller kapitalmarktorientierten Gesellschaften in der Gemeinschaft als unabdingbare Voraussetzung für den Aufbau eines integrierten Kapitalmarkts, der wirksam, reibungslos und effizient funktioniert, nicht gewährleisten. Daher ist es erforderlich, den für kapitalmarktorientierte Gesellschaften geltenden Rechtsrahmen zu ergänzen.

(4) Diese Verordnung zielt darauf ab, einen Beitrag zur effizienten und kostengünstigen Funktionsweise des Kapitalmarkts zu leisten. Der Schutz der Anleger und der Erhalt des Vertrauens in die Finanzmärkte sind auch ein wichtiger Aspekt der Vollendung des Binnenmarkts in diesem Bereich. Mit dieser Verordnung wird der freie Kapitalverkehr im Binnenmarkt gestärkt und ein Beitrag dazu geleistet, dass die Unternehmen in der Gemeinschaft in die Lage versetzt werden, auf den gemeinschaftlichen Kapitalmärkten und auf den Weltkapitalmärkten unter gleichen Wettbewerbsbedingungen um Finanzmittel zu konkurrieren.

(5) Für die Wettbewerbsfähigkeit der gemeinschaftlichen Kapitalmärkte ist es von großer Bedeutung, dass eine Konvergenz der in Europa auf die Aufstellung von Abschlüssen angewendeten Normen mit internationalen Rechnungslegungsstandards erreicht wird, die weltweit für grenzübergreifende Geschäfte oder für die Zulassung an allen Börsen der Welt genutzt werden können.

(6) Am 13. Juni 2000 hat die Kommission ihre Mitteilung mit dem Titel »Rechnungslegungsstrategie der EU: Künftiges Vorgehen« veröffentlicht, in der vorgeschlagen wird, dass alle kapitalmarktorientierten Gesellschaften in der Gemeinschaft ihre konsolidierten Abschlüsse spätestens ab dem Jahr 2005 nach einheitlichen Rechnungslegungsstandards den »International Accounting Standards« (IAS), aufstellen.

(7) Die »International Accounting Standards« (IAS) werden vom »International Accounting Standards Committee« (IASC) entwickelt, dessen Zweck darin besteht, ein einheitliches Regelwerk weltweiter Rechnungslegungsstandards aufzubauen. Im Anschluss an die Umstrukturierung des IASC hat der neue Board als eine seiner ersten Entscheidungen am 1. April 2001 das IASC in »International Accounting Standards Board« (IASB) und die IAS mit Blick auf künftige internationale Rechnungslegungsstandards in »International Financial Reporting Standards« (IFRS) umbenannt. Die Anwendung dieser Standards sollte, so weit wie irgend möglich und sofern sie einen hohen Grad an Transparenz und Vergleichbarkeit der Rech-

1 ABl. L 372 vom 31. 12. 1986, S. 1. Richtlinie zuletzt geändert durch Richtlinie 2001/65/EG des Europäischen Parlaments und des Rates.

2 ABl. L 374 vom 31. 12. 1991, S. 7. ab dem Jahr 2005 nach einheitlichen Rechnungslegungsstandards, den »International Accounting Standards« (IAS), aufstellen.

nungslegung in der Gemeinschaft gewährleisten, für alle kapitalmarktorientierten Gesellschaften in der Gemeinschaft zur Pflicht gemacht werden.

(8) Die zur Durchführung dieser Verordnung erforderlichen Maßnahmen sollten gemäß dem Beschluss 1999/468/EG des Rates vom 28. Juni 1999 zur Festlegung der Modalitäten für die Ausübung der der Kommission übertragenen Durchführungsbefugnisse[1] erlassen werden; beim Erlass dieser Maßnahmen sollte die Erklärung zur Umsetzung der Rechtsvorschriften im Bereich der Finanzdienstleistungen, die die Kommission am 5. Februar 2002 vor dem Europäischen Parlament abgegeben hat, gebührend berücksichtigt werden.

(9) Die Übernahme eines internationalen Rechnungslegungsstandards zur Anwendung in der Gemeinschaft setzt voraus, dass er erstens die Grundanforderung der genannten Richtlinien des Rates erfüllt, d. h. dass seine Anwendung ein den tatsächlichen Verhältnissen entsprechendes Bild der Vermögens-, Finanz- und Ertragslage eines Unternehmens vermittelt – ein Prinzip, das im Lichte der genannten Richtlinien des Rates zu verstehen ist, ohne dass damit eine strenge Einhaltung jeder einzelnen Bestimmung dieser Richtlinien erforderlich wäre; zweitens, dass er gemäß den Schlussfolgerungen des Rates vom 17. Juli 2000 dem europäischen öffentlichen Interesse entspricht und drittens, dass er grundlegende Kriterien hinsichtlich der Informationsqualität erfüllt, die gegeben sein muss, damit die Abschlüsse für die Adressaten von Nutzen sind.

(10) Ein Technischer Ausschuss für Rechnungslegung wird die Kommission bei der Bewertung internationaler Rechnungslegungsstandards unterstützen und beraten.

(11) Der Anerkennungsmechanismus sollte sich der vorgeschlagenen internationalen Rechnungslegungsstandards unverzüglich annehmen und auch die Möglichkeit bieten, über internationale Rechnungslegungsstandards im Kreise der Hauptbetroffenen, insbesondere der nationalen standardsetzenden Gremien für Rechnungslegung, der Aufsichtsbehörden in den Bereichen Wertpapiere, Banken und Versicherungen, der Zentralbanken einschließlich der EZB, der mit der Rechnungslegung befassten Berufsstände sowie der Adressaten und der Aufsteller von Abschlüssen, zu beraten, nachzudenken und Informationen dazu auszutauschen. Der Mechanismus sollte ein Mittel sein, das gemeinsame Verständnis übernommener internationaler Rechnungslegungsstandards in der Gemeinschaft zu fördern.

(12) Entsprechend dem Verhältnismäßigkeitsprinzip sind die in dieser Verordnung getroffenen Maßnahmen, welche die Anwendung eines einheitlichen Regelwerks von internationalen Rechnungslegungsgrundsätzen für alle kapitalmarktorientierten Gesellschaften vorsehen, notwendig, um das Ziel einer wirksamen und kostengünstigen Funktionsweise der Kapitalmärkte der Gemeinschaft und damit die Vollendung des Binnenmarktes zu erreichen.

(13) Nach demselben Grundsatz ist es erforderlich, dass den Mitgliedstaaten im Hinblick auf Jahresabschlüsse die Wahl gelassen wird, kapitalmarktorientierten Gesellschaften die Aufstellung nach den internationalen Rechnungslegungsstan-

1 ABl. L 184 vom 17. 7. 1999, S. 23.

dards, die nach dem Verfahren dieser Verordnung angenommen wurden, zu gestatten oder vorzuschreiben. Die Mitgliedstaaten können diese Möglichkeit bzw. diese Vorschrift auch auf die konsolidierten Abschlüsse und/oder Jahresabschlüsse anderer Gesellschaften ausdehnen.

(14) Damit ein Gedankenaustausch erleichtert wird und die Mitgliedstaaten ihre Standpunkte koordinieren können, sollte die Kommission den Regelungsausschuss für Rechnungslegung regelmäßig über laufende Vorhaben, Thesenpapiere, spezielle Recherchen und Exposure Drafts, die vom IASB veröffentlicht werden, sowie über die anschließenden fachlichen Arbeiten des Technischen Ausschusses unterrichten. Ferner ist es wichtig, dass der Regelungsausschuss für Rechnungslegung frühzeitig unterrichtet wird, wenn die Kommission die Übernahme eines internationalen Rechnungslegungsstandards nicht vorschlagen will.

(15) Bei der Erörterung der vom IASB im Rahmen der Entwicklung von internationalen Rechnungslegungsstandards (IFRS und SIC/IFRIC) veröffentlichten Dokumente und Papiere und bei der Ausarbeitung diesbezüglicher Standpunkte sollte die Kommission der Notwendigkeit Rechnung tragen, Wettbewerbsnachteile für die auf dem Weltmarkt tätigen europäischen Unternehmen zu vermeiden; ferner sollte sie, so weit wie irgend möglich die von den Delegationen im Regelungsausschuss für Rechnungslegung zum Ausdruck gebrachten Ansichten berücksichtigen. Die Kommission wird in den Organen des IASB vertreten sein.

(16) Angemessene und strenge Durchsetzungsregelungen sind von zentraler Bedeutung, um das Vertrauen der Anleger in die Finanzmärkte zu stärken. Die Mitgliedstaaten müssen aufgrund von Artikel 10 des Vertrags alle geeigneten Maßnahmen zur Gewährleistung der Einhaltung internationaler Rechnungslegungsstandards treffen. Die Kommission beabsichtigt, sich mit den Mitgliedstaaten insbesondere über den Ausschuss der europäischen Wertpapierregulierungsbehörden (CESR) ins Benehmen zu setzen, um ein gemeinsames Konzept für die Durchsetzung zu entwickeln.

(17) Ferner muss den Mitgliedstaaten gestattet werden, die Anwendung bestimmter Vorschriften bis 2007 zu verschieben, und zwar für alle Gemeinschaftsunternehmen, deren Wertpapiere sowohl in der Gemeinschaft als auch in einem Drittland zum Handel in einem geregelten Markt zugelassen sind und die ihren konsolidierten Abschlüssen bereits primär andere international anerkannte Rechnungslegungsgrundsätze zu Grunde legen, sowie für Gesellschaften, von denen ausschließlich Schuldtitel zum Handel in einem geregelten Markt zugelassen sind. Es ist jedoch unverzichtbar, dass bis spätestens 2007 die IAS als einheitliches Regelwerk globaler internationaler Rechnungslegungsstandards für alle Gemeinschaftsunternehmen gelten, deren Wertpapiere zum Handel in einem geregelten Gemeinschaftsmarkt zugelassen sind.

(18) Um den Mitgliedstaaten und Gesellschaften die zur Anwendung internationaler Rechnungslegungsstandards erforderlichen Anpassungen zu ermöglichen, ist es erforderlich, dass bestimmte Vorschriften erst im Jahr 2005 Anwendung finden. Für die erstmalige Anwendung der IAS durch die Gesellschaften infolge des In-

krafttretens dieser Verordnung sollten geeignete Vorschriften erlassen werden. Diese Vorschriften sollten auf internationaler Ebene ausgearbeitet werden, damit die internationale Anerkennung der festgelegten Lösungen sichergestellt ist.

HABEN FOLGENDE VERORDNUNG ERLASSEN:

Artikel 1

Ziel

Gegenstand dieser Verordnung ist die Übernahme und Anwendung internationaler Rechnungslegungsstandards in der Gemeinschaft, mit dem Ziel, die von Gesellschaften im Sinne des Artikels 4 vorgelegten Finanzinformationen zu harmonisieren, um einen hohen Grad an Transparenz und Vergleichbarkeit der Abschlüsse und damit eine effiziente Funktionsweise des Kapitalmarkts in der Gemeinschaft und im Binnenmarkt sicherzustellen.

Artikel 2

Begriffsbestimmungen

Im Sinne dieser Verordnung bezeichnen »internationale Rechnungslegungsstandards« die »International Accounting Standards« (IAS), die »International Financial Reporting Standards« (IFRS) und damit verbundene Auslegungen (SIC/IFRIC-Interpretationen), spätere Änderungen dieser Standards und damit verbundene Auslegungen sowie künftige Standards und damit verbundene Auslegungen, die vom International Accounting Standards Board (IASB) herausgegeben oder angenommen wurden.

Artikel 3

Übernahme und Anwendung internationaler Rechnungslegungsstandards

(1) Die Kommission beschließt über die Anwendbarkeit von internationalen Rechnungslegungsstandards in der Gemeinschaft. Diese Maßnahmen zur Änderung nicht wesentlicher Bestimmungen dieser Verordnung durch Ergänzung werden nach dem Artikel 6 Absatz 2 genannten Regelungsverfahren mit Kontrolle erlassen.

(2) Die internationalen Rechnungslegungsstandards können nur übernommen werden, wenn sie

- dem Prinzip des Artikels 2 Absatz 3 der Richtlinie 78/660/EWG und des Artikels 16 Absatz 3 der Richtlinie 83/349/EWG nicht zuwiderlaufen sowie dem europäischen öffentlichen Interesse entsprechen und
- den Kriterien der Verständlichkeit, Erheblichkeit, Verlässlichkeit und Vergleichbarkeit genügen, die Finanzinformationen erfüllen müssen, um wirtschaftliche Entscheidungen und die Bewertung der Leistung einer Unternehmensleitung zu ermöglichen.

(3) Bis zum 31. Dezember 2002 entscheidet die Kommission nach dem Verfahren des Artikels 6 Absatz 2 über die Anwendbarkeit der bei Inkrafttreten dieser Verordnung vorliegenden internationalen Rechnungslegungsstandards in der Gemeinschaft.

(4) Übernommene internationale Rechnungslegungsstandards werden als Kommissionsverordnung vollständig in allen Amtssprachen der Gemeinschaft im Amtsblatt der *Europäischen Gemeinschaften* veröffentlicht.

Artikel 4

Konsolidierte Abschlüsse von kapitalmarktorientierten Gesellschaften

Für Geschäftsjahre, die am oder nach dem 1. Januar 2005 beginnen, stellen Gesellschaften, die dem Recht eines Mitgliedstaates unterliegen, ihre konsolidierten Abschlüsse nach den internationalen Rechnungslegungsstandards auf, die nach dem Verfahren des Artikels 6 Absatz 2 übernommen wurden, wenn am jeweiligen Bilanzstichtag ihre Wertpapiere in einem beliebigen Mitgliedstaat zum Handel in einem geregelten Markt im Sinne des Artikels 1 Absatz 13 der Richtlinie 93/22/EWG des Rates vom 10. Mai 1993 über Wertpapierdienstleistungen[1] zugelassen sind.

Artikel 5

Wahlrecht in Bezug auf Jahresabschlüsse und hinsichtlich nicht kapitalmarktorientierter Gesellschaften

Die Mitgliedstaaten können gestatten oder vorschreiben, dass

a) Gesellschaften im Sinne des Artikels 4 ihre Jahresabschlüsse,

b) Gesellschaften, die nicht solche im Sinne des Artikels 4 sind, ihre konsolidierten Abschlüsse und/oder ihre Jahresabschlüsse

nach den internationalen Rechnungslegungsstandards aufstellen, die nach dem Verfahren des Artikels 6 Absatz 2 angenommen wurden.

Artikel 6

Ausschussverfahren

(1) Die Kommission wird durch einen Regelungsausschuss für Rechnungslegung (im Folgenden »Ausschuss« genannt) unterstützt.

(2) Wird auf diesen Absatz Bezug genommen, so gelten die Artikel 5a Absätze 1 bis und Artikel 7 des Beschlusses 1999/468/EG unter Beachtung von dessen Artikel 8.

---

1 ABl. L 141 vom 11. 6. 1993, S. 27. Richtlinie zuletzt geändert durch die Richtlinie 2000/64/EG des Europäischen Parlaments und des Rates (ABl. L 290 vom 17. 11. 2000, S. 27).

Artikel 7

Berichterstattung und Koordinierung

(1) Die Kommission setzt sich mit dem Ausschuss regelmäßig über den Stand laufender Vorhaben des IASB und über die vom IASB veröffentlichten Dokumente ins Benehmen, um die Standpunkte zu koordinieren und um Erörterungen über die Übernahme von gegebenenfalls aus diesen Vorhaben und Dokumenten hervorgehenden Standards zu erleichtern.

(2) Die Kommission erstattet dem Ausschuss gebührend und frühzeitig Bericht, wenn sie die Übernahme eines Standards nicht vorschlagen will.

Artikel 8

Mitteilungspflicht

Ergreifen die Mitgliedstaaten Maßnahmen nach Artikel 5, so teilen sie diese der Kommission und den anderen Mitgliedstaaten unverzüglich mit.

Artikel 9

Übergangsbestimmungen

In Abweichung von Artikel 4 können die Mitgliedstaaten vorsehen, dass jener Artikel 4 für Gesellschaften,

a) von denen lediglich Schuldtitel zum Handel in einem geregelten Markt eines Mitgliedstaats im Sinne von Artikel 1 Absatz 13 der Richtlinie 93/22/EWG zugelassen sind oder

b) deren Wertpapiere zum öffentlichen Handel in einem Nichtmitgliedstaat zugelassen sind und die zu diesem Zweck seit einem Geschäftsjahr, das vor der Veröffentlichung dieser Verordnung im Amtsblatt der Europäischen Gemeinschaften begann, international anerkannte Standards anwenden, erst für die Geschäftsjahre Anwendung finden, die am oder nach dem 1. Januar 2007 beginnen.

Artikel 10

Unterrichtung und Überprüfung

Die Kommission überprüft die Funktionsweise dieser Verordnung und erstattet dem Europäischen Parlament und dem Rat bis zum 1. Juli 2007 darüber Bericht.

Artikel 11

Inkrafttreten

Diese Verordnung tritt am dritten Tag nach ihrer Veröffentlichung im Amtsblatt der Europäischen Gemeinschaften in Kraft.

Diese Verordnung ist in allen ihren Teilen verbindlich und gilt unmittelbar in jedem Mitgliedstaat.

Geschehen zu Brüssel am 19. Juli 2002/11. März 2008.

In Namen des Europäischen Parlaments	In Namen des Rates
Der Präsident	Der Präsident
P. COX/H.-G. PÖTTERING	T. PEDERSEN/J. LENARČIĆ

DATEV-Kontenrahmen nach dem Bilanzrechtsmodernisierungsgesetz Standardkontenrahmen (SKR) 04 – (Abschlussgliederungsprinzip) – gültig für 2015 – gekürzt

0 Anlagevermögenskonten	
	Ausstehende Einlagen auf das gezeichnete Kapital
0050	Ausstehende Einlagen auf das Komplementär-Kapital nicht eingefordert
0060	Ausstehende Einlagen auf das Komplementär-Kapital eingefordert
	Aufwendungen für die Ingangsetzung und Erweiterung des Geschäftsbetriebs
0095	Aufwendungen für die Ingangsetzung und Erweiterung des Geschäftsbetriebs
	Anlagevermögen Immaterielle Vermögensgegenstände
0100	**Entgeltlich erworbene Konzessionen, gewerbliche Schutzrechte u. ähnl. Rechte u. Werte sowie Lizenzen an solchen Rechten und Werten**
0143	**Selbst geschaffene immaterielle Vermögensgegenstände**
0150	**Geschäfts- oder Firmenwert**
0160	**Verschmelzungsmehrwert**
0170	**Geleistete Anzahlungen auf immaterielle Vermögensgegenstände**
0179	**Anzahlungen auf Geschäfts- oder Firmenwert Sachanlagen**
0200	**Grundstücke, grundstücksgleiche Rechte und Bauten einschließlich der Bauten auf fremden Grundstücken**
0210	Grundstücke und grundstücksgleiche Rechte ohne Bauten
0215	Unbebaute Grundstücke
0220	Grundstücksgleiche Rechte (Erbbaurecht, Dauerwohnrecht)
0225	Grundstücke mit Substanzverzehr
0230	Bauten auf eigenen Grundstücken und grundstücksgleichen Rechten
0235	Grundstückswerte eigener bebauter Grundstücke
0240	Geschäftsbauten
0250	Fabrikbauten
0260	Andere Bauten
0270	Garagen
0290	Einrichtungen für Geschäfts-, Fabrik- und andere Bauten
0300	Wohnbauten
0305	Garagen
0310	Außenanlagen

0 Anlagevermögenskonten	
0330	Bauten auf fremden Grundstücken
0340	Geschäftsbauten
0350	Fabrikbauten
0360	Wohnbauten
0370	Andere Bauten
0380	Garagen
0390	Außenanlagen
0400	**Technische Anlagen und Maschinen**
0420	Technische Anlagen
0440	Maschinen
0460	Maschinengebundene Werkzeuge
0470	Betriebsvorrichtungen
0500	**Andere Anlagen, Betriebs- und Geschäftsausstattung**
0510	Andere Anlagen
0520	Pkw
0540	Lkw
0560	Sonstige Transportmittel
0620	Werkzeuge
0640	Ladeneinrichtung
0650	Büroeinrichtung
0660	Gerüst- und Schalungsmaterial
0670	Geringwertige Wirtschaftsgüter
0675	Wirtschaftsgüter größer 150 bis 1000 Euro (Sammelposten)
0680	Einbauten in fremde Grundstücke
0690	Sonstige Betriebs- und Geschäftsausstattung
0700	**Geleistete Anzahlungen und Anlagen im Bau**
0705	Anzahlungen auf Grundstücke und grundstücksgleiche Rechte ohne Bauten
0710	Geschäfts-, Fabrik- und andere Bauten im Bau auf eigenen Grundstücken
0720	Anzahlungen auf Geschäfts-, Fabrik- und andere Bauten auf eigenen Grundstücken und grundstücksgleichen Rechten
0770	Technische Anlagen und Maschinen im Bau
0780	Anzahlungen auf technische Anlagen und Maschinen
0785	Andere Anlagen, Betriebs- und Geschäftsausstattung im Bau
0795	Anzahlungen auf andere Anlagen, Betriebs- und Geschäftsausstattung

0 Anlagevermögenskonten	
	Finanzanlagen
0800	**Anteile an verbundenen Unternehmen**
0809	**Anteile an herrschender oder mit Mehrheit beteiligter Gesellschaft**
0810	**Ausleihungen an verbundene Unternehmen**
0820	**Beteiligungen**
0830	Typisch stille Beteiligungen
0840	Atypisch stille Beteiligungen
0850	Beteiligungen an Kapitalgesellschaften
0860	Beteiligungen an Personengesellschaften
0880	**Ausleihungen an Unternehmen, mit denen ein Beteiligungsverhältnis besteht**
0900	**Wertpapiere des Anlagevermögens**
0910	Wertpapiere mit Gewinnbeteiligungsansprüchen
0920	Festverzinsliche Wertpapiere
0930	**Sonstige Ausleihungen**
0940	Darlehen
0960	Ausleihungen an Gesellschafter
0970	Ausleihungen an nahe stehende Personen
0980	**Genossenschaftsanteile zum langfristigen Verbleib**

1 Umlaufvermögenskonten	
	Vorräte
1000	**Roh-, Hilfs- und Betriebsstoffe) (Bestand)**
1040	**Unfertige Erzeugnisse, unfertige Leistungen (Bestand)**
1050	Unfertige Erzeugnisse
1080	Unfertige Leistungen
1090	In Ausführung befindliche Bauaufträge
1095	In Arbeit befindliche Aufträge
1100	**Fertige Erzeugnisse und Waren (Bestand)**
1110	**Fertige Erzeugnisse (Bestand)**
1140	**Waren (Bestand)**
1180	**Geleistete Anzahlungen auf Vorräte**
1190	Erhaltene Anzahlungen auf Bestellungen (von Vorräten offen abgesetzt)

	1 Umlaufvermögenskonten
1200	**Forderungen aus Lieferungen und Leistungen**
1246	Einzelwertberichtigungen auf Forderungen mit einer Restlaufzeit bis zu 1 Jahr
1247	Einzelwertberichtigungen auf Forderungen mit einer Restlaufzeit von mehr als 1 Jahr
1248	Pauschalwertberichtigung auf Forderungen mit einer Restlaufzeit bis zu 1 Jahr
1249	Pauschalwertberichtigung auf Forderungen mit einer Restlaufzeit von mehr als 1 Jahr
1260	**Forderungen gegen verbundene Unternehmen**
1266	Besitzwechsel gegen verbundene Unternehmen
1269	Besitzwechsel gegen verbundene Unternehmen, bundesbankfähig
1280	**Forderungen gegen Unternehmen, mit denen ein Beteiligungsverhältnis besteht**
1286	Besitzwechsel gegen Unternehmen, mit denen ein Beteiligungsverhältnis besteht
1289	Besitzwechsel gegen Unternehmen, mit denen ein Beteiligungsverhältnis besteht, bundesbankfähig
1298	**Ausstehende Einlagen auf das gezeichnete Kapital, eingefordert (Forderungen, nicht eingeforderte ausstehende Einlagen s. Konto 2910)**
1299	**Nachschüsse (Gegenkonto 2929)**
1300	**Sonstige Vermögensgegenstände**
1301	– Restlaufzeit bis 1 Jahr
1305	– Restlaufzeit größer 1 Jahr
1310	Forderungen gegen Vorstandsmitglieder und Geschäftsführer
1320	Forderungen gegen Aufsichtsrats- und Beirats-Mitglieder
1330	Forderungen gegen Gesellschafter
1340	Forderungen gegen Personal aus Lohn- und Gehaltsabrechnung
1350	Kautionen
1360	Darlehen
1370	Durchlaufende Posten
1374	Fremdgeld
1378	Ansprüche aus Rückdeckungsversicherungen
1381	Vermögensgegenstände zur Saldierung mit Pensionsrückstellungen und ähnlichen Verpflichtungen zum langfristigen Verbleib nach § 246 Abs. 2 HGB
1390	GmbH-Anteile zum kurzfristigen Verbleib
1395	Genossenschaftsanteile zum kurzfristigen Verbleib
1420	Umsatzsteuerforderungen

	1 Umlaufvermögenskonten
1427	Forderungen aus entrichteten Verbrauchsteuern
	Wertpapiere
1500	**Anteile an verbundenen Unternehmen (Umlaufvermögen)**
1504	**Anteile an herrschender oder mit Mehrheit beteiligter Gesellschaft**
1510	**Sonstige Wertpapiere**
1520	Finanzwechsel
1525	Andere Wertpapiere mit unwesentlichen Wertschwankungen im Sinne Textziffer 18 DRS 2
1530	Wertpapieranlagen im Rahmen der kurzfristigen Finanzdisposition
	Kassenbestand, Bundesbankguthaben, Guthaben bei Kreditinstituten und Schecks
1550	**Schecks**
1600	**Kasse**
1700	**Postbank**
1790	Bundesbankguthaben
1800	**Bank**
1890	Finanzmittelanlagen im Rahmen der kurzfristigen Finanzdisposition
	Abgrenzungsposten
1900	**Aktive Rechnungsabgrenzung**
1920	Als Aufwand berücksichtigte Zölle und Verbrauchsteuern auf Vorräte
1930	Als Aufwand berücksichtigte Umsatzsteuer auf Anzahlungen
1940	Damnum/Disagio
1950	**Aktive latente Steuern**

	2 Eigenkapitalkonten
	Kapital Vollhafter/Einzelunternehmer
2000	Festkapital
2010	Variables Kapital
2020	Gesellschafter-Darlehen
	Kapital Teilhafter
2050	Kommandit-Kapital
2060	Verlustausgleichskonto
2070	Gesellschafter-Darlehen
	Privat Vollhafter/Einzelunternehmer
2100	Privatentnahmen allgemein
2130	Unentgeltliche Wertabgaben
2150	Privatsteuern
2180	Privateinlagen
	Privat Teilhafter
2500	Privatentnahmen allgemein
2530	Unentgeltliche Wertabgaben
	Gezeichnetes Kapital
2900	**Gezeichnetes Kapital**
2909	Erworbene eigene Anteile

	2 Eigenkapitalkonten
2910	Ausstehende Einlagen auf das gezeichnete Kapital, nicht eingefordert (Passivausweis, von gezeichnetem Kapital offen abgesetzt; eingeforderte ausstehende Einlagen s. Konto 1298)
	Kapitalrücklage
2920	**Kapitalrücklage**
2925	Kapitalrücklage durch Ausgabe von Anteilen über Nennbetrag
2926	Kapitalrücklage durch Ausgabe von Schuldverschreibungen für Wandlungsrechte und Optionsrechte zum Erwerb von Anteilen
	Gewinnrücklagen
2930	**Gesetzliche Rücklage**
2950	**Satzungsmäßige Rücklagen**
2960	**Andere Gewinnrücklagen**
2962	Eigenkapitalanteil von Wertaufholungen
	Gewinnvortrag/Verlustvortrag vor Verwendung
2970	Gewinnvortrag vor Verwendung
2978	Verlustvortrag vor Verwendung
2979	Vortrag auf neue Rechnung (Bilanz)
	Sonderposten mit Rücklageanteil
2980	Sonderposten mit Rücklageanteil steuerfreie Rücklagen
2981	Sonderposten mit Rücklageanteil nach § 6b EStG
2982	Sonderposten mit Rücklageanteil nach EStR R 6.6
2989	Sonderposten mit Rücklageanteil nach § 52 Abs. 16 EStG
2990	Sonderposten mit Rücklageanteil, Sonderabschreibungen
2997	Sonderposten mit Rücklageanteil nach § 7g Abs. 5 EStG
2999	Sonderposten für Zuschüsse und Zulagen

	3 Fremdkapitalkonten
	Rückstellungen
3000	**Rückstellungen für Pensionen und ähnliche Verpflichtungen**
3009	Rückstellungen für Pensionen und ähnliche Verpflichtungen zur Saldierung mit Vermögensgegenständen zum langfristigen Verbleib nach § 246 Abs. 2 HGB
3010	Rückstellungen für Direktzusagen
3015	Rückstellungen für pensionsähnliche Verpflichtungen
3020	**Steuerrückstellungen**
3030	Gewerbesteuerrückstellung
3040	Körperschaftsteuerrückstellung
3060	Rückstellung für latente Steuern
3065	Passive latente Steuern
3070	**Sonstige Rückstellungen**
3075	Rückstellungen für unterlassene Aufwendungen für Instandhaltung, Nachholung in den ersten drei Monaten

3 Fremdkapitalkonten	4 Betriebliche Erträge	4 Betriebliche Erträge
3085 Rückstellungen für Abraum- und Abfallbeseitigung	3761 Verbindlichkeiten für Verbrauchsteuern	4910 Erträge aus Zuschreibungen des Sachanlagevermögens
3092 Rückstellungen für drohende Verluste aus schwebenden Geschäften	3770 Verbindlichkeiten aus Vermögensbildung	4911 Erträge aus Zuschreibungen des immateriellen Anlagevermögens
3095 Rückstellungen für Abschluss- und Prüfungskosten	**Rechnungsabgrenzungsposten**	4912 Erträge aus Zuschreibungen des Finanzanlagevermögens
3098 Aufwandsrückstellungen gemäß § 249 Abs. 2 HGB a. F.	**3900 Passive Rechnungsabgrenzung**	4915 Erträge aus Zuschreibungen des Umlaufvermögens außer Vorräten
Verbindlichkeiten	**Umsatzerlöse**	4920 Erträge aus der Herabsetzung der Pauschalwertberichtigung auf Forderungen
3100 Anleihen, nicht konvertibel	4000 Umsatzerlöse	4923 Erträge aus der Herabsetzung der Einzelwertberichtigung auf Forderungen
3120 Anleihen, konvertibel	4200 Erlöse	4925 Erträge aus abgeschriebenen Forderungen
3150 Verbindlichkeiten gegenüber Kreditinstituten	4510 Erlöse Abfallverwertung	4930 Erträge aus der Auflösung von Rückstellungen
3151 Restlaufzeit bis 1 Jahr	4520 Erlöse Leergut	4935 Erträge aus der Auflösung einer steuerlichen Rücklage
3160 Restlaufzeit 1 bis 5 Jahre	4560 Provisionsumsätze	4939 Erträge aus der Auflösung von Sonderposten mit Rücklageanteil nach § 52 Abs. 16 EStG
3170 Restlaufzeit größer 5 Jahre	4690 Nicht steuerbare Umsätze (Innenumsätze)	4940 Verrechnete sonstige Sachbezüge (keine Waren)
3250 Erhaltene Anzahlungen auf Bestellungen (Verbindlichkeiten)	4695 Umsatzsteuervergütung	4949 Verrechnete sonstige Sachbezüge ohne Umsatzsteuer
3300 Verbindlichkeiten aus Lieferungen und Leistungen	4700 Erlösschmälerungen	4960 Periodenfremde Erträge (soweit nicht außerordentlich)
3301 Verbindlichkeiten aus Lieferungen und Leistungen	4769 Gewährte Boni	4970 Versicherungsentschädigungen und Schadensersatzleistungen
3335 Verbindlichkeiten aus Lieferungen und Leistungen ohne Kontokorrent – Restlaufzeit bis 1 Jahr	4770 Gewährte Rabatte	4975 Investitionszuschüsse (steuerpflichtig)
3340 Verbindlichkeiten aus Lieferungen und Leistungen gegenüber Gesellschaftern	**Erhöhung oder Verminderung des Bestands an fertigen und unfertigen Erzeugnissen**	4980 Investitionszulagen (steuerfrei)
3350 Verbindlichkeiten aus der Annahme gezogener Wechsel und aus der Ausstellung eigener Wechsel	4800 Bestandsveränderungen – fertige Erzeugnisse	4981 Steuerfreie Erträge aus der Auflösung von steuerlichen Rücklagen
3400 Verbindlichkeiten gegenüber verbundenen Unternehmen	4810 Bestandsveränderungen – unfertige Erzeugnisse	4982 Sonstige steuerfreie Betriebseinnahmen
3450 Verbindlichkeiten gegenüber Unternehmen, mit denen ein Beteiligungsverhältnis besteht	4818 Bestandsveränderungen in Arbeit befindliche Aufträge	
3500 Sonstige Verbindlichkeiten	**Andere aktivierte Eigenleistungen**	
3510 Verbindlichkeiten gegenüber Gesellschaftern	4820 Andere aktivierte Eigenleistungen	
3540 Partiarische Darlehen	**Sonstige betriebliche Erträge**	
3550 Erhaltene Kautionen	4830 Sonstige betriebliche Erträge	
3560 Darlehen	4835 Sonstige Erträge betrieblich und regelmäßig	**5 Betriebliche Aufwendungen**
3700 Verbindlichkeiten aus Steuern und Abgaben	4837 Sonstige Erträge betriebsfremd und regelmäßig	**Material- und Stoffverbrauch**
3720 Verbindlichkeiten aus Lohn und Gehalt	4839 Sonstige Erträge unregelmäßig	5000 Aufwendungen für Roh-, Hilfs- und Betriebsstoffe und für bezogene Waren
3725 Verbindlichkeiten für Einbehaltungen von Arbeitnehmern	4840 Erträge aus Währungsumrechnung	**Materialaufwand**
3726 Verbindlichkeiten an das Finanzamt aus abzuführendem Bauabzugsbetrag	4843 Erträge aus Bewertung Finanzmittelfonds	5100 Einkauf von Roh-, Hilfs- und Betriebsstoffen
3730 Verbindlichkeiten aus Lohn- und Kirchensteuer	4849 Erlöse aus Verkäufen Sachanlagevermögen (bei Buchgewinn)	5190 Energiestoffe (Fertigung)
3740 Verbindlichkeiten im Rahmen der sozialen Sicherheit	4850 Erlöse aus Verkäufen immaterieller Vermögensgegenstände (bei Buchgewinn)	**5200 Wareneingang**
3759 Voraussichtliche Beitragsschuld gegenüber den Sozialversicherungsträgern	4851 Erlöse aus Verkäufen Finanzanlagen (bei Buchgewinn)	5700 Nachlässe
3760 Verbindlichkeiten aus Einbehaltungen (KapESt und Solz auf KapESt)	4855 Anlagenabgänge Sachanlagen (Restbuchwert bei Buchgewinn)	5769 Erhaltene Boni
	4856 Anlagenabgänge immaterielle Vermögensgegenstände (Restbuchwert b. Buchgew.)	5770 Erhaltene Rabatte
	4857 Anlagenabgänge Finanzanlagen (Restbuchwert bei Buchgewinn)	5800 Bezugsnebenkosten
	4860 Grundstückserträge	5820 Leergut
	4900 Erträge aus dem Abgang von Gegenständen des Anlagevermögens	5840 Zölle und Einfuhrabgaben
	4905 Erträge aus dem Abgang von Gegenständen des Umlaufvermögens außer Vorräte	**Aufwendungen für bezogene Leistungen**
		5900 Fremdleistungen

	6 Betriebliche Aufwendungen
	Personalaufwand
6000	**Löhne und Gehälter**
6010	Löhne
6020	Gehälter
6024	Geschäftsführergehälter der GmbH- Gesellschafter
6026	Tantiemen
6027	Geschäftsführergehälter
6028	Vergütungen an angestellte Mitunternehmer § 15 EStG
6030	Aushilfslöhne
6040	Pauschale Steuer für Aushilfen
6060	Freiwillige soziale Aufwendungen, lohnsteuerpflichtig
6069	Pauschale Steuer auf sonstige Bezüge (z. B. Fahrtkostenzuschüsse)
6080	Vermögenswirksame Leistungen
6090	Fahrtkostenerstattung Wohnung/ Arbeitsstätte
6100	**Soziale Abgaben und Aufwendungen für Altersversorgung und für Unterstützung**
6110	Gesetzliche soziale Aufwendungen
6120	Beiträge zur Berufsgenossenschaft
6130	Freiwillige soziale Aufwendungen, lohnsteuerfrei
6140	Aufwendungen für Altersversorgung
6147	Pauschale Steuer auf sonstige Bezüge (z. B. Direktversicherungen)
6150	Versorgungskassen
6160	Aufwendungen für Unterstützung
6170	Sonstige soziale Abgaben
	Abschreibungen auf immaterielle Vermögensgegenstände des Anlagevermögens und Sachanlagen
6200	Abschreibungen auf immaterielle Vermögensgegenstände
6205	Abschreibungen auf den Geschäfts- oder Firmenwert
6210	Außerplanmäßige Abschreibungen auf immaterielle Vermögensgegenstände
6220	Abschreibungen auf Sachanlagen (ohne AfA auf Kfz und Gebäude)
6221	Abschreibungen auf Gebäude
6222	Abschreibungen auf Kfz
6230	Außerplanmäßige Abschreibungen auf Sachanlagen
6231	Absetzung für außergewöhnliche technische und wirtschaftliche Abnutzung der Gebäude
6232	Absetzung für außergewöhnliche technische und wirtschaftliche Abnutzung des Kfz
6233	Absetzung für außergewöhnliche technische und wirtschaftliche Abnutzung sonstiger Wirtschaftsgüter

	6 Betriebliche Aufwendungen
6240	Abschreibungen auf Sachanlagen aufgrund steuerlicher Sondervorschriften
6262	Abschreibungen auf aktivierte geringwertige Wirtschaftsgüter
6268	Abschreibungen auf Aufwendungen für die Ingangsetzung und Erweiterung des Geschäftsbetriebs
	Abschreibungen auf Vermögensgegenstände des Umlaufvermögens, soweit diese die in der Kapitalgesellschaft üblichen Abschreibungen überschreiten
6270	Abschreibungen auf Vermögensgegenstände des Umlaufvermögens (soweit unüblich hoch)
6272	Abschreibungen auf Umlaufvermögen steuerrechtlich bedingt (soweit unüblich hoch)
6280	Forderungsverluste (soweit unüblich hoch)
	Sonstige betriebliche Aufwendungen
6300	Sonstige betriebliche Aufwendungen
6303	Fremdleistungen/Fremdarbeiten
6304	Sonstige Aufwendungen betrieblich und regelmäßig
6305	Raumkosten
6310	Miete (unbewegliche Wirtschaftsgüter)
6320	Heizung
6325	Gas, Strom, Wasser
6330	Reinigung
6335	Instandhaltung betrieblicher Räume
6340	Abgaben für betrieblich genutzten Grundbesitz
6345	Sonstige Raumkosten
6350	Grundstücksaufwendungen, betrieblich
6352	Grundstücksaufwendungen, sonstige neutrale
6390	Zuwendungen, Spenden, steuerlich nicht abziehbar
6398	Zuwendungen, Spenden an Stiftungen für wissenschaftliche, mildtätige, kulturelle Zwecke
6400	Versicherungen
6405	Versicherungen für Gebäude
6420	Beiträge
6430	Sonstige Abgaben
6440	Ausgleichsabgabe i. S. d. Schwerbehindertengesetzes
6450	Reparaturen und Instandhaltung von Bauten
6460	Reparaturen und Instandhaltung von technischen Anlagen und Maschinen
6470	Reparaturen und Instandhaltung von Betriebs- und Geschäftsausstattung

	6 Betriebliche Aufwendungen
6485	Reparaturen und Instandhaltung von anderen Anlagen
6490	Sonstige Reparaturen und Instandhaltung
6495	Wartungskosten für Hard- und Software
6498	Mietleasing (bewegliche Wirtschaftsgüter)
6500	Fahrzeugkosten
6520	Kfz Versicherungen
6530	Laufende Kfz-Betriebskosten
6540	Kfz-Reparaturen
6550	Garagenmiete
6560	Mietleasing Kfz
6570	Sonstige Kfz-Kosten
6580	Mautgebühren
6595	Fremdfahrzeugkosten
6600	Werbekosten
6610	Geschenke abzugsfähig
6620	Geschenke nicht abzugsfähig
6625	Geschenke ausschließlich betrieblich genutzt
6630	Repräsentationskosten
6640	Bewirtungskosten
6641	Sonstige eingeschränkt abziehbare Betriebsausgaben (abziehbarer Anteil)
6642	Sonstige eingeschränkt abziehbare Betriebsausgaben (nicht abziehbarer Anteil)
6643	Aufmerksamkeiten
6644	Nicht abzugsfähige Bewirtungskosten
6645	Nicht abzugsfähige Betriebsausgaben aus Werbe- und Repräsentationskosten
6650	Reisekosten Arbeitnehmer
6668	Kilometergelderstattung Arbeitnehmer
6670	Reisekosten Unternehmer
6672	Reisekosten Unternehmer (nicht abziehbarer Anteil)
6673	Reisekosten Unternehmer Fahrtkosten
6674	Reisekosten Unternehmer Verpflegungsmehraufwand
6680	Reisekosten Unternehmer Übernachtungsaufwand
6688	Fahrten zwischen Wohnung und Arbeitsstätte (abziehbarer Anteil)
6689	Fahrten zwischen Wohnung und Arbeitsstätte (nicht abziehbarer Anteil)
6700	Kosten der Warenabgabe
6710	Verpackungsmaterial
6740	Ausgangsfrachten
6760	Transportversicherungen
6770	Verkaufsprovisionen
6780	Fremdarbeiten (Vertrieb)

6 Betriebliche Aufwendungen	
6790	Aufwand für Gewährleistung
6800	Porto
6805	Telefon
6810	Telefax und Internetkosten
6815	Bürobedarf
6820	Zeitschriften, Bücher
6821	Fortbildungskosten
6822	Freiwillige Sozialleistungen
6825	Rechts- und Beratungskosten
6827	Abschluss- und Prüfungskosten
6830	Buchführungskosten
6835	Mieten für Einrichtungen
6840	Mietleasing (bewegliche Wirtschaftsgüter)
6845	Werkzeuge und Kleingeräte
6850	Sonstiger Betriebsbedarf
6855	Nebenkosten des Geldverkehrs
6859	Aufwendungen für Abraum- und Abfallbeseitigung
6860	Nicht abziehbare Vorsteuer
6875	Nicht abziehbare Hälfte der Aufsichtsratsvergütungen
6876	Abziehbare Aufsichtsratsvergütungen
6880	Aufwendungen aus der Währungsumrechnung
6889	Erlöse aus Verkäufen Sachanlagevermögen (bei Buchverlust)
6890	Erlöse aus Verkäufen immaterieller Vermögensgegenstände (bei Buchverlust)
6891	Erlöse aus Verkäufen Finanzanlagen (bei Buchverlust)
6895	Anlagenabgänge Sachanlagen (Restbuchwert bei Buchverlust)
6896	Anlagenabgänge imm. Vermögensgegenstände (Restbuchwert bei Buchverlust)
6897	Anlagenabgänge Finanzanlagen (Restbuchwert bei Buchverlust)
6900	Verluste aus dem Abgang von Gegenständen des Anlagevermögens
6905	Verluste aus dem Abgang von Gegenständen des Umlaufvermögens außer Vorräte
6910	Abschreibungen auf Umlaufvermögen außer Vorräte u. Wertpapieren des UV (übl. Höhe)
6912	Abschreibungen auf Umlaufvermögen außer Vorräte und Wertpapieren des UV, steuerrechtlich bedingt (übliche Höhe)
6918	Aufwendungen aus dem Erwerb eigener Anteile
6920	Einstellung in die Pauschalwertberichtigung zu Forderungen
6923	Einstellung in die Einzelwertberichtigung zu Forderungen
6927	Einstellungen in steuerliche Rücklagen

6 Betriebliche Aufwendungen	
6930	Forderungsverluste (übliche Höhe)
6960	Periodenfremde Aufwendungen soweit nicht außerordentlich
6967	Sonstige Aufwendungen betriebsfremd und regelmäßig
6969	Sonstige Aufwendungen unregelmäßig

7 Weitere Erträge und Aufwendungen	
	Erträge aus Beteiligungen
7000	Erträge aus Beteiligungen
7009	Erträge aus Beteiligungen an verbundenen Unternehmen
	Erträge aus anderen Wertpapieren und Ausleihungen des Finanzanlagevermögens
7010	Erträge aus anderen Wertpapieren und Ausleihungen des Finanzanlagevermögens
7019	Erträge aus anderen Wertpapieren und Ausleihungen des Finanzanlagevermögens aus verbundenen Unternehmen
7020	Zins- und Dividendenerträgen
	Sonstige Zinsen und ähnliche Erträge
7100	Sonstige Zinsen und ähnliche Erträge
7109	Sonstige Zinsen und ähnliche Erträge aus verbundenen Unternehmen
7110	Sonstige Zinserträge
7119	Sonstige Zinserträge aus verbundenen Unternehmen
7120	Zinsähnliche Erträge
7129	Zinsähnliche Erträge aus verbundenen Unternehmen
7130	Diskonterträge
7139	Diskonterträge aus verbundenen Unternehmen
7141	Zinserträge aus der Abzinsung von Verbindlichkeiten
7142	Zinserträge aus der Abzinsung von Rückstellungen
7143	Zinserträge aus der Abzinsung von Pensionsrückstellungen und ähnlichen Verpflichtungen
7144	Zinserträge aus der Abzinsung von Pensionsrückstellungen und ähnlichen Verpflichtungen zur Verrechnung nach § 246 Abs. 2 HGB
7145	Erträge aus Vermögensgegenständen zur Verrechnung nach § 246 Abs. 2 HGB
	Erträge aus Verlustübernahme und aufgrund einer Gewinngemeinschaft, eines Gewinn- oder Teilgewinnabführungsvertrags erhaltene Gewinne
7190	Erträge aus Verlustübernahme

7 Weitere Erträge und Aufwendungen	
7192	Erhaltene Gewinne aufgrund einer Gewinngemeinschaft
7194	Erhaltene Gewinne aufgrund eines Gewinn- oder Teilgewinnabführungsvertrags
	Abschreibungen auf Finanzanlagen und auf Wertpapiere des Umlaufvermögens
7200	Abschreibungen auf Finanzanlagen
7210	Abschreibungen auf Wertpapiere des Umlaufvermögens
7250	Abschreibungen auf Finanzanlagen aufgrund § 6b EStG-Rücklage
	Zinsen und ähnliche Aufwendungen
7300	Zinsen und ähnliche Aufwendungen
7303	Steuerlich abzugsfähige, andere Nebenleistungen zu Steuern
7304	Steuerlich nicht abzugsfähige, andere Nebenleistungen zu Steuern
7309	Zinsen und ähnliche Aufwendungen an verbundene Unternehmen
7310	Zinsaufwendungen für kurzfristige Verbindlichkeiten
7320	Zinsaufwendungen für langfristige Verbindlichkeiten
7329	Zinsaufwendungen für langfristige Verbindlichkeiten an verbundene Unternehmen
7330	Zinsähnliche Aufwendungen
7340	Diskontaufwendungen
7349	Diskontaufwendungen an verbundene Unternehmen
7361	Zinsaufwendungen aus der Abzinsung von Verbindlichkeiten
7362	Zinsaufwendungen aus der Abzinsung von Rückstellungen
7363	Zinsaufwendungen aus der Abzinsung vonPensionsrückstellungen und ähnlichen Verpflichtungen
7364	Zinsaufwendungen aus der Abzinsung vonPensionsrückstellungen und ähnlichen Verpflichtungen zur Verrechnung nach § 246 Abs. 2 HGB
7365	Aufwendungen aus Vermögensgegenständen zur Verrechnung nach § 246 Abs. 2 HGB
	Aufwendungen aus Verlustübernahme und aufgrund einer Gewinngemeinschaft, eines Gewinn- oder Teilgewinnabführungsvertrags abgeführte Gewinne
7390	Aufwendungen aus Verlustübernahme
7392	Abgeführte Gewinne aufgrund einer Gewinngemeinschaft
7394	Abgeführte Gewinne aufgrund eines Gewinn- oder Teilgewinnabführungsvertrags
	Außerordentliche Erträge
7400	Außerordentliche Erträge

7 Weitere Erträge und Aufwendungen	
7401	Außerordentliche Erträge, finanzwirksam
7450	Außerordentliche Erträge nicht finanzwirksam
	Außerordentliche Aufwendungen
7500	Außerordentliche Aufwendungen
7501	Außerordentliche Aufwendungen finanzwirksam
7550	Außerordentliche Aufwendungen nicht finanzwirksam
	Steuern vom Einkommen und Ertrag
7600	Körperschaftsteuer
7608	Solidaritätszuschlag
7610	Gewerbesteuer
7630	Kapitalertragsteuer 25 %
7640	Gewerbesteuernachzahlungen Vorjahre
7642	Gewerbeteuererstattungen Vorjahre
7644	Erträge aus der Auflösung von Gewerbesteuerrückstellungen
	Sonstige Steuern
7650	Sonstige Betriebssteuern
7680	Grundsteuer
7685	Kfz-Steuer
7690	Steuernachzahlungen Vorjahre für sonstige Steuern
7692	Steuererstattungen Vorjahre für sonstige Steuern
7694	Erträge aus der Auflösung von Rückstellungen für sonstige Steuern

LITERATURVERZEICHNIS

I. Bücher und Aufsätze

A

Achleitner, A.-K./Behr, G., Schäfer, D., International Accounting Standards, 4. Aufl., München 2009.

Amen, M., Erstellung von Kapitalflussrechnungen, München/Wien 1994.

Angele, G., Anerkannte mathematisch-statistische Methoden zur Stichprobeninventur, München 1989.

Angermayer, B./Oser, P., Grundzüge der Konzernrechnungslegung nach HGB und IFRS, 2. Aufl., München 2005.

Armeloh, K.-H., Die Berichterstattung im Anhang, Düsseldorf 1998.

B

Baetge, J./Brüggemann, B., Ausweis von Genussrechten auf der Passivseite der Bilanz des Emittenten, in: DB 2005, S. 2145 ff.

Baetge, J./Kirsch, H.-J./Thiele, S., Bilanzen, 13. Auflage, Düsseldorf 2014.

Baetge, J./Kirsch, H.-J./Thiele, S., Konzernbilanzen, 10. Aufl., Düsseldorf 2013.

Ballwieser, W., IFRS-Rechnungslegung, 3. Aufl., München 2013.

Baumann, K., Konsolidierung mehrstufiger Konzerne, Wiesbaden 2000.

Baums, T., Bericht der Regierungskommission Corporate Governance, Köln 2001.

BMF, Erlass vom 19. 4. 1971, Leasingverträge über bewegliche Wirtschaftsgüter, BStBl I 1971, S. 264 ff.

BMF, Erlass vom 21. 3. 1972, Finanzierungsleasing über unbewegliche Wirtschaftsgüter, BStBl I 1972, S. 188 f.

BMF, Ertragsteuerliche Behandlung der Mietereinbauten und Mieterumbauten, BStBl I 1976, S. 66.

BMF, Rechnungsabgrenzungsposten für öffentliche Zuschüsse; hier: BFH-Urteil vom 5. April 1984, – BStBl II, S. 552 – , BStBl I 1985, S. 568.

BMF, Erlass vom 22. 12. 1991, Teilamortisations-Leasingverträge über unbewegliche Wirtschaftsgüter, BStBl I 1992, S. 13 ff.

BMF, Abgrenzung von Anschaffungskosten, Herstellungskosten und Erhaltungsaufwendungen bei der Instandsetzung und Modernisierung von Gebäuden, Schreiben vom 18. 7. 2003, BStBl I 2003, S. 386 ff.

BMF, Abzinsung von Verbindlichkeiten und Rückstellungen in der steuerlichen Gewinnermittlung nach § 6 Abs. 1 Nr. 3 und 3a EStG i. d. F. des StEntlG 1999/2000/2002, Schreiben vom 26. 5. 2005, BStBl I 2005, S. 699 ff.

BMF, Bilanzsteuerliche Beurteilung von Aufwendungen zur Einführung eines betriebswirtschaftlichen Softwaresystems (ERP-Software), Schreiben vom 18. 11. 2005, BStBl I 2005, S. 1025 ff.

BMF, Maßgeblichkeit der handelsrechtlichen Grundsätze ordnungsmäßiger Buchführung für die steuerliche Gewinnermittlung, Schreiben vom 12. 3. 2010 und 22. 6. 2010, BStBl I S. 239, 597.

BMF, Steuerliche Gewinnermittlung bei der Bildung von Bewertungseinheiten (§ 5 Abs. 1a Satz 2 EStG), Schreiben vom 25. 8. 2010, in: DB 2010, S. 2024.

BMF, Steuerliche Gewinnermittlung; Zweifelsfragen zur bilanzsteuerlichen Behandlung sog. geringwertiger Wirtschaftsgüter ..., Schreiben vom 30. 9. 2010, BStBl I 2010, S. 755.

BMF, Elektronische Übermittlung von Bilanzen sowie Gewinn- und Verlustrechnungen; Anwendungsschreiben zur Veröffentlichung der Taxonomie, vom 28.9.2011, BStBl I 2011, S.855; DB 2011, S.2231; WPg 2011, S.973.

BMF, E-Bilanz; Verfahrensgrundsätze zu Aktualisierung der Taxonomien; Veröffentlichung der aktualisierten Taxonomien (Version 5.1) vom 5.6.2012, BStBl I 2012, S.598.

BMF, E-Bilanz; Veröffentlichung der Taxonomie 5.2 vom 30.4.2013, BStBl I 2013, S.844.

BMF, E-Bilanz; Veröffentlichung der Taxonomie 5.3 vom 2.4.2014, BStBl I 2014, S.886.

BMF, Allgemeine Verwaltungsvorschrift zur Änderung der EStR 2008, Schreiben vom 25.3.2013, BStBl I 2013, S.296.

BMF, Vorläufige Steuerfestsetzung (§ 165 Abs. 1 AO) hinsichtlich der Nichtabziehbarkeit der Gewerbesteuer als Betriebsausgabe ..., Schreiben vom 25.4.2013, BStBl I 2013, S.459 ff.

BMF, Teilwertabschreibung gem. § 6 Abs. 1 Nummer 1 und 2 EStG; Voraussichtlich dauernde Wertminderung, Wertaufholungsgebot, Schreiben vom 16.7.2014, BStBl I 2014, S.1162 ff.

BMF, Grundsätze zur ordnungsmäßigen Führung und Aufbewahrung von Büchern, Aufzeichnungen und Unterlagen in elektronischer Form sowie zum Datenzugriff, Schreiben vom 14.11.2014, BStBl I 2014, S.1450 ff.

Bordewin, A./Tonner, N., Leasing im Steuerrecht, 5.Aufl., Heidelberg 2008.

Born, K., Rechnungslegung international, IAS/IFRS im Vergleich mit HGB und US-GAAP, 5.Aufl., Stuttgart 2007.

Brandt, W., Rechnungswesen und IT – Wie IT-Trends das Rechnungswesen verändern werden, in: WPg 2013, S.1035 ff.

Breker, N./Kuhn, S., Änderung von Jahres- und Konzernabschlüssen, eine Darstellung der Neuerungen aus der Überarbeitung von IDW RS HFA 6, in: WPg 2007, S.770 ff.

Brönner, H., u.a., Die Bilanz nach Handels- und Steuerrecht, 10. Aufl., Stuttgart 2011.

Bruns, C. (Hrsg.), Fälle mit Lösungen zur Bilanzierung nach IFRS und US-GAAP, 3.Aufl., Herne/Berlin 2006.

Bruse, H., Erfahrungen beim Einsatz von Stichprobeninventuren, in: WPg 1985, S.481 ff., 518 ff.

Buchheim, R./Knorr, L., Der Lagebericht nach DRS 15 und internationale Entwicklungen, in: WPg 2006, S.413 ff.

Buchholz, R., Grundzüge des Jahresabschlusses nach HGB und IFRS, 8.Aufl., München 2013.

Buchholz, R., Internationale Rechnungslegung, 11.Aufl., Berlin 2014.

Bundesministerium der Justiz, Verordnung über die Ermittlung und Bekanntgabe der Sätze zur Abzinsung von Rückstellungen (Rückstellungsabzinsungsverordnung – RückAbzinsV), BGBl I 2009, S.3790 f.

Bundessteuerberaterkammer, Verlautbarung zu den Grundsätzen zur Erstellung von Jahresabschlüssen, Berlin 2010.

Bundesverband der Deutschen Industrie e.V., Industriekontenrahmen (IKR), Köln/Bergisch Gladbach 1986.

Bundesverband der Deutschen Industrie e.V./Ernst & Young AG, Rechnungslegung im Umbruch, Berlin 2005.

Burkel, P., Möglichkeiten und Grenzen der Lagerinventur mit Hilfe des Stichprobenverfahrens (Stichprobeninventur), in: DB 1985, S.821 ff.

Busse von Colbe, W., u.a., Ergebnis nach DVFA/SG, Gemeinsame Empfehlung, 3.Aufl., Stuttgart 2000.

Busse von Colbe, W./Ordelheide, D., Konzernabschlüsse – Übungsaufgaben nach HGB, IAS und US-GAAP, 11.Aufl., Wiesbaden 2010.

Busse von Colbe, W./Ordelheide, D./Gebhardt, G./Pellens, B., Konzernabschlüsse, 9.Aufl., Wiesbaden 2009.

C

Caspar, R., Die Lifo-Bewertung, Düsseldorf 1996.

Coenenberg, A. G./Haller, A./Schultze, W., Jahresabschluss und Jahresabschlussanalyse, 23. Aufl., Stuttgart 2014.

D

Deutsche Bundesbank, Die Europäische Wirtschafts- und Währungsunion, Frankfurt 2004 und 2005.

Deutscher Bundestag, Entwurf eines Gesetzes zur Einführung internationaler Rechnungslegungsstandards und zur Sicherung der Qualität der Abschlussprüfung (Bilanzrechtsreformgesetz – BilReG) vom 24.6.2004, Drucksache 15/3419 sowie Beschlussempfehlung des Rechtsausschusses vom 27.10.2004, Drucksache 15/4054.

Deutscher Bundestag, Entwurf eines Gesetzes zur Kontrolle von Unternehmensabschlüssen (Bilanzkontrollgesetz – BilKoG) vom 24.6.2004, Drucksache 15/3421 sowie Beschlussempfehlung des Rechtsausschusses vom 27.10.2004, Drucksache 15/4055.

Deutscher Bundestag, Gesetz über elektronische Handelsregister und Genossenschaftsregister sowie das Unternehmensregister (EHUG) vom 27.9.2006, Drucksache 16/2781, BGBl I 2006, S. 2553 ff.

Deutscher Bundestag, Gesetz zur Errichtung und zur Regelung der Aufgaben des Bundesamts für Justiz (BfJG) vom 18.12.2006, Drucksache 16/3009, BGBl I 2006, S. 3171 ff.

Deutscher Bundestag, Entwurf eines Gesetzes zur Modernisierung des Bilanzrechts (Bilanzrechtsmodernisierungsgesetz – BilMoG), Drucksache 16/10067 sowie Drucksache 16/12407.

Deutscher Bundestag, Entwurf eines Gesetzes zur Umsetzung der Richtlinie 2012/6/EU vom 14.3.2012, Drucksache 17/11702.

Deutscher Bundestag, Gesetz zur Änderung des Handelsgesetzbuchs, BGBl I 2013, S. 3748; Drucksachen 17/14203 und 17/14204.

Deutsches Rechnungslegungs Standards Committee e.V. (Hrsg.), Deutsche Rechnungslegungs Standards (DRS), Stand März 2009, Stuttgart 2009.

Dörner, D., Aufwandsrückstellungen – Möglichkeiten und Grenzen der Bilanzpolitik, in: WPg 1991, S. 225 ff., 264 ff.

Dusemond, M./Harth, H.-J./Heusinger, S., Synopse zur Rechnungslegung nach IFRS und US-GAAP, Herne/Berlin 2005.

E

Ebner, E./Stolz, H./Mönning, J. H./Bachem, H. (Hrsg.), E-Bilanz, Ein praktischer Leitfaden, München 2013.

Erhardt, M./Häfele, M., Wirtschaftsprüfung kompakt, 2. Aufl., Sternenfels 2011.

Euler, R., Das System der Grundsätze ordnungsmäßiger Bilanzierung, Stuttgart 1996.

Europäische Union, Verordnung des Europäischen Parlaments und des Rates betreffend die Anwendung internationaler Rechnungslegungsstandards vom 19.7.2002, Nr. 1606/2002, ABl. L 243/2002.

Europäische Union, Richtline des Europäischen Parlaments und des Rates zur Änderung der Richtlinien 78/660/EWG, ... vom 18.6.2003, Nr. 2003/51/EG, ABl. L 178/2003 (Modernisierungsrichtlinie).

Europäische Union, Richtline des Europäischen Parlaments und des Rates über Abschlussprüfungen von Jahresabschlüssen und konsolidierten Abschlüssen ... vom 17.5.2006, Nr. 2006/43/EG, ABl. L 157/87 (Neufassung Prüferrichtlinie).

Europäische Union, Richtline des Europäischen Parlaments und des Rates zur Änderung der 4. und 7. EG-Richtlinie ... vom 14.6.2006, Nr. 2006/46/EG, ABl. L 224/2006.

Europäische Union, Verordnung des Europäischen Parlamentes und des Rates zur Veränderung der Verordnung (EG) Nr. 1606/2002 ... vom 11. 3. 2008, Nr. 297/2008, ABl. L 97/62.

Europäische Union, Richtlinien 2013/34/EU des Europäischen Parlaments und des Rats vom 26. 6. 2013 über den Jahresabschluss, den konsolidierten Abschluss und damit verbundene Berichte ... ABl. L 182/19.

Europäische Union, Verordnung des Europäischen Parlaments und des Rates über spezifische Anforderungen an die Abschlussprüfung bei Unternehmen von öffentlichem Interesse ... vom 16. 4. 2014, Nr. 537/2014, ABl. L 158/77.

Europäische Union, Richtlinie 2014/56/EU des Europäischen Parlaments und des Rates über Abschlussprüfungen vom 16. 4. 2014, ABl. L 158/196.

Europäische Union, Richtlinie 2014/95/EU des Europäischen Parlaments und des Rates zur Änderung der Richtlinie 2013/34/EU im Hinblick auf die Angabe nichtfinanzieller und die Diversität betreffender Informationen vom 22. 10. 2014, ABl. L 330/1.

F

Falterbaum, H./Bolk, W./Reiß, W./Kirchner, Th., Buchführung und Bilanz unter besonderer Berücksichtigung des Bilanzsteuerrechts und der steuerlichen Gewinnermittlung, 21. Aufl., Achim 2010.

Farr, W.-M./Keitz, I.v., Checkliste für die Aufstellung und Prüfung des Anhangs nach IFRS (Notes), 6. Aufl., Düsseldorf 2014.

Farr, W.-M., Checkliste für die Aufstellung, Prüfung und Offenlegung des Konzernanhangs, 7. Aufl., Düsseldorf 2011.

Farr, W.-M., Checkliste für die Aufstellung, Prüfung und Offenlegung des Anhangs, 7. Aufl., Düsseldorf 2012.

Farr, W.-M., Checkliste für die Aufstellung und Prüfung des Lageberichts bzw. Konzernlageberichts, 8. Aufl., Düsseldorf 2013.

Federmann, R., Bilanzierung nach Handelsrecht, Steuerrecht und IAS/IFRS, 12. Aufl., Berlin 2010.

Fink, C./Kajüter, P./Winkeljohann, N., Lageberichterstattung, Stuttgart 2014.

Fischer, L., Bilanz, steuerrechtliche, in: HWB, 4. Aufl., Sp. 887 ff.

Förschle, G./Holland, B./Kroner, M., Internationale Rechnungslegung: US-GAAP, HGB und IAS, 6. Aufl., Bonn 2003.

G

Gräfer, H./Scheid, G., Grundzüge der Konzernrechnungslegung, 12. Aufl., Berlin 2012.

Graumann, M., Wirtschaftliches Prüfungswesen, 3. Aufl., Herne 2012.

Grünberger, D., IFRS 2014, Ein systematischer Praxis-Leitfaden, 12. Aufl., Herne 2014.

H

Hachmeister, D., Verbindlichkeiten nach IFRS, München 2006.

Happe, P., Grundsätze ordnungsmäßiger Buchführung von Swapvereinbarungen, Düsseldorf 1996.

Hartmann, U., Die Ausrichtung der Rechnungslegung an internationalen Standards, in: WPg 1998, S. 259 ff.

Hayn, S., u. a., IFRS/HGB/HGB-BilMoG im Vergleich, 7. Aufl., Stuttgart 2008.

Hayn, S./Waldersee, G./Benzel, U., Synoptische Darstellung von Handels- und Steuerbilanzrecht, 2. Aufl., Stuttgart 2012.

Heddäus, B., Handelsrechtliche Grundsätze ordnungsmäßiger Bilanzierung von Drohverlustrückstellungen, Düsseldorf 1997.

Heinl, M./Linner, O./Otto, L., Euro-Handbuch für Unternehmer, Neuwied 1997.

Helmschrott, H., Leasinggeschäfte in Handels- und Steuerbilanz, Wiesbaden 1997.

Herbst, D., Corporate Identity, 4. Aufl., Berlin 2009.

Heuser, P./Theile, C., IFRS-Handbuch, 5. Aufl., Köln 2012.

Horschitz, H./Groß, W./Weidner, W., Bilanzsteuerrecht und Buchführung, 13. Aufl., Stuttgart 2013.

I

Institut der Wirtschaftsprüfer, Zur Darstellung der Finanzlage i. S. v. § 264 Abs. 2 HGB, in: WPg 1986, S. 670 f.

Institut der Wirtschaftsprüfer, Probleme des Umsatzkosten-Verfahrens, in: WPg 1987, S. 141 ff.

Institut der Wirtschaftsprüfer, Konzernrechnungslegung bei unterschiedlichen Abschlussstichtagen, in: WPg 1988, S. 682 f.

Institut der Wirtschaftsprüfer, Zur körperlichen Bestandsaufnahme im Rahmen von Inventurverfahren, in: WPg 1990, S. 143 ff.

Institut der Wirtschaftsprüfer, Stichprobenverfahren für die Vorratsinventur zum Jahresabschluss, in: WPg 1990, S. 649 ff.

Institut der Wirtschaftsprüfer, Zur Bilanzierung und Prüfung der Anpassungspflicht von Betriebsrenten, in: WPg 1994, S. 24 ff.

Institut der Wirtschaftsprüfer, Zur Behandlung von Genussrechten im Jahresabschluss von Kapitalgesellschaften, in: WPg 1994, S. 419 ff., WPg 1998, S. 891.

Institut der Wirtschaftsprüfer, Konzernrechnungslegung bei Änderung des Konsolidierungskreises, in: WPg 1995, S. 697 ff.

Institut der Wirtschaftsprüfer, Positionspapier zu wesentlichen Rechnungslegungsfragen im Zusammenhang mit der Einführung des Euro, in: WPg 1997, S. 400 ff.

Institut der Wirtschaftsprüfer, Einführung des Euro in der Rechnungslegung, in: WPg 1997, S. 450 ff.

Institut der Wirtschaftsprüfer, Zum Grundsatz der Bewertungsstetigkeit, in: WPg 1997, S. 540 ff.

Institut der Wirtschaftsprüfer, Abweichungen zwischen den Rechnungslegungsstandards des IASC und den Vorschriften des HGB, in: WPg 1998, S. 70 ff.

Institut der Wirtschaftsprüfer, Praktisch relevante Abweichungen zwischen den Rechnungslegungsstandards des IASC und der 4. und 7. EG-Richtlinie, in: WPg 1998, S. 183 ff.

Institut der Wirtschaftsprüfer, Internationalisierung der Rechnungslegung im Mittelstand, Düsseldorf 2005.

Institut der Wirtschaftsprüfer, Grundsätze ordnungsmäßiger Buchführung beim Einsatz elektronischer Archivierungsverfahren (RS FAIT 3), in: WPg 2006, S. 1465 ff.

Inwinkel, P., Die neue Prüfgruppe der EU-Kommission und das neue Verfahren zur Anerkennung von IFRS, in: WPg 2007, S. 289 ff.

J

Jaspers, W., Stichprobeninventur in der Praxis, Wiesbaden 1994.

Jaspers, W., Inventur von Vertriebseinrichtungen des Handels mit Hilfe von Stichprobenverfahren, in: WPg 2010, S. 692 ff.

Jurowsky, R./Graetz, J./Campenhausen, A. v., Bilanzsteuerrecht, 2. Aufl., Stuttgart 2006.

K

Kaiser, K., Auswirkungen des Bilanzrechtsreformgesetzes auf die zukunftsorientierte Lageberichterstattung, in: WPg 2005, S. 405 ff.

Karrenbrock, H., Not-of-Tax-Bewertung von Drohverlustrückstellungen?, in: WPg 2005, S. 772 ff.

Keller, R., Der Geschäftsbericht, Wiesbaden 2006.

Kensy, P., Ökobilanzen – eine kritische Bestandsaufnahme, Göttingen 1993.

Kessler, M./Strickmann, M., Fallstudie zur Umstellung auf die IFRS-Rechnungslegung, Herne/Berlin 2005.

Kirsch, H., Ermittlung der Herstellungskosten durch Anwendung der Prozesskostenrechnung, in: WPg 1999, S. 281 ff.

Kirsch, H., Einführung in die internationale Rechnungslegung nach IFRS, 9. Aufl., Herne 2013.

Kirsch, H., Übungen zur internationalen Rechnungslegung nach IFRS, 6. Aufl., Herne 2013.

Koch, S./Nagel, C./Maltseva, N., E-Bilanz – rationelll und richtig umstellen, Herne 2012.

KPMG Deutsche Treuhand Gesellschaft (Hrsg.), US-GAAP, Rechnungslegung nach US-amerikanischen Grundsätzen, 4. Aufl., Düsseldorf 2007.

KPMG AG Wirtschaftsprüfungsgesellschaft, (Hrsg.), International Financial Reporting Standards, 5. Aufl., Stuttgart 2012.

KPMG Deutsche Treuhand Gesellschaft (Hrsg.), IFRS visuell, Die IFRS in strukturierten Übersichten, 4. Aufl., Stuttgart 2010.

Krauß, P., Publizität von Abschlussprüferhonoraren bei kapitalmarktorientierten Unternehmen, Sternenfels 2007.

Krietenstein, C.-F., Konzernrechnungslegungspflicht der Komplementär-GmbH einer GmbH & Co. KG, in: WPg 2005, S. 1200 ff.

Kuhn, S./Scharpf, P., Rechnungslegung von Financial Instruments nach IAS 39, 3. Aufl., Stuttgart 2006.

Kuhn, S., Die bilanzielle Abbildung von Finanzinstrumenten in der Rechnungslegung nach IFRS, Düsseldorf 2007.

Kühne, E./Melcher, W./Wesemann, M., Latente Steuern nach BilMoG – Grundlagen und Zweifelsfragen, in: WPg 2009, S. 1005 ff.

Kümpel, Th., Gewinnrealisierung bei langfristiger Fertigung nach deutscher und US-amerikanischer Rechnungslegung, Lohmar/Köln 2000.

Kunz, K., Inventur, in: HWRP, Sp. 1238 ff.

Kußmaul, H., Bilanz, in: HWRP, Sp. 375 ff.

Küting, Kh., IASC, FASB und DRSC – ein Kurzporträt dreier Standard Setter, in: BB 1999, S. 678 ff.

Küting, Kh./Weber, C. P., Der Konzernabschluss, 13. Aufl., Stuttgart 2012.

Küting, Kh., Auf der Suche nach dem richtigen Gewinn – Die Gewinnkonzeption von HGB und IFRS im Vergleich, in: DB 2006, S. 1441 ff.

Küting, Kh./Scheren, M., Die Organisation der externen Konzernrechnungslegung, in: DB 2010, S. 1893 ff., 1949 ff.

Küting, Kh./Pfitzer, N./Weber, C.-P., IFRS oder HGB? Systemvergleich und Beurteilung, 2. Aufl., Stuttgart 2013.

L

Leffson, U., Die Grundsätze ordnungsmäßiger Buchführung, 7. Aufl., Düsseldorf 1987.

Lüdenbach, N., IAS – Der Ratgeber zur erfolgreichen Umstellung von HGB auf IAS, 3. Aufl., Freiburg 2004.

M

Maier, F., Rückstellungen nach IFRS, Sternenfels 2009.

Mayer, St., Wirtschaftliches Eigentum in der Steuerbilanz, in: WPg 2003, S. 925 ff.

Meyer, C., Konsolidierte Zeitraumbilanzen und ihre Verwendung zur finanziellen Führung von Konzernen, Stuttgart 1969.

Meyer, C., Konzern-Bilanzpolitik, Versuch einer systematischen Darstellung, in: BFuP 1972, S. 471 ff.

Meyer, C., Finanzbuchhaltung, in: Management aktuell, Landsberg 1992.

Meyer, C., Geschäftsbericht, ein Leitfaden für Aufstellung, Gestaltung und Offenlegung, 2. Aufl., Stuttgart 1997.

Meyer, C., Die Kunden-Bilanz-Analyse der Kreditinstitute, 2. Aufl., Stuttgart 2000.

Meyer, C., Das Kapitalgesellschaften- und Co-Richtlinie-Gesetz, in: BBK 2000, S. 223 ff.

Meyer, C., Gesetz zur Kontrolle und Transparenz im Unternehmensbereich (KonTraG), in: BBK 1998, S. 489 ff.

Meyer, C./Gehring S., Euro-Einführungsgesetz (EuroEG) – Änderungen des Vertrags-, Gesellschafts- und Bilanzrechts, in: BBK 1998, S. 551 ff.

Meyer, C., Altfahrzeug-Gesetz – Bilanzielle Auswirkungen nach Handels- und Steuerrecht, in: BBK 2002, S. 615 f.

Meyer, C., Gesetz zur weiteren Reform des Aktien- und Bilanzrechts, zu Transparenz und Publizität, in: BBK 2002, S. 727 ff.

Meyer, C., Konturen der Bilanzreform 2003/2004 – Die Umsetzung der EU-Verordnung vom 19. 7. 2002 und weiterer europarechtlicher Vorgaben, in: DStR 2003, S. 850 ff.

Meyer, C., Regierungsentwurf eines Bilanzrechtsreformgesetzes (BilReG), Wichtige Neuerungen in der externen Rechnungslegung, in: DStR 2004, S. 971 ff.

Meyer, C./Meisenbacher, M., Bilanzpolitik auf der Basis von IAS/IFRS, insbes. in Zeiten der Krise, in: DStR 2004, S. 567 ff.

Meyer, C., Bilanzrechtsreformgesetz (BilReG) und Bilanzkontrollgesetz (BilKoG) – Die Änderungen im Überblick, in: DStR 2005, S. 41 ff.

Meyer, C., Betriebswirtschaftliche Kennzahlen und Kennzahlen-Systeme, 6. Aufl., Sternenfels 2011.

Meyer, C., Bilanzmodernisierungsgesetz (BilMoG) – die wesentlichen Änderungen nach dem Referentenentwurf, in: DStR 2007, S. 2227 ff.

Meyer, C., Bilanzrechtsmodernisierungsgesetz (BilMoG) – die wesentlichen Änderungen im Regierungsentwurf, in: DStR 2008, S. 1153 ff. sowie DStR 29/2008, S. XI; DStR 37/2008, S. XIV; DStR 44/2008, S. XV.

Meyer, C., Gesetz zur Modernisierung des Bilanzrechts (Bilanzrechtsmodernisierungsgesetz – BilMoG) – die wesentlichen Änderungen, in: DStR 2009, S. 762 ff.

Meyer, C., Überarbeitung und Zusammenfassung der Vierten und Siebten EG-Richtlinie, in: DStR 2012, S. 315 ff.

Meyer, J., Bilanzierung nach IFRS, US-GAAP und HGB – Probleme beim Buchen für parallele Abschlüsse, in: DB 2004, S. 2060 ff.

Molzahn, S., Die Bilanzierung der betrieblichen Altersversorgung nach HGB und IFRS, 2. Aufl., Sternenfels 2007.

Moxter, A., Deutsches Rechnungslegungs Standards Commitee, Aufgaben und Bedeutung, in: DB 1998, S. 1425 ff.

Moxter, A., Grundsätze ordnungsmäßiger Buchführung, in: HWRP, Sp. 1042 ff.

Moxter, A., Grundsätze ordnungsmäßiger Rechnungslegung, Düsseldorf 2003.

N

Niehaus, R. J., Die IFRS auf Deutsch – Fehler und Unzulänglichkeiten der Übersetzung, in: DB 2005, S. 2477 ff.

Niehaus, R. J., IFRS für den Mittelstand? Warum eigentlich?, in: DB 2006, S. 2529 ff.

Niehaus, R. J./Thyll, A., Konzernabschluss nach US-GAAP, 3. Aufl., Stuttgart 2004.

Niemann, U., Immaterielle Wirtschaftsgüter im Handels- und Steuerrecht, Bilanzierung, Bewertung, Sonderfälle, 2. Aufl., Berlin 2006.

Noack, V., Das neue Gesetz über elektronische Handels- und Unternehmensregister – EHUG, Köln 2007.

O

Otte, W., Heinrich, R., Euro im Rechnungswesen, 2. Aufl., Freiburg u. a. 1999.

Oversberg, Th., Übernahme der IFRS in Europa: Der Endorsement Prozess – Status quo und Aussicht, in: DB 2007, S. 1597 ff.

P

Patek, G., Bilanzierung von Schadstoff-Emissionsrechten und Emissionsrechte-Abgabepflichten, in: WPg 2006, S. 1152 ff.

Pellens, B./Fülbier, R. U./Gassen, J./Sellhorn, T., Internationale Rechnungslegung, 9. Aufl., Stuttgart 2014.

Pfaff, D./Ganske, T., Ent- und Übergangskonsolidierung, in: HWRP, Sp. 654 ff.

Pfitzer, N., Realisation und Neutralisation von Euro-Umrechnungsgewinnen, in: WPg 1998, S. 399 ff.

Pfitzer, N./Oser, P./Wader, D., Die Entsprechenserklärung nach § 161 AktG – Checkliste für Vorstände und Aufsichtsräte zur Einhaltung der Empfehlungen des Deutschen Corporate Governance Kodex, in: DB 2002, S. 1120 ff.

Pfitzer, N./Oser, P./Orth, C., Deutscher Corporate Governance Kodex, 2. Aufl., Stuttgart 2005.

Pfitzer, N./Oser, P./Orth, C., Reform des Aktien-, Bilanz- und Aufsichtsrechts, Stuttgart 2005.

Plewka, H., Umstellung auf den Euro, 2. Aufl., Herne/Berlin 2000.

Prinz, U./Kanzler, H.-J., NWB Praxishandbuch Bilanzsteuerrecht, 2. Aufl., Herne 2014.

Pronobis, P., Das Umsatzkostenverfahren im internationalen Vergleich, Beschreibung des Aufbaus sowie der einzelnen Posten nach HGB, IFRS und US-GAAP, Sternenfels 2006.

Q

Quick, R., Inventur, Düsseldorf 2000.

R

Rade, K./Kropp, M., Jahrgangsbezogener Sammelposten und Poolabschreibung des § 6 Abs. 2a EStG – endgültiger Abschied von der Einheitsbilanz?, in: WPg 2008, S. 13 ff.

Richter, C./Kruczynski, M./Kurz, C., Die E-Bilanz: Ein Beitrag zum Steuerbürokratieabbau?, in: DB 2010, S. 1604 ff.

Rimmelspacher, D./Reitmeier, B., DRS 21: Neue Grundsätze für die handelsrechtliche Kapitalflussrechnung, in: WPg 2014, S. 789 ff.

Rödl u. Partner, E-Bilanz umsetzen, Stuttgart 2012.

Rosenberger, E. K., Umstellung von HGB auf IFRS in der Praxis, in: BBK 2007, S. 367 ff.

Ruhnke, K., Konzernbuchführung, Düsseldorf 1995.

S

Scharpf, P./Lutz, G., Risikomanagement, Bilanzierung und Aufsicht von Finanzderivaten, Stuttgart 1996.

Schildbach, Th., Der Konzernabschluss nach HGB, IAS und US-GAAP, 7. Aufl., München/Wien 2008.

Schmalenbachgesellschaft für Betriebswirtschaft e.V., Praxis der Aufstellung und Nutzung von Kapitalflussrechnungen deutscher Konzerne, ZfbF-Sonderheft 66/12, Düsseldorf 2012.

Schweitzer, M., Bilanztheorien, in: HWB, 4. Aufl., Sp. 927 ff.

Selchert, F. W., u. a., Prüfung des Lageberichts, Bielefeld 2000.

Selchert, F. W./Erhardt, M., Internationale Rechnungslegung, 3. Aufl., München/Wien 2003.

Sellhorn, T./Halm, S./Müller, M., Die neue Ordnung der US-GAAP, in: KoR 2010, S. 154 ff.

Simon, K., Umstellung des Stammkapitals einer GmbH von DM in Euro: Wahl der richtigen Umrechnungsmethode, in: DB 2008, S. 1615 f.

Strieder, T., Eigenkapitalveränderungsrechnung nach DRS 7, in: KoR 2002, S. 180 ff.

Stütz, B., Steuerwettbewerb in Europa, Sternenfels 2009

T

Teichgräber, G., Pauschalwertberichtigung zu Forderungen – Berücksichtigung von Zinsverlusten, in: DB 2005, S. 1288 ff.

Theile, C., Bilanzrechtsmodernisierungsgesetz, 3. Aufl., Herne 2011.

Theile, C., Jahresabschluss der Klein- und Kleinstkapitalgesellschaften, Herne 2013.

Thoms-Meyer, D., Grundsätze ordnungsmäßiger Bilanzierung von Pensionsrückstellungen, Düsseldorf 1996.

Trauth, V., Sukzessive Unternehmenserwerbe/-Veräußerungen im Konzernabschluss nach IFRS, Sternenfels 2007.

U

Ünal, F., IFRS 11 Joint Arrangements, Darstellung, Kritische Würdigung anhand von comment letters & Analyse der Auswirkungen auf die Unternehmensbonität, Sternenfels 2013.

Uhlig, A., Grundsätze ordnungsmäßiger Bilanzierung für Zuschüsse, Düsseldorf 1989.

Ulrich, T., Endkonsolidierung, Frankfurt/Main 2002.

V

Vater, H., Anatomie der Rechnungslegung nach US-amerikanischen Grundsätzen, in: WPg 2006, S. 940 ff.

Veit, K.-R., Konzernrichtlinien, in: HWRP, Sp. 1371 ff.

Völker-Lehmkuhl, K./Mages, M., Erfüllung der Buchführungspflicht nach HGB durch IAS/IFRS?, in: NWB 2005, S. 2881 ff.

W

Wöhe, G., Bilanzierung und Bilanzpolitik, 9. Aufl., München 1997.

Wilms, H./Jochem, G., Die Einführung des Euro, Bonn 1997.

Winkeljohann, N./Schindhelm, M., Das KapCoRiLiG, Herne/Berlin 2000.

Winkeljohann, N., Rechnungslegung nach IFRS – Ein Handbuch für mittelständische Unternehmen, 2. Aufl., Herne/Berlin 2006.

Wolf, K., Neuerungen im (Konzern-)Lagebericht durch das Bilanzrechtsreformgesetz (BilReG) – Anforderungen und ihre praktische Umsetzung, in: DStR 2005, S. 438 ff.

Wollmert, P., Eigenkapitalveränderungsrechnung, in: HWRP, Sp. 605 ff.

Wysocki, K. v./Wohlgemuth, M., Konzernrechnungslegung, 4. Aufl., Düsseldorf 1996.

Z

Zülch, H./Hendler, M., Bilanzierung nach International Financial Reporting Standards (IFRS), Weinheim 2009.

Zülch, H./Pronobis, P., Die neuen US-GAAP-Auswirkungen des FASB Accounting Standards Codification TM-Projekt (FASB ASC), in: DB 2009, S. 2669 ff.

Zwirner, C., Notwendigkeit einer eigenständigen BilMoG-Eröffnungsbilanz, in: DB 2010, S. 1844 ff.

II. Kommentare

Adler/Düring/Schmaltz, Rechnungslegung und Prüfung der Unternehmen, 6. Aufl., Stuttgart 1995 ff.

Adler/Düring/Schmaltz, Rechnungslegung nach internationalen Standards, Stuttgart 2002.

Baetge/Wollmert/Kirsch/Oser/Bischof, Rechnungslegung nach IFRS, 2. Aufl., Stuttgart 2002.

Ballwieser/Benie/Hayn/Peemöller/Schruff/Weber, IFRS 2009, 3. Aufl., Weinheim 2009.

Baumbach/Hopt, Handelsgesetzbuch mit Nebengesetzen, 36. Aufl., München 2014.

Bertram/Brinkmann/Kessler/Müller, Haufe, HGB Bilanz Kommentar, 3. Aufl., Freiburg 2012.

Blümich, EStG, KStG, GewStG, Nebengesetze, 118. Aufl., München 2013.

Bohl/Riese/Schlüter, Beck'sches IFRS-Handbuch, 4. Aufl., München 2013.

Bruns/Eierle/Klein/Knorr/Marten, IFRS for SMEs, Stuttgart 2010.

Castan/Böcking/Heymann/Pfitzer/Scheffler, Beck'sches Handbuch der Rechnungslegung, 41. Aufl., München 2013.

Emmerich/Habersack, Aktien- und GmbH-Konzernrecht, 7. Aufl., München 2013.

Förschle u. a., Beck'scher Bilanz-Kommentar, Handels- und Steuerbilanz, 9. Aufl., München 2014.

Herrmann/Heuer/Raupach, Einkommensteuer- und Körperschaftsteuergesetz mit Nebengesetzen, 21. Aufl., Köln 2013.

Herzig/Fuhrmann, Handbuch latente Steuern im Einzelabschluss, Düsseldorf 2012.

Hoffmann/Lüdenbach, NWB Kommentar Bilanzierung, 6. Aufl., Herne 2014.

Hübschmann/Hepp/Spitaler, Abgabenordnung, Finanzgerichtsordnung, Köln 2013.

Kirchhof, EStG, 13. Aufl., Köln 2014.

Klein, AO, 12. Aufl., München 2014.

Küting/Weber, Handbuch der Konzernrechnungslegung, 2. Aufl., Stuttgart 1998.

Küting/Pfitzer/Weber, Handbuch der Rechnungslegung – Einzelabschluss, 5. Aufl., Stuttgart 2005.

Lüdenbach/Hoffmann, IFRS Kommentar, 11. Aufl., Freiburg 2013.

Lutter/Hommelhoff, GmbH-Gesetz, 18. Aufl., Köln 2012.

Schmidt, Einkommensteuergesetz, 33. Aufl., München 2014.

Scholz, GmbH-Gesetz, 11. Aufl., Köln 2012.

Tipke/Kruse, Abgabenordnung, Finanzgerichtsordnung, Köln 2013.

Weber-Grellet/Zülch/Hoffmann, Praxiskommentar BilMoG, Weinheim 2009.

III. Nachschlagewerke

Böcking/Castan/Heymann/Pfitzer/Scheffler, Beck'sches Handbuch der Rechnungslegung, München 2014.

Budde/Förschle/Winkeljohann, Sonderbilanzen, 4. Aufl., München 2008.

Deutsches Rechnungslegungs Standards Committee e.V. (Hrsg.), Deutsche Rechnungslegungs Standards (DRS), Stand Oktober 2013, Stuttgart 2013.

Endriss (Hrsg.), Bilanzbuchhalter-Handbuch, 9. Aufl., Herne 2013.

Handwörterbuch der Betriebswirtschaft, 6. Aufl., Stuttgart 2007.

Handwörterbuch der Rechnungslegung und Prüfung (HWRP), 3. Aufl., Stuttgart 2002.

Hoffmann/Lüdenbach (Hrsg.), IAS/IFRS-Texte 2012/2013, 5. Aufl., Herne 2013.

IDW Prüfungsstandards (IDW PS), IDW Stellungnahme zur Rechnungslegung (IDW RS), hrsg. vom Institut der Wirtschaftsprüfer in Deutschland e.V., Düsseldorf 2013.

International Financial Reporting Standards – IFRS, Die amtlichen EU-Texte Englisch-Deutsch, 8. Aufl., Düsseldorf 2014.

International Financial Reporting Standards (IFRS) 2013, Die von der EU gebilligten Standards, 8. Aufl., Weinheim 2014.

Schmelzer-Osterloh/Hennrichs/Wüstemann, Handbuch des Jahresabschlusses (HdJ), Köln 2014.

Steuerberater- und Wirtschaftsprüfer-Jahrbuch 2014, 32. Aufl., Düsseldorf 2013.

WP Handbuch 2012, 14. Aufl., Band I, hrsg. vom Institut der Wirtschaftsprüfer in Deutschland e.V., Düsseldorf 2012.

WP Handbuch 2014, 14. Aufl., Band II, hrsg. vom Institut der Wirtschaftsprüfer in Deutschland e.V., Düsseldorf 2013.

STICHWORTVERZEICHNIS

Die Zahlen verweisen auf die Textziffern.

E

F

G

H

I

J

K

L

M

N

O

P

Q

R

S